*westermann*

Silke Bergau, Robert Buff, Torsten Marks, Jürgen Renner, Anna Romeis, Richard Rongstock, Stephanie Schmidbauer

# #blickwinkel

Geschichte und Politik & Gesellschaft
für die FOS/BOS 13

Ausgabe Bayern

1. Auflage

Bestellnummer 112298

Zusatzmaterialien zu #blickwinkel, Geschichte und Politik & Gesellschaft für die FOS/BOS 13

Für Lehrerinnen und Lehrer:

Lösungen zum Schulbuch: 978-3-14-112299-2

BiBox Einzellizenz für Lehrer/-innen (Dauerlizenz)
BiBox Klassenlizenz Premium für Lehrer/-innen und bis zu 35 Schüler/-innen (1 Schuljahr)
BiBox Kollegiumslizenz für Lehrer/-innen (Dauerlizenz)
BiBox Kollegiumslizenz für Lehrer/-innen (1 Schuljahr)

Für Schülerinnen und Schüler:

BiBox Einzellizenz für Schüler/-innen (1 Schuljahr)
BiBox Klassensatz PrintPlus (1 Schuljahr)

© 2024 Westermann Berufliche Bildung GmbH, Ettore-Bugatti-Straße 6-14, 51149 Köln

www.westermann.de

Alle Drucke dieser Auflage sind inhaltlich unverändert.

Druck und Bindung: Westermann Druck GmbH, Georg-Westermann-Allee 66, 38104 Braunschweig

ISBN 978-3-14-112298-5

# Vorwort und Hinweise zur Arbeit mit dem Buch

Der vorliegende Band deckt ausgewählte Lehrplananforderungen im Fach Geschichte und Sozialkunde für die FOS/BOS 13 in Bayern ab. Der Band ist in Unterrichtseinheiten gegliedert, die thematisch drei Bereichen des Lehrplans entsprechen. Bei diesen Lernbereichen handelt es sich um: 1 Methodenkompetenzen, 2 Lebenswirklichkeiten in einer historischen Epoche und 3 Lebenswirklichkeiten in der gegenwärtigen Welt. Das Inhaltsverzeichnis weist aus, welche Unterrichtseinheiten welchem Lernbereich zugeordnet sind. Der Lernbereich 1 zu den Methodenkompetenzen folgt dabei aus inhaltlichen Gründen als übergeordneter Lernbereich den Lernbereichen 2 und 3, sodass der Band mit dem Lernbereich 2 beginnt. In den aus dem Lernbereich 2 ausgewählten Unterrichtseinheiten (Antike, Mittelalter, Aufklärung und napoleonisches Zeitalter) geht es um wichtige Epochen, in denen die Grundlagen für freiheitlich-demokratische Wertvorstellungen sowie moderne Gesellschaftsstrukturen und die heutige Kultur gelegt wurden. Dies weitet den Blick für den zweiten Komplex. In den Unterrichtseinheiten aus dem Bereich der Lebenswirklichkeiten in der gegenwärtigen Welt dreht sich dann alles um aktuelle Konflikte und Konfliktherde sowie die weltpolitische Dynamik in der heutigen Welt (Nahostkonflikt, Lateinamerika, Afrika).

Nach dem Lernbereich 1 Methodenkompetenzen folgt noch ein Methodencheck als Gesamtüberblick. Ein Glossar, ein Abkürzungsverzeichnis, ein Sachwort- sowie ein Bildquellen- und Textquellenverzeichnis runden den Band ab.

Die Lernbereiche werden durch eine Doppelseite mit historischen und gegenwartsbezogenen Fotos zum Themenbereich eingeführt und enthalten am Ende jeweils einen Abschnitt mit dem Titel „**Gelernt!**", in dem noch einmal die wichtigsten erlernten Kompetenzen zu diesem Lernbereich zusammengefasst sind.

Die Struktur der einzelnen Unterrichtseinheiten ist nach dem folgenden Muster gestaltet:

## Forschungsinteresse und Kompetenzerwerb

In diesem Abschnitt werden die Lernziele und der Kompetenzerwerb erläutert.

## Vorgehen

Hier wird eine Handlungssituation skizziert und ein mögliches Vorgehen beschrieben, wie die Handlungssituation mit den nachfolgenden Materialien gestaltet werden kann. Dabei sind die Operatoren in Rot und in Versalien hervorgehoben. Am Ende dieses Abschnitts steht jeweils der zentrale Handlungsauftrag des Kapitels.

## Materialauswahl

In diesem Abschnitt wird die jeweilige Materialauswahl für die Unterrichtseinheit begründet.

### DAS WICHTIGSTE IN KÜRZE

Hier werden die thematischen Inhalte der Unterrichtseinheit noch einmal kompakt umrissen.

### FESTIGUNG – VERTIEFUNG

Der Abschnitt „Weitere Herangehensweisen" enthält alternative Aufgabenstellungen, die ebenfalls mit den Materialien der Unterrichtseinheit gelöst werden können. Unter „Vertiefende Aspekte" finden sich Handlungsvorschläge, die über die Materialien der Unterrichtseinheit hinausgehen. Hierzu und generell zum Thema der Unterrichtseinheit werden unter „Weiterführende Quellen und Hinweise" entsprechende Materialien (von Büchern und CDs über Filme bis hin zu Websites oder Museen) kurz vorgestellt.

# Inhalt

## Häufig verwendete Operatoren in den Arbeitsaufträgen

| | |
|---|---|
| Analysieren | Darstellen/Skizzieren |
| Interpretieren | Diskutieren |
| Verfassen | Erläutern/Erklären |
| Vergleichen | Beurteilen |

# LERNBEREICH 2

## Kapitel 1 (Lernbereich 2.1)

## Lebenswirklichkeiten in der Antike: Attische Polis

Die Athener Akropolis, Foto aus heutiger Zeit. Die Akropolis wurde 1987 von der UNESCO zum Weltkulturerbe erklärt.

Die Athener Akropolis, idealtypische Rekonstruktion (Holzstich von 1888) der Bebauung im 5. Jh. v. Chr.

Das Brandenburger Tor (Ansicht von Osten) in Berlin, erbaut 1788–1791, ist ein Bauwerk des Frühklassizismus.

Der Athener Solon (ca. 640 v. Chr.–ca. 560 v. Chr.) war der erste der großen Reformer des politischen Systems in Athen. Er gilt als Begründer der Timokratie und legt damit den Grundstein für die Demokratie. (Statue aus dem Jahr 1798, angefertigt von Claude Ramey.)

# Lebenswirklichkeiten in einer historischen Epoche

Auslosungsgerät für die Vergabe öffentlicher Ämter; Fundort: Athen, Datierung: Mitte 4. Jh. v. Chr.

Griechische Vasenmalerei: Teilnehmer eines Symposions (Gastmahl), bedient von einem Epheben, Datierung um 460–450 v. Chr.

Büste des Homer. Der Urvater der europäischen Dichtkunst, der wohl vor etwa 2800 Jahren in Kleinasien lebte, schildert in seinen Epen „Ilias" und „Odyssee" die Geschehnisse rund um die Heldenstadt Troja.

Der deutsche Archäologe Heinrich Schliemann (1822–1890) verortete Troja auf dem Hügel Hisarlik an der Westküste Anatoliens in der heutigen Türkei. Ab 1871 beginnt er seine teils rücksichtslosen und abenteuerlichen Grabungen. Der sogenannte Schliemann-Graben ist eine 40 Meter lange, 20 Meter breite und 17 Meter tiefe Schneise, die sich mitten durch den Hügel zieht und wichtige Siedlungsspuren unwiederbringlich zerstörte.

Weitere Ausgrabungsstätte zu Troja auf dem Hügel Hisarlik an der Westküste Anatoliens

# KAPITEL 1 (LERNBEREICH 2.1)

## 1.1   Entstehen der griechischen Stadtstaaten

### Forschungsinteresse und Kompetenzerwerb

Griechenland und die griechische Antike gehören zu uns! Bis heute ist die griechische Antike in unserem Alltag präsent: sei es in unserem Sprachgebrauch, etwa wenn wir „Eulen nach Athen tragen" oder „eine Odyssee erleben", aber auch in den Mythen und historischen Personen, die bis heute Stoff für unzählige Hollywoodproduktionen (*Troja, 300, Alexander der Große*) liefern und somit als Geschichten noch immer Teil unserer Kultur sind. Antik-griechisch anmutende Architektur und Monumente prägen bis heute unsere Stadtbilder, kulturelle Ereignisse und Traditionen wie die Olympischen Spiele werden zu internationalen Großveranstaltungen und als klassisch-griechisch geltende Ideale und Ideen - sei es etwa die Demokratie oder die Bürgerin/der Bürger - sind heute zentraler Bestandteil unserer Philosophie und Staatstheorie.

Im Hinblick auf diesen starken Einfluss und die enge Beziehung bis heute setzen Sie sich in diesem Kapitel zunächst mit den grundlegenden Fragen – Wer? Wo? Wann? – zur griechischen Antike auseinander: Wer waren diese antiken Griechen überhaupt und verstanden sie sich als ein Volk mit bewussten Gemeinsamkeiten und Unterschieden zu anderen? Wo genau lag das antike Griechenland und ist es mit den heutigen Grenzen Griechenlands vergleichbar? Wann war die Zeit, die wir griechische Antike nennen, und welche Ereignisse führten zu Entwicklungen, deren Auswirkungen wir heute noch spüren?

### Vorgehen

Sie möchten an einer Ausstellung eines historischen Museums zur Antike mitwirken. Die Ausstellung soll der Frage zur heutigen Bedeutung der griechischen Antike nachgehen. Ihre Klasse bewirbt sich als Arbeitsgruppe und erstellt hierfür einen kurzen Videobeitrag, in dem ein erster Überblick über die Grundlagen der zeitlichen und räumlichen Verortung und der ersten politischen Ordnung der griechischen antiken Welt gegeben wird.

Zu Beginn SETZEN Sie sich mit dem geografischen Raum des antiken Griechenlands im Vergleich zum heutigen modernen Nationalstaat AUSEINANDER. Im Anschluss richten Sie Ihr Hauptaugenmerk auf die weitere Ausbreitung der antiken Griechen während des Zeitraums der sogenannten Großen Griechischen Kolonisation und DEFINIEREN den geografischen Raum, der von den Griechen besiedelt wurde. Sie UNTERSUCHEN die Motivlage der Kolonisten und VERGLEICHEN diese mit Beweggründen, die heute zu Migration führen. Daraufhin FASSEN Sie die wichtigsten Schritte ZUSAMMEN, die für die Koloniegründung nötig waren, und SETZEN sich mit dem Umgang der Griechen mit der Vorbevölkerung AUSEINANDER. Abschließend ERARBEITEN Sie zentrale Charakteristika der griechischen Polis und VERFASSEN eine eigene Definition des Begriffs der Polis.

ERSTELLEN **Sie nun in der Arbeitsgruppe den Videobeitrag für die Ausstellung zur Antike.**

Als Arbeitshilfe finden Sie im hinteren Teil des Lehrwerks eine Übersicht über verschiedene Methodentechniken. Nutzen Sie diese Möglichkeit.

### Materialauswahl

Im Rahmen dieses Kapitels wird zunächst mit Geschichtskarten gearbeitet, die einen Überblick über die wichtigen Dimensionen von Zeit und Raum der griechischen Antike geben. Diese Karten, die Darstellungen von komplexen und vielschichten Entwicklungen sind, bieten die Möglichkeit eines schnellen Zugriffs auf eine Vielzahl von Informationen über die Veränderungen der antiken griechischen Welt. Darüber hinaus begegnen Ihnen zahlreiche Autoren literarischer Quellen der Antike. So sind die Geschichtsschreiber Herodot und Strabon Hauptquellen für den untersuchten Zeitraum und die Entwicklungen der griechischen Kolonisation. Alle Berichte haben gemeinsam, dass sie erst Jahrhunderte nach den Ereignissen aufgeschrieben wurden und dass sie die Kolonisierung als gut geplant und strukturiert darstellen.

Die griechischen Dichtungen von Hesiod und Homer geben wichtige Einblicke in die sozialen Bedingungen und politischen Strukturen der frühen griechischen

Antike und bieten darüber hinaus aufgrund ihrer literarischen Form viele Möglichkeiten einer historischen Interpretation. Hesiod lieferte mit seinem epischen Lehrgedicht „Werke und Tage" ein Zeugnis des kleinbäuerlichen Lebens. Die Auszüge aus dem Homer zugeschriebenen Epos „Odyssee" bieten einen ersten Einblick in die politische Ordnung der griechischen Poliswelt. So lebten bereits die homerischen Helden in verschiedensten Poleis, die uns eine ganz konkrete Vorstellung davon geben, was diese Stadtstaaten ausmachte. Ergänzende Erläuterungen heutiger Historiker/-innen helfen abschließend bei einer umfassenden Definition des Begriffs.

## 1.

1.1 Beschreiben Sie den geografischen Raum des antiken Griechenlands. Verschaffen Sie sich dazu anhand der Karten einen Überblick über die Ausbreitung der antiken griechischen Stämme in der klassischen Epoche.

1.2 Überlegen Sie anschließend, welche geografischen Charakteristika die bewohnten Regionen prägen. Vergleichen Sie die Grenzen des frühen antiken Griechenlands mit dem heutigen modernen Nationalstaat.

## M 1  Griechenland im Altertum

Antikes Griechenland um 500 vor Chr.

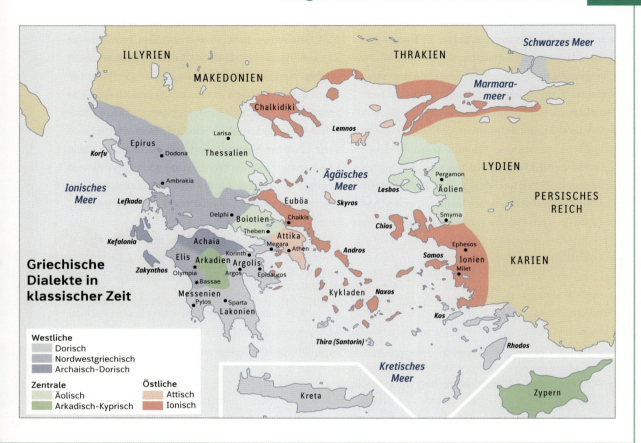

### Die griechischen Dialekte in klassischer Zeit     M 2

**Griechische Dialekte in klassischer Zeit**

Legende:

**Westliche**
- Dorisch
- Nordwestgriechisch
- Archaisch-Dorisch

**Zentrale**
- Äolisch
- Arkadisch-Kyprisch

**Östliche**
- Attisch
- Ionisch

## 2.

**2.1** Definieren Sie anhand der nachfolgenden Karte den geografischen Raum, der von den Griechen besiedelt wurde.

**2.2** Benennen Sie mögliche Voraussetzungen, die aufseiten der Kolonisten und besiedelten Gebiete gegeben sein mussten, sodass es zur Gründung von Kolonien kommen konnte.

## M 3 · Die große griechische Kolonisation

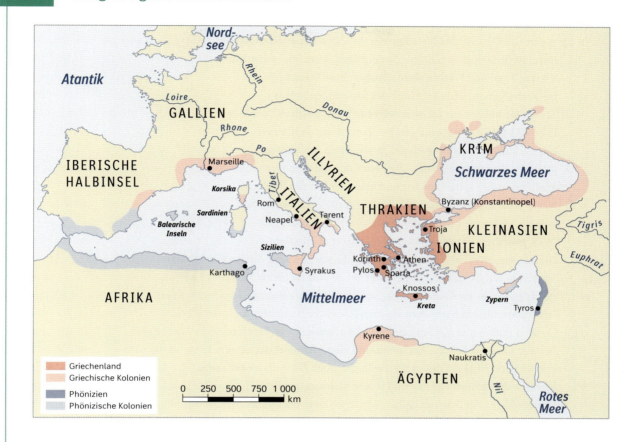

**Legende:**
- Griechenland
- Griechische Kolonien
- Phönizien
- Phönizische Kolonien

0  250  500  750  1 000 km

**3.**

3.1 Untersuchen Sie die Motive zur Kolonisierung, die in den nachfolgenden historischen Quellen angedeutet werden. Nehmen Sie dazu auch erneut das verfügbare Kartenmaterial der drei vorangehenden Materialien zur Hilfe.

3.2 Vergleichen Sie die Motivlage mit Beweggründen, die heute zu Migration führen.

Der aus Askra stammende Hesiod (geboren vor 700 v. Chr.) gibt uns in seinen epischen Lehrgedichten, in denen er sich an seinen Bruder Perses richtet, einen Einblick in die Lebenswelten des archaischen Griechenlands.

## Hesiod über das Leben im antiken Griechenland

1 **a)** Wenn das Gestirn, der Plejaden, der Atlasgeborenen, emporsteigt

Dann beginne mit dem Mähen, und pflüge, wenn sie versinken.

Vierzig Tage und Nächte waren vorher diese Sterne

Im Verborgenen, dann im Laufe des kreisenden Jahres

5 Treten sie wieder ans Licht, sobald das Eisen geschärft wird.

Dieses Gesetz gilt stets für den Feldbau, ob sie dem Meere

Eng benachbart wohnen, ob tief in waldigen Schluchten,

Fern von der wogenden See, die Menschen auf fruchtbarem Boden

Wohnen: nackt sollst du säen und nackt lenken die Rinder,

10 Nackt auch mähen, wenn du beizeiten die Werke Demeters

Alle dir einbringen willst: denn nur so wird dir beizeiten

Jedes gedeihen, dass ja nicht die Not später als Bettler

Dich herumdrücken lässt in den Höfen der andere, und das noch vergebens!

So wie du jüngst zu mir kamst, doch geb ich dir nichts mehr,

15 nichts mehr mess ich dir zu, nein, arbeite, törichter Perses,

Arbeit wie sie den Menschen die ewigen Götter bestimmten,

Dass du nicht einst mit Frau und Kindern, Kummer im Herzen,

Bettelst um Brot bei den Nachbarn und diese deiner nicht achten.

Zweimal, dreimal gelingt es dir vielleicht, doch fällst du weiter lästig,

20 Richtest du nichts mehr aus und redest vieles vergeblich.

Unnütz bleibt der Schwall deiner Worte; so lasse dir raten:

Sieh du zu, dass die Schulden du zahlst und wehrest dem Hunger.

Quelle: Hesiod: Werke und Tage 383–404, in: Gehrke; Schneider (Hg.): Geschichte der Antike, 2013, S. 34–35.

1 **b)** Packt dich die Sehnsucht jedoch nach der gefährlichen Seefahrt:

Wenn die Plejaden zuhauf vorm mächtigen Jäger Orion

Flüchtend hinab in das Dunst verschleierte Meer sich stürzen,

Dann ist die Zeit, dann bläst es und stürmt es von hier und von dort;

5 Und nicht mehr befahre du dann mit Schiffen die purpurne Salzflut,

Sondern den Acker bebaue mit Bedacht; so wie ich es dir rate.

Ziehe das Schiff dann weit auf das Land und setze von Steinen

Rings einen Wall, als Schirm vor der Kraft feucht wehender Winde;

Nimm auch den Zapfen heraus, sonst lässt Zeus' Regen es faulen.

10 Alles bewegliche Gut und Gerät verwahre dann geordnet im Hause,

Falte schön sauber die Schwingen des meerdurchfurchten Schiffes;

Aber das Steuer, geglättet und fest, häng hoch in den Rauchfang.

Selber harre der Zeit der Ausfahrt, bis sie schließlich herankommt.

Dann aber ziehe das Schiff, das flinke, ins Meer, drinnen die Fracht,

15 Passende Güter verstaue, damit du nach Hause Gewinn bringst.

So wie schon mein Vater und deiner, Narr, großer du, Perses,

Häufig zu Schiff unterwegs war, auf der Suche nach einem besseren Leben.

Auch hierher kam er einst, nachdem er viel Wasser befahren,
Verließ das aiolische Kyme und kam auf dunkelem Schiffe,

20 Nicht auf der Flucht vor dem Überfluss und nicht vor Reichtum und Segen,
Nein, vor der Armut, der bitteren, die Zeus schickt den sterblichen Menschen;
Ließ sich im elendsten Dorf am Helikon nieder, in Askra,
Übel im Winter, drückend im Sommer, und niemals angenehm.
Doch sei du, mein Perses, bedacht bei jeglicher Arbeit

25 Auf die rechte Zeit, bei der Seefahrt aber besonders,
Lenkst du wirklich dein Herz voll Leichtsinn hin auf die Kauffahrt,
Trachtend der Not zu entkommen und niederdrückendem Hunger.
Lobe zwar das bescheidene Schiff, doch das Gut in ein großes lade!
Größere Fracht wird größeren Gewinn zum Gewinne

30 Dir hinzufügen – wenn nur die Winde nicht widrig wehen oder stürmen. [...]
Fünfzig Tage gerechnet vom Tag der Wende der Sonne,
Während ans Ende kommt die Zeit des ermüdenden Sommers,
Passt für die Menschen die Zeit zur Seefahrt. Weder zerbrichst du
Dann dein Schiff, noch verschlingt wohl das Meer die Männer,

35 Wenn nicht etwa mit Absicht der Erderschütterer Poseidon
Oder Zeus, der König der Götter, wünscht die Vernichtung.
Liegt doch bei ihnen zugleich das Ende der Guten wie der Schlechten.
Dann wird es deutlich bestimmbar und stetig, und das Meer ist gefahrlos.
Ziehe dann das eilende Schiff, den ruhigen Winden vertrauend,

40 Ohne Bedenken ins Meer und gib hinein all dein Frachtgut; [...]
Ferner gibt es im Frühling die Fahrt zur See bei den Menschen.
Zu der Zeit, wenn zuerst so klein wie die schreitende Krähe
Spuren im Sand hinterließ, beim Hinschauen Blätter sich zeigen
Oben am äußersten Zweig, dann lässt das Meer sich befahren.

45 Das ist also die Seefahrt im Frühling. Ich aber selber
Lobe sie nicht; denn die will nicht meinem Herzen gefallen,
Hastig und dreist; nur mit Not entkämest du. Aber auch dieses
Unternehmen die Menschen im Unverstand ihres Herzens.
Denn das Geld ist wie das Leben so lieb den kläglichen Menschen.

50 Schrecklich, zu sterben inmitten der Wellen. Aber ich heiße dich,
Recht zu bedenken dies alles im Inneren, wie ich es sage,
Und nicht sämtliches Gut in den bauchigen Schiffen zu verstauen!
Lasse das meiste zurück, den kleineren Anteil nur verfrachte.
Schlimm nämlich ist es, in den Wellen der sich ein Leid zu erfahren.

Quelle: Hesiod: Werke und Tage 618–692, in: Gehrke; Schneider (Hg.): Geschichte der Antike, 2013, S. 39–40.

**4.**

4.1  Fassen Sie aus der nachfolgenden Quelle (M 5a) die wichtigsten Schritte zusammen, die zur Gründung der Kolonie Kyrene nötig waren, und vergleichen Sie diese anschließend mit den Schilderungen in M 5b.

4.2  Charakterisieren Sie in einem nächsten Schritt mithilfe von M 5a und M 6 die Beziehung zwischen den Kolonistinnen und Kolonisten und der Vorbevölkerung. Diskutieren Sie weitere Folgen der griechischen Kolonisation auf die besiedelten Gebiete und beurteilen Sie diese.

### Über die Aussendung einer Kolonie                    M 5

**a)** [Herodot schreibt in seinen Historien über die Kolonisierung Libyens durch Siedler der Insel Thera:]

1   Dort nahm ein vornehmer Bürger von Thera, Polymnestos, Phronime zu seiner Nebenfrau. Nach einiger Zeit gebar sie ihm einen Sohn, der stotterte und stammelte. Er bekam den Namen Bat-

5   tos [...]. Er war [...] herangewachsen und nach Delphi gekommen, um sich wegen seiner Stimme ein Orakel geben zu lassen. Auf seine Frage erteilte ihm die Pythia folgenden Spruch als Antwort: „Battos, zwar kamst du der Stimme wegen,

10  doch Phoibos Apollon sendet dich Libyen zu, dem herdenreichen, als Siedler." [...] Er aber gab zur Antwort: „Herr, ich kam allerdings zu dir, um dich wegen meiner Stimme um Rat zu fragen. Du aber gibst mir anderes auf, Unmögliches, indem

15  du mich heißt, Libyen zu besiedeln. Mit welcher Macht? Mit welcher Mannschaft?" Trotz dieser Antwort konnte er den Gott nicht dazu bringen, ihm einen anderen Spruch zu geben. Als er ihm die gleiche Weissagung wiederholte wie vorher,

20  ging Battos, noch während die Pythia sprach, heim nach Thera.

Danach traf ihn und die anderen Theraier neuerdings allerlei Unglück. Da sie sich die Ursachen der Leiden nicht erklären konnten, schickten sie

25  nach Delphi und befragten das Orakel, warum es ihnen augenblicklich so schlecht gehe. Die Pythia

erteilte die Antwort: wenn sie gemeinsam mit Battos Kyrene in Libyen besiedelten, würden sie es wieder besser haben. Darauf entsandten die

30  Theraier Battos mit zwei Fünfzigruderern. Als sie nach Libyen abgesegelt waren und nicht wussten, was sie anders tun sollten, kehrten sie wieder nach Thera zurück. Die Theraier aber schossen nach ihnen, als sie in den Hafen einfuhren, und

35  ließen sie nicht landen; vielmehr befahlen sie ihnen zurückzusegeln. Notgedrungen fuhren sie also wieder ab und besiedelten jene Insel an der libyschen Küste, die, wie oben schon erwähnt, Platea heißt. Diese Insel soll ebenso groß sein wie

40  die jetzige Stadt Kyrene.

Hier wohnten sie zwei Jahre; aber es ging ihnen dort nicht gut. So ließen sie denn einen einzigen aus ihrer Mitte zurück, und alle übrigen fuhren nach Delphi. Dort baten sie das Orakel um einen

45  Spruch und erzählten, sie hätten sich in Libyen angesiedelt, aber es gehe ihnen trotzdem keineswegs besser, obwohl sie dort wohnten. Darauf verkündete ihnen die Pythia folgendes: „Kennst du besser als ich, der ich dort war, Libyens Her-

50  den: Dich, der du nicht dort warst, muss ich ob deiner Weisheit bewundern." Als Battos und seine Leute dies hörten, segelten sie wieder zurück; denn offenbar ersparte ihnen der Gott die Ansiedlung nicht, bis sie nach Libyen selbst

55  gekommen seien. Sie landeten auf der Insel, nah-

men die Zurückgelassenen an Bord und siedelten sich auf dem libyschen Festland gegenüber der Insel an. Die Landschaft heißt Aziris. [...]

Hier wohnten sie sechs Jahre. Im siebten Jahr er-
60 boten sich die Libyer, sie an einen noch schöneren Platz zu führen. Sie entschlossen sich mitzugehen, und die Libyer brachten sie nun von dort weg, indem sie sie gegen Abend aufbrechen ließen. Um den Griechen die schönste Gegend beim Durch-
65 zug vorzuenthalten, hatten sie die Tageszeit genau ausgerechnet und führten sie nachts dort vorbei. Dieses Gebiet heißt Irasa. Sie geleiteten sie dann an eine Quelle, die dem Apollon heilig sein soll, und sprachen: „Griechen, hier ist die
70 rechte Stelle für die Gründung eurer Stadt, denn hier steht der Himmel offen." Zu den Lebzeiten

des Gründers Battos, der gegen vierzig Jahre herrschte, und auch noch zurzeit seines Sohnes Arkesilaos, der sechzehn Jahre regierte, blieben
75 die Kyrenaier nur in derselben Zahl, wie sie anfangs in die Kolonie abgesandt worden waren. Aber zurzeit des dritten Königs [...] sammelte sich eine große Menschenmenge in Kyrene, und man nahm den benachbarten libyschen Stämmen
80 und ihrem König Adikran einen großen Teil des Landes weg. Da schickten die [...] Libyer nach Ägypten und stellten sich unter den Schutz des Königs Apries. Dieser stellte ein starkes Heer in Ägypten auf und entsandte es nach Kyrene. Die
85 Kyrenaier zogen aus nach der Landschaft Irasa [...]; dort kam es zum Kampf zwischen ihnen und den Ägyptern. Die Kyrenaier siegten.

Quelle: Herodot: Historien 4, 150 ff., in: Fischer: Griechische Frühgeschichte bis 500 v. Chr., 2010, S. 72–73.

**b)** [Eine Marmorstele aus Kyrene zeigt folgende Inschrift:]
1 Eidesvereinbarung der Siedler. Beschlossen hat die Versammlung (ekklēsia): Da Apollon aus eigenem Antrieb (= ohne befragt worden zu sein) dem Battos und den Therariern das Orakel gege-
5 ben hat, Kyrene (als apoikía) zu besiedeln, legen die Theraier fest, dass man nach Libyen fortsende den Battos als Gründer-Führer (archagétas) und König; dass als Gefährten die Theraier mitziehen; dass sie gleichrangig und -berechtigt (= zu völlig
10 gleichen Bedingungen) aus jedem Haus (oíkos) ziehen sollen; dass (je) ein Sohn ausgewählt werden soll aus jedem einzelnen oíkos [...] und dass von den sonstigen Theraiern jeder freie (Mann) ziehen soll wer will. Wenn die Siedler die An-
15 siedlung behaupten können, dann soll jeder von den Familienangehörigen [...], der später nach Libyen fährt, sowohl am Bürgerrecht als auch an den Ehrenämtern teilhaben und ihm soll von dem herrenlosen [...] Land ein Anteil zugelost werden.
20 Wenn sie aber die Ansiedlung nicht behaupten können und die Therarier ihnen auch nicht zu

Hilfe kommen können, sondern sie binnen fünf Jahren von Not verdrängt [...] werden, sollen sie aus dem Land fortgehen ohne Nachteil nach
25 Thera zu ihrem Besitz, und sollen dort Bürger sein. Wenn aber einer nicht ziehen will, obwohl die Stadt ihn fortschickt, soll er todgeweiht sein, und sein Besitz soll eingezogen werden. Wer ihn aber aufnimmt oder schützt, sei es ein Vater sei-
30 nen Sohn oder ein Bruder seinen Bruder, wird dasselbe erleiden wie der, der nicht ziehen will. Unter diesen Bedingungen haben die Eideszeremonie durchgeführt die, die am Ort (= Thera) blieben und die, die um zu siedeln fortzogen;
35 und sie sprachen Flüche aus gegen die, die das Beschworene verletzten und nicht daran festhielten, seien dies (Leute) von denen, die in Libyen siedelten, oder von denen, die hier blieben. Wächserne Figuren formten sie und verbrannten
40 sie unter Fluchformeln, nachdem alle zusammengekommen waren, Männer, Frauen, Jungen und Mädchen: Wer nicht bei den Eidbestimmungen bleibe, sondern sie verletze, solle so zerschmelzen und zerrinnen wie die Figuren, er selbst, sein Ge-

45 schlecht und sein Besitz; für die aber, die bei den Eidesbestimmungen blieben, sowohl die, die nach Libyen zögen als auch die, die in Thera blieben, solle es Vieles und Gutes geben, für Sie selbst und ihr Geschlecht.

Quelle: Meiggs/Lewis 5, Z. 23–51, in: Gehrke; Schneider (Hg.): Geschichte der Antike, 2013, S. 46–47.

Strabon (ca. 63 v. Chr.–25 n. Chr.) berichtet über die Beziehung der griechischen Kolonisten mit dem Stamm der Mariandynoi in Herakleia am Pontos.

## Über den Umgang mit den Indigenen　　M 6

1 Über die Mariandyner und die Kaukonen berichten nicht alle Autoren das Gleiche. Sie sagen nämlich zwar, Herakleia, eine Gründung der Milesier, liege im Gebiet der Mariandyner, aber was 5 für Leute dies sind und woher sie stammen, das sagt keiner; weder in ihrer Sprache noch sonst irgendein ethnischer Unterschied zeigt sich bei ihnen, sondern sie sind den Bithynern ganz ähnlich. Demnach scheint es also, dass auch dieser 10 Stamm thrakisch gewesen ist. Theopompos sagt, dass Mariandynos, der einen Teil Paphlagoniens beherrscht hatte [...], das Gebiet der Bebryker in Besitz genommen und das Land, aus dem er weggezogen war, mit seinem Namen benannt 15 zurückgelassen habe. Auch wird berichtet, dass die Milesier, als sie zuerst Herakleia gegründet hatten, die Mariandyner, die vorher im Besitz des Ortes gewesen waren, zu Heloten gemacht (= zum Knechtsdienst gezwungen) hätten – so 20 dass sie sogar von ihnen verkauft wurden, aber nicht über die Grenze (das sei in einem Abkommen ausgemacht worden) –, ebenso wie bei den Kretern die Gemeinschaft der sogenannten Mnoia Knechtsdienste leistete und bei den Thessalern 25 die Penesten.

Quelle: Strabon: Geographika 12, 3,4 (542), in: Gehrke; Schneider (Hg.): Geschichte der Antike, 2013, S. 47.

5.　Erarbeiten Sie abschließend aus den beiden nachfolgenden Materialien (M 7 und M 8) zentrale Charakteristika der griechischen Polis. Erstellen Sie dann auf Grundlage von drei wissenschaftlichen Erklärungen (M 9) eine eigene Definition der Polis.

Odysseus, König von Ithaka, trifft in Homers „Odyssee" auf eine Vielzahl von unterschiedlichen Völkern, deren Poleis er detailliert beschreibt.

**M 7**    Die Polis in Homers „Odyssee"

1 **a)** Athene besuchte Volk (démos) und Stadt (pólis) der Phaiaken,
    Die frühen Bewohner Hypereias mit weiten (Tanz-)Plätzen,
    Nahe beim Land der Kyklopen, der übermächtigen Männer.
    Diese schadeten ihnen und waren an Kraft überlegen.
5     Aber Nausithoos, der göttergleiche, ließ sie aufbrechen,
    Ließ sie in Scheria siedeln weitab von erwerbenden Männern,
    Ließ um die Stadt eine Mauer dann bauen und errichtete Häuser,
    Und schuf Tempel der Götter und verteilte die Äcker.

Quelle: Homer: Odyssee 6, 2–10, in: Gehrke; Schneider (Hg.): Geschichte der Antike, 2013, S. 30.

1 **b)** Aber wenn wir die Stadt betreten, um die eine Mauer ist,
    eine hohe – der schöne Hafen umschließt die Stadt auf zwei Seiten,
    Schmal ist der Zugang; doppelt geschweifte Schiffe umsäumen
    Sichernd den Weg; denn für alle und jeden liegt dort ein Standplatz.
5     Weiter die Agora, beiderseits des schönen Poseidontempels,
    Eingefasst mit Steinen im Boden, von weither geholten –
    Dort halten Sie das Zeug und Gerät für die schwarzen Schiffe instand
    Tauwerk und Segel; dort werden die Ruder gesäubert.
    Denn den Phaiaken liegt gar nichts an Bogen und Köcher;
10     Sie lieben Mastbaum, Ruder und richtiggehende Schiffe,
    Auf denen stolz sie die grauen Meere befahren.

Quelle: Homer: Odyssee 6, 2–10, in: Gehrke; Schneider (Hg.): Geschichte der Antike, 2013, S. 30.

Aristoteles (384 v. Chr.–322 v. Chr.) analysierte in seiner Schrift „Politika" die politische Organisationsform der Polis.

**M 8**    Die Polis bei Aristoteles

1 Wer also der Staatsbürger ist, wird daraus offenbar: Wem nämlich die Erlaubnis gegeben ist, teilzunehmen an einem beratenden oder einem Recht sprechenden Amt, den nennen wir bereits Bürger 5 dieses Staates. Staat aber die Menge solcher Bürger, die hinreicht zur Selbstgenügsamkeit des Lebens, um es einfach auszudrücken.

Quelle: Aristoteles. Politik, 1275b, in: Fischer: Griechische Frühgeschichte bis 500 v. Chr., 2010, S. 80.

## Drei wissenschaftliche Definitionen des Begriffs „Polis"     **M 9**

1 **a)** Zum Verständnis des klassischen griechischen Staates ist die Erkenntnis entscheidend, daß dieser Staat im Unterschied zu unseren heutigen Staatsvorstellungen ein Personalverband ist und nur ein
5 Personalverband. Der moderne Staatsbegriff geht vom Territorium aus, der moderne Staat ist die politische Organisation eines bestimmten Territoriums, [...] so ist im klassischen Griechenland alles [...] an die Gemeinschaft der Bürger [...] gebunden
10 [...]. Die griechische Polis ist also der Personalverband ihrer Bürger. Sehr bezeichnend dafür ist, daß es keine automatische Erwerbung des Bürgerrechts, also der Zugehörigkeit zu diesem Verband gibt. Auch der legitime Sohn des Bürgers erwirbt
15 dieses Bürgerrecht nicht einfach durch die Geburt oder die Anmeldung durch den Vater, sondern muß durch formellen Beschluß der Bürgerschaft in diese aufgenommen werden. [...]

Die Idee der bürgerlichen Gemeinschaft hat zur
20 weiteren Folge, daß alle Bürger am Staatsleben teilnehmen oder teilnehmen sollten, also die Selbstregierung und darüber hinaus sogar die Selbstverwaltung. Die Übertragung der Wahrnehmung der

politischen Rechte an gewählte Vertreter, also ein
25 Parlament, ist innerhalb der griechischen Polis mit ihrer Idee unvereinbar und gibt es nicht, sowenig wie es ein Berufsbeamtentum gibt. Erst recht ist die Herrschaft eines einzelnen, Monarchie oder Tyrannis, damit nicht vereinbar und geradezu die
30 Negierung der Polis; die Bürgerschaft einer Polis kann nur aus Gleichen und Freien bestehen. Die in entwickelten Verhältnissen oft zusammentretende Volksversammlung kann alles und jedes im Rahmen der von ihr selbst aufgestellten Vorschriften
35 beschließen und regeln, sie gibt nicht nur Gesetze und wählt die nötigen Beamten und Kommissionen, sondern trifft auch zahlreiche Entscheide in Einzelfragen der Verwaltung und Regierung. [...] Eine andere Konsequenz der Vorstellung der
40 unmittelbaren Selbstregierung der freien Bürgerschaft ist es, daß natürlich jeder Bürger stets die Zeit und Möglichkeit haben sollte, sich an verschiedenen Verpflichtungen des staatlichen Lebens zu beteiligen, daß er nicht durch wirtschaft-
45 liche Notwendigkeiten verhindert sein sollte, eine Volksversammlung zu besuchen, im Gericht zu sitzen oder ein Amt zu bekleiden.

Quelle: Meyer: Einführung in die antike Staatskunde, 1968, S. 68 ff.

1 **b)** Die typische Form der politischen Organisation in den von Griechen besiedelten Gebieten der antiken Welt ist der Stadtstaat (pólis, Plural: póleis). Zwar waren in Randgebieten auch noch Stammes-
5 herrschaften (Ethne) anzutreffen, doch entwickelten diese (mit Ausnahme Makedoniens) keine politischen Kräfte. Eine Polis umfaßte dabei ein Siedlungszentrum (ásty), das städtischen Charakter besitzen konnte, sowie das dieses umgebende
10 Land (chóra). Dabei gab es keinen rechtlichen Unterschied zwischen Bewohnern des Zentralortes und des Umlandes, das in der Regel die wirtschaftliche Basis des Stadtstaates bildete. Während des gesamten Altertums waren ja – obwohl Städte als
15 ein wesentliches Element antiken Lebens und anti-

ker Kultur anzusehen sind – die meisten Menschen in der Landwirtschaft tätig.

[...] Mit der sog. „großen griechischen Kolonisation" trat die Polis ihren Siegeszug durch den ge-
20 samten Mittelmeerraum an und wurde auch von anderen Völkern übernommen. Die meisten poleis, von denen es schließlich in klassischer Zeit um die 700 gab, waren vergleichsweise kleine Städte mit 500 bis 1500 wehrfähigen Bürgern. Größere po-
25 leis wie Sparta, Athen, Argos, Syrakus oder Milet waren eher Ausnahmen. Das Polisleben stellte also eine verhältnismäßig kleine, überschaubare und intensive Lebensform dar, in welcher die meisten Bürger miteinander gesellschaftlich verbunden

30 waren. Charakteristisch für griechische Poleis war das Streben ihrer Bewohner nach innerer wie äußerer Unabhängigkeit, nach Selbstbestimmung (autonomía), Freiheit (eleuthería) und wirtschaftlicher Selbstständigkeit (autárkeia).

Quelle: Fischer: Griechische Frühgeschichte bis 500 v. Chr., 2010, S. 78.

1 **c)** Wie müssen wir uns nun einen solchen griechischen Stadtstaat vorstellen? Bei allen Unterschieden und Eigenheiten, die sich bei genauer Analyse der vielen Poleis feststellen lassen, gibt es einige 5 typische Merkmale, die für diese Staats- und Gemeinschaftsform, die uns im 6. Jahrhundert voll ausgebildet entgegentritt, kennzeichnend sind. Dabei gilt es zwei Dimensionen zu unterscheiden: die räumliche, Polis als Siedlungsraum, als Stadt, 10 und die gesellschaftliche, Polis als Gemeinschaft ihrer Bewohner, als Staat. [...]

Von Ausnahmen abgesehen ist die griechische Polis eine befestigte Siedlung, meist von Mauern umgeben [...] Polis meint auch etymologisch zu15 nächst einmal den befestigten Ort – die „Akropolis" ist die erhöht gelegene Burg. [...] Die Häuser der Menschen und die Häuser der Götter, die Tempel, sowie den zur Stadt gehörenden Ackerboden im unmittelbaren Umland der Polis, der Chora. In 20 diesem Hinterland existieren oft zur Polis gehörige ländliche Siedlungen, die man vielleicht am besten mit Dörfern vergleichen kann, „Komen" oder „Demen" genannt. Neben fruchtbarem Ackerland war für griechische Poleis vor allem auch der Zu25 gang zum Meer entscheidend. Fast alle Stadtstaaten der Griechen, vor allem die seit dem 8. Jahrhundert neu gegründeten Pflanzstädte, verfügen über Häfen.

Die wichtigsten und für Archäologen und Historiker sichtbarsten strukturierenden Kennzeichen 30 einer Polis sind ihre öffentlichen Räume. Dieser Aspekt führt uns zum eigentlichen Wesen der Polis als Bürgergemeinschaft, die sich nach T. Hölscher in einem dreigliedrigen öffentlichen Raum 35 konstituiert: Die Agorá (Marktplatz), die Heiligtümer und die Nekropolen. Diese räumliche Trennung entspricht der Dreiteilung der idealen Polis: Menschen, Götter, Tote. [...] Diese für Historiker besonders markant erscheinende räumliche Auf40 teilung der Polis war für ihre Bewohner wohl eher sekundär. Sie verstanden ihr gemeinsames Staatswesen eher aus der Perspektive des Personenverbands.

Quelle: Rubel: Die Griechen, 2014, S. 33–34.

# DAS WICHTIGSTE IN KÜRZE

### Entstehen der griechischen Stadtstaaten

Bereits um 1200 v. Chr. kommt es zu ersten Wanderungsbewegungen im ägäischen und vorderasiatischen Raum. Es sind indogermanische Völker, die in diesen Raum eindringen und wiederum zu weiteren Wanderungsbewegungen der dort siedelnden Stämme führen (= dorische Wanderung). Infolge dieser Wanderungen ist bis 800 v. Chr. der Raum der griechischen Inseln und der vorderasiatischen Küstengebiete durch die Stämme der Dorer, Ioner und Aioler besiedelt. Die Stämme zeichnen sich durch eine gemeinsame hellenische Kultur, also Religion, Sprache, Schrift und Mythologie aus. Eine Tatsache, die besonders wichtig war, da die griechische Gesellschaft von einem hohen Maß an Partikularismus, also von einer Aufsplitterung in einzelne und unabhängige Polisherrschaften, gekennzeichnet war.

### Die große griechische Kolonisation

Mit einer zweiten Wanderungsbewegung, der sogenannten großen Kolonisation (750 v. Chr.–500 v. Chr.) begann eine Welle von Städtegründungen, die die Welt des gesamten Mittel- und Schwarzmeerraumes grundlegend veränderte. Um 500 v. Chr. fanden sich griechische Kolonien, sogenannte Tochterstädte, verteilt um die beiden Meere, „wie Frösche um den Teich" (so wird es Platon zugeschrieben). Bedeutende Poleis, die Kolonien gründeten, waren unter anderem Milet, Chalkis, Korinth, Megara und Eretria. Bevorzugte Siedlungsgebiete waren zunächst Süditalien und Sizilien, seit dem Ende des 8. Jahrhunderts wurde ebenso an den Küsten des Schwarzen Meeres gesiedelt. Nicht selten gründeten auch Tochterstädte weitere Kolonien, so kam es 600 v. Chr. zur Gründung der bedeutenden Siedlung Massalia, dem heutigen Marseille, die wiederum die Siedlungen Nikaia (Nizza), Antipolis (Antibes) und Emporion (Ampurias) gründete. Kolonien entstanden dabei ausnahmslos an Stellen, die handelspolitisch günstig gelegen waren, vornehmlich an Küstengebieten, von denen Produkte auch ins Hinterland vermittelt werden konnten. Die Voraussetzung für eine erfolgreiche Besiedlung war neben der Seefahrt die kulturelle und technische Überlegenheit der Griechen. In allen Gebieten, in denen die Griechen siedelten, kamen deren Bewohnerinnen und Bewohner zum ersten Mal in Kontakt mit einer Hochkultur. Dort, wo die Hochkultur der Phönizier bereits Kolonien gegründet hatte, also an den Küsten der Levante, Ägyptens und Nordafrikas, war dieses Kulturgefälle nicht gegeben und es kam, mit Ausnahme von Kyrene, zu keiner griechischen Besiedlung.

Auch wenn die antike Geschichtsschreibung das Bild einer großen, abenteuerlichen und geplanten Eroberungsbewegung vermittelt, hatte die große Kolonisation eine Vielzahl von Gründen und Ursachen: Lange Zeit sah man das Hauptmotiv in einem Mangel an Ackerboden im gebirgigen Griechenland, der durch ein rapides Bevölkerungswachstum und gelegentliche Missernten verschärft wurde. Es muss darüber hinaus ein großes ökonomisches Interesse bestanden haben, also ein Interesse an Ressourcen und an der Sicherung von Handelswegen, das viele Kolonistinnen und Kolonisten dazu brachte, ihre Heimat zu verlassen. Auch konnten persönliche ökonomische Nöte oder eine innenpolitische Niederlage ausschlaggebend gewesen sein und oft lockte wohl auch die Aussicht, durch eine Kolonie Macht und Reichtum zu gewinnen.

Die Folgen der griechischen Kolonisation sind nicht zu überschätzen. Es kam zu einer Belebung des Handels, der zu einem ökonomischen Aufschwung vieler Tochter- und Mutterstädte führte. Die Stärkung

# DAS WICHTIGSTE IN KÜRZE

des griechischen Selbstbewusstseins und eine Hellenisierung weiter Gebiete des Mittelmeerraums waren weitere Folgen. Die griechische Kultur strahlte aus und beeinflusste nachhaltig die Kulturen der Völker, die mit ihr in Kontakt traten.

## Die Ausbreitung der Polis

Eine weitere Folge der Kolonisation war die Ausbreitung der Polis (griech.: pólis, Plural: póleis) im gesamten Mittelmeerraum. So hatte sich die Polis bereits im Zeitraum der dorischen Wanderung als politische Organisation in der griechischen, hellenischen Welt herausgebildet. Ihren wirklichen Siegeszug begann sie dann ab 750 v. Chr. Eine Polis war, von vereinzelten Ausnahmen abgesehen, eine befestigte Siedlung, die einen Siedlungskern (ásty) und das umgebende mehr oder weniger große agrarische Umland (chóra) umfasste. Viele dieser Stadtanlagen verfügten über Mauern, die ihren Stadtkern sicherten, manche sogar über eine ummauerte Burg, die Akropolis. In allen Fällen aber gab es einen zentralen Versammlungsplatz des Volkes, die Agora. Die Nekropolen, die Begräbnisstätten, befanden sich vor den Toren der Stadt. Trotz dieser Gemeinsamkeiten in der lokalen Strukturierung der Poleis spielte die Aufgliederung für die Polisbewohner/-innen eine eher sekundäre Rolle. So gab es zunächst keinerlei rechtliche Unterschiede zwischen Bewohnerinnen und Bewohnern des Zentrums und des Umlands. Darüber hinaus definierte man sich nicht über ein Territorium, da man sich vielmehr als Bürgerverband verstand. So ist in wichtigen antiken griechischen Staatsverträgen immer konkret von den Bewohnerinnen und Bewohnern, das heißt von „den Athenern", „den Korinthern", und nicht von den politischen Territorien „Athen" oder „Korinth" die Rede.

Ein wesentlicher Grund für die Zersplitterung der politischen Organisation in zahlreiche unabhängige und überschaubare Stadtstaaten lag auch in der geografischen Eigenart Griechenlands, die große territoriale Flächenstaaten verhinderte. Die Tatsache, dass die Bewohnerinnen und Bewohner der einzelnen Poleis ihre Angelegenheiten selbstständig, also autonom, regelten und Politik unabhängig von einer zentralen Macht, wie etwa einem König, betrieben, stellte die Basis dar für die weitere Entwicklung der Demokratie in der griechischen Antike – außerdem für ein Gedankengut, das unsere heutige westliche Welt nachhaltig prägte, sei es in der Philosophie, Kunst oder Literatur.

# FESTIGUNG – VERTIEFUNG

### Weitere Herangehensweisen

- Erarbeiten Sie ein Kurzreferat zu einer einflussreichen griechischen Polis.
- Recherchieren Sie weitere Informationen zu einem Stamm des klassischen Griechenlands. Untersuchen Sie jeweils den Stamm der Ionier, Aioler, Dorer oder Achaier genauer im Hinblick auf die Siedlungsgeschichte, Sprache und Kultur.

### Vertiefende Aspekte

- Die Insel Sizilien war von vornherein von großem Interesse für verschiedene griechische Poleis und durchlebte daher eine lange und wechselvolle Geschichte griechischer Besiedlung. Erforschen Sie mithilfe des antiken Geschichtsschreibers Thukydides (vgl. H 2) diese bisweilen sehr komplexe Besiedlungsgeschichte und geben Sie zunächst einen Überblick über die wichtigsten sizilianischen Städtegründungen. Gehen Sie anschließend auch auf die Beziehungen der griechischen Kolonisten untereinander ein und beurteilen Sie den Umgang der Siedler/-innen mit der bereits vor ihrer Ankunft ansässigen Bevölkerung.

### Weiterführende Quellen und Hinweise

**H 1** Fischer, Josef: Griechische Frühgeschichte bis 500 v. Chr., Darmstadt, WBG, 2010. Das Buch gibt einen gut strukturierten Überblick über die politischen und gesellschaftlichen Entwicklungen vor und während der großen griechischen Kolonisation. Verschiedene antike Quellen kommen zu Wort, diese werden umfangreich erklärt und kommentiert und machen die Antike somit lebendig.

**H 2** Thukydides: Geschichte des Peloponnesischen Krieges, übersetzt durch G. P. Landmann, Zürich, Artemis, 1960. Das überlieferte Werk Thukydides' (ca. 460–395 v. Chr.) ist, wie der Name schon verrät, dem Krieg zwischen den beiden Poleis Athen und Sparta gewidmet. Im Sinne einer umfassenden Erklärung greift der Autor dabei weit zurück und gibt uns so einen Einblick in die griechische Staatenwelt zu Zeiten der Kolonisierung.

 **H 3** Karte: Mittelmeerraum – Phönikische und griechische Kolonisation. Diercke, Braunschweig, 2023: Die verlinkte Karte bietet Ihnen einen Überblick über die antike phönikische und griechische Kolonisation. Ab dem 11. Jahrhundert v. Chr. kommt es zu Gründungen von phönikischen Kolonien im Mittelmeerraum. Die ab 800 v. Chr einsetzende griechische Kolonisation beendet diese phönikische Vormachtstellung.

## 1.2 Die Demokratie im antiken Athen

### Forschungsinteresse und Kompetenzerwerb

Aristoteles verkündet in seiner Schrift „Politika", der wohl wichtigsten staatsphilosophischen Schrift des Altertums, dass der Mensch von Natur aus ein „Zoon politikon", ein politisches Lebewesen sei. Ein Lebewesen, das ein Leben in der Gemeinschaft sucht, kann im aristotelischen Verständnis des 4. vorchristlichen Jahrhunderts nur einen Menschen meinen, der das Leben in der Polis anstrebt. Das Leben in einer Gesellschaft also, die sich letztendlich zu einem wohlorganisierten staatlichen Gebilde entwickelt.

In diesem Kapitel werden Sie am Beispiel Athens den Weg der griechischen Polis vom Adelsstaat zur Bürgerpolis nachvollziehen, einen Weg, der auch wie vielerorts über die Zwischenstation der Tyrannenherrschaft führte. Dazu befassen Sie sich im Folgenden mit der Auseinandersetzung über die Staatsform im antiken Athen und lernen die wichtigsten antiken Werte und Zielvorstellungen kennen, die zur Einführung einzelner rechtsstaatlicher und demokratischer Elemente führten und uns noch heute als unverzichtbar gelten. Sie gehen der Frage nach, wie die attische Demokratie unsere heutigen Demokratien beeinflusst hat, und erkennen dabei Gemeinsamkeiten und Unterschiede zwischen der attischen und einer modernen Verfassungsordnung.

### Vorgehen

Im Rahmen eines Schulprojekts zum Thema „Wurzeln und Formen moderner Demokratien" sollen Sie sich mit den Anfängen der demokratischen Herrschaftsform auseinandersetzen. Sie planen hierfür einen Vortrag zur Eröffnung, in dem Sie einen Überblick über die wichtigsten Entwicklungslinien der antiken attischen Demokratie geben möchten. Sie möchten dabei ebenfalls die wichtigsten Bedingungen und Normen der antiken Demokratie aufzeigen und die Gemeinsamkeiten und Unterschiede zur modernen Demokratie herausarbeiten.

Zunächst befassen Sie sich mit der antiken Diskussion über die beste Staatsform. Sie SKIZZIEREN die in den Texten diskutierten Herrschaftsformen und ARBEITEN die Menschenbilder HERAUS. Diese VERGLEICHEN Sie dann mit demjenigen des Grundgesetzes. Im Anschluss daran lernen Sie die drei großen Reformer der attischen Polis und ihre Verfassungsordnungen kennen, die Sie jeweils auf ihren demokratischen Charakter ÜBERPRÜFEN. Die Zwischenphase der Tyrannis wird ebenfalls beleuchtet, indem Sie sich mit Zielen und Methoden des Tyrannen Peisistratos AUSEINANDERSETZEN. Sie UNTERSUCHEN die Verfassung des Perikles und ÜBERPRÜFEN diese auf ihren demokratischen Charakter. In einem letzten Schritt vertiefen Sie Ihre gewonnenen Erkenntnisse nochmals und ERARBEITEN in einem Vergleich Gemeinsamkeiten und Unterschiede mit und zu modernen Demokratien.

ERSTELLEN **Sie nun den Vortrag zur Eröffnung des Schulprojekts.**

Als Arbeitshilfe finden Sie im hinteren Teil des Lehrwerks eine Übersicht über verschiedene Methodentechniken. Nutzen Sie diese Möglichkeit.

### Materialauswahl

Die überlieferten Texte, die sich mit der antiken Demokratie beschäftigen, konzentrieren sich vor allem auf Athen. Häufig lässt diese Tatsache vergessen, dass es in anderen Poleis der griechischen Welt andere Formen der Demokratie oder eben überhaupt keine demokratische Herrschaft gab, so etwa in Korinth, Megara, Theben oder Sparta. Darüber hinaus überliefern die antiken Autoren ein ganz bestimmtes Bild der attischen Demokratie, dass durch eindeutige Werturteile geprägt ist. Oft schildern sie auch Probleme und negative Aspekte und stehen der Demokratie kritisch und distanziert gegenüber.

Herodot aus Halikarnass (490/480 v. Chr. – um 424 v. Chr.) war einer der ersten Menschen, der systematisch über historische Ereignisse berichtet hat. So nannten ihn die Römer den Vater der Geschichtsschreibung (pater historiae). Erhalten bis heute ist praktisch nur sein Werk „Historien", in dem er den Aufstieg des Perserreiches und die Ereignisse im Griechenland des 5. vorchristlichen Jahrhunderts, so auch die gesellschaftlichen Umwälzungen in Athen, schildert. Der Autor Thukydides (ca. 460–395 v. Chr.) schildert die 50 Jahre zwischen den Perserkriegen und dem Krieg zwischen Athen und Sparta und gibt Einblicke in die Ordnung der Polis Athen. Für

ein umfassendes Verständnis der politischen Systeme der Antike sind die Texte des Aristoteles (384 v. Chr.–322 v. Chr.) zur politischen Theorie heranzuziehen. In seiner Schrift „Politika" beschreibt und analysiert er die Willensbildungsprozesse und die politischen Institutionen der griechischen Staatenwelt.

Die Wirkung der antiken Demokratie auf unsere heutige Verfassungsordnung basiert somit vor allem auf der Überlieferung dieser Texte. Eine Ergänzung der Quellen durch das Heranziehen zeitgenössischer Denkmäler, Inschriften oder anderer Überreste ist sinnvoll, um das Bild der Demokratie zu erweitern. Besonders Münzen sind unter verschiedenen Aspekten als Quellen für die Antike nutzbar. Sie sind zunächst Zeugnisse für die Verwendung von Geld, lassen damit aber auch Rückschlüsse auf die wirtschaftlichen und politischen Verhältnisse ihrer Zeit zu.

**1.**

1.1 Vergleichen Sie verschiedene antike Standpunkte in einer Diskussion über die beste Staatsform.

1.2 Skizzieren Sie die in den nachfolgenden beiden Textquellen diskutierten Herrschaftsformen. Arbeiten Sie hierfür heraus, wie jeweils die Ausübung von Herrschaft gerechtfertigt wird und welche Annahmen über das Wesen, den Charakter und die Natur des Menschen diesen Rechtfertigungen zugrunde liegen.

1.3 Vergleichen Sie diese Annahmen im Anschluss mit den grundlegenden Überzeugungen über das Wesen, den Charakter und die Natur der/des Einzelnen in unserem Grundgesetz.

Herodot beschreibt in seinem Werk den Aufstieg und die Entwicklung des Perserreiches seit Beginn der Herrschaft des Kyros im 6. vorchristlichen Jahrhundert. So sind es vor allem persische Adelsfamilien, die in den Historien zu Wort kommen. Die

Verfassungsdebatte ist dabei eine der bedeutendsten Stellen: Es ist davon auszugehen ist, dass die dargestellten Debatten so oder ähnlich auch im griechischen Sprachraum stattgefunden haben.

## M 1   Herodot über die beste Herrschaftsform

**a)** Otanes' Rede im Verfassungsstreit:

1 80. Als sich aber das Getümmel gelegt hatte und fünf Tage um waren, hielten die, so sich wieder die Mager empöret, Rath über die ganze Sache und da wurden Reden gesprochen, die der Hel-
5 lenen etliche nicht glauben wollen, sie sind aber doch wohl gesprochen worden. Otanes sagte, sie sollten die Regierung der Gemeinde der Persen überlassen, und sprach also: Ich bin der Meinung, daß nicht wieder ein Einziger unser Herr wer-
10 den muß, denn das ist weder erfreulich noch gut. Denn ihr wisset, wie weit Kambyses Übermuth gegangen ist, so habt ihr Magers Übermuth gekostet. Wie kann auch die Alleinherrschaft etwas Gutes sein, die da thun kann was ihr beliebt, ohne
15 Verantwortlichkeit? Ja wenn man den besten Mann auf diese Stelle setzte, so würde sie ihn bald von seinen gewohnten Gesinnungen abbringen. Denn der Übermuth entstehet aus der gegenwärtigen Herrlichkeit und der Neid ist von Natur schon
20 den Menschen eingepflanzet. Wer beide hat, der hat alles mögliche Übel. Denn nun thut er viele entsetzliche Dinge, zum Theil aus Übermuth, zum Theil aus Neid. Freilich sollte so ein Herrscher gar nicht neidisch sein, da er alle Herrlichkeit
25 besitzet; aber zeigt sich immer gerade umgekehrt gegen seine Unterthanen; denn er beneidet die besten, daß sie wohl und am Leben sind, und hat sein Gefallen an den schlechten Bürgern. Verläumdungen nimmt er begierig an, und das aller-
30 sonderbarste ist: wenn man ihn mit Maßen lobt, so wird er böse, daß man ihm nicht alle mögliche Achtung bezeiget, und wenn man ihm alle mögliche Achtung bezeiget, so wird er böse, daß man ihm schmeichelt. Das Ärgste aber kommt noch:
35 er stößt die väterlichen Gesetze um, er thut den Weibern Gewalt an, er tödtet ohne Urtheil und Recht. Wenn aber die Gemeinde herrschet, so hat das schon zum ersten den allerschönsten Namen nämlich Freiheit und Gleichheit; zum anderen, so
40 thut sie nichts von dem, das der Alleinherrscher thut: sie setzet die Obrigkeit durch das Loos, sie giebt Rechenschaft von ihrer Verwaltung, alle Beschlüsse fasset die Gemeinde. Ich bin also der Meinung, wie thun die Alleinherrschaft ab und
45 erhöhen die Gemeinde; denn zu dem Volke gehört Alles.

**b)** Megabyzos I. und Dareios im Verfassungsstreit:

1 81. Diese Meinung legte Otanes an den Tag. Megabyzos aber sagte, man sollte die Herrschaft einem Ausschuß anvertrauen, und sprach also: Was Otanes sagt, daß wir sollen keinen König
5 mehr haben, das sag' ich auch; daß er aber räth, der Gemeinde die Macht in die Hand zu geben, da hat er die beste Meinung nicht getroffen. Denn nichts ist unbeständiger, nichts ist übermütiger, als so ein unnützer Haufen, und wenn man eines
10 Herrn Übermuth entgangen, und soll dem Übermuth eines ungezügelten Volks in die Hände fallen, das ist gar nicht zu ertragen. Denn wenn jener etwas thut, so thut er's doch mit Einsicht; bei dem Volk aber ist gar keine Einsicht. Denn
15 woher soll ihm die Einsicht kommen? Hat ihm doch niemand das Gute beigebracht, noch hat es selber Verstand dazu. Es fällt auf die Geschäfte mit aller Gewalt, wie ein reißender Bergstrom. Wer also den Persen Böses gönnt, der halte es mit
20 dem Volk; wir aber wollen einen Ausschuß der besten Männer auswählen und denen die Herrschaft übertragen, denn darunter werden auch wir mit sein. Hoffentlich werden doch die besten Männer auch die besten Ratschläge fassen.

25 82. Megabyzos war dieser Meinung. Zum dritten aber trug Dareios seine Meinung vor und sprach: Mir däucht das, was Megabyzos in Beziehung auf die Menge gesagt hat, ganz wahr und richtig, aber über den Ausschuß, das ist nicht richtig. Denn
30 von den dreien Arten, die wir vor uns haben, und ich will annehmen eine jede in der höchsten Vollkommenheit, die beste Gemeinde, den besten

Ausschuß, den besten Alleinherrscher: davon, sag' ich, hat das letzte bei weitem Vorzug. Denn
35 nichts kann offenbar besser sein, als wenn ein Mann allein herrschet, der da der beste ist. Denn wenn er von dieser Beschaffenheit ist, so wird er seines Volkes Wohl ohne Tadel wahrnehmen; seine Ratschläge gegen den Feind werden so am
40 ehesten verschwiegen bleiben. Bei dem Ausschuß aber, wo viele trachten nach dem Verdienst um das Gemeinwohl, pflegen heftige Feindschaften unter den Einzelnen zu entstehen. Denn da ein jeder selbst der Vorderste sein will und seine Mei-
45 nung durchsetzen, so gerathen sie mit einander in große Feindschaft. Daraus entstehen Partheiungen, aus den Partheiungen Mord und Todtschlag; von Mord und Todtschlag kommt's denn immer wieder zur Alleinherrschaft, und daraus
50 ist anzunehmen, wie dieses das beste ist. Wiederum, wenn das Volk herrschet, so ist es gar nicht anders möglich, es muß sich das Schlechte ein-

schleichen. Hat sich nun das Schlechte eingeschlichen in die öffentlichen Geschäfte, so entstehen
55 zwar keine Feindschaften unter den Schlechten, wohl aber beste Freundschaften; denn die das Gemeinwohl verderben, die stecken unter einer Decke. Auf die Art geht es so lange, bis daß einer an die Spitze des Volkes kommt und jene Leute
60 fortjagt. Grade darum wird denn dieser von dem Volke bewundert, und der Bewunderte wird bald sich als Alleinherrscher zeigen. Und das beweiset wieder, wie die Alleinherrschaft die beste ist. Aber um alles in einem einzigen Worte zusam-
65 men zu fassen: Woher ist uns unsere Freiheit gekommen? Wer hat sie uns gegeben? Das Volk, ein Ausschuß, oder die Alleinherrschaft? Ich bin also der Meinung, weil wir durch einen einzigen Mann sind frei geworden, so müssen wir uns
70 hieran halten, und außerdem, so müssen wir den guten Brauch unserer Väter nicht abschaffen, denn das tauget nicht.

Quelle: Herodot: Historien, III. 80–82, 1811, S. 267–268.

2.

2.1 Lernen Sie nun den ersten großen Reformer der attischen Polis und seine Verfassungsordnung kennen. Übertragen Sie dazu zunächst das nachfolgende Textfragment in modernes Deutsch.

2.2 Erarbeiten Sie dann die Gefahren, die den Staat der Athener bedrohten, und definieren Sie passende Kategorien.

2.3 Überprüfen Sie abschließend das Urteil, das Aristoteles im Text über die solonischen Reformen fällt. Nehmen Sie dazu auch das Schaubild zur Hilfe.

Solon (ca. 640 v.Chr.–ca. 560 v.Chr.) war der Erste der großen Reformer, der zu einer Konsolidierung des politischen Systems in Athen beitrug. Dabei zielten seine Maßnahmen nicht auf eine vollkommene Neugestaltung oder Schaffung einer Verfassung ab, sondern vielmehr auf eine pragmatische Lösung der sozialen Probleme des ausgehenden 7. vorchristlichen Jahrhunderts.

**M 2**

### Textfragment des athenischen Gesetzgebers Solon

1 Unsere Stadt wird niemals untergehen nach des Zeus
Fügung und der glückseligen Götter Willen, der unsterblichen.
Denn ebenso, mit großer Regung, Wächterin, Tochter des gewaltigen Vaters,
hält Pallas Athene ihre Hände darüber.
5 Selbst jedoch wollen sie lieber die mächtige Stadt durch ihr blindes Unvermögen vernichten,
die Bewohner, weil sie dem Besitze gehorchen,
und der Führer des Volkes rechtlose Gesinnung, denen bestimmt ist,
infolge ihres großen Frevels der Schmerzen viele zu erdulden.
Denn sie kennen kein Genug und verstehen es nicht, die vorhandenen
10 Festfreuden zu ordnen in der Ruhe des Festmahles.

Sie sind reich, weil sie rechtlosen Taten nachgehen
weder der Götter Güter noch die des Volkes
schonend stehlen sie wegraffend, ein jeder anderswoher,
und nicht achten sie Dikes ehrwürdige Grundsätze,
15 die es schweigend mitangesehen hat und weiß, was geschieht, und was vorher geschehen war,
und die mit der Zeit in jedem Fall kommt und Strafe bringt.
Dies kommt nun über die ganze Stadt als eine Wunde, eine unentrinnbare,
und schnell gerät sie da in schlimme Sklaverei,
die Zwist im Innern und Krieg, den schlafenden, aufweckt,
20 der dann die liebliche Jugend vieler vernichtet;
denn von Feinden wird schnell die vielgeliebte Stadt
aufgezehrt durch Verschwörungen derer, die das Unrecht lieben.
Das sind die Übel, die im Volk umherziehen; von den Armen aber
gelangen viele in ein Land, ein fremdes
25 verkauft und in Fesseln, schimpfliche, gebunden.

So kommt das Unglück des Volkes ins Haus einem jeden,
aufhalten will es nicht mehr das Hoftor,
über die hohe Umfriedung springt es und findet in jedem Fall,
wenn auch sich einer flüchtend im Winkel des Schlafgemachs versteckt.
30 Das alles zu lehren die Athener befiehlt mir mein Sinn,
wie die größten Übel der Stadt Missordnung (*dysnomía*) bringen.
Wohlordnung (*eunomía*) jedoch bringt alles gut geordnet, klar und passend heraus,
und scharenweise legt sie den Ungerechten Fesseln an.
Rauhes glättet sie, macht der Gier ein Ende, Freveltat schwächt sie,
35 und lässt der Verblendung Blüten, die sprossenden, verdorren.
Gerade richtet sie die Rechtssprüche, die krummen und hochfahrende Taten
besänftigt sie; sie endet die Taten der Zwietracht,
endet schmerzlichen Streites Bitterkeit, und es ist durch sie
alles unter den Menschen passend und vernünftig.

Quelle: Solon: Fragment 3 (D=GP), in: Gehrke; Schneider (Hg.): Geschichte der Antike, 2013, S. 35–36.

Möglicherweise gar nicht von Aristoteles selbst, aber aus seinem direkten Umfeld stammt mit „Staat der Athener" aus dem späten 4. vorchristlichen Jahrhundert die einzige weitgehend vollständig überlieferte Beschreibung einer Verfassung.

## Aristoteles über die solonischen Reformen   M 3

1 Nach allgemeiner Ansicht gelten folgende drei Maßnahmen der Staatsordnung Solons als die volksfreundlichsten. Die erste und wichtigste war die Abschaffung der Darlehen, für die mit dem
5 eigenen Körper gehaftet werden musste; dann das Recht, dass jeder, der wollte, für diejenigen, die Unrecht erlitten hatten, Vergeltung fordern konnte; und drittens – wodurch, wie man sagt, die Menge am meisten gestärkt worden ist – die
10 Überweisung von Rechtsverfahren an das Gericht. Denn wenn das Volk (im Gericht) Herr über den Stimmstein ist, wird es auch Herr über die Staatsordnung. [...]

Zugleich ergab es sich auch, dass wegen seines
15 Schuldenerlasses viele der Vornehmen eine feindliche Haltung gegen ihr eingenommen hatten und dass beide Parteien ihren Sinn geändert hatten, weil seine Regelung ihre Erwartungen nicht erfüllte. Denn das Volk hatte geglaubt, er werde
20 alles neu verteilen, die Vornehmen hingegen, er werde die frühere Ordnung wiederherstellen oder doch nur wenig ändern. Solon aber widerstand beiden Parteien und anstatt sich auf eine davon, auf welcher er wollte, zu stützen und als Tyrann
25 zu herrschen, nahm er es lieber in Kauf, bei beiden verhasst zu werden, indem er das Vaterland rettete und als Gesetzgeber sein Bestes tat.

Quelle: Aristoteles: Staat der Athener 5, 1–11, 2, Übers. nach M. Dreher, in: Gehrke; Schneider (Hg.): Geschichte der Antike, 2013, S. 38.

## Verfassung des Solon   M 4

Die im Schaubild dargestellten Klassen sind Steuerklassen, die Bürger der ersten Klasse zahlen die meisten, die der vierten die wenigsten Steuern. So geben die Wahlklassen die Einkommensverhältnisse wieder.

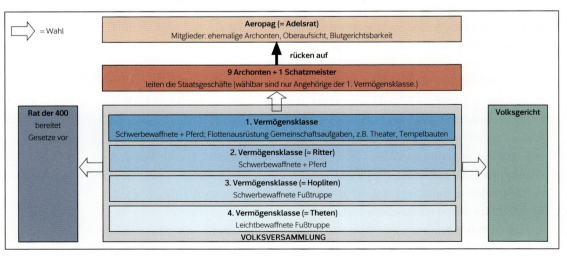

Verfassung des Solon nach der Reform im ausgehenden 7. Jh. v. Chr.

**3.** 3.1 Fassen Sie aus dem nachfolgenden Material die Ziele und Methoden des Tyrannen Peisistratos zusammen.

3.2 Erläutern Sie dann anhand der Materialien das Urteil, das Aristoteles über Peisistratos und die Tyrannis im Allgemeinen fällt. Informieren Sie in diesem Rahmen auch über den Entstehungskontext der berühmten attischen „Eule" (siehe M 6).

In Athen hatten die Reformen Solons die gesellschaftlichen und politischen Bedingungen keineswegs vollständig stabilisiert. So kommt es 561/560 v. Chr. zur Errichtung einer Alleinherrschaft (Tyrannis) unter dem Adligen Peisistratos.

---

**M 5**     **Antike Historiker über die Tyrannis der Peisistratiden in Athen**

1 **a)** Er [Peisistratos] sammelte Parteigänger und nannte sich Führer der Leute aus den Bergen und ersann diese List: Er verwundete sich selbst und seine Maultiere, fuhr dann mit dem Wagen auf
5 die Agora und gab an, er sei mit Mühe seinen Feinden entkommen, die ihn bei der Fahrt aufs Land umbringen wollten. Er bat das Volk [...], ihm eine Leibwache zu stellen. Denn auch schon vorher hatte er sich als Feldherr gegen Megara
10 ausgezeichnet, Nisaia erobert und andere große Taten vollbracht. Der Demos der Athener ließ sich von ihm überlisten und wählte für ihn eine Leibwache unter den Städtern aus, die zwar nicht zu Lanzenträgern des Peisistratos wurden, wohl
15 aber zu Keulenträgern. Sie pflegten ihn nämlich mit Holzkeulen zu begleiten. Mit ihnen machte Peisistratos einen Aufstand und besetzte die Akropolis. Seitdem beherrschte er die Athener.

Quelle: Herodot: Historien 1, 59, 2–64, 2, in: Gehrke; Schneider (Hg.): Geschichte der Antike, 2013, S. 50–51.

1 **b)** Doch in den alten Zeiten, als noch der Volksführer und der Feldherr ein und dieselbe Person waren, ereignete sich öfter die Änderung in eine Tyrannis. Denn beinahe die meisten der alten Tyrannen gingen aus Volksführern hervor. Die Ur-
5 sache dafür aber, dass dies damals vorkam, heute jedoch nicht mehr, ist darin zu sehen, dass damals die Volksführer aus dem Feldherrnstand kamen [...] doch heute, wo sich die Redekunst entwickelt
10 hat, führen zwar die, die in der Lage sind, diese Kunst auszuüben, das Volk [...].

Quelle: Aristoteles: Politik 1305, in: Fischer: Griechische Frühgeschichte bis 500 v. Chr., 2010, S. 95.

1 **c)** [...] der Erhaltung der Tyrannis dienen: die Beseitigung der hervorragenden Leute und Niederwerfung aller selbstbewußten Männer, indem man zugleich keinerlei Tischgenossenschaften
5 oder politische Genossenschaften (hetairía) und keinerlei Bildung (paideía) noch irgend etwas derartiges duldet, sondern vielmehr alles zu verhüten sucht, woraus zweierlei zu entspringen pflegt,
Selbstgefühl (phrónēma) und Vertrauen (pístis)
10 [...] Ferner gehört es hierher, dahin zu streben, daß ja nichts verborgen bleibe, was irgendein Untertan spricht oder tut, sondern überall Späher ihn belauschen.

Quelle: Aristoteles: Politik V, 2014, S. 259.

1  **d)** Peisistratos verwaltete, wie gesagt, die Polis maßvoll und mehr zu ihrem Nutzen als auf tyrannische Weise. Denn im Allgemeinen war er menschenfreundlich, mild und bereit zu verge-
5  ben, wenn jemand ein Unrecht begangen hatte; insbesondere lieh er den Armen Geld für ihre Tätigkeiten, damit sie auf Dauer vom Ackerbau leben konnten. Das tat er aus zwei Gründen, nämlich damit sie nicht in der Stadt herumlun-
10  gerten, sondern über das Land verstreut blieben, und damit sie, in maßvollen Verhältnissen lebend und mit ihren Privatangelegenheiten beschäftigt, weder den Wunsch noch die Zeit hätten, sich um das Gemeinwesen zu kümmern. Zudem kam es
15  ihm zugute, dass auch seine Einnahmen durch die extensive Bewirtschaftung des Landes höher wurden; denn von den Ernteerträgen zog er den Zehnten ein. [...] (Ansonsten) belastete er in seiner Herrschaftszeit die Menge in keiner Weise, son-
20  dern bewahrte immer den Frieden und sorgte für Ruhe. Deshalb hat man oft gesagt, die Tyrannis des Peisistratos sei das (goldene) Zeitalter unter Kronos. Denn später, als seine Söhne im nachgefolgt waren, wurde die Herrschaft viel härter.

Quelle: Aristoteles: Staat der Athener 13, 4–16, 7, in: Gehrke; Schneider (Hg.): Geschichte der Antike, 2013, S. 52–53.

## Die berühmte attische Eule    M 6

Rückseite einer silbernen Tetradrachme aus dem 6. Jh. v. Chr.

**4.** Erarbeiten Sie aus dem nachfolgenden Verfassungsschema die demokratischen Elemente der Kleisthenischen Ordnung. Gehen Sie dabei insbesondere auf die Funktion der neuen Phylenordnung (M 8 und Folgende) ein und informieren Sie sich über das Verfahren des Ostrakismos (M 11).

Kleisthenes (ca. 570 v. Chr.–ca. 507 v. Chr.) trat neben Solon als zweiter großer Reformer in Athen des 6. vorchristlichen Jahrhunderts auf. Durch den Sturz der Tyrannis und eine Neugliederung der Bürgerschaften schwächte er die Oligarchie und förderte die Isonomie, also die gerechte politische Beteiligung aller Vollbürger.

**M 7**

### Die Verfassung des Kleisthenes

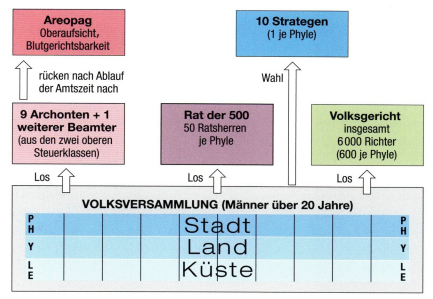

Kleistenische Reformen im politischen System der attischen Polis um 508/ 507. v. Chr.

**M 8**

### Die neue athenische Phylenordnung unter Kleisthenes – Skizze der Phylenordnung in Athen

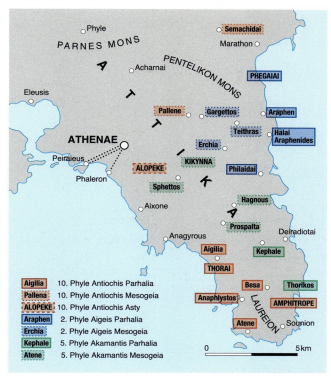

Einteilung des Gebiets Attikas in zehn geografische Einheiten, den sogenannten Phylen.

## Aristoteles über die Reformmaßnahmen des Kleisthenes

1 Als Anführer der Menge teilte dieser dann, im vierten Jahr nach der Entmachtung der Tyrannen, unter dem Archonten Isagoras, in einer ersten Maßnahme alle (Athener) in zehn statt der bis-
5 herigen vier ein, denn er wollte sie untereinander vermischen, damit mehr von ihnen an der Ausübung der politischen Ordnung [...] Anteil nehmen könnten. [...] Als nächstes richtete er den Rat [...] der Fünfhundert statt der Vierhundert
10 ein, fünfzig aus jeder Phyle; bis dahin waren es hundert pro Phyle. [...] Ferner teilte er das Land nach Demen in dreißig auf, von denen zehn dem Stadtgebiet (*ásty*), zehn der Küste (*paralía*) und zehn dem Binnenland (*mesógeia*) zugehörten;
15 diese nannte er Trittyen und loste jeder Phyle drei davon zu, damit jede Phyle an allen Gegenden Anteil habe. Auch verband er die in jedem Demos Wohnhaften miteinander zu Demenmitgliedern, [...] Er setzte auch Vorsteher der Demen [...] ein,
20 [...]. Er verlieh den Demen Namen, die teils von ihrer Lage, teils von ihren Gründern abgeleitet waren; denn nicht mehr alle befanden sich noch an ihren ursprünglichen Orten. [...] Den Phylen gab er Eponymoi, indem die Pythia aus hundert
25 vorgeschlagenen Gründungsheroen zehn Namen auswählte. Infolge dieser Maßnahmen wurde die politische Ordnung viel demokratischer als die Solons.

Quelle: Aristoteles: Staat der Athener 13, 4–16, 7, in: Gehrke; Schneider (Hg.): Geschichte der Antike, 2013, S. 57.

## Das Denkmal der Phylenheroen auf der Athener Agora

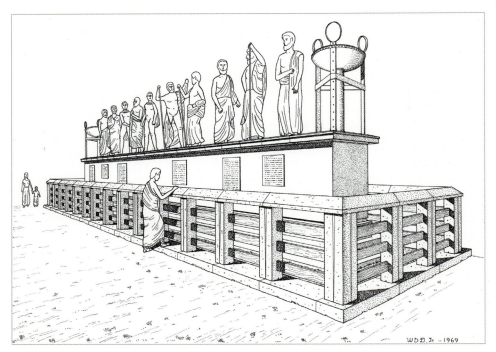

Rekonstruktionszeichnung des Denkmals der Phylenheroen auf der Athener Agora

**M 11**    Das Verfahren des Ostrakismos

Das Verfahren des Scherbengerichts (Ostrakismos) diente in Athen ab dem 5. Jh. v. Chr. zur vorübergehenden Verbannung einzelner Personen aus der Polis. Dabei wurde in der Volksversammlung zur Abstimmung der Name des zu Verbannenden auf eine Scherbe (Ostrakon) geschrieben. Der Meistgenannte hatte dann die Polis für zehn Jahre zu verlassen, verlor dabei aber nicht sein Bürgerrecht und konnte es nach der Rückkehr wieder ausüben.

**5.**

5.1 Untersuchen Sie die Verfassung des Perikles und legen Sie einen Merkmalskatalog der neuen Ordnung an.

5.2 Überprüfen Sie die Verfassungsordnung auf ihren demokratischen Charakter. Erstellen Sie hierzu eine Mindmap zum Begriff „Demokratie". Bilden Sie in dieser Ihr Vorwissen und die Informationen aus dem Glossar zum Demokratiebegriff ab (s. S. 373 f.).

5.3. Nehmen Sie mithilfe der Texte von Thukydides Stellung zu der Aussage, die Staatsordnung des Perikles sei die Vollendung der Demokratie gewesen.

Perikles (ca. 490 v. Chr.–429 v. Chr.) wurde in der Mitte des 5. vorchristlichen Jahrhunderts zum bedeutendsten Politiker Athens. Neben wesentlichen Reformen, die dem Demos weitere politische Beteiligung ermöglichten, ist die „Ära des Perikles" vor allem mit einer bis dahin nicht da gewesenen kulturellen Blüte Athens verbunden.

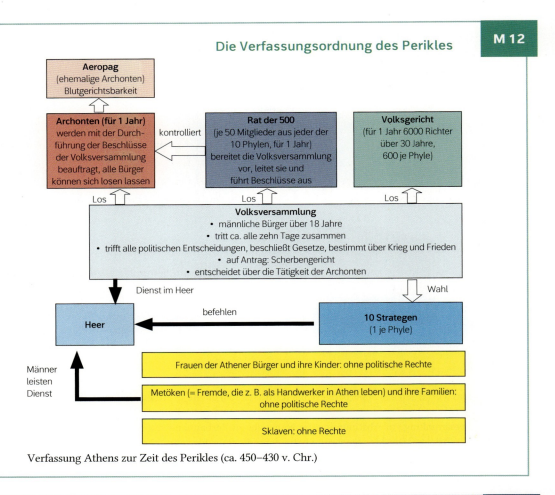

## Die Verfassungsordnung des Perikles

Verfassung Athens zur Zeit des Perikles (ca. 450–430 v. Chr.)

## Verschiedene Urteile über die Verfassungsordnung des Perikles

**a)** Urteil des Perikles – in der Gefallenenrede lässt Thukydides den Politiker Perikles die Grundsätze des demokratischen Athens aussprechen:

1 Die Verfassung, nach der wir leben, vergleicht sich mit keiner der fremden; viel eher sind wir für sonst jemand ein Vorbild als Nachahmer anderer. Mit Namen heißt sie, weil der Staat nicht auf wenige
5 Bürger, sondern auf eine größere Zahl gestellt ist, Volksherrschaft (demokratía). Nach dem Gesetz haben in dem, was jeden Einzelnen angeht, alle gleichen Anteil; der Geltung nach aber hat im öffentlichen Wesen den Vorzug, wer sich irgendwie
10 Ansehen erworben hat, nicht nach irgendeiner Zugehörigkeit, sondern nach seinem Verdienst; und ebenso wird keiner aus Armut, wenn er für die Stadt etwas leisten könnte, durch die Unscheinbar-

keit seines Namens verhindert. Sondern frei leben
15 wir miteinander im Staat [...]. [...]
Wir vereinigen in uns die Sorge um unser Haus zugleich und unsre Stadt, und den verschiedenen Tätigkeiten zugewandt, ist doch auch in staatlichen Dingen keiner ohne Urteil. Denn nur bei
20 uns heißt einer, der daran gar keinen Teil nimmt, nicht ein stiller Bürger, sondern ein schlechter, und nur wir entscheiden in den Staatsgeschäften selber oder denken sie doch richtig durch. Denn wir sehen nicht im Wort eine Gefahr fürs Tun,
25 wohl aber darin, sich nicht durch Reden zuerst zu belehren, ehe man zur nötigen Tat schreitet. Denn auch darin sind wir wohl besonders, dass wir am meisten wagen und doch auch, was wir anpacken wollen, erwägen, indes die andern Unverstand

30 verwegen und Vernunft bedenklich macht. Die größte innere Kraft aber wird man denen mit Recht zusprechen, die die Schrecken und Freuden am klarsten erkennen und darum den Gefahren nicht ausweichen.

Quelle: Thukydides: Der Peloponnesische Krieg 2, 37, 1–41, 2, in: Gehrke; Schneider (Hg.): Geschichte der Antike, 2013, S. 128–129.

**b)** Urteil des Thukydides:

1 Nicht viel später freilich – wie es schon Art der Menge ist – wählten sie ihn wieder zum Feldherrn und übertrugen ihm alle Verantwortung, weil jeder gegen sein eigenes Elend schon eher abgestumpft
5 war und sie ihn für den Würdigsten hielten, den Forderungen des Gesamtstaates zu genügen. Denn solange er die Stadt in Friedenszeiten leitete, führte er sie mit Besonnenheit [metríos] und lenkte sie sicher durch alle Fährnisse, und unter ihm wurde
10 sie mächtig. Als dann der Krieg ausbrach, zeigte es sich, wie richtig er auch hierin die Machtmittel (des Staates) im Voraus eingeschätzt hatte [prognoús]. Er lebte dann noch zwei Jahre und sechs Monate; nach seinem Tod erkannte man noch
15 deutlicher seine klare Voraussicht [prónoia] für den Krieg. Wenn sie Ruhe bewahrten, die Flotte instand hielten, ihre Herrschaft während des Krieges nicht erweiterten und die Stadt nicht aufs Spiel

setzten, dann, so sagte er, würden sie siegen. Sie
20 verkehrten all das ins Gegenteil. Sie betrieben von Staats wegen alles Mögliche, was mit dem Krieg augenscheinlich nicht zu tun hatte, aus persönlichem Ehrgeiz und persönlicher Gewinnsucht, doch zum Nachteil Athens und der Verbündeten; solche
25 Unternehmen brachten bei Erfolg dem Einzelnen Ehre und Vorteil, schadeten beim Scheitern aber der Stadt im Krieg. Der Grund hierfür war, dass jener, mächtig durch sein Ansehen und seine Einsicht, in Geldangelegenheiten rein und unbestech-
30 lich, die Masse in Freiheit niederhalten konnte und sich nicht von ihr führen ließ, sondern selber führte, weil er nicht, um die Macht mit unlauteren Mitteln zu erlangen, ihr zu Gefallen redete, vielmehr gestützt auf sein Ansehen ihr auch im Zorn
35 widersprach. [...] So war es dem Namen nach Demokratie, in Wirklichkeit aber Herrschaft des ersten Mannes.

Quelle: Thukydides: Der Peloponnesische Krieg, 1996, S. 158 f.

**c)** Urteil des Aristoteles:

1 Solange nun Perikles an der Spitze des Volkes stand, stand es besser um das Staatswesen, nach seinem Tode aber wurde es damit viel schlechter. Dann nämlich nahm sich das Volk erstmals einen
5 Führer, der bei den besseren Leuten nicht gut angesehen war; in den früheren Zeiten hingegen hatten immer die Besseren das Volk geführt [...] Nach dem Tod des Perikles stand Nikias, der in Sizilien sein Ende fand, an der Spitze der Angesehenen, an der
10 Spitze des Volkes hingegen Kleon, Sohn des Kleai-

netos, der, wie es scheint durch seine unkontrollierte Impulsivität das Volk mehr als sonst jemand verdorben hat; er war der Erste, der auf der Rednerbühne schrie, schimpfte und sich in gegürteter
15 Kleidung an das Volk wandte, während die anderen in angemessenem Aufzug redeten. [...] Seit Kleophon [Nachfolger Kleons] lösten bei der Volksführung kontinuierlich nur noch diejenigen einander ab, die sich besonders unverschämt aufführen und
20 der Menge am meisten zu Gefallen sein wollten und dabei nur auf Augenblickseffekte achteten.

Quelle: Aristoteles: Der Staat der Athener, 1993, S. 59 f.

**6.** Vertiefen Sie nun Ihre gewonnenen Erkenntnisse über das Wesen der antiken Demokratie und identifizieren Sie in einem letzten Vergleich spezifische Merkmale der antiken und modernen Demokratien. Berücksichtigen Sie dafür auch die Materialien (M 9 und M 10) aus dem Kapitel 3.1.

# DAS WICHTIGSTE IN KÜRZE

### Die Demokratie im antiken Athen

Bereits vor Solon, Kleisthenes und Perikles trug die Polis als politischer Raum zentrale Bedeutungen: In ihr und ihren zentralen Orten, etwa auf der Agora (= Versammlungsort) wurden die Entscheidungen getroffen, die über Angelegenheiten der gesamten Gemeinschaft entschieden. Auch der Demos (= die gesamte Bürgerschaft, keine Frauen, Metöken oder Sklaven) wurde in Gestalt der Volksversammlung (= ekklesía) zu einer festen politischen Instanz.

### Die Reformen des Solon

Nach den **solonischen Reformen (594/593 v. Chr.)** gab in Athen zwar immer noch die Oberschicht den Ton an, das durch Solon eingeführte Prinzip der **Timokratie** veränderte jedoch die Legitimation für die Machtausübung und läutete somit einen Anfang der Demokratisierung ein: Es war nun nicht mehr nur die Abstammung entscheidend, sondern Leistung bzw. Vermögen. **Solon (ca. 640 v. Chr.–ca. 560 v. Chr.)** wurde zu einer Zeit zum höchsten Beamten (= Archon) und Schlichter (= diallaktés) in Athen gewählt, in der durch verstärkte Kolonisation, zunehmenden Handel und Seefahrt sowie durch die Erfindung des Münzgeldes revolutionäre Entwicklungsprozesse stattfanden. Die Landwirtschaft produzierte nun vorwiegend Güter für den Export. Ein Mangel an fruchtbarem Boden stürzte viele Kleinbauern in Verschuldung, was die sozialen Spannungen und die Kluft zwischen Arm und Reich weiter vergrößerte. Darüber hinaus verschärften Überbevölkerung, vereinzelte Dürreperioden und Missernten die Situation. Im Rahmen einer Bauernbefreiung hob Solon die Schuldknechtschaft auf und verbot damit die Verpfändung der eigenen Person. Eine ersatzlose Tilgung aller Schulden wurde angeordnet. Darüber hinaus schuf Solon ein Volksgericht und setzte damit erste rechtsstaatliche Grundsätze durch. Solon teilte die Bürgerschaft in vier Vermögensklassen ein, die spezifischen militärischen Leistungen und dem Maß der politischen Beteiligung entsprachen. Vor allem die mittleren Bauern hatten als schwerbewaffnete Fußsoldaten (= Hopliten) an größerer Bedeutung im Heer gewonnen, was zu einem neuen Klassenbewusstsein und Zusammenhalt innerhalb dieser gesellschaftlichen Gruppe führte. Über den Rat der 400 (= boulé) ist wenig bekannt, sicher ist, dass es sich um einen ständigen Ausschuss handelte, der wohl jährlich wählte und die Leitung der Volksversammlung ausübte. Solons Timokratie kann als logische Zwischenstufe zwischen der vor ihm bestehenden Adelsherrschaft (= Aristokratie) und der Herrschaft des Demos (= Demokratie) verstanden werden.

Solon ging nach der Durchsetzung seiner Reformen ins Exil, denn als Alleinherrscher (= Tyrannos) über Athen zu herrschen, lehnte er ab. Die sozioökonomische Krise konnte auch durch seine Bemühungen nicht gänzlich gelöst werden. Die Bevölkerung Athens zerfiel daraufhin in rivalisierende Gruppen, zu deren Anführer sich jeweils Vertreter prominenter Adelsfamilien machten. Dem Adligen Peisistratos gelang 560 v. Chr. mit Unterstützung der Kleinbauern die Machtübernahme. Er und seine Söhne Hippias und Hipparch hielten mit Unterbrechung eine fast fünfzigjährige Alleinherrschaft (= Tyrannis) aufrecht. Das Modell der Tyrannis war in der griechischen Welt durchaus verbreitet und nicht zwangsläufig mit Vorstellungen von Gewalt und Terror verbunden. So ließ Peisistratos die solonische Gesetzgebung weitgehend bestehen, wobei es zu Steuererhöhungen und zur Entwaffnung aller Athener kam. Mit dem Verlust der Waffen und dem Ende der militärischen Verpflichtung ging auch der Verlust der Bürgerrechte

# DAS WICHTIGSTE IN KÜRZE

einher. Dies unterstreicht die enge Verbindung zwischen Kriegsdienst und politischen Rechten. Peisistratos förderte darüber hinaus den Handel und Athen entfaltete unter seiner Herrschaft eine rege Bautätigkeit und pflegte Kulte und Feste. Auch wenn die Herrschaftsform der Tyrannis rückblickend von antiken Autoren als schlechte Herrschaft verteufelt wurde, so scheint sie historisch gesehen als fast notwendige Übergangsphase hin zu einer stärkeren Demokratisierung und ist in den meisten Poleis nachzuweisen.

## Die Reformen des Kleisthenes

Der Alkmeonide **Kleisthenes (ca. 570 v. Chr.–ca. 507 v. Chr.)** begann ab 509 v. Chr., seine Reformpläne in die Tat umzusetzen. Zunächst löste er dafür die alten Geschlechterverbände (= Phylen) auf und schuf an ihrer Stelle zehn neue Phylen. Diese Phylen erhielten größeren politischen Einfluss und durch ihre neue Zusammensetzung wurde die Macht der führenden Adelsgeschlechter eingeschränkt. In jeder Phyle war nun die gesamte Region Attikas repräsentiert. Sie basierte somit auf einem territorialen Gliederungsprinzip. Auch die Demenverfassung (= Gemeinden, in denen die Bürger eines bestimmten Stadt- oder Landbezirks zusammengefasst waren) stellte einen weiteren Schritt im Bereich der Selbstverwaltung der attischen Polis dar. In diesen Demen wurde ein Gemeindevorstand (= Demarch) gewählt und die Bürgerliste verwaltet, die zugleich Grundlage für die Einberufung von Soldaten war. Die Reformen des Kleisthenes schufen ein hohes Maß an politischer Beteiligung in Athen, denn neben der Teilnahme an den mehrmals im Monat stattfindenden Volksversammlungen waren die Bürger auch in den Volksgerichten oder anderen Ämtern tätig. Die solonische Timokratie blieb trotz der territorialen Neugliederung unberührt, so wurde das Amt des obersten Beamten (= Archontat) für die ersten beiden Vermögensklassen geöffnet. Zwei weitere wichtige Schritte der kleisthenischen Reformen, die allzu großen politischen Einfluss verhindern sollten, bildeten die Einführung des Losverfahrens und des Scherbengerichts (= Ostrakismos). Letzteres war vor allem zum Schutz vor einer erneuten Tyrannis gedacht. Wer unter Verdacht geriet, konnte durch diese Form der Volksabstimmung für zehn Jahre aus der Polis verbannt werden. Es handelte sich dabei nicht um eine Verurteilung, so behielt der Ostrakierte seine bürgerlichen Rechte, ebenso sein Vermögen.

## Weiterführung der Reformen unter Perikles

Immer noch prägten die politische Ordnung Attikas aristokratische und timokratische Elemente, nichtsdestotrotz waren entscheidende Schritte in Richtung Demokratie unternommen worden, die unter **Perikles (ca. 490 v. Chr.–ca. 429 v. Chr.)** weitergeführt wurden. Perikles zählt zu den berühmtesten athenischen Politikern und wurde als Leitfigur und Namensgeber des sogenannten **Perikleischen Zeitalters (461 v. Chr.–429 v. Chr.)** zur Symbolfigur einer Zeit, in der Athen außenpolitisch seine größte Machtentfaltung und innenpolitisch eine kulturelle Blütezeit erlebte. Der Adlige Perikles hatte eine exzellente Ausbildung in Rhetorik erhalten, eine Tatsache, die entscheidend war, um die Volksversammlung zu überzeugen. Unter Perikles wurde auch die dritte Einkommensklasse (= Zeugiten) zum Archontat zugelassen. Die Einführung von Diäten erlaubte es nun – zumindest in der Theorie – jedem athenischen Bürger, ein Amt zu übernehmen. Perikles übte bis zu seinem Tod eine geradezu monarchische Macht aus und genoss großes Vertrauen des athenischen Demos. Eine Tatsache, die sich wohl nur unter Berücksichtigung seines einzigartigen Charismas und seiner persönlichen Autorität erklären lässt.

# FESTIGUNG – VERTIEFUNG

### Weitere Herangehensweisen

- Geben Sie in einem Kurzreferat einen Überblick über die verfassungsrechtliche Ordnung einer weiteren griechischen Polis der klassischen Zeit. Gehen Sie dabei auch auf Quellenlage und Forschungsstand ein.
- Diskutieren Sie über die folgende These: Die direkte Demokratie des antiken Athens ist verglichen mit der repräsentativen Demokratie der Gegenwart die deutlich demokratischere Form der Herrschaftsausübung.

### Vertiefende Aspekte

- Vergleichen Sie die Herrschaftsform der antiken Tyrannis mit einer modernen Diktatur. Zeigen Sie anhand eines totalitären Regimes des 20. Jahrhunderts die Zielsetzungen und strukturellen Elemente der beiden Herrschaftsformen vergleichend auf. Gehen Sie dabei auf die Fragen ein, wie Herrschaft in den jeweiligen Fällen legitimiert wurde und mit welchen Mitteln sich die freiheitlich-demokratische Ordnung des Grundgesetzes vor einer Diktatur schützt.
- Nach einer These des amerikanischen Politikwissenschaftlers Samuel P. Huntington hat sich die Demokratie der Moderne seit Beginn des 19. Jahrhunderts weltweit in Wellen ausgebreitet. Setzen Sie sich mit seiner Theorie kritisch auseinander und gehen Sie dabei auf die wichtigsten Faktoren ein, die laut Huntington (vgl. H 3) einen Demokratisierungsprozess begünstigen bzw. behindern.

### Weiterführende Quellen und Hinweise

**H 1** Stüwe, Klaus; Weber, Gregor (Hg.): Antike und moderne Demokratie. Ausgewählte Texte, Stuttgart, Reclam, 2004. Der Band dokumentiert in ca. 100 kommentierten Texten die wichtigsten Entwicklungslinien der Demokratie und geht dabei auf die wesentlichen Unterschiede zwischen Antike und Gegenwart ein.

**H 2** Aristoteles: Staat der Athener, hg. und übers. von Martin Dreher, Stuttgart, Reclam, 1986. Das Werk, das Aristoteles zugeschrieben wird, ist von großer historischer Bedeutung. Auch wenn die Verfasserschaft umstritten ist, so gibt es der Leserin und dem Leser doch einen detaillierten Einblick in die verfassungsrechtliche Ordnung Athens und behandelt die Zeit von und vor Solon bis zur Herrschaft des 5. vorchristlichen Jahrhunderts. Enthalten ist auch eine detaillierte Beschreibung der Institutionen und Amtsträger in der Entstehungszeit der Schrift (335–322 v. Chr.).

**H 3** Huntington, Samuel P.: The Third Wave. Democratization in the Late Twentieth Century, Univ. of Oklahoma Press, 1993. Samuel P. Huntington gibt in seinem Werk Aufschluss über Ursachen und Folgen der sogenannten dritten Demokratisierungswelle: Zwischen 1974 und 1990 wandten sich mehr als 30 Länder in Süd- und Osteuropa, Lateinamerika und Asien von autoritären Systemen ab und führten Demokratien ein.

## KAPITEL 1 (LERNBEREICH 2.1)

## 1.3 Gesellschaft und Kultur im antiken Athen

### Forschungsinteresse und Kompetenzerwerb

In diesem abschließenden Kapitel zu den Lebenswirklichkeiten der griechischen Antike beschäftigen Sie sich mit dem antiken Griechenland als Kulturraum. Sie gehen der Frage nach, inwieweit das antike Griechenland unsere europäische Kultur und damit unsere Identität beeinflusst hat und ob sie dies immer noch tut. In diesem Zusammenhang setzen Sie sich auch mit den Grundstrukturen der attischen Gesellschaft auseinander und erkennen, dass diese den Ausgangspunkt und die Basis für die Entwicklung und Vorreiterrolle der attischen Kultur bildete.

### Vorgehen

Ihre Klasse nimmt an einer Podiumsdiskussion zum Thema „Das antike Griechenland als Wiege der europäisch-abendländischen Kultur?" des Deutschen Kulturrates teil. In Ihrer Recherchearbeit stoßen Sie auf folgende Zitate: „We are all Greeks!"[1] (Percy Bysshe Shelley, 1792–1822) – „Man kommt ohne das Altertum aus."[2] (Wolfgang Schuller, 1935–2020).

Um zu einem fundierten Urteil zu gelangen, EIGNEN Sie sich zunächst WISSEN über die attische Gesellschaftsstruktur AN. Hierfür ARBEITEN Sie grundsätzliche Unterscheidungskriterien der antiken Bevölkerung HERAUS. Dabei ÜBERPRÜFEN Sie die Kategorien stets auf ihre allgemeine Gültigkeit und VERGLEICHEN sie mit unserer heutigen als egalitär geltenden Gesellschaftsstruktur. Am Beispiel der Architektur Athens ERHALTEN Sie einen EINBLICK in die antike griechische Kultur. Sie UNTERSUCHEN dabei Wirkungen und Funktionen der antiken Bauwerke. Abschließend CHARAKTERISIEREN Sie die Epoche des Klassizismus, indem Sie Ursprung und Funktionen des Rückgriffs auf Elemente der griechischen Baukunst im 19. Jahrhundert HERAUSARBEITEN.

NEHMEN Sie nun in einem Kommentar zu den beiden oben genannten Zitaten STELLUNG.

Als Arbeitshilfe finden Sie im hinteren Teil des Lehrwerks eine Übersicht über verschiedene Methodentechniken. Nutzen Sie diese Möglichkeit.

### Materialauswahl

Aristoteles (384–322 v. Chr.) gibt in seiner – bereits häufiger zitierten – staatsphilosophischen Schrift „Politika" auch im Hinblick auf die attische Gesellschaft nicht zu unterschätzende Einblicke. Er zeigt Grundkategorien der attischen Polis auf, die einerseits bei der Einordnung unterschiedlicher gesellschaftlicher Gruppen helfen, andererseits ein antikes Menschenbild präsentieren. Neben Aristoteles ist das Werk des Atheners Xenophon (430–354 v. Chr.) die zeitgenössische Hauptquelle für das 4. vorchristliche Jahrhundert. In seinem „Oikonomikos" gibt er im Rahmen des Dialogs zwischen Sokrates und einem gewissen Kritobulos einen Einblick in die Lebenswelt des Haushalts und die Rollenverteilung zwischen Mann und Frau.

Neben schriftlichen Überlieferungen werden Sie sich in diesem Kapitel noch mit einer weiteren Quellengattung – den Sachquellen – beschäftigen. Die griechische Kunst, prominent durch Plastik, Vasenmalerei oder Architektur, liefert einen großen Einblick in die Lebens- und besonders in die Alltagswelt der antiken Griechen. Hierbei ist zu beachten, dass, auch wenn diese Überreste heute vor allem aus ästhetischen und historischen Gesichtspunkten

---

[1]  Shelley: Hellas, 1822, S. viii.

[2]  Schuller: Einführung in die Geschichte des Altertums, 1994, S. 12.

wertgeschätzt werden, sie in der antiken griechischen Welt immer zentrale Bestandteile des alltäglichen gesellschaftlichen Lebens waren und dabei klare Funktionen hatten. Dies konnten Funktionen im häuslich-privaten Kontext sein oder solche, die politische und religiöse Zwecke erfüllten. Die Hauptaufgabe beim Umgang mit antiken Überresten liegt neben der Interpretation der etwaigen Bildsprache in der Klärung des Gebrauchskontexts bzw. der gesellschaftlichen Funktionen. Auch die Einschätzungen heutiger Historikerinnen und Historiker sowie von Expertinnen und Experten helfen bei der Auswertung der Quellen.

## 1.

1.1 Benennen Sie die Grundkategorien, in die Aristoteles die attische Gesellschaft einteilt. Vollziehen Sie dafür seine Argumentation nach und gehen Sie auf zentrale Begriffe ein, die er verwendet.

1.2 Vergleichen Sie abschließend die Kategorien und Begriffe bei Aristoteles mit unserem Grundgesetz. Recherchieren Sie hierfür den Entstehungskontext und die Werteausrichtung unseres Grundgesetzes. Nehmen Sie, wenn möglich, auch Ihre Erkenntnisse aus Aufgabe 1.2, S. 26, mit auf. Erstellen Sie eine Übersicht über die relevanten Merkmale unserer heutigen Verfassungsordnung.

## Aristoteles über die Grundkategorien der attischen Gesellschaft

**M 1**

1 **a)** Da nun klar ist, aus welchen Teilen der staatliche Verband gebildet ist, ist es notwendig, zuerst die Führung eines Haushalts zu behandeln, denn jeder Staat besteht aus Haushalten. Die Teilberei-
5 che der Führung eines Haushalts entsprechen den Teilen, aus denen der Haushalt seinerseits besteht: ein vollständiger Haushalt wird aus Sklaven und Freien gebildet. [...]
Zuerst wollen wir aber über (das Verhältnis von)
10 Herr und Sklave reden. Wir verfolgen dabei die Absicht, die Mittel zur (Sicherung des) notwendigen Bedarfs zu untersuchen und (zu sehen), ob wir für die Kenntnis dieser Dinge nicht einiges zutreffender erfassen, als es dem Stand der jetzt
15 vertretenen Meinungen entspricht. Denn für manche ist das Gebieten des Herren über Sklaven eine bestimmte Art von Wissen, und zwar gilt ihnen die Führung eines Haushaltes und das Gebieten über die Sklaven und die politische und
20 königliche Herrschaft als ein und dasselbe Wissen, wie wir zu Beginn darlegten. Andere halten dagegen das Gebieten über Sklaven für naturwidrig, denn nur aufgrund des positiven Rechtes sei der eine Sklave, der andere Freier, der Natur
25 nach bestehe aber kein Unterschied zwischen ihnen; Deswegen sei das Gebieten über Sklaven auch nicht gerecht, es gründe sich nämlich auf Gewalt.
Nun ist aber der Besitz ein Teil des Haushalts und
30 die Fähigkeit, Besitz zu erwerben, ein Teil der Führung des Haushalts, denn ohne die notwendigen Mittel ist es ausgeschlossen, sein Leben zu fristen und in vollkommener Weise zu leben. Wie aber bei den Arbeiten von Fachleuten mit fest umrisse-
35 nem Tätigkeitsbereich die passenden Werkzeuge zur Verfügung stehen müssen, wenn ihre Aufgabe erfüllt werden soll, so auch bei dem Leiter eines Haushalts. Werkzeuge sind nun entweder leblos oder beseelt; für den Steuermann ist z.B. das Steu-
40 erruder ein lebloses, dagegen der Untersteuermann auf dem Vorderschiff ein lebendes (Werkzeug), denn der Gehilfe vertritt in den Tätigkeiten von Fachleuten das Werkzeug. In dieser Weise ist auch der Besitz ein Werkzeug zum Leben – Besitz ist
45 eine Vielzahl von Werkzeugen – und der Sklave ist ein beseeltes Stück Besitz.
Von einem Stück Besitz spricht man aber in der gleichen Weise wie von einem Teil; denn ein Teil

ist nicht nur der Teil eines anderen, sondern ge-
50 hört völlig dem anderen an – in gleicher Weise
gilt das auch von einem Objekt, das jemand besitzt. Deswegen ist der Herr nur Herr des Sklaven,
gehört aber jenem nicht. Der Sklave ist dagegen
nicht nur der Sklave des Herrn, sondern gehört
55 ihm völlig. Was nun die Natur und Aufgabe des

Sklaven ist, ist hiernach klar: Wer von Natur
nicht selbst, sondern als Mensch einem anderen
gehört, der ist von Natur Sklave. Ein Mensch
gehört aber einem anderen, wenn er als Mensch
60 Besitz eines anderen ist, ein Stück Besitz ist aber
ein physisch losgelöstes Werkzeug für das Handeln.

Quelle: Aristoteles: Politik 1253b1-4.14-33.1254a9-17, in: Gehrke; Schneider (Hg.):
Geschichte der Antike, 2013, S. 122–123.

1 **b)** Der Bürger hat diesen Status nicht, weil er ir-
gendwo ansässig ist – denn auch Metöken und
Sklaven teilen (mit den Bürgern) den Wohnsitz –,
auch nicht weil sie an den Rechten in der Weise
5 teilhaben, dass sie sich einem Rechtsverfahren
stellen oder einen Prozess anstrengen können,
denn dies gilt auch für die Mitglieder fremder
Staaten, die aufgrund von zwischenstaatlichen
Vereinbarungen an diesen Rechten teilhaben;
10 denn diese Möglichkeit besteht für sie. Häufig
haben die Metöken nicht einmal uneingeschränkt
an (diesen Rechten) teil, sondern sie müssen Vertreter bestellen, so dass sie nur unvollkommen
Mitglieder dieser (Rechts-)Gemeinschaft sind,
15 vielmehr wie bei Minderjährigen [...] und Alten,
die von ihren Bürgerpflichten entbunden sind,
muss man zwar anerkennen, dass sie zwar in einer

gewissen Beziehung Bürger sind, aber nicht unbedingt schlechthin, sondern mit dem Zusatz ‚noch
20 unvollständig‘ bei den einen, ‚wegen Alters ent-
pflichtet‘ bei den anderen oder mit sonst einem
Ausdruck dieser Art; [...]
Ein Bürger im eigentlichen Sinne wird nun aber
durch kein anderes Recht mehr bestimmt als das
25 der Teilhabe an der Entscheidung und Bekleidung eines Staatsamtes. (Die Bekleidung von)
Staatsämtern unterliegt aber entweder zeitlichen
Beschränkungen, so dass ein und derselbe Mann
einige überhaupt nicht zweimal innehaben darf
30 oder sie nur nach Ablauf bestimmter festgelegter
Fristen (wieder bekleiden darf); oder der Amtsin-
haber unterliegt nicht solchen Beschränkungen,
wie z. B. der Richter oder das Mitglied der Volksversammlung.

Quelle: Aristoteles: Politik 1274b39-1275a26, in: Gehrke; Schneider (Hg.):
Geschichte der Antike, 2013, S. 117.

**2.**

2.1 Erläutern Sie die Aufgabenverteilung, die Xenophon
zwischen Mann und Frau im nachfolgenden Text empfiehlt.
Gehen Sie dabei auch auf die Bedeutung des Bildes ein, das er verwendet.

2.2 Vergleichen Sie anschließend Ihre gewonnenen Erkenntnisse über das Lebensumfeld
der antiken Griechen mit den Darstellungen in M 3 und diskutieren Sie, ob und wo die
antiken Lebenswelten von den Darstellungen in M 2 und M 3 abweichen konnten.

Xenophon (430 v. Chr.–354 v. Chr.) befasste sich
als Schüler des Sokrates mit vielen unterschiedlichen Themen: Er schrieb neben philosophischen
und staatspolitischen Abhandlungen auch Werke
zur griechischen Geschichte. So setzte er mit „Hel-

lenika" die Darstellungen des Thukydides fort. Bei
„Oikonomikos", aus dem der vorliegende Auszug
stammt, handelt es sich um eine fachliche Lehr-
schrift zur Haushaltsführung.

## Xenophon über die Haushaltsführung M 2

1 Wenn das nun unter Dach ist, dann ist wiederum jemand erforderlich, der es verwahrt und der solche Arbeiten verrichtet, die innerhalb des Hauses anfallen. Auf das Haus angewiesen ist aber

5 zunächst die Versorgung der neugeborenen Kinder sodann die Zubereitung der Speisen aus den Früchten des Feldes, ebenso die Herstellung der Kleidung aus der Wolle. Da nun aber diese beiden Tätigkeiten, diejenigen innerhalb und diejenigen

10 außerhalb des Hauses, sowohl der Ausführung als auch der Beaufsichtigung bedürfen, hat Gott [...] von vornherein die Natur danach ausgestattet, und zwar, wie es mir scheint, die der Frau für das Arbeiten und Besorgungen im Hause, die des Mannes

15 dagegen für das, was draußen getan werden muss. Denn Kälte und Hitze, ebenso lange Märsche und Feldzüge besser ertragen zu können, dazu richtete er Körper und Seele des Mannes ein; deshalb übertrug er ihm die Angelegenheiten draußen.

20 Der Frau gab Gott dazu einen weniger geeigneten Körper, und folglich [...] ordnete er nach meiner Ansicht ihr die Aufgaben im Hause zu. In dem Bewusstsein aber, der Frau das Aufziehen der neugeborenen Kinder in ihrer Natur zugewiesen zu

25 haben, hat er ihr auch mehr Liebe zu den Säuglingen zugeteilt als dem Mann. Da Gott aber auch die Überwachung der eingebrachten Vorräte der Frau zugeordnet hatte, [...] gab er der Frau auch von der ängstlichen Sorge einen größeren Anteil

30 als dem Mann.

In dem Wissen um die Notwendigkeit, dass derjenige, der die Arbeiten draußen verrichtet, schützend eingreifen muss, wenn jemand ein Unrecht begeht, teilte er diesem wiederum einen größeren

35 Teil an Mut zu. Da aber beide geben und empfangen müssen, stattete er beide zu gleichen Teilen mit Gedächtnis und Sorgfalt aus; daher dürfte es nicht möglich zu unterscheiden sein, welchen Geschlecht, das weibliche oder das männliche, darin

40 im Vorteil ist. Auch Selbstbeherrschung zu üben, wo es nötig ist, gab er beiden gleichermaßen die Möglichkeit; [...] Durch die Tatsache aber, dass beider Natur nicht für alles gleich gut begabt ist, eben deshalb bedürfen sie einander noch mehr,

45 und deswegen ist ihre Verbindung noch nützlicher für sie: Was dem einen Partner fehlt, das bietet der andere. Da wir nun, Frau, das kennen, was jedem von uns durch Gott zugewiesen ist, [...] ist es erforderlich, dass jeder von uns versucht, das

50 ihm Zufallende bestmöglich zu erfüllen. [...]

Wenn aber jemand dem, was Gott veranlagte, zuwiderhandelt, indem er sich etwa auch dem Gesetz entzieht, dann bleibt er vor den Göttern nicht verborgen und er zahlt Strafe, weil er seine

55 eigenen Arbeiten vernachlässigt oder die Tätigkeiten der Frau versieht. Mir scheint [...] auch die Königin der Bienen solche ihr von Gott zugewiesenen Arbeiten mit Eifer zu verrichten. „Und welche Arbeiten", fragte sie, „hat die Bienenkö-

60 nigin, die mit der Beschäftigung, die ich ausüben muss, vergleichbar sind?" „Dass sie", antwortete ich, „im Stock bleibt und nicht zulässt, dass die Bienen faul sind, sondern diejenigen, die draußen arbeiten müssen, hinausschickt an ihre Arbeit

65 und auch weiß, was jede von ihnen heimbringt es entgegennimmt und dies (dann) aufbewahrt, bis es tatsächlich gebraucht wird."

Xenophon: Über die Leitung eines Hauses 7, 3-43, in: Gehrke; Schneider (Hg.): Geschichte der Antike, 2013, S. 118–122.

**M 3** Szenen aus dem antiken Griechenland

Penelope, die Frau des Odysseus, Königin von Ithaka, am Webstuhl (rotfigurige Vase aus dem 5. Jh. v. Chr.)

Statue eines Diskuswerfers (aus dem 2. Jh. n. Chr.)

Wandgemälde von einem Symposion (Gastmahl) (aus Paestum aus dem 5. Jh. v. Chr).

**3.**

3.1 Arbeiten Sie in Gruppenarbeit die wichtigsten Merkmale einer bzw. mehrerer Bevölkerungsgruppen heraus. Vergleichen Sie dann die Bevölkerungsgruppen in Bezug auf Unterschiede und Gemeinsamkeiten und überlegen Sie, wann und wo diese Gruppen in Kontakt zueinander traten.

3.2 Ordnen Sie die Bevölkerungsgruppen anschließend grafisch so an, dass ein Strukturbild der attischen Gesellschaft entsteht. Nehmen Sie hierfür auch die bereits gewonnenen Erkenntnisse bzw. Unterscheidungskriterien aus M 1 bis M 3 zur Hilfe.

3.3 Vergleichen Sie abschließend Ihre gelegte Struktur mit Modellen der Bevölkerungsstruktur der Bundesrepublik.

## Der Historiker Raimund Schulz über die Gesellschaftsgruppen des antiken Athens

**M 4**

**a)** Aus der Masse der Bauern ragte eine kaum mehr als 1 200–2 000 Bürger (ca. 1,5 % der Bevölkerung) zählende Schichte adliger Grundbesitzer heraus, die ein Vermögen von mindestens einem Talent (6 000 Drachmen) besaßen. Entscheidend für die Zugehörigkeit zum Adel waren neben der edlen Abkunft individuelle Eigenschaften und materieller Besitz: Nur der Besitzer eines reichen Hauses (oikos) und umfangreicher Güter wurde als vollwertiger Adliger angesehen. Besitz und Reichtum erlaubten der adligen Elite ein Leben in Müßiggang, sie wird deshalb auch als „leisure class" bezeichnet.

Innerhalb dieser Schicht gab es 300–400 Großgrundbesitzer, die mit einem Vermögen von 3–4 Talenten die mit Abstand reichsten Athener waren (einige sollen es auf über 200 Talente gebracht haben). Ihre Güter lagen über die fruchtbaren Ebenen von Attika verstreut. Der adlige Herr konnte so zwischen seinem Landsitz und der Stadtvilla pendeln und permanent Einfluss auf die Politik nehmen und leitende Aufgaben übernehmen.

Aus den Reihen des wohlhabenden Adels kamen fast alle bedeutenden Redner und Feldherren [...].

**b)** [Mitte des 5. Jahrhunderts v. Chr.] erlebten die Stadt und der Piräus einen rasanten wirtschaftlichen Aufschwung. [...] Der Piräus entwickelte sich binnen fünfzig Jahren von einem mittleren Dorf zu einer planmäßig vergrößerten Stadt. Eine regelrechte „entertainment industry" im Hafenviertel zog Touristen, Seeleute und Händler von überall an und füllte den Staatssäckel. [...] Der Aufschwung von Handel, Handwerk und Wirtschaft zog eine große Zahl fremder Handwerker und Händler an. Sie ließen sich häufig als Metöken (= Mitbewohner) im Hafenviertel oder in der Stadt [dauerhaft] nieder. Ihre beruflichen Tätigkeiten unterlagen keinerlei Beschränkungen, doch hatten sie für das ihnen gewährte Wohnrecht eine Steuer zu zahlen, sie mussten bei der Verteidigung der Stadt mitwirken und sich durch einen Athener vor Gericht vertreten lassen. Ihre Zahl belief sich mit ihren Familien wohl auf bis zu 40 000, das war fast die Hälfte der bürgerlichen Bevölkerung Athens (ca. 100 000–120 000). Um ihre Waren über See zu vertreiben, mussten sie Schiffe mieten und Geld bei wohlhabenden Kollegen oder Bürgern borgen. Auf diese Weise entwickelte sich eine Wirtschaft auf monetärer Basis, die allen Bevölkerungsschichten zugute kam [...].

**c)** Die Zahl der Sklaven war nach den Perserkriegen und in Folge der in die Stadt fließenden Seebundgelder enorm gestiegen. Mitte des Jahrhunderts gab es nach modernen Schätzungen zwischen 80 000–120 000, d.h. mindestens doppelt so viele Sklaven und Sklavinnen wie wehrfähige Bürger in Athen! Sie kamen meist aus den entfernteren Küstengebieten der Ägäis und des Schwarzmeerraums. Dem Kleinbauern fehlte das Geld, um sich einen Sklaven kaufen und ernähren zu können, doch in der Stadt gehörten Sklaven zu den Grundlagen der Demokratie, weil sie ihre Herren von der täglichen Arbeite entlasteten und ihnen so den nötigen Freiraum für politisches Engagement verschafften. Sklaven dienten als Hausgehilfen, arbeiteten in den Werkstätten der Handwerker, halfen in den Markthallen oder als Dockarbeiter am Piräus oder schufteten in großer Zahl (bis zu 20 000) in den Silberminen von Laureion.

Die soziale Stellung der Sklaven waren ihren Arbeitsgebieten entsprechend unterschiedlich: Den Minenarbeitern ging es schlecht, während Haussklaven oder Handwerksgehilfen Berufe ausüben konnten, deren Gewinne allerdings dem Herrn zum großen Teil abzuliefern waren. Wegen dieser Unterschiede haben die Sklaven keine Solidarität untereinander entwickelt und niemals Aufstände gewagt. Ihr Ziel war der individuelle soziale Aufstieg und die Freilassung. Anders als in Rom haben dies allerding nur wenige erreicht, doch diejenigen, die es schafften, konnten als Freigelassene zu beträchtlichem Reichtum und Ansehen gelangen. Die Freigelassenen wurden jedoch niemals automatische Bürger, sondern blieben Fremde. Demokratie war

85 ein exklusives Gut und verschaffte Mitspracherecht, die der Athener einem ehemaligen Sklaven aus der Fremde nicht anvertrauen mochte.

d) Anders als der männliche Bürger war die Athener Frau von jeder politischen Beteiligung aus-
90 geschlossen. Dennoch haben die Frauen weitaus intensiver am Leben der Stadt teilgenommen, als man lange gedacht hat. [...] vielfach und zumal auf dem Lande dürften sich die Arbeitswelten der Geschlechter schon aus existentiellen Zwängen
95 vermischt haben. Die lange tradierte Meinung die Frauen hätten abgeschottet von der Außenwelt ihr Leben an Webstuhl und Herd verbracht, ist wenig mehr als ein aristokratisches Klischee [...] Wenige Frauen werden sich über diese Beschränkungen
100 beklagt haben – es gab ja nirgends reale Alternativen. Die Athener waren sich bewusst, dass die Stabilität ihres Gemeinwesens auf die Arbeit der Frauen und das gedeihliche Miteinander der Geschlechter angewiesen war. Sie blieben zwar dem
105 Mann rechtlich untergeordnet, waren aber nicht ehrlos und fanden ihren unverzichtbaren Platz innerhalb des Gemeinwesens.

e) Die Zahl der Theten war seit den Perserkriegen ständig gestiegen. Athen und der Piräus boten
110 insbesondere Söhnen kleinerer Bauern lukrativere

Verdienstmöglichkeiten als das karge väterliche Landgut vor der Stadt. Viele suchten Arbeit in den Docks, mieteten einen kleinen Laden und heuerten als Ruderer in der Flotte an. Langjähriger Ruder-
115 dienst ermöglichte den Aufstieg in die Zeugiten-klasse, und nach einer gewissen Zeit konnte man sich als Landbesitzer in den Kleruchien (Land in Kolonien) niederlassen. Im Zuge der Wanderung vom Land in die Stadt und dem Dienst in der
120 Flotte nahmen die Theten eine urbane und selbst-bewusste Lebenseinstellung an, die durch die Partizipation an der Demokratie stetig verstärkt wurde Oberhalb der Thetenschicht rangierte die ca. 7 000–8 000 Bürger umfassende Gruppe der
125 Kleinbauern und Handwerker aus der Zeugiten-klasse; Sie besaßen ein Vermögen von ca. 2 000 Drachmen, betrieben mit ihrer Familie und (in der Erntesaison) ein bis zwei Tagelöhnern Höfe von kaum mehr als 20 Hektar und bauten in
130 Mischwirtschaft Getreide und Oliven an. Die Erträge reichten zur eigenen Ernährung gerade aus, selten brachten sie Überschüsse auf den Markt. Bei dieser Gelegenheit besuchten sie auch die Volksversammlung und nahmen an politischen
135 Entscheidungen ihrer Polis teil.

Quelle: Schulz: Athen und Sparta, 2003, S. 33–36.

**4.**

4.1 Beschäftigen Sie sich zunächst mit den unterschiedlichen Ansichten des Erechtheion im nachfolgenden Material. Beschreiben Sie die Wirkung, die das Gebäude auf Sie hat.

4.2 Beurteilen Sie anschließend, warum das Erechtheion zu seiner Zeit als eines der gelungensten und modernsten Bauwerke galt. Recherchieren Sie hierzu den Entstehungskontext und die Architekturmerkmale des antiken Gebäudes. Gehen Sie dabei auch auf die Gestaltungsmerkmale und Funktionen der Koren (M 6) ein.

4.3 Im Sekundärtext (M 7) informieren Sie sich abschließend über die Funktionen von Tempelbauten in antiker Zeit und vergleichen diese mit Funktionen heutiger Gebäude.

**Ansichten des Erechtheion (erbaut 421–406 v. Chr.) auf der Akropolis**

Gesamtansicht mit Korenhalle von Südwesten

Teilansicht von Nordost

Ansicht der Korenhalle

## M 6 Vorder- und Rückseite einer Kore des Erechtheion

Kore vom Erechtheion, Vorder- und Rückenansicht

1 [Informationen des Museums für Abgüsse Klassischer Bildwerke in München:] Der Münchener Abguß wurde von einer Mädchenfigur aus pentelischem Marmor im Britischen Museum
5 genommen, die zusammen mit fünf weiteren Statuen gleicher Art (heute im Akropolis-Museum in Athen) das Gebälk einer Halle an der Südseite des Erechtheion auf der Athener Akropolis trug. Die Figur in London ist wesentlich besser erhalten
10 als ihre Schwestern in Athen, da sie bereits 1803 von Lord Elgin nach England gebracht wurde und somit vor den zerstörenden Umwelteinflüssen auf der Akropolis geschützt blieb. Die Halle, von der die Statuen stammen, wird aufgrund die-
15 ser Stützfiguren in der archäologischen Literatur als Korenhalle bezeichnet. Das griechische Wort κόρη (Mädchen) dient auch in einer erhaltenen Rechnungsurkunde des Erechtheion (IG I2, 372) zur Bezeichnung der sechs Gebälkträgerinnen.
20 H. Lauter konnte in seiner grundlegenden Studie nachweisen, daß allen sechs Koren ein gemeinsamer Entwurf zugrundeliegt, während die Ausführung der einzelnen Statuen verschiedenen Bild-

hauern oblag. Daraus folgt, daß die Figuren sich
25 weitgehend entsprechen und Abweichungen nur in kleinerem Rahmen zu beobachten sind. Bei der Kore im Britischen Museum handelt es sich um eine sehr qualitätvolle Arbeit. [...]

In der römischen Kaiserzeit erfreuten sich die
30 Erechtheionkoren großer Beliebtheit [...]. Die prominentesten der erhaltenen Kopien stammen vom Augustusforum in Rom und aus der Hadriansvilla in Tivoli. Diese Kopien ermöglichen auch eine sichere Ergänzung der bei unserer Figur
35 (sowie den übrigen fünf Koren) verlorenen Unterarme. Um beide Arme waren Schmuckbänder gelegt, und in ihrer Rechten hielt die Figur eine sogenannte Omphalosschale. Solche Schalen fanden in der griechischen Antike zu unterschiedli-
40 chen Gelegenheiten Verwendung. Sie dienten als Trinkgefäße, wurden aber vor allem bei Opferhandlungen als Kultgerät benutzt.

Über die Deutung der Koren ist bis heute keine Sicherheit erreicht worden. Als Stützfiguren

45 (Karyatiden) sind sie in der Architektur keineswegs singulär. Vergleichbare Vorläufer begegnen an den Schatzhäusern von Knidos (um 550) und Siphnos (vor 525) in Delphi. Der römische Architekt Vitruv erklärt Karyatiden als gefangene
50 Sklavinnen. Diese Deutung wird man aber kaum auf unsere Figuren vom Erechtheion übertragen können. Es handelt sich vielmehr um vornehme attische Mädchen, deren Frömmigkeit durch ihre Teilnahme am Opfer (Omphalosschale) ausgewie-
55 sen ist.

Quelle: Rohmann: Kore vom Erechtheion, abgerufen unter: www.abgussmuseum.de/de/infoblaetter/kore-vom-erechtheion [23.06.2020].

## Alexander Rubel über Kunst und Architektur im antiken Griechenland

**M 7**

1 Kunst, die auch im modernen Sinne von den Zeitgenossen als Kunst wahrgenommen wurde, war aus Sicht der Griechen zunächst einmal die Kunst im öffentlichen Raum. Die Vasenmalerei, die heute
5 auch aufgrund ihres Informationsgehaltes als besonders wichtiger Zeil der griechischen Kunstproduktion gilt, hatte den Rang von Handwerksproduktionen [...]. Kunstproduktion in diesem öffentlichen Sinne setzt gesellschaftliche Institu-
10 tionen, gemeinschaftliche Praktiken und Rituale voraus, in deren Rahmen die Bildwerke Verwendung fanden. In archaischer Zeit, als sich die Polis formierte, waren die Orte, die für die Öffentliche Kunst prädestiniert waren, zunächst die Plätze der
15 gemeinschaftlichen Kultausübung, die Heiligtümer und Altäre der Götter.

Diese selbst stellten wohl die größte künstlerische Leistung der Griechen dar. Die Tempelbauten der klassischen Zeit, von denen noch heute beachtli-
20 che Reste erhalten sind [...], gehören zu dem Eindrucksvollsten, was die Antike hervorgebracht hat. Bis ins 6. Jahrhundert waren Tempel kleinere Lehmziegelbauten gewesen, die sich nicht erhalten haben, aus deren Grundstruktur sich dann die
25 durch Säulenhallen unterschiedlicher Gestaltung gekennzeichneten steinernen Tempelgroßbauten entwickelten. Gerade bei den Tempelbauten macht sich der kanonische Charakter der griechischen Kunst bemerkbar. Es gilt – gleiches lässt sich bei
30 Plastik und Vasenmalerei beobachten – ein vorgegebener Rahmen, den der Künstler kreativ ausfüllen, aber nicht überschreiten kann. [...]

Die Tempel waren nicht etwa Versammlungsorte der Gemeinde wie unsere heutigen Kirchen,
35 sondern beherbergten lediglich die Kultbilder der Götter, die zunächst aus Holz waren und in klassischer Zeit in den großen Zentren von imposanten Statuen abgelöst wurden. Am berühmtesten waren die riesige sitzende Zeusstatue im Tempel von
40 Olympia und die Statue der Athene, die aufrecht und in Waffen im Parthenon in Athen stand. Beide sind Schöpfungen des Atheners Phidias.

Solche Prachtbauten wurden nicht nur aus religiösen oder inneren künstlerischen Gründen geschaf-
45 fen; sie dienten auch und besonders der Repräsentation. Dies lässt sich für fast alle Prachtbauten der klassischen Zeit feststellen, die mit hohem finanziellem Aufwand errichtet wurden. Am deutlichsten wird dieser Anspruch in Athen formuliert [...].

Quelle: Rubel: Die Griechen, 2014, S. 184–185.

**5.**

5.1 Beschreiben Sie die Wirkung, die die Walhalla auf Sie hat. Recherchieren Sie zum Entstehungskontext, zur Namensgebung und zum verantwortlichen Architekten bzw. Auftraggeber.

5.2 Vergleichen Sie im Anschluss die Architektur und Wirkung der Walhalla mit dem Bau auf der Akropolis.

5.3 Erarbeiten Sie dann aus den danach folgenden Materialien (M 9, M 10 und M 11) die Bedeutungen und Funktionen, die in der Epoche des Klassizismus der Antike im Allgemeinen und der Architektur im Speziellen zugeschrieben wurden.

5.4 Suchen Sie nach weiteren Gebäuden, die der Epoche des Klassizismus zugeordnet werden können.

---

**M 8**    **Antike Architektur in Bayern?**

a) Die Walhalla in Donaustauf bei Regensburg (eröffnet 1842)

Ansicht des Portikus      Ansicht von oben      Seitenansicht

b) Der Parthenon auf der Athener Akropolis (erbaut zwischen 447 und 432 v. Chr.)

Parthenon auf der Akropolis

### Urteile über die Antike     M 9

a) Johann Joachim Winckelmann (1717–1768) gilt als Urvater der Archäologie und als Begründer der Klassizismus. Er urteilte 1755:

Der einzige Weg für uns groß, ja, wenn es möglich ist, unnachahmlich zu werden, ist die Nachahmung der Alten [...].

> Quelle: Winckelmann: Gedanken über die Nachahmung der griechischen Werke in der Malerei und Bildhauerkunst, in: Johann Joachim Winckelmann. Ausgewählte Schriften, 2014, S. 4.

b) Ludwig I. (1786–1868), bayerischer König von 1825 bis 1848, über seine Liebe zur Antike und Bautätigkeit:

Als ein Geschenk von den Himmlischen würden die meisten begehren,
Daß sie Steine in Gold dürften verwandeln nach Lust;
Doch ich Verkehrter, ich mach es anders, bemüht zu vertauschen
Gegen altes Gestein neuen gewichtiges Gold.

> Gedichte des Königs Ludwig von Bayern, 1893, S. 83.

Daß mir vergönnet nicht war, Griechen, zu leben bei euch!
Lieber, denn Erbe des Throns, wär' ich ein Hellenischer Bürger,
In den Gedanken wie oft träumt' ich mich sehend zu euch.

> Gedichte des Königs Ludwig von Bayern, 1893, S. 34.

### Die Akropolis von Athen: ein Gemälde von 1846     M 10

Gemälde von Leo von Klenze, 1846

Vom Begriff der Klassik abgeleitet, bezeichnet der Klassizismus eine kunstgeschichtliche Epoche zwischen 1770 und 1840, in der es zu einer enthusiastischen Rückbesinnung auf die Antike kam. Neben Bildungsreisen, die nach Italien und Griechenland unternommen wurden, begannen zu dieser Zeit erste Ausgrabungen, etwa in Pompeji oder in Herculaneum, die weitere Erkenntnisse über das Leben der Antike lieferten. Besonders die antike Baukunst galt als großes Vorbild, so sah man in ihr die Gesetze der Harmonie und Schönheit in perfekter Weise verkörpert. Bauwerke und die gebaute Umwelt im Allgemeinen sollten, so die Vorstellung des 19. Jahrhunderts, den Menschen moralisch positiv beeinflussen. In der Bauweise grenzte sich der Klassizismus von den vorangegangenen Epochen des Barocks und des Rokokos deutlich ab. Die Ar-

chitektur sollte weder einer Religion noch einem Feudalherrscher dienen. Architektonischer Prunk und Pomp wurden durch eine Baukunst der Einfachheit und Klarheit, aber auch Strenge abgelöst, wie sie aus der römischen und griechischen Antike bekannt war. Die klassizistische Bauweise ist geprägt durch klare geometrische Formen, also Kuben, Zylinder oder Kreise, die additiv, blockartig nebeneinandergesetzt werden. Städtebauliche klassizistische Ensemble, wie der Königsplatz in München, zeichnen sich durch eine symmetrische Anordnung aus und entwickeln ihre Wirkung vor allem in ihrer Zusammenstellung. Auch kleine städtische Bauwerke des Klassizismus griffen antike Bau- und Dekorelemente, wie Säulen, einen Portikus, eine Ädikula oder sogenannte Akrotere auf.

## M 11 Außen- und Innenarchitektur der St.-Johann-Nepomuk-Kirche in München (von 1733 bis 1746 im Stil des Rokokos errichtet)

Außenansicht

Innenraum

# DAS WICHTIGSTE IN KÜRZE

## Gesellschaft im antiken Athen

Wohl in allen vormodernen griechischen Gesellschaften, besonders aber aufgrund der guten Quellenlage in der attischen Gesellschaft, lassen sich deutliche Unterscheidungen zwischen einzelnen gesellschaftlichen Gruppen ausmachen. Die grundsätzliche Trennung der Bevölkerung in freie und unfreie Bevölkerungsteile war ein Merkmal eines jeden antiken Staatswesens. Der Rechtsstatus der unfreien Bevölkerung war dadurch definiert, dass ihnen weder persönliche noch politische Rechte zukamen. Die Sklaverei gehörte zum griechischen Alltag und war Grundvoraussetzung der Wirtschaft, sodass sie kaum moralisch hinterfragt wurde, aber philosophisch als natürlich gerechtfertigt wurde. Auch innerhalb der freien Bevölkerung kam es im antiken griechischen Raum in der Regel zu einer starken rechtlichen Differenzierung hinsichtlich des Bürgerstatus zwischen Bürgern und ihren Familien, Freigelassenen, Mitbewohnern, die sich über einen längeren Zeitraum in der Polis aufhielten, oder kurzzeitigen Besuchern.

Die politische Welt der Griechen war eindeutig männlich. Frauen, auch wenn Sie zum Bürgerverband Athens zählten, blieben politisch ausgeschlossen. Davon abgesehen war die rechtliche und soziale Stellung der Frau nicht für alle gleich, da sich die Lebenswelten deutlich unterscheiden konnten. Eine Gemeinsamkeit zwischen allen Bewohnerinnen Athens war die lebenslange Abhängigkeit zu einem männlichen Vormund, ganz gleich ob Vater oder Ehemann. Dies war besonders hinsichtlich der Rechtsstellung und vor Gericht wichtig. Das Bild einer Minderstellung oder gar Verachtung der Frau in der Öffentlichkeit darf hier jedoch nicht entstehen. Auch die lang tradierte Meinung, Frauen hätten vollkommen abgeschieden von der Welt des Mannes im Haushalt (= oikos) gelebt, ist wohl nicht haltbar und wurde in neueren Forschungen korrigiert. Frauen der mittleren und unteren Schichten hatten vermutlich kaum eine andere Wahl, als in der Öffentlichkeit auch wirtschaftlich zu agieren, etwa bei Besorgungen oder dem Verkauf von Gütern. Bei Frauen der höheren Schichten ist es durchaus vorstellbar, dass sie einem tugendhafteren und häuslicheren Bild entsprachen. Neben dem Auftreten vor Gericht blieben auch Sportstätten und Gastmähler (= Symposia) exklusive männliche Bereiche.

## Kultur im antiken Athen

Im 5. und 4. vorchristlichen Jahrhundert konkurrierte man in der Ägäiswelt, ebenso in Kleinasien und Unteritalien, im Wettstreit um Neues und Einzigartiges auf verschiedensten kulturellen Feldern. Macht und Reichtum Athens boten dabei zahlreiche und nicht vergleichbare Möglichkeiten zur Umsetzung für Künstler, Philosophen und Wissenschaftler. Als Perikles (vgl. Kap. 1.2) – so schildert es Thukydides in seiner Geschichte des Peloponnesischen Krieges – Athen in seiner sogenannten Gefallenenrede als ein Vorbild für ganz Griechenland bezeichnete, bezog er sich damit neben der Verfassungsordnung sicher auch auf Kunst und Kultur Athens. In der Mitte des 5. Jahrhunderts beschloss die Volksversammlung ein umfassendes Bauprogramm, das zu einer vollkommenen Neugestaltung der Akropolis führte. Im Zentrum entstand ein riesiger Tempel zu Ehren der Athena Parthenos. Der Parthenon sprengte alle bis dato bekannten architektonischen Dimensionen und der nur wenige Jahre später vollendete Bau des Erechtheion-Tempels vereinte mehrere Baustile miteinander und galt schon zu seiner Zeit aufgrund seiner Modernität als eines der gelungensten klassischen Bauwerke. Die Bauten demonstrierten zum einen das athenische

# DAS WICHTIGSTE IN KÜRZE

Selbstbewusstsein in der hellenischen Welt, darüber hinaus fungierten sie als Bezugspunkte religiöser und sozialer Integration für die Bürgerschaft.

Deutlicher Beleg dafür, wie die Kunst der antiken Klassik weit über ihre Epochengrenzen hinauswirkte, ist ihre Rezeption im Klassizismus. In Bayern kam es vor allem durch den Kronprinzen und späteren bayerischen König Ludwig I. (1786–1868), der von 1825 bis 1848 regierte, zu einer regen klassizistischen Bautätigkeit. Der eifrige Philhellene träumte schon früh davon, aus München ein „Isar-Athen" zu machen. In Rückbezug auf das antike Griechenland wollte er dem jungen Königreich Bayern Orientierung geben und durch seine Bautätigkeit mit München eine repräsentative Residenzstadt schaffen.

Architektonisch grenzte man sich im Klassizismus willentlich zu den Vorepochen von Barock und Rokoko ab. Die architektonischen Leitlinien von Klarheit, Einfachheit, Symmetrie und Strenge finden sich in zahlreichen klassizistischen Gebäuden und unterscheiden sich deutlich von den vorangegangenen prachtvollen, ornamentalen und pompösen Stilen.

Bis heute prägen antik anmutende Bauwerke unsere Stadtbilder. Städtebauliche klassizistische Ensembles wie der Königsplatz in München entwickeln ihre Wirkung vor allem durch ihre geometrischen Elemente und die symmetrische Anordnung. Aber auch kleine städtische Bauwerke des Klassizismus greifen einzelne antike Bau- und Dekorelemente wieder auf.

# FESTIGUNG – VERTIEFUNG

## Weitere Herangehensweisen

- Stellen Sie in einem Kurzreferat einen einflussreichen, der Metökenschicht zugehörigen Athener vor. Gehen Sie dabei auf wichtige Stationen in dessen Leben ein und beurteilen Sie sein Wirken auf das kulturelle und politische Leben des Stadtstaates. (Mögliche Beispiele: Protagoras von Abdera, Hippokrates aus Kos, Polygnot aus Thasos, Herodot aus Halikarnassos, Lysias aus Syrakus.)
- Erstellen Sie einen imaginären Rundgang durch die Athener Akropolis zur klassischen Zeit. Versuchen Sie, die Wirkung der einzelnen Gebäude zu vermitteln. Stellen Sie auch den Entstehungskontext und die Funktionen der Bauwerke vor.

## Vertiefende Aspekte

- Nähern Sie sich dem Mythos Troja und beurteilen Sie dessen Wirkung auf die abendländische Kultur. Beschäftigen Sie sich hierfür zunächst mit Homers Epos der „Ilias" und den Ausgrabungen unter Heinrich Schliemann. Gehen Sie im Anschluss auf den neuesten Forschungsstand der Geschichtswissenschaft und der Archäologie ein (vgl. H 1 und H 3).
- Planen Sie den Besuch einer Antikensammlung. Nähern Sie sich mithilfe der dort ausgestellten Realien den griechischen Lebenswelten weiter an. Legen Sie für die Exponate einen Ausstellungskatalog an, in dem sie auf die gezeigten Szenen und die Bildsprache eingehen.
- Untersuchen Sie, welche Kriterien der Unterscheidung von Bevölkerungsgruppen in modernen Gesellschaften zum Tragen kamen bzw. kommen. Vollziehen Sie nach, ob es auch in der Moderne zum sozialen oder politischen Ausschluss bestimmter Bevölkerungsgruppen kam bzw. kommt. Untersuchen Sie die Argumentationsgrundlage für den Ausschluss und vergleichen Sie diese mit antiken Gesellschaftsstrukturen.

## Weiterführende Quellen und Hinweise

**H 1** Troja und der Schatz des Priamos, Dokumentarfilm von 2016, Regie: Johannes Unger. Der Film erzählt von der Suche des deutschen Abenteurers und Altertumsforschers Heinrich Schliemann (1822–1890) nach der in Homers „Ilias" beschriebenen Heldenstadt Troja. Die Dokumentation von Johannes Unger zeigt die abenteuerliche Seite der Archäologie, ohne dabei die historisch-kritische Distanz zu verlieren.

**H 2** Stein-Hölkeskamp, Elke und Karl-Joachim (Hg.): Die Griechische Welt. Erinnerungsorte der Antike, 2. Aufl., München, C. H. Beck, 2019. In 33 Beiträgen beschreiben international renommierte Historiker/-innen, Philologinnen/Philologen und Archäologinnen/Archäologen die herausragende Bedeutung verschiedener Orte der antiken griechischen Welt.

**H 3** Siebler, Michael: Troia. Mythos und Wirklichkeit, Stuttgart, Reclam, 2001. Der Archäologe Michael Siebler liefert mit seinem Werk einen Einblick in die archäologische Arbeit „Troia". Darüber hinaus widmet er sich auch dem großen Thema „Homer". Er bietet der Leserin und dem Leser somit letztendlich ein schlüssiges und abgerundetes Bild des Forschungsstandes rund um den Mythos Troja. Auch beinhaltet das Buch zahlreiche Informationen zu hilfreichen, weiterführenden Publikationen.

 **H 4** Acropolis Virtual Tour. Explore the Acropolis: Begeben Sie sich auf einen virtuellen Rundgang durch die Athener Akropolis. Sie erhalten dabei einen Einblick in die wichtigsten archäologischen Stätten und Bauten der Athener Oberstadt. Schreiten Sie durch die Propyläen und besuchen Sie unter anderem den Tempel der Athena Nike, das Erechtheion oder das Parthenon. Zusätzliche Informationen zu den einzelnen Monumenten und eine Karte des Geländes bieten Ihnen Orientierung.

## 1.1 Entstehen der griechischen Stadtstaaten

Sie wissen um die Bedeutung der frühen großen Wanderungsbewegungen für die Herausbildung der antiken griechischen Staatenwelt und können diese zeitlich und räumlich verorten. Sie kennen außerdem die nötigen Voraussetzungen für die erfolgreiche griechische Kolonisierung großer Teile des Mittelmeerraumes und hinterfragen die antike Geschichtsschreibung hinsichtlich der dargestellten Motivlage kritisch. Sie erkennen, dass eine wichtige Folge der großen griechischen Kolonisation die Verbreitung der Polis war. Sie können diese politische Organisationsstruktur der griechischen antiken Welt definieren und in Bezug auf unseren heutigen Staatsbegriff abgrenzen. Sie erkennen die Bedeutung der Polis für die Weiterentwicklung von Demokratie, Kunst und Kultur in der griechischen antiken Welt.

## 1.2 Die Demokratie im antiken Athen

Sie kennen die wichtigsten politischen Reformer der attischen Demokratie und können diese zeitlich verorten. Sie wissen um die Notwendigkeiten einer Reform des politischen Athens unter Solon und können dessen Timokratie im Hinblick auf ihren demokratischen Charakter beurteilen. Sie verstehen, dass auch die Regierungsform der Tyrannis eine notwendige Übergangsphase zur weiteren Demokratisierung Athens darstellte. Weitere Neuerungen des politischen Systems unter Kleisthenes und Perikles können Sie erläutern und im Hinblick auf ihre Bedeutung für die Demokratisierung Athens beurteilen. Sie wissen um Gemeinsamkeiten und Unterschiede zwischen der antiken attischen Demokratie und modernen Demokratien.

## 1.3 Gesellschaft und Kultur im antiken Athen

Sie kennen die wichtigsten gesellschaftlichen Gruppen der attischen Polis und können diese hinsichtlich passender Kriterien differenzieren. Sie wissen um die grundsätzliche Trennung von freier und unfreier Bevölkerung Athens und erkennen darüber hinaus, dass die politische Welt Athens eindeutig männlich war. Sie haben die Funktionen der starken gesellschaftlichen Differenzierung der attischen Gesellschaft entschlüsselt und können zu diesen mitsamt den antiken Rechtfertigungen kritisch Stellung beziehen.

Sie begreifen, dass die athenischen Großbauten der Akropolis religiöse und soziale Bezugspunkte für die Bürgerschaft darstellten und darüber hinaus als Demonstration des athenischen Selbstbewusstseins in der hellenischen Welt dienten. Sie sind in der Lage, die Wirkung der antiken Bauwerke anhand ihrer architektonischen Merkmale zu erläutern, und können ihre Funktionen erklären. Auch wissen Sie um die Bedeutung der Nachahmung der klassischen Architektur in der Epoche des Klassizismus und erkennen klassizistische Bauwerke in unseren heutigen Stadtbildern.

# LERNBEREICH 2

## Kapitel 2 (Lernbereich 2.3)

## Lebenswirklichkeiten im Mittelalter

Römer? Deutscher? Franzose? Karl der Große in einer im Aachener Domschatz ausgestellten Büste, gestiftet 1349 von Karl IV.

Heinrich II. und Kunigunde werden von Christus gekrönt, Miniatur, ca. 1007-1012.

Maximilian I. in einem Porträt von Albrecht Dürer, 1519

Tiergärtnertorplatz in Nürnberg.

# Lebenswirklichkeiten in einer historischen Epoche

Ritterliches Turnier, Zürich um 1310–1340, in:
Große Heidelberger Liederhandschrift (Codex
Manesse), Heidelberg (s. S. 66)

Ritterliches Turnier im Reenactment –
Kaltenberger Ritterturnier, 2010

Totentanz in der Schedelschen
Weltchronik, 1493 Holzschnitt
von Michael Wolgemuth

# KAPITEL 2 (LERNBEREICH 2.3)

## 2.1 Gesellschaftsstrukturen im Mittelalter: Ständegesellschaft und Lehnswesen

### Forschungsinteresse und Kompetenzerwerb

Sei es in Fernsehserien wie Game of Thrones oder in populären Events wie Mittelalterweihnachtsmärkten, die Alltagswelt des Mittelalters beschäftigt die Fantasie unserer Öffentlichkeit. Das Bild des Lebens im Mittelalter ist dabei ebenso von Faszination geprägt wie von der Ablehnung einer fernen, scheinbar finsteren Zeit. In diesem Kapitel lernen Sie zentrale soziale Strukturen kennen, die es Ihnen erleichtern, sich ein rationaleres Urteil zu bilden.

### Vorgehen

In einem Beitrag zum Zündfunk Netzkongress begegnet Ihnen die Behauptung des Bloggers Evgeny Morozov, unsere Gesellschaft würde sich in Richtung eines „digitalen Feudalismus" entwickeln. Sie würden gern selbst in einem Blogbeitrag dazu Stellung nehmen, brauchen dafür aber noch einige Informationen.

Zunächst SKIZZIEREN Sie, was einen idealen Ritter ausmacht, und DISKUTIEREN, wovon dieses Idealbild geprägt wurde. Anschließend befassen Sie sich mit der Sigena-Urkunde, einer eigentlich alltäglichen Hinterlassenschaft, die in Nürnberg eine hohe regionalgeschichtliche Bedeutung hat und uns darüber hinaus einiges über die Gesellschaft im Mittelalter erzählt. Sie ERARBEITEN aus der Urkunde historische Informationen, NOTIEREN sich dazu die entsprechenden Stellen und FORMULIEREN knappe eigene Thesen. Aufbauend auf einer Skizze und einer Definition ERKLÄREN Sie die Funktionsweise von Ständegesellschaft und Lehnswesen. Sie ERLÄUTERN Stellenwert und Funktion der im Inventar des Fronhofs Staffelsee enthaltenen Personen. Anschließend VERGLEICHEN Sie die zeitgenössischen Aussagen über die Legitimität der Ständegesellschaft und BEURTEILEN ihre Stichhaltigkeit. Sie ERÖRTERN mögliche Motive Wilhelms, von dem im Liber de servis die Rede

ist, die eigene Freiheit aufzugeben. Abschließend LESEN Sie eine kurze Zusammenfassung der These von Evgeny Morozov und SAMMELN Argumente, um sich in einem eigenen Blogbeitrag damit kritisch auseinanderzusetzen.

FORMULIEREN **Sie nun einen eigenen Blogbeitrag, in dem Sie sich kritisch mit der These Morozovs auseinandersetzen.**

Als Arbeitshilfe finden Sie im hinteren Teil des Lehrwerks eine Übersicht über verschiedene Methodentechniken. Nutzen Sie diese Möglichkeit.

### Materialauswahl

In diesem Kapitel werden Ihnen überwiegend zeitgenössische Quellen des Mittelalters begegnen, die Ihnen helfen, soziale Strukturen auch aus zeitgenössischer Perspektive zu verstehen. Am Beispiel der Sigena-Urkunde soll verdeutlicht werden, dass historische Quellenarbeit mitunter ein detektivisches Zwischen-den-Zeilen-Lesen erfordert. Viele wesentliche Aussagen wurden in den Quellen absichtlich nicht überliefert und erfordern eine scharfsinnige Interpretation. Die Untersuchung der Sigena-Urkunde ist damit charakteristisch für den Umgang mit Urkunden, die der Quellengruppe der „Überreste" zugeordnet werden kann: Weniger der für die Autorin/den Autor zentrale Inhalt ist für Historiker/-innen von heute interessant als vielmehr der Informationsgehalt, der uns „nebenbei" über Ereignisse und Strukturen der Entstehungszeit geliefert wird. Naturgemäß spiegelt der Umgang mit einer solchen Quelle immer auch die Interessen der Zeit, in der sie untersucht wird. Ergänzt werden diese Quellen durch erläuternde Texte von heutigen Historikern sowie durch die These eines Bloggers. Sie offenbaren auch gegenwärtige Sichtweisen.

**1.** Erarbeiten Sie aus der folgenden Urkunde wesentlich historische Informationen. Notieren Sie sich dazu die entsprechenden Stellen und formulieren Sie knappe eigene Thesen.

**M 1** Die Sigena-Urkunde von 1050

Sigena-Urkunde vom 16. Juli 1050, ausgestellt von Kaiser Heinrich III. (1039 bis 1056)

1 Im Namen der heiligen und unteilbaren Dreifaltigkeit Heinrich von Gottes Gnaden erhabener Römischer Kaiser. Kund sei allen unseren christgläu-
bigen Untertanen heute und künftig: Wir haben
5 eine Leibeigene, SIGENA mit Namen, die ein Edler
namens Richolf uns an seiner Hand vorführte,
und die ihm gehörte, frei gemacht, indem wir aus
seiner Hand einen Pfennig mit unserer Hand he-
rausschlugen. Wir haben sie ganz vom Joch der
10 Hörigkeit erlöst („ab omni jugo debitae servitutis
absolvimus"), sodass die genannte SIGENA von
nun an das gleiche Recht und die gleiche Freiheit
genießen soll, wie sie die übrigen bisher von Königen und Kaisern freigelassenen Leibeigenen bisher
15 genossen haben. Und damit eine solche von uns

geschenkte Freiheit nunmehr ihre dauerhafte und
unverletzliche Rechtskraft behalte, haben wir diese
Urkunde daraufhin ausgefertigt und durch Eindrücken unseres Siegels beglaubigen lassen.
20 [Siegel]
Ich Winitherius, Kanzler, habe anstatt des Erzkanzlers Bardo die Richtigkeit geprüft.
Gegeben am 16. Juli im Jahre der Fleischwerdung
des Herren 1050, im 3. römischen Steuerjahr, aber
25 im 21. Jahr der Einsetzung des Herrn Heinrich, des
dritten Königs und des zweiten Kaisers dieses Namens, im 12. Jahr seiner Königswürde, im 4. Jahr
seines Kaisertuns. Geschehen zu Norenberc.
Glückauf! Amen.

Quelle: Diefenbacher: Schätze aus dem Stadtarchiv Nürnberg: Die Sigena-Urkunde vom 16. Juli 1050 (Signatur: Stadtarchiv Nürnberg A 1, 1050 Juli 16), in: NORICA 3/2007, S. 1–2, abgerufen unter: www.nuernberg.de/imperia/md/stadtarchiv/dokumente/norica_3_2007_sigena.pdf [17.07.2020].

**2.** Erklären Sie aufbauend auf den nachfolgenden Materialien die Funktionsweise von Ständegesellschaft und Lehnswesen.

## Skizzen zu Grund- und Lehnsherrschaft | M 2

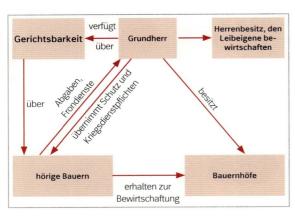

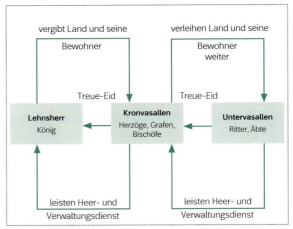

## „Grundherrschaft" | M 3

1 „Grundherrschaft", ein Begriff der modernen Geschichtswissenschaft, meint eine Grundform mittelalterlicher feudaler Herrschaft, nach Friedrich Lütge nämlich „Herrschaft über Menschen,
5 die auf einem bestimmten Grund und Boden [...] ansässig sind und die dann von der Herrschaft erfaßt werden." [...]
Aus Elementen der älteren spätantiken Agrarverfassung und der germanischen Rechts- und Herr-
10 schaftsorganisation über einen langen Zeitraum hinweg aus- und weiterentwickelt, entstand aus regional verschiedenartigen Voraussetzungen in unterschiedlichen Typen zwischen dem 6. und 8. Jahrhundert diese Grundfigur oder Agrarver-
15 fassung.
Außerhalb der Grundherrschaft standen das gesamte Mittelalter hindurch die freien Bauern, die im Zuge adeliger Herrschaftsintensivierung in ihre Grundherrschaften teils eingefügt wurden,
20 teils selbstbestimmt diesen Weg der Schutznahme in Sicherung ihrer Rechte suchten (sog. Vergrundholdung). Das innere Merkmal der Grundherrschaft von König, Kirche und Adel bildet die Villikations- oder Fronhofverfassung, worin
25 ihr herrschaftlicher und wirtschaftlicher Zweck zugleich sichtbar werden. Die Grundherrschaft funktionierte danach zweigeteilt in der Weise, daß unabhängig von der Ausdehnung durch zentrale Leitung das um einen Fronhof gelegene Herren-
30 land (Salland) in Eigenbetrieb des Grundherren unter Einsatz von Unfreien und dienstpflichtigen Hörigen bearbeitet wurde, während das weitere Weide- und Hafenland, das an weitere – zum Teil Unfreie – Bauern ausgegeben war, von diesen

35 gegen bestimmte Leistungen (Ackerbau, Fuhrdienst, Handwerk) bearbeitet bzw. genutzt wurde. Die Größe der Höfe der Bauern schwankte je nach Bodenqualität und Reduktionsbedingungen zwischen 1 und 3 Hufen, ca. 8 bis 45 ha. Je nach
40 Größe der Grundherrschaften und ihrer Träger

entwickelten sich daraus durch Expansion der Herrschaft seit dem 9./10. Jahrhundert komplexe Wirtschaftssysteme, deren Ausbreitung durch Rodung nachhaltig die Siedlungsentwicklung in
45 einer Region bestimmte.

Quelle: Heimann: Einführung in die Geschichte des Mittelalters, 1997, S. 145–146.

**3.** Erläutern Sie Stellenwert und Funktion der im Inventar des Fronhofs Staffelsee enthaltenen Personen.

Das Inventar des Fronhofs Staffelsee wurde im 9. Jahrhundert für den Bischof von Augsburg aufgeschrieben.

**M 4** Inventar des Fronhofs Staffelsee

1 Zu dem Fronhof gehören 740 Tagwerk [altes deutsches Feldmaß, 1 Tagwerk = ca. 3400 m²] Ackerland und Wiesen mit einem Ertrag von 610 Wagenladungen Heu [...], eine Tuchmacherei, in der
5 24 Frauen arbeiten. Es gibt auch eine Mühle, die jährlich zwölf Scheffel [Mehl] abgibt [ein Scheffel: etwa 8,7 m²]. Zu diesem Hof gehören 23 besetzte freie Hufen: Sechs von ihnen geben jährlich jeweils 14 Scheffel Getreide, vier Ferkel, Leinen
10 in bestimmtem Gewicht, zwei Hühner, zehn Eier [...]. [Ihre Inhaber] leisten fünf Wochen Frondienst jährlich, pflügen drei Tagwerk, mähen eine Wagenladung Heu auf der Herrenwiese und

führen sie [in die Scheune] ein. [...] Es gibt dort 19
15 besetzte unfreie Hufen. [Jeder ihrer Inhaber] gibt jährlich ein Ferkel, fünf Hühner, zehn Eier, zieht vier Schweine des Grundherren auf, pflügt ein halbes Tagwerk; er leistet drei Tage Frondienst in der Woche, macht Transportdienst und stellt
20 ein Pferd. Seine Ehefrau gibt ein Hemd und ein Wolltuch, braut Malz und bäckt Brot. [...]
Insgesamt hat das Bistum Augsburg 1006 [mit Bauern] besetzte und 35 nicht bebaute freie Hufen, 421 besetzte und 45 nicht bebaute unfreie
25 Hufen.

Quelle: MGH Capitularia 1, Nr. 128.

**4.** Vergleichen Sie die zeitgenössischen Aussagen in den nachfolgenden Materialien über die Legitimität der Ständegesellschaft und beurteilen Sie ihre Stichhaltigkeit.

---

**Holzschnitt von 1492**   **M 5**

Holzschnitt, deutsch, 1492 von Jacob Meydenbach

---

**Honorius Augustodunensis über Kirchengebäude als Symbol, 1150**   **M 6**

1 Durch das Kirchengebäude wird nämlich die Christenheit symbolisiert, die sich in ihm versammelt, um Gott zu dienen. [...] Die Pfeiler, die das Kirchengebäude stützen, sind die Bischöfe. Die 5 Gurte, die das Gebäude zusammenbinden, sind die weltlichen Fürsten. Die Dachziegel, die den Gewitterregen vom Gebäude fernhalten, sind die Ritter. Der Fußboden, der mit den Füßen betreten wird, ist das Volk, durch dessen Arbeit das Christentum 10 erhalten wird.

Quelle: Migne, Jacques-Paul: Patrologia latina 140, Sp. 908 bzw. MPL 172, Sp. 586; aus dem Lateinischen übersetzt, zitiert nach: Schoppmeyer: Agrarische Unterschichten im Hochmittelalter, in: Geschichte in Wissenschaft und Unterricht 25.1974, S. 542.

**M 7**     **Das Rechtsbuch „Schwabenspiegel" urteilt um 1280 über die Leibeigenschaft**

1 Man kann mit der Hl. Schrift beweisen, dass niemand des andern eigen sein soll. Gott hat den Menschen nach seinem Ebenbild gebildet und von der Hölle erlöst. Als man das früheste Recht 5 setzte, waren alle freie Leute. Wir sollen den Herren darum Dienst tun, dass sie uns beschützen. Und wenn sie die Lande nicht schirmen, ist ihnen niemand einen Dienst schuldig.

Quelle: Franz: Bauernschaft und Bauernstand, 1975, S. 368 f.

**5.** Erörtern Sie mögliche Motive Wilhelms, von dem im Liber de servis die Rede ist, die eigene Freiheit aufzugeben.

**M 8**     **Liber de servis, Marmoutier, 11. Jahrhundert**

1 Kund und zu wissen sei allen, die nach uns kommen, daß ein gewisser ... Wilhelm, der Bruder Reginalds und Sohn freigeborener Eltern, sich, getrieben von der Liebe zu Gott und dem Ziele, daß 5 Gott – bei dem kein Ansehen der Person, sondern nur das Verdienst des einzelnen gilt – freundlich auf ihn blicke, als Höriger dem Heiligen Martin in Marmoutier hingab; und zwar nicht nur sich selbst, sondern alle seine Nachkommen, so daß 10 sie für alle Zeit dem Abt und den Mönchen dieses Klosters als Unfreie untertan sein sollten. Und um diese Hingabe außer Zweifel zu stellen und um sie augenfälliger zu machen, wand er sich das Glockenseil um den Hals, nahm vier Pfennige 15 von seinem Haupt und legte sie auf St. Martins Altar als Anerkennung seiner Knechtschaft und brachte sich so dem allmächtigen Gott zum Opfer.

Quelle: Übersetzung aus dem Lateinischen nach Schoppmeyer: Agrarische Unterschichten im Hochmittelalter, in: Geschichte in Wissenschaft und Unterricht 25.1974, S. 527–547.

**6.** 6.1 Mit der Idee des Rittertums wurde in der höfischen Kultur des Mittelalters ein Idealbild geschaffen, mit dem sich der niedere und hohe Adel identifizieren und von anderen Ständen abgrenzen konnten. Skizzieren Sie anhand der Materialien, was einen idealen Ritter ausmacht.

6.2 Diskutieren Sie, ob bzw. inwiefern dieses Idealbild auch Heldenfiguren der heutigen Popkultur (z. B. Spielfilme, Computerspiele) prägt.

## Ritterlich-höfische Kultur in Abbildungen der Manessischen Liederhandschrift    M 9

Die Manessische Liederhandschrift, Zürich um 1310–1340, ist nach der Familie „Manesse" benannt, einer Adels- und Patrizierfamilie in Zürich. Der Codex wurde mit großer Wahrscheinlichkeit von Rüdiger II. von Manesse und seinem Sohn Johannes als Sammlung höfischer Lyrik im Zürich des frühen 14. Jahrhunderts in Auftrag gegeben.

Der junge Parzival ist bei seiner Mutter im Wald aufgewachsen. Um Ritter zu werden, zieht er in die Welt und wird von dem alten Ritter Gurnemanz aufgenommen. Dieser versucht, ihn darin zu unterrichten, was es bedeutet, ein Ritter zu sein. Der Versroman „Parzival" stammt von Wolfram von Eschenbach und ist zwischen 1200 und 1210 entstanden.

## Gurnemanz' Lehren an den jungen Ritter Parzival    M 10

1 Seid niemals unverschämt, – ein Leib, dem das Gefühl von Scham und Schande abgeht, was sollte der noch taugen? Der ist ein Habicht in der Mauser, mit dem geht's abwärts: Sein Adel
5 fällt ihm aus und deutet ihm den Weg, den er zur Hölle nehmen wird.
Ihr habt Grazie am Leib und hellen Glanz, Ihr habt recht wohl das Zeug zu einem großen Herrn. Wenn Euer Adel hoch ist und noch höher
10 werden soll, so habt acht auf Euren Willen, daß Ihr Euch der Leute, die in Not leben müssen, erbarmt. Gegen ihre Leiden müßt Ihr kämpfen mit der Kraft des Schenkens und der Güte; Ihr müsst Euch bemühen, den Menschen zu helfen. Ein adeliger Mann im Elend macht die Erfahrung, daß er auch noch gegen seine Scham zu kämpfen hat: Das ist eine saure Plage. Dem sollt Ihr Eure Hilfe anbieten. Immer wenn Ihr das elende Geschick eines solchen Menschen bessert, so rückt Got-
20 tes freundliche Gnade Euch ein bißchen näher.

Ist jener doch ärger dran als der, der an der Tür betteln geht, auf die alle Fenster niederblicken. Ihr sollt zugleich arm sein und reich, jedes am rechten Ort: Wo der Herr gar alles Gut verschleu-
25 dert, da ist der rechte Herrensinn nicht daheim – wenn dagegen einer allzu ängstlich Gold anhäuft, so bringt ihm das genausowenig Ehre. Genau so, wie rechtes Maß es fordert, sollt Ihr handeln. Ich habe wohl gesehen, daß Ihr Belehrung nötig
30 habt. Von nun an laßt schlechtes Benehmen seiner Wege gehen.
Ihr sollt nicht viel fragen. Ihr sollt aber nicht zögern, vernünftig Antwort zu geben, und zwar so, daß sie an der Frage nicht vorbeigeht, die der
35 andere stellt: Der will Euch ja kennenlernen im Gespräch. Ihr könnt hören und sehen und schmecken und riechen – benutzt Eure Sinne, dann werdet Ihr klug.

40 Laßt bei aller wilden Kühnheit auch das Mitleid zu. Zeigt, daß Ihr meinem Rat gehorsam seid: Wenn einer Euch im Kampf, um Schonung zu erkaufen, sein Ehrenwort anbietet, so nehmt es an und laßt ihn leben, er hätte Euch denn solche Lei-
45 den angetan, die das Herz ganz tief verwunden. Ihr werdet oft die Rüstung tragen; wenn Ihr sie ausgezogen habt, dann müßt Ihr hinterher gewaschen sein unter den Augen und an den Händen – das müßt Ihr als erstes tun, um Dreck und Rost vom Eisen loszuwerden. Dann nämlich werdet
50 Ihr wieder liebenswürdig und schön: Die Augen der Frauen haben darauf acht. Seid männlich und habt guten Mut, davon wird die Ehre groß und stark. Und habt nur immer die Frauen lieb: Das macht den Leib eines jungen
55 Mannes edel und begehrenswert.

Quelle: Eschenbach: Parzival, 1993, S. 102–103.

---

**M 11**  Szene aus dem Computerspiel „Kingdom Come: Deliverance", 2018

Szene aus einem Computerspiel, die von mittelalterlichen Kampfszenen inspiriert ist

**7.** Fassen Sie die Argumente von Evgeny Morozov zusammen und nehmen Sie selbst dazu Stellung.

## Die Rückkehr des Feudalismus? Zu Evgeny Morozovs These auf dem Zündfunk Netzkongress 2020

M 12

1 Google, Facebook und Co. schöpfen von uns allen täglich wertvolle Daten ab. Dadurch bauen die Technologiekonzerne ihre Monopolstellung aus. Entsteht am Ende ein neuer Feudalismus? So je-
5 denfalls lautet Evgeny Morozovs pessimistische These. [...]

Aber wie sieht dieser „neue Feudalismus", wie ihn der gebürtige Weißrusse Evgeny Morozov beschreibt, konkret aus? Jedes Mal, wenn wir auf
10 Google suchen oder auf Facebook Inhalte teilen, denken wir, dass eine Art Handel stattfindet: Wir lassen Werbebanner zu und dürfen im Gegenzug kostenlos die immer besser werdenden Dienste des Technologiekonzerns nutzen. Eigentlich ein guter
15 Deal, denken wir.

Für Morozov liegt aber genau darin das Problem: Denn die Firmen, so argumentiert er, gewinnen viel mehr als nur das Anzeigengeld, das sie durch unsere Klicks verdienen. Sie kassierten zweimal ab.

20 Immer wenn wir unsere Datenspuren hinterlassen, werden ihre Algorithmen intelligenter und machen menschliche Arbeit zunehmend überflüssig. So kann am Ende kein Wettbewerber mithalten. Das führe schließlich so weit, dass sogar Regierun-
25 gen und Kommunen ihre öffentlichen Einrichtungen aus Kostengründen und gegen Geld an Dienste wie Uber abgeben, ohne dabei jedoch Hoheit über die Schlüsselressource Daten zu bekommen. So würden sich am Ende alle Menschen in eine Ab-
30 hängigkeit begeben, die feudale Züge habe. [...]

Je mehr Kundendaten die großen Technologie-unternehmen sammeln, um ihre Algorithmen zu verbessern, desto schwerer bis unmöglich wird es für öffentliche und alle anderen zukünftigen Wett-
35 bewerber, sich im Markt durchzusetzen. Das führe auf Dauer zu einer extrem marktbeherrschenden Stellung von Google oder Facebook, aus der heraus sie sogar Regierungen unter Druck setzen könn-ten, glaubt Evgeny Morozov.

Quelle: Jesko zu Dohna: Kehrt der Feudalismus zurück?, 08.11.2016, abgerufen unter: www.torial.com/jesko.zu-dohna/portfolio/167949 [27.04.2023].

# DAS WICHTIGSTE IN KÜRZE

### Gesellschaftsstrukturen im Mittelalter: Ständegesellschaft und Lehnswesen

Bis zum hohen Mittelalter hatte sich in Mitteleuropa die **Lehns- und Feudalgesellschaft** (das lateinische Wort „feudum" bedeutet „Land") herausgebildet. Der Ursprung dieser Herrschafts- und Gesellschaftsstruktur liegt bereits in der Zeit Karls des Großen. Schon dieser musste einsehen, dass es ihm nicht möglich war, die Königsherrschaft gegen den Herrschaftsanspruch des hohen Adels durchzusetzen. Erfolg versprechender erschien es ihm, den Adel durch Treueversprechen an sich zu binden. Der Adelige verpflichtete sich, seinem Lehnsherr, dem König, mit Rat und tatkräftiger Hilfe in Krieg und Frieden zur Seite zu stehen. Im Gegenzug dazu wurde ihm ein Land (inklusive der dort lebenden Menschen), ein Recht oder Amt verliehen, das ihm eine angemessene Existenzgrundlage lieferte und sein Ansehen vermehrte. Der Lehnsträger, der sogenannte Kronvasall, konnte seinerseits Lehen an Untervasallen vergeben, die ihm dann zur Loyalität verpflichtet waren und ihm im Kriegsfall zur Seite stehen mussten. Diese wechselseitigen Abhängigkeitsverhältnisse zwischen Personen stellten die Grundlage mittelalterlicher Herrschaft dar. Einen feststehenden Staatsapparat, auf den sich ein König bzw. Kaiser stützen konnte, gab es nicht. Um diese Beziehungen lebendig zu erhalten, mussten Regenten ständig auf Reisen sein und konnten sich daher nicht in einer festen Haupt- und Residenzstadt niederlassen. Hätten die Bauern das Land, auf dem sie lebten, verlassen, hätte das Lehen seinen Wert und seine Funktionalität verloren, weshalb ihnen freie Entscheidungen über ihre Lebensweise nicht zustanden. Der Erwerb eines Landes war daher meist auch mit der Herrschaft über die dort lebenden Menschen verbunden. Für einen Großteil der mittelalterlichen Bauern bedeutete dieses System somit ein Leben in uns kaum mehr vorstellbarer Unfreiheit. Sie erhielten jedoch auch ein gewisses Maß an Sicherheit, war doch ihr Grundherr für ihren Schutz verantwortlich.

Außerdem prägend für das Selbstverständnis der mittelalterlichen Gesellschaft war die Idee der **Ständeordnung**: Den ersten Stand bildeten die Kleriker, deren Aufgabe die Seelsorge und die Pflege der Spiritualität war, den zweiten Stand die Adligen, die sich um Verteidigung und Sicherheit kümmern sollten, und den dritten Stand die Bauern, die für sonstige Arbeiten, vor allem in der Landwirtschaft, zuständig waren. Begründungen dieser Gesellschaftsordnung waren zunächst rein religiöser Natur. Im Laufe des Mittelalters häuften sich aber auch säkularere Argumentationen, die sich auf Arbeitsteilung und gegenseitige Verantwortung bezogen. Vor allem im Spätmittelalter war der Unterschied innerhalb des dritten Standes zwischen einem reichen Fernhandelskaufmann und einem leibeigenen Bauern wesentlich größer als die Unterschiede zwischen den Ständen. Unübersichtlicher, als es unseren Stereotypen entspricht, war die mittelalterliche Gesellschaft aber auch aufgrund zahlreicher sozialer Minderheiten. Zur Minderheit konnte man zum Beispiel durch seine (nichtchristliche) Religion werden. So lebten in fast allen Teilen des mittelalterlichen Reiches Juden in der Diaspora. Das Verhalten der Mehrheitsgesellschaft ihnen gegenüber konnte von weitgehender Akzeptanz und Wertschätzung über Ausgrenzung bis hin zu Vertreibung, Verfolgung und Mord gehen. Bereits die karolingischen Kaiser hatten Juden unter ihren direkten Schutz gestellt. Allerdings konnten und wollten nicht alle ihrer Nachfolger diesen Schutzversprechen nachkommen. So kam es vor allem in der Zeit der Kreuzzüge und der Pest zu brutalen Verfolgungen und Morden an Juden. Zur Minderheit konnte man aber auch aufgrund seines Berufs (siehe dazu genauer Kapitel 2.4 „Städte im Mittelalter"), seiner Armut oder einer Krankheit werden.

# FESTIGUNG – VERTIEFUNG

## Weitere Herangehensweisen

- Stellen Sie in einem Referat, möglicherweise an einem regionalgeschichtlichen Beispiel, Lebensbedingungen und Handlungsspielräume von Frauen im Mittelalter dar.

## Vertiefende Aspekte

- Lange Zeit stand nur die frühe Erwähnung Nürnbergs im Fokus des öffentlichen Interesses an der Sigena-Urkunde. Durch die 900-Jahr-Feier Nürnbergs im Jahr 1950 gelangte jedoch die Person der Sigena schlagartig ins Zentrum Nürnberger Geschichtskultur: So wurde die vormalige „Mädchenoberrealschule II" 1958 in Sigena-Gymnasium umbenannt. Ihren Neubau schmückt eine Sigena-Statue, die aus Steinblöcken des Reichsparteitagsgeländes gefertigt worden ist. Diskutieren Sie Gründe für dieses kurz nach 1945 plötzlich einsetzende Interesse.

## Weiterführende Quellen und Hinweise

**H 1** Geschichtspark Bärnau-Tachov. Der Geschichtspark Bärnau-Tachov ist ein archäologisches Freilichtmuseum in Bärnau im östlichen Landkreis Tirschenreuth sowie in Tachov in der Pilsner Region. Dargestellt wird das mittelalterliche Alltagsleben vom 8. bis zum 14. Jahrhundert.

**H 2** Das bayerische Jahrtausend – 10 Jahrhunderte, 10 Städte (5 DVDs), 2012. Diese Serie des Bayerischen Rundfunks stellt in zehn Einzelfilmen jeweils ein Jahrhundert anhand einer bayerischen Stadt vor. Die ersten fünf Filme liefern viele Informationen über das Gebiet des heutigen Bayerns im Mittelalter und bieten eine gute Gelegenheit, die Inszenierung von Geschichte im Fernsehen kritisch zu durchleuchten.

**H 3** Nolte, Cordula: Frauen und Männer in der Gesellschaft des Mittelalters, Darmstadt, Wissenschaftliche Buchgesellschaft, 2011. Diese Sozial- und Kulturgeschichte nimmt die Geschlechterrollen in ihren Fokus. Lebensbedingungen, Verhaltensnormen und Handlungsspielräume von Frauen und Männern werden untersucht und lebendig dargestellt.

**KAPITEL 2 (LERNBEREICH 2.3)**

## 2.2 Kaiser und Papst im Früh- und Hochmittelalter

### Forschungsinteresse und Kompetenzerwerb

Wesentliche Entscheidungen, die unsere europäische Kultur bis heute prägen, wurden im Früh- und Hochmittelalter getroffen. In diesem Kapitel analysieren Sie, wie es zur Entstehung eines neuen Reiches in Mitteleuropa kam und wie sich dessen politische und intellektuelle Kultur entwickelte.

### Vorgehen

Ihr Sportverband plant eine europaweite Tagung in Bamberg. Sie sollen ein Grußwort sprechen und dabei auf die historische Bedeutung des Ortes und seiner angeblichen Rolle als einer gesamteuropäischen Hauptstadt des Mittelalters Bezug nehmen. Sie sind skeptisch und recherchieren zunächst einige Informationen.

BESCHREIBEN Sie anhand der Karten die Entwicklung des weströmischen Reiches, des byzantinischen Reiches, des Ostgotenreiches und des Frankenreiches zwischen 400 und 800 nach Christus. Vor diesem Hintergrund ERLÄUTERN Sie die Ereignisse und Entscheidungen dieser Zeit. Dann VERGLEICHEN Sie, wie in den beiden folgenden Quellen das Verhältnis von Papst und Frankenkönig jeweils dargestellt wird. Sie ERLÄUTERN, welche politische Funktion die unterschiedliche Darstellung hat. Anschließend VERGLEICHEN Sie die beiden Reiterstandbilder Marc Aurels und Karls des Großen und ERLÄUTERN die Aussageabsicht der Darstellung Karls des Großen. Sie BESCHREIBEN die Ausdehnung des Reiches Ottos I. in heutigen Ländergrenzen und ZEIGEN AUF, wie sich im Krönungsbild Heinrichs II. die Herrschaftsauffas-

sung der Ottonen widerspiegelt. Sie FASSEN ZUSAMMEN, welches Verhältnis von Kaiser und Papst im Dictatus Papae gefordert wird, und BEURTEILEN, welche Probleme aus dieser Auffassung für das ottonisch-salische Reichskirchensystem erwachsen mussten. Sie FASSEN die Vorwürfe ZUSAMMEN, die Heinrich IV. und Gregor VII. jeweils gegeneinander erheben, und ERLÄUTERN, welcher Mittel und Maßnahmen sich beide bedienen. Danach BEURTEILEN Sie den Stellenwert des Wormser Konkordats: Welche Fragen werden dort geklärt, welche nicht? Abschließend ERLÄUTERN Sie, worin der Staatsrechtler Ernst-Wolfgang Böckenförde die Bedeutung des Investiturstreits sieht.

FORMULIEREN **Sie nun ein Grußwort, in dem Sie auf die recherchierten historischen Hintergründe zurückgreifen (oder sich bewusst und begründet dagegen entscheiden).**

Als Arbeitshilfe finden Sie im hinteren Teil des Lehrwerks eine Übersicht über verschiedene Methodentechniken. Nutzen Sie diese Möglichkeit.

### Materialauswahl

Die Entstehung neuer Staaten und Imperien erfordert Einsicht in die geopolitischen Bedingungen und geografischen Zusammenhänge. Deswegen werden Ihnen im folgenden Kapitel verstärkt historische Karten begegnen. Text- und Bildquellen geben Einblick in die Perspektiven der Zeit. Abschließend bietet ein theoretischer Text eines Staatsrechtlers eine Deutung aus heutiger Perspektive.

**1.**  1.1 Beschreiben Sie anhand der Karten die Entwicklung des weströmischen
        Reiches, des byzantinischen Reiches, des Ostgotenreiches und des
        Frankenreiches zwischen 400 und 800 nach Christus.

        1.2 Erläutern Sie vor diesem Hintergrund die Ereignisse und Entscheidungen dieser Zeit.

## Europa am Ende der Antike

Da in der späten Antike die Verwaltung und Beherrschung des Römischen Reiches, das sich vom heutigen Großbritannien bis zum Norden Afrikas hinzog, stetig schwieriger geworden war, gab es immer wieder Versuche, durch eine Aufteilung der Regierung die Kontrolle zu behalten. 395, nach dem Tod von Kaiser Theodosius I., wurde die Regierung des Reiches in eine westliche und eine östliche Hälfte geteilt. Der westliche Kaiser regierte von Mailand, Rom oder Ravenna, der östliche von Konstantinopel/ Byzanz (dem heutigen Istanbul) aus.

Unter dem Druck der aus dem Osten expandierenden Hunnen, einer Reihe zentralasiatischer Reitervölker, drängten zahlreiche Menschen aus Mittel- und Mittelosteuropa in das Römische Reich. Sie gruppierten sich zu neuen Völkern, verdrängten andere Völker und versuchten, sich unter den Schutz des Römischen Reiches zu stellen oder von diesem Herrschaftsbereiche zu erobern. Während z. B. die Westgoten vor den Hunnen in das Römische Reich geflohen waren und durch ihre militärische Stärke einen „autonomen" Status in diesem erreicht hatten, standen die Ostgoten zunächst auf der Seite der Hunnen und mussten sich nach dem Zusammenbruch des Hunnenreiches (456/457) den Römern unterwerfen. Der ostgotische Fürstensohn Theoderich kam daher als Geisel an den oströmischen Hof, wo er eine für die Zeit hervorragende Bildung genoss, die ihn für spätere Aufgaben prädestinierte. Die Langobarden waren aus Nordeuropa zunächst in den thüringisch-böhmischen Raum gezogen. Ein neuer Machtfaktor in Mitteleuropa waren aber auch die Franken, ein Zusammenschluss mehrerer Volksgruppen, der sein Zentrum im Rhein-Weser-Raum hatte. Durch eine geschickte Bündnispolitik mit den Römern bauten sie zunehmend ihre Macht aus.

Als der aus Germanien stammende römische Offizier Odoaker im Zuge eines Militärputsches den letzten weströmischen Kaiser Romulus Augustulus absetzte und selbst die Herrschaft übernahm, war damit die Tradition des weströmischen Kaisertums zunächst beendet. Als Kontinuität blieb in Rom dagegen das Papsttum bestehen, für dessen Schutz zunächst die oströmischen Kaiser zuständig waren.

### Machtverhältnisse zwischen 476 und 800      M 1

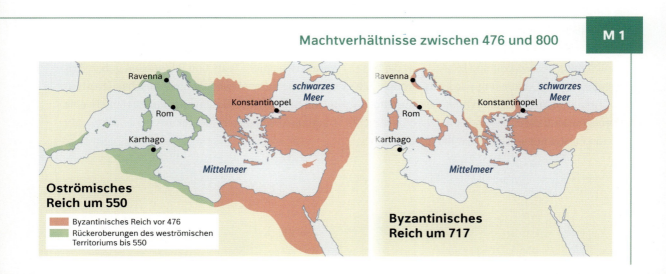

Oströmisches Reich um 550

■ Byzantinisches Reich vor 476
■ Rückeroberungen des weströmischen Territoriums bis 550

Byzantinisches Reich um 717

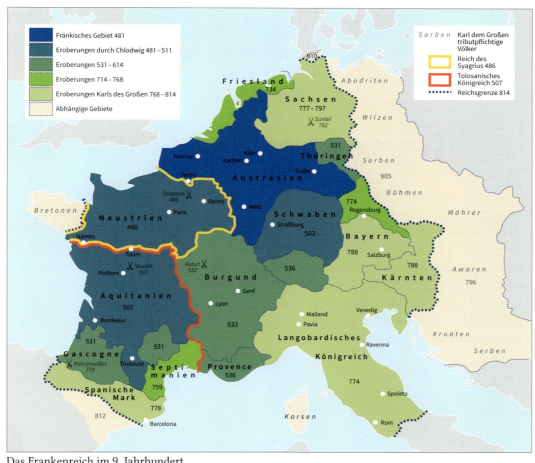

Das Frankenreich im 9. Jahrhundert.

## M 2    Chronologie: Vom weströmischen zum karolingischen Kaisertum

| 476 | Der letzte weströmische Kaiser Romulus Augustulus wird durch Odoakar abgesetzt. |
|---|---|
| 488 | Der Ostgote Theoderich erobert im Auftrag des byzantinischen Kaisers als Patricius, also Schutzherr Roms, Italien von Odoakar. |
| 508 | Der Frankenkönig Chlodwig wird vom byzantinischen Kaiser zum Konsul ernannt. |
| 751 | Der Karolinger Pippin setzt den merowingischen Frankenkönig ab und übernimmt selbst das fränkische Königtum. |
| 754 | Papst Stephan salbt Pippin und seine Söhne Karl und Karlmann und bittet sie um Beistand gegen die Langobarden. |
| Seit 774 | Karl nennt sich „König der Franken und Langobarden und Schutzherr (Patricius) der Römer". |
| 795 | Leo III. zeigt seine Papstwahl dem Frankenkönig an und sendet ihm die Schlüssel zum Grab des Apostel Paulus und die Fahne Roms. |
| 799 | Einen römischen Putschversuch kann Leo III. nur mithilfe der Franken abwenden. |
| 800 | Leo III. krönt Karl in Rom zum Kaiser. |

**2.** Vergleichen sie, wie in den beiden folgenden Quellen das Verhältnis von Papst und Frankenkönig jeweils dargestellt wird, und erläutern Sie, welche politische Funktion die unterschiedliche Darstellung jeweils hat.

### Aus den Metzer Annalen, einem fränkischen Geschichtswerk aus dem frühen 9. Jahrhundert

M 3

1 Als Pippin davon hörte, befahl er erfreut seinem erstgeborenen Sohn Karl, ihm entgegen zu reisen und ihn ehrenvoll zu sich in die Pfalz von Ponthion zu führen. Dort wurde der Papst vom König Pippin 5 ehrenvoll empfangen. Viele Geschenke spendete er dem König und auch seinen Großen. Am folgenden Tag warf er sich zusammen mit seinem Gefolge in Sack und Asche auf die Erde und beschwor den König Pippin bei der Gnade des allmächtigen 10 Gottes und der Macht der seligen Apostel Petrus und Paulus, dass er ihn selbst und das römische Volk aus der Hand der Langobarden und aus der Knechtschaft des anmaßenden Königs Aistulf befreie. Und nicht eher wollte er sich von der Erde er- 15 heben, als bis ihm König Pippin mit seinen Söhnen und den Großen der Franken die Hand reichte und ihm selbst zum Zeichen des künftigen Bündnisses und der Befreiung von der Erde aufhob.

Quelle: Schneidmüller: Die Kaiser des Mittelalters, 2012, S. 27.

### Aus dem Liber pontificalis, einer in Rom geschriebenen Sammlung von päpstlichen Biographien

M 4

1 Als aber Pippin die Ankunft des heiligen Vaters vernahm, zog er ihm eilig entgegen mit seiner Gemahlin, seinen Kindern und den Großen des Reichs. Seinen Sohn Karl schickte er mit vielen 5 vornehmen Männern vierzig Meilen zu seinem Empfang voraus. Er selbst ging ihm von seiner Pfalz Ponthion aus beinahe eine Stunde weit zu Fuß entgegen und schritt eine Strecke Weges als sein Marschall neben dem Pferd des Papstes 10 einher.

Quelle: Schneidmüller: Die Kaiser des Mittelalters, 2012, S. 27–28.

**3.** Vergleichen Sie die beiden Reiterstandbilder und erläutern Sie die Aussageabsicht der Darstellung Karls des Großen.

**M 5** ### Reiterstandbild Marc Aurels

Bronzestatue Marc Aurels auf dem kapitolinischen Hügel in Rom, 2. Hälfte 2. Jh.

**M 6** ### Reiterstatuette Karls des Großen

Reiterstandbild Karls des Großen in Bronze, 2. Hälfte 9. Jh.

**4.** Beschreiben Sie die Ausdehnung des Reiches Ottos I. mithilfe heutiger Ländernamen.

## Karte zum Reich Ottos I.

**M 7**

Stammesherzogtümer und Reichsgrenze 1020

**5.** Zeigen Sie auf, wie sich in dem Krönungsbild Heinrichs II. die Herrschaftsauffassung der Ottonen widerspiegelt.

## Das Reichskirchensystem der Ottonen und frühen Salier

Nach dem Tod Karls des Großen waren Reich und Kaisertum bald wieder weitgehend zerfallen. Die karolingische Reichsteilung von Verdun im Jahr 843 führte schließlich zu einer Dreiteilung des Reiches. Erst unter der sächsischen Herrscherfamilie der Ottonen gelang es, im Osten wieder ein starkes Reich aufzubauen. Otto I., „der Große", vereinte die ethnischen Gruppen seines Reiches, die Sachsen, Alemannen, Franken und Baiern zur erfolgreichen gemeinsamen Abwehr der aus dem Osten einfallenden Ungarn. Ihm gelang es schließlich als erstem König nach dem Ende der karolingischen Herrschaft wieder, sich zum Kaiser krönen zu lassen. Den Ausgleich mit dem oströmischen Reich erreichte Otto durch die Heirat seines Sohnes mit der byzantinischen Prinzessin Theophanu.

Um nun sein großes Reich zu regieren, entwickelte Otto das sogenannte ottonische Reichskirchensystem. Aus dem alten Vorrecht der Karolinger, Bistümer, Klöster und Kirchen unter königlichen Schutz und damit unter ihren Einfluss zu stellen, entwickelte Otto I. ein Machtinstrument: Geeignete Kandidaten seiner Wahl wurden in hohe Kirchenämter eingesetzt, mit Land und Privilegien ausgestattet

und zur Verwaltung des Reiches in seinem Sinn und zum Heeresdienst eingesetzt. Sie waren als Reichslehensnehmer zu höherer Loyalität gegenüber dem König verpflichtet als Landesfürsten und konnten aufgrund des Zölibats und damit der Unmöglichkeit, legitime Erben zu zeugen, kein Interesse entwickeln, Territorien dauerhaft in ihren Besitz zu nehmen. Mit der Kaiserkrönung 962 wurde Otto I. auch zum Vogt von Rom, der für den Schutz der christlichen Kirche zuständig war. Als „Schwert der Kirche" stand er nun gleichrangig neben dem Papst. Das Privilegium Ottonianum verlangte darüber hinaus sogar einen Treueeid des neu gewählten Papstes gegenüber dem Kaiser, bevor er geweiht werden konnte. So konnten die Ottonen und zunächst auch ihre Nachfolger, die Salier, Einfluss auf die Besetzung des Papststuhls nehmen.

Einen letzten Höhepunkt erlebte das Reichskirchensystem unter Heinrich II., der das Bistum Bamberg gründen ließ, um sich damit eine Reichshauptstadt diesseits der Alpen zu schaffen. Mit der Entstehung kirchlicher Reformbewegungen, wie z. B. im Kloster Cluny, und einem selbstbewussterem Papsttum erwuchsen diesem zunächst gut funktionierenden ottonisch-salischen Reichskirchensystem aber zunehmend Konflikte.

Das Krönungsbild stammt aus dem Sakramentar Heinrichs II., einer in Regensburg hergestellten Handschrift mit liturgischen Texten. Neben Heinrich sind die heiliggesprochenen Bischöfe Ulrich von Augsburg und Emmeram von Regensburg zu sehen. (Miniatur 11. Jh.)

# 6.

**6.1** Fassen Sie zusammen, welches Verhältnis von Kaiser und Papst im Dictatus Papae gefordert wird.

**6.2** Beurteilen Sie, welche Probleme aus dieser Auffassung für das ottonisch-salische Reichskirchensystem erwachsen mussten.

## M 9    Dictatus Papae

1. Einzig und allein von Gott ist die römische Kirche gegründet.

2. Nur der römische Papst trägt zu Recht den Titel des universalen Papstes.

3. Er ganz allein kann Bischöfe absetzen und auch wieder einsetzen.

4. Sein Legat, auch wenn er einen geringeren Grad bekleidet, führt auf jedem Konzil den Vorsitz vor den Bischöfen; er kann diese absetzen.

5. Auch Abwesende kann der Papst absetzen.

6. Von anderer Gemeinschaft ganz abgesehen, darf man mit Exkommunizierten sich nicht einmal in demselben Hause aufhalten.

7. Nur der Papst darf, wenn es die Notwendigkeit der Zeit verlangt, neue Gesetze erlassen, neue Gemeinden gründen, aus einer Kanonie eine Abtei machen und umgekehrt, ein reiches Bistum teilen und arme zu einem einzigen zusammenlegen.

8. Nur der Papst verfügt über die kaiserlichen Insignien.

9. Alle Fürsten haben die Füße einzig und allein des Papstes zu küssen.

10. Nur sein Name darf in der Kirche genannt werden.

11. In der ganzen Welt gilt nur dieser Papsttitel.

12. Der Papst kann Kaiser absetzen.

13. Er kann im Notfall Bischöfe von einem zum anderen Bistum versetzen.

14. Er kann in der ganzen Kirche, wie er will, Kleriker einsetzen. [...]

17. Gegen seine Autorität kann kein Kapitel und kein Buch als kanonisch gelten.

18. Die Entscheidung des Papstes kann von niemandem aufgehoben werden, er selbst aber kann Urteile aller anderen Instanzen aufheben.

19. Über den Papst besitzt niemand richterliche Gewalt.

20. Niemand soll es wagen, jemanden zu verdammen, der an den apostolischen Stuhl appelliert.

21. Die größeren Rechtsfälle einer jeden Kirche müssen an den Papst übertragen werden.

22. Die römische Kirche hat niemals geirrt und wird nach dem Zeugnis der Heiligen Schrift auch niemals irren.

23. Wenn der römische Bischof [= der Papst] in kanonischer Wahl erhoben ist, dann wird er ohne Zweifel nach dem Zeugnis des heiligen Ennodius von Pavia heilig durch die Verdienste des heiligen Petrus, wie auch viele Kirchenväter bestätigen und wie es auch in den Dekreten des heiligen Symmachus enthalten ist.

24. Auf seinen Befehl hin und mit seiner Erlaubnis dürfen Untergebene [gegen ihre Herren] Klage erheben.

25. Auch ohne Beschluss einer Synode kann er Bischöfe ein- und absetzen.

26. Wer nicht mit den Lehren der römischen Kirche übereinstimmt, kann nicht als rechtgläubig gelten.

27. Der Papst kann Untertanen von ihrem Treueid gegenüber unrechten Herrschern entbinden.

Quelle: Dictatus Papae, in: Kümper; Pastors: Mittelalter, 2008, S. 44 f.

**7.**

7.1 Fassen Sie die Vorwürfe zusammen, die Heinrich IV. und Gregor VII. jeweils gegeneinander erheben.

7.2 Erläutern Sie, mit welchen Mitteln und Maßnahmen sich beide auseinandersetzen.

7.3 Beurteilen Sie den Stellenwert des Wormser Konkordats: Welche Fragen werden dort geklärt, welche nicht?

Der salische König Heinrich IV. versuchte lange Zeit, den direkten Konflikt mit Papst Gregor VII. zu meiden. Als er aber in Italien mehrere Angehörige seiner Hofkapelle als Bischöfe einsetzen wollte und Gregor VII., der dies als Gefährdung seiner Machtpolitik ansah ihm befahl dies rückgängig zu machen, kam es zum Konflikt.

---

### Heinrich IV. an Papst Gregor VII., Januar 1076    M 10

1 Heinrich nicht durch Anmaßung, sondern durch Gottes gerechte Anordnung König, an Hildebrand, nicht mehr den Papst, sondern den falschen Mönch. Diese Anrede hast du nämlich für die von dir
5 angerichtete Verwirrung verdient, der du keinen Stand in der Kirche davon ausgenommen hast, ihn der Verwirrung statt der gebührenden Stellung, des Fluchs statt des Segens teilhaftig zu machen. [...] du scheutest dich nicht nur nicht,
10 die Lenker der heiligen Kirche, nämlich Erzbischöfe, Bischöfe und Priester, die doch Gesalbte des Herrn sind, anzutasten, nein, wie Knechte, die nicht wissen, was ihr Herr tut, zertratest du sie unter deinen Füßen und gewannst dir dabei
15 die Zustimmung aus dem Mund des Pöbels. [...] Aber Du hast unsere Demut für Furcht gehalten und dich daher nicht gescheut, dich sogar gegen die uns von Gott verliehene königliche Gewalt zu erheben; du hast zu drohen gewagt, du würdest
20 sie uns nehmen, als ob wir von dir das Königtum empfangen hätten, als ob in deiner und nicht in Gottes Hand Königs- und Kaiserherrschaft lägen. [...] So steige du denn, der du durch diesen Fluch und das Urteil aller unserer Bischöfe und unser
25 eigenes verdammt bist, herab, verlasse den apostolischen Stuhl, den du dir angemaßt hast. Ein anderer steige auf den Thron des heiligen Petrus, einer, der Gewalttat nicht mit Frömmigkeit bemäntelt, sondern die reine Lehre des heiligen Petrus lehrt.
30 Ich, Heinrich, durch die Gnade Gottes König, sage dir zusammen mit allen meinen Bischöfen: Steige herab, steige herab!

Quelle: Quellen zur Geschichte Kaiser Heinrichs IV. Übers. von Franz-Josef Schmale, Darmstadt, Wissenschaftliche Buchgesellschaft, 1968, S. 63–69.

---

### Papst Gregor VII. schreibt zurück, Februar 1076    M 11

1 Heiliger Petrus, Fürst der Apostel, neige, wir bitten dich, gnädig dein Ohr und erhöre mich, deinen Knecht, den du von Kindheit an genährt und bis auf den heutigen Tag aus der Hand der Sünder gerettet
5 hast, die mich um deiner Treue willen haßten und noch hassen. [...] In dieser festen Zuversicht also, zur Ehre und zum Schutz deiner Kirche, im Namen des allmächtigen Gottes, des Vaters, des Sohnes und des Heiligen Geistes, kraft deiner Gewalt und
10 Vollmacht spreche ich König Heinrich, des Kaisers Heinrich Sohn, der sich gegen deine Kirche mit unerhörtem Hochmut erhoben hat, die Herrschaft

über Deutschland und Italien ab, und ich löse alle Christen vom Eid, den sie ihm geleistet haben oder

15 noch leisten werden, und untersage, ihm fürderhin als König zu dienen. Denn es gebührt sich, daß derjenige, der die Ehre deiner Kirche zu verringern trachtet, selber die Ehre verliert, die er zu besitzen scheint. Und weil er es verschmäht hat, wie

20 ein Christ zu gehorchen, und nicht zu Gott, den er verlassen hat, zurückgekehrt ist, sondern mit Gebannten Gemeinschaft hält, vielerlei Unrecht tut, meine Ermahnungen [...] verachtet – du bist mein Zeuge –, sich von deiner Kirche trennt und sie zu

25 spalten sucht, darum binde ich als dein Stellvertreter ihn mit der Fessel des Fluchs [...].

Quelle: Quellen zur Geschichte Kaiser Heinrichs IV. Übers. von Franz-Josef Schmale, Darmstadt, Wissenschaftliche Buchgesellschaft, 1968, S. 289.

## Der Investiturstreit

Der Streit um das Recht, Bischöfe einzusetzen, das Recht der „Investitur", brachte den grundsätzlichen Kampf um die Vorherrschaft über das christliche Abendland zwischen Kaisertum und Papsttum zum Eskalieren. Zum Höhepunkt der Auseinandersetzung kam es, als Papst Gregor VII. – ein rigoroser Verfechter der kirchlichen Reformideen und zugleich des absoluten Machtanspruches der römischen Kurie – Heinrich IV. 1076 mit dem Bannfluch belegte. Der Bann war verbunden mit der Enthebung der Lehnsleute von ihrem Treueeid. Das wesentliche Band des Personenverbandsstaates war damit zerschnitten, eine Ausübung der Regierungsgeschäfte praktisch unmöglich.

Heinrich IV. blieb nichts anderes übrig, als im berühmten Bußgang nach Canossa (1077) die Auflösung des Bannes zu erflehen. In der Folgezeit konnte Heinrich schnell wieder seine Machtstellung erreichen.

Im Wormser Konkordat von 1122 konnte Heinrichs Sohn Heinrich V. einen Kompromiss aushandeln, der den Streit um die Investitur im engeren Sinne ausräumte: Verzicht des Königs (Kaisers) auf die Investitur mit Ring und Stab (geistliche Symbole), freie Wahl der Bischöfe und Äbte durch die Kleriker, in Deutschland Anwesenheit des Königs bei der Wahl, Belehnung mit dem Zepter für das Kirchengut und Abnahme des Lehnseides durch den König.

**8.** Erläutern Sie, worin der Staatsrechtler Ernst-Wolfgang Böckenförde die Bedeutung des Investiturstreits sieht.

**M 12** ## Ernst-Wolfgang Böckenförde über die Bedeutung des Investiturstreits

1 Die Revolution, die sich hier vollzog, bedeutete mehr als nur die Entsakralisierung des Kaisers. Mit ihm wurde zugleich die politische Ordnung als solche aus der sakralen und sakramentalen Sphäre entlas-

5 sen; sie wurde in einem wörtlichen Sinn entsakralisiert und säkularisiert und damit freigesetzt auf ihre eigene Bahn, zu ihrer eigenen Entfaltung als weltliches Geschäft. Was als Entwertung gedacht war,

um kaiserliche Herrschaftsansprüche im Bereich der

10 ecclesia abzuwehren, wurde in der unaufhebbaren Dialektik geschichtlicher Vorgänge zur Emanzipation: Der Investiturstreit konstituiert Politik als eigenen, in sich stehenden Bereich; sie ist nicht mehr einer geistlichen, sondern einer weltlichen, das heißt

15 naturrechtlichen Begründung fähig und bedürftig.

Quelle: Böckenförde: Die Entstehung des Staates als Vorgang der Säkularisierung, in: Ders.: Staat, Gesellschaft, Freiheit, 1976, S. 45.

# DAS WICHTIGSTE IN KÜRZE

### Die Karolinger

Nachdem das weströmische Reich 476 ein offizielles Ende gefunden hatte, waren die nach wie vor in Rom residierenden Päpste darauf angewiesen, dass die oströmischen Kaiser ihren Schutz organisierten. Als es nicht gelang, eine dauerhafte Regierung in Italien zu etablieren – auch das Reich Theoderichs endete bald nach seinem Tod –, wandten sich die Päpste von Ost-Rom ab und suchten sich bei den Franken jenseits der Alpen Unterstützung. Dieser Prozess der Annäherung fand seinen Höhepunkt in der **Kaiserkrönung Karls des Großen 800** in Rom, mit der die römische Kaiserwürde erstmals auf einen Franken übertragen wurde. Damit hatte das Römische Reich ein neues Zentrum in Mitteleuropa gefunden. Nach Karl dem Großen erlangten noch zwei weitere Herrscher aus der Familie der Karolinger die Kaiserkrone.

Da es den fränkischen Herrschern unmöglich war, das große Reich von einer einzigen Hauptstadt aus zu regieren, waren sie in ihrer Regierungszeit fast immer unterwegs und regierten von sogenannten Pfalzen – also Residenzen auf Zeit – aus. Dieses Reisekönigtum blieb bis zum Ende des Mittelalters die übliche Form zu regieren.

### Die Ottonen

Nach der **karolingischen Reichsteilung von Verdun** und dem Machtverfall der Karolinger gelang es erst wieder einem sächsischen Herrscher aus der Familie der Ottonen, **Otto I.**, sich in Rom zum Kaiser krönen zu lassen. Otto hatte es geschafft, die Stämme des Ostreichs, Franken, Baiern, Alemannen und Sachsen zu einen und zu seiner Machtbasis zu machen. Mit dem Sieg über die Ungarn auf dem Lechfeld bei Augsburg war es ihm gelungen, im Reich Frieden und Sicherheit einkehren zu lassen. Um das große Reich zu regieren, entwickelten die Ottonen eine Herrschaftspraxis, die sich weitgehend auf kirchliche Würdenträger stützte. Hohe Kirchenämter, vor allem Bistümer, wurden von den Königen mit Adeligen ihrer Wahl besetzt, denen sie die Verwaltung und Verteidigung eines Teils ihres Reiches zutrauten. Im Gegensatz zu möglicherweise illoyalen Landesfürsten waren diese durch erteilte Lehen zur Treue verpflichtet. Da sie durch das Zölibat keine legitimen Kinder haben konnten, hatten sie auch kein Interesse, Reichsterritorien in Familienbesitz zu überführen. Ein charakteristisches Beispiel für diese Herrschaftspraxis stellte der letzte ottonische Kaiser, Heinrich II., dar. Um sich in Bamberg eine eigene Residenzstadt zu schaffen, gründete er dort ein eigenes Bistum und setzte einen besonders fähigen Verwalter als Bischof ein.

Allerdings gewann im 11. Jahrhundert eine kirchliche Reformbewegung an Einfluss, der die enge Verbindung von weltlichen Interessen und kirchlichen Ämtern nicht gefiel. Sie forderte eine Kirche, die sich auf ihre spirituellen und religiösen Aufgaben konzentrierte. Ebenfalls unzufrieden waren die Päpste, die selbst Macht an sich ziehen wollten. So formulierte Gregor VII. in seinem **Dictatus Papae** einen unbedingten Machtanspruch des Papstes und somit auch die Vorrangstellung gegenüber dem Kaiser.

### Der Investiturstreit

In dem nun beginnenden Investiturstreit war die namensgebende Einsetzung von Bischöfen nur der Auslöser für die Eskalation eines viel tiefer liegenden Konflikts: die Frage, wer in Europa die erste Autorität darstellt, der Kaiser oder der Papst. Heinrich IV., ein König aus der Familie der Salier, entwickelte sich zum

# DAS WICHTIGSTE IN KÜRZE

Gegenspieler Gregors VII., musste aber einsehen, dass er gegen den Kirchenbann des Papstes machtlos war: Die Macht eines Königs beruhte schließlich auf gegenseitigen Treueverhältnissen und von diesen hatte Gregor seine Untertanen befreit. Es blieb ihm also nichts anderes übrig, als den sprichwörtlich gewordenen **Gang nach Canossa**, einer oberitalienischen Burg, in der sich der Papst gerade aufhielt, anzutreten und den Papst um die Auflösung des Kirchenbanns zu bitten. Durch die Fürsprache der einflussreichen Mathilde von Tuszien, der auch die Burg von Canossa gehörte, gelang dies und Heinrich konnte in der Folgezeit seine königliche Macht zurückgewinnen. Schließlich konnte er sogar einen Gegenpapst ausrufen, der Gregor verdrängte.

Die Frage nach der Investitur von Bischöfen wurde von Heinrich V. im **Wormser Konkordat** geklärt. Die Wahl und Einsetzung des Bischofs wurde damit zur kirchlichen Angelegenheit, aus der sich der König weitestgehend heraushielt, allerdings stand ihm die Belehnung mit Gütern zu. Ungeklärt blieb dagegen die tiefer liegende Grundsatzfrage, ob Kaiser oder Papst die Vorrangstellung in Europa hätten. Eine eindeutige Trennung von Kirche und Staat sollte noch einige Zeit dauern.

Dennoch markiert der Investiturstreit eine wichtige Phase der europäischen Geschichte, denn Politik und Religion wurden erstmals seit der Spätantike wieder als grundsätzlich getrennte Bereiche angesehen. In der Auseinandersetzung entwickelte sich eine rationale Argumentation, die es den Herrschenden sowie den Gelehrten längerfristig ermöglichte, über Politik frei zu diskutieren.

## Die Staufer

Die Dynastie der Staufer unternahm noch einmal den Versuch, an den Glanz früherer Kaiser anzuschließen und wieder einen geistlichen Führungsanspruch zu übernehmen. In ihrer Zeit kam der Name „Heiliges Römisches Reich" auf. Dennoch konnte sich auch in ihrer Zeit das Kaisertum nicht dauerhaft gegen das Papsttum durchsetzen. Mit dem Tod des letzten staufischen Kaisers Friedrich II. begann eine kaiserlose Zeit, das Interregnum, in dem die Reichsgewalt eine neue deutliche Schwächung erfuhr und Territorialherren und Städte zu starken Machtfaktoren heranwuchsen.

# FESTIGUNG – VERTIEFUNG

### Weitere Herangehensweisen

- Erarbeiten Sie Kurzreferate zu Herrscherpersönlichkeiten des Früh- und Hochmittelalters.
- Erforschen Sie die Hintergründe der karolingischen Eroberung Baierns UND klären Sie das Schicksal des letzten autonomen bayerischen Herzogs Tassilo.
- Recherchieren Sie Leben und Wirken der Kaiserin Theophanu. Beurteilen Sie, ob bzw. inwiefern Theophanu als emanzipierte Frau im heutigen Sinn gelten kann.

### Vertiefende Aspekte

- Suchen Sie in Bamberg nach Spuren der kaiserlichen Hauptstadt, des „deutschen Roms".
- Erläutern Sie die Rolle, die Frauen als „Mitkaiserinnen" im Hochmittelalter spielten.
- Sammeln Sie Informationen über Länder, in denen es keine Trennung von Religion und Politik gegeben hat.

### Weiterführende Quellen und Hinweise

**H 1** Knefelkamp, Ulrich: Das Mittelalter, Paderborn, Ferdinand Schöningh, 2018. Der Historiker Ulrich Knefelkamp liefert mit seinem Taschenbuch eine solide erste Orientierungsmöglichkeit über Ereignisgeschichte, Herrschergestalten, politische und soziale Entwicklungen der Epoche.

**H 2** Schneidmüller, Bernd: Die Kaiser des Mittelalters: Von Karl dem Großen bis Maximilian I., München, C. H. Beck, 2012. Dieser Band liefert einen guten Überblick über die Kaisergeschichte des Mittelalters und kann auch zum Einstieg in ein Referat eine sinnvolle Grundlage bieten.

**H 3** Goez, Werner: Lebensbilder aus dem Mittelalter: Die Zeit der Ottonen, Salier und Staufer, Darmstadt, Primus, 2010. Der Mittelalterforscher Werner Goez beschreibt in dem Buch anhand der Lebensbilder von Herrscherinnen und Herrschern des Mittelalters, aber auch von wenig oder gar nicht bekannten Menschen unterschiedliche Lebenswirklichkeiten im Mittelalter.

**H 4** Märtl, Claudia: Die 101 wichtigsten Fragen – Mittelalter, München, C. H. Beck, 2009. Die Münchner Professorin für mittelalterliche Geschichte liefert hier anhand konkreter Fragen einen prägnanten Überblick über wichtige Aspekte des Mittelalters.

 **H 5** Deutschland Funk Nova: Eine Stunde History. Gang nach Canossa. Zoff zwischen Kirche und Staat, 2017: In diesem Podcast werden die Hintergründe des „Gangs nach Canossa" näher erläutert. (Dauer: 34:10 Minuten)

 **H 6** Maike Albath: Mathilde von Canossa. Vermittlerin im Kirchenbann über Heinrich IV., Deutsche Welle, 2015: Dieser Beitrag gibt einen Überblick über das Leben der Markgräfin Mathilde von Canossa und arbeitet ihre Rolle als Vermittlerin zwischen weltlicher und geistlicher Macht heraus.

# 2.3 Das Reich im Spätmittelalter

## Forschungsinteresse und Kompetenzerwerb

Das Spätmittelalter stellt einen Zeitabschnitt dar, der sich von uns nur schwer einordnen und begreifen lässt – zu klischeehaft ist oft unsere Vorstellung vom „finsteren Mittelalter". Dabei wurden in dieser Zeit viele Wurzeln gelegt für die Welt, wie wir sie heute kennen. Mit dem Buchdruck hielten Massenmedien in unseren Alltag Einzug, die Renaissance veränderte unsere Vorstellungen von Kunst und Wissenschaft sowie vermeintlich ketzerische Denker entwarfen kühne Ideen von Freiheit und Demokratie. Daneben stehen brutale Verfolgungen von Minderheiten und Andersdenkenden und die Bedrohung durch die Pest. In diesem Kapitel erfahren Sie, wie sich im Spätmittelalter neue Vorstellungen von Staat und Politik den Weg bahnten.

## Vorgehen

Sie sollen in einer Reihe von Podcasts Wurzeln unseres heutigen Grundgesetzes in der deutschen Geschichte darstellen. Sie sind unschlüssig, wo eine erste Folge beginnen könnte: Kann man im Mittelalter schon von Ansätzen bezüglich Rechtsstaatlichkeit und Verfassung sprechen? Und wenn ja: Ist das dann überhaupt schon „deutsche" Geschichte? Um sich Klarheit zu verschaffen, befassen Sie sich mit einigen Informationen und Materialien aus dem späten Mittelalter.

Am Beispiel von Ludwig dem Bayern ERARBEITEN Sie Probleme des mittelalterlichen Königtums; daraufhin FASSEN Sie die Bestimmungen der Gesetze aus der Zeit Ludwigs des Bayern und Karl IV. in knappen The-

sen ZUSAMMEN. Sie BEURTEILEN, welche der Probleme des mittelalterlichen Königtums durch welche Gesetze geregelt wurden. Danach ERLÄUTERN Sie die darüber hinausgehenden Bestimmungen in Bezug auf ihre Funktionalität. Sie berücksichtigen dabei auch die Karte des Reichs zur Zeit Karls IV. Anschließend FASSEN Sie die Reformgesetzgebung des Reichstags von Worms in eigenen Thesen ZU-SAMMEN und BEURTEILEN, welche Unterschiede es zu und Gemeinsamkeiten es mit modernen Vorstellungen von Rechtsstaatlichkeit gibt.

WÄHLEN **Sie nun** AUS**: Welche der gewonnenen Informationen haben Relevanz für das Thema „Wurzeln des Grundgesetzes"?** ERLÄUTERN **und** DISKUTIEREN **Sie Ihre Entscheidungen in der Klasse.**

Als Arbeitshilfe finden Sie im hinteren Teil des Lehrwerks eine Übersicht über verschiedene Methodentechniken. Nutzen Sie diese Möglichkeit.

## Materialauswahl

Im Mittelpunkt dieses Kapitels stehen Gesetzestexte der Zeit. Dies spiegelt den Prozess der Versprachlichung und Verrechtlichung politischer Prozesse im Spätmittelalter wider. Während die Gesetze aus der Zeit Ludwigs des Bayern und Karls IV. noch in lateinischer Sprache verfasst sind, daher nur in Übersetzungen vorliegen, wurden die Reformgesetze von Worms bereits auf Deutsch verfasst. Ihre Lektüre gibt damit auch einen interessanten Einblick in die Sprache der Zeit.

**1.** Erarbeiten Sie am Beispiel von Ludwig dem Bayern charakteristische Probleme eines mittelalterlichen Königs bzw. Kaisers.

### Ludwig der Bayer in einem Relief in der Nürnberger Kaiserburg | M 1

## Ludwig der Bayer – neue Wege zur Kaiserkrone

Als 1314 sowohl der Habsburger Friedrich der Schöne als auch der Wittelsbacher Ludwig der Bayer zum König gewählt wurden, war dem eine lange Zeit der Schwächung königlicher bzw. kaiserlicher Gewalt vorangegangen. Zwischen 1250, als der Staufer Friedrich II. gestorben war, und 1312 hatte es keinen Kaiser im Heiligen Römischen Reich mehr gegeben. Die zwischen 1250 und 1273 gewählten Könige erhielten nicht die breite Unterstützung der Fürsten und blieben daher ohne allzugroßen Ein-

fluss. In diesem sogenannten Interregnum hatten die Länderfürsten innerhalb des Reiches, aber auch die selbstständigen Städte (vgl. das nächste Kapitel) ihren Einfluss und ihre Macht auf Kosten der Zentralgewalt stark vergrößert. Auch die Päpste waren mit der Unterstützung des französischen Königs wieder stark und selbstbewusst geworden und hatten daher ihren Sitz von Rom nach Avignon verlegt.

Doppelwahlen wie diejenige von 1314 waren im Mittelalter keine Seltenheit, da es kein festgeschriebenes Wahlrecht gab und man sich bei jeder Wahl auf angebliche oder tatsächliche Traditionen berief. Friedrich und Ludwig trugen ihren Streit in einer achtjährigen gewaltsamen Auseinandersetzung aus, die schließlich in der Schlacht bei Mühldorf mit der Niederlage und Gefangenschaft Friedrichs endete. Ludwig wählte einen überraschenden Weg: Er bot seinem bisherigen Widersacher ein Doppelkönigtum an. So wurden die deutschen Reichsteile auch bei Ludwigs geplantem Romzug regiert.

Mit Papst Johannes XXII. stellte sich Ludwig nun aber ein noch stärkerer Widersacher in den Weg: Da Ludwig eine päpstliche Approbation weder erbeten noch erhalten hatte, sei seine Königswahl ungültig und er habe innerhalb von drei Monaten zurückzutreten. Als Ludwig sich weigerte und sich stattdessen auf das Recht des Reichs und der wahlberechtigten Fürsten, der Kurfürsten, berief, verhängte der Papst 1324 den Kirchenbann über ihn.

Ungeachtet des tiefen Zerwürfnisses mit dem Papst trat Ludwig 1327 den Weg nach Rom an, um sich zum Kaiser krönen zu lassen. Erstmals suchte er dabei kein Einverständnis mit dem Papst, sondern berief sich auf den Willen des römischen Volkes, als er sich 1328 im Petersdom von zwei ebenfalls vom Papst gebannten Bischöfen krönen ließ. Dermaßen in seiner Position gestärkt, ließ er daraufhin den Papst absetzen und einen Angehörigen des papst-

kritischen Bettelordens der Franziskaner zum neuen Papst erheben. Dieser krönte Ludwig schließlich zum zweiten Mal zum Kaiser – auf einer rein säkularen Begründung seiner Krone wollte es Ludwig dann doch nicht beruhen lassen.

1329 kehrte Ludwig nach Deutschland zurück und richtete in München einen kaiserlichen Hof ein, der nun allen papstkritischen Denkern Europas als Zufluchtsort diente. Zu seinen Beratern zählten so radikale Geister wie Marsilius von Padua und Wilhelm von Ockham, die Ludwig vor der Inquisition schützte und die ihm im Gegenzug Argumente gegen den Papst liefern sollten. Die Stellung des Reichs gegenüber dem Vatikan sollte in den Regierungsjahren Ludwigs aber vor allem durch zwei wegweisende Gesetze gestärkt werden, dem „Weistum von Rhense" und dem Gesetz „Licet iuris".

Ludwigs Regierung endete auch wieder mit einem Gegenkönigtum: Karl IV. aus der Familie der Luxemburger, denen u. a. das Königreich Böhmen gehörte, wurde 1346 mithilfe papsttreuer Kurfürsten in Bonn zum Gegenkönig gewählt. Nach Ludwigs Tod bei einem Jagdunfall im folgenden Jahr konnte Karl IV. sich durchsetzen. In seine Regierungszeit fällt mit der Goldenen Bulle ein weiteres großes Gesetzeswerk.

**2.**

2.1 Fassen Sie die Bestimmungen der folgenden Gesetze aus der Zeit Ludwigs des Bayern und Karls IV. in knappen Thesen zusammen.

2.2 Beurteilen Sie, welche der Probleme des mittelalterlichen Königtums durch welche Gesetze geregelt wurden.

2.3 Erläutern Sie die darüber hinausgehenden Bestimmungen in Bezug auf ihre Funktionalität. Berücksichtigen Sie dabei auch die Karte des Reichs zur Zeit Karls IV.

Am 16. Juli 1338 verabschiedeten die deutschen Kurfürsten in Rhense an der Lahn einen Beschluss, mit dem sie die Souveränität der Königswahl verbindlich regelten.

**Das Weistum von Rhense** M 2

1 1. Nach Recht und seit alters bewährter Gewohnheit des Reiches bedarf einer, der von den Kurfürsten des Reiches oder, selbst bei Unstimmigkeit, von der Mehrheit derselben zum römischen
5 König gewählt ist, keiner Nomination, Approbation, Konfirmation, Zustimmung oder Autorität des apostolischen Stuhles für die Verwaltung der Güter und Rechtes des Reiches oder für die Annahme des Königstitels.
10 2. Der Geweihte muss darum nicht notwendig den Papst angehen.

3. Vielmehr ist es seit unvordenklichen Zeiten so gehalten, behauptet und befolgt worden, dass die von den Kurfürsten einmütig oder, wie oben ge
15 sagt, von der Mehrheit Gewählten den Königstitel angenommen und die Güter und Rechte des Reiches verwaltet haben und dass sie es nach Recht und Gewohnheit erlaubterweise tun konnten und können, ohne Approbation und Erlaubnis des ge
20 nannten apostolischen Stuhles dafür zu erhalten oder zu besitzen [...]

Quelle: Rhenser Weistum vom 16. Juli 1338, Übersetzung in: Zeumer (Hg.): Quellensammlung zur Geschichte der Deutschen Reichsverfassung in Mittelalter und Neuzeit, 1913, S. 181.

Am 6. August 1338 erlässt Kaiser Ludwig IV. auf dem Reichstag von Frankfurt ein Gesetz, das die Frage der Kaiserwahl behandelt.

**Ludwigs „Kaisergesetz" Licet iuris** M 3

1 Und doch haben einige – von Geiz und Ehrgeiz verblendet, zwar das rechte Verständnis der Hl. Schrift beanspruchend, aber vom Pfad des rechten Sinnes abweichend – [...] lügnerisch und fälsch
5 lich behauptet, daß die kaiserliche Würde und Gewalt vom Papst stamme und daß der zum Kaiser Gewählte kraft der Wahl weder wahrer Kaiser noch König sei, solange er nicht vom Papst oder Apostolischen Stuhl konfirmiert, approbiert und
10 bekräftigt sei. Und durch solche verkehrten Behauptungen und pestbringenden Dogmen erregt der Teufel Streitigkeiten, verursacht Hader, bereitet Kampf und Aufruhr. Um solches Übel zu vermeiden, erklären wir daher mit Rat und Zustimmung
15 der Kurfürsten und anderer Fürsten des Reiches: (1) die kaiserliche Würde und Gewalt ist unmittelbar von Gott allein;

(2) nach Recht und seit alters bewährter Gewohnheit des Reiches ist einer, der von den Kurfürsten
20 des Reiches einmütig oder mit ihrer Mehrheit zum Kaiser oder zum König gewählt ist, sofort durch die Wahl allein wahrer König und als Römischer Kaiser zu rechnen und zu nennen, und ihm gebührt von allen dem Imperium Untertanen Gehorsam;
25 (3) er hat die volle Gewalt, die Güter und Rechte des Reiches zu verwalten und alles Übrige zu tun, was dem wahren Kaiser zukommt, und er bedarf dazu weder des Papstes noch des Apostolischen Stuhles noch irgendeines anderen Approbation, Konfirma
30 tion, Autorität oder Zustimmung. Deswegen bestimmen wir durch dieses für ewig geltende Gesetz, dass der einmütig oder durch Mehrheit der Kurfürsten zum Kaiser Gewählte durch diese Wahl allein von allen als wahrer und rechtmäßiger Kaiser gerechnet
35 und gehalten werde [...].

Quelle: Das Gesetz Licet iuris vom 6. August 1338, Übersetzung in: Zeumer (Hg.): Quellensammlung zur Geschichte der Deutschen Reichsverfassung in Mittelalter und Neuzeit, 1913, S. 184.

**M 4** Das Heilige Römische Reich in der Zeit Karls IV.

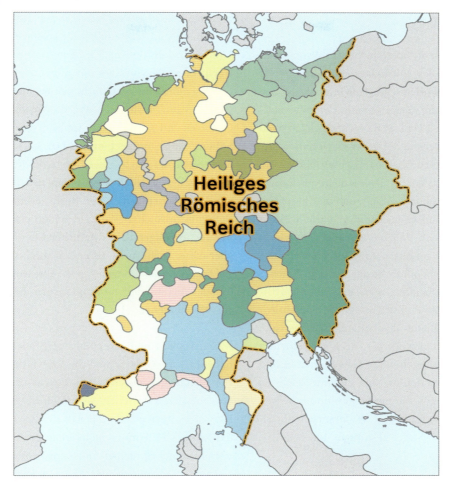

1356 wurde auf den Hoftagen in Nürnberg und Metz als Kompromiss zwischen Kaiser Karl IV. und den Reichsständen die Goldene Bulle als „Reichsgrundgesetz" ausgehandelt und verkündet.

**M 5** Die Goldene Bulle

1 3. Wenn nun die Kurfürsten oder ihre Gesandten in vorerwähnter Form und Weise diesen Eid geleistet haben [dass sie ohne eigene Vorteilsnahme oder Absprachen zu Gunsten des Reiches wäh-
5 len werden], sollen sie zur Wahl schreiten und fortan die ehgenannte Stadt Frankfurt nicht verlassen, bevor die Mehrzahl von ihnen der Welt oder Christenheit ein weltliches Oberhaupt gewählt hat, nämlich einen römischen König und
10 künftigen Kaiser. Falls sie dies jedoch binnen dreißig Tagen, vom Tag der Eidesleistung an gerechnet, noch nicht getan hätten, sollen sie von da an, nach Verlauf dieser dreißig Tage, forthin nur Brot und Wasser genießen und keinesfalls
15 aus besagter Stadt weggehen, bevor sie oder die Mehrheit von ihnen einen Herrscher oder ein

weltliches Oberhaupt der Gläubigen gewählt haben, wie oben steht.

4. Nachdem aber sie oder die Mehrzahl von ihnen
20 an diesem Ort gewählt haben, muß eine solche Wahl gleich behalten werden, wie wenn sie von ihnen allen ohne Gegenstimme einhellig vollzogen wäre. [...] Und weil Nachfolgendes nach alter anerkannter und löblicher Gewohnheit bis-
25 her stets unverbrüchlich beobachtet worden ist, bestimmen auch wir, und verordnen aus kaiserlicher Machtvollkommenheit, daß wer besagtermaßen zum römischen König gewählt worden ist, sogleich nach vollzogener Wahl, bevor er
30 in irgendwelchen andern Angelegenheiten oder Geschäften aus Vollmacht des heiligen Reiches seine Tätigkeit beginnt, allen und jeden geistlichen und weltlichen Kurfürsten, die bekanntlich die nächsten Glieder des heiligen Reiches sind,
35 alle ihre Privilegien, Briefe, Rechte, Freiheiten und Vergünstigungen, alten Gewohnheiten und auch Würden und alles, was sie vom Reich bis zum Tag seiner Wahl empfangen und besessen haben, ohne Verzug und Widerspruch durch
40 seine Briefe und Siegel bestätigen und bekräftigen soll;

VII. 1. [...] Zweifellos ist es allenthalben weit und breit bekannt und sozusagen in der ganzen Welt offenkundig, daß die erlauchten: der König
45 von Böhmen sowie der Pfalzgraf bei Rhein, der Herzog von Sachsen und der Markgraf von Brandenburg, vermöge seines Königreichs und ihrer Fürstentümer, bei der Wahl des römischen Königs und künftigen Kaisers mit ihren Mitfürsten
50 geistlichen Standes [die Erzbischöfe von Mainz, Trier und Köln] Recht, Stimme und Sitz haben und zusammen mit ihnen die wirklichen und rechtmäßigen Kurfürsten des heiligen Reiches

heißen und sind. Damit nicht unter den Söhnen
55 besagter weltlicher Kurfürsten wegen des Rechts, der Stimme und der Befugnis, die vorhin erwähnt wurden, inskünftig Anlaß zu Ärgernis und Zwietracht entstehen und so das allgemeine Wohl durch gefährliche Verzögerungen beeinträchtigt
60 werden kann, bestimmen wir, da wir künftigen Gefahren mit Gottes Hilfe heilsam vorbeugen willens sind, und gebieten kraft kaiserlicher Machtbefugnis durch dieses Gesetz, das für ewige Zeiten gelten soll, daß jeweils nach dem Ableben
65 eines weltlichen Kurfürsten Recht, Stimme und Befugnis zu solcher Wahl auf seinen erstgebornen rechtmäßigen Sohn weltlichen Standes, falls aber dieser nicht mehr am Leben wäre, auf dieses Erstgebornen erstgebornen Sohn weltlichen
70 Standes ungehindert und ohne jemands Widerspruch übergehe. [...]

XXXI. Da des heiligen römischen Reiches Erhabenheit die Gesetze und die Verwaltung verschiedenartiger, durch Sitten, Lebensweise und
75 Sprache sich unterscheidender Völker zu regeln hat, ist es geziemend [...], daß die Kurfürsten, des Reiches Säulen und Flanken, in der Eigenart verschiedener Sprachen und Zungen unterwiesen werden, damit sie mehr Leute verstehen und
80 von mehr Leuten verstanden werden, wenn sie bei der Fürsorge für die Bedürfnisse so vieler der Majestät beistehen und einen Teil ihrer Regierungssorgen tragen. Daher verfügen wir, daß der erlauchten Kurfürsten [...] Söhne oder Erben und
85 Nachfolger – da man wahrscheinlich voraussetzt, daß sie die ihnen angestammte deutsche Sprache kennen und von Kind an gelernt haben – von ihrem siebten Lebensjahr an in der lateinischen, der italienischen und der tschechischen Sprache
90 unterrichtet werden.

Quelle: Fritz: Die goldene Bulle Kaiser Karls IV. vom Jahre 1356, 1978, S. 38–88.

**3.**

3.1 Fassen Sie die Reformgesetzgebung des Reichstags von Worms in eigenen Thesen zusammen.

3.2 Beurteilen Sie, welche Unterschiede es zwischen diesen und modernen Vorstellungen von Rechtsstaatlichkeit gibt und welche Gemeinsamkeiten vorliegen.

## Maximilian I. und die Macht der Habsburger

Unter den mächtigen Herrscherfamilien des europäischen Mittelalters spielten die Habsburger eine immer wichtigere Rolle. Durch den Erwerb zahlreicher Territorien im Gebiet des heutigen Österreichs hatten sie sich eine starke Machtposition aufgebaut. Seinem Vater Friedrich war es als erstem Habsburger gelungen, als Friedrich III. die Kaiserkrone zu erlangen. Maximilian wollte dieser Nachfolge gerecht werden, hatte aber auch noch weitergehende Pläne. Durch die Heirat mit der Tochter Karls des Kühnen, Maria von Burgund, dehnte er das Interessengebiet der Habsburger weit nach Westen aus und forderte dadurch den Widerstand der französischen Könige heraus. Durch die Heirat seines Sohnes Philipp des Schönen mit Johanna von Kastilien erlangten die Habsburger auch die spanische Krone. Maximilians Enkel Karl V. konnte daher in Anspielung auf die spanischen Kolonien in Südamerika von sich sagen, dass in seinem Reich die Sonne nie untergehe.

Die starke Beschäftigung mit internationaler Politik zwang Maximilian zu Kompromissen mit den starken Kräften im Reich und zu einer Politik der Befriedigung des Heiligen Römischen Reiches, das in seiner Regierungszeit den Zusatz „Deutscher Nation" erhielt. Dementsprechend waren auch die Reformgesetze, die 1495 auf dem Reichstag von Worms beschlossen wurden, nun auf Deutsch verfasst, weshalb Sie Ihnen im Folgenden im Original vorliegen.

---

**M 6**    **Ewiger Landfriede, 7. August 1495**

1 § 1 Also das von Zeit diser Verkündung niemand, von was Wirden, Stats oder Wesens der sey, den andern bevechden, bekriegen, berauben, vahen [= fangen], überziehen, belegern, auch dartzu
5 durch sich selbs oder yemand anders von seinen wegen nicht dienen, noch auch ainich Schloß, Stet, Märckt, Bevestigung, Dörffer, Höff oder Weyler absteigen oder on des andern Willen mit gewaltiger Tat frevenlich einnehmen oder ge-
10 varlich mit Brand oder in ander Weg dermassen beschedigen sol, auch niemands solichen Tätern Rat, Hilf oder in kain anderer Weis kain Beystand oder Fürschub thun, auch sy wissentlich oder gevarlich nit herbergen, behawsen, essen oder dren-
15 cken, enthalten oder gedulden, sondern wer zu dem andern zu sprechen vermaint, der sol sölichs suchen und tun an den Enden und Gerichten, da die Sachen hievor oder yetzo in der Ordnung des Camergerichts zu Außtrag vertädingt sein oder
20 künftigklich werden oder ordenlich hin gehörn.

Quelle: Ewiger Landfrieden, in: Zeumer (Hg.): Quellensammlung zur Geschichte der Deutschen Reichsverfassung in Mittelalter und Neuzeit, 1913, S. 281–284.

## Reichskammergerichtsordnung M 7

1 § 1. Zum Ersten [ist] das Camergericht zu besetzen mit ainem Richter, der ain gaistlich oder weltlich Fürst oder ein Grave oder ein Freyherr sey, und XVI Urtailer, die alle Wir mit Rat und 5 Willen der Besamnung yetzo hie kießen [= wählen] werden aus dem Reich Teutscher Nacion, die redlichs, erbers Wesens, Wissens, Übung und ye der halb Tail der Urtailer der Recht gelert und gewirdiget, und der ander halb Tail auf das ge- 10 ringest auß der Ritterschaft geborn sein söllen. Und was die XVI Urtailer oder der merer Tail in Sachen erkennen, und ob sy spennig [= streitig] und auf yegklichen Tail gleich wärn, welchem dann der Richter ein Zufall tut, dabey soll es be- 15 leiben, und sol sy an dem rechtlichen Erkennen kain ander Pflicht verhindern oder irren.[...]
§ 3. Item die alle [Der Richter und die Beisitzer] söllen zuvor Unser Koniglicher oder Kaiserlicher Majestät geloben und zu den Hailigen swern: 20 Unserm Koniglichen oder Kaiserlichen Camergericht getrewlich und mit Vleis ob sein und nach des Reichs gemainen Rechten, auch nach redlichen, erbern und leidlichen Ordnungen, Statuten und Gewonhaiten der Fürstenthumb, 25 Herrschaften und Gericht, die für sy pracht werden, dem Hohen und dem Nidern nach seinem besten Verstentnus gleich zu richten und kain Sach sich dagegen bewegen zu lassen, auch von den Partheyen oder yemand anders kainer 30 Sach halben, so in Gericht hanget oder hangen wurden, kain Gab, Schenck oder ainichen Nutz durch sich selbs oder ander, wie das Menschen Synn erdencken möcht, tzu nemen oder nemen zu lassen [...].
35 § 27. Item auf das niemand Armut halben rechtlos gelassen werd, so sol der Camerrichter [...] die Sachen der Armen, die ir Armut mit iren Aiden, ob der gesunnen wurde, erweisen, den Advocaten und Redner empfelchen, darinn zu raten 40 und zum besten in Recht fürzubringen. Und welchem Redner oder Advocaten solich Sachen von dem Camerrichter emfohlen werden, der sol schuldig und pflichtig sein, bey Pene und Entsatzung seins Ampts, die on Widerred, wie vorge- 45 melt, anzunemen.

Quelle: Reichskammergerichtsordnung, in: Zeumer (Hg.): Quellensammlung zur Geschichte der Deutschen Reichsverfassung in Mittelalter und Neuzeit, 1913, S. 284–291.

**4.** 4.1 Erläutern Sie nun mithilfe Ihres in diesem Kapitel erworbenen Wissens das folgende Bild aus dem Jahr 1493.

4.2 Vergleichen Sie es mit dem Bild Heinrichs II. aus dem vorherigen Kapitel und benennen Sie Unterschiede in der Auffassung des Königtums.

**M 8**  Kaiser und Reichsstände in der Schedelschen Weltchronik, 1493

Die Reichsstände. In der obersten Reihe der Kaiser mit den ihn wählenden sieben Kurfürsten.

# DAS WICHTIGSTE IN KÜRZE

### Das Interregnum und das Erstarken des päpstlichen Führungsanspruches

Als 1250 mit Friedrich II. der letzte Stauferkaiser gestorben war und es bis 1273 keinen Nachfolger als König bzw. bis 1312 keinen neuen Kaiser gegeben hatte, waren im Reich neue Machtverhältnisse entstanden. In dieser Zeit des sogenannten **Interregnums** war die Zentralgewalt im Reich immer schwächer, die einzelnen Reichsteile waren dafür immer stärker geworden. Einzelne Territorien und die Familien, die diese kontrollierten, waren nun die wichtigen Machtfaktoren, wie auch reiche Städte, die ihre Selbstständigkeit weiter ausgebaut hatten. In anderen europäischen Ländern, wie z. B. Frankreich, hatte in dieser Zeit ein Prozess der Zentralisierung stattgefunden, im Reich dagegen erfolgten politische Entscheidungen immer mehr in den einzelnen Ländern – eine Entwicklung, die sich bis heute im Föderalismus Deutschlands widerspiegelt.

Ein weiteres Problem für Könige und Kaiser des Spätmittelalters stellte immer noch der Anspruch des Papsttums dar, die führende Autorität in Europa in geistlichen wie weltlichen Dingen zu sein. Die Päpste bestimmten durch ihre Approbation bzw. Verweigerung, wer König wurde und wer schließlich (vom Papst) zum Kaiser gekrönt wurde. Das Selbstbewusstsein der Päpste, die seit 1309 in Avignon residierten, war in der Zeit des Interregnums durch die Schwäche der Reichsgewalt, gleichzeitig aber auch durch die Unterstützung der französischen Könige immens gestiegen.

Mit diesem päpstlichen Führungsanspruch, der auch das Recht beinhaltete, zu bestimmen, wer Kaiser werden konnte, hatte sich vor allem Ludwig der Bayer auseinanderzusetzen. Obwohl er vom Papst mit dem Kirchenbann belegt wurde, konnte er an der Macht bleiben, die Kaiserkrone erlangen und den päpstlichen Einfluss auf die Königs- bzw. Kaiserwahl gesetzlich eindämmen und schließlich abstellen. Das erste dieser Gesetze kam ohne sein direktes Zutun zustande: Sechs der sieben an der Wahl beteiligten Fürsten, die durch das päpstliche Approbationsrecht ihre Stellung geschmälert sahen, versammelten sich im „Kurverein von Rhense", um in einem Gesetz, dem **„Weistum von Rhense"**, klarzustellen, dass der König nur von ihnen in Mehrheitswahl gewählt werde und eine Mitsprache oder Zustimmung des Papstes dazu nicht erforderlich sei. Die Königswahl wurde durch dieses Gesetz also auf eine rein säkulare Basis gestellt. In dem Gesetz **„Licet Iuris"** von 1338 bestätigte Ludwig das „Weistum von Rhense". Er ging aber noch einen wesentlichen Schritt weiter: Der von den Kurfürsten in Mehrheitswahl gewählte König sollte auch zugleich Kaiser des Heiligen Römischen Reiches sein. Auch wenn diese Gesetze in ihrer Zeit umstritten blieben, hatte sich – auch unter dem Einfluss der bedeutenden papstkritischen Intellektuellen wie Marsilius von Padua oder Wilhelm von Ockham, die an Ludwigs Hof in München geflüchtet waren – eine rationale, weltliche Argumentation durchgesetzt, mit der nun über Politik diskutiert wurde, über die sich auch Papst und Kirche nicht hinwegsetzen konnten.

Die Herrschaft Ludwigs des Bayern endete, wie sie begonnen hatte, mit einer Doppelwahl. Hatte er am Beginn seiner Herrschaft mit Friedrich von Habsburg um die Königswürde kämpfen müssen und schließlich zu einem zeitweiligen Doppelkönigtum gefunden, war es nun Karl IV. aus dem Hause Luxemburg, der mithilfe papsttreuer Fürsten zum Gegenkönig gewählt worden war. Der Zwist endete mit Ludwigs Tod auf der Jagd.

### Die goldene Bulle

Karl IV. gelang es, mit einem umfassenden Gesetzeswerk, der Goldenen Bulle von 1358, einige der zentralen Probleme des König- und Kaisertums zu klären und eine Art „Reichsverfassung" zu schaffen. Geregelt wurde in der Goldenen Bulle, wer (drei kirchliche und vier weltliche Kurfürsten: die Erzbischöfe von Mainz, Trier und Köln, der Pfalzgraf bei Rhein, der König von Böhmen, der Markgraf von Brandenburg, der Herzog von Sachsen)

# DAS WICHTIGSTE IN KÜRZE

den König wo (in Frankfurt) und wie (nach einer strengen Tagesordnung in Mehrheitswahl) wählen durfte. Die Krönung sollte in Aachen stattfinden, allerdings fanden nach 1562 fast alle Krönungen direkt nach der Wahl in Frankfurt statt, die letzte 1792. Formal war immer noch die Kaiserkrönung durch den Papst vorgesehen, doch verlor diese in der Realität nun völlig ihre Bedeutung. Einen ersten Hoftag sollte jeder neu gewählte König in Nürnberg abhalten, das dadurch zumindest zeitweise den Charakter einer Reichshauptstadt annahm.

Weitere Bestimmungen betrafen die Kurfürsten. Deren Territorien sollten künftig unteilbar sein. Immunität und das Verbot von Vorteilsnahmen sollten ihre Objektivität gewährleisten. Da sie in der Lage sein sollten, für alle Reichsteile zu sprechen und deren Bewohnerinnen und Bewohner zu verstehen, sollten die Kurfürsten Deutsch, Italienisch, Böhmisch und Lateinisch beherrschen. Die Goldene Bulle wurde auf Hoftagen in Nürnberg und Metz verkündet.

Neben den Luxemburgern gewannen vor allem die ursprünglich aus Schwaben stammenden Habsburger zunehmend an Einfluss, denen es gelang, hauptsächlich in Österreich viele wichtige Territorien in ihren Besitz oder unter ihre Kontrolle zu bekommen. Maximilian I. verstand es, durch geschickte Weichenstellungen (z. B. die Verbindung mit der spanischen Krone durch eine taktisch kluge Heiratspolitik) eine weltweite Vormachtstellung vorzubereiten. Bis 1806 sollten fast nur noch Habsburger an die Kaiserkrone kommen. Wegen seiner internationalen Ambitionen war es für Maximilian wichtig, einerseits die Reichsfürsten auf seiner Seite zu wissen, andererseits im Reich Frieden zu gewährleisten.

## Der Reichstag von Worms

Auf dem **Reichstag von Worms 1495** wurden daher Reformgesetze verabschiedet, die das Reich grundlegend modernisieren sollten. Im „**Ewigen Landfrieden**" wurde die Fehde als Form adliger Selbstjustiz für immer verboten und damit das Gewaltmonopol des Staates (theoretisch) verbindlich festgeschrieben.

Konflikte sollten von nun an vor dem neu geschaffenen Reichskammergericht ausgetragen werden, das die Rolle des obersten Gerichts vom König übernahm. Je zur Hälfte war das Kammergericht von Adeligen und von bürgerlichen Akademikern, die sich durch den Doktorgrad einen dem Adel ebenbürtigen Rang erworben hatten, besetzt. Um Verfahrensgleichheit zu gewährleisten, sollte armen Klägern ein Pflichtanwalt zur Verfügung gestellt werden.

Der Reichstag wurde zum zentralen Verfassungsorgan erhoben, dem die Exekution der vom Kammergericht gefällten Urteile zustand. Außenpolitische Entscheidungen und solche über Krieg und Frieden konnte der Kaiser von nun an nur noch im Einvernehmen mit dem Reichstag treffen.

Auch wenn uns das Spätmittelalter weit entfernt erscheint, entwickelten sich in dieser Zeit doch Strukturen, die unsere heutige Vorstellung von Staat und Gesellschaft prägen: die Trennung von Kirche und Staat, die Verrechtlichung und Institutionalisierung staatlichen Handelns, die vertikale und horizontale Gewaltenteilung. Das **Heilige Römische Reich Deutscher Nation** (dieser Ausdruck wurde auf dem Reichstag von Worms 1495 erstmals verwendet) ist von nachfolgenden Generationen zwar gerne belächelt worden (vor allem von einer Geschichtsschreibung, die dem Ideal des deutschen Nationalstaates folgte), doch verstand es sich, noch 300 Jahre lang nach Ende des Mittelalters als supranationales Gebilde die unterschiedlichsten ethnischen, religiösen, kulturellen und sozialen Gruppen auf mehr oder weniger friedliche Weise zu verbinden, ohne sie in ihrer Heterogenität einzuschränken.

# FESTIGUNG – VERTIEFUNG

## Weitere Herangehensweisen

- Präsentieren Sie in einem Referat Beispiele, wie sich Architektur, Malerei, Musik oder Bildhauerei in der Zeit des Spätmittelalters verändert haben.
- Seit der Mitte des 14. Jahrhunderts wurde Europa von der Pest heimgesucht. Suchen Sie regionalgeschichtliche Quellen dafür, welche Auswirkungen die Pest in Ihrer Heimatregion hatte und wie damit umgegangen wurde.

## Vertiefende Aspekte

- Stellen Sie herausragende Herrscherpersönlichkeiten des Spätmittelalters in einem Kurzreferat vor.
- Vergleichen Sie alle Herrscherdarstellungen aus den beiden letzten Kapiteln. Beurteilen Sie, inwiefern sich politische und gesellschaftliche Veränderungen in veränderten Darstellungsweisen äußern.
- Das Heilige Römische Reich Deutscher Nation galt auch als Vorbild für die Verfassung der USA. Stellen Sie Unterschiede und Gemeinsamkeiten gegenüber.

## Weiterführende Quellen und Hinweise

**H 1** Exkursion zur Nürnberger Kaiserburg. Mit der Kaiserburg in Nürnberg kann ein zentraler Ort mittelalterlicher Kaisergeschichte live erlebt werden. Die aktuelle Dauerausstellung widmet sich der Praxis der Reichspolitik. Auch Kopien der Reichsinsignien (die Originale liegen in Wien) können besichtigt werden.

**H 2** Exkursion zu den „Schwarzen Mandern" in der Innsbrucker Hofkirche. Maximilian I. hatte sich und seine wichtigsten Vorfahren, Verwandten und Vorgänger für sein Grabmal in lebensgroßen Bronzefiguren gießen lassen, die heute in der Hofkirche in Innsbruck zu sehen sind.

**H 3** Bergdolt, Klaus: Die Pest: Geschichte des Schwarzen Todes, München, C. H. Beck, 2018. Der Arzt und Historiker Klaus Bergdolt liefert einen fundierten Überblick über die Geschichte der Pest und ihrer kultur- und mentalitätsgeschichtlichen Auswirkungen.

**H 4** Reinhardt, Volker: Die Renaissance in Italien. Geschichte und Kultur, München, C. H. Beck, 2019. Ein knapper Einstieg in die Kulturgeschichte zum Ende des Mittelalters am Beispiel Italiens.

**H 5** Weinfurter, Stefan: Das Reich im Mittelalter. Kleine deutsche Geschichte von 500 bis 1500, München, C. H. Beck, 2018. Der Band liefert einen guten Überblick über das Mittelalter und kann auch zum Einstieg in ein Referat eine sinnvolle Grundlage bieten.

 **H 6** Schätze der Bayerischen Weltchronik. Die Schedelsche Weltchronik. Bayerische Staatsbibliothek. München, 2023: In seiner Weltchronik lieferte der Nürnberger Arzt und Historiker Hartmann Schedel Porträts der aus seiner Sicht wichtigsten Städte seiner Zeit. Der Film gibt Einblicke in die Entstehung der Schedelschen Weltchronik und geht eindrucksvoll auf Illustrationen und die Besonderheiten der Chronik ein. (Dauer: 05:16 Minuten)
Neben dem Filmbeitrag steht eine digitalisierte Version der Schedelschen Weltchronik zum Durchklicken zur Verfügung.

## KAPITEL 2 (LERNBEREICH 2.3)

### 2.4 Städte im Mittelalter

### Forschungsinteresse und Kompetenzerwerb

Mit den Herrschafts- und Gesellschaftsstrukturen des Mittelalters begegnen uns Formen des Zusammenlebens, Herrschens und Wirtschaftens, die uns in vielen Aspekten völlig fremd erscheinen, in denen sich aber auch oft der Schlüssel zum Verständnis heutiger sozialer und kultureller Zusammenhänge erkennen lässt. Sie werden das Mittelalter in seinem historischen Kontext beurteilen lernen, aber auch in seiner Bedeutung für die heutige Zeit reflektieren. So können in den aufkommenden städtischen Gesellschaften die Ansätze des bürgerlichen Zusammenlebens unserer Zeit gesehen werden. Auch die Grundzüge der mittelalterlichen Ständegesellschaft, des Lehnswesens und der Grundherrschaft wirken bis heute nach. Die Auseinandersetzung mit dieser anderen Gesellschafts- und Herrschaftsstruktur gibt uns die Möglichkeit, über Prozesse der Vergesellschaftung, die uns auch heute begegnen, z. B. Integration und Ausgrenzung, anders als bisher nachzudenken.

### Vorgehen

Als Mitglied einer Fernsehredaktion ist es Ihre Aufgabe, für ein Videofeature über das Leben in der mittelalterlichen Stadt vier fiktive Charaktere aus unterschiedlichen sozialen Schichten, die zwischen Hoch- und Spätmittelalter leben, zu entwerfen. Die erfundenen Figuren sollen historisch plausibel sein und gängigen Stereotypen widersprechen. Dazu recherchieren Sie anhand von historischen Quellen und Auszügen aus der heutigen Forschungsliteratur.

Als Erstes ERARBEITEN Sie Motive für die Gründung einer Stadt sowie die Vorgehensweise diesbezüglich. Das Verhältnis zwischen Stadtherren und Stadt ZEIGEN Sie durch einen Vergleich der beiden unterschiedlichen Fassungen des Straßburger Stadtrechtes AUF. Das Spannungsverhältnis zwischen Stadtbevölkerung und Stadtherren ERARBEITEN Sie am Beispiel der Stadt Köln mit ausgewählten Quellen. Sie gehen dabei auf Akteure, Ziele und Ergebnisse der jeweiligen Konflikte ein. Danach ORDNEN Sie jeweils den Standpunkt des Autors EIN. Sie BEURTEILEN mithilfe einer Sekundäranalyse, inwiefern es sich hier um „revolutionäre" Bewegungen handelt. Anschließend ERARBEITEN Sie mithilfe zweier Grafiken zur Sozialstruktur Unterschiede zwischen der Bevölkerungsstruktur auf dem Land und in der Stadt. Unter Einbezug der bearbeiteten Quellen ERLÄUTERN Sie resümierend das Zitat der Historikerin Edith Ennen, die Ordnung der mittelalterlichen Stadt habe „keimhaft die staatsbürgerliche Gleichheit unserer Zeit vorweg[genommen]"[1]. In vier visuellen Quellen sehen Sie Abbildungen von Juden, also von Menschen, die sich durch ihren Glauben von der Mehrheit unterschieden. Sie ANALYSIEREN die Bilder, insbesondere im Hinblick auf die Einstellung der Mehrheitsgesellschaft gegenüber Juden, die in der Darstellung jeweils deutlich wird. Schließlich ERLÄUTERN Sie anhand eines Textes die Stellung von Prostituierten in der mittelalterlichen Gesellschaft und ORDNEN das in einem weiteren zeitgenössischen Text beschriebene Geschehen EIN. Sie VERGLEICHEN dann den Umgang mit Randgruppen in unserer Gesellschaft.

ENTWERFEN **Sie nun die Charakterisierung der Figuren für das Videofeature und** ENTWICKELN **Sie eine Backstory, Verhaltensmuster und eine angemessene Ausdrucksweise.**

Als Arbeitshilfe finden Sie im hinteren Teil des Lehrwerks eine Übersicht über verschiedene Methodentechniken. Nutzen Sie diese Möglichkeit.

---

[1]  Ennen: Die europäische Stadt des Mittelalters, 1987, S. 15.

## Materialauswahl

In diesem Kapitel begegnen Ihnen Gesetzestexte, aber auch Texte aus der Geschichtsschreibung, analysierende Texte heutiger Historiker/-innen und Bildquellen. Diese Auswahl entspricht der Unübersichtlichkeit des Lebens in einer mittelalterlichen Stadt, die sich nicht mit nur einer Quellengattung abdecken lässt. Die Bildquellen sollen Sie motivieren und trainieren, mit offenen Augen durch mittelalterliche Altstädte zu gehen: An vielen Stellen begegnen uns noch heute bildhafte Spuren ihrer früheren Bewohnerinnen und Bewohner, die oft nicht den gängigen Stereotypen entsprechen.

**1.** Erarbeiten Sie Motive und Vorgehensweisen bei der Gründung einer Stadt.

**M 1**

### Die Plangründung einer Kaufmannsstadt: das Gründungsprivileg für Freiburg im Breisgau

1 Kund sei allen, Zukünftigen wie Gegenwärtigen, daß ich, Konrad, in meinem Ort Freiburg einen Markt errichtet habe im Jahre 1120 nach der Ge-
5 burt des Herrn. Mit den von überallher zusammengerufenen angesehenen Kaufleuten habe ich in einer beschworenen Vereinbarung beschlossen, daß sie die Marktsiedlung beginnen und ausbauen sollen.

Daher habe ich jedem Kaufmann in der geplan-
10 ten Marktsiedlung eine Hausstätte zugewiesen, auf der er ein eigenes Haus erbauen kann, und habe verfügt, daß mir und meinen Nachfolgern von jeder Hausstätte ein Schilling öffentlicher Münze jährlich am Martinstage zu zahlen sei. Es
15 sei daher jedermann kund, daß ich auf ihre (der Kaufleute) Bitten und Wünsche hin folgende Rechte bewilligt habe, die – so schien es mir ratsam – in einer Urkunde zusammengeschrieben werden sollten, damit man sie auf lange Zeit im
20 Gedächtnis bewahre, so daß meine Kaufleute und ihre Nachkommen mir und meinen Nachfahren gegenüber dieses Privileg für alle Zeiten behaupten können.

1. Ich verspreche Frieden und sichere Reise in
25 meinem Machtbereich und Herrschaftsgebiet allen, die meinen Markt aufsuchen. Wenn einer von ihnen auf dieser Strecke beraubt
30 wird, werde ich, wenn er den Räuber namhaft macht, entweder dafür sorgen, daß die Beute zurückgegeben wird, oder ich werde selbst zahlen.

2. Wenn einer meiner Bürger stirbt, soll seine Frau mit den Kindern alles besitzen und frei von allen Ansprüchen behalten, was ihr Mann
35 hinterlassen hat.

3. Allen Marktsiedlern verleihe ich, daß sie an den Rechten meines Volkes und der Landsleute teilhaben sollen, soweit ich es vermag, damit sie insbesondere frei von aller Banngewalt
40 die Weiden, Wasserläufe, Gehölze und Wälder nutzen können.

4. Allen Kaufleuten erlasse ich den Zoll.

5. Niemals werde ich meinen Bürgern einen neuen Vogt oder einen neuen Priester ohne
45 ihre Wahl setzen, sondern wen sie dazu wählen, den sollen sie unter meiner Bestätigung haben.

6. Wenn sich zwischen meinen Bürgern ein Zwist oder Streit erhebt, soll er nicht nach
50 meinem oder ihres Vorstehers Belieben entschieden werden, sondern soll gerichtlich verhandelt werden, wie es Gewohnheit und Recht aller Kaufleute, besonders aber derer von Köln, ist.

55 7. Wenn jemand durch Mangel am Lebensnotwendigen dazu gezwungen ist, darf er seinen
Besitz verkaufen, wem er will. Der Käufer aber
soll von der Hausstätte den festgesetzten Zins
entrichten.

60 Damit meine Bürger diesen Zusagen nicht etwa
nur geringen Glauben schenken, habe ich mit
zwölf meiner namhaftesten Ministerialen durch

Eid auf die Reliquien der Heiligen dafür Sicherheit geleistet, daß ich und meine Nachfahren alles
65 Vorstehende stets erfüllen werden. Damit ich
aber diesen Eid nicht um irgendeiner Not willen
breche, habe ich mit meiner Rechten dem freien
Manne ... und den Vereidigten des Marktes wegen
dieser Sache ein unverbrüchliches Treugelöbnis
70 gegeben. Amen.

Quelle: Kroeschell: Deutsche Rechtsgeschichte. Bd. 1: Bis 1250, Reinbek, 1972, S. 161.

---

**2.** Zeigen Sie das Verhältnis zwischen Stadtherren und Stadt durch einen Vergleich der beiden unterschiedlichen Fassungen des Straßburger Stadtrechtes auf.

---

**M 2**     ## Aus dem ältesten Straßburger Stadtrecht, 12. Jahrhundert

1 In der Weise anderer Städte ist auch Straßburg zu
dem Behuf gegründet worden, daß jeder Mensch –
er sei ein Auswärtiger oder ein Eingeborener –
darin zu allen Zeiten und gegenüber allen Men-
5 schen Frieden genieße.
Wenn sich einer außerhalb eines Übergriffs
schuldig macht und aus Furcht vor Strafe nach
Straßburg flieht, soll er dort Sicherheit genießen.
Niemand darf (in persönlicher Rache) gewaltsam
10 Hand an ihn legen; doch er muß sich selbst gehorsam dem Gericht stellen (wenn es zu einer Klage
gegen ihn kommt) [...]
§ 5. Alle Beamten dieser Stadt sind der Macht des
Bischofs untertan, so daß er sie entweder selbst
15 einsetzt oder durch diejenigen, die er dazu bestimmt [...]
§ 7. Die vier Beamten, aus denen das Stadtregiment
besteht, werden durch seine Hand mit ihrem Amt
bekleidet, nämlich der Schultheiß, der Burggraf,
20 der Oberzolleinnehmer und der Münzmeister [...]
§ 13. In der Stadt hat niemand das Recht, Gericht

abzuhalten, als der Kaiser und der Bischof oder
jene, welche die Befugnis von letzterem erhalten.
§ 44. Zu den Aufgaben des Burggrafen gehört es,
25 in den meisten Gewerben, die in der Stadt vorhanden sind, die Meister zu bestellen, nämlich bei
den Sattelmachern, den Kürschnern, den Hand-
schuhmachern, den Schustern, den Schmieden,
den Müllern, bei denen, die Weinfässer machen,
30 und denen, die Weinpokale herstellen, bei den
Schwertfegern, Obsthändlern und Schankwirten.
Über die übt er die Gerichtsbarkeit, wenn sie ihr
Gewerbe nachlässig verrichten [...]
§ 101. Wenn von den Ochsen (des bischöflichen
35 Wirtschaftshofes) einer oder zwei oder auch mehr
des Alters wegen oder aus einem anderen Grund –
ausgenommen Viehseuche – für die Feldarbeit
unnütz werden, müssen die Metzger deren Fleisch
verkaufen und den Erlös dem Stadtrichter geben.
40 Solange darf in der Stadt kein anderes Fleisch verkauft werden.

Quelle: F. Keutgen Nr. 127 aus W. Wiegand, UB der Stadt Straßburg 1, S. 467 ff. (1879); Übersetzung nach
Fuchs; Goez: Die deutsche Stadt im Mittelalter, 1977, S. 22.

### Aus dem zweiten Straßburger Stadtrecht (nach 1214)    M 3

1 Im Namen der heiligen und unteilbaren Dreifaltigkeit, amen. Allen, die jetzt oder in Zukunft an Christus glauben, sei bekannt, daß die Weiseren und Vornehmeren unter den Bürgern der Stadt
5 Straßburg in gemeinsamer Liebe zur Gerechtigkeit wie in vernünftiger Überlegung darin übereinkamen, mit Zustimmung und Rat des Herrn Bischofs, des Vogtes und der Versammlung aller besseren Bürger dieser Stadt die folgenden Be-
10 stimmungen festzulegen und niederschreiben zu lassen:
Es wurde beschlossen, daß zwölf oder notfalls auch mehr ehrenwerte und geeignete, kluge und erfahrene Personen sowohl aus den Reihen der
15 bischöflichen Ministerialen wie auch aus den Reihen der Bürger jährlich zu städtischen Ratsherren (consules) bestellt werden sollen. Unter ihnen soll einer zum Bürgermeister (magister) erwählt werden, oder notfalls auch zwei. Alle sollen sie
20 gemeinsam schwören, sich für das Wohlergehen und die Ehre der Kirche, des Bischofs und der Stadt getreulich einzusetzen, die Stadt und ihre Bürger – groß wie klein, reich so gut als arm – nach bestem Können und Wissen vor jedem Scha-
25 den zu schützen und recht zu richten.
Sie werden jede Woche zweimal zu Gericht sitzen. nämlich am dritten und fünften Wochentag, wenn dies nicht wegen eines Kirchenfestes unterbleiben muß. Der Bürgermeister wird das Gericht leiten;
30 die Ratsherren werden das Urteil sprechen [...]
§ 4. Es ist verboten, daß ein Vater zusammen mit seinem Sohn oder zwei Brüder zugleich zu Ratsherren gewählt werden [...]
§ 6. Die Ratsherren werden nicht gemäß dem
35 Rechtsbrauch der Gegend urteilen, der „Landrecht" heißt. sondern gemäß dem städtischen Recht und den Stadtstatuten [...]
§ 42. Niemand darf in der Stadt im Panzerhemd oder in einer Rüstung herumlaufen [...]
40 § 52. Wer von unseren Mitbürgern in Kriegszeit ohne Erlaubnis unseres Bürgermeisters gerüstet in eine andere Stadt geht [...] und dort mit den Bürgern (als Soldat) ein- und auszieht, soll fünf Pfund geben und das Bürgerrecht verlieren [...]
45 § 54. Wenn zwischen unseren Bürgern Streit und Hader entsteht und der Bürgermeister mit den Ratsherren Frieden stiftet, wer dann gegen den Bürgermeister rebelliert und keinen Frieden halten will, verliert sein Amt, wenn er Ratsherr oder
50 Schöffe ist. Jeder andere, der nicht Ratsherr oder Schöffe ist, gibt fünf Pfund Silber und bleibt ein Jahr lang aus der Stadt verbannt.

Quelle: F. Keutgen Nr. 128 aus W. Wiegand, UB der Stadt Straßburg 1. S. 477 ff. (1879); ); Übersetzung nach Fuchs; Goez: Die deutsche Stadt im Mittelalter, 1977, S. 22.

**3.**

3.1 Erarbeiten Sie am Beispiel der Stadt Köln aus den ersten beiden nachfolgenden Quellen das Spannungsverhältnis zwischen Stadtbevölkerung und Stadtherren. Gehen Sie dabei auf Akteure, Ziele und Ergebnisse der jeweiligen Konflikte ein.

3.2 Ordnen Sie jeweils den Standpunkt des Autors ein.

3.3 Beurteilen Sie mithilfe von M 6, inwiefern es sich hier um „revolutionäre" Bewegungen handelt.

**M 4**   Kölner Unruhen vom April 1074

[Der Mönch Lambert von Hersfeld berichtet über Unruhen in Köln im April 1074:]

1 Damals ereignete sich in Köln ein Vorfall, der des Mitgefühls und der Tränen der Guten wert ist. Man weiß nicht, ob er durch die Haltlosigkeit der Masse verursacht wurde oder durch die
5 Machenschaften jener, die an dem Erzbischof Rache wegen des Königs (Heinrichs IV.) nehmen wollten. Am wahrscheinlichsten ist folgende Vermutung: Die Wormser hatten sich einen großen Namen dadurch gemacht, daß sie dem König
10 im Unglück die Treue wahrten und den Bischof aus ihrer Stadt vertrieben. Diesem bösen Beispiel eiferten die Kölner nach und wollten gleichfalls dem König einen Gefallen tun. Zur Ausführung des ruchlosen Vorsatzes bot sich günstige Ge-
15 legenheit. Der Erzbischof feierte die Ostern zu Köln; bei ihm war der Bischof von Münster, sein vertrauter Freund. Als die Feiertage vorüber waren und jener zurückreisen wollte, erhielten die Diener des Erzbischofs den Befehl, ein ge-
20 eignetes Schiff zu beschlagnahmen. Nach eingehender Besichtigung entschieden sie sich für eines, das einem sehr reichen Kaufmann gehörte und dafür trefflich geeignet schien. Sie ließen die geladenen Waren herausschaffen und befahlen,
25 es für den Erzbischof herzurichten. Als die wachehaltenden Knechte das verweigerten, drohten jene mit Gewalt, wenn ihre Befehle nicht ausgeführt würden. Darauf rannten die Knechte zum Schiffseigner, meldeten alles und fragten, was
30 geschehen sollte. Dieser hatte einen erwachsenen Sohn, der sich durch Kühnheit und Stärke auszeichnete und in der Stadt sehr beliebt war. Der lief mit [...] vielen jungen Leuten aus der Stadt eilends zum Schiff und verjagte die Die-
35 ner des Erzbischofs gewaltsam. Darauf rückte der Stadtvogt heran. Ein neues Handgemenge entstand; auch jener wurde abgewehrt und davongejagt. Man meldete dem Erzbischof, daß in der Stadt Aufruhr herrsche. Dieser schickte
40 Leute, das Volk zu beschwichtigen, drohte aber zugleich, die Aufrührer gerichtlich schwer zu züchtigen. [...] Nur mit Mühe konnte man der Rauferei Einhalt gebieten. Aber trotzigen Wesens und aufsässig, hörte der junge Mann nicht
45 auf, zum Aufruhr zu hetzen. Er zog in der Stadt herum und streute Reden aus über die Überheblichkeit und Strenge des Erzbischofs, der oft Widerrechtliches anordne, Unschuldigen ihre Habe wegnehme und die ehrenwertesten Bürger
50 mit unverschämten Worten anfalle. Es fiel ihm nicht schwer, die Menschen aufzuhetzen; denn in den Genüssen des Stadtlebens aufgewachsen, waren sie gewohnt, leichtfertig beim Warenverkauf und bei Wein und Schmaus über Mili-
55 tärisches zu schwätzen. [...] Dazu erinnerten sie sich der vielbesprochenen Tat der Wormser, die ihren Bischof, als er sich übermütig benahm, aus der Stadt gejagt hatten. Und da sie jenen an Zahl, Geld und Waffen überlegen waren, hielten sie es
60 für eine Kränkung, für weniger mutig gehalten zu werden. Die Vornehmen schmiedeten läppische Pläne, das Volk tobte umsturzlüstern und rief, von teuflischer Raserei hingerissen, die Stadt zu den Waffen. Schon einigte man sich, den Erzbi-
65 schof nicht nur wie in Worms aus der Stadt zu jagen, sondern abzuschlachten. [...] Als am späten Nachmittag zu der Wut noch die Trunkenheit hinzukam, stürmten sie aus allen Teilen der Stadt zum erzbischöflichen Palast, und während jener
70 mit dem Bischof von Münster speiste, griffen sie an, schleuderten Geschosse, warfen Steine, töteten einige Diener und verjagten die übrigen. ... Der Erzbischof konnte nur mit Mühe aus dem feindlichen Haufen herausgehauen und in den
75 Dom gebracht werden, dessen Türen man durch Riegel, Querbalken und große Blöcke sicherte. [Der Erzbischof kann fliehen. Die Aufständischen laden den König ein; doch die Landbevölkerung nimmt Partei für den Erzbischof; er kann ein Heer
80 sammeln.]

So rückte der Erzbischof am vierten Tag nach seiner Flucht mit einem stattlichen Haufen vor die
Stadt. Als die Kölner das sahen, begann ihre Wut
zu verrauchen, ihre Trunkenheit zu verfliegen,
85 eingeschüchtert sandten sie Boten und erklärten
sich zu jeder Buße bereit, wenn nur ihr Leben ge-
schont würde.
[Der Erzbischof geht darauf ein, anderntags zieht
er mit verringerten Truppen in Köln ein.]
90 In dieser Nacht flohen mehr als 600 der wohlhabenden Handelsherren aus der Stadt und bega-
ben sich zum König. Der Erzbischof wartete drei
volle Tage auf das Erscheinen der übrigen, damit
sie ihm Genugtuung leisteten, aber sie kamen
95 nicht. Diese Mißachtung ertrugen seine Leute
nicht. Sie griffen nach den Waffen, drangen ohne
Wissen des Erzbischofs in die Häuser, plünderten die Habe, hieben Widerstrebende zusammen

oder nahmen sie gefangen und übten ein Werk
100 strenger Rache. Der erwähnte Kaufmannssohn,
der das Volk zum Aufstand entflammt hatte, und
einige andere wurden geblendet, andere gestäupt
[ausgepeitscht] und geschoren, alle mit schwerer
Vermögensbuße gestraft. Sie mußten schwören,
105 in Zukunft nach bestem Wissen und Können die
Stadt für den Erzbischof zu verteidigen und die
geflohenen Bürger als ihre Feinde anzusehen, bis
auch diese Genugtuung geleistet hätten. So ver-
ödete die Stadt, vor kurzem noch die volkreichste
110 und nächst Mainz der Vorort aller westlichen
Städte, fast über Nacht. Wo bisher die Straße
die dichten Scharen der Fußgänger kaum fassen
konnte, zeigt sich kaum noch ein Mensch, und
schauriges Schweigen herrscht an den einstigen
115 Stätten von Lust und Genuß.

Quelle: Lambert von Hersfeld: Annalen, in: Ausgewählte Quellen zur deutschen
Geschichte des Mittelalters, 1973, S. 237 ff.

## Die „Weberschlacht" in Köln (1369/1370, unbekannter Autor)                M 5

1 In den Pfingsttagen des Jahres, da man schrieb
1369, rotteten sich in Köln die Weber zusammen,
zogen vor das Rathaus und forderten, daß Rat und
Schöffen zu ihnen herauskämen. Der Rat sandte
5 drei seiner Mitglieder zu ihnen und ließ sie fragen, was des Volkes Begehren sei. Da sprach ein
Weber: ‚Ihr Herren, die Schöffen haben einen
Mann in der Hacht' liegen. über ihn, so wollen
unsre Zunftgenossen, soll Gericht gehalten wer-
10 den; denn er hat auf der Straße geraubt.' ‚Ihr
Herren', gab der Rat zur Antwort, „geduldet euch
noch einige Tage, bis die Wahrheit an den Tag
gebracht worden ist und man die Verteidigung
gehört hat; dann mag er nach der Schöffen Urteil
15 sein Leben verlieren".
Hierauf hielten die Weber eine Einigung ab und
berieten, wie man den guten Leuten [...] ihre

Macht nehmen könne. Darnach strebten sie zugleich mit allen Ämtern [...] in der Stadt. [...] Es
20 mußte nach dem Willen der Weber gehen. Der
neue Rat wurde in folgender Weise gebildet:
Fünfzehn Männer wurden aus den Geschlechtern
gewählt, wie das von alters her Sitte war; daneben wurde noch ein weiterer Rat erkoren, der
25 zählte fünfzig Mitglieder. In diesem Rate waren
viele Ämter vertreten, Pelzer, Schmiede, Gür-
telmacher, Sarwörter, Maler; von den Krämern
waren zwei dabei, von den Kannegießern einer.
Hierzu kamen Riemer, Löher und Goldschmiede.
30 Gott schlage mit Krankheit, die solches ersannen
und es dahin brachten, daß die gute Stadt Köln
mit solchen Ratsleuten besetzt wurde. So trieben
es die Weber und hatten es dabei so eingerich-
tet, daß sie die Mehrheit im Rate hatten und alles

35 nach ihrem Willen gehen mußte. Ihre Gewalt war so groß, daß es die Besten sehr verdroß; aber sie konnten es nicht ändern und stimmten daher in ihrer Weise ein. Mußte man eine Abgabe in der Stadt festsetzen, so sollte das Tuch allemal von 40 der Akzise befreit sein und der Wein sie allein tra-

gen. Auch hatten sie die Schlüssel der Stadt, ihr Siegel und ihren Schatz. Erkoren wurde der Rat, da man schrieb nach Gottes Geburt 1370, vierzehn Tage nach St. Johannis, und er währte ein Jahr 45 und fünf Monate.

Quelle: Nr. 103, in: Guggenbühl (Hg.): Quellen zur Allgemeinen Geschichte des Mittelalters, 1946, S. 232.

## M 6   Erich Maschke: Sozialer Protest und Forderung nach politischer Teilhabe

1 Bürgerunruhen, Proteste, Demonstrationen, Streiks und bewaffnete Aufstände hat es, wie in anderen europäischen Ländern, so auch in den deutschen Städten Jahrhunderte hindurch gege-
5 ben. Nach sozialem Standort der Aufrührer und ihrer Zielsetzung lassen sich drei sich überschneidende, aber im ganzen doch aufeinanderfolgende Abschnitte unterscheiden. Im ersten Zeitabschnitt seit der zweiten Hälfte des 11. Jahrhunderts eman-
10 zipierte sich die werdende Stadtgemeinde vom Stadtherrn, besonders dem geistlichen. Im zweiten, schon im 13., besonders aber im 14. Jahrhundert erkämpften sich die Zünfte, zumeist unter Führung von patrizischen Parteigängern und
15 nichtpatrizischen Kaufleuten, die Beteiligung am städtischen Rat, wenn nicht gar dessen vollstän-

dige Beherrschung. [...] Der hierfür häufig verwandte Begriff der Zunftrevolution [ist] falsch, da es sich nicht um die Veränderung gegebener
20 politischer Verhältnisse, sondern um die Beteiligung am Herrschaftssystem mit dem Ergebnis der sog. Zunftverfassung handelte. Im dritten Zeitabschnitt, der das späte Mittelalter und die frühe Neuzeit umfaßte, setzten sich Bestrebungen der
25 vorangegangenen Zeit, also Beteiligung bisher ausgeschlossener Gruppen am Rat, noch fort, aber die im genauen Sinne sozialen Motivationen der Unruhe und des Protestes gegen die Reichen und gegen die Abhängigkeit von ihnen sind ein
30 neues, bald dominantes Element. Beides, Teilhabe am Rat und sozialer Protest verbanden sich mit der Reformationsbewegung.

Quelle: Maschke: Die deutsche Stadt im Spätmittelalter (1974), in: Rausch (Hg.): Die Stadt am Ausgang des Mittelalters, 1974, S. 20.

**4.** Erarbeiten Sie aus dem Modell zur Sozialstruktur Unterschiede zwischen der Bevölkerungsstruktur auf dem Land und in der Stadt.

M 7

### Die Sozialstruktur der mittelalterlichen Gesellschaft auf dem Land (a) und in der Stadt (b)

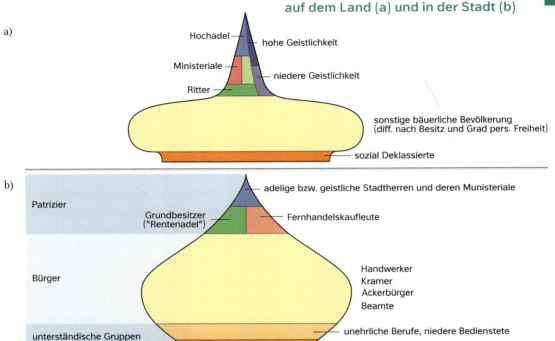

a)

Hochadel — hohe Geistlichkeit

Ministeriale — niedere Geistlichkeit

Ritter —

sonstige bäuerliche Bevölkerung
(diff. nach Besitz und Grad pers. Freiheit)

sozial Deklassierte

b)

Patrizier

Grundbesitzer ("Rentenadel") — adelige bzw. geistliche Stadtherren und deren Munisteriale

Fernhandelskaufleute

Bürger

Handwerker
Kramer
Ackerbürger
Beamte

unterständische Gruppen

unehrliche Berufe, niedere Bedienstete

sozial Deklassierte

Quelle: Bolte, Karl Martin; Kappe, Dieter; Neidhardt, Friedhelm: Soziale Ungleichheit, Opladen, Leske, 1974, S. 34-35.

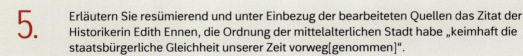

**5.** Erläutern Sie resümierend und unter Einbezug der bearbeiteten Quellen das Zitat der Historikerin Edith Ennen, die Ordnung der mittelalterlichen Stadt habe „keimhaft die staatsbürgerliche Gleichheit unserer Zeit vorweg[genommen]".

M 8

### Edith Ennen, Was ist eine Stadt?

1 Die Frage: Was ist eine Stadt? läßt sich für das Mittelalter scheinbar sehr leicht beantworten. Als kompakte Silhouette heben sich die mauer-umgürteten, dichtgebauten von Türmen der Kir-5 chen und Burgen überragten Städte aus dem sie umgebenden Land heraus – ganz im Gegensatz

zu den ausufernden Stadtsiedlungen unserer Zeit. Die Mauer macht die Stadt nicht nur zur Festung, sie markiert auch den Bereich eines besonde-
10 ren Stadtrechtes – nämlich einer weitgehenden bürgerlichen Rechtsgleichheit im Gegensatz zur herrenständischen Ordnung, die außerhalb der Stadtmauern gilt –, einer Verfassung, in der freie Bürgerschaften ihren Stadtherren gegenüber Mit-
15 bestimmung oder sogar Autonomie behaupten – einer Ordnung also, die keimhaft die staatsbürgerliche Gleichheit unserer Zeit vorwegnimmt, so daß wir dieser Städtefreiheit allerdings nicht mehr bedürfen. Die mittelalterliche Stadtmauer
20 umschließt eine Bewohnerschaft, deren besondere soziale Stellung nicht nur durch Freiheit, sondern auch durch Freizügigkeit und Mobilität, durch berufliche Spezialisierung und eine vielstufige Differenziertheit ausgezeichnet ist. In den
25 Stadtmauern konzentriert sich die gewerbliche Wirtschaft der Zeit, die städtischen Behörden kontrollieren und dirigieren; in den Städten sind die Kaufleute ansässig geworden, die ein Netz von Handelsbeziehungen über Europa gewor-
30 fen und auch Vorderasien und Nordafrika damit verknüpft haben; sie bestimmen die Geschicke der Stadt im Rat und treiben Wirtschaftspolitik in einer Zeit, in der die Könige und Fürsten, vollbeschäftigt, sich gegenüber ihren Vasallen
35 durchzusetzen und einen modernen institutio-

nellen Staat aufzubauen, kaum eine bewußte und konsequente, ihren Herrschaftsbereich als Einheit erfassende Wirtschaftspolitik treiben können. Mittelpunkt des gewerblichen Lebens der Städte
40 ist der Markt, hier vollzieht sich der Austausch verschiedenartiger Produktionsgebiete; durch den Markt beherrscht die Stadt ein abgrenzbares Umland, wird sie „zentraler Ort" des Wirtschaftslebens. Kultisch-kulturelle und politisch-admi-
45 nistrative Raumfunktionen verdichten diese Zentralität, so daß alle übrigen zentralen Orte hinter den Städten mit der Vielzahl ihrer auch schon hierarchisch gegliederten zentralen Funktionen zurückbleiben. – In der Raumfunktion greifen
50 wir eines der konstantesten Wesensmerkmale der Stadt. [...]
[A]uch der kombinierteste und variabelste Stadtbegriff ist nur ein Gerüst, eine Hilfskonstruktion, wenn es nun gilt, der bunten Fülle der äußeren
55 Erscheinungen darstellend Herr zu werden, die in trümmerhaften Überlieferungen nur schwer präzise greifbaren Strukturen herauszumeißeln, die Vielfalt der Funktionen zu erkennen und in ihrem Geltungsbereich zu umgrenzen, eine leben-
60 dige und exakte Vorstellung der großen Städte und der hervorragendsten Städtelandschaften des Mittelalters in ihrer gegenseitigen Verflechtung zu geben und die zeitlichen Entwicklungsschichten voneinander abzuheben.

Quelle: Ennen: Die europäische Stadt des Mittelalters, 1987, S. 15–16.

**6.** In den folgenden visuellen Quellen sehen Sie Abbildungen von Juden und Jüdinnen, also von Menschen, die sich durch ihren Glauben von der Mehrheit unterschieden. Analysieren Sie die Bilder, insbesondere im Hinblick auf die Einstellung der Mehrheitsgesellschaft gegenüber Juden und Jüdinnen, die in der Darstellung jeweils deutlich wird.

## Der jüdische Minnesänger Süßkind von Trimberg in der Manessischen Liederhandschrift

Süßkind, der Jude von Trimberg, Abbildung aus der
Manessischen Liederhandschrift, Zürich um 1310–1340

## Ecclesia und Synagoge im Bamberger Dom

Darstellung der Ecclesia (Allegorie der christlichen Kirche) und der Synagoge (Allegorie der jüdischen
Kirche) im Bamberger Dom, um 1225/1227

## M 11 — Darstellung der „Judensau"

„Judensau", antisemitischer anonymer
Holzschnitt aus Süddeutschland, ca. 1470

## M 12 — Schedelsche Weltchronik

Darstellung eines Judenpogroms aus der
Schedelschen Weltchronik, 1493

**7.** Neben der Religionszugehörigkeit konnte auch die Ausübung eines als zwielichtig angesehenen Berufs im Mittelalter einen Menschen an den Rand der Gesellschaft drängen. Erläutern Sie anhand der ersten Quelle die Stellung von Prostituierten in der mittelalterlichen Gesellschaft und ordnen Sie das in der zweiten Quelle beschriebene Geschehen ein. Vergleichen Sie den Umgang mit Randgruppen in unserer Gesellschaft.

## M 13 — Die Sozialhistoriker Franz Irsigler und Arnold Lassotta über Prostitution in der spätmittelalterlichen Stadt

1 Abgesehen von frühen Sonderformen wie der schon von Bonifatius gerügten Bereitwilligkeit armer englischer Rompilgerinnen, sich das Reise- und Zehrgeld auf wenig fromme Art zu verdie-
5 nen, oder von der Nutzung der sog. Gynaeceen, d. h. der manufakturartigen Webhäuser an den Adelshöfen und Pfalzen als grundherrschaftliche Bordelle, konzentriert sich das mittelalterliche Dirnenwesen eindeutig in den werdenden und
10 wachsenden Städten. Die städtischen Obrigkei- ten haben sich auch sehr früh die pragmatische Auffassung des Kirchenlehrers Augustinus zu eigen gemacht, der in der Prostitution ein un- vermeidbares Übel sah, das man, um schlimmere
15 Gefahr für das Seelenheil zu vermeiden, in Kauf nehmen müsse. Dieser Pragmatismus, der – bei aller moralischen und sozialen Diskriminierung der Dirnen selbst – eine gewisse Anerkennung der gesellschaftlichen Notwendigkeit der Pros-
20 titution bedeutete, war geboten: In einer strikt monogamen Gesellschaft, die kaum mehr als 30 Prozent der Bevölkerung die Chance zur Ehe- schließung und Familiengründung bot, strengste Jungfräulichkeitsforderungen an die Braut stellte,
25 vielen Berufsgruppen aufgrund der langen Aus- bildungszeiten nur die Spätehe ermöglichte und durchgehend einen erheblichen Frauenüberschuß produzierte, konnte man auf die Ventilfunktion der Prostitution für angestaute Triebüberschüsse
30 nicht verzichten, schon gar nicht in einer Stadt mit vielen Fremden; jedes absolute Verbot wäre illusorisch gewesen.

Hinzu kamen eine Reihe weiterer Gesichtspunkte: Man konnte Auswüchse – ähnlich wie beim Bettlerwesen – nur steuern, indem man kontrollierte und im Rahmen dieser Kontrolle ein bestimmtes Maß an Vergünstigungen oder Privilegien gewährte; damit bekam das Dirnenwesen einen gewissermaßen „öffentlichen", fast legalen Charakter. Der Katalog der obrigkeitlichen Maßnahmen reicht von der Konzentration der Dirnen auf bestimmte Straßen (Strichbildung) über die Einrichtung von Frauenhäusern, die Unterstellung unter Frauenwirt oder Henker, die Gesundheitskontrolle durch den Stadtchirurgen, die Kennzeichnung durch Kleidung oder besondere Zeichen bis zur Einrichtung oder Förderung von kirchlichen Anstalten zur Aufnahme bekehrter Dirnen. Natürlich hatten auch die „Privilegien" – neben positiven Auswirkungen wie etwa dem Schutz des Lebens- und Arbeitsbereiches bzw. der Abwehr auswärtiger oder heimlicher Konkurrenz – in der Regel eindeutig diskriminierenden Charakter. Die Chancen, dem Milieu zu entrinnen, waren immer äußerst begrenzt; es ist bezeichnend, daß die meisten und die aussagekräftigsten Nachrichten über Dirnen im Spätmittelalter und in der Frühneuzeit aus Gerichtsakten stammen.

Quelle: Irsigler; Lassotta: Bettler und Gaukler, Dirnen und Henker, 2010, S. 179–180.

Die Chronik Nürnbergs berichtet davon, wie die Frauenhausfrauen, also die akzeptierten Prostituierten, im Jahr 1505 den Rat der Stadt um Erlaubnis baten, ein illegales Bordell zu stürmen.

## Ein Vorfall in Nürnberg, 1505 — M 14

[A]cht gemaine weiber hier auß dem gemeinen frawenhaus [kamen] zum burgermeister und sagten, es wer da unter der vesten [...] ein haus [...] voller haimlicher hurn und die wirtin hielt eemenner in einer stuben und in der andern stuben jung gesellen tag und nacht und ließ sie puberei treiben, und paten in, er solt in laub [= Erlaubnis] geben, sie wollten sie außstürmen und wollten den hurntaiber [heimliches Bordell] zuptechen und zerstoern. Er [der Bürgermeister] gab in laub, da sturmten sie das haus, stiessen die tür auf und schlugen die öfen ein und zerprachen die venstergleser und trug jede etwas mit ir davon [...] und sie schlugen die alte hurnwirtin gar greulichen.

Quelle: Bennewitz; Bergmann: Nürnbergs liederliche Weyber, 1999, S. 8.

# DAS WICHTIGSTE IN KÜRZE

## Die Stadt des Mittelalters

Mit dem Wiederaufleben bzw. der Neugründung von Städten entstanden auch neue Lebensformen und Sozialstrukturen. Da auch die jeweiligen Feudalherren akzeptieren mussten, dass für eine funktionierende städtische Wirtschaft rechtliche Sicherheiten nötig sind, mussten sie in vielen Fällen ein Marktrecht einräumen, aus denen sich oft ein weitergehendes eigenständiges Stadtrecht nach bürgerlichen Rechtsnormen entwickelte. Die Freiheit und Freizügigkeit, die fast jedes Stadtrecht seinen Bürgerinnen und Bürgern zusicherte, zog viele Menschen aus der Umgebung an. Auch bereits bestehende Städte mussten ihre Rechtsvorschriften modernisieren und liberalisieren, um ihre Einwohnerinnen und Einwohner in der Stadt zu halten.

Mit dem ökonomischen Aufblühen der Städte im Hochmittelalter wuchs auch der Wunsch städtischer Eliten nach politischer Autonomie und Emanzipation vom Stadtherren. Dies führte in vielen europäischen Städten seit dem 11. Jahrhundert zu sozialen Konflikten und heftigen Unruhen. Im Laufe des Hochmittelalters bildeten sich in zahlreichen Städten Räte, die anstelle des oder in Ergänzung zum Stadtherren die Politik ihrer Stadt bestimmten. Dennoch widerspricht diese Form der städtischen Herrschaft unseren Vorstellungen von Demokratie, weil hier meist nur wenige Familien aus dem Kreis der städtischen Elite Zugang zu Ratssitzen oder Ämtern hatten. Dies änderte sich erst in einer weiteren Phase des sozialen Konflikts im 14. Jahrhundert, als Handwerker und ihre Zünfte ihre Forderung nach politischer Partizipation durchsetzen wollten. Im 15. Jahrhundert verlangten schließlich auch die Gesellen politische Rechte.

## Minderheiten und Randgruppen

Aus unterschiedlichen Gründen konnte man im Mittelalter auch zu einem Leben außerhalb dieser beschriebenen sozialen Strukturen gezwungen sein. Ein Grund für das Leben als Teil einer Minderheit konnte der andere Glauben sein. In Mitteleuropa ist hier vor allem das wechselvolle Verhältnis zwischen der jüdischen Minderheit und der christlichen Mehrheit von Interesse. Während dieses Zusammenleben zunächst weitgehend von gegenseitigem Respekt und von Nachbarschaft geprägt war, entstand aus den Frömmigkeitsbewegungen des Hochmittelalters heraus eine grundsätzliche Feindschaft gegenüber Andersgläubigen im Allgemeinen und ein religiös begründeter Antijudaismus im Besonderen. Vor allem in der Zeit der Kreuzzüge und der Pest führte dies zu gewalttätigen Ausschreitungen, Vertreibungen und Morden an jüdischen Bürgerinnen und Bürgern.

Teil einer sozialen Randgruppe konnte man auch durch Armut, Krankheit oder durch einen als zwielichtig betrachteten Beruf werden. Dies galt auch dann, wenn die Gesellschaft die Existenz dieses Berufs als notwendig erachtete, z. B. im Falle von Prostituierten oder Henkern.

# FESTIGUNG – VERTIEFUNG

### Weitere Herangehensweisen

- Informieren Sie sich über die Gründung Ihres Wohnorts, zum Beispiel wann dieser erstmals erwähnt wird.
- Erforschen Sie das Leben von gesellschaftlichen Randgruppen in Ihrer Stadt im Mittelalter, sofern diese da schon bestand, oder einer anderen Stadt Ihrer Wahl. Suchen Sie beispielsweise nach dem ehemaligen Wohnort des Henkers.

### Vertiefende Aspekte

- Bereiten Sie einen Rundgang vor, auf dem die Teilnehmenden anhand charakteristischer Stationen Einblick in Alltag und Gesellschaft im Mittelalter bekommen.
- Der Umgang mit antisemitischen Bildnissen an historischen Gebäuden wird kontrovers diskutiert. Erarbeiten Sie aus den Beiträgen H 7 und H 8 Argumente, ob Bildnisse wie die „Judensau" (M 11, S. 107) entfernt werden sollen.

### Weiterführende Quellen und Hinweise

**H 1** Exkursionen zur eigenen Stadtgeschichte. Zahlreiche Einrichtungen bieten Ihnen in Bayern regionalgeschichtliche Führungen an, die Ihnen bislang versteckte Aspekte der eigenen Umgebung erschließen.

**H 2** Schieber, Martin: Nürnberg – Die mittelalterliche Stadt – Kurzführer, Nürnberg, Sandberg-Verlag, 2009. Dieser historische Spaziergang liefert einen anschaulichen Einblick in das Alltagsleben einer mittelalterlichen Stadt.

**H 3** Leipold, Regine; Waldherr, Gerhard H.: Regensburg im Mittelalter: Ein historischer Stadtführer, Regensburg, Pustet, 2022. Auch in Regensburg bieten sich viele spannende Einblicke in das städtische Leben im Mittelalter.

**H 4** Irsigler, Franz; Lassotta, Arnold: Bettler und Gaukler, Dirnen und Henker – Außenseiter in einer mittelalterlichen Stadt, München, dtv, 2010. Eine spannende Darstellung des Lebens von gesellschaftlichen Randgruppen in der städtischen Kultur des späten Mittelalters und der frühen Neuzeit. Besonderes Augenmerk liegt auf der Rolle verachteter Berufe wie Bader, Ärzte, Gaukler, Henker und Dirnen.

**H 5** Plessow, Oliver: Kompaktwissen Geschichte. Die Stadt im Mittelalter, Gerhard Henke-Bockschatz (Hg.), Stuttgart, Reclam, 2013. Der Band bietet einen prägnanten Überblick über das Thema.

 **H 6** Die Stadt im Mittelalter. Deutsches Historisches Museum, Berlin, 2023: In diesem interaktiven Beitrag des DHM können Sie sich einen Überblick über die Entwicklung urbaner Kultur im heutigen Deutschland machen.

**H 7** Wolffsohn, Michael im Gespräch mit Christian Röther: Über die Wittenberger „Judensau". „Eine perverse Sauerei", Deutschland Funk, 05.02.2020. In diesem Interview argumentiert der deutsch-jüdische Historiker Michael Wolffsohn gegen eine Entfernung der „Judensau"-Motive von Kirchen und fordert vielmehr eine gesellschaftliche Auseinandersetzung.

**H 8** Evangelische Pressedienst (epd)/Johanna Daher: Theologin Käßmann kritisiert BGH-Urteil: „Die ‚Judensau' ist eine Hassbotschaft", Mitteldeutscher Rundfunk, 19.06.2022. Der Beitrag schildert die Reaktion der evangelischen Theologin Margot Käßmann auf das Urteil des Bundesgerichtshofs zur Wittenberger „Judensau".

## 2.1 Gesellschaftsstrukturen im Mittelalter: Ständegesellschaft und Lehnswesen

Sie haben unterschiedliche Lebenswirklichkeiten im Mittelalter kennengelernt und können deren wirtschaftliche und gesellschaftliche Ursachen erklären. Sie kennen den Feudalismus als prägende Gesellschaftsform des Mittelalters und können seine Auswirkungen auf unsere Gesellschaft bis heute einschätzen. Kunst und Literatur des Mittelalters verstehen Sie ebenfalls als sozialgeschichtliche Quellen. Einflüsse kultureller Leistungen des Mittelalters können Sie auch in heutiger Popkultur erkennen.

## 2.2 Kaiser und Papst im Früh- und Hochmittelalter

Sie kennen die Bedingungen und Einflussfaktoren, unter denen sich das mittelalterliche Reich herausgebildet hat. Kontinuität und Brüche gegenüber der Welt der Antike können Sie beurteilen. Sie können nachvollziehen, wie sich in der langen Auseinandersetzung von Kaiser und Papst die enge Verknüpfung von Kirche und Staat in Mitteleuropa gelöst hat und sich dadurch die geistigen Grundlagen heutiger Vorstellungen von Politik entwickelt haben.

## 2.3 Das Reich im Spätmittelalter

Die wichtigsten Schritte auf dem Weg zum neuzeitlichen Staat sind Ihnen vertraut. So wissen Sie, dass im Laufe des Spätmittelalters Institutionalisierung und Verrechtlichung die persönlichen Treueverhältnisse abgelöst haben und das „Heilige Römische Reich Deutscher Nation", wie es um 1500 genannt wurde, bereits einige Aspekte moderner Staatlichkeit herausgebildet hat: Ansätze zur Gewaltenteilung, föderale Strukturen, schriftliche Verwaltung etc. Im Gegensatz zu heutigen Nationalstaaten verstand sich das Reich des Mittelalters und der frühen Neuzeit dabei aber stets als supranationales Gebilde, das die unterschiedlichsten Ethnien und Sprachen zusammenhielt.

## 2.4 Städte im Mittelalter

Mittelalterliche Städte sind Ihnen als spezielle Form des Zusammenlebens bekannt. Sie wissen, dass die Stadt des Mittelalters den Rahmen bildete für die unterschiedlichsten Lebenswirklichkeiten, für emanzipatorische Strömungen ebenso wie für neue Formen der Diskriminierung und Ausbeutung. Sie können die Bedeutung der Urbanisierung für gesellschaftliche, kulturelle und ökonomische Modernisierung beurteilen und auf analoge heutige Entwicklungen anwenden.

# LERNBEREICH 2

## Kapitel 3 (Lernbereich 2.5)

## Lebenswirklichkeiten in der Aufklärung und im napoleonischen Zeitalter

Gemälde von
Robert Fludd: Mental
Faculties, 1617

Immanuel Kant (1724–1804),
Gemälde von Gottlieb
Doeppler, 1791

Aufgeklärter Absolutismus: Philosoph
Voltaire im regen Austausch mit dem
Preußenkönig Friedrich II., Kupferstich
von Pierre Charles Baquoy (1759–1829)
nach Nicolas Monsiau (1754–1837)

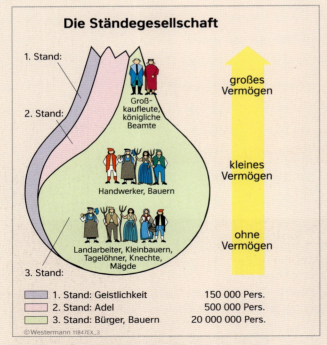

Ständegesellschaft vor der Französischen Revolution

„Der unterdrückte Dritte Stand", 1789

# Lebenswirklichkeiten in einer historischen Epoche

Erklärung der Menschen- und Bürgerrechte vom
26. August 1789, verkündet durch die Französische
Nationalversammlung

Das Ende der Schreckensherrschaft: die Hinrichtung
von Maximilien Robespierre am 28. Juli 1794

„Der Triumph des Jahres 1813".
Gebrüder Henschel, 1813

Aufstieg und Fall Napoleons, Radierung von Friedrich Campe,
Nürnberger Bilderbogen, Deutschland 1814

Denkmal für Gotthold Ephraim
Lessing (1729-1781) im Berliner Tiergarten

# KAPITEL 3 (LERNBEREICH 2.5)

## 3.1  Gedankengut der Aufklärung

### Forschungsinteresse und Kompetenzerwerb

„Der Mensch ist frei geboren, und überall liegt er in Ketten."[1] Mit diesem Satz beginnt Jean-Jacques Rousseaus 1762 erschienenes Werk „Du contrat social ou Principes du droit politique" („Vom Gesellschaftsvertrag"). Rousseau geht darin von einer natürlichen, angeborenen Freiheit des Menschen aus, die im Widerspruch zur damaligen Fremdbestimmung des Großteils der Gesellschaft durch Monarchen, Adel und Klerus stand.

In diesem Kapitel haben Sie Gelegenheit, die Sprengkraft dieses zentralen Satzes für die Herrschaftsform des Absolutismus und das von der Ständeordnung und dem Feudalismus geprägte soziale Gefüge zu erkennen. Sie erfassen Zusammenhänge zwischen dem seit Nikolaus Kopernikus, René Descartes und Isaac Newton vorangetriebenen naturwissenschaftlichen Umbruch und der Übertragung der kritischen Methode auf andere Lebensbereiche: Philosophie, Politik, Literatur und Religion. Somit machen Sie sich mit dem Gedankengut der Aufklärung vertraut. Durch die fundierte Auseinandersetzung mit den zentralen politischen Schriften dieser Zeit erkennen Sie die durch Aufklärung und Französische Revolution geschaffenen Grundlagen für freiheitlich-demokratische Wertvorstellungen sowie moderne bürgerliche Gesellschaften.

### Vorgehen

„Wie aufgeklärt sind wir heute?" – diese Frage beantworten Sie im Rahmen eines fächerübergreifenden Projekts zur Medienkompetenz, in dem Sie sich mit den Themen „Fake News" und „Leugnung des Klimawandels" auseinandersetzen. Dazu schauen sie „dem Volk aufs Maul" (Martin Luther), indem Sie Bürgerinnen und Bürger auf der Straße zu diesen Themen interviewen, Fachexpertinnen und -experten befragen und selbst umfassend recherchieren. Ihre Ergebnisse stellen Sie in einer Filmkompilation zusammen, die zur Präsentation gedacht ist. Vorab müssen Sie in Ihrer Projektgruppe allerdings die Grundlagen und das Gedankengut der Aufklärung erarbeiten und deren Bezug zu heute erfassen.

Sie ARBEITEN aus den Materialien das Wesen der Epoche der Aufklärung HERAUS und ERKLÄREN die Bedeutung der naturwissenschaftlichen Erkenntnisse durch Kopernikus und Newton als Grundlage der Epoche der Aufklärung. Anschließend FASSEN Sie die Informationen über die Lebensumstände des Großteils der Bevölkerung ZUSAMMEN, um davon ausgehend die grundlegenden Texte zur Aufklärung verstehen zu können. Daraufhin VERGLEICHEN und BEURTEILEN Sie die philosophischpolitischen Ansätze der Vordenker der Zeit (Locke, Montesquieu, Rousseau) und STELLEN sodann den Bezug zu heutigen politischen Systemen HER. Abschließend ERLÄUTERN Sie konkrete Auswirkungen der Aufklärung, z. B. auf die Wirtschaft und Regentschaft einzelner Monarchen.

SETZEN **Sie nun Ihr fächerübergreifendes Projekt „Wie aufgeklärt sind wir heute?"** UM **und** DOKUMENTIEREN **Sie es in Form einer Filmkompilation.**

Als Arbeitshilfe finden Sie im hinteren Teil des Lehrwerks eine Übersicht über verschiedene Methodentechniken. Nutzen Sie diese Möglichkeit.

---

[1]   Rousseau: Du contrat social ou Principes du droit politique, 2011, S. 5.

## Materialauswahl

In diesem Kapitel kommen überwiegend historische Textquellen zum Tragen. Auf diese Weise wird bereits sinnfällig, dass die Aufklärung eine Geistesbewegung ist. Die dargebotenen Primärtexte zeigen die Schlüsselbegriffe auf, auf denen heutige freiheitliche Demokratien basieren. Emotionen, Betroffenheit und Reflexion der eigenen Lebensumstände werden durch modellhafte Kunstprodukte angeregt.

1. Beschreiben und deuten Sie das nachfolgende Bild. Ziehen Sie für die Interpretation auch Ihre Erkenntnisse aus den beiden folgenden Abbildungskomplexen (M 2 und M 3) heran. Charakterisieren Sie dann diesen Zeitabschnitt.

**M 1    Wanderer am Weltenrand**

Holzschnitt, unbekannter Künstler, in: Flammarion, Camille: L'atmosphère: météorologie populaire, Paris, 1888.

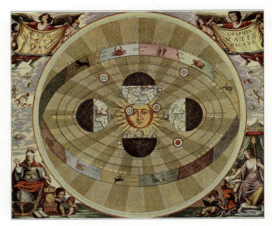

Geozentrisches Weltbild          Heliozentrisches Weltbild

(Kolorierte Kupferstiche von Andreas Cellarius aus dem Jahr 1660)

Der griechische Astronom Claudius Ptolemäus (ca. 100–160 n. Chr.) verbesserte das zu seiner Zeit gültige geozentrische Weltbild, in dessen Zentrum die Erde stand. Sonne, Mond sowie die anderen Planeten und Sterne umkreisen sie.

Das im 16. Jahrhundert von Nikolaus Kopernikus (1473–1543) ausgearbeitete heliozentrische Weltbild besagt hingegen, dass die Sonne als das Zentrum der Welt gilt. Die Planeten, also auch die Erde, bewegen sich um dieses Zentrum herum. Dabei dreht sich die Erde einmal täglich um sich selbst. Ein neues Weltbild war entstanden, das im 17. Jahrhundert von Johannes Kepler und schließlich von Isaac Newton geschärft wurde. Damit wurde das seit der Antike vorherrschende geozentrische Weltbild ad absurdum geführt.

## Isaac Newton und die Legende vom Apfel, der den genialen Kopf traf   **M 3**

Karikatur von Ron Forkner, Idee von Ed Velie          Karikatur von Sidney Harris

**2.**

2.1 Fassen Sie die in der nachfolgenden Quelle dargestellte Lebenswirklichkeit des Großteils der Bevölkerung im 18. Jahrhundert sowie die Forderungen des Protagonisten in Wolfgang Amadeus Mozarts „Figaros Hochzeit" zusammen. Erklären Sie die Gründe für den Publikumserfolg.

2.2 Arbeiten Sie aus den Materialien M 5 bis M 7 die Definition und Etymologie des Begriffs „Aufklärung" heraus und erläutern Sie die Schlüsselbegriffe.

2.3 Benennen und erläutern Sie das grundlegende Prinzip bei Descartes (M 7). Charakterisieren Sie sein Vorgehen und dessen Bedeutung für die Wissenschaft.

2.4 Bestimmen Sie nach der Bearbeitung der Materialien (M 5 bis M 7), inwiefern Mozarts Oper eine „aufklärerische" ist.

---

**M 4**    **Lebensumstände im 18. Jahrhundert**

1 *27. April 1784, um die Mittagszeit. Fünf Stunden vor Beginn der Aufführung herrscht Chaos auf dem Gelände vor dem neuen Theater am südlichen Stadtrand. Über 700 Kutschen sind abgestellt, etwa*
5 *10 000 Menschen drängen und stoßen sich. Drei Tote gibt es in dem Durcheinander, Türen werden eingedrückt, nur mühsam können die Wachen alle jene Menschen zurückhalten, die keine Karte für die 1900 Plätze haben. Unter großem Jubel beginnt*
10 *schließlich die Aufführung. Sie dauert fünf Stunden, denn häufig werden die Schauspieler durch Beifallsstürme des Publikums unterbrochen. Am nächsten Tag spricht man in Paris nur noch von dem neuen Theaterstück: „Der närrische Tag oder die Hochzeit*
15 *des Figaro". Was begeistert die Zuschauer so sehr an diesem Stück? Da ist Figaro, Diener des Grafen Almaviva. Figaro möchte Susanne heiraten, die Dienerin der Gräfin. Doch dazu muss der Graf nach altem Recht seine Erlaubnis geben. Der Graf*
20 *aber will nicht, denn auch er findet Gefallen an der hübschen Dienerin. Im Bündnis mit der Gräfin siegt*

*schließlich der listige Figaro. Der Graf – und mit ihm der ganze Adel – wird lächerlich gemacht und muss in die Hochzeit des Dieners Figaro einwilligen.*
25 *Und immer wieder spricht Figaro Gedanken aus, die vom Publikum laut und lange beklatscht werden:*

Nein, mein Herr Graf, Sie werden Susanne nicht besitzen! Sie werden sie nicht besitzen! Glauben Sie, weil Sie ein großer Herr sind, wären Sie auch
30 ein großer Geist? Adel, Reichtum, Rang und Würden machen ja so stolz! Was haben Sie denn geleistet, um all das zu verdienen? Sie haben sich die Mühe gegeben, geboren zu werden, weiter nichts. Im Übrigen sind Sie ein ganz gewöhnlicher
35 Mensch. Während ich, zum Donnerwetter, verloren im dunkelsten Gewühl der Menge, mehr Fleiß und Verstand aufwenden musste, um überhaupt weiterleben zu können, als die gesamte Regierung nicht in hundert Jahren verbraucht hat! Und Sie
40 wollen den Kampf mit mir ...!

Quelle: Petersen: Die Hochzeit des Figaro, 1965, S. 114.

---

Die bis heute gültige Definition von „Aufklärung" lieferte der Königsberger Philosoph Immanuel Kant (1724–1804). Sein Aufsatz erschien erstmals 1784 in der „Berlinischen Monatsschrift".

Was ist Aufklärung? **M 5**

> ### Berlinische Monatsschrift.
> #### 1784.
> ##### Zwölftes Stük. December.
>
> ### I.
> #### Beantwortung der Frage:
> #### Was ist Aufklärung?
> (S. Decemb. 1783. S. 516.)
>
> Aufklärung ist der Ausgang des Menschen aus seiner selbst verschuldeten Unmündigkeit. Unmündigkeit ist das Unvermögen, sich seines Verstandes ohne Leitung eines andern zu bedienen. Selbstverschuldet ist diese Unmündigkeit, wenn die Ursache derselben nicht am Mangel des Verstandes, sondern der Entschließung und des Muthes liegt, sich seiner ohne Leitung eines andern zu bedienen. Sapere aude! Habe Muth dich deines eigenen Verstandes zu bedienen! ist also der Wahlspruch der Aufklärung.
>
> Faulheit und Feigheit sind die Ursachen, warum ein so großer Theil der Menschen, nachdem sie die Natur längst von fremder Leitung frei gesprochen
> B. Monatsschr. IV.B. 6. St. Hh (na-

Immanuel Kant, Holzstich von Johann Leonhard Raab nach dem Gemälde von Gottlieb Doebler

1 Aufklärung ist der Ausgang des Menschen aus seiner selbst verschuldeten Unmündigkeit. Unmündigkeit ist das Unvermögen, sich seines Verstandes ohne Leitung eines anderen zu bedie-
5 nen. Selbstverschuldet ist diese Unmündigkeit, wenn die Ursache derselben nicht am Mangel des Verstandes, sondern der Entschließung und des Mutes liegt, sich seiner ohne Leitung eines andern zu bedienen. Sapere aude! Habe Mut dich
10 deines eigenen Verstandes zu bedienen! ist also der Wahlspruch der Aufklärung.

Faulheit und Feigheit sind die Ursachen, warum ein so großer Teil der Menschen, nachdem sie die Natur längst von fremder Leitung frei gesprochen
15 (naturaliter majorennes), dennoch gerne Zeitlebens unmündig bleiben; und warum es Anderen so leicht wird, sich zu deren Vormündern aufzuwerfen. Es ist so bequem, unmündig zu sein. Habe ich ein Buch, das für mich Verstand hat, einen Seel-
20 sorger, der für mich Gewissen hat, einen Arzt der für mich die Diät beurteilt, u. s. w. so brauche ich mich ja nicht selbst zu bemühen. Ich habe nicht nötig zu denken, wenn ich nur bezahlen kann; andere werden das verdrießliche Geschäft schon
25 für mich übernehmen. Daß der bei weitem größte Theil der Menschen (darunter das ganze schöne Geschlecht) den Schritt zur Mündigkeit, außer dem daß er beschwerlich ist, auch für sehr gefährlich halte: dafür sorgen schon jene Vormünder, die die
30 Oberaufsicht über sie gütigst auf sich genommen haben. Nachdem sie ihr Hausvieh zuerst dumm gemacht haben, und sorgfältig verhüteten, daß diese ruhigen Geschöpfe ja keinen Schritt außer dem Gängelwagen, darin sie sie einsperreten, wagen
35 durften; so zeigen sie ihnen nachher die Gefahr, die ihnen drohet, wenn sie es versuchen allein zu gehen. Nun ist diese Gefahr zwar eben so groß nicht, denn sie würden durch einigemahl Fallen wohl endlich gehen lernen; allein ein Beispiel von
40 der Art macht doch schüchtern, und schrekt gemeiniglich von allen ferneren Versuchen ab. Es ist also für jeden einzelnen Menschen schwer, sich aus der ihm beinahe zur Natur, gewordenen Unmündigkeit herauszuarbeiten. Er hat sie sogar lieb
45 gewonnen, und ist vor der Hand wirklich unfähig, sich seines eigenen Verstandes zu bedienen, weil man ihn niemals den Versuch davon machen ließ.

Satzungen und Formeln, diese mechanischen Werkzeuge eines vernünftigen Gebrauchs oder

50 vielmehr Mißbrauchs seiner Naturgaben, sind die Fußschellen einer immerwährenden Unmündigkeit. Wer sie auch abwürfe, würde dennoch auch über den schmalesten Graben einen nur unsicheren Sprung thun, weil er zu dergleichen 55 freier Bewegung nicht gewöhnt ist. Daher giebt es nur Wenige, denen es gelungen ist, durch eigene Bearbeitung ihres Geistes sich aus der Unmündigkeit heraus zu wikkeln, und dennoch einen sicheren Gang zu thun.

60 Daß aber ein Publikum sich selbst aufkläre, ist eher möglich; ja es ist, wenn man ihm nur Freiheit läßt, beinahe unausbleiblich. Denn da werden sich immer einige Selbstdenkende, sogar unter den eingesetzten Vormündern des großen 65 Haufens, finden, welche, nachdem sie das Joch der Unmündigkeit selbst abgeworfen haben, den Geist einer vernünftigen Schätzung des eigenen Werths und des Berufs jedes Menschen selbst zu denken um sich verbreiten werden. Besonders ist 70 hiebei [sic!]: daß das Publikum, welches zuvor von ihnen unter dieses Joch gebracht worden, sie hernach selbst zwingt darunter zu bleiben, wenn es von einigen seiner Vormünder, die selbst aller Aufklärung unfähig sind, dazu aufgewiegelt worden; 75 so schädlich ist es Vorurtheile zu pflanzen, weil sie sich zuletzt an denen selbst rächen, die, oder deren Vorgänger, ihre Urheber gewesen sind. Daher kann ein Publikum nur langsam zur Aufklärung gelangen. Durch eine Revolution wird 80 vielleicht wohl ein Abfall von persönlichem Despotism und gewinnsüchtiger oder herrschsüchtiger Bedrückung, aber niemals wahre Reform der Denkungsart zu Stande kommen; sondern neue Vorurtheile werden, eben sowohl als die alten, 85 zum Leitbande des gedankenlosen großen Haufens dienen.

Quelle: Kant: Beantwortung der Frage: Was ist Aufklärung? In: Berlinische Monatsschrift, 1784, H. 12, S. 481–494, in: Deutsches Textarchiv, abgerufen unter: www.deutschestextarchiv.de/kant_aufklaerung_1784/17 [18.06.2020].

**M 6** Allegorische Darstellung der beiden Zentralbegriffe des 18. Jahrhunderts

Kupferstiche von Daniel Chodowiecki, 1791

**M 7**

## René Descartes: „Cogito ergo sum" und die Methode der kritischen Vernunft

### Erstes Kapitel

1 Der gesunde Verstand ist die bestverteilte Sache der Welt, denn jedermann meint, damit so gut versehen zu sein, daß selbst diejenigen, die in allen übrigen Dingen sehr schwer zu befriedi-
5 gen sind, doch gewöhnlich nicht mehr Verstand haben wollen, als sie wirklich haben. Es ist nicht wahrscheinlich, daß sich in diesem Punkte alle Leute täuschen, sondern es beweist vielmehr, daß das Vermögen, richtig zu urteilen und das
10 Wahre vom Falschen zu unterscheiden, dieser eigentlich sogenannte gesunde Verstand oder die Vernunft, von Natur in allen Menschen gleich ist, und also die Verschiedenheit unserer Meinungen nicht daher kommt, daß die einen mehr Vernunft
15 haben als die andern, sondern lediglich daher, daß unsere Gedanken verschiedene Wege gehen und wir nicht alle dieselben Dinge betrachten. Denn es ist nicht genug, einen guten Kopf zu haben; die Hauptsache ist, ihn richtig anwenden. [...]

### Viertes Kapitel

1 So wollte ich, weil unsere Sinne uns bisweilen täuschen, annehmen, daß kein Ding so wäre, wie die Sinne es uns vorstellen lassen; und weil sich manche Leute in ihren Urteilen, selbst bei den
5 einfachsten Materien der Geometrie, täuschen und Fehlschlüsse machen, so verwarf ich, weil ich

René Decartes (1596–1650)

meinte, dem Irrtum so gut wie jeder andere unterworfen zu sein, alle Gründe als falsch, die ich vorher zu meinen Beweisen genommen hatte;
10 [...] so machte ich mir absichtlich die erdichtete Vorstellung, daß alle Dinge, die jemals in meinen Geist gekommen, nicht wahrer seien als die Trugbilder meiner Träume. Alsbald aber machte ich die Wahrnehmung, daß, während ich so denken
15 wollte, alles sei falsch, doch notwendig ich, der ich dachte, irgendetwas sein müsse, und da ich bemerkte, daß diese Wahrheit „ich denke, also bin ich" so fest und sicher wäre, daß auch die überspanntesten Annahmen der Skeptiker sie nicht zu
20 erschüttern vermöchten, so konnte ich sie meinem Dafürhalten nach als das erste Prinzip der Philosophie, die ich suchte, annehmen.

Quelle: Descartes: Abhandlung über die Methode, 1637, in: René Descartes. Ausgewählte Schriften, 1986, S. 49, 66–70.

3.

3.1 Arbeiten Sie zunächst John Lockes Argumentation über das Wesen des Menschen und der Regierung heraus. Vergleichen Sie diese mit den Ausführungen von Charles de Montesquieu (M 9). Legen Sie dar, welchen Schwerpunkt Montesquieu setzt.

3.2 Stellen Sie nun Ihre Analyseergebnisse zu Jean-Jacques Rousseaus „Du contract social" (M 10) den Gedanken der beiden anderen Philosophen gegenüber und diskutieren Sie diese.

## M 8 Wer bestimmt im Staat? „Two Treatises of Government" („Zwei Abhandlungen über die Regierung") von John Locke, 1689

1 95. Die Menschen sind – wie schon gesagt wurde – von Natur alle frei, gleich und unabhängig und niemand kann ohne seine Einwilligung aus diesem Zustand verstoßen und der politischen Gewalt eines
5 anderen unterworfen werden. Die einzige Möglichkeit, diese natürliche Freiheit aufzugeben und die Fesseln bürgerlicher Gesellschaft anzulegen, ist die, dass man mit anderen Menschen übereinkommt, sich zusammenzuschließen und in eine Gemein-
10 schaft zu vereinigen, mit dem Ziel, behaglich, sicher und friedlich miteinander zu leben – in dem sicheren Genuss des Eigentums und in größerer Sicherheit gegenüber allen, die ihr nicht angehören [...]. Sobald eine Anzahl von Menschen auf diese Weise
15 übereingekommen ist, eine Gemeinschaft oder Regierung zu bilden, haben sie sich ihr sogleich einverleibt und sie bilden einen einzigen politischen Körper, in dem die Mehrheit das Recht hat, zu handeln und die übrigen Glieder mit zu verpflichten.

20 97. Ein jeder also, der mit anderen übereinkommt, einen einzigen politischen Körper unter einer Regierung zu bilden, verpflichtet sich gegenüber jedem einzelnen dieser Gesellschaft, sich dem Beschluss der Mehrheit zu unterwerfen und sich
25 ihm zu fügen. [...]
99. Von allen Menschen, die sich aus dem Naturzustand zu einer Gemeinschaft vereinigen, muss daher vorausgesetzt werden, dass sie die ganze Gewalt, die für das Ziel ihrer Vereinigung in die
30 Gesellschaft notwendig ist, an die Mehrheit jener Gemeinschaft abtreten – es sei denn, man hätte sich ausdrücklich auf eine größere Zahl als die Mehrheit geeinigt. [...] So ist der Anfang und die tatsächliche Begründung einer politischen Gesell-
35 schaft nichts anderes als die Übereinkunft einer der Mehrheitsbildung fähigen Anzahl freier Menschen, sich zu vereinigen und sich einer solchen Gesellschaft einzugliedern. Dies und einzig dies gab oder vermochte den Anfang zu geben für jede
40 rechtmäßige Regierung auf der Welt.

Quelle: Locke: Über die Regierung, 2019, S. 73–76.

## M 9 „Vom Geist der Gesetze" – Gegen den Missbrauch der Macht: Charles de Montesquieu, 1748

1 [D]ie politische Freiheit besteht keineswegs darin, zu tun, was man will. In einem Staat, d. h. in einer Gesellschaft, in der es Gesetze gibt, kann die Freiheit nur darin bestehen, daß man tun kann, was
5 man wollen darf, daß man aber nicht dazu gezwungen wird, zu tun, was man nicht darf. Man muß sich vergegenwärtigen, was Unabhängigkeit und was Freiheit ist. Die Freiheit ist das Recht, alles zu tun, was die Gesetze gestatten; und wenn
10 ein Bürger tun könnte, was sie verbieten, hätte er keine Freiheit mehr, weil die anderen ebenfalls diese Befugnis hätten. Demokratie und Aristokratie sind ihrer Natur nach keineswegs freie Staaten. Politische Freiheit findet sich nur bei
15 den gemäßigten Regierungen. Aber auch in den

gemäßigten Staaten ist sie nicht immer vorhanden; sie ist nur dann da, wenn man die Gewalt nicht mißbraucht. Aber es ist eine ewige Erfahrung, daß jeder Mensch, der Macht besitzt, dazu neigt, sie zu
20 mißbrauchen; er geht soweit, bis er auf Grenzen stößt. Damit man Macht nicht mißbrauchen kann, muß eine derartige Regelung da sein, daß eine Gewalt die andere im Zaume hält. [...]
In jedem Staat gibt es drei Arten von Gewalten,
25 die gesetzgebende Gewalt, die ausführende Gewalt für die Angelegenheit des Völkerrechts und die ausführende Gewalt für die Angelegenheiten des bürgerlichen Rechts. [...] Wenn die gesetzgebende Gewalt mit der ausführenden in einer
30 Person oder in einer amtlichen Körperschaft ver-

einigt ist, dann gibt es keine Freiheit, weil man fürchten kann, derselbe Herrscher oder derselbe Senat werde tyrannische Gesetze geben, um sie tyrannisch auszuführen. Es gibt auch keine Frei-
35 heit, wenn die richterliche Gewalt nicht von der gesetzgebenden und von der ausführenden Gewalt getrennt ist. Wenn sie mit der gesetzgebenden Gewalt vereinigt wäre, so würde die Gewalt über Leben und Freiheit der Bürger willkürlich 40 sein; denn der Richter wäre Gesetzgeber. Wäre sie mit der ausführenden Gewalt verbunden, so könnte der Richter die Macht eines Unterdrückers besitzen.

Alles wäre verloren, wenn ein und derselbe 45 Mensch oder ein und dieselbe Körperschaft der Vornehmen, des Adels oder des Volkes diese drei Gewalten ausübte, die gesetzgebende, die ausführende und die richterliche Gewalt.

Quelle: Montesquieu: Vom Geist der Gesetze, 1748, Buch XI, 3, 6, 2011, S. 213 f. und 216 f.

---

**M 10**

## Alle Macht liegt beim Volke: Jean-Jacques Rousseau in seiner Schrift „Vom Gesellschaftsvertrag" („Du contrat social"), 1762

1 **a)** „Finde eine Form des Zusammenschlusses, die mit ihrer ganzen gemeinsamen Kraft die Person und das Vermögen jedes einzelnen Mitglieds verteidigt und schützt und durch die doch jeder,
5 indem er sich mit allen vereinigt, nur sich selbst gehorcht und genauso frei bleibt wie zuvor." Das ist das grundlegende Problem, dessen Lösung der Gesellschaftsvertrag darstellt. [...] Wenn man also beim Gesellschaftsvertrag von allem absieht, was
10 nicht zu seinem Wesen gehört, wird man finden, dass er sich auf folgendes beschränkt: *Gemeinsam stellen wir alle, jeder von uns seine Person und seine ganze Kraft unter die oberste Richtschnur des Gemeinwillens und wir nehmen, als Körper, jedes*
15 *Glied als untrennbaren Teil des Ganzen auf.*
Dieser Akt des Zusammenschlusses schafft augenblicklich anstelle der Einzelpersonen jedes Vertragspartners eine sittliche Gesamtkörper-schaft, die aus ebenso vielen Gliedern besteht, 20 wie die Versammlung Stimmen hat, und die durch ebendiesen Akt ihre Einheit, ihr gemeinschaftli-ches Ich, ihr Leben und ihren Willen erhält. Diese öffentliche Person, die so aus dem Zusammen-schluss aller zustande kommt, trug früher den 25 Namen Polis, heute trägt sie den der Republik oder der staatlichen Körperschaft, die von ihren Gliedern Staat genannt wird, wenn sie passiv, Souverän, wenn sie aktiv ist, und Macht im Ver-gleich mit ihresgleichen. Was die Mitglieder be-30 trifft, so tragen sie als Gesamtheit den Namen Volk, als Einzelne nennen sie sich Bürger, sofern sie Teilhaber an Souveränität, und Untertanen, sofern sie den Gesetzen des Staates unterworfen sind.

Quelle: Rousseau: Vom Gesellschaftsvertrag, 1. Buch, Kap. 6, 2011, S. 17–19.

1 **b)** Es gibt oft einen beachtlichen Unterschied zwi-schen dem Gesamtwillen und dem Gemeinwillen, dieser sieht nur auf das Gemeininteresse, jener auf das Privatinteresse und ist nichts anderes als
5 eine Summe von Sonderwillen: aber nimm von ebendiesen das Mehr und das Weniger weg, das sich gegenseitig aufhebt, so bleibt die Summe der Unterschiede der Gemeinwille. [...]
Um wirklich die Aussage des Gemeinwillens zu 10 bekommen, ist es deshalb wichtig, dass es im Staat keine Teilgesellschaft gibt und dass jeder Bürger nur seine eigene Meinung vertritt.

Quelle: Rousseau: Vom Gesellschaftsvertrag, 2. Buch, Kap. 3, 2011, S. 32 f.

1 **c)** Die Souveränität kann aus dem gleichen Grund, aus dem sie nicht veräußert werden kann, auch nicht vertreten werden; sie besteht wesentlich im Gemeinwillen, und der Wille kann nicht vertre-
5 ten werden: er ist derselbe oder ein anderer, ein Mittelding gibt es nicht. Die Abgeordneten des Volkes sind also nicht seine Vertreter, noch können sie es sein, sie sind nur seine Beauftragten; sie können nicht endgültig beschließen. Jedes Gesetz,
10 das das Volk nicht selbst beschlossen hat, ist nichtig; es ist überhaupt kein Gesetz. Das englische Volk glaubt frei zu sein, es täuscht sich gewaltig, es ist nur frei während der Wahl der Parlamentsmitglieder; sobald diese gewählt sind, ist es
15 Sklave, ist es nichts. Bei dem Gebrauch, den es in den kurzen Augenblicken seiner Freiheit von ihr macht, geschieht es ihm recht, dass es sie verliert.

Quelle: Rousseau: Vom Gesellschaftsvertrag, 3. Buch, Kap. 15, 2011, S. 106.

**4.** Skizzieren Sie Anliegen und Argumentationsweise von Adam Smith anhand der nachfolgenden Quelle. Bestimmen Sie, welche Form der Wirtschaftspolitik hieraus erwuchs. Beurteilen Sie die Bedeutung von Adam Smith als Aufklärer.

**M 11** „Der Wohlstand der Nationen" von Adam Smith, 1776

1 Die wirtschaftspolitischen Eingriffe des Merkantilismus [...] haben in ganz besonderem Maße die Interessen unserer Manufakturbesitzer geschützt. Ihnen ist nicht nur das Wohl des Verbrauchers,
5 sondern weit mehr noch das Interesse anderer Gruppen von Produzenten geopfert worden. [...] Gibt man daher alle Systeme der Begünstigung und Beschränkung auf, so stellt sich ganz von selbst das einsichtige und einfache System der na-
10 türlichen Freiheit her. Solange der einzelne nicht die Gesetze verletzt, läßt man ihm völlige Freiheit, damit er das eigene Interesse auf seine Weise verfolgen kann und sein Erwerbsfleiß und sein Kapital im Wettbewerb mit jedem anderen oder
15 einem anderen Stand entwickeln oder einsetzen kann. Der Herrscher wird dadurch vollständig von einer Pflicht entbunden, bei deren Ausübung er stets unzähligen Täuschungen ausgesetzt sein muß und zu deren Erfüllung keine menschliche
20 Weisheit der Kenntnis jemals ausreichen könnte, nämlich der Pflicht oder Aufgabe, den Erwerb privater Leute zu überwachen und ihn in Wirtschaftszweige zu lenken, die für das Land am nützlichsten sind. Im System der natürlichen
25 Freiheit hat der Souverän lediglich drei Aufgaben zu erfüllen, die sicherlich von höchster Wichtigkeit sind, aber einfach und dem normalen Verstand zugänglich. [...] Erstens die Pflicht, das Land gegen Gewalttätigkeit und Angriff anderer unab-
30 hängiger Staaten zu schützen, zweitens die Aufgabe, jedes Mitglied der Gesellschaft soweit wie möglich vor Ungerechtigkeit oder Unterdrückung durch einen Mitbürger in Schutz zu nehmen oder ein zuverlässiges Justizwesen einzurichten, und
35 drittens die Pflicht, bestimmte öffentliche Anstalten und Einrichtungen zu gründen und zu unterhalten, die ein einzelner oder eine kleine Gruppe aus eigenem Interesse nicht betreiben kann, weil der Gewinn ihre Kosten – niemals decken könnte,
40 obwohl er häufig höher sein mag als die Kosten für das ganze Gemeinwesen.

Quelle: Smith: Der Wohlstand der Nationen, 1984, S. 541 f.

# DAS WICHTIGSTE IN KÜRZE

### Der Begriff „Aufklärung"

1784, also gegen Ende der Epoche, formulierte Immanuel Kant in seiner Schrift „Was ist Aufklärung?" den Wesenskern und Leitspruch der Aufklärung. Mit dem Begriff wird die im 18. Jahrhundert vorherrschende Geistesbewegung in Gesamteuropa bezeichnet. Die Epoche, auch „Siècle des Lumières" oder „Enlightenment" genannt, begann um 1650 in England und den Niederlanden, fand in Paris ihr geistiges Zentrum, breitete sich bis zum Ende des 18. Jahrhunderts in ganz Europa aus und wirkt bis in unsere heutige Zeit weiter. Der richtige, sprich kritische, Gebrauch der Vernunft und die genaue Beobachtung der Natur sollten die Menschen „aufklären", sie aus dem Dunkel falscher Vorstellungen befreien und zu einem besseren Leben befähigen. Die Aufklärer kämpften für eine Welt, in der nicht Vorurteile und Aberglaube, sondern Verstand und Vernunft herrschen sollten. Die Vernunft ist daher ihr Kennzeichen, sie ist die entscheidende Quelle aller Erkenntnis und Richtschnur allen persönlichen und gesellschaftlichen Handelns.

### Die Wurzeln der „Aufklärung"

Die ideengeschichtlichen Wurzeln der Aufklärung liegen im Humanismus, in der Reformation und in dem von René Descartes um 1650 begründeten Rationalismus. Dieser zog alle Fundamentalgewissheiten in Zweifel und überprüfte sie mit dem Maßstab der Vernunft. Mit diesem Vorgehen und dem Grundsatz „Cogito ergo sum" (Ich denke, also bin ich) hat er methodisch wie inhaltlich die Grundlage für der Epoche der Aufklärung geschaffen. Zuvor hatte die naturwissenschaftliche Revolution mit Nikolaus Kopernikus und Galileo Galilei begonnen, die die bahnbrechende Wende vom geo- zum heliozentrischen Weltbild voranbrachten. Anfang des 17. Jahrhunderts nahm mit der Entdeckung der Gravitation durch Isaac Newton die wissenschaftliche Erforschung der Natur einen enormen Aufschwung.

### Das Gedankengut der „Aufklärung"

Im Barock (1600–1730) war der Mensch noch in allen Bereichen seines Lebens fremdbestimmt. Der Sinn des Lebens bestand darin, sich auf ein Leben nach dem Tod vorzubereiten. In der Epoche der Aufklärung hingegen erhielt das Leben bereits im Diesseits ausreichend Sinn. Auch hier war Glück möglich, worauf dem Menschen nun explizit ein Recht zugesprochen wurde. Ein positives Menschenbild entstand: Der Mensch wurde nicht mehr per se als Sünder betrachtet, sondern als vernunftbegabtes und daher tugendhaftes Wesen. Das Gedankengut der Aufklärung förderte die Emanzipation der/des Einzelnen und der Gesellschaft sowie Toleranz und Menschlichkeit. Die Kritik galt vor allem dem Anspruch der Kirchen, höchste Entscheidungsinstanz in Fragen der Moral, im Bereich der Wissenschaft, der Literatur, der Kunst und des Erziehungswesens zu sein, und dem absolutistischen Staat.

### Staatsphilosophische Ansätze: Locke, Montesquieu und Rousseau

Die uneingeschränkte Souveränität des Monarchen, sein Gesetzgebungsmonopol, insbesondere bei der Besteuerung, die Begründung seiner monarchischen Gewalt aus dem Gottesgnadentum und die starre Sozialstruktur im absolutistischen Staat ließen dem dritten Stand nur wenig Raum zu gesellschaftlichem Aufstieg und politischer Einflussnahme. Diese absolutistische Herrschaftsvorstellung verlor unter dem Maßstab der kritischen Vernunft seine Legitimation. Für die Aufklärer war eine Gesellschaft, in der alle Menschen gleich, frei, selbstständig und glücklich sind, nicht nur möglich, sondern Ziel. Dieses

# DAS WICHTIGSTE IN KÜRZE

führte auch zum Postulat politischer und sozialer Grundsätze: Philosophen und Staatsrechtslehrer wie John Locke, Voltaire, Charles de Montesquieu und Jean-Jacques Rousseau entwickelten die Idee des Gesellschaftsvertrags, die Lehre von der Gewaltenteilung und die jenige der angeborenen Menschenrechte wie Freiheit und Gleichheit. Sie kamen zu einer völlig anderen Vorstellung vom Staat: Dieser entstehe nämlich durch einen Vertrag zwischen den Menschen, durch einen Gesellschaftsvertrag. Der Staat sollte durch Gesetze und Regierungen dem Schutz von Freiheit, Leben und Besitz der/des Einzelnen dienen. Kein Mensch könne von Gott zur Herrschaft über andere vorherbestimmt sein (Gottesgnadentum). Absolute Macht in der Hand eines Einzelnen korrumpiere und führe zwangsläufig zu Willkür und Tyrannei.

1689, kurz nach der Glorious Revolution veröffentlichte **John Locke** „Zwei Abhandlungen über die Regierung". Er geht darin von einem Naturzustand vor der Staatsbildung aus, in dem alle Menschen in völliger Gleichheit und Freiheit friedlich und wohlwollend zusammenleben. Zu ihrem gegenseitigen Schutz schließen sich die Menschen durch Vertrag zu einem Staat zusammen. Locke betont dabei die Privatheit und den vorstaatlichen Charakter des Eigentums. Er hebt das Mehrheitsprinzip als wesentlich für das Zusammenleben hervor, formulierte eine Art Grundrechtsgarantie und leitete aus ihr ein Widerstandsrecht ab.

**Charles de Montesquieu** sah in England einen vorbildlichen, nahezu idealen Staat. Dennoch beschäftigte er sich in seiner Schrift „Vom Geist der Gesetze" (1748) mit der Trennung der Staatsgewalt in drei eigenständige Gewalten: der gesetzgebenden Gewalt (Legislative), der ausführenden Gewalt (Exekutive) und der rechtsprechenden Gewalt (Judikative). Nur die Aufteilung auf drei unabhängig voneinander handelnde Träger könne eine Konzentration der Macht im Staat, und damit Machtmissbrauch, verhindern und dementsprechend die Freiheit der Bürger gewährleisten. Die Grundsätze eines modernen Verfassungsstaates gehen somit auf Charles de Montesquieu und John Locke zurück.

**Jean-Jacques Rousseau** hatte bei seiner Staatsbeschreibung die direkt-demokratischen Bauernrepubliken der Schweiz vor Augen. In seiner Schrift „Vom Gesellschaftsvertrag" (1762) wird der Staat durch eine Übereinkunft der Bürger geschaffen, die freiwillig ihre natürliche und schrankenlose Freiheit einem „allgemeinen Willen" übergeben. Um diesen „allgemeinen Willen", also das Gemeinwohl, feststellen und definieren zu können, müssen die Bürger zusammenkommen und unmittelbar über die öffentlichen Angelegenheiten entscheiden. Die Macht des Staates leitete sich also aus dem Willen des Volkes ab (Volkssouveränität). Die Regierung hat dann den Auftrag, diesen allgemeinen Willen umzusetzen. Die Staatsbürger behalten folglich ihre Souveränität, die nicht übertragbar und nicht teilbar ist. Diese Staatsform kennt keine parlamentarische Repräsentation und keine Gewaltenteilung, da eine Identität der Regierenden mit den Regierten besteht. Damit geht auf Rousseau die antimonarchische Staatsform der direkten Demokratie zurück.

Einige Fürsten, wie z. B. der preußische König Friedrich der Große oder auch Kaiser Joseph II., versuchten, Ideen der Aufklärung als absolute Herrscher zu verwirklichen. Sie bezeichneten ihre Herrschaft daher als „aufgeklärten Absolutismus". Die „Aufklärung" wird als grundlegend für die spätere freiheitliche Demokratie und die Wirtschaftsform des Kapitalismus verstanden.

# FESTIGUNG – VERTIEFUNG

## Weitere Herangehensweisen

- Erläutern Sie, warum die Aufklärung konsequenterweise auch religiöse Toleranz einforderte.
- Legen Sie an konkreten Beispielen dar, inwiefern die staatstheoretischen Ausführungen Lockes und Montesquieus Eingang in unser heutiges Regierungssystem gefunden haben.
- Erstellen Sie eine Mindmap zu der Frage, auf welche Lebensbereiche die Aufklärung insgesamt Auswirkungen hatte.

## Vertiefende Aspekte

- Verfassen Sie ein Referat über Bertolt Brechts „Leben des Galilei" (vgl. H 1), in dem Sie den Handlungsverlauf in den historischen Kontext der Aufklärung stellen.
- Referieren Sie vor Ihrer Klasse zu König Friedrich II. von Preußen und dem aufgeklärten Absolutismus. Begründen Sie, warum dieses Konzept keine Zukunft haben konnte (vgl. H 2).
- Diskutieren Sie, ob die Epoche der Aufklärung, die auf 1720 bis 1789 datiert wird, abgeschlossen ist (vgl. H 3).

## Weiterführende Quellen und Hinweise

**H 1** Brecht, Bertolt: Leben des Galilei, Schauspiel, Text und Kommentar, Frankfurt am Main, Suhrkamp, 1998. Mithilfe des Fernrohrs gelingt es Galileo Galilei, das heliozentrische Weltbild zu beweisen, woraufhin er allerdings von der Kirche der Ketzerei angeklagt wird. Unter Androhung von Folter widerruft Galilei seine Entdeckung, was seine Freunde enttäuscht. Galilei zieht sich in sein Landhaus zurück und wird von der Kirche überwacht. Am Ende seines Lebens ist Galilei von der stetigen Betrachtung der Sonne nahezu erblindet. Galilei macht sich aufgrund seiner Angst vor physischen Schmerzen am Verrat der Wissenschaft schuldig.

**H 2** Preisendörfer, Bruno: Friedrich der Große. Der erste Diener und seine Untertanen, in: ZEIT Geschichte Nr. 4/2011, S. 56–63. In diesem Artikel werden das Herrschaftsverständnis des Preußenkönigs Friedrich II. als Primus inter Pares und sein Verhältnis zu den Untertanen sowie die rücksichtslose Entschlossenheit bei seinen Feldzügen besprochen. Die Bauernbefreiung und die Schulpflicht auch von Bauernkindern werden kritisch beleuchtet. Zudem wird die Frage nach dem Erfolg des „Aufgeklärten Absolutismus" gestellt.

**H 3** Cavallar, Georg: Gescheiterte Aufklärung? Ein philosophischer Essay, Stuttgart, Verlag W. Kohlhammer, 2018. Der Autor fragt nach den Grenzen der Aufklärung sowohl damals als auch heute.

# KAPITEL 3 (LERNBEREICH 2.5)

## 3.2 Ursachen, Ausbruch und Verlauf der Französischen Revolution (1789–1799)

### Forschungsinteresse und Kompetenzerwerb

„S'ils n'ont pas de pain, qu'ils mangent de la brioche." („Wenn sie kein Brot haben, sollen sie doch Kuchen essen.") Dieses Zitat wird fälschlicherweise der aus dem Hause Habsburg stammenden französischen Königin Marie Antoinette (1755–1793) zugeschrieben. Es wird auch heute noch kolportiert, dass die Monarchin damit auf die Rufe nach Brot der Pariser Stadtbevölkerung im Juli 1789, also kurz vor Ausbruch der Französischen Revolution, reagiert habe. Warum hält sich diese Zuschreibung, dieses Narrativ, bis heute?

Antworten darauf erhalten Sie, indem Sie in diesem Kapitel die Haltung der königlichen Familie zu ihren Untertanen und zur Revolution allgemein charakterisieren und bewerten. Insgesamt werden Sie befähigt, am Beispiel der Französischen Revolution von 1789 die Multikausalität von Revolutionen in Allgemeinen zu erfassen, indem Sie die gesellschaftlichen und politischen Ursachen sowie den Verlauf der Französischen Revolution untersuchen. Zudem erkennen Sie die Grundlagen, die die Aufklärung und die Französische Revolution für moderne bürgerliche Gesellschaften geschaffen haben. Vor diesem Hintergrund werden Sie in die Lage versetzt, aktuelle Gefährdungen dieser Wertvorstellungen und antidemokratische Herausforderungen zu erkennen und die Reaktionsweisen des Staates sowie seiner Bürgerinnen und Bürger zu beurteilen.

### Vorgehen

Alles Lüge? Zum Erwerb von Medienkompetenzen wird in Ihrer Lerngruppe das Thema „Fake News" behandelt. In diesem Zusammenhang sollen auch historische Zitate auf ihren Wahrheitsgehalt bzw. ihre historische Wirkung hin untersucht werden. Sie setzen sich in Ihrer Teilgruppe mit dem der französischen Königin Marie Antoinette zugeschriebenen Zitat „S'ils n'ont pas de pain, qu'ils mangent de la brioche" auseinander. Ihre Ergebnisse präsentieren Sie gemeinsam mit den anderen Teilgruppen in einem Onlinemedienprodukt Ihrer Wahl.

Zur Vorbereitung CHARAKTERISIEREN Sie die gesellschaftliche, wirtschaftliche und politische Lage Frankreichs am Vorabend der Revolution. Daraufhin VERSCHAFFEN Sie sich einen Einblick in die drei revolutionären Ereignisse des Jahres 1789 und GEHEN auf konkrete Auswirkungen auf König und Bevölkerung EIN. Dabei ZEIGEN Sie die Haltung des Königs Ludwig XVI. zur Revolution AUF und BEURTEILEN diese sowie die Reaktion der Nation darauf. Sie ERMITTELN die mit dem Jahr 1791 einsetzenden außen- wie innenpolitischen Bedrohungen der Revolution und deren Akteure. Daraufhin ERLÄUTERN Sie die Zielsetzung, Grundlagen und Methoden der Schreckensherrschaft der Jakobiner und BEZIEHEN kritisch STELLUNG. Abschließend SKIZZIEREN Sie die dritte und letzte Phase der Revolution. Dabei ERUIEREN Sie die Rolle des korsischen Generals Napoléon Bonaparte innerhalb der Revolutionsgeschichte.

ERSTELLEN **Sie nun Ihren Baustein für das Onlinemedienprodukt zum oben genannten Zitat.**

Als Arbeitshilfe finden Sie im hinteren Teil des Lehrwerks eine Übersicht über verschiedene Methodentechniken. Nutzen Sie diese Möglichkeit.

### Materialauswahl

Die Auseinandersetzung mit der Französischen Revolution in diesem Kapitel basiert auf Bildmaterial, vor allem Karikaturen und Historiengemälden, aber auch Verfassungsschaubildern. Hierdurch werden einerseits die Sichtweisen der kritischen

Bevölkerungsteile deutlich, andererseits die von den politischen Akteuren in Auftrag gegebene Lesart der historischen Ereignisse in Historiengemälden (z. B. Ballhausschwur). Die theoretischen Grundlagen, wie die Kampfschrift „Was ist der Dritte Stand" (1789) des Abbé Sieyès, die Forderungen der Sansculotten oder die Verteidigungsrede Maximilien Robespierres vor dem Konvent, sollen als Texte präsentiert und analysiert werden. Der Fokus in dieser Lerneinheit liegt daher auf Bild- und Textquellen: Somit können quellenkritisch die jeweiligen Sichtweisen und politischen Standpunkte sichtbar werden sowie die theoretische Begründung für grundlegende und streitbare Maßnahmen am Text herausgearbeitet und beurteilt werden. Auf diese Weise soll das quellenkritische Arbeiten eingeübt werden, das zum Erkennen von Fake News wesentlich ist.

**1.** Charakterisieren Sie anhand der Materialien die gesellschaftliche, wirtschaftliche und politische Lage Frankreichs am Vorabend der Revolution.

## Ständegesellschaft und Grundherrschaft                    M 1

Karikatur eines unbekannten Künstlers (Radierung aus dem Jahr 1789) mit dem Text „A faut esperer q'eu s jeu la finira bentot" (Es darf gehofft werden, dass das Spiel bald vorbei ist)

**M 2**

### Die Stände im Ancien Régime

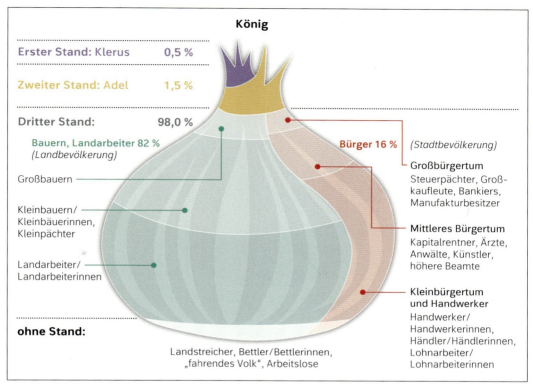

**König**

Erster Stand: Klerus     **0,5 %**

Zweiter Stand: Adel     **1,5 %**

Dritter Stand:     **98,0 %**

  Bauern, Landarbeiter 82 %
  *(Landbevölkerung)*

Großbauern

Kleinbauern/
Kleinbäuerinnen,
Kleinpächter

Landarbeiter/
Landarbeiterinnen

**Bürger 16 %**    *(Stadtbevölkerung)*

**Großbürgertum**
Steuerpächter, Groß-
kaufleute, Bankiers,
Manufakturbesitzer

**Mittleres Bürgertum**
Kapitalrentner, Ärzte,
Anwälte, Künstler,
höhere Beamte

**Kleinbürgertum
und Handwerker**
Handwerker/
Handwerkerinnen,
Händler/Händlerinnen,
Lohnarbeiter/
Lohnarbeiterinnen

**ohne Stand:**

Landstreicher, Bettler/Bettlerinnen,
„fahrendes Volk", Arbeitslose

Quelle: Vgl. Gigl, Claus; Göbel, Walter: Abi kompaktWissen Geschichte, Stuttgart, Klett Verlag, 2014, S. 9.

**M 3**

### Speisefolge bei einem gewöhnlichen Diner für zwölf Personen der Pariser Bourgeoisie[1]

*Diner für zwölf Personen*

Erster Gang:     *Zwei Suppen*
*Roast Beef (in der Mitte des Tisches)*
*Zwei-Hors d'Oeuvres*

Zweiter Gang:     *Kalbsbraten mit Trüffeln „Bonne Femme"*
*Lammkoteletts mit Basilikum*
*Ente*
*Masthähnchen*
*Das Roast Beef bleibt*

Dritter Gang:     *Zwei Braten*
*Drei Süßspeisen*
*Zwei Salate*

Vierter Gang:     *Eine Schale mit frischen Früchten*
*Ein Apfelkompott*
*Ein Birnenkompott*
*Eine Platte mit Biskuits*
*Eine Platte mit Eßkastanien*
*Eine Platte mit Stachelbeermarmelade*
*Eine Platte mit Aprikosenmarmelade*

Nach: Menon: La Cuisiniere bourgeoise, in: Schmitt,
Eberhard; Volkmann, Herbert: Absolutismus und Fran-
zösische Revolution. Zur Umgestaltung von Staat und
Gesellschaft im 18. Jahrhundert, München 1984, S. 30.

---

[1]    Der Ausdruck „Bourgeoisie" bezeichnet im 18. Jahrhundert das gehobene Besitz- und Bildungsbürgertum
(Akademiker, Unternehmer, Juristen) in den Städten Frankreichs.

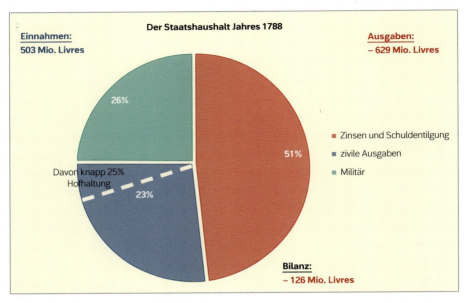

Der Französische Staatshaushalt 1788 — M 4

Quelle: Roman Eberth: Die Finanzkrise wird zur Staatskrise. Der Staatshaushalt des Jahres 1788, ©digitale-Schulen-bayern.de, abgerufen unter: https://image3.slideserve.com/6307998/slide8-l.jpg [02.11.2023] (verändert).

**2.**

2.1 Arbeiten Sie die Argumentation von Abbé Sieyès über die Bedeutung des Dritten Standes heraus und erklären Sie die Sprengkraft dieser Kampfschrift.

2.2 Deuten Sie vor diesem Hintergrund die weiteren Materialien.

2.3 Skizzieren und charakterisieren Sie den Beginn der Französischen Revolution anhand der Materialien M 8 und M 9.

Die Flugschrift von Abbé Sieyès, dem Großvikar von Chartres, entstand Ende 1788 und wurde kurze Zeit später anonym veröffentlicht. Bald kursierten über 30 000 Exemplare. „Qu'est-ce que le tiers état" wurde zur maßgeblichen „Kampfschrift" des Dritten Standes.

**M 5**     Qu'est-ce que le tiers état?

1 Der Plan dieser Schrift ist ganz einfach. Wir haben uns drei Fragen vorzulegen.

    1. Was ist der Dritte Stand? ALLES.
    2. Was ist er bis jetzt in der politischen Ordnung
5     gewesen? NICHTS.
    3. Was verlangt er? ETWAS ZU SEIN. [ ... ]

Die öffentlichen Funktionen lassen sich bei den gegenwärtigen Verhältnissen in gleicher Weise allesamt unter vier bekannte Bezeichnungen
10 staffeln: der Degen, die Robe, die Kirche und die Administration. Es wäre überflüssig, sie im Einzelnen durchzugehen, um zu zeigen, dass der Dritte Stand hier überall neunzehn Zwanzigstel ausmacht, mit dem einen Unterschied, dass er
15 mit allem, was wirklich mühsam ist, belastet ist, mit allen Diensten, die der privilegierte Stand sich weigert zu leisten. Die Mitglieder des privilegierten Standes nehmen nur die Stellen ein, die Gewinn und Ehre bringen. [...] Also, was ist
20 der Dritte Stand? Alles, aber ein gefesseltes und unterdrücktes Alles. Was wäre er ohne den privilegierten Stand? Alles, aber ein freies und blühendes Alles. Nichts kann ohne ihn gehen; alles ginge unendlich besser ohne die anderen. [...]

25 Unter dem Dritten Stand muss man die Gesamtheit der Bürger verstehen, die dem Stand der gewöhnlichen Leute angehören. Alles, was durch das Gesetz privilegiert ist, einerlei auf welche Weise, tritt aus der gemeinschaftlichen Ordnung
30 heraus, macht eine Ausnahme für das gemeinschaftliche Gesetz und gehört folglich nicht zum Dritten Stand. [...] Der Dritte Stand hat bis zur Stunde keine wahren Vertreter auf den Generalständen gehabt. Er hat also keinerlei politische

35 Rechte. [...] Was verlangt der Dritte Stand? Etwas zu werden.

[...] Man kann die wirklichen Forderungen des Dritten Standes nur nach den authentischen Beschwerden beurteilen, welche die großen Stadt-
40 gemeinden des Königreichs an die Regierung gerichtet haben. Was sieht man da? Dass das Volk etwas sein will, und zwar nur das Wenigste, was es sein kann. Es will haben 1. echte Vertreter auf den Generalständen, das heißt Abgeordnete, die
45 aus seinem Stand kommen und die fähig sind, die Interpreten seines Willens und die Verteidiger seiner Interessen zu sein. Was nützt es ihm, an den Generalständen teilzunehmen, wenn das dem seinen entgegengesetzte Interesse dort
50 dominierte? [...] Es verlangt weiter 2. eine Zahl von Vertretern, die derjenigen ebenbürtig ist, welche die beiden anderen Stände zusammen besitzen. Diese Gleichheit der Vertretung wäre indessen völlig illusorisch, wenn jede Kammer eine
55 eigene Stimme besäße. Der Dritte Stand verlangt deshalb 3. dass die Stimmen nach Köpfen und nicht nach Ständen gezählt werden. [...]

Ich bitte zu beachten, welch gewaltiger Unterschied zwischen der Versammlung des Dritten
60 Standes und den Versammlungen der beiden anderen Stände besteht. Ersterer vertritt fünfundzwanzig Millionen Menschen und berät über die Interessen der Nation. Die beiden letzteren haben, sollten sie zusammentreten, nur die Vollmacht
65 von ungefähr zweihunderttausend Einzelpersonen und denken nur an ihre Vorrechte. Man wird sagen, der Dritte Stand allein könne keine „Generalstände" bilden. Nun, umso besser, dann wird er eben eine „Nationalversammlung" bilden!

Quelle: Sieyès: Was ist der dritte Stand?, in: Schmitt (Hg.): Emmanuel Joseph Sieyès. Politische Schriften 1788–1790, 1981, S. 119 ff. und 180.

Karikatur mit dem Titel „Reveil du tiers etat" (Der dritte Stand erwacht) auf die Erhebung des Dritten Standes, anonym von 1789

Der Staatsbankrott schien 1788 unvermeidlich. Die schwierige wirtschaftliche Situation sowie der Protest des Adels gegen eine ihn belastende Steuerreform führten zu einem Einlenken des Königs, der nun der geforderten Einberufung der Generalstände nachkam. Diese Versammlung der drei Stände mit jeweils ca. 300 Deputierten hatte zuletzt 1614 getagt! Im Zusammenhang mit den Wahlen zu den Generalständen wurden in jeder Gemeinde oder Stadt sogenannte Beschwerdehefte angelegt, die den Wunsch der Bürger nach einer Verfassung, Menschenrechten und der Abschaffung der Privilegien und feudalen Rechte offenbarten sowie die schlechten Lebensbedingungen eines Großteils der Bevölkerung widerspiegelten. Als die Versammlung der Generalstände am 5. Mai 1789 in Versailles eröffnet wurde, forderte der Dritte Stand eine Verdopplung seiner Vertreter von 300 auf 600 Deputierte sowie die Abstimmung nach Köpfen (Mehrheitsprinzip),

und nicht nach Ständen. Die Hoffnung auf Reformen wurde aber bald enttäuscht, sodass der Delegierte Abbé Sieyès die Deputierten des Ersten und Zweiten Standes aufforderte, gemeinsam mit dem Dritten Stand zu beraten. Am 17. Juni erklärten sich – im Bewusstsein, 98 % der Nation zu repräsentieren – die Abgeordneten des Dritten Standes zur Nationalversammlung. Am 19. Juni 1789 stimmte der Erste Stand mit 149 zu 115 Stimmen dem Vorschlag zu, der Zweite Stand sprach sich jedoch dagegen aus, lediglich 80 Abgeordnete waren dafür. Den Sitzungssaal ließ Ludwig XVI. kurzerhand schließen. Die Gruppe der „Volksvertreter" zog daraufhin in die Sporthalle (Ballhaus) um. Dort schworen sich die Versammelten den sogenannten Ballhausschwur. Infolgedessen befal der König dem Ersten und Zweiten Stand, sich der Nationalversammlung anzuschließen, nicht zuletzt, um die Entwicklung mitzubestimmen.

## M 7   Der Ballhausschwur: die Revolution der Deputierten der Generalstände

Ballhausschwur in Versailles am 20. Juni 1789, nach dem Gemälde von
Jacques-Louis David (1748–1825), um 1791

Am 20. Juni 1789 zogen sich die Teilnehmer der Nationalversammlung in den Salle du Jeu de Paume in Versailles zurück und schworen, sich niemals zu trennen, bis der Staat eine Verfassung habe, und nur der Gewalt der Bajonette zu weichen. Mit diesem Eid erklärten sich die Anwesenden zur verfassungsgebenden Versammlung Frankreichs.

## M 8   Der Sturm auf die Bastille am 14. Juli 1789: die Revolution der Pariser Stadtbevölkerung

Sturm auf die Bastille am 14. Juli 1789, Kupferstich, koloriert (o. J.) von Paul Jakob
Laminit

König Ludwig XVI. hielt dem Druck der Nationalversammlung stand und sagte die Unterstützung der Verfassung zu, um auf diese Weise die Entwicklung mitbestimmen zu können. Als aber Truppen um Paris und Versailles zusammengezogen wurden, befürchtete die Bevölkerung eine Wende. Die aufgeheizte politische Atmosphäre, die Angstvorstellungen der Pariser Bevölkerung, aber auch die sozialen Spannungen aufgrund der enorm gestiegenen Brotpreise bildeten den Nährboden für die Rebellion. Der Ruf nach Brot und Waffen wurde laut. Auf der Suche nach Waffen wurde am 14. Juli 1789 das Staatsgefängnis, die Bastille, das Markenzeichen des Absolutismus und „Monument der Tyrannei", erstürmt. Diese Eroberung gab der städtischen Bevölkerung ein Bewusstsein ihrer Macht und Stärke. Die Schleifung der Bastille wurde monatelang ein symbolträchtiges Schauspiel.

## Die Erklärung der Menschen- und Bürgerrechte vom 26. August 1789 (Auszug) | M 9

1 Da die Vertreter des französischen Volkes, als Nationalversammlung eingesetzt, erwogen haben, daß die Unkenntnis, das Vergessen oder die Verachtung der Menschenrechte die einzi-
5 gen Ursachen des öffentlichen Unglücks und der Verderbtheit der Regierungen sind, haben sie beschlossen, die natürlichen, unveräußerlichen und heiligen Rechte der Menschen in einer feierlichen Erklärung darzulegen, damit diese
10 Erklärung allen Mitgliedern der Gesellschaft beständig vor Augen ist und sie unablässig an ihre Rechte und Pflichten erinnert; damit die Handlungen der gesetzgebenden wie der ausübenden Gewalt in jedem Augenblick mit dem Endzweck
15 jeder politischen Einrichtung verglichen werden können und dadurch mehr geachtet werden; damit die Ansprüche der Bürger, fortan auf einfache und unbestreitbare Grundsätze begründet, sich immer auf die Erhaltung der Verfassung und
20 das Allgemeinwohl richten mögen. Infolgedessen erkennt und erklärt die Nationalversammlung in Gegenwart und unter dem Schutze des Allerhöchsten folgende Menschen- und Bürgerrechte:

**Art. I.** Die Menschen sind und bleiben von Geburt
25 frei und gleich an Rechten. Soziale Unterschiede dürfen nur im gemeinen Nutzen begründet sein.

**Art. II.** Das Ziel jeder politischen Vereinigung ist die Erhaltung der natürlichen und unveräußerlichen Menschenrechte. Diese Rechte sind Freiheit,
30 Eigentum, Sicherheit und Widerstand gegen Unterdrückung.

**Art. III.** Der Ursprung jeder Souveränität ruht letztlich in der Nation. Keine Körperschaften, kein Individuum können eine Gewalt ausüben,
35 die nicht ausdrücklich von ihr ausgeht.

**Art. IV.** Die Freiheit besteht darin, alles tun zu können, was einem anderen nicht schadet. So hat die Ausübung der natürlichen Rechte eines jeden Menschen nur die Grenzen, die den ande-
40 ren Gliedern der Gesellschaft den Genuß der gleichen Rechte sichern. Diese Grenzen können allein durch Gesetz festgelegt werden.

**Art. V.** Nur das Gesetz hat das Recht, Handlungen, die der Gesellschaft schädlich sind, zu ver-
45 bieten. Alles, was nicht durch Gesetz verboten ist, kann nicht verhindert werden, und niemand kann gezwungen werden zu tun, was es nicht befiehlt.

**Art. VI.** Das Gesetz ist der Ausdruck des allgemeinen Willens. Alle Bürger haben das Recht, persön-
50 lich oder durch ihre Vertreter an seiner Formung mitzuwirken. Es soll für alle gleich sein, mag es beschützen, mag es bestrafen. Da alle Bürger in seinen Augen gleich sind, sind sie gleicherweise zu

allen Würden, Stellungen und Beamtungen nach
55 ihrer Fähigkeit zugelassen ohne einen anderen Unterschied als den ihrer Tugenden und ihrer Talente.
**Art. VII.** Jeder Mensch kann nur in den durch das Gesetz bestimmten Fällen und in den Formen, die es vorschreibt, angeklagt, verhaftet und gefan-
60 gengehalten werden. Diejenigen, die willkürliche Befehle betreiben, ausfertigen, ausführen oder ausführen lassen, sollen bestraft werden. Doch jeder Bürger, der auf Grund des Gesetzes vorgeladen oder ergriffen wird, muß sofort gehorchen.
65 Er macht sich durch Widerstand strafbar.
**Art. VIII.** Das Gesetz soll nur solche Strafen festsetzen, die offenbar unbedingt notwendig sind. Und niemand kann auf Grund eines Gesetzes bestraft werden, das nicht vor Begehung der Tat
70 erlassen, verkündet und gesetzlich angewandt worden ist.
**Art. IX.** Da jeder Mensch so lange für unschuldig gehalten wird, bis er für schuldig erklärt worden ist, soll, wenn seine Verhaftung für unumgänglich
75 erachtet wird, jede Härte, die nicht notwendig ist, um sich seiner Person zu versichern, durch Gesetz streng vermieden sein.

**Art. X.** Niemand soll wegen seiner Meinungen, selbst religiöser Art, beunruhigt werden, solange
80 ihre Äußerung nicht die durch das Gesetz festgelegte öffentliche Ordnung stört.
**Art. XI.** Die freie Mitteilung der Gedanken und Meinungen ist eines der kostbarsten Menschenrechte. Jeder Bürger kann also frei schreiben,
85 reden und drucken unter Vorbehalt der Verantwortlichkeit für den Mißbrauch dieser Freiheit in den durch das Gesetz bestimmten Fällen. [...]
**Art. XV.** Die Gesellschaft hat das Recht, von jedem öffentlichen Beamten Rechenschaft über
90 seine Verwaltung zu fordern.
**Art. XVI.** Eine Gesellschaft, in der die Verbürgung der Rechte nicht gesichert und die Gewaltenteilung nicht festgelegt ist, hat keine Verfassung.
95 **Art. XVII.** Da das Eigentum ein unverletzliches und heiliges Recht ist, kann es niemandem genommen werden, wenn es nicht die gesetzlich festgelegte, öffentliche Notwendigkeit augenscheinlich erfordert und unter der Bedingung
100 einer gerechten und vorherigen Entschädigung.

Quelle: Franz (Hg.): Staatsverfassungen, 1964, S. 303 ff.

**3.**

3.1 Vergleichen Sie die Materialien M 10 bis M 15 miteinander und deuten Sie die Haltung des Königs Ludwig XVI. zur Revolution und zu seiner veränderten verfassungsmäßigen Rolle sowie die Haltung der revolutionären Kräfte zu ihrem Monarchen.

3.2 Beurteilen Sie die jeweilige Tat in M 12 und M 14.

3.3 Analysieren Sie die Karte und treffen Sie anhand der Materialien Aussagen über die innen- und außenpolitische Lage Frankreichs.

## M 10 — Le Roi Janus (Der janusköpfige König)

Le Roi Janus, Karikatur auf den Eid des Königs auf die Verfassung beim Bundesfest, Paris, Champ de Mars, 14. Juli 1790

## M 11 — Die Konstitution (Verfassung) von 1791 – La Nation, La Loi, Le Roi – von der absoluten zur konstitutionellen Monarchie

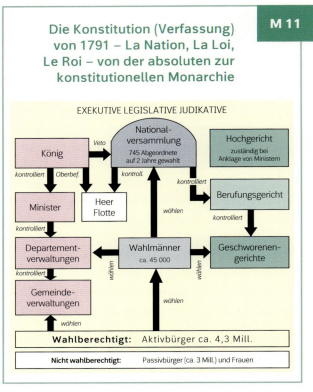

## M 12 — Hinrichtung des französischen Königs Ludwig XVI. am 21. Januar 1793

Mit der Amtsenthebung des Königs aufgrund seines Fluchtversuchs wurde Frankreich eine Republik. Im sich anschließenden Prozess wegen Hochverrats wurde der König zum Tode verurteilt. Das Bild zeigt seine Hinrichtung am 21. Januar 1793. (Zeitgenössischer Bilderbogen)

## M 13    Die außen- und innenpolitische Lage Frankreichs 1792/1793

**Die politische Situation in Frankreich im Jahr 1793**

- gegen Frankreich verbündete Staaten
- Gebiete der Revolution
- von Frankreich besetzte Gebiete
- Zentren der Gegenrevolution
- Gebiet der Gegenrevolution
- Staatsgrenze Frankreichs 1789

Karte über Herausforderungen Frankreichs im Innern und von außen

## M 14    Ursachen des Aufstandes in der Vendée

1 Die soziale, wirtschaftliche und religiöse Unzufriedenheit der im Nordwesten Frankreichs lebenden Bauern war ein großer Nährboden für die Erhebung in der Vendée. Dieser sehr ländlich
5 geprägte Küstenstrich am Atlantik zählte zu den Regionen Frankreichs, in denen der katholische Glaube in der Bevölkerung besonders tief verwurzelt war. Umso stärker war hier auch die Abneigung gegenüber den Beschlüssen der National-
10 versammlung. Besonders groß war die Empörung in der Vendée, als die Massenverfolgung der Eid verweigernden Priester begann, jener Kleriker, die den von der Nationalversammlung geforderten Eid auf die Verfassung und somit auf die Zivil-
15 verfassung des Klerus verweigerten. Ein weiterer Anstoß für Konflikte und Unzufriedenheit war der im Oktober 1789 von der Nationalversammlung beschlossene Verkauf der so genannten „Nationalgüter". Es handelte sich dabei um Grundstü-
20 cke des enteigneten Klerus, und Güter der Krone und von Migranten. Der Verkauf dieser Grundstücke hatte überwiegend den wohlhabenden Einwohnern der Kleinstädte in der Vendée genutzt. Die auf diesen Gütern als Pächter arbeiten-
25 den Bauern waren bei dem nun möglichen Kauf ihres Ackerlandes wegen Kapitalmangel zumeist leer ausgegangen. Sie entwickelten deshalb einen großen Hass auf das Besitzbürgertum der Städte, das die ehemaligen Güter und den Kirchenbesitz
30 erworben hatte.

Quelle: Hall: „Für Gott und König", in: Praxis Geschichte 6/2006, S. 32.

**Zeitleiste: 1793**    M 15

21. Januar: Hinrichtung Ludwigs XVI.

24. Februar: Konventsbeschluss zur Rekrutierung von 300 000 Mann im Krieg gegen die Koalition [...]

11. März: Beginn der Revolte in der Vendée – Massaker an Republikanern

März: Angriff und Einnahme der meisten Kleinstädte der Region (mit Ausnahme des nördlichen Küstengebietes), Jagd auf revolutionstreue Priester und Vertreibung von Einheiten der Nationalgarde durch Bauernhaufen. [...]

1. August: Konventsbeschluss für einen Vernichtungskrieg gegen die Vendée

17. Oktober: Niederlage der Vendéer gegen die durch Fronttruppen verstärkten Nationalgarden bei Cholet

Ab dem 18. Oktober: Vorstoß der Vendée-Armee (30 000–40 000 Mann), begleitet durch ihre Frauen, Kinder und Alten (ca. 80 000), in Richtung Bretagne

13. Dezember: Blutige Niederschlagung der Aufständischen durch Regierungstruppen bei Le Mans sowie Hinrichtung der Gefangenen ohne Gerichtsverfahren durch Guillotine, Massenerschießungen und Ertränkungen in der Loire („patriotische Taufe") in Nantes.

**1794** Januar bis Mai: Höhepunkt des Vernichtungskriegs gegen die Vendée

**1795** 17. Februar: Kompromissfrieden zwischen der Regierung und der Vendée, in der diese die Republik anerkannte und dafür für zehn Jahre von Steuern sowie Zwangsrekrutierung befreit wurde.

Quelle: Hall: „Für Gott und König". Der Aufstand in der Vendée, in: Praxis Geschichte 6/2006, S. 32.

---

4.   Benennen Sie die wesentlichen Akteure, Zielsetzungen sowie Ereignisse der zweiten Phase der Revolution (1793–1794). Diskutieren und bewerten Sie dann die Begründungen für deren Radikalisierung.

---

**Die zweite Phase der Revolution (1793–1794): die Herrschaft der Jakobiner**    M 16

Anspruch der Revolution, Plakat von 1792      Typische Sansculotten; Mitte: Gemälde von Louis-Léopold Boilly (1761-1845), rechts: zeitgenöss. Radierung von 1789

Als Sansculotten wurde jener Teil der Pariser Bevölkerung bezeichnet, der den „Druck der Straße" darstellte und sich zum Motor der Radikalisierung der Revolution entwickelte. Ihr Name („sans culottes", deutsch: „ohne Kniehose") kam daher, dass sie anstelle der bislang üblichen Kniehosen, der Culottes, lange Hosen trugen. Zu ihrer Gruppe zählten vor allem Handwerker, kleine Geschäftsleute, Manufakturarbeiter und Arbeitslose. Von Hunger und der Suche nach den Schuldigen ihrer Not getrieben, forderten sie soziale und wirtschaftliche Gleichheit sowie direkte politische Mitbestimmung. Auf ihr Drängen hin wurden beispielsweise die Girondisten aus dem Konvent entlassen und führende Politiker hingerichtet.

## M 17    Brotaufstände

1 Aussagen über Versorgungsschwierigkeiten im Alltagsleben der „kleinen Leute" finden sich in jeder Kleinstadt, aber auch auf dem Lande, wo ein Großteil der Landbevölkerung ebenfalls auf
5 den Handel angewiesen war. Dass sich hier besonders die Frauen verbal protestierend oder als Ladenstürmerin und Preisfestsetzerin in Szene setzten, lag vor allem daran, dass es anerkanntermaßen zu ihrer höchsten Aufgabe als „Famili-
10 enmutter" gehörte, eine ausreichende Ernährung aller Familienmitglieder [sicherzustellen]. Der Zweck heiligt die Mittel: Für solche Fälle gab es das ungeschriebene Gesetz, dass Frauen gegen Verelendung und ein durch Hunger provozier-
15 tes Auseinanderbrechen der Familien auch auf illegale Weise rebellieren durften, nämlich durch Aktionen der unmittelbaren Bedarfsbefriedigung wie z. B. Überfall auf Getreidetransporte, selbst organisierter Verkauf von lebensnotwendigen
20 Gütern zu Niedrigpreisen, Ladenerstürmungen usw. Auf Straffreiheit konnten die Frauen aber nur hoffen, wenn sie bei derartigen Konflikten auch zahlreich agierten.

Quelle: Petersen: Die Revolution ist (noch) nicht zu Ende, in: Praxis Geschichte 6/1991, S. 8.

## M 18    Macht alle gleich! – Adresse[1] der Pariser Sektion Sans-Culottes vom 2. September 1793

1 Abgeordnete des Volkes!
[...] Beeilt euch, den Preis der Grundnahrungsmittel unverrückbar festzusetzen, ebenso den der Rohstoffe, den Arbeitslohn, die Industrieprofite
5 und die Handelsgewinne; ihr habt dazu das Recht und die Macht ... „Aber wie!" werden euch die Aristokraten, die Royalisten, die Gemäßigten, die Ränkeschmiede sagen. „Heißt das nicht Hand an das Eigentum legen, das heilig sein soll und un-
10 verletzlich?" ... Zweifellos; aber wissen sie nicht, diese Schurken, wissen sie nicht, dass Eigentum nur so weit gut ist, als es den Bedarf des Einzelnen befriedigt? Wissen sie nicht, dass keiner das Recht hat, etwas zu tun, was dem anderen schaden
15 kann? Was gibt es Schändlicheres, als willkürlich einen Preis für die Lebensmittel zu verlangen, den sieben Achtel der Bürger nicht aufbringen können? [ ... ]
1. Die ehemaligen Adligen sollen keinerlei mili-
20 tärische Funktionen ausüben noch irgend ein öffentliches Amt bekleiden dürfen, welcher Art es auch sei; die ehemaligen Priester, Parlamentsräte und Finanzleute sollen aus allen Verwaltungs- und Gerichtsämtern entfernt werden.
25 2. Alle Grundnahrungsmittel sind unveränderlich auf den Preis der so genannten „früheren Jahre"

1789 bis 1790 festzusetzen, jedoch in Ansehung ihrer unterschiedlichen Qualität.

3. Ebenso sollen die Rohstoffpreise festgesetzt
30 werden, und zwar so, dass die Industrieprofite, die Arbeitslöhne und die Handelsgewinne durch Gesetz in Grenzen gehalten werden und den gewerblichen Arbeiter, den Bauer und den Kaufmann in die Lage versetzen, sich nicht nur die
35 Dinge zu verschaffen, die er zum Leben braucht, sondern auch all das, was es ihm angenehm machen kann. [...]

5. Jedem Departement wird eine genügende Summe bewilligt, damit der Preis der Grundnah-
40 rungsmittel für alle Einwohner der Republik auf gleicher Höhe gehalten werden kann. [...]

8. Es soll ein Maximum für Vermögen festgesetzt werden. [...]

10. Keiner soll mehr Ländereien pachten dürfen,
45 als für eine festgesetzte Anzahl von Pflügen gebraucht wird.

11. Ein Bürger soll nicht mehr als eine Werkstatt oder einen Laden besitzen dürfen.

12. Alle, die Waren oder Grund und Boden unter
50 ihrem Namen innehaben; sollen als deren Eigentümer gelten.

Die Sektion Sans-Culottes meint, dass diese Maßnahmen Überfluss und Ruhm wieder herbeiführen, nach und nach die zu große Ungleichheit der
55 Vermögen beseitigen und die Zahl der Eigentümer ansteigen lassen werden.

Quelle: Markov: Revolution im Zeugenstand, 1986, S. 489 ff.

---

[1] Eine Adresse ist eine schriftlich niedergelegte politische Meinungsäußerung, die an die Regierung oder das Staatsoberhaupt gerichtet ist

---

## Das provisorische Herrschaftssystem der Revolutionsregierung 1793/1794 — M 19

KONVENT
verabschiedet Gesetze, die wichtigsten auf Vorschlag des Allgemeinen Sicherheits- und des Wohlfahrtsausschusses

ALLGEMEINER SICHERHEITSAUSSCHUSS
(12 Mitglieder)
– „Dirigent" der Terreur –

Überwachung des innenpolitischen Lebens

Polizei und Geheimpolizei

Revolutionstribunal

WOHLFAHRTSAUSSCHUSS
(12 Mitglieder, jeweils mit speziellen Aufgaben der Innen- und Außenpolitik betraut)
– nimmt die Funktionen einer Regierung wahr –

Repräsentanten in Mission
(Konventsmitglieder, ausgestattet mit unbeschränkten Vollmachten)

kontrollieren die Armee, erzwingen straffe Führung

bringen Departements auf revolutionären Kurs

WAHLBERECHTIGTE BÜRGER: 7–8 Mio.
Allgemeines Wahlrecht, ausgenommen Frauen und Feinde der Revolution

Verfassungsgrundlage der Terrorherrschaft

Die erste republikanische Verfassung von 1793 trat nie in Kraft. Aufgrund der Ausweitung des Krieges gegen die europäischen Monarchien, der Hungeraufstände in den Städten und des Bürgerkriegs in der Vendée wollte der Staat sein Gewaltmonopol zurückgewinnen. Daher wurden ein außerordentliches Gericht (Revolutionstribunal) und Überwachungsausschüsse gebildet. Der Wohlfahrtsausschuss stellte schließlich das Exekutivorgan des Konvents dar. Mit Maximilien Robespierre und George Danton an die Spitze übte dieser eine Schreckensherrschaft aus.

## M 20 Maximilien Robespierre: Rechtfertigung der Schreckensherrschaft (La Terreur) am 5. Februar 1794

1 Welches Ziel streben wir an? Wir wollen den friedlichen Genuss der Freiheit und der Gleichheit [...]. Wir wollen die Dinge so ordnen, dass alle niedrigen und grausamen Leidenschaften im
5 Zaum gehalten und alle wohltätigen und edlen Leidenschaften durch die Gesetze geweckt werden; wir wollen eine Ordnung schaffen, in der sich der Ehrgeiz auf den Wunsch beschränkt, Ruhm zu erwerben und dem Vaterland zu die-
10 nen; in der Vornehmheit nur aus der Gleichheit entsteht; wo der Bürger dem Magistrat, der Magistrat dem Volke und das Volk der Gerechtigkeit unterworfen ist; eine Ordnung, in der das Vaterland das Wohlergehen eines jeden Einzel-
15 nen sichert und jeder Einzelne stolz das Gedeihen und den Ruhm des Vaterlandes genießt [...]. Wir wollen in unserem Lande die Moral gegen den Egoismus, die Rechtschaffenheit gegen die Ehre [...], ein großherziges, mächtiges und glück-
20 liches Volk gegen ein bloß liebenswürdiges, leichtfertiges und beklagenswertes Volk eintauschen, das heißt, alle Tugenden und alle Wunder der Republik gegen alle Laster und alle Lächerlichkeiten der Monarchie. Mit einem Wort: Wir
25 wollen den Willen der Natur erfüllen, das Schicksal der Menschheit vollenden, das Versprechen der Philosophie halten und die Vorsehung von der langen Herrschaft des Verbrechens und der Tyrannei befreien [...]. Welche Regierungsform
30 kann diese Wunder vollbringen? Nur die demokratische oder republikanische Regierung!
Die Demokratie ist ein Staat, in dem das souveräne Volk sich nach Gesetzen richtet, die sein ei-

Maximilien de Robespierre, auch genannt „der Unbestechliche" oder „Blutrichter" (1758–1794), anonymes Porträt um 1793

genes Werk sind, indem es sinnverwandt, gleich-
35 bedeutend von selbst alles tut, was es tun kann, und indem es durch seine Abgeordneten tun lässt, was es nicht selbst tun kann. [...] Von außen werden wir von allen Tyrannen umzingelt; im Innern konspirieren alle Freunde der Tyrannen gegen
40 uns: sie werden solange konspirieren, bis dem Verbrechen jede Hoffnung genommen ist. Man muss die inneren und äußeren Feinde der Republik beseitigen oder mit ihr untergehen. Deshalb sei in der gegenwärtigen Lage der erste Grund-
45 satz eurer Politik, das Volk durch Vernunft und die Volksfeinde durch Terror zu lenken. Wenn in friedlichen Zeiten der Kraftquell der Volksregierung die Tugend ist, so sind es in Zeiten der Revolution Tugend und Terror zusammen. Ohne
50 die Tugend ist der Terror verhängnisvoll, ohne den Terror ist die Tugend machtlos. Der Terror ist nichts anderes als die unmittelbare, strenge

und unbeugsame Gerechtigkeit: Er ist also eine Emanation[1] der Tugend; er ist nicht so sehr ein
55 besonderer Grundsatz als vielmehr die Folge des allgemeinen Grundsatzes der Demokratie: angewandt auf die dringenden Bedürfnisse des Vaterlandes.

Quelle: Robespierre: Über die Grundsätze der politischen Moral, die den Nationalkonvent bei der inneren Verwaltung der Republik leiten sollen, 5. Februar 1794, in: Meyer (Hg.): Maximilien Robespierre, 1971, S. 582 ff.

---

[1] Emanare (lat.) = hervorgehen, herausfließen.

---

## Die Schreckensherrschaft: Frisst die Revolution ihre eigenen Kinder? M 21

### a) Todesurteile der Revolutionstribunale 1793/94

**Die Todesurteile der Revolutionstribunale 1793/94**

| | |
|---|---|
| in Paris vom März 1793 bis 10. Juni 1794 | 1 521 Urteile |
| vom 11. Juni bis 28. Juli 1794 | 1 376 Urteile |
| in Frankreich insgesamt | ca. 17 000 Urteile |

| | |
|---|---|
| Auf Paris entfielen | 16 % |
| auf die Hauptbürgerkriegsgebiete | 71 % |
| Verurteilungen wegen Rebellion | 78 % |
| wegen eidverweigernder Agitation | 19 % |
| wegen Wirtschaftsverbrechen | 1 % |

| | |
|---|---|
| Von den Verurteilten | |
| gehörten zum dritten Stand | 84 % |
| waren Bürger | 25 % |
| waren Bauern | 28 % |
| waren Sansculotten | 31 % |
| waren Adelige | 8,5 % |
| waren Kleriker | 6,5 % |

Quelle: Soboul, Albert: Die Große Französische Revolution. Ein Abriß ihrer Geschichte [1789–1799], Frankfurt am Main, 1973, S. 352 f.

### b) Robespierres Wirken im Spiegel der Karikatur

Zeitgenössische englische Karikatur
„Hier ruht ganz Frankreich" steht auf der Grabpyramide. In der Amtstracht des Wohlfahrtsausschusses guillotiniert Maximilien Robespierre, nachdem er alle Franzosen hat hinrichten lassen, auch noch den Henker. Auf dem Boden liegen die Verfassungen von 1791 und 1793. Die Hinrichtung ehemaliger Gefährten wie George Danton führt schließlich dazu, dass sich Konvent und Wohlfahrtsausschuss von Robespierre abwenden: Er selbst wird ohne Urteil im Jahr 1794 hingerichtet.

**5.** Stellen Sie dar, wie die Schreckensherrschaft beendet und durch welche Art von Verfassung sie abgelöst wird. Analysieren Sie dann die Bedeutung des korsischen Generals Napoléon Bonaparte innerhalb der Revolutionsgeschichte.

Die Direktoriumsverfassung wurde nach der Schreckensherrschaft im Sinne einer „Herrschaft der Besten" installiert. Das fünfköpfige Direktorium bildete die Exekutive und besaß weitreichende Vollmachten. Die Legislative bestand nun aus zwei Kammern: dem Rat der Fünfhundert und dem Rat der Alten (Ältestenrat mit allen Abgeordneten über 40 Jahre). Die fünf Mitglieder des Direktoriums wurden vom Ältestenrat aus einer Vorschlagsliste des Rats der 500 gewählt.

---

**M 22**   **Der Staatsstreich des gefeierten Generals Napoleon Bonaparte am 9./10. November 1799**

Gemälde von François Bouchot aus dem Jahr 1840: Staatsstreich des Napoleon Bonaparte am 9./10. November 1799. Der General Napoleon Bonaparte lässt das seit 1795 regierende Direktorium absetzen. Daraufhin bildet Bonaparte eine provisorische Regierung, das Konsulat, der er als Erster Konsul vorsteht.

---

**M 23**   **Proklamation der drei Konsuln vom 15. Dezember 1799**

1 Franzosen, es wird euch eine Verfassung vorgelegt. Sie setzt den Ungewissheiten, die die Provisorische Regierung in den auswärtigen Beziehungen, in der inneren und in der militärischen Lage der
5 Republik aufkommen ließ, ein Ende. [ ... ] Die Verfassung gründet sich auf die wahren Prinzipien der parlamentarischen Regierung und auf die geheiligten Rechte des Eigentums, der Gleichheit und der Freiheit.

10 Die Gewalten, die sie einsetzt, werden stark und dauerhaft sein, wie sie es sein müssen, wenn sie die Rechte der Bürger und die Interessen des Staates schützen sollen.
Bürger, die Revolution ist den Grundsätzen, von
15 denen sie ihren Ausgang nahm, fest verbunden; sie ist beendet.

Markov: Revolution im Zeugenstand, 1986, S. 698 f.

# DAS WICHTIGSTE IN KÜRZE

### Der Vorabend der Revolution

Um 1789 hatte Frankreich rund 28 Millionen Einwohner. Davon gehörten 0,5 % zum Ersten Stand (Geistlichkeit). Der Zweite Stand (Adel) war mit 1,5 % vertreten. Der Dritte Stand stellte 98 % der Bevölkerung: Der Großteil davon waren Bauern, Pächter und Landarbeiter, der Rest (ca. 16 %) Bürger. Reichtum und Bildung waren im Dritten Stand sehr ungleich verteilt. Der Erste und Zweite Stand genossen Privilegien, wie z. B. Steuerfreiheit, das Anrecht auf Ämter oder das Jagdrecht. Der Dritte Stand trug nahezu die gesamte Steuerlast und besaß keinerlei politische Rechte. Die absolutistische Monarchie wurde 1789 durch eine Finanz- und Wirtschaftskrise, einen drohenden Staatsbankrott, die Ideen der Aufklärung sowie die sozialen Spannungen und Verwerfungen herausgefordert. Sie wurde durch drei voneinander unabhängige, aber in sich greifende Revolutionen bis 1791 in eine konstitutionelle Monarchie verwandelt: die Revolution der Deputierten der Generalstände, die Revolution der Pariser Stadtbevölkerung und die Revolution der Bauern auf dem Land.

### Das Jahr 1789

Das Zusammenkommen der Generalstände am 5. Mai 1789 erfolgte aufgrund deren Steuerbewilligungsrechts angesichts des drohenden Staatsbankrotts. Diese Versammlung der drei Stände mit jeweils ca. 300 Deputierten hatte zuletzt 1614 getagt. Der Dritte Stand forderte sogleich eine Verdopplung seiner Vertreter von 300 auf 600 Deputierte sowie die Abstimmung nach Köpfen (Mehrheitsprinzip) und nicht nach Ständen. Als dem nicht stattgegeben wurde, erklärten sich die Abgeordneten des Dritten Standes am 17. Juni zur Nationalversammlung – im Bewusstsein, 98 % der Nation zu repräsentieren. Den Sitzungssaal ließ Ludwig XVI. kurzerhand schließen. Die Gruppe der eigenmächtig ernannten Volksvertreter zog daraufhin in die Sporthalle (Ballhaus) um. Dort schworen sich die Versammelten am 20. Juni 1789 den sogenannten Ballhausschwur, der sie verpflichtete, sich so lange zu versammeln, „bis die Verfassung des Königreiches ausgearbeitet ist und auf festen Grundlagen ruht"[1].

Die aufgeheizte politische Atmosphäre, die Angstvorstellungen der Pariser Bevölkerung wegen des königlichen Truppenaufkommens vor der Stadt, aber auch die sozialen Spannungen aufgrund der enorm gestiegenen Brotpreise bildeten den Nährboden für die Rebellion in Paris. Der Ruf nach Brot und Waffen führte am 14. Juli 1789 zum Sturm auf die Bastille, dem verhassten Staatsgefängnis und „Monument der Tyrannei". Auf dem Land protestierten die Bauern mit gewaltsamen Mitteln gegen die Privilegien der Grundherren. Am 4. August wurde daraufhin der Feudalismus von der Nationalversammlung abgeschafft. Mit der feierlichen Erklärung der Menschen- und Bürgerrechte am 26. August 1789 wurde die neue, von der Aufklärung beeinflusste Grundordnung verkündet: Freiheit und Gleichheit! Aus diesen drei Revolutionen erfolgten insgesamt Maßnahmen, die das Land nachhaltig umformten. Das moderne Frankreich entstand.

### Die Verfassung von 1791: Frankreich wird zur konstitutionellen Monarchie

Der französische König Ludwig XVI. zeigte eine janusköpfige Haltung zur Revolution: Mit dem gescheiterten Fluchtversuch der königlichen Familie (20./21. Juni 1791) wurde die neue, aber noch nicht in Kraft gesetzte Verfassung fast obsolet. Dennoch wollten die Gemäßigten die Verfassung retten und damit die Revolution

---

[1]   Zit. nach Markov: Die Französische Revolution, 1989, S. 49.

# DAS WICHTIGSTE IN KÜRZE

zu Ende bringen. Am 14. September leistete Ludwig XVI. den Eid auf die Verfassung. Der König stand nicht mehr über dem Gesetz, sondern regierte nur durch dieses – er wurde vom dynastisch-absoluten Herrscher zum Verfassungsorgan. Zum wahlberechtigten Volk zählten nur Männer über 25 Jahre, die ein bestimmtes Steueraufkommen aufbringen mussten (Zensuswahlrecht). Frauen, Besitzlose oder auch die Sklaven in den Kolonien waren vom Wahlrecht ausgeschlossen. Um einer befürchteten Gegenrevolution vonseiten der Emigrantenheere zuvorzukommen, die von den ca. 40 0000 seit 1789 Geflohenen aufgestellt wurden und von Österreich und Preußen unterstützt zu werden schienen, erklärte die junge Nation Frankreich diesen Monarchien den Krieg. Die Zeit der Revolutions- bzw. Koalitionskriege begann. König Ludwig XVI. bezichtigte man dabei der Kollaboration mit diesen „Feinden des Vaterlandes". Am 21. September 1792 wurde er von seinem Amt suspendiert und wegen Landesverrats vor Gericht gestellt, das ihn zum Tode verurteilte. Die öffentliche Hinrichtung des französischen Königs am 21. Januar 1793 war innerhalb der Nation wie auch im europäischen Ausland allerdings heftig umstritten und riss eine tiefe Kluft zwischen Befürwortern und Gegnern.

## La Terreur – die Schreckensherrschaft der Jakobiner (1793/1794)

Um die hohen Ziele der Revolution – Freiheit, Gleichheit, Brüderlichkeit – zu verteidigen und durchzusetzen, wurden von nun an königstreue Politiker, Adlige und den Verfassungseid verweigernde Priester, letztendlich aber auch Bauern, Bürger und Sansculotten verfolgt, willkürlich verhaftet und hingerichtet. La Terreur – die Schreckensherrschaft der Jakobiner – begann. Der einsetzende Polizei- und Justizterror basierte auf Denunziantentum und Spitzelwesen. Zeugnisse über die Staatsbürgertreue wurden obligatorisch. Als „Sense der Gleichheit" missverstanden, wurde die Guillotine zum Symbol für die Schreckensherrschaft. Die Politik wurde hingegen maßgeblich in Parlamentsausschüssen – dem jeweils 12-köpfigen Wohlfahrts- und Sicherheitsausschuss – gemacht und federführend von den Mitgliedern Maximilien Robespierre und George Danton bestimmt.

Der Aufstand der Bauern in der Vendée löste die Furcht vor einer Gegenrevolution aus. Die Jakobiner reagierten darauf mit Notstandsgesetzen und der Einführung eines Revolutionstribunals, das binnen eines Jahres ca. 17 000 Todesurteile in fragwürdigen Gerichtsverhandlungen fällte. Fast alle erwachsenen Franzosen wurden zum Wehrdienst einberufen, die Löhne und Preise wurden auf ein Maximum festgelegt, Lebensmittelvorräte beschlagnahmt und vermögende Bürger wurden gezwungen, dem Staat Geld zu leihen. Die Restriktionen erinnerten an die Zeit des Absolutismus. Schließlich kam es zu einer Verschwörung von Konventsabgeordneten und dem Wohlfahrtsausschuss, die zur Verhaftung und Hinrichtung Maximilien Robespierres und seiner engsten Vertrauten führte. Am 28. Juli 1794 war damit die Schreckensherrschaft beendet.

## Das Ende der Revolution

Auf die Schreckensherrschaft folgte die Zeit des Direktoriums. An der Spitze des Staates regierte nun ein fünfköpfiges Direktorium, das eine Herrschaft der Besten sein sollte. Da auch in dieser Phase der Revolution unterschiedliche innen- und außenpolitische Probleme nicht gelöst werden konnten, wurde der erfolgreiche General der Italienarmee, Napoleon Bonaparte, nach Paris „gerufen". Im Zuge seines Staatsstreichs erklärte Napoleon als Erster Konsul der provisorischen Konsulatsregierung am 15. Dezember 1799 die Revolution für beendet. In den zehn Jahren zwischen dem Sturm auf die Bastille und der Machtübernahme Napoleons hat Frankreich alle Staatsformen durchlebt, die für das 19. und 20. Jahrhundert prägend waren.

# FESTIGUNG – VERTIEFUNG

## Weitere Herangehensweisen

- Der Begriff „Revolution" bedeutet eine „schnelle, radikale (i. d. R. gewaltsame) Veränderung der gegebenen (politischen, sozialen, ökonomischen) Bedingungen"[1]. Erläutern Sie den Begriff „Revolution" am Beispiel der Französischen Revolution.
- Begründen Sie, warum die Französische Revolution in drei Phasen unterteilt wird.
- „Die Revolution frisst, Saturn gleich, ihre eigenen Kinder" – erläutern Sie das Zitat des girondistischen Konventsabgeordneten Pierre-Victurnien Vergniaud kurz vor seinem Tod am 31. Oktober 1793. Erläutern Sie vor diesem Hintergrund Gründe und Verlauf der „Schreckensherrschaft".
- Entwickeln Sie ein Szenario: Die Urteile in den Fällen „Bürger Louis Capet" (bürgerlicher Name von Ludwig XVI.) und „Bürger Maximilien Robespierre" gehen in die Revision. Spielen Sie in Ihrer Lerngruppe jeweils eine Gerichtsverhandlung nach, für die Sie eine Anklageschrift, das Plädoyer der Verteidigung sowie der Staatsanwaltschaft entwickeln. Das Gericht soll daraufhin ein begründetes Urteil verkünden.

## Vertiefende Aspekte

- Revolutionskriege oder Koalitionskriege? Erläutern Sie die Begriffe anhand eines Fachlexikons und grenzen Sie diese voneinander ab (vgl. H 1).
- „Dantons Tod" von Georg Büchner (1835): Referieren Sie über den Inhalt dieses Dramas. Arbeiten Sie die Intention des Dichters heraus und überprüfen Sie die Gestaltung des Helden auf seine historische Korrektheit hin (vgl. H 2).
- Referieren Sie über die Rolle der Frauen in der Französischen Revolution (vgl. H 3).
- Erstellen Sie eine Bilanz zur Französischen Revolution aus unterschiedlichen Perspektiven.

## Weiterführende Quellen und Hinweise

**H 1** Schülerduden Geschichte. Das Fachlexikon von A–Z, 6., aktualisierte Aufl., Mannheim, Dudenverlag, 2014. Ein Lexikon zum Geschichtsunterricht aus dem Dudenverlag, das das grundlegende Geschichtswissen zu allen Epochen umfasst.

**H 2** Büchner, Georg: Dantons Tod, Stuttgart, Reclam, 1986. Georg Büchner zeichnet in seinem Drama „Dantons Tod" (1835) ein düsteres Bild der Französischen Revolution. Er dramatisiert die Ereignisse im März und April 1794 als Auseinandersetzung zwischen Robespierre als „Unbestechlichem" und dem lasterhaften Danton. Büchner zeigt das Scheitern einer humanistischen Idee.

**H 3** Petersen, Susanne: Marktweiber und Amazonen: Frauen in der Französischen Revolution. Dokumente, Kommentare, Bilder, Köln, Pahl-Rugenstein, 1989. Diese Textsammlung verbindet anschauliche Berichte über die alltäglichen Lebensverhältnisse der Frauen in den letzten Jahren des Ancien Régime und während der Revolution mit Darstellungen politischer Aktionen wie Demonstrationen, Lebensmittelverteilungen, Agitationen und politischer Äußerungen.

---

[1] Schubert; Klein: Revolution, in: Schubert; Klein: Das Politiklexikon, 2016, S. 261.

## KAPITEL 3 (LERNBEREICH 2.5)

**3.3** Napoleon und die französische Vorherrschaft in Europa

### Forschungsinteresse und Kompetenzerwerb

„Ein fremder Eroberer hat in Deutschland die alten Zwingburgen der Feudalherren und die Klöster der Ordensherren in Trümmer geschlagen und die Grundlagen des nationalen Staates geschaffen."[1] Franz Mehring, deutscher Historiker und sozialdemokratischer Politiker, urteilt hier im Jahre 1903 über den Franzosen Napoleon Bonaparte (1769–1821), der ab 1804 als Napoleon I. den Titel „Kaiser der Franzosen" trägt. Ob diese Einschätzung stimmt, einseitig oder unvollständig ist, werden Sie nach der folgenden Lerneinheit beurteilen können.

In diesem Kapitel lernen Sie die historische Person Napoleon Bonaparte kennen. Zudem werden Sie befähigt, sich mit Napoleons Machtausbau hin zu einer französischen Vorherrschaft in Europa auseinanderzusetzen. Sie erkennen die fundamentalen Auswirkungen seiner Herrschaft auf das Heilige Römische Reich Deutscher Nation. Vor diesem Hintergrund werden Sie nicht nur die geopolitischen Entwicklungen sowie territorialen Veränderungen bewerten, sondern auch die besondere Rolle Bayerns beurteilen und die Bedeutung der auf Maximilian Joseph Graf von Montgelas zurückgehenden Reformen als Grundlage für einen modernen Staat würdigen können.

### Vorgehen

Die Urteile über Napoleon Bonaparte reichen von „Halbgott"[2] (Johann Wolfgang Goethe) bis zu „Ungeheuer"[3] (Ernst Moritz Arndt). Wie kommt es zu diesen gegensätzlichen Wertungen über den „Kaiser der Franzosen"? Für den Tag der deutsch-französischen Freundschaft am 22. Januar wird eine Informationsveranstaltung zu diesem Thema an Ihrer Schule geplant. Diese soll die Anfänge eines antifranzösischen Nationalismus im 19. Jahrhundert und die historische Urteilsbildung im Allgemeinen thematisieren. Zur Vorbereitung dieser Veranstaltung erarbeiten Sie in einer Arbeitsgruppe ein Thesenpapier zum Thema „Napoleon und die französische Vorherrschaft in Europa", das der inhaltlichen Information des gesamten Veranstaltungsteams dienen soll.

Zunächst CHARAKTERISIEREN Sie die geopolitische Ausgangslage in Europa vor 1789 im Vergleich zu derjenigen im Jahr 1812. Daraufhin ANALYSIEREN Sie das Selbstverständnis Napoleons sowie die Gründe für die auf seine Person bezogene Begeisterung der Franzosen. Daran anknüpfend VERGLEICHEN Sie sein Herrschaftsverständnis mit jenem früherer und späterer Könige. Sie SKIZZIEREN die außenpolitischen Zielsetzungen und Strategien Napoleons und BEURTEILEN diese. In diesem Zusammenhang ERMITTELN Sie die Auswirkungen der napoleonischen Herrschaft in Europa auf das Heilige Römische Reich Deutscher Nation. Dabei ARBEITEN Sie die Haltung und Rolle Bayerns HERAUS und INTERPRETIEREN die Bedeutung der Reformen durch Montgelas – auch für heute. Anschließend SKIZZIEREN Sie Ursache und Verlauf des Russlandfeldzugs sowie das Gewicht der deutschen Befreiungskriege ab 1813 für das Ende Napoleons. Abschließend BILANZIEREN Sie die Rolle des korsischen Generals und späteren „Kaisers der Franzosen" innerhalb der europäischen Geschichte.

---

[1]   Hartig; Hartig (Hg.): Die Französische Revolution im Urteil der Zeitgenossen und der Nachwelt, 1988, S. 68.

[2]   Stählin: Napoleons Glanz und Fall im deutschen Urteil, 1952, S. 98.

[3]   Maurois: Napoleon mit Selbstzeugnissen und Bilddokumenten, 2000, S. 122.

ERSTELLEN **Sie nun das Thesenpapier zu Napoleon.**

Als Arbeitshilfe finden Sie im hinteren Teil des Lehrwerks eine Übersicht über verschiedene Methodentechniken. Nutzen Sie diese Möglichkeit.

## Materialauswahl

Die Auseinandersetzung mit der Herrschaft Napoleons über Europa in diesem Kapitel basiert vor allem auf Bildmaterial – Historiengemälde, Karten und Karikaturen. Hierdurch werden einerseits die enormen territorialen Veränderungen der damaligen Zeit deutlich, es werden aber auch die gezielte Selbstinszenierung Napoleons erkannt und die zeitgenössische Kritik an seiner Politik evident. Anhand von Textquellen können Legitimationen analysiert und reflektiert werden. Mit dem unterschiedlichen Material soll das quellenkritische Arbeiten eingeübt werden, wodurch für die Beeinflussung historischer Urteilsbildung sensibilisiert werden soll.

**1.** Verschaffen Sie sich einen Einblick in die geopolitischen Ausgangslage Europas vor der Französischen Revolution 1789 und zur Zeit der napoleonischen Herrschaft 1812. Arbeiten Sie wesentliche Veränderungen der politischen Landkarte im 19. Jahrhundert heraus.

## Geopolitische Ausgangslage — M 1

### a) Vor 1789

## b) 1812: der Höhepunkt der Macht

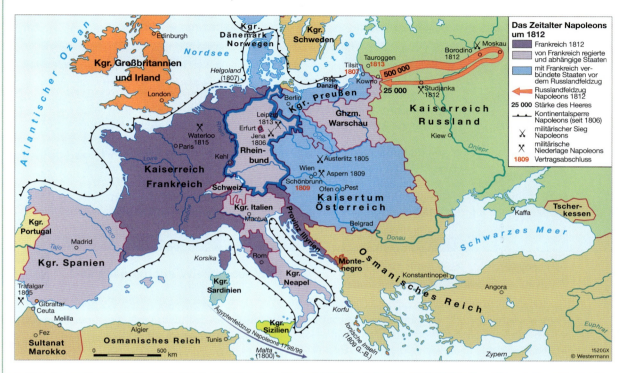

**2.**

2.1 Wer ist dieser Bonaparte? Nutzen Sie zur Beantwortung dieser Frage die biografischen Informationen.

2.2 Vergleichen Sie die beiden Gemälde, die Napoleon Bonaparte bzw. den „Kaiser der Franzosen" abbilden. Bestimmen Sie, welche Wirkungsabsichten diesen zugrunde liegen und ordnen Sie diese biografisch sowie politisch ein.

2.3 Ermitteln Sie anhand des Materials, weshalb die Mehrheit der Franzosen Napoleon unterstützte sowie bewunderte und welche politischen Konsequenzen daraus abgeleitet wurden. Beziehen Sie kritisch Stellung dazu.

2.4 Vergleichen Sie die Krönungsbildnisse hinsichtlich ihrer Unterschiede und Gemeinsamkeiten. Arbeiten Sie zudem heraus, welches Herrschaftsverständnis jeweils zum Ausdruck kommt (M 5).

M 2

## Selbstinszenierung und Selbstbild Napoleon Bonapartes

**a) Napoleon beim Überschreiten der Alpen am Großen Sankt Bernhard 1800**

Gemälde von Jacques-Louis David, 1801. Das Bild zeigt Napoleon beim Überschreiten der Alpen wenige Wochen vor seinem Sieg über die österreichischen Truppen bei Marengo während des Zweiten Koalitionskrieges (1799–1801/02). Auf dem Felsen sind die Namen „ANNIBAL", „KAROLUS MAGNUS" und „BONAPARTE" zu lesen.

**b) Napoleon I, Kaiser der Franzosen, im Arbeitszimmer, 1812**

Gemälde von Jacques-Louis David, 1812

M 3

## Zur Person Napoleon Bonaparte (1769–1821) – ein Ausschnitt bis 1799

**Geburt und Herkunft:** Am 15. August 1769 kommt Napoleon Bonaparte, eigentlich Napoleone Buonaparte, in Ajaccio (Korsika) in einer aus Italien stammenden und dem niederen Adel angehörenden Familie zur Welt.

**Militärische Ausbildung:** Mit neun Jahren erhält Napoleon ein königliches Stipendium für die Militärschule von Brienne.

**Karriere in der frz. Revolutionsarmee:** 1793 siegt Napoleon in der Schlacht um Toulon über die Engländer. 1796/97 befehligt er, der sich nun Bonaparte nennt, den Italienfeldzug. Der Sieg gegen Österreich und die Besetzung Belgiens, der Lombardei und des Rheinufers ebnen seinen Weg zur Macht.

**Gesellschaftlicher Aufstieg:** Als Anhänger der Bergpartei wird er nach dem Tod Robespierres verhaftet und verliert als General sein Kommando. 1796 heiratet Napoleon die höhergestellte Joséphine de Beauharnais.

**Popularität:** 1798 triumphiert Napoleon in der „Ägyptischen Expedition". Er erreicht die Loslösung Ägyptens vom Osmanischen Reich.

**Wechsel in die Politik:** Mit dem Staatsstreich von 1799 stürzt Napoleon die Revolutionsregierung, das Direktorat, und lässt sich für zehn Jahre zum obersten von drei Konsuln wählen („Konsulat"). Die Revolution erklärt er für beendet.

**M 4** Die Kaiserkrönung am 2. Dezember 1804

### a) Entwurfszeichnung von Jacques-Louis David (o. J.)

Napoleon krönt sich selbst zum „Kaiser der Franzosen"

### b) Historiengemälde von Jacques-Louis David, 1806

Mit der Krönungszeremonie knüpfte Napoleon an das mittelalterliche Kaisertum Karls des Großen an, weshalb er hierzu Papst Pius VII. nach Paris einlud. Dieser segnete und salbte den neuen Kaiser, der die Krönung des Kaiserehepaars allerdings selbst vollzog.

**3.**

3.1 Beschreiben Sie anhand der nachfolgenden Karikatur die außenpolitischen Vorstellungen Napoleons. Zeigen Sie anhand der zweiten Karikatur und der Karte M 1 auf, wie Napoleon seine Macht in Europa ausgebaut und gesichert hat.

3.2 Erklären Sie dann anhand der Materialien die Auswirkungen der französischen Herrschaft auf Bayern und auf das Heilige Römische Reich Deutscher Nation insgesamt.

3.3 Stellen Sie in diesem Zusammenhang die Bedeutung von Maximilian Joseph Graf von Montgelas für das damalige Geschehen sowie sein politisches Erbe für das heutige Bayern dar (M 9, M 10).

3.4 Arbeiten Sie heraus, wo die napoleonische Herrschaft auf Widerstand traf (M 12).

**Napoleon und Großbritannien**  M 5

*„Der Plumpudding in Gefahr; oder Die Staats-Gourmets nehmen ein kleines Abendessen ein.* Selbst die große Erdkugel und alles, was sie enthält, sind zu klein für diesen unstillbaren Appetit." (James Gillray, 1805); links: der britische Premierminister William Pitt, rechts: Napoleon.

Die Politik des Heiligen Römischen Reichs Deutscher Nation war seit dem Westfälischen Frieden 1648, der das Ende des Dreißigjährigen Krieges besiegelte, durch territoriale Zersplitterung (ca. 300 Einzelstaaten) und Machtlosigkeit des Kaisers gekennzeichnet. Denn dieser benötigte in allen wichtigen Entscheidungen die Zustimmung der Reichsstände des Reichstags in Regensburg.

Vor der Französischen Revolution war die Politik in Europa durch ein Gleichgewicht der Mächte, die Pentarchie, geprägt: Großbritannien, Frankreich, Russland, Preußen und Österreich (als Teil des Heiligen Römischen Reichs Deutscher Nation). Die Revolutionskriege veränderten die Ausgangslage

fundamental. 1792/1793 eroberten die französischen Truppen die linksrheinischen deutschen Gebiete. Mit dem Sieg in der Doppelschlacht bei Jena und Auerstedt über Österreich und Preußen 1806 erlangte Napoleon vorübergehend die erwünschte hegemoniale Stellung in Europa. Zuvor war Frankreich in der Seeschlacht bei Trafalgar 1805 unterlegen gewesen, womit die Vorherrschaft Großbritanniens auf See entschieden worden war.

## M 6 Napoleon backt Königreiche

„Tiddy Doll, der große französische Pfefferkuchenbäcker, zieht eben einen neuen Schub frischgebackener Könige aus dem Ofen". Radierung, koloriert, 1806, von James Gillray (1757–1815).

In den eroberten Gebieten ernannte Napoleon Könige, Fürsten und Herzöge – meist aus der eigenen Familie oder aus dem Kreis verdienter Militärs und Bürger. In ihnen wurde die französische Staatsverwaltung übernommen, wodurch auch Errungenschaften – der Code civil (auch Code Napoleon) – „exportiert" wurden. Die Grundgedanken dieses von Napoleon beauftragten französischen Zivilgesetzbuchs sind Gleichheit der Männer vor dem Gesetz, Anerkennung der Freiheit des Einzelnen (Mannes) und des Eigentums, die Abschaffung des Feudalismus, Trennung von Staat

und Kirche und damit die Säkularisation des Zivillebens, z. B. durch Einführung der obligatorischen Zivilehe. Der Code civil vereinheitlichte die Rechtsauffassung in Europa und ermöglichte erst die Entwicklung einer modernen, an Wirtschaftsfreiheit (Kapitalismus) und Leistungsprinzip orientierten Gesellschaft.

In der Rheinbundakte vom 12. Juli 1806 gingen 16 deutsche Fürsten die Verpflichtung ein, sich vom Reich loszusagen und eine Allianz mit dem französischen Kaiser zu schließen.

## Das Ende des Heiligen Römischen Reichs Deutscher Nation 1806

### a) Die Rheinbundakte

**Art. 1.** Die [im Folgenden aufgeführten] Staaten [...] werden auf ewig von dem Territorium des deutschen Reichs getrennt, und unter sich durch eine besondere Konföderation unter dem Namen: "Rheinische Bundesstaaten" vereinigt.

**Art. 2.** Jedes deutsche Reichsgesetz, welches Ihre Majestäten und Durchlauchten die Könige, Fürsten, und den Grafen, die in dem vorhergehenden Artikel benannt sind, Ihre Unterthanen, Staaten oder, Theile derselben bisher betraf, oder verband, soll künftig [...] null und nichtig, und von keiner Wirkung seyn. [...]

**Art. 12.** Seine Majestät der Kaiser der Franzosen wird zum Protektor des Bundes proklamirt, und ernennt in dieser Eigenschaft beym Absterben eines Fürsten Primas[1] dessen Nachfolger.

**Art. 35.** Zwischen dem Kaiser der Franzosen und den Staaten des rheinischen Bundes insgesamt und einzeln genommen, soll eine Allianz Statt haben, kraft welcher jeder Kontinental-Krieg, welchen einer der kontrahirenden[2] Theile zu führen hätte, für alle Andere[n] zur gemeinsamen Sache wird.

**Art. 38.** Das von jedem der Alliierten im Falle eines Krieges zu stellende Kontingent ist festgesetzt, wie folgt: Frankreich stellt 200000 Mann, von jeder Waffengattung; das Königreich Baiern 30000, von jeder Waffengattung; das Königreich Württemberg 12000; der Großherzog von Baden 8000; der Großherzog von Berg 5000; der Großherzog von Darmstadt 4000, der Herzog und der Fürst von Nassau stellen mit den anderen verbündeten Fürsten ein Kontingent von 4000 Mann.

Quelle: Konföderations-Akte der rheinischen Bundes-Staaten, in: Königlich-Baierisches Regierungsblatt, 17.01.1807, S. 102–132.

### b) Aus der Erklärung zur Niederlegung der Kaiserkrone durch Franz II., 6. August 1806

Bei der [...] Ueberzeugung von der gänzlichen Unmöglichkeit, die Pflichten Unseres kaiserlichen Amtes länger zu erfüllen, sind Wir es Unsern Grundsätzen und Unserer Würde schuldig, auf eine Krone zu verzichten, welche nur solange Werth in Unsern Augen haben konnte, als Wir dem von Churfürsten, Fürsten und Ständen und übrigen Angehörigen des deutschen Reichs Uns bezeigten Zutrauen zu entsprechen und den übernommenen Obliegenheiten ein Genüge zu leisten im Stande waren.

Wir erklären demnach durch Gegenwärtiges, daß Wir das Band, welches Uns bis jetzt an den Staatskörper des deutschen Reichs gebunden hat, als gelöst ansehen, daß Wir das reichsoberhauptliche Amt und Würde durch die Vereinigung der conföderirten rheinischen Stände als erloschen und Uns dadurch von allen übernommenen Pflichten gegen das deutsche Reich losgezählt betrachten und die von wegen desselben bis jetzt getragene Kaiserkrone und geführte kaiserliche Regierung, wie hiermit geschieht, niederlegen.

Wir entbinden zugleich Churfürsten, Fürsten und Stände und alle Reichsangehörigen, insonderheit auch die Mitglieder der höchsten Reichsgerichte und die übrige Reichsdienerschaft, von ihren Pflichten, womit sie an Uns, als das gesetzliche Oberhaupt des Reichs, durch die Constitution gebunden waren. Unsere sämtlichen deutschen Provinzen und Reichsländer zählen Wir dagegen wechselseitig von allen Verpflichtungen, die sie bis jetzt, unter was immer für einem Titel, gegen das deutsche Reich getragen haben, los, und Wir werden

---

[1] Neuer Titel im Rheinbund: Fürst-Primas entspricht dem des Erzkanzlers im Deutschen Reich.

[2] kontrahierenden = vertragschließenden.

selbige in ihrer Vereinigung mit dem ganzen österreichischen Staatskörper als Kaiser von Oesterreich
35 unter den wiederhergestellten und bestehenden friedlichen Verhältnissen mit allen Mächten und benachbarten Staaten zu jener Stufe des Glückes und Wohlstandes zu bringen beflissen seyn, welche das Ziel aller Unserer Wünsche, der Zweck Unserer 40 angelegensten Sorgfalt stets seyn wird.

Quelle: Corpus Constitutionem Germaniae, 1847, S. 72.

Der Vertrag von Lunéville 1801 beendete den Zweiten Koalitionskrieg. Österreich und Preußen wurde offiziell der Verlust ihres linksrheinischen Gebiets von 1793/1794 bestätigt; neu war, dass sie nun entschädigt wurden: Weltliche Landesherren sollten durch das Reich mit rechtsrheinischem Gebiet entschädigt werden. Hierfür kamen nach Napoleon nur eine Aufhebung der geistlichen Herrschaften (Säkularisation) und eine Beseitigung der kleinen reichstreuen und reichsunmittelbaren Territorien infrage (z. B. freie Reichstädte, Reichsritterschaften, kleine Fürstentümer). Diese Verfahren nennt man „Mediatisierung" (Mittelbarmachung). Das Reich kam dieser Maßgabe im Reichsdeputationshauptbeschluss 1803 (Entschädigungsgesetz) nach, dessen Ergebnis eine vereinfachte Landkarte war. Die darin geregelte Aufhebung der geistlichen Fürstentümer bedeutete darüber hinaus die Zerstörung der Grundstruktur des Alten Reichs.

Nachdem Österreich mit Russland in der „Dreikaiserschlacht" bei Austerlitz 1805 gegen Frankreich erneut verloren hatte, musste es empfindliche Gebietsverluste hinnehmen: An Bayern, das an Frankreichs Seite gekämpft hatte, trat es Tirol und Vorarlberg ab. Venedig und Dalmatien wurden Italien zugesprochen. Das Kurfürstentum Bayern durfte nun mit Napoleons Zustimmung zum Königreich (1. Januar 1806) aufsteigen. Darüber hinaus schlossen 16 deutsche Fürsten den Rheinbund im Juli 1806.

## M 8    Bayern wird Königreich

Bayern wird Königreich 1806 – von Napoleons Hand; weder Max I. Joseph noch seine Nachfolger wurden gekrönt. Die Kroninsignien kamen ausschließlich bei herausragenden Staatsakten zum Einsatz.

## Reformen in Bayern: Maximilian Joseph Graf von Montgelas

Sowohl im verbündeten Königreich Bayern durch Maximilian Joseph Graf von Montgelas als auch im besiegten Königreich Preußen durch Karl Freiherr vom Stein und Karl August von Hardenberg wurden Staats- und Verwaltungsreformen durchgeführt. Um das preußische Nationalgefühl zu fördern, sollte u. a. ein Mitspracherecht der Untertanen ermöglicht werden. Montgelas wollte als „Superminister" in Bayern den modernen Staat aufbauen. Am französischen Vorbild orientiert wollte er Gedanken der Französischen Revolution genauso wie eine starke Monarchie verwirklichen. Die Reformen im Überblick:

- **territoriale Neuordnung:** Es gab jetzt acht Kreise bzw. Regierungsbezirke.
- **Säkularisation:** Die Auflösung der Klöster und die Enteignung ihres Besitzes brachten dem Staat hohe Einnahmen ein.
- **Toleranz:** Das Verhältnis des Staates und der katholischen Kirche wurde auf die Grundlage von Toleranz und Parität der Konfessionen gestellt, Juden wurden Glaubensfreiheit und Staatsbürgerschaft gewährt.
- **Abschaffung des Feudalismus:** Die letzten Reste der Leibeigenschaft wurden abgeschafft.
- **Wehrpflicht:** Die allgemeine Wehrpflicht wurde eingeführt.
- **Rechtswesen:** Das Strafrecht wurde humanisiert.
- **Gewerbeordnung:** Die wirtschaftliche Einheit Bayerns wurde durch eine liberale Gewerbeordnung und die Abschaffung des Zunftzwangs geebnet.
- **Bildung:** Die allgemeine Schulpflicht, staatliche Lehrerbildungsanstalten (Seminare), eine verbeamtete Lehrerschaft und die Bedingung zentral gestellter Abschlussprüfungen schufen ein modernes Schulwesen.
- **Gesundheitsschutz:** Das Königreich Bayern führte als erstes Land die Pockenschutzimpfung ein.

Maximilian Joseph Graf von Montgelas in der Tracht des Hubertus-Ordens, Gemälde von Joseph Hauber, 1804

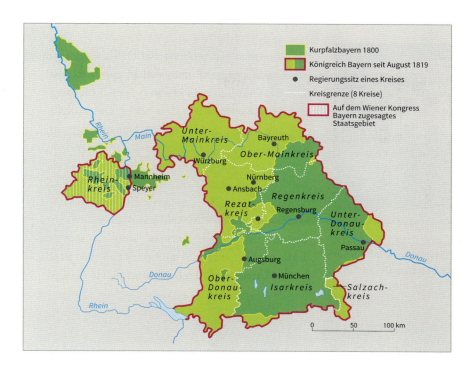

Die Namensgebung der Kreise orientierte sich am französischen Vorbild, da dort die Departements auch nach Flüssen benannt worden waren.

Die heutigen sieben Regierungsbezirke heißen: Ober-, Mittel- und Unterfranken, Oberpfalz, Nieder- und Oberbayern, Schwaben; der Rheinkreis bzw. die Rheinpfalz ging in der Gründung des Bundeslandes Rheinland-Pfalz 1946 auf.

---

**M 9**

## Die Bayerische Verfassung von 1818 (Modifikation der Verfassung von 1808 nach Montgelas' Entlassung)

[In der Präambel, dem Vorwort, heißt es:]

1 Die gegenwärtige Urkunde ist, nach vorangegangener reifer Beratung und nach Vernehmung Unseres Staatsrates, das Werk Unseres ebenso freien als festen Willens. Unser Volk wird in dem Inhalte 5 desselben die kräftige Gewährleistung Unserer landesväterlichen Gesinnung finden.

Freiheit des Gewissens und eine gewissenhafte Scheidung dessen, was des Staates und der Kirche ist; Freiheit der Meinungen, mit gesetzlichen 10 Beschränkungen gegen den Missbrauch; gleiches Recht der Eingeborenen zu allen Graden des Staatsdienstes und zu allen Bezeichnungen des Verdienstes; Gleichheit der Gesetze und vor dem Gesetz; Unparteilichkeit der Rechtspflege; 15 eine Vertretung, hervorgehend aus allen Klassen der im Staate ansässigen Staatsbürger, mit dem Rechte des Beirates, der Zustimmung, der Billigung, der Wünsche und der Beschwerdeführung wegen verletzter verfassungsmäßiger Rechte, 20 berufen, um in öffentlichen Versammlungen die Weisheit der Beratung zu verstärken, ohne die Kraft der Regierung zu schwächen; endlich eine Gewähr der Verfassung, sichernd gegen willkürlichen Wechsel, aber nicht hindernd das Fortschrei- 25 ten zum Besseren nach geprüften Erfahrungen.

Bayern! Dies sind die Grundzüge der aus Unserm freien Entschlusse euch gegebenen Verfassung. Sehet darin die Grundsätze eines Königs, welcher das Glück seines Herzens und den Ruhm seines 30 Thrones nur vom Glück des Vaterlandes und von der Liebe seines Volkes empfangen will.

Quelle: Döllinger (Hg.): Sammlung der im Gebiete der inneren Staats-Verwaltung des Königreiches Bayern bestehenden Verordnungen, 1835, S. 347.

## Verfassungsschema

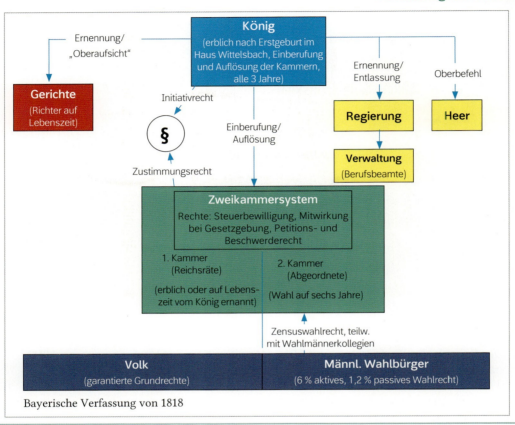

Ernennung/„Oberaufsicht"

**König**
(erblich nach Erstgeburt im Haus Wittelsbach, Einberufung und Auflösung der Kammern, alle 3 Jahre)

Ernennung/Entlassung

Oberbefehl

**Gerichte**
(Richter auf Lebenszeit)

Initiativrecht

§

Einberufung/Auflösung

**Regierung**

**Heer**

Zustimmungsrecht

**Verwaltung**
(Berufsbeamte)

**Zweikammersystem**
Rechte: Steuerbewilligung, Mitwirkung bei Gesetzgebung, Petitions- und Beschwerderecht

1. Kammer
(Reichsräte)

(erblich oder auf Lebenszeit vom König ernannt)

2. Kammer
(Abgeordnete)

(Wahl auf sechs Jahre)

Zensuswahlrecht, teilw. mit Wahlmännerkollegien

**Volk**
(garantierte Grundrechte)

**Männl. Wahlbürger**
(6 % aktives, 1,2 % passives Wahlrecht)

Bayerische Verfassung von 1818

## Napoleon besiegt Österreich und das Königreich Preußen 1805/1806

Einzug Napoleons an der Spitze seiner Garden durch das Brandenburger Tor nach der siegreichen Schlacht bei Jena und Auerstedt 1806, Gemälde von Charles Meynie, 1810

## M 12 Französische Fremdherrschaft in abhängigen Staaten

„Die Erschießung der Aufständischen" von Francisco Goya, 1814

1808 besetzte Napoleon Spanien, entmachtete die Bourbonen und ernannte seinen Bruder Joseph Bonaparte zum König. Daraufhin erhob sich das spanische Volk. Es entstand ein zäher Guerillakrieg (Diminutiv zum spanischen Wort „guerra" = Krieg – ein aus dem Hinterhalt geführter Kampf von Freischärlern gegen Besatzungsmächte). Selbst die 250 000 Mann starke Besatzungsmacht konnte diesen Unabhängigkeitskrieg nicht brechen.

In Tirol, das 1805 an das mit Frankreich verbündete Bayern abgetreten worden war, erhoben sich die Bauern unter Führung Andreas Hofers zunächst erfolgreich gegen die Abspaltung von Österreich. Die erneute Niederlage Österreichs 1809 gegen Frankreich entschied jedoch endgültig über die Abspaltung Tirols. Nach seiner Verhaftung wurde Andreas Hofer in das Hauptquartier des französischen Vizekönigs von Italien, Eugène de Beauharnais, gebracht. Dieser wollte Hofer begnadigen,

aber Napoleon selbst bestand auf ein Todesurteil. Wenige Tage später, im März 1810, heiratete der Kaiser der Franzosen die österreichische Kaisertochter Marie Louise. Von seiner Frau Josephine hatte Napoleon sich im Jahr zuvor getrennt, da sie ihm nicht den erwünschten Thronfolger geboren hatte.

Mantua, Porta Ceresa, 20. Februar 1810; Erschießung auf Befehl Napoleons I., Bildpostkarte aus Innsbruck, um 1910

**4.**

4.1 Analysieren Sie anhand von M 13, M 14, der zweiten Karte in M 1 sowie der Radierung von Friedrich Campe auf S. 113 Ursachen, Verlauf und Bedeutung des Russlandfeldzugs von 1812.

4.2 Recherchieren Sie, welche Staaten eine neue antifranzösische Koalition bildeten und welche Kriegsziele sie vertraten.

4.3 Beurteilen Sie abschließend das Ende Napoleons I., des „Kaisers der Franzosen". Interpretieren Sie in diesem Kontext die Karikatur der Gebrüder Henschel auf S. 113 und beantworten Sie die Einstiegsfrage (S. 147), ob der Historiker Franz Mehring mit seiner Einschätzung über die Wirkung Napoleons recht hatte.

---

**M 13**

### Der Russlandfeldzug 1812/1813 – die Kontinentalsperre (ab 1806)

1 Nachdem Napoleon fast ganz Europa, abgesehen von Russland, erobert hatte, wollte er England, das er militärisch nicht besiegen konnte, zumindest wirtschaftlich unter Druck setzen. Sein Ziel
5 war es, Frankreich zur größten Wirtschaftsmacht in ganz Europa zu machen. Um das zu erreichen, verbot er jeden Handel mit England und blockierte alle Häfen an den Küsten für englische Waren. Die europäischen Nationen, die von
10 Napoleons Truppen besiegt worden waren, wollten sich aber nicht vorschreiben lassen, mit wem sie Handel führen sollten. Deshalb schmuggelten sie viele Waren an den französischen Behörden vorbei. Doch exportierte Frankreich
15 weiterhin beispielsweise Getreide nach England. Diese Ungerechtigkeit wollte der russische Zar nicht hinnehmen und öffnete auch seine Häfen wieder für die Engländer. Für Napoleon war das eine Provokation, die er bestrafen musste.

Quelle: Krank: Napoleons Kontinentalsperre: ein Wirtschaftskrieg, in: Praxis Geschichte, 06/2004, S. 25.

---

**M 14**

### Der Russlandfeldzug 1812/1813 – die Auflösung der Grande Armée

„Rückzug der Französischen Armee", Gemälde von Johann Adam Klein, nach 1812

# DAS WICHTIGSTE IN KÜRZE

## Napoleons Aufstieg

„Was für ein Roman war mein Leben"[1]. Derart literarisch soll Napoleon über sein Leben sinniert und geurteilt haben: Am 15. August 1769 kam Napoleon Bonaparte in Ajaccio auf Korsika in einer aus Italien stammenden und dem niederen Adel angehörenden Familie zur Welt. Im Zuge der Französischen Revolution machte Napoleon Karriere im Militär. Als „Retter der Republik" schlug er 1795 den Aufstand der Monarchisten nieder. Der triumphale Italienfeldzug 1796/1797 beendete nicht nur den Ersten Koalitionskrieg, der Sieg gegen Österreich und die Besetzung der Österreichischen Niederlande, der Lombardei und des Rheinufers bahnten seinen Weg zur Macht. Popularität in der Armee und im Volk erreichte er zudem durch den – letztlich verlorenen – Ägyptenfeldzug von 1798. Mit dem Staatsstreich von 1799 stürzte Napoleon das auf die Schreckensherrschaft gefolgte Direktorium und ließ sich für zehn Jahre zum obersten von drei Konsuln wählen (Konsularverfassung). Den Höhepunkt seiner Laufbahn markierte die Kaiserkrönung 1804.

## Napoleons Herrschaft über Europa

Die Politik des im Zentrum Europas stehenden Heiligen Römischen Reichs Deutscher Nation war seit dem Westfälischen Frieden 1648 durch territoriale Zersplitterung in ca. 300 Einzelstaaten und eine Machtlosigkeit des Kaisers gekennzeichnet. Frankreich war infolge des Dreißigjährigen Krieges zu einer zentralen Macht aufgestiegen. Vor der Französischen Revolution war die Politik in Europa durch ein Gleichgewicht der Mächte, die Pentarchie, geprägt: Großbritannien, Frankreich, Russland, Preußen und Österreich. Die siegreichen Truppen der französischen Revolutionsarmee veränderten die Ausgangslage jedoch fundamental, indem sie 1792/1793 die linksrheinischen deutschen Gebiete eroberten. Durch den Sieg in der Doppelschlacht bei Jena und Auerstedt über Österreich und Preußen 1806 gewann Kaiser Napoleon mit seinem Militär die erwünschte Vormachtstellung auf dem europäischen Kontinent. Die Hoheit über das Meer hatte zuvor Großbritannien mit in der Schlacht bei Trafalgar 1805 für sich entschieden. In den eroberten Gebieten ernannte Napoleon Gefolgsleute zu willfährigen Herrschern. Diese entstammten meist der eigenen Familie oder kamen aus dem Kreis verdienter Militärs. In diesen Ländern wurde die französische Staatsverwaltung übernommen, wodurch auch Errungenschaften wie der **Code civil** (auch Code Napoleon genannt) „exportiert" wurden. Dieses französische Zivilgesetzbuch verbriefte die Gleichheit der Männer vor dem Gesetz, die Anerkennung der Freiheit des Einzelnen und des Eigentums, die Abschaffung des Feudalismus, die Trennung von Staat und Kirche und damit die Säkularisation des Zivillebens, z. B. durch Einführung der obligatorischen Zivilehe. Der Code civil vereinheitlichte die Rechtsauffassung in Europa und schuf die Voraussetzungen für die Entwicklung einer modernen, an persönlicher Freiheit wie auch an der Wirtschaftsfreiheit (Kapitalismus) und am Leistungsprinzip orientierten Gesellschaft.

## Napoleon und die Deutschen

Der Verlust der linksrheinischen Gebiete von 1792/1793 wurde von Österreich und Preußen im Frieden von Lunéville 1801 offiziell bestätigt. Sie erhielten dafür allerdings einen Ausgleich: Weltliche Landesherren sollten durch das Reich mit rechtsrheinischem Gebiet entschädigt werden. Die Mittel hierfür waren die **Aufhebung der geistlichen Herrschaften** und eine Beseitigung der kleinen reichstreuen und reichsunmittelbaren

---

[1]   Zamoyski: Napoleon, 2018, Klappentext.

# DAS WICHTIGSTE IN KÜRZE

Territorien, also bspw. freie Reichstädte, Reichsritterschaften, kleine Fürstentümer. Diese Verfahren nannte man einerseits **Säkularisation** und andererseits **Mediatisierung (Mittelbarmachung)**. Folge war nicht nur eine vereinfachte Landkarte. Die Aufhebung der geistlichen Fürstentümer bedeutete allem voran die Zerstörung der Grundstruktur des Alten Reichs.

Nachdem Österreich mit Russland in der „Dreikaiserschlacht" bei Austerlitz 1805 gegen Frankreich erneut verloren hatte, musste es empfindliche Gebietsverluste hinnehmen: An Bayern, das an Frankreichs Seite gekämpft hatte, trat es Tirol und Vorarlberg ab. Das Kurfürstentum Bayern durfte nun mit Napoleons Zustimmung die Königswürde am 1. Januar 1806 annehmen. Darüber hinaus schlossen sich im Juli desselben Jahres 16 deutsche Fürsten im **Rheinbund** zusammen. Sie gingen die Verpflichtung ein, sich vom Heiligen Römischen Reich Deutscher Nation loszusagen und eine Allianz mit dem französischen Kaiser zu schließen. Dieser Zusammenschluss bedeutete das Ende des seit der Kaiserkrönung Ottos I. 962, also fast 1000 Jahre, bestehenden Reichs. Der dem Hause Habsburg angehörende Kaiser Franz II. löste daraufhin das **Heilige Römische Reich Deutscher Nation** auf, legte die Reichskrone ab und begründete als Kaiser Franz I. ein neues Reich, das Kaiserreich Österreich. Im **Königreich Bayern** wurden durch **Maximilian Graf von Montgelas Staats- und Verwaltungsreformen** nach napoleonischem Vorbild „von oben" durchgeführt. Für Bayern bedeutete dies u. a. die territoriale Neuordnung in acht Kreise (heute: Regierungsbezirke), die Einführung der allgemeinen Wehrpflicht, die Humanisierung des Strafrechts, die Einführung der allgemeinen Schulpflicht und zentralgestellter Abschlussprüfungen sowie den staatlichen Gesundheitsschutz (Pockenschutzimpfung).

## Widerstand gegen Napoleon

1808 besetzte Napoleon Spanien und ernannte seinen Bruder Joseph zum König. Das spanische Volk erhob sich allerdings erfolgreich in Form eines zähen **Guerillakriegs** (Diminutiv zum spanischen Wort „guerra" = Krieg) gegen die französische Fremdherrschaft. Im **Tiroler Aufstand** setzten sich die Bauern unter der Führung von **Andreas Hofer** zunächst erfolgreich gegen die von Napoleon mit Tirol belohnten neuen bayerischen Herrscher zur Wehr. Die erneute Niederlage Österreichs 1809 gegen Frankeich entschied aber endgültig über die Abspaltung Tirols von Österreich.

## Napoleons Ende

In einem Wirtschaftskrieg – der sog. **Kontinentalsperre** – sollte Frankreich Großbritannien besiegen. Als Russland 1810 die Kontinentalsperre aufgab, reagierte der Kaiser der Franzosen 1812 mit einem **Feldzug gegen Russland**. Trotz anfänglicher Siege konnte Napoleon den weiten russischen Raum nicht einnehmen. Von der ca. 600 000 Soldaten zählenden Armee kehrten nur zwischen 30 000 und 80 000 nach Frankreich zurück. Preußen, Russland und Österreich bildeten nun – zusammen mit Großbritannien – eine neue Koalition, der sich auch Länder des Rheinbunds anschlossen. Die **Befreiungskriege der Jahre 1813/1814** begannen. In der Völkerschlacht bei Leipzig 1813 erlitt Napoleon schließlich die entscheidende Niederlage. Nach einer kurzen Verbannung auf die Insel Elba kehrte er 1815 nach Paris zurück: Seine „Herrschaft der 100 Tage" wurde in Waterloo entschieden, wo Großbritannien ihn verheerend schlug. Als Verbannter starb er 1821 auf der Atlantikinsel St. Helena.

# FESTIGUNG – VERTIEFUNG

## Weitere Herangehensweisen

- Legen Sie Bedeutung und Wirkung des Code civil (auch: Code Napoleon) sowie Kritik daran dar.
- Untersuchen Sie die Krönungszeremonie 1804 (Szenerie, Akteure).
- 1806 – das Jahr einer fundamentalen Veränderung für „Deutschland" und Bayern! Überprüfen Sie diese These.
- Setzen Sie sich kritisch mit dem Begriff der „Grande Armée" auseinander.
- Tragen Sie die Faktoren zusammen, die zum Scheitern Napoleons geführt haben.

## Vertiefende Aspekte

- Erstellen Sie einen Lebenslauf zu Napoleon Bonaparte anhand von Fachlexika oder Biografien (vgl. H 1).
- „Geschichte wird gemalt: Jacques-Louis David – und wie er unser Bild von der Französischen Revolution und dem Kaiser der Franzosen prägte". Fertigen Sie ein fächerübergreifendes Referat zu diesem Thema an (vgl. H 2).
- Es ist ein Königreich! Erläutern Sie die Bedeutung Napoleons für die Entstehung und frühe Entwicklung des Königreichs Bayern (vgl. H 3, H 5).
- Erläutern Sie anhand eines Reiseführers über die französische Hauptstadt, wie die Herrschaft Napoleons über Europa auch das Pariser Stadtbild, d. h. die architektonische Stadtentwicklung, beeinflusste.
- In welchem Maße beeinflussen sich Kunst und Politik? Recherchieren Sie die Bedeutung deutscher Dichter und Künstler für die Befreiungskriege (vgl. H 4).
- Diskutieren Sie Napoleons Verhältnis zur Französischen Revolution. War er ihr Erbe, Vernichter oder Vollender? Begründen Sie Ihre Meinung.

## Weiterführende Quellen und Hinweise

**H 1** Willms, Johannes: Napoleon, München, C.H. Beck, 2019. Willms fasst Herkunft, Aufstieg sowie Niedergang Napoleons zusammen und nimmt die Auswirkungen auf den Rheinbund und Preußen in den Blick.

**H 2** Stolpe, Elmar: Klassizismus und Krieg: über den Historienmaler Jacques-Louis David, Frankfurt, Campus-Verlag, 1985. Stolpe zeichnet die Entwicklung Davids, des Revolutions-, aber auch „Hofmalers" Kaiser Napoleons, nach.

**H 3** Weis, Eberhard: Montgelas, Bd. 1: 1759–1799. Zwischen Revolution und Reform, München, C.H. Beck, 2005. Diese grundlegende Biografie stellt Maximilian Graf von Montgelas vor, den Begründer des modernen bayerischen Staates und einer der bedeutendsten Minister der deutschen Reformzeit.

**H 4** Bauer, Gerhard: Blutige Romantik: 200 Jahre Befreiungskriege – Essays, Dresden, Sandstein-Verlag, 2013. Gab es wirklich eine „deutsche Erhebung" gegen Napoleon? Autoren aus unterschiedlichen Fachrichtungen untersuchen, ob die Kriegsrealität der Epoche mit ihrer späteren Wahrnehmung übereinstimmt.

**H 5** Kraus, Andreas: Geschichte Bayerns: Von den Anfängen bis zur Gegenwart, 4. aktual. Auflage, München, C.H. Beck, 2013. Kraus ist eine moderne Darstellung gelungen, die sich nicht auf die Ereignis- und Politikgeschichte Bayerns beschränkt, sondern Wirtschafts- und Gesellschafts-, Kultur-, Geistes- und Ideengeschichte einbezieht.

**3.4   Kulturelle Errungenschaften der Aufklärung**

### Forschungsinteresse und Kompetenzerwerb

„Wer über gewisse Dinge seinen Verstand nicht verliert, der hat keinen zu verlieren."[1] In diesem Kapitel erkennen Sie, wie die Epoche der Aufklärung die Kultur unseres Landes geprägt hat und auch heute noch prägt. Sie begreifen, dass die naturwissenschaftliche und philosophische Ausrichtung der Epoche der Aufklärung folgerichtig Auswirkungen auf das öffentliche, kulturelle Leben haben musste. Durch die fundierte Auseinandersetzung mit den kulturellen Errungenschaften der Aufklärung, wie dem Zeitschriften- und Verlagswesen oder dem Theater und der Literatur, erkennen Sie die Rolle der damit geschaffenen Medien für vernünftige, freiheitliche und tugendhafte Wertvorstellungen. Zudem verstehen Sie, dass der durch die Aufklärung bedingte Wandel des Denkens zu den historischen Grundlagen europäischer Kultur und moderner bürgerlicher Gesellschaften zählt.

### Vorgehen

„Die Aufklärung – eine nie endende Epoche?" – im Rahmen eines fächerübergreifenden Unterrichtsprojekts beantworten Sie diese Fragestellung. Hierfür schreiben Sie Immanuel Kants Beitrag zur Beantwortung der Frage „Was ist Aufklärung?" für die Berlinische Monatsschrift von 1784 um, indem Sie ihn durch heutige Beispiele „aktualisieren" und damit aufzeigen, dass die philosophischen und kulturellen Grundlagen moderner, offener Gesellschaften in der Aufklärung verwurzelt sind. Ihren Beitrag senden Sie dann einem Monats- oder Wochenmagazin Ihrer Wahl mit der Bitte um Veröffentlichung zu. Sie nutzen hierfür Ihre bereits gewonnenen Erkenntnisse aus dem gesamten Kapitel 3 die-

ses Lehrwerks und ergänzen diese durch die Beschäftigung mit der Frage nach den kulturellen Errungenschaften der Epoche der Aufklärung und deren Bedeutung für moderne Gesellschaften.

Zunächst ARBEITEN Sie die Schlüsselstellung der französischen „Encyclopédie" von Diderot und d´Alembert HERAUS. Sie SKIZZIEREN die Formen, Möglichkeiten und Hemmnisse der Informationsgewinnung und des Informationsaustauschs für das Bürgertum in dieser Zeit. Anschließend CHARAKTERISIEREN Sie den Zeitschriftenmarkt im 18. Jahrhundert und ERLÄUTERN dabei die Bedeutung des Zeitschriftentyps der Moralischen Wochenschriften. Sie BEURTEILEN, inwiefern die Aufklärung einen Paradigmenwechsel im deutschen Theater des 18. Jahrhunderts hervorgerufen hat, und ZEIGEN AUF, dass sich in der Biografie Gotthold Ephraim Lessings und seinem Schaffen die Ideale und Werte der Epoche der Aufklärung beispielhaft konzentrieren. Sodann ERMITTELN Sie philosophische und pädagogische Ansätze, die sich auf die Erziehung und Bildung des kulturschöpfenden Menschengeschlechts bezogen. Daraufhin VERSCHAFFEN Sie sich einen Einblick in die konkrete Umsetzung aufklärerischen Gedankenguts bei der Entwicklung der Kulturlandschaft Bayern. Abschließend DISKUTIEREN und BEWERTEN Sie Herausforderungen für die aufgeklärten modernen Gesellschaften des 20. und 21. Jahrhunderts.

SETZEN **Sie nun Ihr fächerübergreifendes Projekt** „Die Aufklärung – eine nie endende Epoche?" UM **und** SCHREIBEN **Sie Ihren Beitrag.**

Als Arbeitshilfe finden Sie im hinteren Teil des Lehrwerks eine Übersicht über verschiedene Methodentechniken. Nutzen Sie diese Möglichkeit.

---

[1]   Lessing: Emilia Galotti, V, 5, 1991, S. 74.

## Materialauswahl

Im Zentrum dieses Kapitels stehen überwiegend Texte, die das Thema im Nachhinein einordnen und beurteilen, insbesondere aus Zeitungen oder Zeitschriften, die ihren Ursprung in dieser Zeit hatten. Zur Dokumentation der kulturgewordenen Aufklärung werden Bild- und Sachquellen wie Grafiken, Medaillen oder Bauwerke herangezogen.

**1.**

1.1 Begründen Sie aus dem ersten Material die Charakterisierung der Encyclopédie als das „wichtigste Werk der Aufklärung". Arbeiten Sie heraus, welche kulturellen Errungenschaften auf dieses grundlegende Werk zurückgehen.

1.2 Erklären Sie aus den beiden weiteren Quellen den Zusammenhang zwischen der Erstellung der Encyclopédie und der Gründung von Akademien der Wissenschaft. Arbeiten Sie dabei auch Grundsätze, „Klassen" (Fachbereiche) und bahnbrechende Arbeitsergebnisse der Bayerischen Akademie der Wissenschaften heraus.

### M 1    Das gesammelte Wissen der Welt

1 Geht es um ihren Anspruch, hat die Wikipedia einen historischen Urahn, Diderots Encyclopédie von 1751. Auch sie sammelte das Wissen ihrer Zeit und erleuchtete sie damit.

5 Die ersten Bände der *Encyclopédie ou Dictionnaire raisonné des sciences, des arts et des Métiers* erschienen im Jahr 1751 und trafen, wie alle Bände danach, auf ein immenses Interesse. Intellektuelle, Ingenieure, aufgeklärte Staatsdiener, Juristen,
10 Ärzte und Manufakturkapitalisten in ganz Europa kauften das Werk des Aufklärers Denis Diderot. Denn es veränderte die Welt, die bis dahin aus Hörensagen, mündlicher Überlieferung, einzelnen aufklärerischen Schriften und kleineren Lexikon-
15 Editionen bestanden hatte.
Diderots Encyclopédie schien den Kontinent zu erleuchten. Sie war ein Angriff auf das christliche Weltbild, das Primat der Kirche und die von Gott abgeleitete Macht der Könige. Denn sie stellte
20 Vernunft, wissenschaftliche Methoden und die Empirie über den Glauben und gilt als das wichtigste Werk der Aufklärung.

Titelseite der „Encyclopédie ou Dictionnaire raisonné des sciences, des arts et des métiers" (Enzyklopädie oder erklärendes Wörterbuch der Wissenschaft, der Kunst und des Handwerks, 1751). Herausgegeben von Denis Diderot und Jean-Baptiste le Rond, genannt d'Alembert

Das blieb nicht ohne Kritik. Da Diderot seine Haltung auch in diversen Essays kundgetan hatte,
25 war er noch vor Erscheinen der ersten Bände verhaftet worden und mehrere Monate lang inhaftiert gewesen. Danach wurde er vorsichtiger, publizierte weniger Schriften und versteckte seine radikalen Ansichten in der Encyclopédie oft
30 in frechen Verweisen. So steht unter dem Eintrag über Menschenfresserei der Hinweis „siehe auch unter Eucharistie, Kommunion, Altar etc."[.]
Mit diesem Lexikon bekam die Aufklärung einen *Common Ground*. Die gebildeten Menschen Euro-
35 pas bedienten sich nun aus demselben Wissensschatz. Und indem sie die Encyclopédie nutzten und zitierten und übersetzten und erweiterten, verständigten sie sich darüber, wie die Welt ist. Die Encyclopédie zeigte, was die Elite Europas
40 jenseits persönlicher Vorlieben, religiöser Überzeugungen und politischer Haltungen gemeinsam über die Welt aussagen konnte. Denis Diderot selbst schrieb in seinem lexikalischen Beitrag zum Stichwort „Enzyklopädie": Sie ziele „darauf
45 ab, die auf der Erdoberfläche verstreuten Kenntnisse zu sammeln, und es den nach uns kommenden Menschen zu überliefern, damit die Arbeit der vergangenen Jahrhunderte nicht nutzlos für die kommenden Jahrhunderte gewesen sei".
50 Mit diesem Tun verband er die Hoffnung, dass „damit unsere Enkel nicht nur gebildeter, sondern gleichzeitig auch tugendhafter und glücklicher werden, und damit wir nicht sterben, ohne uns um die Menschheit verdient gemacht zu haben".

55 Denis Diderot und sein Freund und Kollege Jean Baptiste le Rond d'Alembert schrieben ihr Lexikon gemeinsam mit 142 sogenannten Enzyklopädisten. [...] Doch außer ihnen lud Diderot auch Handwerker ein, machte sie zu Autoren, stellte
60 ihre Kenntnisse gleichberechtigt neben die von Künstlern und Philosophen. Ein Uhrmacher beschrieb die Mechanik eines Uhrwerks, ein Kartograph teilte sein Wissen über die Vermessung der Erde.
65 Diderot arbeitete fast zwanzig Jahre an dem Lexikon, ein Lebenswerk. Fertig wurde er nicht. [...] 1780 erschien der letzte Band, Nummer 35.

Die Begründer der Encyclopédie – der Schriftsteller Denis Diderot und der Mathematiker und Philosoph Jean-Baptiste le Rond, genannt d'Alembert; links: Gemälde von Louis-Michel van Loo, 1767; rechts: Gemälde von Maurice-Quentin de La Tour, 1753

Quelle: Hamann: Das gesammelte Wissen der Welt, in: ZEIT ONLINE, 17.01.2011, abgerufen unter: www.zeit.de/wissen/geschichte/2011-01/wikipedia-diederot [23.07.2020].

**M 2**   Akademien der Wissenschaft – das Beispiel Göttingen, 1751

1 Die Aufklärungszeit ist eine besondere Epoche für die Wissenschaftsgeschichte. Tatsächlich entwickelte sich gegen Ende des 18. Jahrhunderts, was wir heute unter Wissenschaft verstehen, 5 nämlich Spezialistentum. Noch im 17. Jahrhundert zeichnete eine allgemeine Gelehrsamkeit einen „Wissenschaftler" aus. Ein Gelehrter vor der Aufklärung beschäftigte sich mit allen neuen Erkenntnissen. Er konnte Philosoph, Mediziner 10 und Theologe in einem sein, ohne es so zu benennen, denn Fachdisziplinen entwickelten sich erst im Zuge der Aufklärung.

Göttingen war im 18. Jahrhundert einer *der* Orte der Wissenschaft in Europa. Seit 1737 gab es in 15 der Stadt eine Universität und 1751 kam die Königliche Gesellschaft der Wissenschaften hinzu. Wie damals üblich, wurde an der Universität ausschließlich gelehrt. Erwartet wurde jedoch schon, dass man Wissen auf dem aktuellsten Stand bot 20 und, wenn möglich, führend im Fachgebiet publizierte. Die Gründung der Akademie brachte Göttingen nun auch eine Institution, in der es um Forschung ging. Die Verbindung zwischen Forschung und Lehre war wegweisend. Eine Reihe 25 der bedeutendsten Köpfe lehrten damals in Göttingen. Der Anspruch der Universität und ihrer Lehrer, auf dem neuesten Stand der Wissenschaft

Siegel der Akademie der Wissenschaften zu Göttingen: „Fecundat et ornat – sie befruchtet und ziert" ist ihr Leitspruch. Zu ihren Mitgliedern zählten u. a. Carl Friedrich Gauß, Johann Wolfgang von Goethe, die Brüder Jacob und Wilhelm Grimm, Alexander und Wilhelm von Humboldt, Georg Christoph Lichtenberg und Werner Heisenberg.

zu sein, sorgte dafür, dass man systematisch aktuelle und interessante Werke aus der ganzen Welt 30 nach Göttingen brachte. So entstand eine Bibliothek, die in Europa ihresgleichen suchte. Heute würde man sagen: Der Wissenschaftsstandort Göttingen „boomte" in der Aufklärungszeit.

Quelle: Akademie der Wissenschaften zu Göttingen: Wissenschaftsgeschichte der Aufklärung, abgerufen unter: https://adw-goe.de/forschung/forschungskommissionen/ wissenschaftsgeschichte-der-aufklaerung/ [23.07.2020].

**M 3**   Akademien der Wissenschaft – die Bayerische Akademie der Wissenschaften, 1759

1 **1759** – [Gründung der Akademie auf Initiative von Johann Georg Lori (1723–1787).] Von Anfang an wählte die Akademie ihre Mitglieder ohne Ansehen von Religion oder Nationalität. 5 Die Aufnahme erfolgte damals durch Einreichung und Annahme einer Abhandlung. Unter den 88 Mitgliedern des Gründungsjahres waren 19 Protestanten – zu einer Zeit, als in München kein Protestant das Bürgerrecht erhalten konnte.

Alte Akademie in München um 1925

Goldene Gedenkmünze auf die Gründung der
Akademie von Franz Andreas Schega. Die
Minerva mit Stab und Freiheitsmütze hält einen
Schild mit dem Akademiewappen (Leitspruch:
„Tendit ad aequum"); rechts neben dem Würfel
ist eine Eule (Symbol für Weisheit und Schutz)
platziert. Die untere Inschrift lautet übersetzt:
„Kurfürstlich Bayerische Akademie der Wissen-
schaften, gegründet in München am 28. März
1759, dem Geburtstag des Fürsten".

10  Die Mitglieder teilten sich in zwei Klassen, eine
historische und eine philosophische Klasse (heute
sind es vier Sektionen). Erstere hatte die Aufgabe,
Urkunden, Briefe, Aufschriften und Altertümer zu
erheben, zu sammeln und kritisch zu bearbeiten.
15  Darüber hinaus sollte sie sich der Geschichte Bayerns widmen und Wörterbücher erstellen.

Aufgabe der zweiten Klasse sollte es sein, die
Natur zu erforschen, im In- und Ausland Natu-
ralien zu sammeln und chemisch zu untersuchen
20  sowie wissenschaftliche Erkenntnisse und Erfin-
dungen zum Nutzen von Landwirtschaft, Handwerk, Berg- und Hüttenwesen zu verbreiten.
Weitere Aufgaben waren die Unterbreitung von
Vorschlägen zur Landesvermessung, astronomi-
25  sche Beobachtungen, die Anwendung meteorolo-
gischer Methoden zur Erforschung der Natur, der
Wasserwirtschaft und des Kalenderwesen sowie
statistische Aufgaben. [...]
**1781** – Bereits 1759 beg[a]nnen an der Akademie
30  systematische Wetterbeobachtungen. Sie wurden
ab 1781 auf dem Hohenpeißenberg südwestlich

von München fortgesetzt und auch publiziert.
[...] Die Messreihe vom Hohenpeißenberg zählt
zu den längsten und homogensten Reihen in
35  Europa. Sie hat weltweit für die Wetter- und Kli-
maforschung einen besonderen Stellenwert. [...]
**1807** – Unter der Regentschaft von Maximilian I.
Joseph (1806–1825) wurde die Akademie von
einer freien Gelehrteneinrichtung zu einer staat-
40  lichen Zentralanstalt mit neuer Verfassung und
hauptberuflich tätigen, fest besoldeten Staatsbe-
amten. Sie wurde dem Innenministerium direkt
unterstellt.
[...]
45  **1816** – Mit der Begründung des Bayerischen
Wörterbuchs durch [Johann] Andreas Schmeller
[1785–1852] begann ein bis heute andauerndes
Forschungsprojekt, aus dem das erste philologisch fundierte deutschsprachige Wörterbuch
50  hervorging.
**1817** – Dieses Jahrzehnt stellte einen Höhepunkt
wissenschaftlicher Forschungsleistungen dar. Zu
nennen sind die Entwicklung der optischen Prä-
zisionsinstrumente durch Joseph von Fraunhofer
55  [1787–1826], der Wassersäulenmaschine durch
Georg von Reichenbach [1771–1826] oder des
galvanischen Telegraphen durch Samuel Thomas
von Sömmering [1755–1830]. [...]
**1819** – Die große Quellensammlung zum deut-
60  schen Mittelalter, die Monumenta Germaniae
Historica (MGH), wurde unter der Leitung des
Historikers Georg Heinrich Pertz (1795–1876) von
der Gesellschaft für ältere deutsche Geschichts-

kunde begonnen. Ihre Editionen waren aus-
65 schlaggebend für die Weltgeltung der deutschen
Mediävistik. [...]
**1827** – Unter König Ludwig I. (1786–1868) kehrte

die Akademie zu ihrer ursprünglichen Bestimmung als freie Gelehrtengemeinschaft und
70 Forschungsreinrichtung zurück. Ihre Mitglieder
wurden vom Staatsdienst entbunden.

Quelle: Bayerische Akademie der Wissenschaften: Chronik der Akademie [Auszug],
abgerufen unter: https://badw.de/geschichte/chronik.html#c2097 [23.07.2020].

**2.** Analysieren Sie differenziert die Möglichkeiten sowie Hürden der
Informationsgewinnung und des Informationsaustauschs im
18. Jahrhundert für die breite Bevölkerung. Erklären Sie, warum der Zeitschriftentyp
„Moralische Wochenschriften" Ausdruck und Spiegel der Aufklärung war.

**M 4**

## Moralische Wochenschriften und der Zeitschriftenmarkt im 18. Jahrhundert

Aquarell „Marchande de Journeaux" von Philibert-Louis Debucourt, 1790

In der Epoche der Aufklärung erlebten Zeitschriften eine Blütezeit. Auch im Deutschland des 18. Jahrhunderts wurden sie zu einem überaus einflussreichen Medium, denn durch die Zeitschriften wurden die Kenntnisse der Gelehrten, die sonst nur in Büchern standen und die der größere Teil der Nation nicht einsehen und lesen konnte, in Umlauf gebracht. In diesem Zusammenhang begann die thematische Spezialisierung der Zeitschriften. Neben medizinischen, juristischen, theologischen und historischen Fachzeitschriften entwickelte sich auch die Gattung der Frauenzeitschriften. Tageszeitungen im engeren Sinne bildeten sich erst im 19. Jahrhundert heraus. Die ältesten noch erscheinenden deutschsprachigen Zeitungen sind: *Wiener Zeitung* (1703), *Hildesheimer Allgemeine Zeitung* (1705), *Pfälzischer Merkur* (1713), *Hanauer Anzeiger* (1725), *Bremer Nachrichten* (1743), *Saarbrücker Zeitung* (1761), *Schaumburger Zeitung* (1762), *Hersfelder Zeitung* (1763), *Neue Zürcher Zeitung* (1780).

Von besonderer Bedeutung sind die **Moralischen Wochenschriften**. Dieser Zeitschriftentyp orientierte sich am englischen Vorbild (The Guardian, The Spectator) und beherrschte in der ersten Hälfte des 18. Jahrhunderts den Zeitschriftenmarkt. Die Moralischen Wochenschriften hatten es sich zur Aufgabe gemacht, Werte und Ideale der Aufklärung – Vernunft, Toleranz, Menschenfreundlichkeit, Neugier, Persönlichkeit, Bildung und Moral – bekannt zu machen und einem breiten bürgerlichen Publikum zu vermitteln. Dieses sollte ertüchtigt werden, zu rational begründeten Urteilen zu gelangen, anstelle der unreflektierten Übernahme von Gedankengut tradierter Autoritäten. In diesen Zeitschriften, die auch Beiträge führender Dichter der Aufklärung beinhalteten, wie z. B. von Gotthold Ephraim Lessing, Johann Christoph Gottsched, Johann Jakob Bodmer und Johann Jakob Breitinger, wurden der Vernunftgedanke sowie Erziehungs- und Tugendvorstellungen diskutiert. Dementsprechend wurden Fürstenhöfe verspottet und der Aberglaube wurde entlarvt. Die Kritik wurde meist satirisch formuliert, fokussiert wurde oftmals der konservative Schulmeister, der lebensfremde Gelehrte oder der dünkelhafte Adlige.

Die Moralischen Wochenschriften präsentierten unterschiedliche Textformen wie fingierte Gespräche, Briefe, Fabeln, Lieder oder Geschichten. Darüber hinaus wurde an die Leserinnen und Leser appelliert, eigene Beiträge und Leserbriefe einzusenden. Daraus entstand eine neue literarische Öffentlichkeit, in der das Bürgertum sich über moralische und weltanschauliche Fragen äußern und austauschen konnte. Die Wochenschriften erschienen in der Regel einmal wöchentlich. *Der Patriot* brachte die Gattung der Wochenzeitschriften in Deutschland zum Durchbruch. Insgesamt wurden ca. 500 Wochenzeitschriften verlegt, darunter *Die vernünftigen Tadlerinnen* sowie *Der Biedermann*, die beide von Johann Christoph Gottsched in Leipzig (zwischen 1724 und 1729) herausgegeben wurden. *Briefe, die neueste Literatur betreffend*, die ab 1759 von Gotthold Ephraim Lessing, Moses Mendelssohn und Friedrich Nicolai wöchentlich herausgegeben wurden, hatten einen besonderen Stellenwert. Sie beinhalteten vor allem Rezensionen der aktuellen Belletristik-Veröffentlichungen, die im Dialogstil geschrieben an einen fiktiven verwundeten Offizier des Siebenjährigen Krieges gerichtet waren.

## Das Café Richter in Leipzig M 5

1 George Wilhelm Richter [...] stammt[e] aus
einer wohlhabenden Leipziger Weinhändler-
familie. 1770 erwarb Richter das Romanus-
haus und richtete im zweitem Obergeschoss
5 1772 ein Café ein.
In sechs bis sieben Räumen gab es Kartenspiel,
Musik, Journale, Billard, Weinausschank und
Soupers. Das Richter'sche Café avancierte
zum führenden und teuersten der acht Kaf-
10 feehäuser von Leipzig, war Treffpunkt der
Leipziger Gesellschaft und zog zahlreiche Besucher an, wie Friedrich Schiller. [...]
1792 tagte in Richters Haus die erste gesellschaftliche Vereinigung des deutschen Buchhandels,
15 ein Vorläufer des Börsenvereins der deutschen
Buchhändler.

Café Richter, Leipzig, Innenansicht, Kupferstich von 1805

Quelle: Leipziger Persönlichkeiten – George Wilhelm Richter. architektur-blicklicht, Leipzig, abgerufen unter: www.architektur-blicklicht.de/stadt-leipzig-de/persoenlichkeiten/leipziger-persoenlichkeiten-george-wilhelm-richter/ [15.11.2023] (verändert).

## M 6 Lesegesellschaften

1 Organisationsform literarisch interessierter Bürger im 18. und 19. Jh. zum gemeinsamen Bezug
der für den einzelnen oft preislich unerreichba-
ren Zeitungen, Zeitschriften und Bücher, die ent-
5 weder wie beim heutigen Lesezirkel unter den
Mitgliedern in fester Reihenfolge zirkulierten
(Umlaufgesellschaften) oder in örtlichen Lese-
kabinetten zur Einsicht auslagen. Die stets lokal,
zum Teil auch sozial begrenzten L. entwickelten
10 sich aus dem bürgerlichen Bildungsenthusiasmus
ab rd. 1750 und werden später, teils unter Druck
der Zensur, zu allg. lit.-kulturellen und geselli-
gen Klubs, zum Teil mit politischen Ambitionen.
Mit der Massenproduktion billiger Zeitschriften
15 und Bücher Ende des 19. Jh.'s erlöschen sie oder
werden durch kommerzielle Leihbibliotheken
abgelöst.

Quelle: Wilpert: Sachwörterbuch der Literatur, 2001, S. 461.

Während der Aufklärung entstanden auch Leihbibliotheken und Lesegesellschaften.

Die Herzogin Anna Amalia Bibliothek in Weimar zählt zu den ältesten Bibliotheken im deutschsprachigen Raum und ist eine der ersten öffentlich zugänglichen Fürstenbibliotheken in Deutschland. Zu der auf Literatur- und Kulturgeschichte von 1750 bis 1850 spezialisierten Bibliothekssammlung zählen auch die 5 000 Bände der Herzogin Anna Amalia selbst. Im Jahr 1797 wurde Johann Wolfgang Goethe mit der Oberaufsicht über die Bibliothek betraut. Durch einen Brand im Jahr 2004 wurden das Bibliotheksgebäude sowie seine Bestände stark beschädigt. Erst nach langen und aufwendigen Restaurierungsarbeiten konnte die Herzogin Anna Amalia Bibliothek im Jahr 2007 wieder eröffnet werden. Sie gehört seit 1998 zum Welterbe der UNESCO.

## M 7 Die Herzogin Anna Amalia Bibliothek in Weimar – ein Ort der Aufklärung

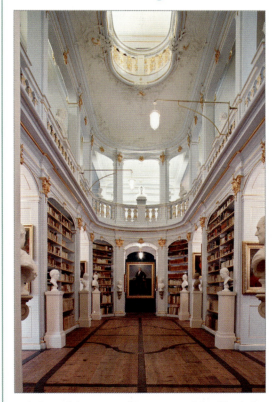

Rokokosaal der Herzogin Anna Amalia Bibliothek in Weimar

**3.**

3.1 Ermitteln Sie aus den nachfolgenden Materialien, inwiefern die Aufklärung einen kulturellen Paradigmenwechsel im Theater bewirkte.

3.2 Wiederholen Sie am Beispiel Gotthold Ephraim Lessings, welche kulturellen Errungenschaften im Allgemeinen dieses Zeitalter hervorbrachte.

## Das deutsche Theater im 18. Jahrhundert

M 8

Hamburger Theater für Schauspiel und Oper im Opernhof beim Gänsemarkt: 1765 unter Ackermann als „Comödienhaus" eröffnet, unter Lessing 1767–1769 als „Deutsches Nationaltheater" bezeichnet; Illustration von Eduard Hallier, 1881.

1 Die deutsche Kleinstaaterei des 18. Jahrhunderts hatte bekanntlich viele Nachteile. Doch sie führte auch dazu, dass sich in den einzelnen Fürstentür-
5 mern ein starkes Bewusstsein für die Besonderheit von Land und Leuten ausprägte. Sie schärfte den Sinn für die regionale Identität. Und eines der wichtigsten Instrumente für die Selbstdarstellung einer Region und ihrer Geisteshaltung war das jeweilige Theater. [...]
10 Die dominierende Kunstform dieser Zeit war die Oper. Sie eignete sich am besten für repräsentative Zwecke. Nur wenige Bühnen indessen boten auch Sprechtheater. Das Schauspiel, wie wir es heute kennen, steckte noch in den Kinderschu-
15 hen. Schauspieler waren oft fahrende Gesellen, die mit dem berühmt-berüchtigten Thespiskarren durch die Lande zogen und ihre Bretterbühnen auf den Jahrmärkten aufstellten. Was dort geboten wurde, hatte vielfach den Charakter von
20 Hanswurstiaden und Stegreifspielen. Nur wenige Wandertheater wie das der Neuberin beschäftigten sich mit ernsthaften, verbrieften Stücken. Einzelne Theater übernahmen eine Vorreiterrolle. In der Hansestadt Hamburg engagierte sich Gott-
25 hold Ephraim Lessing für ein stehendes Schauspiel mit festem Ensemble und verfasste als Dramaturg des damaligen Theaters am Gänsemarkt seine richtungsweisende „Hamburgische Dramaturgie". Am Nationaltheater in Mannheim sorgte
30 die Uraufführung von Friedrich Schillers „Die Räuber" für Furore. Und am Hoftheater in Weimar, das niemand geringerer als Johann Wolfgang von Goethe leitete, wurde der ernsthafte klassische Stil kultiviert.

35 Das Schauspiel indessen sollte eine gewichtige Rolle beim Wandel von der feudalen zur bürgerlichen Gesellschaft übernehmen. Waren Oper und Ballett die repräsentativen Kunstformen, in denen der Hofadel sich gespiegelt sah, so begann
40 das Bürgertum – getrieben von jungen, ehrgeizigen Literaten und den Werten der Aufklärung – sein eigenes Selbstbewusstsein auf den deutschen Sprechbühnen zu formulieren. Schillers „Kabale und Liebe" geriet zu einer bewegenden Anklage
45 der inhumanen und intriganten Adelsherrschaft. Lessings „Nathan der Weise" plädierte für Toleranz zwischen den Religionen und Kulturen. Goethes „Faust" setzte einen Meilenstein der bürgerlichen Selbstbeschreibung zwischen Erkenntnisdrang und Verführbarkeit. Nicht zu un-
50

terschätzen sind indessen die zahllosen anderen Werke, die es nicht in den Rang von Klassikern geschafft haben, denen es aber in ihrer Fülle und Vielfalt gelang, ein neues Wertebewusstsein zu
55 formulieren und zu verankern. Dabei war der Wirkungsgrad der Theater schon damals nicht nur auf den Kreis ihrer Zuschauer beschränkt. Dass etwas gesagt worden war, dass auf der Bühne Einspruch erhoben wurde oder in Form
60 einer Komödie über Missstände gelacht werden konnte, war Stadtgespräch. Die Theater wurden, weit über den Kreis ihrer Zuschauer hinaus, zum Spiegel und Sprachrohr der Bürger einer Stadt.

Theater der Stadt Koblenz, klassizistischer Theaterbau, 1787 nach dem Vorbild italienischer Logentheater und modernerer französischer Rangtheater errichtet, Architekt: Peter Joseph Krahe, Bauherr: Trierer Kurfürst und Erzbischof Clemens Wenzeslaus von Sachsen

Quelle: Düffel: Kleine Theatergeschichte. Ein Schnelldurchlauf, in: Khuon (Hg.): Muss Theater sein?, 2003, S. 54 ff.

## M 9    Gotthold Ephraim Lessing (1729–1781): Dichter und Spiegelbild der Aufklärung

| | |
|---|---|
| **1752** | Nach Studium der Theologie (abgebrochen) und der Medizin Promotion zum Magister der Sieben Freien Künste |
| **1755** | *Miss Sara Sampson* – gilt als erstes deutschsprachiges bürgerliches Trauerspiel |
| **1758** | *Briefe, die neueste Literatur betreffend* (zusammen mit Friedrich Nicolai und Moses Mendelssohn) |
| **1760** | Wahl zum Auswärtigen Mitglied der Berliner Akademie der Wissenschaften |
| **1767** | Gründungsmitglied des Hamburger Nationaltheaters am Gänsemarkt, dem ersten bürgerlichen Nationaltheater in Deutschland |
| **1767–1769** | Dramaturg am Hamburger Nationaltheater. Aus Lessings Aufführungsrezensionen entsteht die wegbereitende *Hamburgische Dramaturgie*, in der die französischen Vorbilder der Zeit kritisiert und die Werke des noch unbekannten Dichters William Shakespeare gerühmt werden. Sie fordert die Abschaffung der Ständeklausel, die Aufhebung der Heldenhaftigkeit der dramatischen Personen und die Verwendung prosaischer Sprache im Drama. Hiermit widersetzte Lessing sich auch der in Deutschland vorherrschenden Literaturtheorie Gottscheds. |

| 1767 | Teilhaber an Johann Christoph Bodes Hamburger Buchdruckerei – gedruckt wurden u. a. Klopstocks *Hermanns Schlacht* (1769), Sternes *Empfindsame Reise* (1768) und *Tristram Shandy* (1774). Lessing beabsichtigte, mithilfe der Druckerei bessere vertragliche und ökonomische Bedingungen für literarische Autoren zu schaffen. Er setzte sich für die Verhinderung von Raubdrucken und das Urheberrecht an geistigem Eigentum ein. |
|---|---|
| 1770 | Bibliothekar an der weltbekannten Herzog August Bibliothek in Wolfenbüttel |
| 1772 | *Emilia Galotti* (Trauerspiel) als Prototyp für die klassischen Tragödien |
| 1779 | *Nathan der Weise* – in diesem weltanschaulichen Ideendrama setzte Lessing sich für Toleranz gegenüber den anderen Weltreligionen ein („Ringparabel"). |

Gotthold Ephraim Lessing (1729 - 1781), Ölgemälde von Anna Rosina de Gasc, 1767/68

**4.**

4.1 „Die Familie ist die Keimzelle der Gesellschaft" – legen Sie dar, welche Schlussfolgerungen die Vordenker der Aufklärung aus dieser Erkenntnis trafen.

4.2 Arbeiten Sie in diesem Zusammenhang die Anschauungen und Forderungen Jean-Jacques Rousseaus zur Erziehung des Kindes heraus und beurteilen Sie diese.

4.3 Legen Sie am Beispiel Gustav Vorherrs dar, inwiefern aufklärerisches Gedankengut in konkrete landespolitische Planungen einfloss.

Das Idealbild einer empfindsamen und der Bildung aufgeschlossenen und zugeneigten Familie entstand im Bürgertum während des Zeitalters der Aufklärung. Es grenzte sich klar von der ländlichen und handwerklichen Wirtschaftsgemeinschaft ab und betonte den aufgeklärten Bildungsanspruch gegenüber den Kindern.

## M 10     Wandel des Familienbilds und der Erziehung

„Gesellschaft am Tisch", Gemälde
von Daniel Chodowiecki, um 1760

Im Erziehungsroman „Émile oder Über die Erziehung" spielt der Philosoph Jean-Jacques Rousseau ein Gedankenexperiment durch: Erstmals wurde Erziehung aus Sicht des Kindes betrachtet – und für das Wohl des Kindes. In den Jahrzehnten darauf wurden allein in England etwa 200 Abhandlungen über Erziehung veröffentlicht, die von Rousseau beeinflusst waren.

## M 11     Jean-Jacques Rousseau: Émile oder über die Erziehung, 1762

1 Die Natur will, daß Kinder Kinder sind, bevor
sie Erwachsene sind. Wenn wir diese Ordnung
umkehren, erhalten wir vorzeitige Früchte, die,
weder reif noch schmackhaft, bald verderben. Wir
5 haben junge Gelehrte und alte Kinder. Die Kindheit hat eine eigene Art zu sehen, zu denken und
zu fühlen, und nichts ist unvernünftiger, als ihr
die unsrige zu unterschieben. Ebenso gut könnte
man verlangen, daß ein zehnjähriges Kind fünf
10 Fuß groß wäre, als daß man es urteilen läßt. In der
Tat, wozu sollte ihm die Vernunft in diesem Alter
dienen? Sie ist der Zügel der Kraft, und dessen
bedarf das Kind nicht.
Ihr versucht eure Zöglinge von der Pflicht des
15 Gehorsams zu überzeugen. Mit dieser vermeintlichen Überzeugung verbindet ihr Gewalt und Drohungen, oder, was noch schlimmer ist, Schmeichelei und Versprechungen. So werden sie durch
Zwang oder Eigennutz verlockt und stellen sich,
20 als – seien sie durch Vernunftgründe überzeugt.
Sie sehen sehr wohl ein, daß Gehorsam ihnen
nützt und Widerspenstigkeit schadet, wenn ihr
das eine oder andere bei ihnen bemerkt. [...]
Es ist sehr seltsam, daß man, solange man sich
25 müht, Kinder zu erziehen, noch keine andern
Mittel gefunden hat, sie zu leiten, als Wetteifer,
Eifersucht, Neid, Eitelkeit, Gier und knechtische
Furcht, lauter sehr gefährliche Leidenschaften,
die sich einfressen und die Seele verderben,
30 bevor noch der Körper entwickelt ist. Mit jeder
verfrühten Unterweisung, die sich an die Köpfe
der Kinder richtet, pflanzt man ein Laster in den
Grund ihres Herzens. Unverständige Lehrer halten es für ein Wunder, wenn die Kinder boshaft

35 werden, während sie sie doch lehren wollen, was gut ist. Und dann sagen sie mit ernster Miene: „So ist der Mensch." Ja gewiß, so ist der Mensch, den ihr erzogen habt. Man hat alle Mittel versucht, ausgenommen eins, und zwar gerade dasjenige, 40 das zum Ziel führen kann: die wohlgeordnete Freiheit. [...] Die erste Erziehung muß also rein negativ sein. Sie soll das Kind nicht in der Tugend der Wahrheit unterweisen, sondern sein Herz vor Laster und den Verstand vor Irrtümern bewahren.

Quelle: Rousseau: Émil oder über die Erziehung, 1958, S. 76–80.

Das Zeitalter der Aufklärung wird auch heute noch als „pädagogisches Jahrhundert" bezeichnet, denn in der Bildung des Menschen, im Besonderen der Kinder, und zwar aller Stände, wurde der Weg zu einer nachhaltigen Verbesserung der Lebensbedingungen, vor allem der Landbevölkerung, gesehen. Als beispielhafte Schulen können die von Johann Bernhard Basedow und Christian Heinrich Wolke geleitete Reformschule „Philanthropin" in Dessau und die vom Gutsherrn Friedrich Eberhard von Rochow gegründete Dorfschule in Reckahn hervorgehoben werden. In der Dessauer Schule entwickelte Christian Heinrich Wolke eigens einen Familien-Lernraum, der dem Prinzip der anschauenden Erkenntnis dienen sollte, indem er Materialien für das individuelle Lernen in jedem Alter bereitstellte. Das oberste Erziehungsziel in der Dorfschule Reckahn war die praktische Lebensbefähigung der Kinder, in der ebenfalls durch das Unterrichtsprinzip die „anschauende Erkenntnis" vermittelt werden sollte. Das Lehrbuch „Der Kinderfreund" von 1776 diente als zentrales Unterrichtsmittel zum Lesen-, Rechnen- und Schreibenlernen und behandelte Themen der Landwirtschaft, Gesundheitsvorsorge, des moralisch guten Handelns und der christlichen Religion. Anhand der „handlungsorientierten" Lerninhalte sollten die Kinder sich Menschenfreundlichkeit und Toleranz aneignen.

## Lernorte der Aufklärung: frühe Reformschulen M 12

Philanthropisches Denklernzimmer nach Christian Heinrich Wolkes „Anweisung für Mütter und Kinderlehrer", 1805

## Von der Aufklärung beeinflusster Landschaftsbau und beeinflusste Architektur: Gustav Vorherr

1 Die To-do-Liste war ausführlich: 1000 Zwetschgenbäume pflanzen, einen gemeinsamen Backofen für das Dorf errichten und anstelle des Friedhofs, der nach außerhalb verlegt wird, einen
5 Garten zum „Sommeraufenthalt für die Dorfjugend von 2 bis 6 Jahren" waren nur einige Vorschläge, mit denen Gustav Vorherr das fränkische Freudenbach in der Nähe von Rothenburg o. d. Tauber auf Vordermann bringen wollte. Das war
10 vor über 200 Jahren. Der Architekt, Publizist und Lehrer gilt als Begründer der sogenannten Landesverschönerung, die er in der ersten Hälfte des 19. Jahrhunderts in Bayern voranzubringen versuchte.
15 Anfang des 19. Jahrhunderts war es in ganz Deutschland ein Trend, das Lebensumfeld zu verschönern. Dahinter steckte die aufklärerische Idee, die Schaffung von Ordnung und Strukturen auf dem Land würde dort die Lebensverhältnisse
20 verbessern und die Menschen positiv beeinflussen. Gustav Vorherr hatte diese Zusammenhänge während seiner Studienzeit in Berlin und Paris kennengelernt, wo er seine Architekturausbildung erhielt. Man darf annehmen, dass ihn in
25 Berlin David Gillys Lehre zur „Land-Bau-Kunst" ebenso beeinflusste wie in Paris Jean-Nicolas Durands Theorien, wonach Nützlichkeit und Ökonomie sowie das Gemeinwohl der Menschen die wichtigsten Grundlagen architektonischen Schaf
30 fens seien. […] Ein Fingerzeig die Forderung auf, „das ganze Land durch Hebung und Förderung des Ackerbaus, der Gartenkunst und der Baukunst planmäßig zu verschönern". Das Endziel sei, „dereinst Deutschland zum Eden von Europa
35 verwandelt" zu sehen. Alle Einwohner sollten profitieren, nicht nur die Obrigkeit: „Jedermann auch der geringe Bürger und Landmann sollte in lieblichen Gefilden, in schönen Wohnungen, Städten und Dörfern athmen[",] schrieb er. Zu
40 erst sollten Dörfer und „Theile des platten Landes" verschönert werden, dann Städte und erst zum Schluss die Residenzen. Das war neu, denn bislang hatte sich die praktische Umsetzung von Verschönerungen zumeist auf herrschaftliche
45 Landsitze beschränkt.
1809 wurde Vorherr in bayerische Dienste nach München berufen. Er arbeitete zunächst als Kreisbauinspektor im Isarkreis, zuständig für die Planung von Kirchen, Schul- und Pfarrhäusern. Die
50 „Verschönerung" Bayerns nun in die Tat umzusetzen, war ihm dabei von Anfang an ein Anliegen. Auf der Suche nach vorbildlichen Typen von Bauernhäusern, die seinen ästhetisch-ökonomischen Vorstellungen entsprechen sollten, ließ er
55 beispielsweise zwischen 1811 und 1812 mehr als 100 Bauaufnahmen von Bauernhäusern in Bayern erstellen. Daraus entwickelte Vorherr den Musterplan eines idealen Landhauses. […]
1810 wurde Vorherr Mitglied im Münchner
60 Oberbaukommissariat und beteiligte sich an der Erstellung eines Generalplans für München. Der Vorstand der Behörde, Oberbaukommissar Herigoyen, hätte Vorherr gern als seinen Nachfolger gesehen und auch Vorherr liebäugelte mit
65 dem Posten. […] [Aber] Leo von Klenze machte das Rennen. […] Die Zeiten waren günstig, denn König Maximilian I. Joseph war für jegliche Verbesserung der Lebensverhältnisse auf dem Land sehr aufgeschlossen. Für 1821/1822 gab der König
70 der Deputation einen Zuschuss in Höhe von 500 Gulden, damit jedes Landgericht unentgeltlich zwei Exemplare der Zeitschrift für die „daselbst befindlichen Bauhandwerker" erhalten könne und er stellte die Errichtung einer Baugewerks
75 schule in München in Aussicht, in der die Verschönerungslehre einen besonderen Stellenwert haben sollte. Das Blatt erfuhr weite Verbreitung: 1824 hatte es eine Auflage von 5000 Exemplaren.

Quelle: Raschke: Der Eden Europas, in: Unser Bayern (BSZ Nr. 8, 20.02.2015), abgerufen unter: www.bayerische-staatszeitung.de/staatszeitung/unser-bayern/detailansicht-unser-bayern/artikel/der-eden-europas.html#topPosition [23.07.2020].

**5.**

5.1 „El sueño de la razón produce monstruos" – das grafische Werk des spanischen Künstlers Francisco de Goya ist je nach Übersetzung des Wortes „sueño" zweideutig. Fassen Sie die Darstellung von Nobelpreisträger Günter Grass knapp zusammen und entscheiden Sie, welche der genannten Gefahren die größere zu sein scheint.

5.2 Stellen Sie begründete Vermutungen über die Intention des Künstlers Goya an. Berücksichtigen Sie dazu auch Ihre Erkenntnisse aus Kapitel 3.3.

5.3 Diskutieren Sie, ob bzw. inwiefern das Bild eine Zusammenfassung der Epoche der Aufklärung ist.

## Der Traum der Vernunft M 14

1 Die Unterschrift „Der Traum der Vernunft erzeugt Ungeheuer" hat Goya einer Aquatinta-Radierung beigegeben, die einen über seinem Schreibwerkzeug schlafenden Mann zeigt, hinter dem Nacht-
5 getier, Eulen und Fledermäuse flattern und ein Raubtier lagert: fast Luchs, noch Katze. Doch da das spanische Wort für Traum auch Schlaf bedeuten kann, könnte der Untertitel des beängstigenden Bildes auch heißen: „Der Schlaf der Vernunft er-
10 zeugt Ungeheuer." Und schon ist der Streit entfesselt, tritt das Elend der Aufklärung zutage, sind wir beim Thema. Zweierlei Tätigkeit wird bildhaft der Vernunft unterstellt: Indem sie träumt, gebiert sie Ungeheuer, ihre Träume sind Ungeheuer – oder:
15 weil die Vernunft schläft, ist den nächtlichen Ungeheuern Freiraum gegeben, macht sich Unvernunft breit, wird das mühsame Werk der Aufklärung überschattet, mit Dunkelheit überzogen, zunichte. Die erste Deutung spricht für sich: Die Vernunft,
20 des Menschen besondere, ihn auszeichnende Gabe, ist gleichwohl fähig, sobald sie träumt, Ungeheuer, sprich, erschreckende Visionen und Utopien als Schreckensherrschaften zu entwerfen. Vergangenheit und Gegenwart bestätigen diese
25 Deutung, denn alle bis heute wirksamen Ideologieentwürfe sind Träume aufklärender Vernunft

und haben - hier als Verelendung produzierender Kapitalismus, dort als mit Zwang herrschender Kommunismus – ihre Ungeheuerlichkeit bewiesen.
30 Die zweite Deutung wirft Fragen auf, die, sobald sie beantwortet werden, neue Fragen wecken. Etwa: Darf die Vernunft, weil sie schlafend den Ungeheuern, also dem Irrationalismus, das Feld überläßt, niemals schla-
35 fen? Natürlich nicht, sagen wir. Wo kommen wir hin, wenn die Vernunft schläft. Nie wieder darf die Vernunft schlafen, darf uns die Vernunft einschlafen. Wehret den Anfängen! Nicht einmal ermüdet blinzeln darf
40 sie. Eine allzeit wache Vernunft fordern wir als gebrannte Kinder einer Epoche, in der die Vernunft schlief und das Ungeheuer, Faschismus genannt, geboren wurde. Dennoch gibt die Gegenfrage nicht Ruhe: Was ist das für eine Ver-
45 nunft, die nicht schlafen, also den Traum nicht zulassen darf? Ist diese immerwache Vernunft nicht gleichfalls schrecklich und tagheller Ungeheuerlichkeiten fähig? Wird diese Vernunft, die aufklären, erhellen, erleuchten soll, nicht letzten
50 Endes – und schon tut sie es – uns alle durchleuchten, durchsichtig, gläsern, erfaßbar machen, auf dass wir ohne Geheimnis und Nacht-

seite sind? Hat nicht diese überwache, sich wissenschaftlich nennende Vernunft den vormals
55 weitgefaßten Begriff von Fortschritt auf technisches Maß, auf einzig das technisch Machbare reduziert? Eine Vernunft, die nicht schlafen darf, die mittlerweile, selbst wenn sie schlafen wollte, Schlaf nicht mehr fände, eine schlaflose Ver-
60 nunft gibt kaltes Licht und macht frösteln; dabei wären Träume vonnöten, Nachtflüge der Einbildungskraft und Märchen, aus deren Getier – Fledermaus, Eule und Luchs – gleichwohl Vernunft spräche. [...] Das Fortschreiben der Auf-
65 klärung setzt Zukunft voraus. Selbst wenn sich Kraft fände, ihren vernutzten Zustand wieder aufzuputzen, ihr Elend zu schmälern, bliebe dennoch die Zukunft in weiten Bereichen von Zerstörungsprozessen besetzt, die allesamt ver-
70 nunftbestimmt sind. Annähernd aufgezehrt oder ruiniert ist die Zukunft: ein Abschreibeprojekt.

*El sueño de la razón produce monstruos* (Der Schlaf der Vernunft gebiert Ungeheuer) von Francisco de Goya, 1799

Quelle: Grass: Der Traum der Vernunft, in: Der Traum der Vernunft, 1985, S. 7 ff.

# DAS WICHTIGSTE IN KÜRZE

### Die Wissenschaft im Zeitalter der Vernunft

Was heute für viele das Online-Lexikon „Wikipedia – Die freie Enzyklopädie" ist, war im Zeitalter der Aufklärung die **„Encyclopédie"** von **Denis Diderot** und **Jean-Baptiste le Rond, genannt d'Alembert**, deren erste Bände 1751 erschienen. Die „Encyclopédie" – ein aus Beiträgen unterschiedlicher Experten, von Wissenschaftlern bis hin zu Handwerkern, sich fortschreibendes Lexikon – gilt als das wichtigste Werk der Aufklärung. Sie stellte die aufklärerischen Kategorien Vernunft, wissenschaftliche Methodik und die Empirie über den Glauben. Daher wurde sie auch als Angriff auf das christliche Weltbild, die Vorherrschaft der Kirche und die von Gott abgeleitete Macht der Könige interpretiert und zeitweise verboten.

In der Aufklärung entwickelte sich gegen Ende des 18. Jahrhunderts das, was wir heute unter Wissenschaft verstehen, nämlich Spezialistentum. Fachdisziplinen entstanden also erst im Zuge dieser geistesgeschichtlichen Bewegung. Göttingen war im 18. Jahrhundert einer der Orte der Wissenschaft in Europa. Die Gründung der **Akademie der Wissenschaften** 1751 brachte der Universitätsstadt eine Institution, in der es um Forschung ging. Zu ihren Mitgliedern zählten u. a. Carl Friedrich Gauß, Johann Wolfgang von Goethe, die Brüder Jacob und Wilhelm Grimm, Alexander und Wilhelm von Humboldt oder später auch Werner Heisenberg. Die 1759 gegründete Bayerische Akademie der Wissenschaft wählte von Anfang an ihre Mitglieder unabhängig von Religion oder Nationalität. Systematische Wetterbeobachtungen, das erste philologisch fundierte deutschsprachige Wörterbuch, die große Quellensammlung Monumenta Germaniae Historica (MGH) sowie Forschungsleistungen Fraunhofers, Reichenbachs und Sömmerings gehen auf diese Institution zurück.

### Toleranz und Kritik

Der wissenschaftlichen Entwicklung entsprechend erlebte das **Buch-, Verlags- und Zeitschriftenwesen** im 18. Jahrhundert eine Blütezeit. Als Hauptstadt des deutschen Buches beziehungsweise Buchhandels wurde Leipzig zu einem Mittelpunkt der deutschen Aufklärung. Das enorm gewachsene Lesebedürfnis wurde vor allem durch Moralische Wochenschriften befriedigt. Diese waren Zeitschriften nach englischem Vorbild, die Informationen und Ratschläge zu ethischen, kulturellen und sozialen Themen darboten. Werte und Ideale der Aufklärung, also Vernunft, Toleranz, Menschenfreundlichkeit, Neugier, Bildung und Moral, sollten über diese Medien einem breiten bürgerlichen Publikum vermittelt werden.

Bezüglich der Erziehung des Menschengeschlechts fiel der Literatur eine wichtige Rolle zu. **Gotthold Ephraim Lessing** schuf mit seinen Dramen „Miss Sara Sampson", „Minna von Barnhelm" und „Emilia Galotti" das **bürgerliche Trauerspiel** als neue Literaturform eines sich emanzipierenden Bürgertums. Es stellt bürgerliche Personen, ihre Weltauffassung und ihren Konflikt mit dem Adel ins Zentrum der Handlung und möchte durch die mitfühlende Teilnahme am Bühnengeschehen wirken. Mit dem Ideendrama „Nathan der Weise", aber auch mit seinen theoretischen Schriften brach er dem Toleranzgedanken Bahn.

### Deutschsprachiges Theater

Schauspielerinnen und Schauspieler waren oft fahrende Gesellinnen und Gesellen, die durch die Lande zogen und ihre Bretterbühnen auf den Jahrmärkten aufstellten. In Hamburg engagierte sich Lessing

# DAS WICHTIGSTE IN KÜRZE

für ein stehendes Schauspiel mit festem Ensemble. So gründete er mit anderen das erste **„Deutsche Nationaltheater"** am Gänsemarkt, womit er die Entwicklung des Theaters stark beeinflusste. Als Dramaturg dieses Nationaltheaters verfasste er seine richtungsweisende **„Hamburgische Dramaturgie"**, in der er die Abschaffung der Ständeklausel, die Aufhebung der Heldenhaftigkeit der dramatischen Personen und die Verwendung prosaischer Sprache im Drama forderte.

## Bildung des Bürgertums

Das Zeitalter der Aufklärung hatte auch eine Art „Leserevolution" hervorgerufen. Es entstanden **Leihbibliotheken** und **Lesegesellschaften**, also Einrichtungen, die die Diskrepanz von Kaufkraft und Leseinteresse abmildern bzw. überwinden wollten. In den sich etablierenden **Gelehrten-Kaffeehäusern** trafen sich Bürgerliche, Künstler, Autoren, Verleger; hier wurden Zeitschriften und Kaffee konsumiert, Vorträge gehalten und es wurde diskutiert. Diese Kaffeehäuser waren zudem die einzigen öffentlichen Orte, die auch Juden, wie z. B. dem Philosophen Moses Mendelssohn, Zutritt verschafften – somit boten sie ihnen die Möglichkeit einer gewissen gesellschaftlichen Teilhabe. Nichtsdestotrotz stand eine flächendeckende Alphabetisierung der Gesellschaft noch aus. Lesen blieb einstweilen eine privilegierte Kulturtechnik, über die im Wesentlichen nur Klerus, Adel und gehobenes Bürgertum verfügten.

Die Herzogin Anna Amalia Bibliothek in Weimar zählt zu den ältesten Bibliotheksgebäuden im deutschsprachigen Raum. Die Planung und Ausführung des Bauwerks fiel in eine Zeit des politischen, gesellschaftlichen und kulturellen Wandels. Das moderne aufgeklärte Staatsverständnis des Herzogs hatte entsprechenden Einfluss auf die Form und inhaltliche Ausgestaltung des Baus. Somit spiegelt die Herzogin Anna Amalia Bibliothek den Zeitgeist des aufgeklärten Jahrhunderts wider.

Das Zeitalter der Aufklärung verstand sich auch als ein pädagogisches Zeitalter. „Die Natur will, daß Kinder Kinder sind, bevor sie zum Erwachsenen werden" (M 11, S. 175) – mit Sätzen wie diesem wurde Jean-Jacques Rousseaus Erziehungsroman „Émile oder Über die Erziehung" wegweisend für eine „antiautoritäre", partnerschaftliche Erziehung der Kinder. Auch erste deutsche reformpädagogische Ansätze (z. B. von Johann Bernhard Basedow) fallen in diese Zeit.

Anfang des 19. Jahrhunderts war es in ganz Deutschland Trend, das unmittelbare Lebensumfeld zu verschönern. Dahinter steckte die aufklärerische Idee, die Schaffung von Ordnung und Strukturen auf dem Land würde dort die Lebensverhältnisse verbessern und die Menschen positiv beeinflussen. In diesem Sinne veränderte der Kreisbauinspektor Gustav Vorherr das Bild des Agrar- und Kulturlandes Bayern.

# FESTIGUNG – VERTIEFUNG

### Weitere Herangehensweisen

- Überprüfen Sie, ob das Onlinelexikon „Wikipedia" mit der „Encyclopédie" von Diderot und d'Alembert verglichen werden kann. Recherchieren Sie dazu auch die Begriffsbedeutung und Entstehungsgeschichte von „Wikipedia".
- Ermitteln Sie das rousseausche Menschenbild anhand seines Erziehungsromans „Émile oder Über die Erziehung" sowie anhand seines Gesellschaftsvertrags „Du contrat social" (siehe Kapitel 3.1).
- Diskutieren Sie, ob es Grenzen der Aufklärung sowohl im 18. Jahrhundert gab als auch im 21. Jahrhundert gibt.

### Vertiefende Aspekte

- Fassen Sie den Inhalt und die Intention der „Ringparabel" (III,7) zusammen, die das Zentrum des Ideendramas „Nathan der Weise" von Gotthold Ephraim Lessing bildet (vgl. H 2).
- Der Verlag C.H. Beck wird 1763, also im Zuge der Aufklärung, gegründet. Er ist eines der ältesten Verlagsunternehmen. Führen Sie zunächst eine Internetrecherche durch und geben Sie einen kurzen Überblick über die Geschichte des deutschen Verlagswesens, arbeiten Sie zudem den Anspruch des C. H. Beck Verlags heraus und setzen Sie sich kritisch mit seiner Geschichte auseinander (vgl. H 3).
- Auch heute noch zieht man „den Knigge" zurate, wenn es um die Frage nach normierten Umgangsformen und Benimmregeln geht. Seinen Ursprung hat der „moderne Knigge" in der Aufklärung: „Über den Umgang mit Menschen" (1788) von Adolph Freiherr Knigge sollte allen Menschen eine Orientierung zu tugendhaftem Verhalten und sozialen Normen bieten. Fertigen Sie ein fächerübergreifendes Referat über dieses Werk an und arbeiten Sie wesentliche Forderungen heraus (vgl. H 4).

### Weiterführende Quellen und Hinweise

**H 1** Burdorf, Dieter; Fasbender, Christoph; Moennighoff, Burkhard (Hg.): Metzler Lexikon Literatur: Begriffe und Definitionen, Stuttgart, Springer-Verlag GmbH Deutschland, 2007. Das „Metzler Lexikon Literatur" verfügt über 3 600 Stichworte zur Literatur. Es gibt einen Überblick über Schriftstellerkreise, Institutionen sowie über das Buch- und Verlagswesen.

**H 2** Willoweit, Dietmar: Das Profil des Verlages C. H. Beck im 20. Jahrhundert, in: Dietmar Willoweit: Rechtswissenschaft und Rechtsliteratur im 20. Jahrhundert. Mit Beiträgen zur Entwicklung des Verlages C. H. Beck, München, Verlag C. H. Beck, 2007, S. 63–88. In diesem Beitrag wird die Entwicklung des Verlages C. H. Beck im vergangenen Jahrhundert reflektiert.

 **H 3** The Encyclopedia of Diderot & d'Aembert. Michigan Publishing, a division of the University of Michigan Library: Eine englische Übersetzung von Teilen der „Encyclopédie" zum „Schmökern". Hier kann das gesammelte Wissen der damaligen Zeit über eine Stichwortsuche recherchiert werden.

 **H 4** Projekt Aufklärung – Wie wird Wissen zu Erkenntnis? Deutsche Welle, Bonn, 2023: Die Dokumentation geht der Frage nach, wie es im 21. Jahrhundert um das immerwährende Projekt Aufklärung steht. Sie geht der Ausgestaltung im 18. Jahrhundert geäußerten Ideen von Gerechtigkeit, Verantwortung, Freiheit und Erkenntnis heute und in der Zukunft nach. Wie die Aufklärung in die Moderne fortwirkt und vor welchen Herausforderungen sie steht, wird nicht zuletzt an Beispielen wie „Voodoo" und „KI" erläutert. (Dauer: 42:36 Minuten)

### 3.1 Gedankengut der Aufklärung

Sie haben erkannt, dass die Grundlagen für freiheitlich-demokratische Wertvorstellungen sowie moderne bürgerliche Gesellschaften durch die Aufklärung und die Französische Revolution geschaffen wurden. Sie haben gelernt, welche Sprengkraft die Ideen der Aufklärung für die Herrschaftsform des Absolutismus und das von der Ständeordnung und dem Feudalismus geprägte soziale Gefüge hatte. Die Zusammenhänge zwischen dem naturwissenschaftlichen Umbruch und der Übertragung der kritischen Methode auf andere Lebensbereiche (Philosophie, Politik, Literatur, Religion und Wirtschaft) haben Sie ebenfalls erkannt. Mit bedeutenden staatsphilosophischen Ansätzen (Locke, Montesquieu und Rousseau) sind sie nun vertraut und erkennen die Tradition, in der moderne Demokratien mit ihren grundlegenden Prinzipien stehen. Vor diesem Hintergrund sind Sie sensibilisiert, aktuelle Gefährdungen dieser Wertvorstellungen und Staatsordnungen zu identifizieren, und in der Lage, diese zu bewerten.

### 3.2 Ursachen, Ausbruch und Verlauf der Französischen Revolution

Sie haben einen Einblick in die gesellschaftlichen und politischen Ursachen der Französischen Revolution gewonnen. Sie sind in der Lage, die drei Phasen im Verlauf der Revolution zu benennen und diese Einteilung zu begründen. Anhand dieses konkreten Fallbeispiels ist Ihnen die innewohnende Multikausalität von Revolutionen bewusst geworden, sodass Sie diese Erkenntnis auf die Untersuchung anderer Revolutionen übertragen können.

### 3.3 Napoleon und die französische Vorherrschaft in Europa

Sie haben die historische Person Napoleon Bonaparte kennengelernt und dabei verstanden, wie dieser seine Macht hin zu einer französischen Vorherrschaft in Europa ausgebaut hat und wo er an Grenzen stieß. Dabei haben Sie die fundamentalen Auswirkungen der napoleonischen Herrschaft auf das Heilige Römische Reich Deutscher Nation begriffen. Vor diesem Hintergrund haben Sie die besondere Rolle des Kurfürstentums bzw. Königreichs Bayern erfasst. Sie sind nun in der Lage, die Bedeutung der auf Maximilian Joseph Graf von Montgelas zurückgehenden Reformen als Grundlage für einen modernen bayerischen Staat anzuerkennen.

### 3.4 Kulturelle Errungenschaften der Aufklärung

Sie haben gelernt, wie die Epoche der Aufklärung die Kultur unseres Landes geprägt hat und auch heute noch prägt. Sie haben begriffen, dass die naturwissenschaftliche und philosophische Ausrichtung der Epoche der Aufklärung Auswirkungen auf das öffentliche und kulturelle Leben hat. Sie wissen nun, dass das Zeitschriften- und Verlagswesen sowie Reformen in Theater und Literatur zu den kulturellen Errungenschaften der Aufklärung zählen. Sie sind in der Lage, die Bedeutung der in dieser Epoche geschaffenen Medien für die Entwicklung und Ausprägung von vernünftigen, freiheitlichen und tugendhaften Wertvorstellungen zu erkennen und auf die heutige Zeit zu übertragen. Sie haben vor allem verstanden, dass der Wandel des Denkens durch die Aufklärung zu den historischen Komponenten europäischer Kultur und moderner bürgerlicher Gesellschaften zählt.

# LERNBEREICH 3

## Kapitel 4 (Lernbereich 3.1)
## Lebenswirklichkeiten im Nahen Osten

Eine palästinensische Frau demonstriert gegen die israelische Besatzung.

Gemeinsamer Friedensmarsch von palästinensischen und israelisch-jüdischen Frauen in Qasr al-Yahud in der Nähe des Jordans im Westjordanland, 19. Oktober 2016.

Der ewige Konflikt? – Friedenstaube im Fadenkreuz (Graffito des britischen Straßenkünstlers Banksy an einer Mauer in Bethlehem)

Jüdische Einwanderinnen und Einwanderer in Palästina in den 1920er-Jahren

Palästinenser/-innen sowie Israelis und Israelinnen in Jerusalem

# Lebenswirklichkeiten in der gegenwärtigen Welt

Protest im Westjordanland

Sperrmauer auf der palästinensischen Seite zwischen
Bethlehem, Westjordanland und Jerusalem

Karikatur von Jürgen Janson

# KAPITEL 4 (LERNBEREICH 3.1)

## 4.1 Nahostkonflikt – Ursprünge und historischer Hintergrund

### Forschungsinteresse und Kompetenzerwerb

Der Nahostkonflikt als weltpolitischer Konflikt kann nur unter Berücksichtigung historischer Entwicklungen eingeordnet werden. Warum er bis heute nicht lösbar ist, wird Ihnen verständlicher, wenn Sie die historischen Ursachen und die Entwicklung des Konflikts kennenlernen. Sie beschäftigen sich mit den Interessen der Konfliktparteien Israel und Palästina und erhalten einen Überblick über die verschiedenen Ansprüche, die auf das Gebiet erhoben werden.

### Vorgehen

Bei einer Recherche zum Thema „Nahostkonflikt" entdecken Sie folgende Karikatur:

„Wir waren schon immer hier!", Karikatur von Fritz (Alfred) Behrendt, undatiert

Sie fragen sich, warum die beiden dargestellten Parteien, Israelis und Palästinenser, argumentieren, dass sie „schon immer hier" (in Palästina) gewesen seien, und was es mit den gemeinsamen Wurzeln auf sich hat. Um die Karikatur angemessen interpretieren und Ihre Fragen beantworten zu kön-

nen, arbeiten Sie sich anhand der Materialien in die Ursprünge und die historischen Hintergründe des israelisch-palästinensischen Konflikts ein.

Zunächst BESCHÄFTIGEN Sie sich mit der Vertreibung der Juden aus Palästina durch die Römer. Sie STELLEN die Ansprüche der verschiedenen Religionen auf Jerusalem als heilige Stadt einander GEGENÜBER. Anschließend ERARBEITEN Sie sich die Ursachen der Kreuzzugsbewegung und BEURTEILEN deren Folgen für den Nahostkonflikt. Sie VERGLEICHEN die jeweiligen Entwürfe eines jüdischen und arabischen Staates. Abschließend UNTERSUCHEN Sie zentrale Versprechungen der Briten und Franzosen und ÜBERLEGEN, inwiefern diese zu Problemen führten.

ERSTELLEN **Sie nun eine Mindmap, in der Sie die Ursprünge des Nahostkonflikts in verschiedene Dimensionen aufgeteilt darstellen (z. B. geografisch, religiös, politisch).** ANALYSIEREN **Sie anschließend die Karikatur.**

Als Arbeitshilfe finden Sie im hinteren Teil des Lehrwerks eine Übersicht über verschiedene Methodentechniken. Nutzen Sie diese Möglichkeit.

### Materialauswahl

Die Berichte verschiedener Geschichtsschreiber liefern einen Überblick über die Ereignisse zur Zeit der römischen Eroberung Palästinas und der Kreuzzüge. Überblickskarten illustrieren politische Veränderungen in der Region. Anhand von Auszügen aus verschiedenen Originaldokumenten lassen sich zentrale Forderungen und Übereinkünfte sowie mögliche daraus resultierende Probleme ableiten.

**1.** 1.1 Erarbeiten Sie anhand der Berichte von Cassius Dio und Flavius Josephus, welche Eigenschaften das jüdische Volk in der Selbst- und Fremddarstellung auszeichnen.

1.2 Untersuchen Sie anhand der Berichte des Flavius Josephus den Ablauf der Eroberung Jerusalems und überlegen Sie, welche Folgen die Zerstörung des Tempels hatte.

**M 1** **Der römische Senator und Geschichtsschreiber Cassius Dio über die Juden, 63 v. Chr.**

1 Das Land [Palästina] wurde Judäa genannt, und die Bevölkerung selbst Juden. Ich weiß nicht, wie ihnen dieser Name gegeben worden ist, aber er wird auch für alle anderen Menschen verwendet,
5 die, obwohl sie einem anderen Volk angehören, deren Bräuchen folgen.

Sie unterscheiden sich vom Rest der Menschheit in beinahe jedem Detail der Lebensweise, am meisten aber durch die Tatsache, dass sie
10 die Götter der anderen nicht verehren, sondern einen einzigen Gott inbrünstig verehren. [...] da sie ihn für unnennbar und unsichtbar halten, verehren sie ihn in der außergewöhnlichsten Weise auf Erden. Sie haben ihm einen Tempel
15 errichtet, der besonders groß und außerordentlich schön war [...] Außerdem widmeten sie ihm den Tag, der Tag des Kronos (Saturn) genannt wird, an dem sie, neben vielen anderen sehr eigenartigen Bräuchen, keiner ernsthaften Be-
20 schäftigung nachgehen.

Quelle: Cassius Dio, 37, 16,5–37, 17,3, in: Römische Geschichte, 1985, S. 75 f.

63 v. Chr. wurde Judäa von den Römern erobert und in die Provinz Syria eingegliedert. In den folgenden Jahren kam es immer wieder zu Aufständen der Juden gegen die Römer, die ihren Höhepunkt im ersten Jüdischen Krieg (66–70 n. Chr.) fanden. Dem Feldherren und späteren Kaiser Vespasian und seinem Sohn Titus gelang der Sieg über die Juden. Allerdings führte dieser nicht zu einer dauerhaften Befriedung. Auch in den folgenden Jahren kam es immer wieder zu Aufständen gegen die Römer, die schließlich zum zweiten Jüdischen Krieg (132–135 n. Chr.) führten, in dem die Römer erneut siegreich waren. Sie benannten die Gebiete Judäa und Galiläa in „Palästina" um, viele Juden flohen oder wurden vertrieben. Flavius Josephus (37/38–100 n. Chr.), ein römisch-jüdischer Schriftsteller, berichtet über die Eroberung Jerusalems durch Titus.

## Die Geschichte des jüdischen Krieges nach Flavius Josephus

1 Titus hielt nun mit ihnen allen Kriegsrat wegen des Tempels. Die einen meinten, man solle dem Kriegsrecht freien Lauf lassen, denn solange der Tempel, dieser Sammelpunkt aller Juden, noch
5 stehe, würden sie niemals aufhören, an Empörung zu denken. Andere äußerten ihre Ansicht dahin, dass man, wenn die Juden den Tempel räumten und niemand mehr zu seiner Verteidigung das Schwert ziehe, ihn erhalten, wenn sie
10 dagegen bei ihrem Widerstand beharrten, ihn verbrennen solle; denn dann sei er eben eine Festung und kein Tempel. [...] Titus aber hielt dafür, man solle, selbst wenn die Juden vom Tempel herab sich wehren würden, seine Rache nicht
15 an leblosen Dingen statt an Menschen auslassen und unter keinen Umständen ein so herrliches Bauwerk den Flammen preisgeben. Denn der Schaden treffe im Grunde ja doch die Römer, wie umgekehrt der Tempel, wenn er erhalten bliebe,
20 eine Zierde des Reiches sein werde. [...]

Titus zog sich hierauf in die Antonia zurück, entschlossen, am folgenden Tage in aller Frühe mit seiner ganzen Heeresmacht anzugreifen und den Tempel zu umzingeln. Über diesen jedoch hatte
25 Gott schon längst das Feuer verhängt [...] Kaum nämlich hatte Titus sich entfernt, als die Empörer nach kurzer Rast abermals gegen die Römer ausrückten. Hierbei kam es zum Handgemenge zwischen der Besatzung des Tempels und den-
30 jenigen Mannschaften, die das Feuer in den Gebäuden des inneren Vorhofes löschen sollten. Als nun die Letzteren den zurückweichenden Juden nachsetzten und bis zum Tempelgebäude vorgedrungen waren, ergriff einer der Soldaten, ohne
35 einen Befehl dazu abzuwarten oder die schweren Folgen seiner Tat zu bedenken, wie auf höheren Antrieb einen Feuerbrand und schleuderte ihn, von einem Kameraden emporgehoben, durch das goldene Fenster, wo man von Norden her in die
40 den Tempel umgebenden Gemächer eintrat, ins

Relief im Titusbogen im Forum Romanum. Darstellung des römischen Triumphzugs nach dem Sieg im ersten Jüdischen Krieg mit Beutestücken aus Jerusalem

Innere. Sowie die Flammen aufloderten, erhoben die Juden, entsprechend der Größe des Unglücks, ein gewaltiges Geschrei und rannten, ohne der Gefahr zu achten oder ihre Kräfte zu schonen,
45 von allen Seiten herbei, um dem Feuer zu wehren: denn es drohte unterzugehen, was sie bisher vor dem Äußersten zu bewahren gesucht hatten.

Ein Eilbote meldete es dem Titus. Schnell sprang dieser von seinem Lager im Zelt, wo er eben vom
50 Kampfe ausruhte, auf und lief, wie er war, zum Tempel hin, um dem Brande Einhalt zu tun [...]. Der Caesar wollte durch Schreien und Handbewegungen den Kämpfenden zu verstehen geben, man solle löschen; sie aber hörten sein Rufen
55 nicht, da es von dem noch lauteren Geschrei der anderen übertönt wurde, und die Zeichen, die er mit der Hand gab, beachteten sie nicht, weil sie teils von der Aufregung des Kampfes, teils von ihrer Erbitterung völlig eingenommen waren.
60 [...] Die Empörer hatten übrigens die Hoffnung, den Brand noch eindämmen zu können, völlig aufgegeben; denn allenthalben wurden sie niedergemetzelt oder in die Flucht getrieben. Auch ganze Haufen von Bürgern, lauter schwache,
65 wehrlose Leute, fielen, wo der Feind sie traf, dem Schwert zum Opfer. Besonders um den Altar her

türmten sich die Toten in Masse auf: stromweise floss das Blut an seinen Stufen, und stumpf roll- 70 ten die Leichen derer, die oben auf ihm ermordet wurden, an seinen Wänden herunter.

Quelle: Flavius Josephus: Geschichte des jüdischen Krieges, 2001, S. 586–589.

Eleazar war der Anführer einer Gruppe von aufständischen Juden, die sich in der Bergfestung Masada verschanzt hatten. Am Abend vor dem römischen Angriff hält er seine Rede.

## M 3    Die Eroberung Masadas

Blick auf die Ruinen der Festung Masada

1 An Flucht jedoch dachte Eleazar nicht im Entferntesten, wie er dieselbe auch keinem anderen gestattet haben würde; vielmehr stellte er sich, da er die Mauer vom Feuer zerstört sah und kein wei- 5 teres Mittel zur Rettung oder Verteidigung ausfindig machen konnte, die Behandlung vor Augen, welche die Weiber und Kinder von den Römern erfahren würden, wenn sie in deren Hände fielen, und kam so zu dem Entschluss, dass alle in den 10 Tod gehen müssten. [...]

„Schon lange sind wir, wackere Kameraden, entschlossen, weder den Römern noch sonst jemand untertan zu sein außer Gott allein, weil er der wahre und rechtmäßige Gebieter der Menschen 15 ist; jetzt aber ist der Augenblick gekommen, der uns mahnt, unsern hehren Entschluss durch die Tat zu bekräftigen. Entehren wir uns also nicht selbst dadurch, dass wir, die wir früher nicht einmal eine ungefährliche Knechtschaft zu ertragen 20 vermochten, jetzt mit der Knechtschaft uns freiwillig die schrecklichsten Qualen zuziehen, die uns sicher bevorstehen, wenn wir in die Hände der Römer fallen. Denn wie wir die allerersten waren, die sich gegen ihr Joch aufgelehnt haben, so sind 25 wir auch die letzten, die noch von ihnen bekämpft werden. Ich halte es für eine besondere Gnade Gottes, dass er uns in den Stand setzt, ehrenvoll als freie Leute unterzugehen, was anderen, die unversehens überwältigt wurden, nicht vergönnt war. 30 Wir wissen ja schon zum voraus, dass wir morgen in Feindeshand geraten werden, aber noch haben wir die freie Wahl, mit unsern Lieben eines edlen Todes zu sterben. Das können unsere Feinde nicht verhindern, so gern sie uns auch lebendig in ihre 35 Gewalt bekommen möchten; anderseits aber sind wir auch nicht mehr imstande, sie im Kampfe zu besiegen. Gleich anfangs vielleicht [...] hätten wir den Ratschluss Gottes mutmaßen und erkennen sollen, dass er das einst ihm so teure Volk der 40 Juden dem Verderben geweiht habe. [...] Nicht der Zufall war es ja, der das anfangs den Feinden zugewandte Feuer gegen die von uns errichtete Mauer umschlagen ließ, sondern der Zorn Gottes wegen der vielen Frevel, die wir in unserer Raserei 45 gegen die eignen Landsleute begangen haben. Die Strafe dafür aber wollen wir nicht von unseren Todfeinden, den Römern, sondern von Gott durch unsere eigene Hand erleiden [...] Zuvor aber wollen wir unsere Kostbarkeiten und die ganze Burg 50 durch Feuer vernichten; denn ich bin sicher, dass die Römer sich ärgern werden, wenn sie uns nicht lebend fangen können und obendrein auch noch um die Beute kommen. Nur die Nahrungsmittel wollen wir ihnen übrig lassen, damit sie nach unserm Tode zum Zeugnis dienen, dass nicht der

55

Hunger uns bezwang, sondern dass wir, wie von Anfang an, so auch jetzt noch entschlossen waren, den Tod der Knechtschaft vorzuziehen."

Quelle: Flavius Josephus: Geschichte des jüdischen Krieges, 2001, S. 657–660.

**2.** Stellen Sie anhand der nachfolgenden Quellen sowie unter Berücksichtigung der Ergebnisse aus Aufgabe 1.1 und 1.2 die religiösen und territorialen Ansprüche gegenüber, die Juden, Araber und Christen jeweils auf das Land Palästina und die Stadt Jerusalem erheben.

Mohammed ibn Abd Allah wurde um 570 v. Chr. in Mekka geboren. Laut Überlieferung erschien ihm eines Tages der Erzengel Gabriel, der ihm das Wort Allahs offenbarte und ihn zu dessen Gesandtem machte. Mohammed scharte schon bald erste Anhänger um sich, war jedoch auch Verfolgungen ausgesetzt, da die Mehrheit der Bevölkerung zu dieser Zeit polytheistisch war. Mohammed floh schließlich 622 n. Chr. nach Medina, dies markiert zugleich den Beginn der arabischen Zeitrechnung. In Medina gründete Mohammed eine Religionsgemeinschaft, die „Umma". Viele der dortigen Stammesfürsten traten zum Islam über. 630 n. Chr. gelang Mohammed die Eroberung Mekkas, es folgte die weitere Ausbreitung des Islams auf der arabischen Halbinsel. Nach Mohammeds Tod eroberten die Araber in den nächsten hundert Jahren große Teile des Oströmischen Reiches und drangen bis nach Spanien und Südfrankreich vor.

**Expansion der Araber** **M 4**

Die Ausbreitung des Islam von 622 bis 750

- Eroberungen bis zum Tod Mohammeds (622-632)
- Eroberungen unter den ersten vier Kalifen (632-656)
- Eroberungen unter den Omaijaden (661-750)
- ● Sitz eines Kalifen (mit Jahreszahl)
- ■ arabisches Heerlager
- → islamische Kriegszüge
- X Schlacht
- Oströmisches Reich um 700

**M 5**  Der Anspruch der Muslime auf Jerusalem

Der Felsendom auf dem Tempelberg in Jerusalem ist der älteste monumentale Sakralbau des Islams und eines der Haupttheiligtümer.

1 „Gepriesen sei, der seinen Knecht nachts reisen ließ
vom heiligen Gebetsplatz bis zum fernsten,
um den herum wir Segen spendeten,
5 um ihm von unseren Zeichen einige zu zeigen.
Siehe, er ist der Hörende, der Sehende."

Das ist der 1. Vers von Sure 17. Sie wurde in Mekka offenbart und heißt auf [A]rabisch „al-‚isrâ‘", zu deutsch: „Die Nachtreise". Die mus-
10 limischen Korangelehrten sind sich einig, dass mit dem hier genannten „Knecht" kein anderer gemeint ist als Mohammed, und dass in diesem Vers auf ein besonderes Ereignis in seinem Leben Bezug genommen wird, nämlich auf seine nächt-
15 liche Reise von Mekka aus zum – wie es heißt – „fernsten Gebetsplatz". Nach Auffassung der meisten muslimischen Koranauslegungen ist mit dem „fernsten Gebetsplatz" der Tempel in Jerusa-lem gemeint. Denn die danach folgende Beschrei-
20 bung: „um den herum wir Segen spendeten" wird in anderen Koranversen stets auf das Heilige Land, also Palästina, bezogen.

Heute betrachtet man die al-Aksa-Moschee und den Felsendom auf dem Tempelberg in Jerusa-
25 lem als den Ort, an dem Mohammed bei seiner Nachtreise ankam. In den Auseinandersetzungen des Nahostkonflikts wird dies von vielen dazu benutzt, um Israel gegenüber Ansprüche auf den Tempelbezirk zu erheben. Auch wegen dieser
30 nächtlichen Reise des Propheten gilt Jerusalem – nach Mekka und Medina – als drittwichtigste Heilige Stadt des Islams. Jerusalem markierte zu-nächst sogar die Gebetsrichtung für die Muslime, bevor diese gen Mekka gedreht wurde.

Quelle: Bobzin: Der Anspruch der Muslime auf Jerusalem, in: Deutschlandfunk, 31.07.2015, abgerufen unter: www.deutschlandfunk.de/sure-17-verse-1-2-der-anspruch-der-muslime-auf-jerusalem.2395.de.html?dram:article_id=326974 [14.06.2020].

## Jerusalem als heilige Stadt der Juden    M 6

Mann mit israelischer Flagge vor der Klagemauer

Der erste jüdische Tempel wurde zur Verehrung des jüdischen Stammesgottes Jahwe gebaut und 587 v. Chr. durch die Babylonier zerstört. Das jüdische Volk wurde an den Euphrat verschleppt und arbeitete in der Zeit des „babylonischen Exils" die jüdische Theologie aus. Nachdem den Juden die Rückkehr erlaubt wurde, bauten sie den Tempel in Jerusalem wieder auf. Die heutige Klagemauer in Jerusalem war ursprünglich ein Teil der Umfassungsmauer des Plateaus des zweiten jüdischen Tempels, der bei der römischen Eroberung zerstört wurde. Heute ist sie eine religiöse Stätte des Judentums, an der die Juden beten und Zettel mit Gebeten, Danksagungen und Wünschen in die Spalten der Mauer stecken.

## Jerusalem und das Christentum    M 7

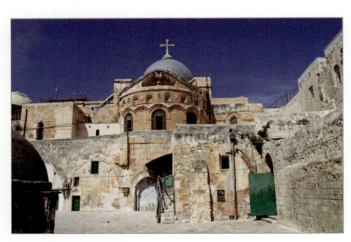

Grabeskirche in Jerusalem

Den Christen ist Jerusalem heilig, da sie die Stadt mit der Leidensgeschichte von Jesus Christus, dessen Kreuzigung und der Auferstehung verbinden. Laut der Bibel hat Jesus in Jerusalem die Geldwechsler aus dem Tempel vertrieben und dort das Abendmahl gefeiert. Nahe der Stadt wurde er gekreuzigt und begraben. Die Grabeskirche in Jerusalem steht an der Stelle, an der laut Überlieferung die Kreuzigung und das Begräbnis sowie Jesus' Auferstehung stattfanden. Sie wurde 335 n. Chr. geweiht und in der Zeit der Kreuzzüge mehrfach zerstört und wieder aufgebaut.

## M 8 Michael Wolffsohn und Tobias Grill zu den normativen Grundlagen der politischen Geografie, 2016

1 Die wichtigste Grundlage der normativen, politischen Geografie des Zionismus ist das Alte Testament. Aber selbst diese normative Grundlage ist keineswegs eindeutig, da auch die „von Gott
5 verheißenen" Landesgrenzen, die in der Bibel genannt werden, höchst unterschiedlich sind. Auch im Talmud, der Fixierung und Kommentierung der zunächst mündlich überlieferten Gesetze, gibt es zahlreiche abweichende Schilderungen der
10 Grenzen des „Landes Israel" (Eretz Israel). In Genesis (15: 18) versprach Gott Abraham das Land „vom Nil bis zum Euphrat", das später vor allem die Untergrundarmee Lehi beanspruchen sollte (vgl. Deuteronomium 1: 7 und 11: 24). In Numeri
15 (34: 3-15), ähnlich auch in Jehezkel (47: 15-20), ist das Gebiet schon wesentlich kleiner, ohne dass es heute genau rekonstruierbar wäre. Es umfasst zumindest Teile des nördlichen Negev, das Westjordanland und Galiläa. Wesentlich expansiver ist
20 das in den Psalmen (72: 8-11) dem künftigen Messiaskönig versprochene Reich, das vom Nil, dem Mittelmeer, Euphrat, Persischen Golf und Rotem Meer umgrenzt werden sollte. Die Formel vom „gelobten Land" bezieht sich auf die Juden. Diese
25 normative Grundlage der politischen Geografie beinhaltet also jüdisch-arabischen Sprengstoff. Die Verheißung für den einen wird zum Schrecken des anderen.

Paradoxerweise könnte man jedoch sogar den
30 Koran als historisch-politischen Atlas zugunsten der jüdischen Seite zitieren. Das ist nicht verwunderlich, denn der Prophet Mohamed stellte sich unzweideutig in die Tradition des Alten Testamentes. Man schlage im Koran folgende Suren
35 auf: 10/94, 14/14-16, 17/105, 21/72-76, 24/56, 26/58 und 26/59. Wie für die jüdischen Propheten ist für Mohamed Zion das Gelobte Land der Juden, aus dem sie ihrer Sünden wegen von Gott ins Exil geschickt wurden. Demzufolge hinge eine
40 Rückkehr der Juden ins gelobte Land von ihrer religiösen Umkehr ab. Diese Umkehr müsste, aus islamischer Sicht, dann freilich die Abkehr vom Judentum bedeuten. Mit anderen Worten: Die jeweils heilige Schrift bietet eine zumindest proble-
45 matische Rechtfertigungsgrundlage für politisch-geografische Ansprüche – der einen und anderen Seite [...].

Quelle: Wolffsohn; Grill: Israel, 2016, S. 13.

**3.** Analysieren Sie ausgehend von den nachfolgenden Quellen Ursachen und Folgen der Kreuzzugsbewegung.

Mitte des 11. Jahrhunderts eroberten die Seldschuken, ein türkischer Volksstamm, fast ganz Kleinasien und brachten auch Jerusalem unter ihre Kontrolle, was die christlichen Pilgerfahrten ins Heilige Land erschwerte. Da die Expansion der Seldschuken auch eine Gefahr für das christliche byzantinische Reich darstellte, bat der byzantinische Kaiser im Westen um Hilfe. Papst Urban II. rief daraufhin 1095 in Clermont auf einem Konzil zur Befreiung des Heiligen Landes auf. Robert der Mönch berichtet wie folgt über den Aufruf.

## Kreuzzugsaufruf von Urban II. nach Robert dem Mönch    M 9

1 Volk der Franken, [...] von Gott ausgewählt und geliebt, sowohl durch die geographische Lage als auch den katholischen Glauben wie auch durch die Ehre der katholischen Kirche herausgehoben
5 von allen anderen Völkern. An Euch richtet sich unsere Rede [...]: Wir wollen, daß Ihr wisst, welch trauriger Grund uns in Euer Land geführt hat.

Aus dem Land von Jerusalem und von der Stadt Konstantinopel kam ein schwerwiegender Be-
10 richt [...], daß nämlich das Volk des Reichs der Perser [= die Seldschuken], ein fremdes Volk, ein Gott gänzlich fernstehendes Volk, [...] die Länder jener Christen überfallen, mit Schwert, Raub und Feuer verwüstet, die Gefangenen teils
15 in ihr Land verschleppt, teils auch elendiglich abgeschlachtet hat, die Kirchen Gottes entweder von Grund auf zerstört oder für den Ritus ihrer eigenen Heiligen in Beschlag genommen haben. Altäre besudeln sie mit ihrem Unrat [...]
20 Bei manchen Leuten gefällt es ihnen, sie mit einem besonders schimpflichen Tod zu quälen; sie durchbohren den Nabel [...] binden sie an einen Baumstamm und treiben sie so unter Schlägen herum, bis sie mit heraushängenden
25 Eingeweiden zusammenbrechen. [...] Das Reich der Griechen [= das Byzantinische Reich] ist von ihnen schon so weit niedergedrückt und besetzt, daß man es in noch nicht einmal zwei Monaten durchqueren kann. Wem also obliegt die Mühe,
30 dies zu rächen, dies (den Feinden) zu entreißen, wenn nicht Euch [...] Zur Tapferkeit mögen Euch die Taten Eurer Vorfahren anspornen. [...]

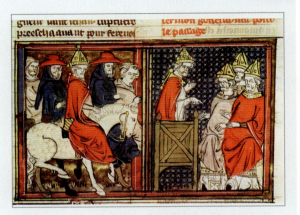

Urban II, Buchmalerei aus dem Roman de Godfroi de Bouillon, 14. Jh.

Besonders soll euch bewegen das Heilige Grab unseres Herrn Heilands, das im Besitz unreiner
35 Völker ist [...]. Wenn aber die Liebe zu Kindern, Eltern und Frauen Euch abhält, so ruft Euch ins Gedächtnis, was im Evangelium der Herr sagt: „Wer Vater und Mutter mehr liebt als mich, ist meiner nicht wert. Wer aber Haus oder Vater oder Mutter
40 oder Frau oder Kinder oder Äcker verläßt in meinem Namen, der wird hundertfach belohnt werden und das ewig Leben besitzen". [...] Dieses Land, das Ihr bewohnt, ringsum vom Meer umschlossen oder von Bergen umgeben, wird viel zu eng durch Eure
45 hohe Bevölkerungszahl, strömt nicht gerade über von Reichtümern und beschert den Menschen, die es bebauen, gerade mal den Lebensunterhalt. [...] Macht Euch auf den Weg zum Heiligen Grab, entreißt jenes Land dem ruchlosen Volk, unterwerft es
50 Euch; jenes Land ist den Söhnen Israels von Gott in Besitz gegeben worden, ein Land, wie die Schrift sagt, „in dem Milch und Honig fließt".

Quelle: [Bericht von Robert dem Mönch], in: Gemein; Cornelissen: Kreuzzüge und Kreuzzugsgedanke in Mittelalter und Gegenwart, 1992, S. 243 f.

In den folgenden Jahren brachen mehrere Gruppen ins Heilige Land auf. Der erste Kreuzzug bestand vorwiegend aus Angehörigen des einfachen Volkes, Bauern, Handwerkern und niederem Adel, die darin eine Möglichkeit sahen, ihrem ärmlichen Leben zu entrinnen und ihr Seelenheil zu erlangen. Auf ihrem Zug nach Jerusalem verübten sie Pogrome an Juden, die sie als Nachfahren der Mörder Jesu sahen und plünderten und mordeten auch in überwiegend christlich besiedeltem Land, durch das sie zogen. Die wenigen, die in Kleinasien ankamen, scheiterten dort an der militärischen Überlegenheit der muslimischen Kämpfer und wurden ermordet oder versklavt. Erfolgreicher waren in den folgenden Jahren die Kreuzzüge der Armeen aus französischen, lothringischen und normannischen Rittern, denen es 1099 gelang, Jerusalem zu erobern und 1100 das Königreich Jerusalem auszurufen.

## M 10 Wilhelm von Tyrus über die Eroberung Jerusalems, 1170

1 Schauerlich war es anzusehen, wie überall Erschlagene umherlagen und Teile von menschlichen Gliedern, und wie der Boden mit dem vergossenen Blut ganz überdeckt war. Und nicht nur die ver-
5 stümmelten Leichname und die abgeschnittenen Köpfe waren ein furchtbarer Anblick, den größten Schauder mußte das erregen, daß die Sieger selbst von Kopf bis Fuß mit Blut bedeckt waren. Im Umfang des Tempels sollen an die zehntausend Feinde
10 umgekommen sein, wobei also die, welche da und dort in der Stadt niedergemacht wurden und deren Leichen in den Straßen und auf den Plätzen umherlagen, noch nicht mitgerechnet sind, denn die Zahl dieser soll nicht geringer gewesen sein. Der
15 übrige Teil des Heeres zerstreute sich in der Stadt und zog die, welche sich in engen und verborgenen Gassen, um dem Tode zu entkommen, verborgen hatten, wie das Vieh hervor und stieß sie nieder. Andere taten sich in Scharen zusammen und gin-
20 gen in die Häuser, wo sie die Familienväter mit Weibern und Kindern und dem ganzen Gesinde herausrissen und entweder mit den Schwertern durchbohrten oder von den Dächern hinabstürzten, daß sie sich den Hals brachen.

Quelle: Tyrus: Historia rerum in partibus transmarinis gestarum. Buch VIII, Kap. 20, 1170, in: Stening: Morgenland – Abendland, 2013, S. 344.

1187 kam es zur entscheidenden Schlacht der Kreuzfahrerzeit bei Hattin in der Nähe des Sees Genezareth. Die Niederlage der Kreuzfahrer gegen die Truppen von Sultan Saladin führte zum Verlust großer Teile der Kreuzfahrerstaaten sowie Jerusalems. In den folgenden Jahren brachen noch weitere Kreuzzüge in das Heilige Land auf, allerdings ohne großen Erfolg. Die Hörner von Hattin, eine Bergformation, erinnern die Palästinenser noch heute an den Anfang vom Ende der Fremdherrschaft. In der muslimischen Welt hinterließ die Grausamkeit und die Habgier der christlichen Eroberer ein Trauma, das auch spätere Auseinandersetzungen mit der christlich-westlichen Welt prägte.

Anfang des 14. Jahrhunderts wurden die Seldschuken als Herrscher von den Osmanen abgelöst, einem türkischen Stamm, der unter Osman dem I. vom 15. bis 17. Jahrhundert ein riesiges Reich eroberte und zu seinen Hochzeiten fast alle Muslime Europas unter türkischer Herrschaft vereint hatte. 1516 eroberten die Osmanen auch Palästina, zur damaligen Zeit ein dünn besiedeltes und wirtschaftlich schwaches Land. Die massive Ausbreitung des Osmanischen Reiches führte im 18. Jahrhundert zunehmend zu innerstaatlichen Problemen, sodass große Gebiete wieder verloren gingen, vor allem an Großbritannien und Frankreich, die die Schwäche des „kranken Mannes am Bosporus" (so die sprichwörtliche Bezeichnung aus dem Westen) nutzten, um ihre Kolonialreiche zu vergrößern.

Die Hörner von Hattin – Pilgerort der Palästinenser

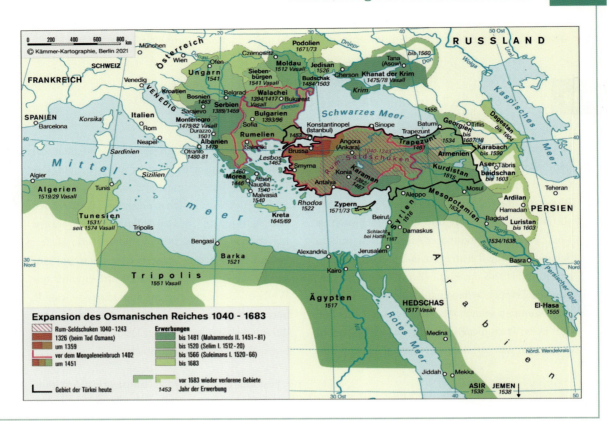

**4.**

4.1 Analysieren Sie anhand der nachfolgenden Quelle, welche Lösung der „Judenfrage" Theodor Herzl in seiner Abhandlung vorschlägt, und überlegen Sie, welche Gründe für seine Wahl ausschlaggebend gewesen sein könnten.

4.2 Stellen Sie Herzls Darstellung dem Entwurf eines arabischen Staates von Negib Azoury gegenüber.

Im 19. Jahrhundert lebte der Großteil der Juden in der Diaspora. Mit der Ausbreitung des Antisemitismus und des nationalen Bewusstseins in Europa kam eine jüdische Nationalstaatsbewegung auf, die sogenannte zionistische Bewegung. Prominentester Vertreter ist der Journalist Theodor Herzl (1860–1904), der den ersten Zionistischen Kongress 1897 organisierte und als Hauptbegründer des politischen Judentums gilt.

## M 12  Zionismus/Theodor Herzl

1 Die Notlage der Juden wird niemand leugnen. In allen Ländern, wo sie in merklicher Anzahl leben, werden sie mehr oder weniger verfolgt. Die Gleichberechtigung ist zu ihren Ungunsten 5 fast überall tatsächlich aufgehoben, wenn sie im Gesetze auch existiert. [...]

Die Angriffe in Parlamenten, Versammlungen, Presse, auf Kirchenkanzeln, auf der Straße, auf Reisen – Ausschließung aus gewissen Hotels – 10 und selbst an Unterhaltungsorten mehren sich von Tag zu Tag. Die Verfolgungen haben verschiedenen Charakter nach Ländern und Gesellschaftskreisen. In Russland werden Judendörfer gebrandschatzt, in Rumänien erschlägt man ein 15 paar Menschen, in Deutschland prügelt man sie gelegentlich durch, in Österreich terrorisieren die Antisemiten das ganze öffentliche Leben. [...]

Tatsache ist, dass es überall auf dasselbe hinausgeht [...]: »Juden raus!« Ich werde nun die 20 Judenfrage in ihrer knappsten Form ausdrücken: Müssen wir schon »raus«? und wohin? [...]

Man gebe uns die Souveränität eines für unsere gerechten Volksbedürfnisse genügenden Stückes der Erdoberfläche, alles andere werden 25 wir selbst besorgen. [...] Den Abzug der Juden darf man sich, wie schon gesagt wurde, nicht als einen plötzlichen vorstellen. Er wird ein allmählicher sein und Jahrzehnte dauern. Zuerst werden die Ärmsten gehen und das Land urbar 30 machen. Sie werden nach einem von vornherein feststehenden Plane Straßen, Brücken, Bahnen

bauen, Telegraphen errichten, Flüsse regulieren und sich selbst ihre Heimstätten schaffen. [...] Die Arbeit, die wir in die Erde versenken, stei- 35 gert den Wert des Landes. [...]

Zwei Gebiete kommen in Betracht: Palästina und Argentinien. [...] Argentinien ist eines der natürlich reichsten Länder der Erde, von riesigem Flächeninhalt, mit schwacher Bevölkerung und 40 gemäßigtem Klima. Die argentinische Republik hätte das größte Interesse daran, uns ein Stück Territorium abzutreten. Die jetzige Judeninfiltration hat freilich dort Verstimmung erzeugt; man müsste Argentinien über die wesentliche 45 Verschiedenheit der neuen Judenwanderung aufklären. Palästina ist unsere unvergessliche historische Heimat. Dieser Name allein wäre ein gewaltig ergreifender Sammelruf für unser Volk. Wenn Seine Majestät der Sultan uns Palästina 50 gäbe, könnten wir uns dafür anheischig machen, die Finanzen der Türkei gänzlich zu regeln. Für Europa würden wir dort ein Stück des Walles gegen Asien bilden, wir würden den Vorpostendienst der Kultur gegen die Barbarei besorgen. 55 Wir würden als neutraler Staat im Zusammenhange bleiben mit ganz Europa, das unsere Existenz garantieren müsste. Für die heiligen Stätten der Christenheit ließe sich eine völkerrechtliche Form der Exterritorialisierung finden. Wir wür- 60 den die Ehrenwache um die heiligen Stätten bilden und mit unserer Existenz für die Erfüllung dieser Pflicht haften. Diese Ehrenwacht wäre das große Symbol für die Lösung der Judenfrage nach achtzehn für uns qualvollen Jahrhunderten.

Quelle: Herzl: Der Judenstaat, 2019, S. 17 f., S. 23–25.

Theodor Herzl war ein österreichisch-ungarischer Schriftsteller, der 1896 das Buch „Der Judenstaat. Versuch einer modernen Lösung der Judenfrage" veröffentlicht hat.

In seinem Buch „Das Erwachen der Arabischen Nation" fordert der osmanische Beamte Negib Azoury (1870–1916) 1905 zum ersten Mal einen arabischen Staat.

## Das Erwachen der Arabischen Nation   M 13

1 Es gibt nichts Liberaleres als das Programm der Liga [die von Azoury gegründete Arabische Vaterlandsliga]. Die Liga möchte, mehr als alles andere, die politische und religiöse Macht trennen, im Inte-

5 resse des Islams und der arabischen Nation. Sie will ein arabisches Reich schaffen, das sich von Euphrat und Tigris bis zur Meerenge bei Suez und vom Mittelmeer bis zum Arabischen Meer erstreckt.

Die Regierungsform wird ein konstitutionelles

10 Sultanat sein, das auf der Freiheit aller Religion und der Gleichheit aller Bürger vor dem Gesetz basiert. Es wird die Interessen Europas respektieren sowie alle Zugeständnisse und Privilegien, die Europa bis jetzt von den Türken gewährt

15 wurden. Auch die Autonomie des Libanon sowie die Unabhängigkeit der Fürstentümer Yemen, Nadschd und Irak werden respektiert.

Die Liga bietet den Thron des Arabischen Reiches demjenigen Fürsten der ägyptischen Herr-

20 scherfamilie an, der sich offen zu ihren Gunsten ausspricht und seine Energie und seine Ressourcen in ihren Dienst stellt. [...] Das arabische

Vaterland bietet das universelle religiöse Kalifat über den gesamten Islam demjenigen Sherif

25 (Nachkomme des Propheten Mohammeds) an, der sein Anliegen aufrichtig unterstützt und sich mit ganzer Kraft seiner Aufgabe widmet. Der religiöse Kalif wird als völlig unabhängigen politischen Staat die heutige Provinz des Hedschas

30 mit der Stadt und dem Gebiet Medinas bis hin nach Akaba besitzen. Er wird die Ehre eines Herrschers besitzen und eine echte moralische Autorität für alle Muslime der Welt sein.

Einer der Gründe für den Untergang des großen

35 Weltreichs der Araber war die Konzentration von politischer und religiöser Macht in einer Hand. [...] Der Kalif des Islam muss entweder der Herrscher über alle Muslime der Welt vereint in einem einzelnen Staat sein, [...], oder, ganz einfach, der

40 Herrscher eines vollständig islamischen Landes. Es gibt in der Tat kein Land, das islamischer ist als die Region Hedschas, und es gibt keine geeigneteren Städte als Medina und Mekka, um das Oberhaupt der Gläubigen zu empfangen.

Azoury: Program of the League of the Arab Fatherland [eigene Übersetzung], in: Haim (Hg.): Arab Nationalism, 1962, S. 81–82.

5. Charakterisieren Sie auf Grundlage der nachfolgenden Quellen die Politik Großbritanniens und Frankreichs im Nahen Osten und überlegen Sie, welche Probleme dadurch entstanden.

1914 trat das Osmanische Reich aufseiten Deutschlands in den Ersten Weltkrieg ein, was auch den Nahen Osten zum Kriegsgebiet machte. Großbritannien setzte im Kampf gegen das Osmanische Reich auf die Unterstützung der Araber und nahm zu diesem Zweck Kontakt zu den umliegenden arabischen Gebieten auf. Für die Zeit nach dem Krieg wurde der Nahe Osten von Frankreich und Großbritannien in zwei Einflusszonen aufgeteilt.

**M 14**    Erster Weltkrieg und Versprechungen

1. His Majesty's Government accepts the principle that Palestine should be reconstituted as the national home of the Jewish people.

2. His Majesty's Government will use its best endeavours to secure the achievement of this object and will discuss the necessary methods and means with the Zionist Organisation.

Die Balfour-Erklärung des britischen Außenministers Arthur James Balfour, 1917

1 „Die beiden Distrikte von Mersina und Alexandretta sowie Teile Syriens, die westlich der Distrikte von Damaskus, Homs, Hama und Aleppo liegen, kann man nicht rein arabisch bezeichnen. Daher 5 sollten sie von den geforderten Staatsgrenzen ausgeschlossen werden. [...] Abgesehen von den genannten Änderungsvorschlägen ist Großbritannien bereit, die Unabhängigkeit der Araber in allen vom Scherifen von Mekka geforderten Gebieten anzuerkennen und zu unterstützen.

Ich bin davon überzeugt, dass diese Erklärung Sie zweifellos von der Sympathie überzeugt, die Großbritannien ihren arabischen Freunden entgegenbringt. Sie wird eine feste und dauerhafte Allianz 15 begründen, deren sofortiges Ergebnis die Vertreibung der Türken aus arabischen Ländern und die Befreiung der arabischen Völker vom türkischen Joch sein wird, das so lange auf ihnen lastete.“

Quelle: Der McMahon-Brief an Scherif Hussein von Mekka (1915), in: Quellentexte zum Dossier Israel, 28.03.2008, abgerufen unter: www.bpb.de/internationales/asien/israel/45184/quellen?p=all [15.06.2020].

Der Brief des damaligen Hochkommissars Großbritanniens in Ägypten, Sir Henry McMahon, an den Scherifen Hussein Ibn Ali von Mekka, Oktober 1915

**M 15**    Sykes-Picot[-]Abkommen

1 Am 16. Mai 1916 unterzeichneten der britische Diplomat Sir Mark Sykes und sein französischer Kollege Francois Georges Picot im Geheimen das Sykes-Picot-Abkommen, mit dem sie die arabi-5 schen Provinzen des Osmanischen Reiches für die Zeit nach dem Kriegsende in Einflusssphären aufteilten. Frankreich sollte die Kontrolle über den Südosten der Türkei, den Libanon, Syrien sowie den nördlichen Irak erhalten. Großbritannien 10 hingegen über das heutige Jordanien, das heutige Israel und Palästina sowie den südlichen Irak. [...] Auf dem Gebiet Palästinas wollten Frankreich und Großbritannien zudem eine internationale Verwaltung errichten, deren Beschaffenheit nach 15 Absprache mit Russland und den anderen Alliierten verhandelt werden sollte.

Quelle: Bundeszentrale für politische Bildung: Vor 100 Jahren: Großbritannien und Frankreich vereinbaren das Sykes-Picot-Abkommen, 13.05.2016, abgerufen unter: www.bpb.de/ politik/hintergrund-aktuell/227750/sykes-picot-abkommen [15.06.2020].

# DAS WICHTIGSTE IN KÜRZE

### Palästina als Heiliges Land dreier Weltreligionen

Heiliges Land der Juden: Die Juden waren ursprünglich ein Volk von Viehzüchtern, die in das Gebiet des späteren Palästina einwanderten. Sie waren im Gegensatz zu vielen anderen Völkern der damaligen Zeit monotheistisch und verehrten den Stammesgott Jahwe, zu dessen Ehren sie den ersten jüdischen Tempel in Jerusalem bauten. Dieser wurde jedoch 587 v. Chr. durch die Babylonier zerstört, die das jüdische Volk in Gefangenschaft nahmen und an den Euphrat verschleppten. In der Zeit dieses babylonischen Exils glaubten die Juden weiterhin an ihren Gott Jahwe und deuteten die Niederlage nicht als Zeichen seiner Schwäche, sondern als Strafe für ihre Sünden. Nachdem ihnen die Rückkehr erlaubt worden war, bauten sie den Tempel neu auf. Im Zuge der Ausbreitung des römischen Imperiums wurde Palästina 63 v. Chr. von den Römern besetzt. Die Juden durften weiterhin ihrer Religion nachgehen, mussten allerdings Steuern an die Besatzer zahlen und sollten dem Kaiserkult huldigen. Die Zeloten, eine paramilitärische jüdische Gruppe, riefen deshalb zum Widerstand gegen die Besatzer auf, und es kam in der folgenden Zeit immer wieder zu Aufständen, die im ersten **Jüdischen Krieg** (66–70 n. Chr.) gipfelten. Dem römischen Kaiser Vespasian und seinem Sohn Titus gelang schließlich der Sieg über die Juden. Dabei war vor allem die Bergfestung Masada hart umkämpft, die schließlich 73 n. Chr. von den Römern eingenommen wurde, nachdem die dort verschanzten Juden den Selbstmord gewählt hatten. Der Tempel in Jerusalem wurde zerstört und die Juden somit ihres religiösen Zentrums beraubt. Der einzige heute erhaltene Rest des zweiten jüdischen Tempels, die Klagemauer, dient den Juden seither als Symbol der Hoffnung und religiöse Stätte. In der Folgezeit kam es erneut zu Aufständen gegen die Römer, die im zweiten **Jüdischen Krieg** (132–135 n. Chr.) siegten und die Gebiete Judäa und Galiläa in „Palästina" umbenannten, nach den Philistern, die seit dem 12. Jahrhundert v. Chr. dort lebten und unter König David von den Juden besiegt worden waren. Die Mehrheit der Juden floh oder wurde aus dem gelobten Land vertrieben und die Zeit der **Diaspora** (= Verstreutheit) begann.

Heiliges Land der Muslime: Dem Kaufmann Mohammed aus Mekka offenbarte laut Überlieferung der Erzengel Gabriel das Wort Allahs und machte ihn zu seinem Gesandten. Bald sammelten sich erste Anhänger um **Mohammed**, der allerdings wegen seiner monotheistischen Lehre verfolgt wurde und 622 n. Chr. nach Medina fliehen musste. Dort wurde Mohammed das Oberhaupt der religiösen und politischen Bewegung des Islams, der sich in den folgenden Jahrzehnten auf der arabischen Halbinsel ausbreitete. Nach Mohammeds Tod 632 n. Chr. eroberten die Araber große Teile des Oströmischen Reiches, seit 641 war auch Palästina unter muslimischem Einfluss. Auch für Muslime hat Jerusalem eine besondere Stellung als heilige Stadt: Nach Auffassung muslimischer Gelehrter wird im Koran auf eine nächtliche Reise des Propheten Mohammeds von Mekka nach Jerusalem Bezug genommen. Am Platz seiner Ankunft steht heute der Felsendom mit der goldenen Kuppel, der älteste Sakralbau des Islams und eines der islamischen Hauptheiligtümer.

Heiliges Land der Christen: Die Christen verbinden Jerusalem vor allem mit der Leidensgeschichte Jesus Christus, hier fanden laut Überlieferung die Kreuzigung, das Begräbnis und die Auferstehung von Jesus statt. Seit dem 4. Jahrhundert machten sich christliche Pilger auf den Weg zum Heiligen Grab, diese Pilgerfahrten waren meist ohne Einschränkungen durch die dort herrschenden Araber möglich, da sie diesen zusätzliche Einnahmen verschafften. Dies änderte sich erst seit Mitte des 11. Jahrhunderts, als die Seldschuken, ein türkischer Volksstamm, das Gebiet unter ihre Kontrolle brachten. Da ihre Expansion auch

# DAS WICHTIGSTE IN KÜRZE

das christliche byzantinische Reich gefährdete, sandte der byzantinische Kaiser ein Hilfegesuch an den Westen. 1095 reagierte Papst Urban II. darauf, indem er zu einem **Kreuzzug** in das Heilige Land zur Befreiung Jerusalems aufrief. Diesem Aufruf folgten mehrere Gruppen, die auf ihrem Weg in Europa auch Pogrome gegen Juden verübten. Während der erste Kreuzzug an der militärischen Überlegenheit der muslimischen Kämpfer scheiterte, gelang es 1099 Gruppen von französischen, lothringischen und normannischen Rittern, Jerusalem zurückzuerobern, das allerdings im 12. Jahrhundert wieder an die Muslime verloren wurde. Die gewaltsame und oftmals brutale Eroberung Jerusalems durch die Kreuzfahrer prägte die Sicht der muslimischen Welt auf die christliche negativ und wirkte noch lange nach.

## Palästina unter wechselnder Herrschaft

Vom 15. bis 17. Jahrhundert lösten die Osmanen, ein türkischer Stamm unter Osman dem I., die Seldschuken ab und eroberten ein riesiges Reich, das fast alle Muslime Europas unter türkischer Herrschaft vereinte und auch Palästina umfasste. Aufgrund der Größe des **Osmanischen Reiches** kam es jedoch zunehmend zu innerstaatlichen Problemen, sodass im 18. Jahrhundert große Teile der eroberten Gebiete verloren gingen.

Im 19. Jahrhundert entwickelte sich in Europa die Bewegung des **Zionismus**. Der Großteil der Juden lebte zu dieser Zeit in der Diaspora. Aufgrund des zunehmenden Antisemitismus in vielen Staaten Europas und der Ausbreitung des nationalen Bewusstseins formte sich eine jüdische Nationalstaatsbewegung, die sogenannte zionistische Bewegung. Theodor Herzl forderte in seinem Buch „Der Judenstaat" einen eigenen jüdischen Staat, in den die Juden dann über mehrere Jahrzehnte einwandern sollten. Er schlug als geeigneten Ort dafür die „historische Heimat" der Juden, Palästina, vor. Fast parallel dazu entwickelte sich auch eine arabische Nationalbewegung, allerdings blieb dies zunächst ohne politische Konsequenzen.

Größere Umbrüche in der Region brachte der Erste Weltkrieg. 1914 trat das Osmanische Reich auf der Seite Deutschlands in den Ersten Weltkrieg ein. Vor allem Großbritannien und Frankreich versuchten, die Schwäche des „kranken Mannes am Bosporus" zu nutzen, um ihre Kolonialreiche zu vergrößern. Zu diesem Zweck setzten sie auch auf die Unterstützung der Araber, denen in einem **Brief** des damaligen Hochkommissars Großbritanniens, Sir Henry **McMahon**, im Gegenzug für ihre Unterstützung gegen die Osmanen ein unabhängiges arabisches Königreich versprochen wurde, das auch Palästina umfassen sollte (1915). Allerdings unterzeichneten Frankreich und Großbritannien fast zeitgleich (1916) das **Sykes-Picot-Abkommen**, in dem die beiden Mächte das Osmanische Reich für die Zeit nach dem Krieg untereinander aufteilten, auf dem Gebiet Palästinas sollte eine internationale Verwaltung errichtet werden. Nur ein Jahr später (1917) richtete sich der britische Außenminister Arthur James Balfour in Form der **Balfour-Erklärung** an die zionistische Bewegung und versprach, dass seine Regierung die Errichtung einer Heimstätte für das jüdische Volk in Palästina unterstützen werde.

# FESTIGUNG – VERTIEFUNG

## Weitere Herangehensweisen

- Recherchieren Sie, welche weiteren Auswirkungen das Sykes-Picot-Abkommen auf die Region hatte.
- Lesen Sie die Originalpassagen aus dem Koran, auf die in M 8 Bezug genommen wird, und analysieren Sie, inwiefern diese Ansprüche auf das Heilige Land belegen.
- Diskutieren Sie, inwiefern sich die Rolle der europäischen Mächte im Nahostkonflikt zur Zeit des Ersten Weltkriegs und heute vergleichen lässt.

## Vertiefende Aspekte

- Recherchieren Sie, welche weiteren Konflikte aus dem Untergang des Osmanischen Reiches resultierten.
- Lesen Sie die Ringparabel aus dem Drama „Nathan der Weise" von Gotthold Ephraim Lessing (vgl. H 4) und deuten Sie deren Aussage vor dem Hintergrund des Nahostkonflikts.
- „Lawrence von Arabien – Held der Wüste oder Verräter?" – recherchieren Sie, welche Rolle Thomas Edward Lawrence, genannt Lawrence von Arabien, zur Zeit des Ersten Weltkriegs im Nahen Osten spielte.

## Weiterführende Quellen und Hinweise

**H 1** Alles für meinen Vater (Studiocanal, 2008). In dem deutsch-israelischen Filmdrama von Dror Zahavi wird das Schicksal das Palästinensers Tarek erzählt, der zum Selbstmordattentäter werden will, um die Ehre seines Vaters wiederherzustellen. Bei den Vorbereitungen, die sich aufgrund technischer Schwierigkeiten verschieben, verliebt er sich allerdings in die Jüdin Kerin.

**H 2** Ortag, Peter: Jüdische Kultur und Geschichte. Ein Überblick, München, Bayerische Landeszentrale für politische Bildungsarbeit, 2004. Das Buch bietet einen kurzen und prägnanten Abriss der jüdischen Kultur und Geschichte und verschafft den Leserinnen und Lesern einen ersten Überblick über die Thematik.

**H 3** Segev, Tom: Es war einmal in Palästina. Juden und Araber vor der Staatsgründung Israels, München, Siedler, 2005. Tom Segev untersucht den turbulenten Zeitraum vor der Gründung des Staates Israel. Das Buch beginnt 1917 mit der Vertreibung der Osmanen und zeichnet die Entstehung des israelisch-palästinensischen Konflikts in den Jahrzehnten der britischen Herrschaft in Palästina nach.

**H 4** Lessing, Gotthold Ephraim: Nathan, der Weise. Ein dramatisches Gedicht in fünf Aufzügen. Mit Anmerkungen von Peter von Düffel, durchges. Ausgabe, Stuttgart, Reclam, 2013.

# KAPITEL 4 (LERNBEREICH 3.1)

## 4.2 Nahostkonflikt – Überblick über zentrale Stationen der Auseinandersetzung Israels mit seinen arabischen Nachbarn

### Forschungsinteresse und Kompetenzerwerb

Um zu verstehen, wieso ein dauerhafter Frieden im Nahen Osten nicht möglich zu sein scheint, ist eine Beschäftigung mit den historischen Hintergründen und Konfliktverläufen unerlässlich. Das hierbei erworbene Wissen ist nicht nur von Bedeutung, um die historischen Ereignisse zu verstehen, sondern auch für das Verständnis von internationaler Politik im Hier und Jetzt.

### Vorgehen

Sie stoßen im Internet auf folgenden Tweet zum Nahostkonflikt:

*Ganz kurz erklärt: Der Nahostkonflikt in 140 Zeichen*

*Juden als auch Araber erheben auf Grund ihrer Geschichte Anspruch auf das Land Palästina. Nach dem Zweiten Weltkrieg beschloss die UN die Teilung des Landes in zwei Staaten. Daraufhin brach ein Kampf zwischen Israel und Palästinensern aus, der bis heute nicht zu Ende geführt ist.[1]*

Sie finden die Idee eines knappen Überblicks zur ersten Orientierung gerade für die Schule sehr gut, wollen den obigen Eintrag aber noch mit ein paar weiteren Informationen zu zentralen Stationen des Nahostkonflikts ergänzen, sodass sich interessierte Leserinnen und Leser einen ersten, allgemeinen Überblick über die Geschichte des Nahostkonflikts verschaffen können. Zu diesem Zweck beschließen Sie, intensiver zum Thema zu recherchieren und weitere Tweets zu verfassen.

Zunächst VERSCHAFFEN Sie sich einen ÜBERBLICK über die Situation in Palästina zu Zeiten des britischen Mandats. Sie BEURTEILEN, inwiefern der Teilungsplan der UN zu einer Lösung der Probleme hätte beitragen können. Anschließend ERARBEITEN Sie sich Wissen zu zentralen militärischen Auseinandersetzungen zwischen Israel und seinen Nachbarstaaten sowie deren Auswirkungen. Sie BESCHÄFTIGEN sich mit dem Verhältnis der PLO zu Israel und ERKENNEN, wie schwer es ist, die Gewaltspirale zu durchbrechen.

VERFASSEN **Sie anschließend** TWEETS **von 280 Zeichen zu zentralen Stationen des Nahostkonflikts.**

Als Arbeitshilfe finden Sie im hinteren Teil des Lehrwerks eine Übersicht über verschiedene Methodentechniken. Nutzen Sie diese Möglichkeit.

### Materialauswahl

Offizielle Dokumente des Völkerbunds und der Peel-Kommission sowie eine Statistik zur jüdischen Einwanderung ermöglichen es, die Ausgangslage in Palästina nach dem Ersten Weltkrieg nachzuvollziehen. Verschiedene Karten veranschaulichen politische Beschlüsse und Vorschläge zur Lösung der Probleme, die durch die zunehmenden Auseinandersetzungen zwischen Juden und Palästinensern entstanden. Kurze Autorentexte und illustrierende Bilder bieten hier einen Überblick über zentrale militärische Auseinandersetzungen. Ein Interview, Zitate von Historikern und verschiedene Artikel ermöglichen zudem eine Einschätzung des Stellenwerts der Ereignisse und ihrer Folgen.

---

[1]	Landeszentrale für politische Bildung BW: #Ganz kurz erklärt: Der Nahostkonflikt in 140 Zeichen, abgerufen unter: www.lpb-bw.de/nahostkonflikt [17.06.2020].

**1.** Arbeiten Sie die Grundsätze der Mandatsregierung heraus und analysieren Sie die Auswirkungen auf die Situation der Juden und Palästinenser.

## Der Völkerbund ernennt nach Ende des Ersten Weltkriegs eine britische Mandatsregierung für Palästina, 24. Juli 1922

**M 1**

1 In Anbetracht dessen, daß die alliierten Haupt-
mächte zur Durchführung der Bestimmungen
des Artikels 22 des Covenants des Völkerbundes übereingekommen sind, die Verwaltung des
5 Territoriums von Palästina, das früher zum türkischen Reich gehörte innerhalb der von ihnen
zu fixieren Grenzen einem von den erwähnten
Mächte zu wählenden Mandatar anzuvertrauen,
[...] werden die Bestimmungen des erwähnten
10 Mandates wie folgt bestätigt:

Artikel 1
Der Mandatar soll alle Vollmachten der Gesetzgebung und Verwaltung besitzen, soweit sie
nicht durch die Bestimmungen des Mandats be-
15 schränkt werden.

Artikel 2
Der Mandatar soll dafür verantwortlich sein, daß
das Land unter solche politische, administrative
und wirtschaftliche Bedingungen gestellt wird,
20 welche die Errichtung der jüdischen nationalen
Heimstätte, wie in der Einleitung niedergelegt,
und die Entwicklung von Selbstverwaltungs-
institutionen sowie die Wahrung der bürgerlichen und religiösen Rechte aller Einwohner

25 Palästinas, ohne Unterschied der Rasse und Religion, sichern.

Artikel 3
Der Mandatar soll, soweit die Umstände dies erlauben, die lokale Selbstverwaltung fördern. [...]

30 Artikel 6
Die Verwaltung Palästinas soll unter der Sicherung, daß die Rechte und die Lage anderer Teile
der Bevölkerung nicht beeinträchtigt werden, die
jüdische Einwanderung unter geeigneten Bedin-
35 gungen erleichtern. [...]

Artikel 15
Der Mandatar wird dafür sorgen, daß vollständige
Freiheit des Gewissens und freie Ausübung aller
Formen des Gottesdienstes jedermann gesichert
40 sind mit der einzigen Einschränkung der Auf-
rechterhaltung öffentlicher Ordnung und Moral.
Keine Unterscheidung irgendwelcher Art soll
zwischen de[n] Bewohnern Palästinas auf Grund
ihrer Rasse, Religion oder Sprache gemacht wer-
45 den. Niemand soll aus dem bloßen Grunde seines
religiösen Glaubens aus Palästina ausgeschlossen
werden.

Quelle: Mandat, 24. Juli 1922, abgerufen unter: www.palaestina.org/fileadmin/Daten/Dokumente/
Abkommen/Historische/Pal%C3%A4stina_unter_britischem_Mandat.pdf [17.06.2020].

**2.** Ermitteln Sie, welche Gründe jeweils hinter den jüdischen Einwanderungsbewegungen nach Palästina standen.

### Jüdische Einwanderung nach Palästina

| Jahr/Periode | Zahl der Einwanderer | Wichtigste Herkunftsländer |
|---|---|---|
| 1882–1903 (1. Alijah) | 20 000–30 000 | Russland |
| 1904–1914 (2. Alijah) | 35 000–40 000 | Russland |
| 1919–1923 (3. Alijah) | ca. 35 000 | Sowjetunion, Polen |
| 1924–1931 (4. Alijah) | ca. 80 000 | Polen, Sowjetunion |
| 1932–1938 (5. Alijah) | ca. 200 000 | Polen, Deutschland |
| 1939–1945 | ca. 80 000 | Polen, Deutschland, Rumänien, Ungarn, Tschechoslowakei |
| 1946–1948 | ca. 56 000 | Polen, Rumänien |

Quelle: Timm: Israel. Die Geschichte des Staates seit seiner Gründung, Bonn 1998, S. 348 (Auszug)[1].

**3.** Ermitteln Sie die Ursachen für die Reaktion der Araber auf die jüdischen Einwanderungswellen und beurteilen Sie den Vorschlag der Peel-Kommission. Überlegen Sie, warum dieser von arabischer Seite abgelehnt wurde.

In den 1920er- und 1930er-Jahren kam es wiederholt zu arabischen Aufständen in Palästina. Nach zahlreichen Angriffen auf britische und jüdische Einrichtungen und einem arabischen Generalstreik 1936 setzte Großbritannien eine Kommission zur Untersuchung der Lage ein. Die sogenannte Peel-Kommission (nach dem Vorsitzenden Lord Peel benannt) kam zu folgendem Ergebnis und Vorschlag, der jedoch von arabischer Seite abgelehnt wurde.

---

[1] Alijah = Einwanderungsperiode.

## Arabische Aufstände und die Peel-Kommission

1 These disturbances (which are briefly summarized) were similar in character to the four previous outbreaks, although more serious and prolonged. As in 1933, it was not only the Jews who were attacked,
5 but the Palestine Government. A new feature was the part played by the Rulers of the neighbouring Arab States in bringing about the end of the strike.

The underlying causes of the disturbances of 1936 were--
10 (1) The desire of the Arabs for national independence;
(2) their hatred and fear of the establishment of the Jewish National Home.

These two causes were the same as those of all
15 the previous outbreaks and have always been inextricably linked together. Of several subsidiary factors, the more important were--
(1) the advance of Arab nationalism outside Palestine;
20 (2) the increased immigration of Jews since 1933;
(3) the opportunity enjoyed by the Jews for influencing public opinion in Britain;
(4) Arab distrust in the sincerity of the British Government;
25 (5) Arab alarm at the continued Jewish purchase of land;
(6) the general uncertainty as to the ultimate intentions of the Mandatory Power. [...]

An irrepressible conflict has arisen between two
30 national communities within the narrow bounds of one small country. There is no common ground between them. Their national aspirations are incompatible. The Arabs desire to revive the traditions of the Arab golden age. The Jews desire to
35 show what they can achieve when restored to the land in which the Jewish nation was born. Neither of the two national ideals permits of combination in the service of a single State. [...]

Teilungsvorschlag der Peel-Kommission

The problem cannot be solved by giving
40 either the Arabs or the Jews all they want. The answer to the question which of them in the end will govern Palestine must be Neither. No fairminded statesman can think it right either that 400,000 Jews, whose entry into Palestine has been
45 facilitated by the British Government and approved by the League of Nations, should be handed over to Arab rule, or that, if the Jews should become a majority, a million Arabs should be handed over to their rule. But while neither race can
50 fairly rule all Palestine, each race might justly rule part of it. [...] Partition offers a chance of ultimate peace. No other plan does.

Quelle: British Palestine Mandate: Text of the Peel Commission Report (July 1937), abgerufen unter: www.jewishvirtuallibrary.org/text-of-the-peel-commission-report [17.06.2020].

**4.**

**4.1** Arbeiten Sie heraus, inwiefern das „Weißbuch" die Balfour-Deklaration einschränkt.

**4.2** Zeigen Sie anhand des Beispiels der Exodus, welche Folgen die Bestimmungen des „Weißbuchs" hatten.

Als sich in den 1930er-Jahren die Anzahl der jüdischen Einwanderer nach Palästina erhöhte und weitere arabische Aufstände drohten, veröffentlichte die britische Regierung ein „Weißbuch", in dem sie von ihren ursprünglichen Zusicherungen abrückte.

---

**M 4**  **Britisches Weißbuch von 1939**

1 I/4: Die Regierung Seiner Majestät verkündet jetzt unzweideutig, dass es nicht ihre Politik ist, aus Palästina einen jüdischen [Staat] werden zu lassen. [...]

5 I/10/1: Das Ziel der Regierung seiner Majestät ist die Errichtung eines unabhängigen Palästina-Staates innerhalb von zehn Jahren, der Vertragsbeziehungen mit dem Vereinigten Königreich in der Weise hat, dass die wirtschaftlichen und stra-
10 tegischen Interessen beider Länder berücksichtigt werden.

I/10/2: In dem unabhängigen Staat sollen Araber und Juden gemeinsam in der Weise regieren, dass die wesentlichen Interessen jeder Gemeinschaft
15 gesichert sind.

II/13/1: Die jüdische Einwanderung wird in den nächsten fünf Jahren so geregelt, dass die Zahl der jüdischen Einwanderer ungefähr ein Drittel der Gesamtbevölkerung des Landes erreicht – voraus-
20 gesetzt, die wirtschaftliche Aufnahmefähigkeit des Landes erlaubt dies [...] Vom April dieses Jahres an werden innerhalb der nächsten fünf Jahre 75000 Einwanderer zugelassen.

II/13/3: Nach fünf Jahren wird keine jüdische Ein-
25 wanderung mehr gestattet, es sei denn, die Araber Palästinas wären hierzu bereit.

Quelle: Britisches Weißbuch von 1939, in: Bundeszentrale für politische Bildung: Quellentexte zum Dossier Israel, 28.03.2008, abgerufen unter: www.bpb.de/internationales/asien/israel/45184/quellen?p=all [15.07.2020].

---

**M 5**  **Der Fall der Exodus**

1 „Der Staat Israel entstand nicht am 15. Mai 1948, als man ihn im Tel-Aviv-Museum offiziell ausrief. Er wurde bereits ein knappes Jahr zuvor geboren, am 18. Juli 1947, als ein verwundetes, schwer an-
5 geschlagenes amerikanisches Schiff namens President Warfield, umbenannt in Exodus, in den Hafen von Haifa einlief [...]"

Mit diesen Worten beginnt das Buch „Und das Meer teilte sich. Der Kommandant der Exodus", in

10 dem der israelische Schriftsteller Yoram Kaniuk die Geschichte der Exodus beschreibt. Das Schiff mit 4.500 Holocaust-Überlebenden an Bord war eines von vielen, mit denen die zionistische Untergrundorganisation Haganah seit Mitte der 30er-Jahre 15 versuchte, Juden aus Europa nach Palästina zu bringen – gegen den Willen Großbritanniens. [...] Die President Warfield war ein besonders spektakulärer Fall. [...] Unterwegs wurde sie in Exodus umbenannt – eine Anspielung auf den biblischen 20 Auszug der Juden aus Ägypten. Nachdem die britische Regierung vergeblich versucht hatte, das Auslaufen des Schiffes zu verhindern, folgte sie ihm durch das Mittelmeer 25 [...]. Kurz vor der Landung in Haifa ließ die britische Regierung die Exodus schließlich rammen und stürmen, gegen die Soldaten hatten die

Quelle: Bertsch: Das Flüchtlingsschiff „Exodus" bricht nach Palästina auf, in: Deutschlandfunk, 11.07.2017, abgerufen unter: www.deutschlandfunk.de/vor-70-jahren-das-fluechtlingsschiff-exodus-bricht-nach-100.html [17.06.2020].

mit Dosen und Brettern bewaffneten Flüchtlinge 30 keine Chance. Doch wohin mit den unerwünschten Migranten? [...] so landeten die Holocaust-Überlebenden schließlich dort, wo sie auf keinen Fall hinwollten: in Deutschland. Unter Einsatz von Schlagstöcken wurden sie in ein britisches Lager 35 für Displaced Persons in der Nähe von Lübeck gebracht, das mit seinen Wachtürmen an ein KZ erinnerte. Die Bilder gingen um die Welt und zwangen die Briten, die Flüchtlinge wieder freizulassen.

Das Einwandererschiff „Exodus 1947" liegt mit den Holocaust-Überlebenden unter britischer Bewachung im Hafen von Haifa (1947).

**5.** Untersuchen Sie den vorgeschlagenen Teilungsplan der Vereinten Nationen (UN) auf Vor- und Nachteile und überlegen Sie, warum die arabische Seite diesen ablehnte.

Großbritannien sah sich aufgrund der Auseinandersetzungen zwischen Juden und Palästinensern und der zunehmenden Angriffe auf die Mandatsmacht selbst 1947 nicht länger in der Lage, das Mandat auszuüben und bat die Vereinten Nationen um eine Lösung des Problems. Der Teilungsplan der UN von 1947 wurde von 33 Staaten unterstützt, 13 Staaten, darunter sechs arabische Staaten, stimmten dagegen und zehn enthielten sich der Stimme. Die Juden in Palästina akzeptierten den Plan der UN mehrheitlich, während ihn die arabische Seite ablehnte.

## M 6  Teilungsplan der UN von 1947

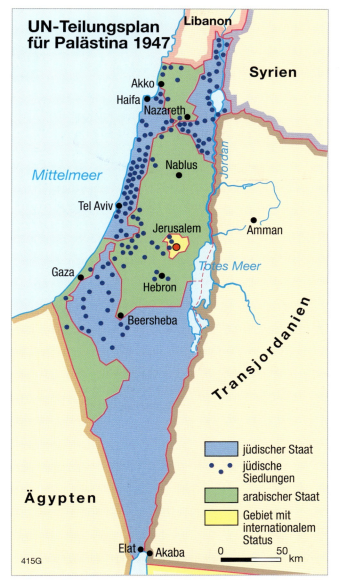

UN-Teilungsplan
für Palästina 1947

Libanon

Syrien

Akko
Haifa
Nazareth

Mittelmeer

Nablus

Jordan

Tel Aviv

Jerusalem

Amman

Gaza

Totes Meer

Hebron

Beersheba

Transjordanien

Ägypten

jüdischer Staat
jüdische Siedlungen
arabischer Staat
Gebiet mit internationalem Status

Elat  Akaba

0      50 km

415G

Die beiden neuen Staaten sollten jeweils aus drei durch enge Korridore verbundenen Teilgebieten bestehen. Der neue jüdische Staat sollte zu einem Drittel fruchtbare Küstenebene und zu zwei Dritteln das unfruchtbare Gebiet der Negev-Wüste umfassen. Obwohl nur ungefähr ein Drittel der Bevölkerung jüdisch war, sollte der jüdische Staat aufgrund der noch erwarteten Zuwanderer insgesamt 56,47 % des palästinischen Mandatsgebiets umfassen. Jerusalem sollte als internationale Zone unter Verwaltung der Vereinten Nationen stehen.

Aufteilung in zwei Staaten und eine internationale Zone (Jerusalem) unter Verwaltung der UN

**6.** Analysieren Sie, mit welchen Argumenten David Ben Gurion die Existenz Israels legitimiert und wie das zukünftige Verhältnis zu den Palästinensern dargestellt wird.

Mit dem Teilungsplan kündigte Großbritannien auch das Ende der Mandatszeit für den 15. Mai 1948 an. Der designierte Ministerpräsident Israels, David

Ben Gurion, rief daraufhin am 14. Mai 1948 den Staat Israel aus.

## Unabhängigkeitserklärung Israels, 14. Mai 1948

**M 7**

1 Im Lande Israel entstand das jüdische Volk. Hier prägte sich sein geistiges, religiöses und politisches Wesen. Hier lebte es frei und unabhängig. Hier schuf es eine nationale und universelle Kul-
5 tur und schenkte der Welt das Ewige Buch der Bücher. [...]

Beseelt von der Kraft der Geschichte und Überlieferung, suchten Juden aller Generationen in ihrem alten Lande wieder Fuß zu fassen. Im Laufe
10 der letzten Jahrzehnte kamen sie in großen Scharen. Pioniere, Verteidiger und Einwanderer, die trotz der Blockade den Weg in das Land unternahmen, erweckten Einöden zur Blüte, belebten aufs Neue die hebräische Sprache, bauten Dörfer
15 und Städte und errichteten eine stets wachsende Gemeinschaft mit eigener Wirtschaft und Kultur, die nach Frieden strebte, aber sich auch zu schützen wusste, die allen im Lande die Segnungen des Fortschritts brachte und sich vollkommene Unab-
20 hängigkeit zum Ziel setzte. [...]

Die Katastrophe, die in unserer Zeit über das jüdische Volk hereinbrach und in Europa Millionen von Juden vernichtete, bewies unwiderleg-
25 lich aufs Neue, dass das Problem der jüdischen Heimatlosigkeit durch die Wiederherstellung des jüdischen Staates im Lande Israel gelöst werden muss, in einem Staat, dessen Pforten jedem Juden offen stehen, und der dem jüdischen Volk den Rang einer gleichberechtigten Nation in der Völ-
30 kerfamilie sichert. [...]

Am 29. November 1947 fasste die Vollversammlung der Vereinten Nationen einen Beschluss, der die Errichtung eines jüdischen Staates im Lande Israel forderte. [...] Die damalige Anerkennung
35 der staatlichen Existenzberechtigung des jüdischen Volkes durch die Vereinten Nationen ist unwiderruflich. [...]

Wir beschließen, dass vom Augenblick der Beendigung des Mandates, heute um Mitternacht, [...]

Karikatur von Fritz Alfred Behrendt

David Ben Gurion verliest die israelische Unabhängigkeitserklärung, 1948.

40 bis zur Amtsübernahme durch verfassungsmäßig zu bestimmende Staatsbehörden, doch nicht später als bis zum 1. Oktober 1948, der Nationalrat als vorläufiger Staatsrat und dessen ausführendes Organ, die Volksverwaltung, als zeitweilige Re- 45 gierung des jüdischen Staates wirken sollen. Der Name des Staates lautet Israel. Der Staat Israel wird der jüdischen Einwanderung und der Sammlung der Juden im Exil offenstehen. [...] Er wird all seinen Bürgern ohne Unterschied von Religion, 50 Rasse und Geschlecht, soziale und politische Gleichberechtigung verbürgen. Er wird Glaubens- und Gewissensfreiheit, Freiheit der Sprache, Erziehung und Kultur gewährleisten. [...]

Wir bieten allen unseren Nachbarstaaten und 55 ihren Völkern die Hand zum Frieden und guter Nachbarschaft [...].

Quelle: Unabhängigkeitserklärung Israels, 14. Mai 1948, abgerufen unter: http://embassies.gov.il/berlin/AboutIsrael/Dokumente%20Land%20und%20Leute/Die_Unabhaengigkeitserklaerung_des_Staates_Israel.pdf [14.07.2020].

**7.** Beurteilen Sie, welche Folgen der Unabhängigkeitskrieg für Israelis und Palästinenser hatte.

Nur wenige Stunden, nachdem der Staat Israel proklamiert wurde, griffen ägyptische, syrische, jordanische und irakische Truppen an, da die arabischen Staaten das Existenzrecht Israels verneinten. Israel gewann den sogenannten Unabhängigkeitskrieg und konnte sein Territorium über den ursprünglich vorgesehenen Teilungsplan hinaus ausbauen. Jordanien kontrollierte das Westjordanland, der von ägyptischen Truppen besetzte Gazastreifen wurde unter ägyptische Verwaltung gestellt. 1949 schlossen die Gegner einen Waffenstillstand.

## Interview mit Benny Morris über den Angriff auf Deir Yassin    M 8

Ein Vorfall mit weitreichenden Konsequenzen war der Überfall zionistischer Milizen auf das palästinensische Dorf Deir Yassin im April 1948. Benny Morris, ein israelischer Historiker, sagt dazu im Interview:

1 [Frage:] Was passierte in Deir Yassin? Welche Bedeutung hatte Deir Yassin für die jüdische bzw. die arabische Seite? Und wie haben die jüdische und die arabische Seite Deir Yassin für ihre Zwecke
5 genützt?

Benny Morris: Deir Yassin war der Schauplatz einer Schlacht und mehrerer von jüdischen Truppen verübter Gräueltaten – in der arabischen Propaganda oft als „Massaker" bezeichnet. Am
10 9. April 1948 griffen ungefähr 130 Truppen der militärischen Untergrundorganisationen Irgun (IZL) und Lechi (LHI, die „Stern Gang") das Dorf Deir Yassin am westlichen Stadtrand Jerusalems an. [...]

Der Angriff der Irgun und LHI auf das Dorf traf auf
15 unerwartet großen Widerstand, vier jüdische Soldaten wurden getötet und zwei Dutzend verletzt, und die Truppen konnten nur langsam vorrücken. Sie warfen Granaten in Häuser, bliesen Häuser in die Luft und schossen auf durch die Gassen
20 flüchtende Menschen. Am Ende der Schlacht töteten sie offenbar auch eine Handvoll Gefangener. Insgesamt wurden im Laufe der Schlacht und bei sporadischen Überfällen rund 110 Dorfbewohner, Kämpfende und Zivilisten (wahrscheinlich vor
25 allem Letztere) getötet. Die Hagana, Araber und Briten trieben die Zahlen der arabischen Toten in der Folge in die Höhe und sprachen gewöhnlich von „254" – sie alle hatten gute Gründe für die Übertreibung (die Hagana[1], die sowohl IZL als
30 auch LHI als ideologische Feinde ansah; die Briten, die jahrelang unter den Terrororganisationen IZL und Lechi zu leiden hatten; und die Araber, die

im Allgemeinen versuchten, das Image der Juden anzuschwärzen und dabei nicht zwischen den ver-
35 schiedenen jüdischen Gruppen unterschieden.)

Nach dem Vorfall wurde von arabischen Radiostationen immer wieder über die Geschehnisse berichtet, wobei die Gräueltaten sehr übertrieben wurden. Diese Meldungen hatten wohl zum Ziel,
40 den palästinensischen Widerstand gegen die jüdischen Angriffe und Eroberungen von Dörfern zu stärken; sie hatten aber einen Bumerang-Effekt, indem sie die Kampfmoral der Araber im Land unterminierten – worauf der Geheimdienst der
45 Hagana Deir Yassin als einen Hauptfaktor für die arabische Fluchtwelle und die Ursache des palästinensischen Flüchtlingsproblems bezeichnete. Araber flüchteten aus Angst, die Juden könnten in ihren Dörfern und Städten ähnliche Schre-
50 ckenstaten begehen.

Für die Araber hatte Deir Yassin seit 1948 eine symbolische Bedeutung – es symbolisiert bis heute das Böse und die Verderbtheit der Juden, die Nakba (Unglück, Katastrophe) selbst, wie Araber den
55 Krieg von 1948 oft bezeichnen. Zweifellos führten Meldungen und Gerüchte rund um Deir Yassin dazu, dass Araber nicht länger im Land bleiben wollten und aus vielen Gegenden flohen, darunter Jaffa und Haifa gegen Ende April. Die arabischen

Fliehende Palästinenser/-innen, Oktober/November 1948

---

[1]  Zionistische paramilitärische Untergrundorganisation in Palästina während des britischen Mandats (1920–1948).

60 Freischärler übten Vergeltung für Deir Yassin, als sie am 13. April einen Versorgungskonvoi von Ärzten, Krankenschwestern und Studenten aus dem Hinterhalt überfielen, der aus Westjerusalem zum Skopus-Berg unterwegs war, wo sich die He- 65 bräische Universität und die Hadassah-Universitätsklinik befinden. Rund 70 Personen, die meisten von ihnen Ärzte und Krankenschwestern, wurden getötet, mehrere Businsassen verbrannten bei lebendigem Leib.

Quelle: Interview von Hanna Huhtsaari mit Benny Morris über den Angriff auf Deir Yassin, in: Bundeszentrale für politische Bildung: Dossier Israel, abgerufen unter: www.bpb.de/internationales/asien/israel/44999/interview-benny-morris?p=1 [17.06.2020].

In der Folge des Unabhängigkeitskriegs flohen circa 700 000 Araber in andere Teile Palästinas oder in die Nachbarländer, vor allem nach Syrien, Libanon und Transjordanien.

## M 9    Siegesparade in Tel Aviv

[Die aus Deutschland nach Palästina emigrierte Künstlerin Lea Grundig berichtet über die in Tel Aviv abgehaltene Siegesparade nach dem jüdischen Sieg:]

1 Klirrend und krachend holperten Raupen über den Asphalt. Es waren Kampfwagen, Panzer ägyptischer Herkunft. Auf ihnen saßen die Söhne derer, die seit 2000 Jahren immer geschlagen wurden. 5 Diesmal hatten sie die Schläge abgewehrt und zurückgegeben [...] Wagen, Panzer, Geschütze rollten vorbei, alles eroberte Waffen. Die Menschen am Straßenrand staunten, und ein Lächeln erschien auf ihren Gesichtern. Der alte Komplex der Angst und Flucht, des Verfolgt- und Ausgeliefertseins, 10 von jeder Generation neu erworben und der folgenden vermacht – hier hatte er ein Veto gefunden. Die Eroberer der Geschütze hatten uns beschützt. Sie zog vorbei, die Parade der Verteidiger, 15 der Söhne von Eltern aus vielen Ländern, die hierher gekommen waren, um zu einer neuen Nation zu verschmelzen.

Quelle: Ortag: Jüdische Kultur und Geschichte, 2004, S. 144.

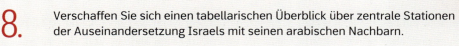

8. Verschaffen Sie sich einen tabellarischen Überblick über zentrale Stationen der Auseinandersetzung Israels mit seinen arabischen Nachbarn.

## Der Suez-Krieg — M 10

Der ägyptische Präsident Gamal Abdel Nasser (1918–1970), der nach einer führenden Rolle im Nahen Osten strebte, blockierte den Golf von Akaba und sperrte den Suezkanal für israelische Schiffe. Als Nasser 1956 den Suezkanal verstaatlichte, um den Bau des Staudamms bei Assuan zu finanzieren, eskalierte die Situation, da nun auch Frankreich und Großbritannien, die Anteile am Kanal hielten, betroffen waren. Gemeinsam mit Israel griffen sie Ägypten an, nahmen den Gazastreifen und die Sinai-Halbinsel ein und besetzten den Suezkanal. Da sich Ägypten an die Sowjetunion angenähert hatte, fürchteten die USA nun ein Eingreifen der Sowjetunion und eine damit verbundene drohende Eskalation des Kalten Krieges und zwangen deshalb Frankreich, Großbritannien und Israel, ihre Truppen wieder abzuziehen. Im November 1956 kam es zu einem erzwungenen Waffenstillstand. Nasser stieg in der Folge zu einer Führungsfigur des arabischen Nationalismus auf.

In Frankreich kam es von November 1956 bis Juli 1957 aufgrund der Sperrung des Suezkanals zu Benzinrationierungen und langen Schlangen an den Tankstellen.

Ägypten blockierte 1967 die Meerenge von Tiran für israelische Schiffe. Als in der Folgezeit ägyptische Truppen in den Sinai verlegt und Truppen aus Syrien, Jordanien, dem Irak und Saudi-Arabien nach Aufforderung Ägyptens an der israelischen Grenze stationiert wurden, fühlte sich Israel zunehmend bedroht und begann den Krieg am 5. Juni 1967 mit einem Überraschungsangriff. Die israelische Luftwaffe flog Angriffe auf die ägyptische und syrische Luftwaffe. Zusammen mit den vorrückenden Bodentruppen gelang es Israel, den Gazastreifen, die Golanhöhen, das Westjordanland sowie die Sinaihalbinsel zu besetzen und sein Staatsgebiet somit zu verdreifachen.

## Der Sechstagekrieg – „Die Schlacht, die alles veränderte" — M 11

1 Doch die Folgen von 1967 sind es, die Israels Gegenwart bestimmen – und über seine Zukunft entscheiden. Denn damals wurde Israel zur Besatzungsmacht über eine Million Palästinenser,
5 herrschte über ihren Alltag, ihre Lebensperspektive. Der unter Blut und Tränen geborene, umstrittene jüdische Staat war noch keine 20 Jahre alt, da unterwarf er ein anderes Volk seiner Kontrolle. Verteidigungsminister Moshe Dayan sah
10 die Herrschaft über die besetzten Gebiete so: eine „großartige Gelegenheit, das Leben mit den Arabern zu bestimmen und zu gestalten".

„Israels zweite Geburt" nennt Historiker Tom Segev den Sechstagekrieg [...] „Das Untergangs-
15 gefühl verschwand, nun konnte die Geschichte von Neuem beginnen." Ein ganzes Land fiel in den Taumel nationaler Begeisterung.

Wie Touristen unternahmen die Israelis fortan Ausflüge in die besetzten Gebiete, selbst bei Sä-
20 kularen erwachten plötzlich religiöse Gefühle für die Orte der Bibel. An der **Klagemauer heulten selbst Soldaten hemmungslos**. War der Sieg nicht ein Fingerzeig Gottes, dass ihnen das Gelobte Land gehöre? Erst 1967 machte die Religion
25 zum zentralen Element der israelischen Identität, sagt der israelische Autor Yossi Klein-Halevi. [...]

Der Blitzsieg legte den Keim für die neue Herrenmentalität. „Vom ersten Tag an verhielten sich viele israelische Soldaten wie Besatzungstruppen
30 und demütigten die unterlegenen Palästinenser", schrieb später der Journalist Ari Rath, der als Jugendlicher vor den Nazis in Wien geflohen war und am Krieg als Oberfeldwebel eines Infanterieregimentes teilnahm. Der bekannte Journalist
35 und Besatzungskritiker Gideon Levy spricht vom „furchtbaren Sommer" 1967, „in dem wir einen Krieg gewannen und sonst fast alles verloren".

Dabei hätten gerade die Eroberungen den Frieden bringen können. Die Gebiete galten als Faust-
40 pfand für eine Aussöhnung mit den arabischen Nachbarn – Land gegen Frieden. Bloß wollten die Araber erst mal keinen Frieden. Auf der Konferenz von Khartum im September 1967 beschloss die Arabische Liga die drei fatalen Neins: keine

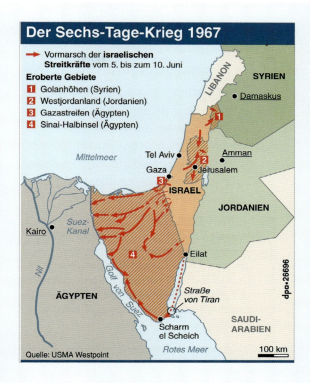

**Der Sechs-Tage-Krieg 1967**

→ Vormarsch der **israelischen Streitkräfte** vom 5. bis zum 10. Juni

**Eroberte Gebiete**
1 Golanhöhen (Syrien)
2 Westjordanland (Jordanien)
3 Gazastreifen (Ägypten)
4 Sinai-Halbinsel (Ägypten)

LIBANON   SYRIEN

Damaskus

Mittelmeer   Tel Aviv   Amman
Gaza   Jerusalem
ISRAEL   JORDANIEN

Suez-Kanal
Kairo
Nil
Eilat
ÄGYPTEN   Straße von Tiran
Golf von Suez
SAUDI-ARABIEN
Scharm el Scheich   Rotes Meer   100 km
Quelle: USMA Westpoint   dpa-26696

45 Anerkennung Israels, keine Verhandlungen, kein Frieden.

So entstand die Ausrede, auf die Israel sich bis heute zurückzieht: Solange die andere Seite nicht will, brauchen wir ja nichts herzugeben. Und
50 so begann der Bau der inzwischen mehr als 130 Siedlungen. Manche sind zu richtigen Städten gewachsen, etwa Modi'in Illit mit 60.000 Einwohnern oder Ma'ale Adumim am Rand von Jerusalem mit 37.000 Einwohnern. Sie stehen mehr denn
55 je einer Einigung mit den Palästinensern im Weg. Die USA, Israels wichtigster Verbündeter, ließen den Siedlungsbau über all die Jahre zu.

Quelle: Großbongardt: Die Schlacht, die alles veränderte, in: DER SPIEGEL, 05.06.2017, abgerufen unter: www.
spiegel.de/geschichte/sechstagekrieg-1967-israels-triumph-und-die-fatalen-folgen-a-1150234.html [17.06.2020].

Im November 1967 wurde die Resolution 242 vom UN-Sicherheitsrat beschlossen. Diese forderte Israels Rückzug aus den besetzten Gebieten und eine gerechte Lösung des Flüchtlingsproblems und garantierte Israel dafür seine Sicherheit frei von Bedrohung und Gewalt. Sie bildet seitdem die Grundlage für alle Friedensverhandlungen.

Um die im Sechstagekrieg verlorenen Gebiete zurückzuerobern, griffen Ägypten und Syrien am 6. Oktober 1973, an Jom Kippur, dem höchsten jüdischen Feiertag, Israel überraschend an. Ägypten und Syrien erzielten zunächst Erfolge, bis die USA begann, Israel mit Waffenlieferungen zu unterstützen. Zugleich drang die USA im UN-Sicherheitsrat aber auch auf eine Resolution zur schnellen Beendigung des Krieges. Der Krieg kostete knapp 3 000 israelische und 10 000 arabische Soldaten das Leben. Nach einem Aufruf des UN-Sicherheitsrats kam es am 22. Oktober 1973 zu einem Waffenstillstand. Die arabischen Regierungen erhielten durch die anfänglichen Erfolge gegen Israel wieder mehr Selbstbewusstsein und waren eher bereit, auf Israel zuzugehen. In Israel war das bisherige Gefühl von Sicherheit und militärischer Überlegenheit schwer erschüttert. In der Folge kam es ab 1979 auf Initiative Ägypten zu Friedensverhandlungen, die unter anderem die Rückgabe des Sinais bis 1982 beinhalteten.

Auch in Europa waren die Folgen des Krieges zu spüren, da die arabischen Länder die Ölfördermenge reduzierten, um die proisraelischen Länder unter Druck zu setzen, was in Europa zu einer Ölkrise mit stark steigenden Preisen führte.

Der ägyptische Präsident Anwar as-Sadat, US-Präsident Jimmy Carter und der israelische Premierminister Menachem Begin bei der Unterzeichnung des ägyptisch-israelischen Friedensvertrages in Camp David, 17.09.1978.

**9.** Ermitteln Sie die Ziele der PLO (Palästinensische Befreiungsorganisation) und beurteilen Sie ihr Verhältnis zu Israel.

Ende der 1950er-Jahre begann sich der Widerstand der arabischen Palästinenser gegen Israel zu formieren. Im Oktober 1959 wurde die Fatah (arab. Öffnung, Befreiung) unter der Führung von Jassir Arafat (1929–2004) gegründet, deren Ziel die komplette Befreiung Palästinas war, auch unter Nutzung terroristischer Mittel. Die Fatah trat 1968 der PLO (Palestine Liberation Organization) bei, die 1964 auf Initiative des ägyptischen Präsidenten Abdel Nasser gegründet worden war, um eine Vertretung des arabischen Volkes in Palästina zu schaffen. Jassir Arafat war von 1969 bis zu seinem Tod 2004 Vorsitzender der PLO. 1968 wurde die Palästinensische Nationalcharta verabschiedet.

## M 13    Gründung der PLO und die Palästinensische Nationalcharta

1 Die Palästinensische Nationalcharta 17. Juli 1968

Artikel 1 Palästina ist das Heimatland des arabischen, palästinensischen Volkes, es ist ein untrennbarer Teil des gesamtarabischen Vaterlandes und
5 das palästinensische Volk ist ein integraler Bestandteil der arabischen Nation (umma). [...]

Artikel 9 Der bewaffnete Kampf ist der einzige Weg zur Befreiung Palästinas. Es handelt sich daher um eine strategische und nicht um eine tak-
10 tische Phase. Das arabische palästinensische Volk bekundet seine unbedingte Entschlossenheit und seinen festen Willen, diesen bewaffneten Kampf fortzusetzen und auf dem eingeschlagenen Weg einer bewaffneten Volksrevolution zur Befreiung
15 seines Landes und der Rückkehr in dieses Land voranzuschreiten. Es besteht ebenfalls auf sein Recht auf ein normales Leben in Palästina und auf die Ausübung seines Rechts auf Selbstbestimmung und Souveränität in Palästina.

20 Artikel 10 Guerillaaktionen bilden den Kern des Befreiungskrieges des palästinensischen Volkes. Diese Tätigkeit erfordert die Stärkung und die Ausweitung sowie die Mobilisierung aller palästinensischen Menschen- und Geisteskräfte sowie ihre
25 Organisation und Einbindung in den bewaffneten palästinensischen Revolutionskampf. Weiterhin ist es für den nationalen Kampf erforderlich, die verschiedenen Gruppierungen des palästinensischen

Arafat, Jassir (1929–2004)

Volkes und die arabischen Massen zu einigen, um
30 die Fortführung der Revolution, ihre Stärkung und ihren Sieg zu sichern. [...]

Artikel 18 Die Befreiung Palästinas ist vom internationalen Standpunkt aus ein Akt der Verteidigung, der aufgrund der Selbstverteidigung
35 notwendig ist. Das palästinensische Volk, das die Freundschaft aller Völker anstrebt, hofft deswegen auf die Unterstützung aller freiheits[-, g]erechtigkeits- und friedensliebend[en] Staaten, um seine legitimen Rechte in Palästina wiederzuerlangen,
40 Frieden und Sicherheit im Land wiederherzustellen und der Bevölkerung nationale Souveränität und Freiheit wiederzugeben.

Artikel 19 Die Teilung Palästinas im Jahr 1947 und die Schaffung des Staates Israel sind völlig ille-
45 gal, ohne Rücksicht auf den inzwischen erfolgten Zeitablauf, denn sie standen im Gegensatz zu dem Willen des palästinensischen Volkes und seiner natürlichen Rechte auf sein Heimatland; sie waren unvereinbar mit den Prinzipien der Charta der
50 Vereinten Nationen, insbesondere mit dem Recht auf Selbstbestimmung.

Quelle: Die Palästinensische Nationalcharta 17. Juli 1968, abgerufen unter: https://palaestina.org/uploads/media/palaestinensische_nationalcharta.pdf [17.06.2020].

## Palästinensische Attentate in Israel in den 1970er-Jahren M 14

| Jahr | Ort | Mittel | Tote und Verletzte |
|---|---|---|---|
| 1971 | Jerusalem | Sprengstoff | 1 Toter, 11 Verletzte |
| 1973 | Jerusalem | Sprengstoff | 2 Tote, 18 Verletzte |
| 1974 | u. a. in Maalot, Quiryat, Nahariyya | Sprengstoff, Geiselnahme | 78 Tote, 145 Verletzte |
| 1975 | u.a. in Tel Aviv, Jerusalem | Schusswaffen, Sprengstoff, Geiselnahme | 24 Tote, 62 Verletzte |
| 1976 | Jerusalem | Sprengstoff | 1 Toter, 31 Verletzte |
| 1977 | Jerusalem, Beersheba, Netanya | Sprengstoff | 5 Tote, 24 Verletzte |
| 1978 | Haifa, Jerusalem, Tel Aviv | Geiselnahme, Sprengstoff | 50 Tote, 202 Verletzte |
| 1979 | u.a. Jerusalem, Moya, Tel Aviv, Haifa | Sprengstoff | 56 Tote, 344 Verletzte |

Quelle: Zusammengestellt nach Daten der Global Terrorism Database. University of Maryland, abgerufen unter: www.start.umd.edu/gtd/search/Results.aspx?page=8&casualties_type=b&casualties_max=&start_yearonly=1970&end_yearonly=1979&dtp2=all&country=97&region=10&expanded=no&charttype=line&chart=overtime&ob=GTDID&od=desc#results-table [21.04.2023].

## Libanon-Krieg M 15

1 Das [von der PLO verübte] Attentat auf einen israelischen Diplomaten in London am 3. Juni 1982 wurde von [Israel] zum Anlass genommen, kurz darauf unter der Bezeichnung „Frieden für Gali-
5 läa" einen Feldzug gegen die PLO im Libanon zu initiieren. Anfangs lautete das Ziel, lediglich eine 40 km breite Sicherheitszone zu schaffen, um auf diese Weise den ständigen Beschuss israelischer Ortschaften im Norden des Landes durch die
10 Palästinenser zu unterbinden. [...] Doch anders als offiziell zu Beginn der Kampfhandlungen verkündet, stieß die israelische Armee weiter nach Norden vor und besetzte mit Beirut erstmals [...] eine arabische Hauptstadt. Die Operation
15 „Frieden für Galiläa" war zudem Israels erster reiner Angriffskrieg. [...] Schließlich ging es im

Unterschied zu allen vorherigen Waffengängen im Nahen Osten diesmal nicht um das Überleben des jüdischen Staates. Zudem waren nicht
20 reguläre Armeen die Gegner, sondern zahlreiche Milizen, Guerillakämpfer und Zivilisten, die sich darüber hinaus auch noch gegenseitig selbst bekämpften. [...] Trauriger Höhepunkt des Libanonkriegs war das Massaker in den beiden Beiruter
25 Flüchtlingslagern Sabra und Schatila. Vor den Augen der israelischen Armee ermordeten die mit Israel verbündeten libanesisch-christlichen Falange-Milizen weit über 1 000 Zivilisten.

Die Konsequenzen für Israel waren dramatisch:
30 massive Kritik und Imageverlust in der ganzen Welt sowie Massenproteste im eigenen Land. Über 3 000 000 Menschen kamen am 25. September 1982 auf einer Demonstration in Tel Aviv zusammen, um ein Ende des Libanonkriegs sowie
35 die Bestrafung der Verantwortlichen zu fordern. Verteidigungsminister Ariel Scharon musste [...] zurücktreten. [Der Krieg, dem rund 10 000 Menschen zum Opfer fielen, endete 1983 mit einem Friedensvertrag zwischen Libanon und Israel.]

Quelle: Balke: Israel, 2013, S. 93–94.

**10.** Erarbeiten Sie anhand des Artikels zur Ersten Intifada, warum ein Durchbrechen der Gewaltspirale so schwierig ist.

**M 16**     **Jahre des Zorns – Die Erste Intifada**

1 Als 1987 die Intifada [arabisch für: „sich erheben, abschütteln", auch als „Krieg der Steine" bezeichnet] begann, half eine mutige Israelin palästinensischen Kindern mit einem Theaterprojekt. Später
5 wurden einige ihrer traumatisierten Schüler zu Attentätern. Ein Lehrstück über Gewalt.

Der kleine Sohn musste ansehen, wie sein Vater hingerichtet wurde, auf offener Straße, an einem heißen Montag im palästinensischen Flücht-
10 lingslager Jenin. Juliano Mer-Khamis wollte an diesem 4. April 2011 mit seinem alten Citroën vom Theater wegfahren, das er einst selbst aufgebaut und pathetisch „Freiheitstheater" getauft hatte. Ein maskierter Mann stoppte den roten
15 Wagen, erschoss den Theaterdirektor aus nächster Nähe mit fünf Kugeln und entkam. Er wurde nie gefasst.

Fünf Kugeln gegen die Freiheit, gegen einen der mutigsten Friedensaktivisten Israels. Fünf Ku-
20 geln auch gegen eine Familie, die seit Jahrzehnten und während zwei Intifadas versucht hatte, von Gewalt traumatisierte Kinder mit der Kraft der Schauspielerei zu heilen. Nun musste sie selbst ein traumatisiertes Kind versorgen.

25 **Erst Gerüchte, dann Gewalt**
Dies ist die Geschichte eines zerrissenen Mannes in einem zerrissenen Land: Juliano Mer-Khamis war ein charismatischer israelischer Schauspieler mit palästinensischen Wurzeln. Er hätte in Israel
30 Karriere machen können, zog es aber vor, mit palästinensischen Kindern und Jugendlichen in einem dürftig ausgestatteten Theater zu arbeiten. Dafür verlor er in seiner Heimat Freunde, wurde beschimpft und bespuckt. Wenn man so will, war

35 Mer-Khamis auch indirekt das letzte Opfer der
ersten Intifada, die am 9. Dezember vor 30 Jahren
ihren Anfang nahm. […]

Damals reichten schon Gerüchte, um die Spirale
von Gewalt und Gegengewalt zu entfesseln und
40 das besetzte Westjordanland und den Gaza-Streifen für Jahre in kriegsähnliche Zustände zu stürzen. Ein israelischer Militärlastwagen war am 8.
Dezember 1987 im Gaza-Streifen in eine Schlange
wartender Autos gefahren und hatte vier Palästi-
45 nenser getötet.

An einen Zufall glaubte kaum jemand. War dies die
Rache für den jüdischen Händler, den Extremisten
zwei Tage zuvor im Gaza-Streifen erstochen hatten? Bald schon hieß es, der Lkw-Fahrer sei ein
50 Verwandter des Ermordeten. Hinzu kam schon
damals die hochsensible Jerusalem-Problematik.
Gerade erst hatten militante Juden gefordert, sich
den Tempelberg einzuverleiben, der von einer islamischen Stiftung verwaltet wird: Auf dem Berg
55 stehen Felsendom und al-Aksa-Moschee – das
drittwichtigste Heiligtum des Islam.

Der lang angestaute Zorn explodierte. Auf die israelische Besetzung. Auf das Fehlen jeglicher Autonomie, die täglichen Demütigungen durch Behör-
60 den und Armee, die illegalen jüdischen Siedlungen,
die den Palästinensern das Land nahmen. Beson-

ders die Flüchtlingslager wurden zu Hochburgen
des Aufstands. Hier lebten Hunderttausende Palästinenser. Längst glaubten sie nicht mehr, je in
65 ihre Dörfer zurückkehren zu können, die sie im
Unabhängigkeitskrieg 1948 an Israel verloren hatten. Nun riefen Zehntausende Desillusionierte zur
Intifada, um die Besetzer „abzuschütteln“, als seien
sie nur lästige Fliegen und keine hochgerüstete Mi-
70 litärmacht. Es war ein anfangs spontaner, naiver
Volksaufstand. Erst nach und nach steuerten ihn
die PLO und Jassir Arafats Fatah aus dem Exil in
Tunis.

### „Knochenbrecher“ Rabin
75 Die Waffen der Rebellion waren meist bescheiden:
ziviler Ungehorsam, Streiks, Boykott israelischer
Waren, kein Verkauf an Juden. Kinder und Jugendliche warfen Steine und Molotowcocktails auf Soldaten und jüdische Zivilisten. Es kam aber auch zu
80 ersten Anschlägen der noch jungen Hamas [1967
gegründete islamisch-fundamentalistische Terror-
organisation]. Israel reagierte rabiat. Die „Jerusalem Post“ zitierte Verteidigungsminister Jitzchak
Rabin, den späteren Friedensnobelpreisträger, mit
85 den Worten: „Wir brechen ihnen die Beine, sodass
sie nicht mehr gehen können, und wir brechen
ihnen die Hände, sodass sie keine Steine mehr
werfen werden.“ Ein US-Filmteam dokumentierte
diese Praxis der Armee – und löste weltweit Em-
90 pörung aus.

Jugendliche mit einer
palästinensischen Flagge werfen
Steine, Dezember 1987

So entwickelte sich ein asymmetrischer Kampf. Gewinnen konnte ihn keine der beiden Seiten. Die Palästinenser militärisch nicht. Und die Israelis moralisch nicht, weil sich die Bilder von Kindern einbrannten, die mit Steinen gegen Panzer kämpften. So starben der israelischen Menschenrechtsorganisation „Btselem" zufolge 1346 Palästinenser, davon 276 Kinder; Israel verlor demnach 127 Soldaten. Juliano Mer-Khamis Geschichte begann in diesem „Krieg der Steine" mit der mutigen Aktion seiner Mutter Arna. Die einst überzeugte jüdische Untergrundkämpferin hatte einen Palästinenser geheiratet und eröffnete während der Intifada im Flüchtlingslager Jenin ein „Steintheater". Damit wollte sie die vielen traumatisierten Kinder von der Straße holen. Bildung sollte die neue Waffe der Kinder werden. Arna Mer-Khamis dozierte: „Die Intifada ist ein Kampf für Freiheit. Wir nennen unser Projekt ‚Lernen und Freiheit'. Das sind nicht nur Wörter. Das ist die Basis des Kampfes. Es gibt keine Freiheit ohne Wissen. Es gibt keinen Frieden ohne Freiheit. Frieden und Freiheit sind untrennbar."

Ihr Sohn Juliano gab Schauspielunterricht im Theater. Zu seinen besten Schülern gehörte Zakaria Zubeidi, 12. „Arna war die Einzige, die uns verstand", erinnerte er sich später. „Sie gab uns Selbstbewusstsein." Zubeidi liebte das Theater und kam doch von der Gewalt nicht los. 1989, mit 13, warf er Steine auf ein Armeefahrzeug. Ein Soldat schoss ihm ins Bein. Die Narben nach der OP verheilten, die Wut blieb. Seine Mutter und sein Bruder seien von der Armee getötet worden, sagte er später. Zubeidi warf nun Molotowcocktails, wurde mehrmals verhaftet, verbrachte Jahre im Gefängnis. Als er freikam, war die Gewalt abgeebbt. Die Welt bejubelte das Osloer Friedensabkommen von 1993 zwischen PLO und Israel, das langfristig aber scheitern sollte. Auch Arna Mer-Khamis wurde gefeiert. Sie erhielt, schwer krebskrank, 1993 den Alternativen Friedensnobelpreis. „Die Wunden der Kinder sind tief, obwohl sie nicht bluten, ihre Seelen sind verletzt", sagte sie bei der Verleihung. Und: „Diese Kinder sind die Hoffnung von morgen."

Quelle: Gunkel: Jahre des Zorns, in: DER SPIEGEL, 08.12.2017, abgerufen unter: www.spiegel.de/geschichte/intifada-der-palaestinenser-aufstand-1987-und-die-folgen-a-1182159.html [17.06.2020].

Ein palästinensischer Junge macht im Flüchtlingslager Maghazi (südlicher Gazastreifen) vor brennenden Reifen einen Stein in der Hand haltend das Siegeszeichen, 2001.

# DAS WICHTIGSTE IN KÜRZE

### Palästina unter britischem Mandat

Nach dem Ende des Ersten Weltkriegs und dem Ende des Osmanischen Reiches wurden die Briten zur beeinflussenden Macht im Nahen Osten. Die Versprechungen, die sie den Arabern zuvor während des Krieges gemacht hatten, wurden nicht eingelöst. Der Völkerbund übertrug Großbritannien 1922 das **Mandat** für Palästina, zu dessen Bedingungen auch die Verwirklichung der Balfour-Deklaration gehörte, allerdings unter Wahrung der Rechte aller Einwohner Palästinas. In den folgenden Jahren erhöhte sich die Zahl der jüdischen Einwanderer nach Palästina vor allem vor dem Hintergrund der Judenverfolgungen in Europa stark. Diese Entwicklung führte zu zunehmenden Auseinandersetzungen zwischen Juden und Arabern. Nach dem großen arabischen Aufstand von 1936, der auch zahlreiche Angriffe auf britische Einrichtungen zur Folge hatte, setzte Großbritannien eine Kommission zur Untersuchung der Lage ein. Die **Peel-Kommission** kam zu dem Schluss, dass der Konflikt zwischen Juden und Arabern unüberwindbar war und nur eine Teilung des Landes zu dauerhaftem Frieden führen konnte. Allerdings lehnte die arabische Seite den Vorschlag ab, da sie nicht bereit war, die Gründung eines jüdischen Staates zu akzeptieren und der fruchtbarste Teil des Landes den Juden zugesprochen werden sollte.

Um die Lage zu entschärfen, wurde in einem **Weißbuch von 1939** festgehalten, dass das Ziel Großbritanniens nun nicht mehr war, aus Palästina einen jüdischen Staats zu machen, sondern dass ein Staat Palästina errichtet werden sollte, in dem arabische und jüdische Menschen gemeinsam leben. Zudem sollten die Einwanderung in den nächsten Jahren begrenzt und illegale Einwanderung verhindert werden. Die Zionisten sahen dies als Verrat Großbritanniens und kämpften in den folgenden Jahren vor dem Hintergrund des Nationalsozialismus für die Rettung der europäischen Juden.

Da die Angriffe auf die britische Mandatsmacht in den folgenden Jahren nicht abnahmen, übergab Großbritannien das Problem an die **UN**, die 1947 einen **Teilungsplan** vorschlugen, der eine Teilung des Landes in zwei Staaten vorsah, die jeweils aus drei durch enge Korridore verbundenen Teilgebiete bestehen. Die Juden in Palästina akzeptierten den Plan mehrheitlich, während ihn die arabische Seite ablehnte. In der UN-Generalversammlung erreichte der Teilungsplan die notwendige Zweidrittelmehrheit.

### Die Errichtung des Staates Israel und die arabisch-israelischen Kriege

Wenige Stunden, bevor am 15. Mai 1948 das britische Mandat enden sollte, verkündete David Ben Gurion, der designierte Ministerpräsident Israels, die Errichtung des Staates Israel, der kurz darauf von den USA anerkannt wurde. Nur einen Tag später griffen ägyptische, syrische, jordanische und irakische Truppen den neu gegründeten Staat an, da sie das Existenzrecht Israels verneinten. Der sogenannte **Unabhängigkeitskrieg** hatte mehrere Folgen: Israel konnte sein Territorium über den ursprünglich vorgesehenen Teilungsplan hinaus ausbauen, das Westjordanland wurde nun von Jordanien kontrolliert, der Gazastreifen von Ägypten. Der Krieg stellte aber auch den Beginn des palästinensischen Flüchtlingsproblems dar, das bis heute eine friedliche Lösung des Nahostkonflikts erschwert: Insgesamt flohen über 700 000 Palästinenser oder wurden aus ihrer Heimat vertrieben. Sie leben bis heute unter anderem im Gazastreifen, in der Westbank sowie in benachbarten Ländern in Lagern.

Die nächste militärische Auseinandersetzung begann, als der ägyptische Präsident Gamal Abdel Nasser, der sich zu einer Symbolfigur des arabischen Nationalismus entwickelt hatte, 1956 den Suezkanal verstaatlichte. Daraufhin griffen Frankreich und Großbritannien, die ihre wirtschaftlichen Interessen betroffen sahen,

# DAS WICHTIGSTE IN KÜRZE

gemeinsam mit Israel Ägypten an, nahmen den Gazastreifen und die Sinai-Halbinsel ein und besetzten den Suezkanal. Nach massivem wirtschaftlichem Druck durch die USA, die ein Eingreifen der Sowjetunion und eine damit verbundene Eskalation des Kalten Krieges fürchtete, zogen Frankreich, Großbritannien und Israel ihre Truppen wieder ab und unterzeichneten 1956 einen Waffenstillstand, der den **Suezkrieg** beendete.

Auch in der folgenden Zeit kam es immer wieder zu Zwischenfällen an den Grenzen. 1967 kam es erneut zu größeren Spannungen, als Ägypten die Meerenge von Tiran für israelische Schiffe sperrte und Israel somit vom Warenverkehr mit Afrika und Asien abschnitt. Israel begann daraufhin am 5. Juni den Krieg mit einem Überraschungsangriff auf Ägypten und Syrien, der innerhalb weniger Stunden einen Großteil der ägyptischen und syrischen Luftwaffe zerstörte. Bis zum 10. Juni gelang es Israel im sogenannten **Sechstagekrieg**, sein Staatsgebiet mit den territorialen Gewinnen zu verdreifachen. Allerdings ergab sich dadurch das Problem, dass Israel nun Besatzungsmacht geworden war. In den besetzten Gebieten begann die Errichtung von Siedlungen, die in den folgenden Jahren zu einem der Hauptprobleme jeder Friedensverhandlung wurden. Die arabischen Staaten legten sich in der Folge auf die „three Nos" im Umgang mit Israel fest: kein Frieden, keine Anerkennung und keine Verhandlungen für Israel.

Am 6. Oktober 1973, Jom Kippur, dem höchsten jüdischen Feiertag, griffen Ägypten und Syrien überraschend Israel an, um die im Sechstagekrieg verlorenen Gebiete zurückzuerobern. Israel erlitt anfänglich schwere Verluste, konnte aber dann mit militärischer Unterstützung der USA das Blatt wenden. 1973 kam es zu einem Waffenstillstand. Für die arabische Welt zeigte der **Jom-Kippur-Krieg**, dass Israel nicht unbesiegbar war, während das israelische Sicherheitsgefühl schwer erschüttert war. In der Folgezeit kam es zu Friedensverhandlungen, die unter anderem in der Rückgabe des Sinais an Ägypten resultierten.

Seit den 1950er-Jahren begann sich auch der Widerstand der arabischen Palästinenser gegen Israel zu formieren. 1959 wurde die Fatah als Guerillaorganisation von Jassir Arafat mit dem Ziel der kompletten Befreiung Palästinas von den Juden gegründet. Sie trat 1968 der **Palästinensischen Befreiungsorganisation (PLO)** bei, die unter der Schirmherrschaft des ägyptischen Präsidenten Nasser entstand, um eine Vertretung des arabischen Volkes in Palästina zu schaffen. Im Kampf für die Befreiung Palästinas, der als Selbstverteidigung gesehen wurde, war für die PLO auch der Einsatz terroristischer Mittel akzeptabel. 1982 versuchte Israel in der Operation **„Frieden für Galiläa"** die PLO aus dem Libanon zu vertreiben. Der Feldzug scheiterte aber und führte darüber hinaus zur Gründung der libanesischen **Hisbollah**, die als paramilitärische Organisation zur Abwehr der israelischen Invasion gegründet worden war und in den kommenden Jahren zahlreiche Angriffe auf Israel unternahm.

Als 1987 ein israelischer Lkw bei einem Unfall vier Palästinenser tötete, war dies der Anlass, der die **Erste Intifada** auslöste. Die Ursachen lagen tiefer und sind in der Unzufriedenheit der Palästinenser bedingt durch die israelische Besatzung, die von vielen als demütigend empfunden wurde, die jüdische Siedlungspolitik und das Fehlen jeglicher Autonomie zu suchen. Friedliche Protestformen standen dabei neben gewaltsamen Aktionen. Vor allem die Bilder palästinensischer Kinder, die Steine auf Panzer und Soldaten warfen, sowie das brutale Vorgehen der israelischen Soldaten zur Niederschlagung des Aufstandes gingen um die Welt. Die Erste Intifada endete erst 1993 mit dem Osloer Friedensabkommen.

# FESTIGUNG – VERTIEFUNG

## Weitere Herangehensweisen

- 1938, während des Aufstandes der Araber im britischen Mandatsgebiet, meinte Ben Gurion einmal zu einem führenden Vertreter der Mapai, der Arbeiterpartei Palästinas: „Wenn wir sagen, die Araber sind die Aggressoren, und wir verteidigen uns nur, dann ist das nur die halbe Wahrheit. Mit Blick auf unsere Sicherheit und unser Leben verteidigen wir uns. Aber dieser Kampf ist nur ein Aspekt dieses Konfliktes, bei dem es sich im Kern um einen politischen Konflikt handelt. Und politisch sind wir die Aggressoren und sie verteidigen sich."[1] Nehmen Sie Stellung zu dieser Aussage.
- Der Sechstagekrieg von 1967 gilt in Israel oft als nationaler Triumph. Diskutieren Sie diese Einschätzung.

## Vertiefende Aspekte

- Die 1929 gegründete Jewish Agency spielte eine zentrale Rolle bei der Schaffung des israelischen Staates. Stellen Sie deren Funktionsweise und Bedeutung dar.
- „Mr. Palestine" – die einen sahen ihn als gefährlichen Terroristen, die anderen verliehen ihm 1994 den Friedensnobelpreis: Recherchieren Sie die Rolle Jassir Arafats im Nahostkonflikt.
- 1972 verübte die palästinensische Terrororganisation Schwarzer September einen Anschlag auf die israelische Mannschaft bei den Olympischen Spielen in München. Ermitteln Sie die Hintergründe, den Ablauf und die Folgen dieses Attentats.
- Recherchieren Sie Aufbau, Ziele und Vorgehen der libanesischen Hisbollah und der palästinensisch-islamistischen Hamas sowie deren Rolle im Nahostkonflikt.
- Recherchieren Sie, welche Haltung die Bundesrepublik Deutschland jeweils zu zentralen Aspekten der Politik Israels vertrat.

## Weiterführende Quellen und Hinweise

**H 1** Oz, Amos; Shapira, Avraham: Man schießt und weint. Gespräche mit israelischen Soldaten nach dem Sechstagekrieg, Bonn, Bundeszentrale für politische Bildung, 2008 (= Schriftenreihe der Bundeszentrale für politische Bildung, Band 10216). Die Ausgabe enthält Interviews mit israelischen Soldaten, die unmittelbar nach dem Sechstagekrieg geführt wurden und einen Einblick in die Psyche der Soldaten geben. Der Ausgabe liegt der Dokumentarfilm „Censored Voices – Stimmen des Krieges" aus dem Jahr 2015 bei, der die Entstehung der Interviews nachzeichnet, angereichert mit Archivmaterial aus dem Sechstagekrieg.

 **H 2** Deutschland Funk Nova: Eine Stunde History. Staatsgründung Israels. Heimkehr ins gelobte Land, Köln, 2018: Der Podcast widmet sich der Geschichte der Staatsgründung Israels und den weitreichenden Konsequenzen, die damit einhergingen. Verschiedene Expert/-innen beleuchten unter anderem die Auswirkungen dieser historischen Entwicklung auf die Palästinenser sowie die Realisierbarkeit einer „Zwei-Staaten-Lösung". (Dauer: 37:49 Minuten)

 **H 3** Deutschland Funk Nova: Eine Stunde History. Nahostkonflikt. Sechstagekrieg, Köln, 2017: Der Podcast beschäftigt sich mit den Ursprüngen und den weitreichenden Folgen des Sechstagekriegs. Durch ein Zeitzeugeninterview und Berichte von Historiker/-innen bietet er einen umfassenden Einblick in den Verlauf und die Bedeutung des historischen Konflikts. (Dauer: 34:01 Minuten)

---

[1]    Zit. nach Steininger: Der Nahostkonflikt, 2012, S. 71.

# KAPITEL 4 (LERNBEREICH 3.1)

## 4.3 Nahostkonflikt – die unterschiedlichen historischen Narrative (Palästinenser versus Israelis) als integraler Bestandteil des Konflikts

### Forschungsinteresse und Kompetenzerwerb

„Die Geschichte betrachten wir als eine Chance, eine bessere Zukunft zu schaffen, indem man ‚jeden Stein umdreht‘, statt ihn auf den anderen zu werfen."[1]

Bereits das Aufschreiben von oder das Berichten über Geschichte läuft Gefahr, verbale Gewalt auszuüben, Partei zu ergreifen, also im Sinne des obigen Zitats „historiografische Steine" zu werfen. Warum ist das so? Geschichtliche Narrative (Erzählweisen/-muster) schaffen Identität, sie eröffnen Perspektiven auf Ereignisse und Prozesse; sie ermöglichen ein Verstehen und beeinflussen Denk- und Handlungsweisen. Ihnen kommt somit in Konflikten und Krisen eine zentrale Bedeutung zu, da sie sich zwar je nach der berichtenden Gruppe unterscheiden, jedoch stets die Deutungshoheit beanspruchen. Auch im Nahostkonflikt gibt es wenigstens zwei Narrative, die bisher recht unversöhnlich nebeneinanderstehen: das jüdisch-israelische und das arabisch-palästinensische. Innerhalb dieses Kapitels werden Sie nun exemplarisch einige „historiografische Steine" umdrehen, statt sie zu werfen, d. h., sie werden verschiedene Erzählmuster analysieren und vergleichen, statt vorschnell Partei zu ergreifen. Sie erkennen dabei nicht nur die Funktion der jeweiligen Narrative, sondern auch ihre Gemeinsamkeiten und Unterschiede.

### Vorgehen

Als Teil der Vorbereitung einer Schulpartnerschaft mit einer Schule, in der Israelis und Israelinnen sowie Palästinenser und Palästinenserinnen gemeinsam unterrichtet werden (wie die Leo Baeck-Schule in Haifa oder die Hand-in-Hand-Schule in Jerusalem) beschäftigen Sie sich mit den Narrativen beider Konfliktparteien.

Zunächst BETRACHTEN und ANALYSIEREN Sie das Entstehen der zionistischen Bewegung aus jüdisch-israelischer und arabisch-palästinensischer Sicht in ihren jeweiligen Narrativen. Daraufhin nähern Sie sich der Balfour-Deklaration und dem Streitpunkt Jerusalem. Sie VERGLEICHEN die einzelnen Narrative miteinander. Sie ERARBEITEN sich auch einen Blick auf die Alltagswirklichkeit in der heiligen Stadt. Anschließend SUCHEN Sie nach Gemeinsamkeiten und Unterschieden: Wie wird erzählt, argumentiert, bewertet? Was wird erzählt? Was wird ausgelassen? Welche Zusammenhänge werden hergestellt? Welche sprachlichen Mittel verwendet, welche Bilder entworfen? Wer ist Protagonist (Spieler)? Wer ist Antagonist (Gegenspieler)? Wer ist Freund? Wer Feind? Wer wird als Täter beschrieben? Wer als Opfer? Welche Motive finden sich?

ERSTELLEN **Sie nun eine tabellarische Übersicht/ Gegenüberstellung über die Narrative beider Konfliktparteien zu verschiedenen Aspekten der Auseinandersetzung und** PRÄSENTIEREN **Sie diese vor der Klasse.**

Als Arbeitshilfe finden Sie im hinteren Teil des Lehrwerks eine Übersicht über verschiedene Methodentechniken. Nutzen Sie diese Möglichkeit.

### Materialauswahl

Ein Teil der Materialien dieses Kapitels stammt aus einem besonderen Geschichtsbuchprojekt: Unter dem Titel „Learning each other's historical

---

[1]  Adwan; Bar-On; Musallam; Naveh: Einleitung, in: Peace Research Institute in the Middle East / Berghof Conflict Research (Hg.): Das Historische Narrativ des Anderen kennen lernen, 2009, S. 5.

narrative" versuchten jeweils sechs jüdische und sechs palästinensische Lehrkräfte zu wesentlichen Ereignissen des Konflikts die israelische und die palästinensische Sichtweise in einem gemeinsamen Lehrwerk einander gegenüberzustellen. Die Autorinnen und Autoren wurden in ihrem Bemühen von verschiedenen Wissenschaftlerinnen und Wissenschaftlern beider Seiten begleitet. Das Projekt wurde u. a. von der US-Botschaft in Israel und der EU unterstützt. Es entstand eine Textsammlung für Oberstufenschüler und -schülerinnen. Eine Textspalte schildert darin die israelische Sicht in Hebräisch, eine Spalte die palästinensische Sicht in Arabisch. Seit 2003 liegen die Texte in englischer, seit 2009 auch in deutscher Übersetzung vor. Die Sammlung wurde bisher zwar nicht in die jeweiligen Lehrpläne aufgenommen, doch von den zuständigen Ministerien beider Seiten „geduldet", sodass nun an einzelnen Schulen, außerhalb des regulären Unterrichts, von einzelnen Lehrkräften versuchsweise und nicht ohne Kritik und Widerspruch damit gearbeitet werden kann.

## 1.

1.1 Erarbeiten Sie in Gruppen die unterschiedlichen Narrative zum Zionismus. Stellen Sie sich diese dann gegenseitig vor.

1.2 Untersuchen Sie beide Narrative auf Gemeinsamkeiten und Unterschiede und erarbeiten Sie schließlich eine eigene Definition des Begriffs „Zionismus".

### Israelisches Narrativ zum Zionismus    M 1

1 Es waren die jüdischen Gemeinden Europas, die im 19. Jahrhundert den *Zionismus*, die jüdische Nationalbewegung hervorbrachten. Diese neue Idee entstand im Rahmen der *Aufklärung* und bil-
5 dete die Keimzelle des jüdischen Nationalismus. Zur Entstehung des Zionismus trugen mehrere Faktoren bei:

1. Die Zunahme des modernen Antisemitismus – einer tief verwurzelten und vielschichtigen
10 Mischung aus althergebrachtem religiösem Hass und „wissenschaftlichem" Rassismus, dem zufolge die Juden eine verdorbene und schädliche Rasse waren.
2. Die Enttäuschung der Juden Westeuropas
15 über die Emanzipation, die den Juden zwar dieselbe Stellung in der Gesellschaft zusprach wie den Christen. Als deutlich wurde, dass diese Gleichheit in vielen Bereichen nur auf dem Papier bestand und sich die Diskrimie-
20 rung fortsetzte, verloren die Juden die Hoffnung.
3. Die neuen nationalistischen Bewegungen, die in Europa, insbesondere in Italien und Deutschland aufkamen, weckten auch bei den
25 Juden nationalistische Gefühle.
4. Ein wichtiges Element war die Sehnsucht nach Zion, seit jeher ein untrennbarer Bestandteil der religiösen und nationalen jüdischen Identität. Diese Sehnsucht bezog sich auf das bi-
30 blische Versprechen, dass das Land Israel dem Volke Israel vom Gott Israels gegeben worden war, sowie auf das Gedenken an die fernen Zeiten, in denen das Volk Israel unabhängig in seinem Land lebte. [...]

35 Die zionistische Bewegung entstand in den großen jüdischen Gemeinden Europas mit dem Ziel, das jüdische Volk in sein Land [zurückzuführen] und seine Ausnahmesituation unter den Nationen

der Welt zu beenden. Zunächst entstanden spon-
40  tan örtliche Vereinigungen, z. B. die „Liebenden
Zions". Aus diesen ging dann, dank der Aktivi-

täten von Theodor Herzl, dem „Vater des Zionismus", eine organisierte politische Bewegung
hervor.

Quelle: Adwan; Bar-On; Musallam; Naveh: Einleitung, in: Peace Research Institute in the Middle East/
Berghof Conflict Research (Hg.): Das Historische Narrativ des Anderen kennen lernen, 2009, S. 7 f.

Theodor Herzl, der „Vater des Zionismus", ist auch im heutigen Jerusalem sehr präsent: Auf dem Herzlberg im
Westteil Jerusalems, in unmittelbarer Nachbarschaft zur Holocaust-Gedenkstätte Yad Vashem, befindet sich der
Herzl-Park, darin das Herzl Museum und das Herzl-Grab – ein beliebtes Exkursionsziel für israelische Schülerin-
nen und Schüler.

## M 2    Palästinensisches Narrativ zum Zionismus

1  Die ohnehin in großer Armut lebenden Juden in
Osteuropa und insbesondere im russischen Zaren-
reich waren Opfer grausamer Pogrome geworden.
Daraufhin entschloss sich Großbritannien, die An-
5  siedelung von Juden in Palästina zu unterstützen.
In einer Zeit des anschwellenden Nationalismus
bot sich der Zionismus als drastische internationale Lösung für das jüdische Problem an. Die
jüdische Religion bedeutete nun nationalistische
10  Verbundenheit mit einer eigenen jüdischen Heimstätte und einem eigenen jüdischen Staat. Weitere
Faktoren bei der Entstehung und Entwicklung der
zionistischen Bewegung waren die schärfer wer-

denden Interessenskonflikte zwischen den euro-
15  päischen Kolonialmächten in Afrika und Asien
sowie die zionistische Siedlerbewegung, die sich
Palästina untertan machen wollte. Der britische
Imperialismus instrumentalisierte den Zionismus,
um seine eigenen Interessen im arabischen Osten
20  durchzusetzen; einer Region, die für das Empire
strategisch und ökonomisch von Bedeutung war.
Umgekehrt nutzte der Zionismus die britischen kolonialen Ambitionen, um internationalen Rückhalt
und wirtschaftliche Unterstützung für das Projekt
25  einer nationalen jüdischen Heimstätte in Palästina
zu gewinnen.

Quelle: Adwan; Bar-On; Musallam; Naveh: Einleitung, in: Peace Research Institute in the Middle East/Berghof
Conflict Research (Hg.): Das Historische Narrativ des Anderen kennen lernen, 2009, S. 7 f.

**2.**

2.1 Erarbeiten Sie in Gruppen die unterschiedlichen Narrative zur Balfour-Deklaration aus dem Jahr 1917. Stellen Sie sich diese gegenseitig vor.

2.2 Untersuchen Sie beide Narrative auf Gemeinsamkeiten und Unterschiede. Erarbeiten Sie schließlich eine eigene Definition zum Begriff der Balfour-Deklaration.

## Israelisches Narrativ zur Balfour-Deklaration

M 3

1 Am 2. November 1917, kurz vor Ende des Ersten Weltkriegs, schrieb Lord Balfour, der britische Außenminister, einen Brief an Lord Rothschild, ein führendes Mitglied der jüdischen Gemein-
5 schaft in Großbritannien. Darin bekundete er die Unterstützung der britischen Regierung für die Schaffung einer nationalen Heimstätte für das jüdische Volk im Land Israel. Es war das erste Mal, dass ein Land den Zionismus unterstützte.
10 Der Brief wurde später als Balfour-Deklaration bekannt [...]

**Wieso hat Großbritannien eine solche Selbstverpflichtung übernommen?**

1) Auf dem Höhepunkt des 1. Weltkriegs be-
15 mühte sich Großbritannien um die Unterstützung jüdischer Organisationen in den USA und jüdischer Einzelpersonen in Russland für seine kriegerischen Aktivitäten; auch die Balfour-Deklaration diente diesem Zweck. Die
20 britische Regierung nahm an, dass die jüdische Gemeinschaft einen großen Einfluss auf politische Entscheidungsträger weltweit ausübte, insbesondere auf die Großmächte Russland und die Vereinigten Staaten.
25 2) Die Briten verfügten über Informationen, wonach Deutschland bald eine ähnliche Zusage abgeben würde und wollten ihrem Feind zuvorkommen.

3) Sowohl der britische Premierminister Lloyd
30 George wie auch Außenminister James Balfour waren fromme Christen, die im bibli-

schen Glauben an die Rückkehr des Volkes Israel ins Land Israel erzogen worden waren. Balfour brachte seine Einstellung gegenüber
35 dem Zionismus in einer Rede im britischen Oberhaus zum Ausdruck. Darin erklärte er, Großbritannien wolle allen Ländern, in die Angehörige der „jüdischen Rasse" versprengt sind, zur Kenntnis geben, dass die christliche
40 Welt deren Schicksal nicht vergessen habe und das Erbe, das die jüdische Religion den größten Weltreligionen hinterlassen habe, hoch schätze. Da die Juden gezwungen waren, in Ländern zu leben, deren „Rasse" sie nicht an-
45 gehörten, wollte Balfour ihnen die Gelegenheit bieten, in Frieden unter britischer Herrschaft zu leben, damit sie ihre Talente entwickeln konnten, die sie nun in Ländern vergeudeten, in denen sie Fremde waren.
50 4) Die diplomatischen Aktivitäten Chaim Weizmanns, vor allem seine zahlreichen Kontakte zu Mitgliedern der britischen Regierung, brachten die zionistische Sache voran. [...]

5) Die Briten wollten im Nahen Osten Fuß fas-
55 sen, vor allem am Suezkanal, einem der wichtigsten Verkehrswege nach Indien. Aber auch Frankreich hatte Interessen in der Region und die Briten gingen davon aus, dass die Unterstützung der Zionisten ihren eigenen Einfluss
60 vor Ort stärken würde.

Die Balfour-Deklaration versetzte die Zionisten weltweit in Begeisterung. Sie sahen sie als langer-

sehnte Charta an, für die Herzl gekämpft hatte. Diese Deklaration war deshalb so wichtig, weil die
65 Briten im Falle eines Sieges der Alliierten im Ersten Weltkrieg als Führungsmacht gute Aussichten hatten von den osmanischen Türken die Kontrolle über das Land Israel zu übernehmen. [...]

Die Wortwahl der Deklaration war zweideutig.
70 Sie enthielt keinerlei Zusage zu irgendeinem konkreten Vorgehen. Dagegen enthielt sie die Verpflichtung, die Rechte der nichtjüdischen Einwohner des Landes nicht zu verletzen – eine Verpflichtung, die jeden konkreten Schritt zur
75 Errichtung einer nationalen Heimstätte für Juden zunichtemachen konnte. Des Weiteren war das Gebiet, auf das sich diese jüdische Heimstätte erstrecken sollte, nicht festgelegt, es hieß nur, es werde im Lande Israel liegen, also nicht im
80 gesamten Gebiet, sondern eher in einem Teil davon.

Quelle: Adwan; Bar-On; Musallam; Naveh: Einleitung, in: Peace Research Institute in the Middle East/Berghof Conflict Research (Hg.): Das Historische Narrativ des Anderen kennen lernen, 2009, S. 9–11.

Lord James Balfour (1848–1930)

Lionel Walter Rothschild (1868–1937)

Chaim Weizmann (1874–1952)

## M 4    Palästinensisches Narrativ zur Balfour-Deklaration

1 [Das] Bündnis des britischen Imperialismus mit dem Zionismus führte schließlich zur sogenannten Balfour-Deklaration (2. November 1917). Diese ist ein Musterbeispiel für die britische
5 Politik, sich das Land und die Ressourcen einer anderen Nation anzueignen und deren Identität auszulöschen. Eine Politik, die auf Aggression und Gebietszuwachs basierte und ein ganzes Volk daran hinderte, seine nationale Unabhängigkeit
10 zu erlangen. Für die Palästinenser war das Jahr 1917 nur das erste in einer langen Reihe von Jahren – 1920, 1921, 1929, 1936, 1948, 1967, 2002 – die von Tragödien, Krieg, Unglück, Tod, Zerstörung, Verlust der Heimat und Katastrophen geprägt
15 waren. [...]

Die Balfour-Deklaration gilt als politischer Teilsieg der zionistischen Bewegung. Verlierer waren die Araber und Muslime, denen das Heilige Land 35 ursprünglich gehörte. [...]

20 Mit der Geschichte der Balfour-Deklaration vom 2. November 1917 wurde in der Geschichte des arabischen Ostens eine neue Seite aufgeschlagen. Die Deklaration diente nun als Hauptargument 40 für das britische Mandat über Palästina und war 25 Ausgangspunkt für alle späteren Ereignisse im Zusammenhang mit dem Land. Großbritannien bezog sich zur Rechtfertigung seiner Palästinapolitik auf die Deklaration und sie wirkte sich nachhaltig auf das Geschehen in Palästina und 45 30 in der gesamten Region aus. Das unheilige Band zwischen Großbritannien und der zionistischen Bewegung führte dazu, dass der britische Außen-

minister Arthur Balfour, ein eifriger Verfechter der zionistischen Interessen, [s]einen Brief an den bekannten jüdischen Philanthropen Baron Edmond de Rothschild schrieb [...].

Großbritannien sprach darin ein Land, das ihm nicht gehörte (Palästina), einer Gruppe zu, der es nicht zustand (den Zionisten). Und zwar auf Kosten derer, die das Land besaßen und ein Anrecht darauf hatten, nämlich des palästinensisch-arabischen Volkes, das mehr als 90 % der Bevölkerung bildete. Dies führte dazu, dass ein Land widerrechtlich enteignet und ein ganzes Volk in beispielloser Weise seiner Heimat beraubt wurde. Bemerkenswert ist auch, dass Großbritannien dieses Verbrechen beging, noch bevor seine Armeen Jerusalem erreicht hatten.

Quelle: Adwan; Bar-On; Musallam; Naveh: Einleitung, in: Peace Research Institute in the Middle East/Berghof Conflict Research (Hg.): Das Historische Narrativ des Anderen kennen lernen, 2009, S. 8–13.

**3.**

3.1 Verschaffen Sie sich zunächst einen Überblick über die Topografie und den religiösen Symbolwert Jerusalems. Nutzen Sie hierzu u. a. das gegebene Karten- und Bildmaterial (vgl. M 5).

3.2 Erarbeiten Sie dann in Gruppen die unterschiedlichen Narrative zum Streitpunkt Jerusalem (vgl. M 6, M 7). Stellen Sie sich diese gegenseitig vor.

3.3 Untersuchen Sie beide Narrative auf Gemeinsamkeiten und Unterschiede.

Streitpunkte gibt es im israelisch-palästinensischen Konflikt viele, so herrscht z. B. Uneinigkeit darüber, wem das „heilige Land" gehört, wie die vorhandenen Ressourcen verteilt werden, wer mit welchen Rechten wo leben darf, wo die Grenzen verlaufen oder wie mit den Flüchtlingen früherer Kriege zu verfahren ist. Eine besondere Position innerhalb des Konflikts nimmt die Stadt Jerusalem ein: Beide – Israelis und Palästinenser – beanspruchen Jerusalem heute als „ihre" Hauptstadt. Der West-

teil beherbergt die Knesset (das israelische Parlament), den Supreme Court und wichtige Ministerien des israelischen Staates. Der Ostteil befand sich zwischen 1949 und 1967 unter jordanischer Hoheit; seit 1967 übt Israel auch hier die Kontrolle aus. Die Stadt Jerusalem, eine der ältesten überhaupt, und hier besonders die im Ostteil gelegene Altstadt gilt drei Weltreligionen als heilig: dem Judentum, dem Christentum und dem Islam.

**M 5**    Jerusalem und die Jerusalemer Altstadt

Blick vom Ölberg auf den Tempelberg mit Felsendom, Al-Aksa-Moschee, dahinter Via Dolorosa, die Klagemauer und die Silhouette von West-Jerusalem, im Vordergrund ein jüdischer Friedhof, dahinter (am Fuße des Tempelberges) ein islamischer Friedhof – heilige Stätten dreier Weltreligionen auf engstem Raum.

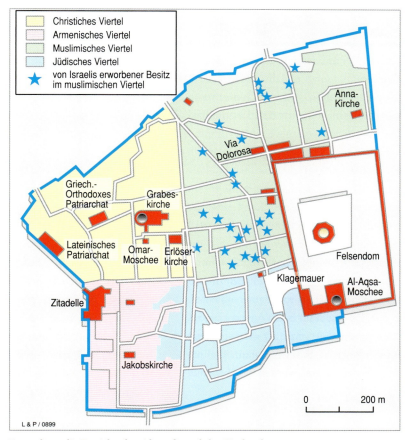

Jerusalem: die Bezirke der Altstadt und das Umland.

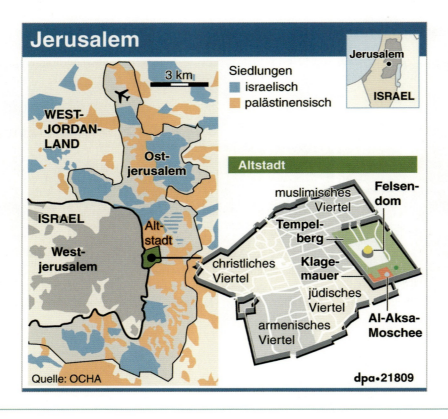

Gad Lior, ein in Jerusalem geborener jüdischer Journalist, dessen Eltern 1939 vor den Nationalsozia-

listen aus Deutschland geflohen sind, schreibt über
die jüdisch-israelische Sicht auf Jerusalem wie folgt:

## Streitpunkt Jerusalem – eine israelische Perspektive      M 6

1 Wenn man so will, ist dies die Geschichte der
Stadt Jerusalem. Einer offiziell nur zwischen 1948
und 1967 geteilten Stadt, die aber auch nach ihrer
Wiedervereinigung in mancher Hinsicht noch
5 immer zwischen zwei Völkern geteilt ist, die sie
beide als ihre Hauptstadt beanspruchen: das jüdische Volk, das [...] den Staat Israel errichtete, und
das palästinensische Volk, das [...] verlangt Jerusalem, diese historische Stadt möge zur Haupt-
10 stadt seines eigenen Staates werden. [...]

Es besteht einige Ähnlichkeit zwischen Berlin, der
Stadt, aus der meine Eltern 1939 flohen, und Jerusalem, der Stadt, in der ich wie meine Schwester
geboren wurde und in der ich seit 65 Jahren lebe.

15 Berlin wurde nach dem Ende des Zweiten Welt-
krieges in zwei Teile gerissen. Und 1961 wurde –
genau wie in ihrer „Schwester" Jerusalem – im
Herzen der Stadt eine hohe Mauer errichtet, ge-
säumt von „Niemandsland". Bis zur Überwindung
20 der Teilung Berlins im November 1989 sollten 28
Jahre vergehen, während Jerusalem nur 19 Jahre
geteilt blieb. [...] Ich liebe Jerusalem. Für meinen
Geschmack und nach Meinung vieler ist sie eine
der schönsten und außergewöhnlichsten Städte
25 auf der Welt, ganz sicher aber die frommste von
allen. Im babylonischen Talmud heißt es: „Zehn
Maß Schönheit kamen auf die Erde herab. Jerusalem bekam davon neun Maß, die übrige Welt eins.
Du findest keine Schönheit, welche der Jerusalems

30 vergleichbar ist." Kein Zweifel, es sind die Heiligkeit dieser Stadt und ihre besondere Schönheit, derentwegen beide Völker ihre Hauptstadt dort haben wollen. Doch während Jerusalem im Tanach, der hebräischen Bibel, mit den unterschied-
35 lichsten Namen nicht weniger als siebenhundert Mal erwähnt wird, findet sich die Stadt im Koran nicht ein einziges Mal namentlich genannt. [...] Insgesamt 72 verschiedene Namen werden Jerusalem im Tanach zugeschrieben: Jerusalem, Efrata,
40 Ariel, Armon, Bamot, Bashan, Hügel der Boswellia, Gola, Gilad, Garten Gottes, Hoher Berg, Berg der Myrrhe, Berg Moed, Berg der Heiligkeit, Berg der Höhe Israels, Chefziba, Nabel des Landes, Jebus, Yafe Nof, Braut, Vollkommene Schönheit, Stuhl
45 Gottes, Turm der Herde, [...], Stadt Davids, Eden, Stadt Gottes, nimmer verlassene Stadt, Zion, [...], um nur einige zu nennen.

Zurzeit, [...], hat es den Anschein, als sei der Status von Jerusalem das Hauptproblem für jeden
50 Friedensschluss. Soll Jerusalem nur die Hauptstadt des jüdischen Volkes sein? Oder eine zwischen beiden Völkern geteilte Hauptstadt? Die Möglichkeit, Jerusalem könnte allein zur Hauptstadt Palästinas werden, existiert nicht.

55 Jerusalem wird, wie gesagt im Koran nicht ein einziges Mal erwähnt. Auch in jenen Jahren, als Israel noch nicht die Kontrolle über den Ostteil der Stadt hatte, wurde dieser nicht zur Hauptstadt des palästinensischen Volkes erklärt. Aus einem
60 einfachen Grund: Die Existenz eines palästinensischen Volkes wurde zum damaligen Zeitpunkt noch nicht propagiert, obschon Muslime seit der Gründung des Islam im Jahre 632 durch den Propheten Muhammad ibn Abdallah (Mohammed) im
65 Lande Israel gelebt hatten. Juden gab es in Jerusalem bereits im ersten Jahrtausend vor der christlichen Zeitrechnung. Die Stadt wurde damals zur Hauptstadt des vereinigten Königreiches Israel und später zu der des Königreiches Juda. [...] Ich

70 bin als jüdischer Israeli, wie sehr viele meiner Landsleute, selbstverständlich der Meinung, dass Jerusalem auf immer die Hauptstadt des jüdischen Volkes und des Staates Israel sein wird. Doch andererseits fällt es schwer, die Tatsache zu ignorie-
75 ren, dass in dieser Stadt seit nunmehr 1400 Jahren auch Muslime leben und dass heutzutage rund ein Drittel ihrer 900.000 Einwohnerinnen und Einwohner keine Juden sind. Ist es also vorstellbar, die Stadt von neuem zu teilen? Die Antwort eines
80 jeden Israelis, ganz gleich ob politisch links oder rechts stehend, lautet unisono: entschieden nein! Und doch gibt es nicht wenige Israelis, die zu einem Kompromiss bereit wären, der vielleicht so aussehen könnte, dass es einen jüdischen Bür-
85 germeister für den Westteil und einen arabischen für den Ostteil der Stadt gibt. [...]

Die Juden haben nur einen einzigen Staat auf der Welt – Israel. Die Muslime dagegen haben 22 Staaten. Die Juden haben nur eine einzige hei-
90 lige Stadt, die Muslime aber deren drei, zählt man neben Mekka und Medina auch Jerusalem hinzu. Und Juden lebten in Jerusalem über 1600 Jahre, bevor der Islam das Licht der Welt erblickte. All jene Staaten, die sich seit Jahren und Jahrzehnten
95 weigern, Jerusalem als Hauptstadt des jüdischen Staates Israel anzuerkennen, existierten noch nicht einmal, als Jerusalem vor mehr als 3300 Jahren bereits das Zentrum des jüdischen Landes war. Und die Hauptstädte dieser heutigen Staa-
100 ten waren damals Sumpfland, Wälder und unbehauste Berge. Verwahren sich zum Beispiel Länder wie Frankreich, in denen es heute eine große muslimische Minderheit gibt, dagegen Jerusalem zur Hauptstadt des jüdischen Volkes zu erklären,
105 nur aus Furcht vor den Muslimen im eigenen Land oder weil es heute – nachdem sechs Millionen Juden im Holocaust ermordet wurden – nur mehr etwa 15 Millionen Juden auf der Welt gibt, während gleichzeitig jeder vierte Mensch auf der
110 Welt Muslim ist?

Quelle: Lior: Hauptstadt Jerusalem, in: APuZ: Jerusalem, 68. Jg., 15–16/2018, 09.04.2018, S. 32–37, abgerufen unter: www.bpb.de/apuz/267342/hauptstadt-jerusalem-eine-israelische-perspektive?p=all [16.06.2020].

Die Klagemauer (engl. „Western Wall") in der Jerusalemer Altstadt

Rami Nasrallah, ein in Jerusalem geborener, pro-
movierter palästinensischer Stadtplaner, schreibt

das Folgende über die palästinensische Sicht auf
Jerusalem:

### Streitpunkt Jerusalem – eine palästinensische Perspektive     M 7

1 Als politisch umkämpfte Stadt ist Jerusalem ein
Spiegelbild des komplexen palästinensisch-israe-
lischen Konfliktes. Obwohl sie seit dem Krieg von
1967 von einer einzigen kommunalen Regierung
5 verwaltet wird, bleibt die Stadt räumlich geteilt:
Während die Altstadt und die Ost-Jerusalemer
Viertel überwiegend palästinensisch sind, sind
der Westteil und die jüdischen Siedlungen in Ost-
Jerusalem israelisch. Die räumlichen Trennungen
10 sind in Jerusalem deutlich sichtbar und hörbar.
Architektonische Gestaltung, Sprache, Kleidung
sowie die Regelung und Bereitstellung kommerzieller und kommunaler Dienstleistungen sind
nur einige der Merkmale, die die Grenzen mar-
15 kieren und die Teilung der beiden nationalen
Gruppen, Palästinenser und Israelis, vertiefen.
Diese Merkmale zeigen nicht nur die Trennungen der Stadt an sich, sondern künden auch von
diversen politischen, religiösen, kulturellen und
20 psychosozialen Unterschieden ihrer Bewohnerinnen und Bewohner. [...]

Am 28. Juni 1967 verabschiedete die Knesset ein
Gesetz, mit dem die israelische Gesetzgebung,
Rechtsprechung und Zivilverwaltung formell auf
25 70 Quadratkilometer des arabischen Ost-Jerusalems sowie 28 Quadratkilometer umliegender

Dörfer im Westjordanland ausgeweitet wurden.
Die neuen Grenzen bescherten der Stadt an ihren
nördlichen, östlichen und südlichen Randbereichen
30 einen breiten Streifen zumeist unbewohnten Landes. Auf diesem sollten im Verlauf der folgenden
50 Jahre großflächige Siedlungsringe gebaut werden [...]. Das israelische Innenministerium erließ
eine Verordnung, durch die der jordanische Ge-
35 meinderat aufgelöst und die Gerichtsbarkeit der eigenen Stadtverwaltung auf das gesamte – also auch
das besetzte – Stadtgebiet ausgedehnt wurde. [...]
Zudem gab es eine Volkszählung, nach der Palästinenser den Status ständiger Residenten des
40 Staates Israel erhielten; arabische Jerusalemer,
die im Ausland arbeiteten oder wohnten – etwa
die vielen Palästinenser, die seit den 1950er Jahren in den Golfstaaten arbeiteten – wurden als
Abwesende eingestuft und hatten kein Recht auf
45 Rückkehr in ihre Stadt. Über diese formalen poli-
tisch-rechtlichen Handlungen hinaus setzte Israel
eine Reihe von Entwicklungen in Gang, die darauf abzielten, vollendete Tatsachen zu schaffen.
Mit großer Geschwindigkeit und Energie wurde
50 eine zweigleisige Strategie umgesetzt: Zum einen
wurde zum Aufbau einer starken jüdischen Präsenz in ganz Ost-Jerusalem ein umfangreiches jüdisches Siedlungsprogramm jenseits der vor 1967

geltenden Grenzlinie („Grüne Linie") auf den Weg
55 gebracht. Zum anderen bemühten sich die israelischen Behörden, die jüdische demografische
Mehrheit zu bewahren – und wenn möglich sogar
zu vergrößern –, indem sie Juden dazu ermutig-
ten, sich in Jerusalem niederzulassen. Gleichzeitig
60 wurden die arabischen Migrationsbewegungen
nach Ost-Jerusalem eingeschränkt. [...]

Seit 1967 wurden mehr als 30 Quadratkilometer palästinensischen Landes in Ost-Jerusalem
(34 Prozent der Fläche) für den Bau jüdischer
65 Siedlungen konfisziert; in den zwölf Siedlungen,
die seither entstanden sind, leben inzwischen
über 200.000 Menschen. [...] Darüber hinaus wurden rund 31 Quadratkilometer Fläche aus palästinensischem Privatbesitz mittels Bebauungsplänen
70 als „freies öffentliches Land" oder „Grünflächen"
ausgewiesen. In der Folge machen palästinensische Viertel – bebaute Gebiete und für zukünftige Bebauung verfügbare Fläche – nur noch etwa
14 Prozent von Ost-Jerusalem aus. [...]
75 Die israelische Stadtplanung ist ein wichtiges
Instrument, um die politische Agenda der territorialen Vorherrschaft in Jerusalem voranzutreiben: zur Förderung eines exklusiv jüdischen
Charakters der Stadt, zur Ermöglichung jüdi-
80 scher Landbeteiligungen, zur Bewahrung der
jüdischen Mehrheit sowie zur Zersplitterung des
palästinensischen Raumes und Beschränkung seiner Entwicklung. So werden die offenen Flächen
in Ost-Jerusalem, die eigentlich ein wesentlicher
85 Bestandteil der Stadtplanung sein sollten, um auf
die Bedürfnisse der dort lebenden arabischen Bevölkerung einzugehen, regelmäßig in den Dienst
anderweitiger geopolitischer und nationaler Ziele
gestellt. Insgesamt sind etwa 35 Prozent der Ost-
90 Jerusalemer Fläche als „Grünflächen" ausgewiesen, auf denen jede Bautätigkeit untersagt ist.
Auch die Einrichtung öffentlicher Spielplätze
oder Grünanlagen ist dort nicht gestattet; die darauf stehenden Häuser sind allesamt vom Abriss
95 bedroht. Dabei sind diese Flächen, soweit es Palästinenser betrifft, fast das einzige Land, das ihrer

Entwicklung dienen könnte. In den meisten Fällen
handelt es sich um brachliegenden, sehr steinigen
und landwirtschaftlich nicht nutzbaren Grund.
100 Die israelische Stadtverwaltung hat sich nie aktiv
um diese Gebiete gekümmert und weder für eine
Grunderhaltung noch für eine Grundinstandhal-
tung gesorgt, etwa durch Maßnahmen zur Rei-
nigung, zur Sanierung landwirtschaftlicher Ter-
105 rassen oder zur Verhinderung des Abladens von
Bauschutt.

Während die „Grünflächen" um bebautes palästinensisches Gebiet somit für zukünftige Entwicklungen nicht zur Verfügung stehen, werden die
110 Flächen um die jüdischen Siedlungen als Freiflächen ausgewiesen, was diesen eine veränderte
Landnutzung ermöglicht. [...] In einem neutralen
Planungssystem dienen derartige Regelungen
dazu, die urbanen Freiflächen und die Begrünung
115 zu schützen. Im Falle Ost-Jerusalems jedoch sind
sie dazu bestimmt, Wachstum und Entwicklung
der palästinensischen Seite einzuschränken und
die israelischen Siedlungen zu „schützen". Die
israelischen Siedlungen wiederum bilden einen
120 Ring um die Stadt, mit de[m] die geografische und
demografische Kontinuität der palästinensischen
Gebiete unterbrochen wird. [...]

Als die israelische Regierung im Juni 2002 beschloss, eine Sperranlage zum Westjordanland
125 zu errichten, war das Sicherheitsargument nicht
der einzige Grund hierfür: Bei der Planung des
Verlaufs der Anlage, die tief in die besetzten Gebiete hineinreicht, wurde eine De-facto-Annexion
sämtlicher größerer Siedlungsblöcke erwogen.
130 [...] Der Bau der Mauer durch Jerusalem hat dra-
matische Folgen für die Stadt und ihr Umland; er
ist die wichtigste Veränderung seit der Besetzung
Jerusalems 1967. Die Sperranlage wirkt sich nicht
nur auf die Grenzen der Stadt und des gesamten
135 Ballungsraumes aus, sondern hat vor allem ein-
schneidende Konsequenzen für die Mobilität und
Wohnsituation der palästinensischen Bevölkerung. Darüber hinaus eliminiert sie die zentrale

Bedeutung, die die Stadt zuvor für alle Palästi-
140 nenser einnahm. Die Mauer trennt rund 60.000
palästinensische Jerusalemer, die innerhalb der
Stadtgrenzen leben, vom Zentrum der Stadt –
und damit auch von den dort angebotenen lebensnotwendigen öffentlichen und individuellen
145 Dienstleistungen. Aber auch die Anbindung der
Stadt und ihrer Vororte zum Hinterland ist damit
unterbrochen [...]. [...]

Nach fünf Jahrzehnten der Versuche, israelische
Hoheitsgewalt auf palästinensischem Boden zu
150 erzwingen, werden palästinensische Jerusalemer
ihre nationalen Bestrebungen nicht aufgeben –
schon gar nicht, wenn die angebotene Alternative institutionalisierte Diskriminierung ist. Aus
pragmatischen Erwägungen heraus verschieben
155 sich mit den Umständen natürlich auch die Prioritäten: Selbstverständlich ist den Ost-Jerusalemer

Palästinensern daran gelegen, ihre Präsenz in Jerusalem beizubehalten und sich weder physisch
noch administrativ aus ihrer Stadt vertreiben
160 zu lassen. Ihre oberste Priorität liegt aber darin,
ihren Wohnsitz als Privatperson zu bewahren.
Dies macht sie jedoch nicht zu Israelis, und die
große Mehrheit der arabischen Ost-Jerusalemer
lehnt die israelische Staatsbürgerschaft nach wie
165 vor ab.

Zugleich unterminiert die von Israel seit 1967
aufgezwungene Realität die Perspektive, dass
Ost-Jerusalem jemals wieder zum palästinensischen Zentrum werden könnte, und nimmt der
170 Stadt fast gänzlich das Potenzial, in Zukunft als
Hauptstadt eines palästinensischen Staates fun-
gieren zu können. Diese Wirklichkeit wirft die
Frage auf, ob ein Friedensschluss überhaupt noch
möglich ist.

Ein Teil der Sperranlagen in Ost-Jerusalem

Ein Bauvorhaben im Gebiet der Palästinenser

Quelle: Nasrallah: Hauptstadt Jerusalem, in: APuZ: Jerusalem, 68. Jg., 15–16/2018, 09.04.2018,
S. 38–42, abgerufen unter: www.bpb.de/apuz/267344/hauptstadt-jerusalem-
eine-palaestinensische-perspektive?p=all [16.06.2020].

**4.** Erarbeiten Sie die Kernaussagen Inge Günthers zur aktuellen rechtlichen Situation der Bewohnerinnen und Bewohner Jerusalems, der (gemeinsam) gelebten Wirklichkeit und der Bewertung dieser Situation.

Die folgende Schilderung der von ihr beobachteten Alltagswirklichkeit in Jerusalem stammt von Inge Günther, einer freien Journalistin, die bis Ende 2017 für mehrere deutsche Zeitungen als Nahost-Korrespondentin aus Jerusalem berichtete.

## M 8    Großstädtische Realitäten: Wer hat das Sagen in Jerusalem?

1 Politischer Anspruch und Alltagswirklichkeit klaffen in Jerusalem weit auseinander. In Festtagsreden sprechen israelische Politiker gerne von der „ewig vereinten jüdischen Kapitale". Ein
5 1980 von der Knesset verabschiedetes Grundgesetz definiert Jerusalem ohne Abstriche als Israels Hauptstadt, also einschließlich des annektierten Ostteils. Tatsächlich sind die arabischen Viertel für die meisten Israelis *terra incognita*, unbekann-
10 tes Gebiet, in das sie schon wegen Sicherheitsbedenken selten einen Fuß setzen.

Die Palästinenser wiederum erheben Anspruch auf Ost-Jerusalem als ihre Hauptstadt. Die Vereinten Nationen stehen dabei mehrheitlich hinter
15 ihnen. Die israelische Annexion hat der Weltsicherheitsrat 1980 in der Resolution 478 für null und nichtig befunden, woraufhin die 16 ausländischen Botschaften, die es bis dahin in Jerusalem gab, nach Tel Aviv zogen. Die Entscheidung
20 des US-Präsidenten Donald Trump, die Botschaft seines Landes im Mai 2018 in umgekehrte Richtung zu verlegen, hat die Ost-Jerusalemer zwar in helle Empörung versetzt – aber nicht wenige Palästinenser haben ihre Kompromisse mit Is-
25 rael gemacht, das bessere Arbeitsplätze und eine Sozialversicherung zu bieten hat. Dennoch ist es mit der Wiedervereinigung Jerusalems nicht allzu weit her. Real besehen leben Israelis und Paläs-

tinenser in Parallelwelten; weder politisch noch
30 rechtlich sind sie gleichgestellt. [...]

Während die Israelis – rund 60 Prozent der 865.000 Stadtbewohner –, selbstredend volle Staatsbürger sind, genießen die Palästinenser aus dem Ostteil – also immerhin knapp 40 Prozent –,
35 nur ein Residenzrecht, das widerrufen werden kann. Was vor über 50 Jahren von Israels Regierung als Provisorium gedacht war, hat sich zum Dauerzustand entwickelt, mit weitreichenden Folgen für das Zusammenleben. [...]
40 Zwar ist es den arabischen Bewohnern Ost-Jerusalems gemäß Artikel 5 des israelischen Nationalitätsgesetzes von 1952 unter gewissen Bedingungen möglich, die israelische Staatsbürgerschaft anzunehmen, [...] jedoch haben bis heute nur
45 etwa 20.000 (rund sechs Prozent) einen entsprechenden Antrag gestellt. [...]
Das Residenzrecht entpuppte mit den Jahren freilich seine Tücken. Volle Bürgerrechte wie das Wahlrecht zur Knesset sind für die palästinen-
50 sischen Bewohner Ost-Jerusalems damit nicht verbunden. Als „ständige Residenten" dürfen sie zwar an Kommunalwahlen teilnehmen, was sie aber in der Regel nicht tun, damit ihnen keiner vorwerfen kann, sie hätten sich mit der israe-
55 lischen Besatzung abgefunden. Die Folge: Der Stadtrat muss auf ihre Stimmen nicht zählen und

sich um ihre Belange wenig kümmern. So fließt nur etwa ein Zehntel des städtischen Budgets in die palästinensischen Viertel, [...] die Lebens-

60 qualität im jüdischen Westteil und im arabischen Ostteil klafft weit auseinander. Erkennen lässt sich das bereits am Gefälle der Infrastruktur. In den arabischen Vierteln quellen die Abfallcontainer über, weil die Müllabfuhr zu selten kommt.

65 Viele Straßen sind kaputt. Post wird so gut wie gar nicht ausgetragen. Einige Gebiete haben nicht mal ein Abwassersystem. Auch mangelt es im Gegensatz zu West-Jerusalem an Parks und Spielplätzen. Die städtischen Schulen für palästinensische Kin-

70 der sind, von ein paar Vorzeigeeinrichtungen abgesehen, heruntergekommen, vielerorts fehlt es an Klassenzimmern. „Wir können keine Loblieder auf das vereinte Jerusalem singen", dämpfte auch Israels Staatspräsident Reuven Rivlin die Jubelstim-

75 mung anlässlich des 50. Jahrestages der Wiedervereinigung Jerusalems im Mai 2017, „solange der Ostteil das ärmste urbane Gebiet in Israel ist". [...]

Dennoch sind Palästinenser in Ost-Jerusalem im Vergleich zu jenen im Westjordanland besser-

80 gestellt. Wer als Resident eine „blaue ID", eine israelische Identitätskarte besitzt, hat Anspruch auf die Kupat Cholim, die staatliche Krankenversicherung, sowie auf das Kindergeld. Zudem brauchen palästinensische Stadtbewohner, anders

85 als ihre Verwandten aus den besetzten Gebieten keine Sondererlaubnis, um sich innerhalb Israels frei zu bewegen. Dies ist vor allem ein Vorteil bei der Jobsuche. Ob in Jerusalemer Hotels und Restaurantküchen, im Straßenbau, in Kfz-Werkstät-

90 ten, auf dem Mahane Yehuda Markt oder auch bei der Busgesellschaft Egged: Überall sind Araber beschäftigt. Fielen die rund 35.000 Arbeitskräfte aus dem Ostteil plötzlich aus, wäre West-Jerusalem praktisch lahmgelegt. Aber da letztlich beide

95 Seiten profitieren – die gezahlten Löhne sind für die israelischen Betriebe recht günstig, und für die palästinensischen Arbeitnehmer bedeuten sie

zumindest ein geregeltes Einkommen –, bleibt der politische Konflikt in diesem Verhältnis für ge-

100 wöhnlich außen vor.

Allerdings kann Israel das Residenzrecht auch wieder entziehen, zum Beispiel wenn Palästinensern Nachweise fehlen, dass Jerusalem ihr Lebensmittelpunkt ist. Wer sieben Jahre im Ausland gearbei-

105 tet hat oder den billigeren Mieten halber jenseits der Stadtgrenzen wohnt, verwirkt seinen Status als Resident. Auch ein Zweitpass ist ein Risiko, denn nach israelischer Auslegung können Palästinenser mit einem Zweitpass genauso gut woanders leben.

110 Dass ihre Familien womöglich seit Generationen zu den alteingesessenen Jerusalemern gehören, zählt nicht. Von israelischen Staatsbürgern verlangt das Innenministerium keine Belege, dass ihr Lebensmittelpunkt Jerusalem ist. [...]

115 In der Praxis nutzt Israel den Residenzrechtsentzug bereits seit längerem auch als Strafmaßnahme nach Anschlägen. Als im Herbst 2015 eine palästinensische Gewaltwelle mit Messerattacken und Fahrzeugrammen losbrach, erließ die Regierung

120 von Ministerpräsident Benjamin Netanyahu ein Dekret, Angreifer aus Ost-Jerusalem samt ihrer Familien auszuweisen. Bürgerrechtler kritisierten dies als unzulässige Kollektivstrafe. Insgesamt hat das israelische Innenministerium seit 1967 über

125 14.500 Palästinensern das Residenzrecht aberkannt. In etwa 80 Prozent der Fälle geschah dies nach 1995. [...] Die Betroffenen können dagegen Rechtsmittel einlegen und bis zur Entscheidung der Klage einen temporären Aufenthaltstitel er-

130 halten, vorausgesetzt sie bringen die nötigen Anwaltskosten auf. Umso akribischer werden in palästinensischen Haushalten stapelweise Stromrechnungen und Quittungen über die gezahlte Arnona, die jährliche Stadtsteuer, sowie Schul-

135 zeugnisse der Kinder gesammelt, um ja keine Zweifel daran aufkommen zu lassen, dass ihr Lebensmittelpunkt in Jerusalem ist. [...]

Real besehen hat sich Israels rigider Umgang mit den Arabern in Ost-Jerusalem im Hinblick auf das Ziel, ihre Zahl zu begrenzen, als kontrapro-duktiv entpuppt. 1967 stellten die Palästinenser nur etwa 25 Prozent der Stadtbevölkerung. Ein Anteil von 30 Prozent sollte nicht überschritten werden, empfahl ein Regierungskomitee noch 1973. Inzwischen nähert sich der Anteil der pa-lästinensischen Bewohner der 40-Prozent-Marke (derzeit 37 Prozent). [...] Das liegt nicht allein an ihrer höheren Geburtenrate, die nur von der Ge-burtenrate ultraorthodoxer Jüdinnen übertroffen wird. Gerade weil sie den Verlust ihres Status als Jerusalemer fürchteten, sind viele Palästinenser in die Stadt zurückgezogen. Sie ziehen beengte Wohnverhältnisse in einem winzigen, feuchten Apartment in der Altstadt immer noch einem Dasein im Westjordanland ohne soziale Absiche-rung vor.

Die Tendenz, unbedingt Jerusalemer bleiben zu wollen, hat sich durch die seit 2003 von Israel errichtete Sperranlage verstärkt. Der sechs bis acht Meter hohe Betonwall, der als Reaktion auf zahlreiche Anschläge von Attentätern aus dem Westjordanland gebaut wurde, schneidet nicht nur Ost-Jerusalem vom traditionellen Einzugsge-biet im Westjordanland ab, er verläuft teils mit-ten durch arabische Wohngebiete. Jeder vierte Palästinenser wohnt nun hinter der Mauer, von wo aus man nur über Checkpoints in die Stadt gelangt. Für diese Außenbezirke, die formell noch auf Stadtgebiet liegen, gibt es nicht mal mehr eine minimale kommunale Versorgung. Abgeschnitten vom Hinterland, mit dem Ost-Jerusalem früher engen Handel betrieb, hat sich aber auch die soziale Lage in Vierteln innerhalb der Mauer verschlechtert. Arbeitslosigkeit, Drogen- und Eigentumsdelikte sind entsprechend gestiegen. Offiziellen Zahlen zufolge [...] fallen 77 Prozent der palästinensischen Familien und sogar 83 Pro-zent ihrer Kinder unter die Armutsgrenze. [...] Zum Vergleich: Die Armutsrate unter israelischen Kindern liegt bei 21 Prozent.

Tatsächlich ist Jerusalem nicht nur die größte, sondern auch die einkommensschwächste Stadt Israels. Das liegt nicht zuletzt an der wachsenden Zahl ultraorthodoxer Juden, zu denen sich nach Angaben des zentralen israelischen Statistikbü-ros 36 Prozent der jüdischen Stadtbevölkerung rechnen. Von den Männern der strengfrommen Haredim – die hebräische Bezeichnung der schlä-fengelockten Gottesfürchtigen – geht nur etwa jeder zweite einer geregelten Arbeit nach. Die andere Hälfte widmet sich dem Torah-Studium in den Yeshivot, den Religionsschulen, und lebt von Sozialhilfe.

Gesunken ist indessen der säkulare Anteil an der jüdischen Bevölkerung. Aber nicht nur junge, moderne Israelis haben in den vergangenen Jah-ren Jerusalem vermehrt den Rücken gekehrt. Auch viele Familien, die einen traditionell-religiö-sen, aber nicht strikt frommen Lebensstil pflegen, zieht es weg, weil ihnen West-Jerusalem zu teuer geworden ist. Einer Studie [...] zufolge leidet die Stadt seit Jahren an einem negativen Wachstum von fast zehn Prozent. Die Zahl der jährlich Weg-ziehenden übertrifft die Zahl der Zuziehenden um etwa 7000.

Quelle: Günther: Munizipale Realitäten: Wer hat das Sagen in Jerusalem?, in: APuZ: Jerusalem, 68. Jg., 15–16/2018, 09.04.2018, S. 43–47, abgerufen unter: www.bpb.de/apuz/267346/munizipale-realitaeten-wer-hat-das-sagen-in-jerusalem?p=all [16.06.2020].

Der Felsendom durch das Fenster der
Kirche Dominus Flevit

Via Dolorosa (der Kreuzweg)

Eine kameraüberwachte Altstadtgasse

Einige angebotene Waren: Dornenkrone und Kippa

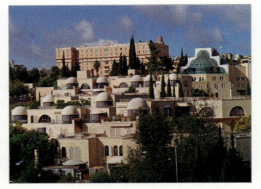

Wohnviertel in West-Jerusalem: hohe Preise und dichte Bebauung

# DAS WICHTIGSTE IN KÜRZE

## Narrative im Allgemeinen

Als Narrative im wissenschaftlichen Sinne gelten Erzähl- und Deutungsmuster, in denen wir Menschen unsere Sicht auf die Welt, bestimmte Ereignisse, Personen, Gruppen usw. schildern. Wir „erzählen (aus lat. narrare) die Welt", um sie zu verstehen, um sie uns oder anderen zu erklären. Die Worte, die wir dabei verwenden, beschreiben nicht nur die innere und äußere Wirklichkeit, sie schaffen und gestalten diese auch aktiv mit: Wir betonen, wir gewichten, wir werten und verknüpfen; wir setzen in Beziehung, wir beziehen mit ein und wir lassen aus.

In der Geschichtswissenschaft sind Narrative bedeutsam, da sie Vergangenheit und Gegenwart einem interpretatorischen Muster unterordnen, das Orientierung für künftiges Handeln ermöglichen soll: Wir deuten die Vergangenheit, um in der Gegenwart für die (eigene) Zukunft (besser) planen zu können.

In der Konfliktforschung sind Narrative bedeutsam, da sie Perspektiven eröffnen, Rollen zuweisen, Motive verdeutlichen: Sie sollen und wollen Deutungshoheit ermöglichen. Narrative erklären nicht nur den Konflikt, sie sind selbst ein Teil der Auseinandersetzung. Sie sind Legitimierungsstrategie und Herrschaftstechnik gleichermaßen.

## Narrative im Nahostkonflikt

Auch im israelisch-palästinensischen Konflikt, gibt es solche Erzähl- und Deutungsmuster: Beide Konfliktparteien, Israelis und Palästinenser, haben jeweils eigene Narrative ausgebildet. Diese weisen sowohl Gemeinsamkeiten als auch Unterschiede auf.

## Das jüdisch-israelische Narrativ

Das jüdische Narrativ betont u. a. die zeitliche Komponente sehr stark. Es verweist auf die lange, genauer gesagt die längere Tradition jüdischen Lebens im Lande (Eretz) Israel. Als Zeugen ruft es die Bibel, alte jüdische Überlieferungen wie den Talmud oder aber die Texte des jüdisch-römischen Geschichtsschreibers Flavius Josephus auf. Als Beleg für den Wahrheitsgehalt dieser Aussagen dienen dabei u. a. Ausgrabungsprojekte und Funde der sogenannten Bibelarchäologie. Durch Verknüpfung dieser Bestandteile – der Texte, der Fundorte und der Artefakte – wird der Anspruch untermauert, als „auserwähltes Volk Gottes" die „älteren Rechte" im Lande Israel zu haben; einem Land, das nach jüdischer Lesart dem „Volk Gottes" vom Gott der Juden selbst zugewiesen wurde. Neben der zeitlichen – findet sich also auch eine religiöse Komponente – und neben dieser wiederum eine nationale. Diese weist der jüdischen Identität neben der Religions- auch eine Staatsangehörigkeit zu. In den Anfängen der zionistischen Bewegung im 19. Jahrhundert handelte es sich dabei noch um ein utopisches Konstrukt, eine durch die Vergangenheit legitimierte, auf die Zukunft gerichtete Idee zur Überwindung aktueller Probleme. Das Staatsvolk musste sich erst auf dem Staatsgebiet formieren, um die nationale Identität zu leben. Dieser Missstand selbst galt unter religiösen Gesichtspunkten als Beleg für den Willen Gottes, die zu überwindende jüdische Diaspora als Strafe Gottes für die Verfehlungen seines Volkes. Es folgte die Phase der (Wieder-)Besiedelung Palästinas, die als Pioniertätigkeit, nicht als Eroberung, erzählt wird: Jüdische Siedler kultivierten das Land, bauten Straßen, Häuser und Städte. Sie mussten den Kampf gegen die Natur sowie gegen äußere Feinde bestehen, um sich

# DAS WICHTIGSTE IN KÜRZE

selbst, ihre Familien und ihre Ideale zu behaupten. Sie wollten ein selbstbestimmtes Leben führen. Mit der Gründung des Staates Israel änderte sich das Narrativ erneut: Die Rolle der Einwanderer wurde mit dem Verweis auf die eigene jüdische Tradition durch die Rolle der Defensoren – also der (Selbst-)Verteidiger – ergänzt. Nun galt es die eigene Identität, die kulturellen und wirtschaftlichen Errungenschaften sowie die Ideen des Westens – Demokratie und Rechtsstaatlichkeit – zu verteidigen. Betont wurde und wird nun die Feindseligkeit der Nachbarn, die Ausgesetztheit und Bedrohtheit der eigenen jüdischen Existenz sowie natürlich das Recht der Selbstverteidigung. Als historische Referenzen gelten die zahlenmäßige Überlegenheit der – überwiegend feindlich gesinnten – muslimischen Nachbarn, vergangene Kriege und der Holocaust. Das jüdische Narrativ steht jedoch spätestens seit 1967 vor einem Dilemma: Betonung der Rechtstaatlichkeit und Demokratie oder Betonung der eigenen, jüdisch-israelischen Identität? Wie umgehen mit den Bewohnerinnen und Bewohnern der besetzten Gebiete?

## Das arabisch-palästinensische Narrativ

Das arabisch-palästinensische Narrativ betont neben der zeitlichen und der religiösen Komponente, also der langen Tradition arabisch-islamischen Lebens in Palästina, vor allem die eigene Opferrolle, die demnach geprägt ist von Ausgrenzung, Diskriminierung, Verdrängung, struktureller und physischer Gewalt. Beschrieben wird oft ein Gefühl der eigenen Ohnmacht, der Wut, Ausweg- oder Perspektivlosigkeit gegenüber den „fremden Invasoren": westlichen „Kreuzfahrern", Kolonialmächten, jüdischen Siedlern. Diese „narrative Selbsterniedrigung" wird u. a. dazu genutzt, die eigene Aggression und Gewaltanwendung als „heldenhaften" Befreiungskampf eines unterdrückten Volkes zu rechtfertigen. Die Geschichte dieses Kampfes wird dabei erzählt als die eines asymmetrischen Kampfes: David gegen Goliath. Doch können Attacken gegen die Zivilbevölkerung so wirklich gerechtfertigt werden? Terroranschläge haben nichts Heldenhaftes; sie produzieren nur Verlierer.

Auch das palästinensische Narrativ steht vor einem Dilemma, und zwar einem doppelten: Terror oder Selbstbefreiung? Betonung westlicher Ideen (nationale Selbstbestimmung, Rechtstaatlichkeit, Demokratie) gegenüber der Betonung einer eigenen, arabisch-islamischen (respektive palästinensischen) Identität?

## Die Gemeinsamkeiten beider Narrative

Beide Narrative haben (erstaunlicherweise) auch Gemeinsamkeiten: Sie sind Metaerzählungen, die abstrakte Begriffe wie Religion, Nationalität, Identität, Heimat, Freiheit, Sicherheit oder Recht mit jeweils spezifischen Inhalten füllen. Sie dienen der Selbstlegitimierung, der Standortbestimmung. Sie weisen innere Widersprüche auf. Sie sind ein Teil des Konflikts selbst – Herrschaftstechnik. Sie erklären soziale Gleichheit und Ungleichheit. Sie reduzieren den politischen, wirtschaftlichen, kulturellen und religiösen Konflikt auf verhältnismäßig einfache Erzählungen.

Über alle Streitpunkte und Unterschiedlichkeiten der Narrative hinweg, zeigt das Beispiel Jerusalem wie verwoben beide, die israelische und die palästinensische Bevölkerung, miteinander sind, wie verflochten ihr Alltag ist, in dem der Konflikt „gemanagt" werden muss, um das eigene, das individuelle Leben erfolgreich bestreiten zu können.

# FESTIGUNG – VERTIEFUNG

## Weitere Herangehensweisen

- Der jüdisch-israelische Journalist Gad Lior vergleicht in M 6 seine Heimatstadt Jerusalem mit dem geteilten Berlin. Diskutieren Sie über die Implikationen dieses Vergleichs.
- Der palästinensische Städteplaner Rami Nasrallah äußert sich in M 7 über die aus seiner Sicht strukturelle Diskriminierung der palästinensischen Bevölkerung Ost-Jerusalems und des West-Jordanlandes durch die Instrumente der jüdisch-israelischen Städteplanung, des Baurechts und der Siedlungspolitik. Recherchieren Sie zu weiteren Aspekten dieses Themas, so z. B. zu den Themenbereichen Strom- und Wasserversorgung.
- Die Händler und Händlerinnen in der Jerusalemer Altstadt verkaufen neben allerlei anderen Waren z. T. auch T-Shirts mit anti-israelischen Motiven. Diskutieren Sie anhand von konkreten Beispielen über deren Bildsprache und Wirkung.

## Vertiefende Aspekte

- Im Juni 2002 entschied die israelische Regierung, eine Sperranlage zum besetzten West-Jordanland zu errichten. Recherchieren Sie zu den Ursachen, Zielsetzungen und Folgen dieser Entscheidung. Diskutieren Sie dann über die Entscheidung selbst.
- Im Mai 2018 entschied US-Präsident Donald Trump, die Botschaft der USA von Tel Aviv nach Jerusalem zu verlegen. Recherchieren Sie zu den Ursachen, Zielsetzungen und Folgen dieser Entscheidung. Diskutieren Sie dann über die Entscheidung selbst.
- Recherchieren Sie gemeinsam zu Internetvideos über den israelisch-palästinensischen Konflikt. Unterziehen Sie die jeweiligen Clips einer kritischen Medienanalyse: Wessen Narrativ wird hier wie und von wem gezeigt?

## Weiterführende Quellen und Hinweise

**H 1** Peace Research Institute in the Middle East/Berghof Conflict Research (Hg.): Das Historische Narrativ des Anderen kennen lernen. Palästinenser und Israelis, März 2003, Deutsche Übersetzung 2009.

**H 2** Bundeszentrale für politische Bildung: Aus Politik und Zeitgeschichte: Jerusalem, 68. Jahrgang, 15–16/2018, 09.04.2018. Dieses Heft der Reihe widmet sich der in vielfacher Hinsicht faszinierenden „heiligen Stadt" Jerusalem. Verschiedene (Autoren-)Texte eröffnen dabei zahlreiche (neue) Perspektiven auf den Nahostkonflikt.

**H 3** Asseburg, Muriel; Busse, Jan: Der Nahostkonflikt – Geschichte, Positionen, Perspektiven, 3. aktual. Auflage, München, C. H. Beck, 2020. Autorin und Autor dieses Taschenbuchs beschreiben anschaulich und fundiert wichtige Streitpunkte des Konflikts wie die Kontrolle über Jerusalem, den Zugang zu Wasser sowie den Grenzverlauf. Sie beziehen sich dabei nicht nur auf die Vergangenheit, sondern auch auf aktuellere politische Konstellationen.

## KAPITEL 4 (LERNBEREICH 3.1)

### 4.4   Nahostkonflikt – Gestaltung und Gefährdung des Friedensprozesses

### Forschungsinteresse und Kompetenzerwerb

Zahlreiche Menschen mehrerer Generationen haben sich seit der ersten Hälfte des 20. Jahrhunderts mit dem Nahostkonflikt beschäftigt. Die Liste der seit über 100 Jahren andauernden Friedensbemühungen ist dabei ebenso lang wie die Liste ihres Scheiterns. In Politik, Wirtschaft, Kultur, Wissenschaft und Sport wurden bisher verschiedenste Versuche zur Befriedung unternommen, doch der Konflikt ist noch immer nicht gelöst. Ja, er scheint heute – mehr denn je – geradezu unlösbar. Aber woran liegt das? Welche zentralen Streitpunkte gibt es? Welche Lösungsansätze? Was kann gelingen? Was eher nicht?

Bei der Bearbeitung dieses Kapitels werden Sie exemplarisch nachvollziehen, dass unterschiedliche Interessenlagen zu einem Dauerkonflikt führen müssen, wenn von den Kontrahenten keine tragfähigen, gemeinsamen Zukunftsvisionen entwickelt werden.

### Vorgehen

„Der Frieden wird über alle seine Feinde triumphieren, denn die Alternative ist für uns alle schlimmer."[1] Ausgehend von diesem Zitat des israelischen Friedensnobelpreisträgers Jitzchak Rabin stellen Sie sich zwei einfache Fragen: Kann Frieden im Nahostkonflikt gelingen? Warum ist er bis heute noch nicht gelungen?

Zur Beantwortung dieser Fragen VERSCHAFFEN Sie SICH zunächst EINEN ERSTEN ÜBERBLICK über wichtige Stationen der Friedensbemühungen der letzten Jahrzehnte, die jeweiligen Akteure und mögliche Gründe ihres Scheiterns. Dann ERARBEITEN Sie exemplarisch einige zentrale Streitpunkte des Konflikts (Wasser, Siedlungsbau, Grenzverlauf, Jerusalem, Flüchtlinge, Sicherheit) sowie die jeweiligen Positionen der Konfliktparteien. Anschließend WIDMEN Sie sich den bisher diskutierten Lösungsansätzen (Ein-, Zwei-, Drei-Staat(en)-Lösung) und ihren jeweiligen Befürworterinnen und Befürwortern. Sie ÜBERLEGEN, ob die verschiedenen Ansätze Ihrer Ansicht nach zentrale Streitfragen lösen können. Danach ANALYSIEREN und DISKUTIEREN Sie aktuellere Entwicklungen und die Rolle der USA. Sie LERNEN dann eine Reihe interessanter Projekte aus den Bereichen Bildung, Wasserversorgung und Friedenswirtschaft KENNEN und BEURTEILEN selbst deren Chancen, zur Befriedung des Konflikts beizutragen. Schließlich DISKUTIEREN Sie über (künftige) Gestaltungs- und Gefährdungsmöglichkeiten des Friedensprozesses. Wer kann hier welchen Beitrag leisten? Welche Probleme gilt es zu lösen? Welche Risiken sind zu minimieren? Kann es Israelis und Palästinensern gelingen, gemeinsame, tragfähige Zukunftsvisionen zu entwickeln?

BEANTWORTEN **Sie nun die oben genannten Fragen und** PRÄSENTIEREN **Sie Ihre Ergebnisse vor der Klasse.**

Als Arbeitshilfe finden Sie im hinteren Teil des Lehrwerks eine Übersicht über verschiedene Methodentechniken. Nutzen Sie diese Möglichkeit.

### Materialauswahl

Die eingangs verwendete Tabelle liefert einen knappen Überblick über wichtige politische Stationen des Friedensprozesses seit Beginn der 1990er-Jahre. Dies ermöglicht eine erste Orientierung und verdeutlicht recht schnell Quantität sowie Qualität der

---

[1]   Rabin: Rede anlässlich der Verleihung des Friedensnobelpreises, Oslo, 10. Dezember 1994, in Englisch abgerufen unter: www.nobelprize.org/prizes/peace/1994/rabin/lecture/ [25.06.2020].

Friedensbemühungen auf internationaler Ebene. Die darauf folgenden Darstellungstexte illustrieren einige zentrale Konfliktbereiche, die eine friedliche Lösung des Nahostkonflikts noch immer erschweren. Daran schließt sich die kurze Gegenüberstellung möglicher Lösungsansätze an. Die aktuelleren Entwicklungen im Konflikt werden mit einer Karikatur knapp und pointiert veranschaulicht. Die dann folgenden längeren Autorentexte bieten schließlich die Möglichkeit, einen ganz unmittelbaren, szenischen Einblick in die Lebenswelt einiger Betroffener zu erhalten. Das abstrakte Thema der Friedensbemühungen wird somit konkret erfahrbar, da es nicht auf der Ebene der „großen Politik", sondern auf der Ebene der zwischenmenschlichen Begegnungen betrachtet wird.

**1.** Verschaffen Sie sich anhand der Tabelle einen Überblick über wichtige Stationen des Friedensprozesses im Nahostkonflikt und überlegen Sie, welche grundlegenden Ursachen immer wieder zum Scheitern führten.

## M 1 Überblick über wichtige Stationen des Friedensprozesses seit 1990

| Datum/Name | Beteiligte | Inhalt | Probleme |
|---|---|---|---|
| Oslo I, 13.09.1993 | Jassir Arafat (Vorsitzender der PLO), Jitzchak Rabin (israelischer Ministerpräsident), auf Vermittlung Norwegens | ■ Beide Seiten erkannten sich erstmals offiziell an.<br>■ Das sollte die Grundlage für eine palästinensische Selbstverwaltung darstellen.<br>■ Palästinenser sollten die Verwaltung über den Gazastreifen und das Westjordanland erhalten. | Strittige Themen wie der Status Jerusalems, die Flüchtlingsfrage und die israelischen Siedlungen wurden nicht behandelt. |
| Oslo II, 28.09.1995 | Jassir Arafat (PLO), Jitzchak Rabin (israelischer Ministerpräsident) | ■ Rückzug der israelischen Streitkräfte aus palästinensischen Gebieten<br>■ Recht der Palästinenser auf Wasser<br>■ Übergabe von Kompetenzen Israels an den palästinensischen Rat<br>■ Als Ergebnis sollte ein palästinensischer Staat entstehen. | ■ Die Errichtung eines souveränen palästinensischen Staates wurde nicht erreicht.<br>■ Heftige Kritik am Abkommen kam vonseiten der israelischen Rechten. Jitzchak Rabin wurde kurz nach Abschluss des Abkommens von einem jüdischen Extremisten ermordet, was den Friedensprozess vorerst zum Stoppen brachte. |
| Camp David II, 2000 | Jassir Arafat (PLO), Ehud Barak (israelischer Ministerpräsident), auf Einladung Bill Clintons, US-Präsident | ■ Einigung auf Verhandlungsprinzipien (Konfliktbeendung, Vermeidung unilateraler Aktionen, keine Gewaltandrohungen)<br>■ Barak bot den Palästinensern Ost-Jerusalem als Hauptstadt sowie die Verwaltung des Tempelbergs an (der aber unter israelischer Hoheit bleiben sollte). | ■ Die Verhandlungen wurden ohne Übereinkunft abgebrochen.<br>■ Der israelische Oppositionsführer Ariel Scharon besuchte den Tempelberg, um deutlich zu machen, dass dieser den Israelis gehöre. Kurz darauf kam es zu muslimischen Aufständen und zur Zweiten Intifada. |

| Arabische Friedens-initiative, 2002 | Arabische Nach-barstaaten | ▪ Anerkennung des israelischen Staates, falls sich Israel auf die Grenzen von 1967 zurückzieht, Ost-Jerusalem als palästinensische Hauptstadt anerkennt und eine Rückkehr der palästinensischen Flüchtlinge erlaubt. | Ablehnung von israelischer Seite aufgrund der Flüchtlingsfrage und des Grenzverlaufs |
|---|---|---|---|
| Roadmap, 2002 | USA, EU, Russland und die UNO („Nahost-Quartett") | ▪ „Fahrplan" (Roadmap) für die Konfliktlösung<br>▪ Die Palästinenser sollten Maßnahmen gegen den Terror ergreifen und die Palästinenserbehörden demokratisch reformieren.<br>▪ Die Israelis sollten sich zur Zwei-Staaten-Lösung bekennen und den Siedlungsbau stoppen. | Der in der Roadmap ausgearbeitete Zeitplan wurde nicht eingehalten und von israelischer sowie palästinensischer Seite kam es zu Verstößen gegen die Abmachungen. |
| Annapolis, 2007 | Mahmud Abbas (Vorsitzender der PLO), Ehud Olmert (Ministerpräsident Israels) auf Einladung George W. Bushs, US-Präsident, und 16 arabische Staaten | ▪ Ziel war die Wiederaufnahme der israelisch-palästinensischen Gespräche sowie die Schaffung eines eigenständigen palästinensischen Staates. | ▪ Kritik kam vonseiten der Hamas, aber auch aus Israel.<br>▪ Im Dezember 2008 startet die israelische Armee eine Offensive gegen die Hamas im Gazastreifen, die Friedensgespräche kamen zum Stillstand. |
| Verhandlungen 2013 | Israel, Palästina auf Initiative des US-Außenministers Kerry | ▪ Ziel war die Wiederaufnahme direkter Gespräche zwischen Israel und Palästina. | Die Verhandlungen wurden ergebnislos im April 2014 beendet. |

Oslo I; von links: Jitzchak Rabin, Bill Clinton, Jassir Arafat, 1993

**2.** Beurteilen Sie anhand des nachfolgenden Textes, inwiefern im Rahmen des Nahostkonflikts von einem „Krieg um Wasser" gesprochen werden kann.

## M 2   Die Kriege der Zukunft werden ums Wasser geführt werden

1 Der Nahe Osten ist eine der regenärmsten Regionen auf der Erde. Der Jordan – nur rund 250 km lang – ist hier für die Wasserversorgung von Israel, Syrien, Jordanien und die Palästinen-

5 sergebiete von zentraler Bedeutung. Die Zahl der Menschen, die vom Jordanwasser abhängig sind, übersteigt die Kapazität dieses relativ kleinen Flusses und durch die gemeinsame Nutzung des Jordanwassers bekommt der Konflikt Israels

10 mit seinen Nachbarn eine zusätzliche Dimension. Hier einige Eckdaten:

In den von Israel 1967 im sogenannten Sechs-Tage-Krieg besetzten Gebieten – die Golanhöhen in Syrien und das Westjordanland – befinden sich

15 auch die drei Hauptquellen und die wichtigsten Zuflüsse des Jordans. Israel, das durch seine exportorientierte Landwirtschaft einen enormen Wasserbedarf hat, leitet seither rund 90 Prozent des Jordanwassers ins eigene Land. Die übrigen

20 Anrainer müssen sich mit dem Rest zufrieden geben.

Israel und Jordanien: Das Land benötigt vor allem Wasser aus dem See Genezareth, durch den der Jordan fließt. Der See hat die Besonderheit, dass

25 nur seine oberen Schichten aus Süßwasser bestehen. Seit 1994 besteht ein Friedensvertrag zwischen den beiden Ländern, der theoretisch auch die Wasserentnahme regelt. Allerdings gibt es in der Praxis ein Problem: Während Israel mit

30 leistungsfähigen Pumpen Süßwasser aus den oberen Süß[wasser]schichten pumpt, bleibt Jordanien nur das Wasser aus den unteren, salzhaltigen Schichten, das erst durch teure Entsalzungsanlagen nutzbar wird.

35 Israel und die Palästinensergebiete: Mit der Besetzung des Westjordanlandes kontrolliert Israel seither auch die Grundwasservorkommen in der Region. Beispielsweise dürfen palästinensische Bauern keine neuen Brunnen bohren und ihre

40 Wasserentnahme ist durch Quoten geregelt. Israelische Siedler hingegen bohrten in der Nähe der alten, natürlichen Brunnen der Palästinenser neue, tiefere Brunnen, so dass viele der alten palästinensischen Brunnen versiegten. Erschwerend

45 kommt für die Palästinenser hinzu, dass Felder, die zwei Jahre nicht bewässert werden, automatisch an den israelischen Staat fallen. Das Ergebnis: Während palästinensische Bauern praktisch auf dem Trocknen saßen, wuchs die israelische

50 Landwirtschaft.

Kenner der Region vermuten, dass die rigorose Ablehnung eines eigenen Palästinenserstaates durch die israelische Regierung auch mit den unzureichenden Wasserressourcen zu tun hat. Israel

55 hätte massive wirtschaftliche Nachteile, wenn es die Palästinenser gleichberechtigt nach Brunnen bohren ließ.

Quelle: WIT Wasser-Info-Team Bayern e. V.: Der Jordan: Konflikt zwischen Israel und seinen Nachbarn, in: aquaAktuell: Wasserkriege und Konflikte, abgerufen unter: www.wasser-bayern.de/wasserkriege-und-konflikte [07.08.2020].

**3.**

3.1 Nähern Sie sich anhand der nachfolgenden Materialien dem Themenfeld „Siedlungspolitik" an. Skizzieren Sie die damit verbundenen Konfliktfelder.

3.2 Recherchieren Sie die aktuelle Lage in Bezug auf das Themenfeld „Siedlungspolitik".

## Darum geht es beim israelischen Siedlungsbau

M 3

1 **Was sind die israelischen Siedlungen im Westjordanland?**

Israel hat während des Sechstagekriegs 1967 unter anderem das Westjordanland und Ostjeru-
5 salem erobert. 1980 annektierte es den arabisch geprägten Teil der Stadt, was international nicht anerkannt wurde. Zwar haben die Palästinenser im Westjordanland mit der Autonomiebehörde eine eigene Verwaltung, doch werden heute weite
10 Teile des Gebiets von Israel kontrolliert. Noch 1967 entstand mit Kfar Etzion südwestlich von Jerusalem die erste Siedlung in dem Gebiet. Seitdem ist die Zahl der Siedler kontinuierlich gestiegen. Mittlerweile leben rund 620.000 Menschen
15 in mehr als 200 israelischen Siedlungen in Ostjerusalem und im Westjordanland. Allein dort sind es rund 400.000. Ein Teil der dortigen Siedlungen ist ohne staatliche Genehmigung entstanden. Sie werden von den Behörden aber als Außenposten
20 geduldet.

Ein Teil der Israelis ist aus religiösen Gründen in die Siedlungen gezogen – Gott habe dem Volk Israel das Land als Heimat versprochen, argumentieren Orthodoxe. Ein anderer Teil der Menschen
25 siedelt dort aber auch aus rein wirtschaftlichen Gründen, wegen günstigerer Immobilienpreise und staatlicher Subventionen.

Israel betreibt auch aus strategischem Interesse einen großen finanziellen und militärischen Auf-
30 wand, um die Siedlungen zu sichern. Im gesamten Westjordanland leben 2,6 Millionen Palästinenser. Sie fordern hier einen unabhängigen Staat Palästina für sich, mit Ostjerusalem als Haupt-

stadt. Vielerorts leiden sie unter den Sicherheits-
35 maßnahmen des israelischen Militärs und können sich etwa wegen zahlloser Kontrollposten und Barrieren nicht überall frei bewegen.

**Was sagt das internationale Recht zu den Siedlungen, und wie steht die Staatenge-
40 meinschaft dazu?**

International werden die Gebiete als besetzt angesehen. Nach Maßgabe der Vierten Genfer Konvention zum Schutz von Zivilpersonen in Kriegszeiten von 1949 ist es unter anderem verboten,
45 dass Staaten die eigene Zivilbevölkerung in besetztes Gebiet umsiedeln (Artikel 49, Absatz 6). Die israelischen Siedlungen sind demnach illegal. Der Internationale Gerichtshof hat 2003 in seinem Gutachten „Legal Consequences of the Construc-
50 tion of a Wall in the Occupied Palestinian Territory" ebenfalls festgestellt, dass die langjährige israelische Siedlungspolitik gegen internationales Recht verstößt. [...] Neben dem Status der geteilten Stadt Jerusalem und dem Schicksal palästi-
55 nensischer Flüchtlinge werden die Siedlungen als Hindernis für eine Zweistaatenlösung gesehen, bei der neben Israel ein unabhängiger Staat Palästina entstehen soll. Die Vereinten Nationen forderten zuletzt im Dezember 2016 mit einer
60 Resolution den sofortigen Stopp des Siedlungsausbaus. Eigentlich sollte die Frage der Siedlungen nach Maßgabe des Osloer Friedensprozesses der Neunzigerjahre in bilateralen Verhandlungen zwischen Israel und den Palästinensern geklärt
65 werden. Die aktiven Friedensverhandlungen sind aber schon seit Jahren eingeschlafen. Die Palästinenser befürchten, dass Israel mit seiner Sied-

lungspolitik vorab Fakten schafft und palästinensisches Territorium weiter zersplittert. Die Bildung
70 eines zusammenhängenden palästinensischen Staats werde so unmöglich gemacht.

### Wie argumentiert Israel?

Israel argumentiert, das Gebiet habe bei seiner Eroberung 1967 keinem anderen Staat gehört, Jor-
75 danien habe es zu der Zeit illegal annektiert. Es handele sich um „umstrittenes", aber nicht „besetz-
tes" Gebiet, die Genfer Konvention IV könne hier also nicht angewendet werden. Zudem gebe es seit Jahrhunderten jüdisches Leben in den Gebieten.
80 Das sei auch durch das Palästina-Mandat des Völkerbundes 1922 anerkannt. […]

### Was bedeutet der US-Schwenk in der Nahostpolitik?

US-Präsident Donald Trump hat nach und nach
85 die Nahostpolitik seiner Amtsvorgänger zurückge-dreht. Barack Obama hatte 2016 kurz vor seinem Amtsende eine nicht bindende Uno-Resolution im Sicherheitsrat passieren lassen, die ein Ende der israelischen Siedlungspolitik fordert. Die jüngste
90 Erklärung von US-Außenminister Mike Pompeo steht in einer Reihe mit weiteren israelfreundli-chen Entscheidungen in jüngerer Zeit. Dazu ge-hören, die Anerkennung Jerusalems als israelische Hauptstadt und die Anerkennung der israelischen
95 Annexion der Golanhöhen.

Quelle: Cieschinger: Darum geht es beim israeli-schen Siedlungsbau, in: DER SPIEGEL, 19.11.2019, abgerufen unter: www.spiegel.de/politik/ausland/israel-siedlungen-in-der-westbank-darum-geht-es-a-1297280.html [25.06.2020].

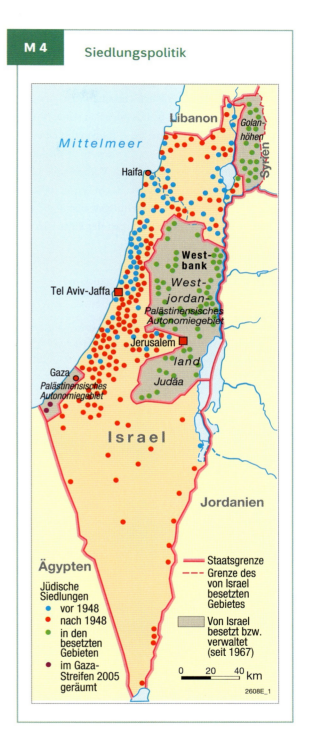

**M 4** Siedlungspolitik

## Michael Wolffsohn und Douglas Bokovoy zum Thema Anerkennung der Grenzen, 1996

1 Die legalistischen, „völkerrechtlichen", Diskussionen über die Grenzen Israels oder Palästinas, auch Jordaniens und des Libanon, verfehlen das eigentliche Problem. Weder israelisches noch jordani-5 sches, osmanisches oder durch Völkerbund und Vereinte Nationen gesetztes „Recht" ist in diesem Konflikt unumstritten, beziehungsweise überparteilich. Alle diese Ausprägungen des stets partei-lichen Rechts betreffen das zweitrangige Problem 10 der Legalität. Von erstrangiger Bedeutung ist jedoch die Legitimität, das heißt das Problem der inneren und dann geäußerten Zustimmung der Betroffenen, aller Betroffenen, zu den jeweiligen Grenzen. Die bisherigen legalen Grenzen entbeh-15 ren der Legitimität.

Quelle: Wolffsohn; Bokovoy: Israel, 1996, S. 16.

**4.** Erarbeiten Sie anhand der folgenden Texte die verschiedenen bisher diskutierten Lösungsansätze für den israelisch-palästinensischen Konflikt. Bedenken Sie dabei wesentliche Streitpunkte (Jerusalem, Grenzen, Flüchtlinge, Sicherheit).

## Lösungsansatz 1: Die Zwei-[Staaten-Lösung]

1 Der bekannteste Vorschlag ist die Zwei-[Staaten-Lösung]. Zu ihm bekennen sich unter anderem auch die Europäische Union und die Bundesrepublik Deutschland. Der Vorschlag ist fast so alt wie 5 der Nahostkonflikt selbst. Erstmals kam er in der so genannten Peel-Kommission zur Sprache, die die britische Mandatsmacht 1937 eingesetzt hatte. Die Kommission kam zu einem ernüchternden Schluss: Zwischen den beiden auf engem Raum 10 lebenden Gruppen bestehe ein „unüberwindbarer Konflikt." Die Gruppen hätten keinerlei Gemeinsamkeiten. „Ihre nationalen Hoffnungen sind nicht miteinander vereinbar." Darum müsse das Land in zwei Staaten aufgeteilt werden.

15 Der Plan wurde immer wieder diskutiert. Neuen Schwung erfuhr er zu Beginn des neuen Jahrtausends – sowohl unter Israelis wie auch Palästinensern stieg die Zustimmung. Im Zuge des unausgesetzten Siedlungsbaus nahm die Zustim-20 mung unter Palästinensern dann aber wieder ab. Unter der Regierung Benjamin Netanjahu habe sich die Lage zusätzlich kompliziert, sagt Peter Lintl, Israel-Experte der Stiftung Wissenschaft und Politik. „Teile der Regierung wollten das 25 Westjordanland schon immer als Teil Israels sehen. Dieser Flügel ist innerhalb der letzten zwei Jahre besonders erstarkt. Dies gilt insbesondere für die Partei Jüdisches Heim, die die Interessen der Siedler vertritt. Aber auch in der Partei Ne-30 tanjahus, dem Likud, gibt es viele Stimmen, die wenigstens Teile des Westjordanlands gerne annektieren würden."

Angesichts dieser Entwicklung sprach sich bereits im Jahr 2015 knapp über die Hälfte der Pa-35 lästinenser gegen die Zwei-Staaten-Lösung aus – mit weiter steigender Tendenz. Viele Befragte

erklären, angesichts der fortgeschrittenen Zersiedelung des Landes sei eine Zwei-Staaten-Lösung ohnehin nicht mehr umsetzbar. Umgekehrt brö-
40 ckelte angesichts des palästinensischen Terrors auch in Israel die Zustimmung. [...]

Quelle: Knipp: Frieden in Nahost – Vier Lösungsansätze, in: Deutsche Welle, 18.12.2017, abgerufen unter: www.dw.com/de/frieden-in-nahost-vier-lösungsvorschläge/a-41850600 [25.06.2020].

## M 7    Lösungsansatz 2: Die Ein-Staat(en)-Lösung

1 Eine Alternative zur Zwei-Staaten-Lösung wäre die Ein-Staat-Lösung: Israelis und Palästinenser würden gemeinsam in einem Staat leben. Die meisten Israelis lehnen diese Idee ab. Das gravie-
5 rendste Problem: Die demographische Entwicklung würde mittel- bis langfristig die Identität Israels als jüdischer Staat untergraben. Denn nähme Israel die Palästinensergebiete in das eigene Staatsgebiet auf, müsste es den Palästinen-
10 sern die vollen Bürgerrechte gewähren. Damit aber, schreibt die an der Universität Hamburg lehrende Politikwissenschaftlerin Margret Johannsen in ihrem Buch „Der Nahostkonflikt",
15 würde Israel „de facto ein bi-nationaler Staat werden und folglich seinen Charakter als jüdischer Staat aufgeben." Das will die Mehrheit der Israelis nicht.

Hinzu käme: Ein solcher Einheitsstaat müsste einvernehmlich begründet werden. Auch die ter-
20 ritoriale Einigung müsste internationalen Vorgaben [entsprechen]. Bislang, so der Völkerrechtler Christian Tomuschat, ist dies nicht der Fall. „Nach den geltenden Regeln ist das einfach ein fremdes Gebiet, das sich Israel nicht ohne weiteres einver-
25 leiben darf."

Quelle: Knipp: Frieden in Nahost – Vier Lösungsansätze, in: Deutsche Welle, 18.12.2017, abgerufen unter: www.dw.com/de/frieden-in-nahost-vier-lösungsvorschläge/a-41850600 [25.06.2020].

## M 8    Lösungsansatz 3: Eine Drei-Staaten-Lösung

1 Im Februar 2016 kam es in der jordanischen Hafenstadt Aqaba zu einem denkwürdigen Treffen. Die Teilnehmer: der israelische Premier Benjamin Netanjahu, der jordanische König Abdullah und
5 der damalige US-amerikanische Außenminister John Kerry. Der Inhalt des Gesprächs: die mögliche Umsiedlung der in den Autonomiegebieten lebenden Palästinenser auf den nördlichen Sinai. Dieser Plan, berichtete der Nachrichtensender Al-
10 Jazeera, existiere bereits seit Längerem. Schon im Jahr 2004 hätte ein israelischer Vertreter Ägypten vorgeschlagen, zu diesem Zweck 60.000 Quadratkilometer des nördlichen Sinai abzutreten.
15 Im Sommer dieses Jahres brachten US-Präsident Donald Trump und Benjamin Netanjahu eine weitere Variante des Deals ins Spiel. Demnach würde Ägypten den Gazastreifen regieren, während Jordanien Teil[e] der Westbank beaufsich-
20 tigen würde. Die übrige Westbank würde Israel kontrollieren und den dort lebenden Palästinensern die israelische Staatsbürgerschaft anbieten.

Zu dem Plan kommen aus Ägypten widersprüchliche Signale – insbesondere zu dem Ansinnen, Land zur Ansiedlung der Palästinenser bereit-
25 zustellen. „Präsident al-Sisi kann nicht einen

einzigen Zoll ägyptischen Bodens aufgeben", erklärte der ägyptische Außenminister Sameh Shoukry Anfang Oktober dieses Jahres. Im April allerdings hatte al-Sisi bei einem Besuch in Wa-
30 shington das Gedankenspiel der Umsiedlung als „Plan des Jahrhunderts" bezeichnet.

Der mit den Palästinensern zumindest offiziell noch nicht diskutierte Umsiedlungsvorschlag ist der jüngste einer Reihe von Vorschlägen, die den
35 seit Jahrzehnten schwelenden Konflikt zwischen Israelis und Palästinensern lösen sollen.

Quelle: Knipp: Frieden in Nahost – Vier Lösungsansätze, in: Deutsche Welle, 18.12.2017, abgerufen unter: www.dw.com/de/frieden-in-nahost-vier-lösungsvorschläge/a-41850600 [25.06.2020].

**5.**

5.1 Analysieren Sie die folgende Karikatur in Hinblick auf Donald Trumps Nahost-Politik.

5.2 Recherchieren Sie, wie sich die Positionierung der US-Regierung unter seinem Nachfolger Joe Biden verändert hat.

5.3 Skizzieren Sie die grundlegenden Schwierigkeiten, die für die Nahost-Politik der Regierung Biden durch die Wiederwahl Netanjahus im November 2022 entstanden sind.

5.4 Diskutieren Sie, inwiefern sich der Angriff der islamistischen Terror-Organisation Hamas auf Israel im Oktober 2023 auf die Prioritäten der US-amerikanischen Nahost-Politik auswirkt.

**Nahostplan**     **M 9**

Karikatur von RABE, toonpool.com, 28.01.2020

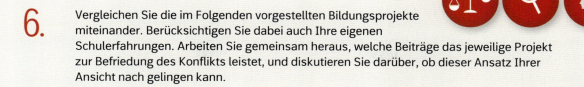

**6.** Vergleichen Sie die im Folgenden vorgestellten Bildungsprojekte miteinander. Berücksichtigen Sie dabei auch Ihre eigenen Schulerfahrungen. Arbeiten Sie gemeinsam heraus, welche Beiträge das jeweilige Projekt zur Befriedung des Konflikts leistet, und diskutieren Sie darüber, ob dieser Ansatz Ihrer Ansicht nach gelingen kann.

**M 10** **Drei Shared-Existence-Schulprojekte – hoffnungsvolle Beispiele für ein neues Miteinander**

**Die Leo Baeck-Schule in Haifa – modern, liberal, wegweisend?**

Eine vollinklusive Schule, die einen besonderen Schwerpunkt beim Themenbereich Autismus
5 setzt, wäre sicherlich auch in Deutschland eine „Vorzeigeschule". Die Leo Baeck-Schule in Haifa geht jedoch noch weiter: Sie hat sich ganz im Sinne ihres Namensgebers, des toleranten Gelehrten Leo Baeck, dem diskriminierungsfreien Miteinander
10 verschrieben. Die Leo Baeck-Schule hat nach eigener Auskunft nicht nur die erste schwul-lesbische Synagoge Israels im Haus – und dadurch regelmäßig „Stress" mit strengreligiösen, ultraorthodoxen Juden –, sie lebt auch das Motto der Shared Exis-
15 tence. Hier lernen jüdisch-israelische und arabischstämmige Kinder und Jugendliche gemeinsam, und zwar miteinander statt in getrennten Schulen oder Klassen nebeneinander. Insgesamt beherbergt die Schule etwa 2 500 Schülerinnen und Schüler. Diese
20 besuchen den vorschulischen Bereich, die Grundschule oder die Oberstufenklassen – den mit ca. 1 050 Schülerinnen und Schülern größten Bereich auf dem Campus.

In exponierter Lage am Berg Carmel, unterhalb der
25 besseren Wohngegenden Haifas, überblickt man vom Schulgelände aus die am Fuße des Berges gelegene Innenstadt und Teile der Mittelmeerküste. Das Gelände verfügt neben der hauseigenen Synagoge auch über eine eigene Schwimmhalle, Au-
30 ßenanlagen für den Schulsport, eine Mensa sowie eine relativ große Bibliothek, die gleichzeitig als Stadtteilbibliothek und Begegnungsort fungiert. Die „Leo Baeck" gilt in Haifa und darüber hinaus als Vorzeigeschule, sie ist nach eigener Aussage
35 beliebt bei Migranten wie Alteingesessenen, bei wohlhabenden „Carmelisten" wie ärmeren Innenstadtbewohnern, bei Juden wie Arabern.

Die Schule, halb staatlich, halb privat, kostet jedoch entsprechend: Umgerechnet etwa 1 000 Euro
40 pro Jahr müssen Eltern für ihr Kind hier zahlen – wenn sie keine Zuschüsse oder Förderungen erhalten.

Neben den üblichen Themen, mit denen sich andere Schulen weltweit genauso plagen, also dem
45 Lerneifer, der Disziplin, der Motivation usw, gibt es in der Leo Baeck-Schule mindestens ein weiteres: die Verständigung. Arabisch und Hebräisch sind – außerhalb des Fremdsprachenunterrichts – die beiden Schulsprachen, doch nicht jeder spricht
50 beide gleich gut.

Auch gesamtgesellschaftliche Probleme bleiben nicht außen vor. Schülerinnen und Schüler sowie Lehrkräfte begegnen sich zwar „auf Augenhöhe" – so ist das Lehrerzimmer für Schülerinnen und
55 Schüler nicht etwa tabu –, doch der israelisch-palästinensische Konflikt verschont die Schulgemeinschaft nicht. Ebenso wie zahlreiche andere Schulen in Israel hat auch die „Leo Baeck" bereits Schüler verloren. Tragische Einzelschicksale.
60 Sinnlose Tode junger Menschen. – In der „Leo Baeck" erinnert man an die Toten, erzählt ihre Geschichten und versucht sich somit in der Friedenserziehung. Es gibt einen eigenen Gedenkort, an dem viel zu viele Fotos hängen.

65 Eine Geschichte bleibt den Besuchern des Campus besonders in Erinnerung: Eine junge Schülerin der Oberstufe, ein Mitglied der Theatergruppe, fiel einem Sprengstoffanschlag zum Opfer, als sie mit einem Stadtbus unterwegs war, um Kostüme 70 für die nächste Aufführung zu besorgen. Die trau- ernden Eltern des Kindes erklärten kurz darauf, dass die Aufführung um keinen Preis der Welt entfallen dürfe. Der Terror sollte nicht siegen. So übernahm die jüngere Schwester nur etwa drei 75 Wochen nach dem Tod die Rolle der älteren. Das Stück fand statt. Trotz allem.

Quelle: Torsten Marks: Autorentext zu einem Schulbesuch am 28.10.2019.

## Talitha Kumi – eine deutsche Schule in Beit Jala

1 Manche Schulen sind anders. Manchmal fängt dies bereits beim Namen an. Talitha Kumi bei- spielsweise ist nicht etwa der Name einer be- rühmten Persönlichkeit, „Talitha Kumi" heißt 5 übersetzt „Mädchen, steh auf!" und erinnert an eine Bibelstelle, eines der Wunder Jesu. „Talitha Kumi" ist aber auch der Name einer deutschen Auslandsschule. Diese liegt nicht etwa in Sidney oder Rom, sondern in Beit Jala im Westjordan- 10 land. – Nie gehört? Die biblischen Hirtenfelder, Bethlehem und die Geburtskirche: gleich um die Ecke. Jerusalem: nur ein paar Kilometer entfernt, und doch für manche Schülerinnen und Schüler sowie Lehrkräfte fast unerreichbar. – Doch von 15 Anfang an: „Talitha Kumi" ist – wen wundert es bei der Nachbarschaft und dem Namen – eine christliche, genauer gesagt eine evangelisch- lutherische, aber trotzdem eine interkonfessio- nelle Schule. Gegründet als Internatsschule für 20 Mädchen aus „schwierigen Verhältnissen", rich- tete sie sich später vor allem an christliche Pa- lästinenser. Ja, auch die gibt es im Heiligen Land. Heute werden hier Christen und Muslime, Jungs und Mädchen gleichermaßen, unterrichtet, und 25 zwar gemeinsam. In den Klassen 1 bis 6 wird der palästinensische Lehrplan abgearbeitet. Ab der 7. Klasse gibt es zusätzlich einen deutschsprachi- gen Zug, der zum begehrten deutschen Abitur führt. Einige der Absolventen studieren danach – 30 durchaus erfolgreich – in Deutschland. Für sie gibt es finanzielle Förderungen – das Leben in Deutschland ist schließlich verhältnismäßig teuer. Wenn diese jungen Leute sich danach entscheiden, in ihre Heimat zurückzukehren, was 35 in ca. 80 % der Fälle zutrifft, dann entfallen die Rückzahlungen.

Die „Talitha Kumi" ist vor Ort beliebt und genießt einen guten Ruf – auch außerhalb des Heiligen Landes: Es handelt sich um eine zertifizierte, „ex- 40 zellente" Auslandsschule. Der hier praktizierte interreligiöse Dialog wurde bereits ausgezeichnet. Im Schulalltag bedeutet dies etwa, dass es anschei- nend vollkommen normal ist, an der christlichen Morgenandacht teilzunehmen, auch als Moslem.

45 In der Regel unterrichten etwa acht deutsche Lehrkräfte zusammen mit ihren ortsansässi- gen Kollegen. Der Direktor wird ebenfalls aus Deutschland entsandt. Neben einem weitläufigen, recht hübsch angelegten Schulcampus verfügt die 50 „Talitha Kumi" über ein Internat, einen eigenen Kindergarten und ein Gästehaus, das regelmäßig von Pilgern frequentiert wird.

Während sich die deutschen Lehrkräfte relativ frei im Land bewegen können, müssen die arabisch- 55 stämmigen, die in der Nähe wohnen, eine Son- dererlaubnis beantragen, wenn sie die besetzten Gebiete verlassen möchten – um beispielsweise nach Jerusalem zu fahren. Nur so können sie die zahlreichen Checkpoints (ungehindert) passieren.

60 Einige der Absolventinnen und Absolventen der Schule haben sich auf deutsche Reisegruppen spe- zialisiert: Sie bieten Führungen über die Hirten- felder, durch Bethlehem oder zur Geburtskirche.

Freundlich, professionell und in akzentfreiem Deutsch. Sie verkaufen religiöse „Urlaubsmitbringsel", z. B. Krippenfiguren aus Olivenholz, kleine Kreuze, Weihnachtsbaumschmuck etc.

Wem all dies noch nicht außergewöhnlich genug ist: Die Besprechungsräume der Schule tragen die Namen deutscher Regionen. Man trifft sich – mitten im Heiligen Land – in „Westfalen" oder „Anhalt". Das Gästehaus empfängt Besucherinnen und Besucher mit geradezu bayrischer Herzlichkeit: Gleich neben der Rezeption befindet sich ein öffentlich zugänglicher Kühlschrank für Bier der Marke „Bavaria".

Quelle: Torsten Marks: Autorentext zu einem Schulbesuch am 01.11.2019.

## Die Hand-in-Hand-Schulen – miteinander statt nebeneinander

Als Ende der 1990er-Jahre jüdische und arabische Eltern die Organisation „Hand in Hand" gründeten, hatten sie ein klares Ziel: Sie wollten ein Zentrum für jüdisch-arabische bilinguale Bildung schaffen, in dem „Hand in Hand" miteinander statt getrennt neben- und übereinander gelernt wird. 1998 errichtete die Organisation erste Schulen in Jerusalem und Galiläa. Dies war der Beginn einer landesweiten Erfolgsgeschichte. Heute – etwa 20 Jahre später – betreibt die Organisation sechs Einrichtungen mit fast 2 000 Lernenden; die jüngste eröffnete 2015 in Beit Berl, rund 25 Kilometer von Tel Aviv entfernt; sie umfasst aktuell einen Kindergarten und eine Grundschule, soll jedoch noch weiter wachsen. „Hand in Hand" ist damit genau das geworden, was den Eltern in der Gründungszeit vorschwebte: ein Ort der Begegnung und des Miteinanders. „Hand in Hand" ist aktuell nicht ein, sondern das Zentrum jüdisch-arabischer bilingualer Bildung: Obwohl etwa 20 % der israelischen Bevölkerung arabischstämmig sind, gibt es landesweit aktuell nur acht solcher Einrichtungen, sechs davon betreibt – wie bereits erwähnt – „Hand in Hand". Auch im stark religiös geprägten Jerusalem schreibt die Hand-in-Hand-Schule eine Erfolgsgeschichte. Sie liegt genau zwischen dem jüdischen Viertel Pat und dem arabischen Teil Bei(t) Safata. Die Lernenden kommen jedoch aus den verschiedensten Teilen der Stadt und den unterschiedlichsten Milieus: jüdische, muslimische, christliche, drusische, tscherkessische und armenische Kinder lernen gemeinsam; religiöse und säkulare. Das Schulgelände war ursprünglich für bis zu 300 Lernende der Grund- und Mittelschule geplant. Heute beherbergt es etwa 700 Schülerinnen und Schüler. Der gymnasiale Zweig wird gerade ausgebaut. Er erhält einen – auch mit deutschen Spendengeldern finanzierten – Neubau, der aus Platzmangel teilweise auf dem Dach der Turnhalle errichtet wird.

Das Unterrichtsprinzip ist in allen Hand-in-Hand-Schulen das Gleiche: Arabisch und Hebräisch werden gleichberechtigt gelehrt. Jede Klasse verfügt über zwei Lehrkräfte, eine für jede Sprache. Die Feiertage der Religionen werden gemeinsam begangen. So lernen die Kinder nicht nur die Sprache der anderen, sondern auch etwas über deren Kultur und Bräuche. Es entstehen Verständnis, Akzeptanz und Freundschaften. Die Eltern werden in diesen Prozess mit einbezogen; sie sollen durch ihre Kinder zu einem gemeinsamen Leben finden. Die Schulen verstehen sich als Netzwerke; eigene „Community Manager" organisieren das Miteinander.

Schulklasse in der Hand-in-Hand-Schule in Jerusalem

Die Hand-in-Hand-Schulen können sich diese
55 Freiheiten leisten: Die öffentliche Hand finan-
ziert zwar nur etwa 40 % der entstehenden Kosten. Der Rest wird jedoch über Spenden aus dem
In- und Ausland sowie durch Schulgeldzahlungen
gesichert. Jede Familie zahlt umgerechnet etwa
60 1 200 Euro pro Jahr, wenn sie keine Zuschüsse
oder Förderungen erhält.

Gesamtgesellschaftliche Konflikte werden in den
Hand-in-Hand-Schulen nicht verdrängt; sie werden gemeinsam diskutiert. Doch auch die Einrich-
65 tungen selbst werden immer wieder von außen
angefeindet und beispielsweise zum Ziel antiara-
bischer oder antijüdischer Schmierereien.

Quelle: Torsten Marks: Autorentext, 2020.

**7.** Bildung gilt als Schlüssel für ein selbstbestimmtes, freies und erfolgreiches Leben.
Diskutieren Sie darüber, ob die im folgenden Text beschriebene Bildungseinrichtung in
diesem Sinne auch einen Beitrag zur Befriedung des Nahostkonflikts leisten kann.

**M 11**

## Die Palestine Technical University (PTU) Kadoorie in Tulkarm (nördliches Westjordanland)

1 Eine eigene Technische Hochschule für Palästinenser in den besetzten Gebieten, initiiert durch
das Vermächtnis eines jüdischen Philanthropen.
Unvorstellbar? Nicht in Tulkarm im Westjord-
5 anland. Eine fröhliche Studentenschaft, ca. 60 %
davon Frauen, zahlreiche Dozentinnen. Unvorstellbar? Nicht an der PTU: Bei der Palestine Tech-
nical University Kadoorie handelt es sich ganz offensichtlich um einen besonderen Ort. Doch der
10 Reihe nach: Die Anfahrt erfolgt über einen der
zahlreichen Checkpoints der israelischen Armee
entlang der israelischen Sperranlagen im Westjordanland. Links und rechts der Straße viele
unfertige Gebäude, teilweise vermüllte Grund-
15 stücke, zahlreiche Autowracks in den Gärten
und am Straßenrand. Ob Müll oder Reparatur-
projekte, das bleibt dem Betrachter verborgen.
Rechter Hand finden sich mehrere Einrichtungen
der palästinensischen Autonomiebehörde: alle-
20 samt Schulen. Aber auch dies: Bilder von „Mär-
tyrern" der palästinensischen Befreiungsbewe-
gung. – Freiheitskämpfer oder Terroristen? Der

arabische Text bleibt fremd. Ihr Andenken wird
offensichtlich noch immer geehrt, z. B. auf einer
25 gepflegten Blumeninsel mitten im Kreisverkehr.
Dann der Campus der PTU: weitläufig, teilweise
noch eine Baustelle, große Gebäude mit Schau-
fassaden, großflächige Beschriftungen. Hinweis-
schilder künden von großen Ambitionen, Hoff-
30 nung und Kooperation, z. B. mit der deutschen
GIZ (Gesellschaft für Internationale Zusammenarbeit). Fröhliche und (gast-)freundliche junge
Menschen, jedoch keine Bauarbeiter. Aber dazu
später mehr. Gegründet wurde die PTU bereits in
35 den 1930er-Jahren als Landwirtschaftsschule. Das
Nachbargrundstück wurde laut der Hochschullei-
tung früher von der israelischen Armee genutzt,
keine einfache Situation.

Es geht in das Main Building. Im Treppenhaus
40 hängen großflächige Bauzeichnungen. Die Hochschule soll wachsen. Im zweiten Stock der Kon-
ferenzraum – Directors Meeting Room; an der
Wand Bilder von Abbas und Arafat, Ledersessel,

Konferenzmikrofone, Klimaanlagen. Auf dem
45 Oval der Tische: kalte Getränke und Gebäck. Der
Empfang ist herzlich, die Besucher – eine Gruppe
von bayrischen Lehrkräften – fühlen sich bedeutsam, fast wie Staatsgäste. Ihre Gastgeber: eine
hochrangige Abordnung der PTU, einige Profes-
50 sorinnen und Professoren. Es spricht der Dekan
einer der Fakultäten. Da er in Deutschland stu-
diert hat, redet er mühelos auf Deutsch. Er erinnert sich gerne an seine Studienzeit zurück, liebt
noch immer den FC Bayern. Nach einer kurzen
55 Einführung zur Geschichte und dem aktuellen
Angebot der Hochschule folgt eine Führung über
den Campus und durch einige Gebäude. Es ist
späte Mittagszeit, die Flure sind verwaist, die Un-
terrichtsräume stehen teilweise leer. Erster Stopp:
60 ein Fachraum für Ingenieursstudiengänge: Dieser
erinnert die Gäste eher an einen Übungsraum für
das Elektro-Praktikum der FOS 11, Technikzweig.
Übungsgegenstand: Wir errichten eine Hausin-
stallation. Die anwesende Lehrkraft: weiblich,
65 freundlich – wie alle hier –, trägt Kopftuch und
High Heels. Sie ist stolz auf ihre Arbeit, angestellt
bei der Autonomiebehörde in Ramallah, eloquent,
englisch sprechend.

Die Besucherinnen und Besucher erfahren: Der
70 kürzeste Studiengang dauert ca. zwei Jahre, inhaltlich wohl eher vergleichbar mit beruflicher
(Aus-)Bildung in Deutschland. Zwischenfrage:
Gibt es Gaststudenten? Antwort: Ja, einige, aus
den Golfstaaten. Israelis? Nein! Fragende Gesich-
75 ter bei den Gastgebern.

Die Absolventinnen und Absolventen, laut Uni-
leitung über alle Studiengänge im Schnitt 60 %
Frauen, seien am Arbeitsmarkt begehrt, vor allem
am israelischen. Viele wanderten ab, israelische
80 Arbeitgeber zahlten bis zum Vierfachen des palästinensischen Lohnniveaus, was für sie noch
immer günstig sei. Jene, die dablieben, seien froh
um ihre Ausbildung, hätten es jedoch schwer,
der Arbeitsmarkt sei klein. Auch die Frauen ar-
85 beiteten nach Beendigung des Studiums mit: Ihre

Familien bräuchten das Geld. Einer der Dozenten
erklärt: Wegen der Abwanderung habe die Hochschule auch große Probleme beim weiteren Ausbau, Arbeitskräfte fehlten vor Ort oder wollten
90 nach israelischem Lohnniveau bezahlt werden,
das könne die Hochschule nicht. Nächster Stopp:
*Kadoorie Center of Competence for Fashion Design
and the Manufacturing of Wearing Apparel.* Ein
Werkraum voller Nähmaschinen, ein Compu-
95 terraum mit großem Plotter für Schnittmuster.
Im Flur Vitrinen voller Ausstellungsstücke. Die
Lehrkraft: männlich. 48 Studentinnen und zwei
Studenten. Ein Kooperationsprojekt mit der GIZ
[Deutsche Gesellschaft für Internationale Zusam-
100 menarbeit].

Zurück auf dem Freigelände mit Sporthalle und
Plätzen. Die Dozenten be richten von alltäglichen
Problemen: Wer z. B. zu Kongressen ins Ausland
fliegen möchte, müsse laut ihren Angaben über
105 Jordanien (aus)reisen, da israelische Behörden für
sie keine Erlaubnis ausstellen würden über Israel
zu reisen, obwohl dies näher wäre.

Zum Schluss nochmal Gebäck und freundliche
Worte, neben der Bibliothek eine Grünfläche mit
110 kniehohen Palmen, die wachsen sollen, so wie
der Campus, die Idee, das Bildungs- und Qualifi-
zierungsniveau der durchschnittlich sehr jungen
palästinensischen Bevölkerung.

Quelle: Torsten Marks: Autorentext zu einem
Hochschulbesuch am 30.10.2019.

Premierminister Hamdallah weiht ein neues
Gebäude für Maschinenbau auf dem Campus der
PTU in Tulkarm ein, Februar 2019

**8.** Sammeln Sie aus dem folgenden Text die Kernaussagen. Recherchieren Sie selbst zum Thema „Wasser im Nahostkonflikt". Diskutieren Sie darüber, ob der Umstieg Israels auf Meerwasserentsalzung ein Beitrag zur Befriedung des Konflikts sein kann.

**M 12**

### Das „Herz Israels" – die Pumpstation Sapir am See Genezareth und das (neue) israelische Wassersystem

1 Die Anfahrt verläuft idyllisch, die Gegend: eine Urlaubsregion mit Campingplätzen und Hotels am Westufer des Sees Genezareth, auch religiös sehr bedeutsam, hier befindet sich Kapernaum –
5 „Jesustown". Dann wird es bergiger, nach einigen Kilometern: Einfahrt in ein militärisches Sperrgebiet, nahe der Einmündung des Jordans. Doppelte Umzäunung, Kolonnenweg, Elektrozaun, Fotoverbot, rechter Hand Felder, Plantagen, Oli-
10 venbäume, geradeaus der See Genezareth, linker Hand erhebt sich massiver Fels, davor ein idyllisch beschatteter Parkplatz. Gleich daneben ein älteres Toilettenhäuschen und ein neueres Gebäude, Leichtbauweise, eingeschossig, klimatisiert. Ein
15 durchtrainierter, drahtiger Israeli, braungebrannt, in den 30ern, tritt auf die Besucher zu. Er ist Ingenieur, spezialisiert auf Wasserbau, Mitarbeiter des staatlichen israelischen Wasserversorgers MEKOROT und sehr überzeugt von seiner Sache.
20 Seine Mission ist es, die Besucher, Lehrerinnen und Lehrer aus Bayern, aufzuklären über die aktuelle israelische Sicht auf einen der großen Streitpunkte des Nahostkonflikts: die Wasserversorgung. Nach einer kurzen Begrüßung geht es
25 in das Gebäude hinein. Es folgt die Vorführung einer Präsentation. Zwischenfrage: Ist die Raumtemperatur okay? Die Gäste sollen sich wohlfühlen, aufmerksam zuhören. Die Klimaanlage wird den Bedürfnissen der Gruppe angepasst, dann
30 etwas Smalltalk über die Eigenarten der israelischen Volksseele: Der Ingenieur sagt: „Verrückt ist bei uns normal!". Dann folgt ein Werbefilm für den Bau des israelischen Wassersystems und der Pumpstation selbst in den 1950er-/1960er-Jahren;

35 Zielgruppe vermutlich israelische Schüler/-innen und andere (ausländische) Besuchergruppen. Der Film in Schwarz-Weiß, wäre selbst eine interessante Quelle, er atmet Pioniergeist, erzählt von Mut und Aufbruch. – Von Streit kein Wort. Dann
40 folgt wieder die Präsentation, die Folien sind dem Vortragenden hinlänglich bekannt, offensichtlich schon mehrfach durchgeklickt, die Zahlen sitzen, das Englische bereitet ihm kaum Mühe. Die Botschaft: massive Wasserentnahmen aus dem See
45 Genezareth mit entsprechenden Folgen wie dem Absinken des Wasserspiegels, Streit mit den Seeanwohnern, Kämpfe um die Verteilung des aus dem Jordan stammenden Wassers, das alles war gestern – schwarz-weiße Vergangenheit, wie der
50 Film. Die Gegenwart ist anders, moderner, weniger konfliktbeladen, unabhängiger; die Zukunft wird noch besser: Aktuell soll etwa 80 % des israelischen Wasserbedarfs durch eine Handvoll hochmoderner Meerwasserentsalzungsanlagen
55 gedeckt werden. Deren Energieverbrauch? Kein Problem, sagt der Ingenieur: eigene Gasfunde – offshore. Etwa 2005 sei die Wende herbeigeführt worden: Das neue israelische Wassersystem sei noch besser als das alte, in den nächsten Jahren
60 seien 100 % das Ziel. Doch die Volksseele sei noch immer sensibel beim Thema „Wasser". Der Wasserstand des Sees Genezareth sei eine Art nationales Stimmungsbarometer: sinkt er, sinkt die Stimmung im Land. Die Qualität des israelischen
65 Trinkwassers sei besser als in Deutschland, das Wasser überall und jederzeit trinkbar, nur leicht gechlort. Der Markt sei einfach zu verstehen: nur ein Anbieter, stabile, günstige Preise. Ein zwei-

tes unabhängig vom Trinkwasser geführtes Lei-
70 tungssystem versorgt die Landwirtschaft, hier
werde das bereits genutzte Wasser der Haushalte
wieder- bzw. weiterverwendet, z. B. für die hoch-
effiziente Tröpfchenbewässerung im Anbau der
Feldfrüchte. Während Österreich beispielsweise
75 Wasser zur Stromgewinnung nutze, gehe man in
Israel konsequent den umgekehrten Weg: Man
produziere Strom zur Wassergewinnung. Dies
laufe so erfolgreich, dass man ohne Weiteres Wasser exportieren könne: nach Jordanien und in die
80 besetzten Gebiete. Wie gesagt: Der Ingenieur ist
sehr überzeugt von seiner Mission. Den Zuhöre-
rinnen und Zuhörern wird ihre Aufgabe allmäh-
lich bewusst: Sie sollen die frohe Kunde verbreiten, z. B. in bayrischen Schulen. Doch es bleiben
85 Zweifel: Sind es wirklich 80 %? Kein Streit mehr
ums Wasser? Kann ein Monopol wirklich etwas
Positives sein? Ist das nachhaltig? Nach dem Vortrag folgt eine Toilettenpause mit der freundlichen
Aufforderung, diese zu nutzen, um „die israelische
90 Landwirtschaft zu unterstützen". Dann eine kurze
Führung durch das „Allerheiligste", die Pumpstation selbst, das „Herz Israels". Nebenbei ein kurzer
Hinweis auf den hier praktizierten Tierschutz: Die
Fische im See können frei und ungefährdet in das
95 Entnahmebecken ein- und wieder ausschwimmen
– sagt der Ingenieur. Dann eine kurze Führung

durch die technische Anlage; diese befindet sich
in einem Bergwerkstollen – sicher ist sicher.

Das „Herz Israels", es pumpt noch immer und es
100 wird angetrieben von Schweizer Ingenieurskunst:
vier große Maschinen, ca. 30.000 PS jede einzelne.
Sie pumpen das Wasser über das Gebirge, durch
Talsenken, ins Landesinnere, zur Aufbereitungs-
anlage Eshkol. Dort wird das Wasser gereinigt,
105 gefiltert und dann in einem geschlossenen Röh-
rensystem weiter transportiert. Seit 1964. Der
Pumprekord liegt im Jahr 2004: ca. 500 Millionen
Kubikmeter innerhalb eines Jahres. 2018 lag der
Wert nur noch bei ca. 50 Millionen Kubikmetern –
110 sagt der Ingenieur.

Zum Ende des kurzen Rundgangs folgt eine
kostenlose Verköstigung am Wasserhahn im
Mitarbeiterbereich des Pumpwerks: Bei etwa 25
Grad Celsius Außentemperatur Ende Oktober
115 und einem sehr umfangreichen Tagesprogramm
sagt kaum jemand „Nein". Den Besuchern wird
spätestens in diesem Moment eines schlagartig
bewusst: der Stellenwert des Wassers in dieser
Weltgegend. Bei der Ausfahrt durch das elek-
120 trische Tor scheint die Sonne. Endlich darf auch
das Handy wieder benutzt werden. – Warum
eigentlich?

Quelle: Torsten Marks: Autorentext zu einem Besuch am 29.10.2019.

Wasserspeichersysteme am See Genezareth

Metallstatue des Sees Genezareth mit einem
Messgerät, das den Wasserstand digital anzeigt

**9.** Diskutieren Sie unter politischen, wirtschaftlichen, sozialen und ökologischen Gesichtspunkten über die Sinnhaftigkeit eines israelischen Skiressorts am Mount Hermon (Golanhöhen). Beurteilen Sie, ob dieses Projekt als Beitrag zur Befriedung des Konflikts betrachtet werden kann.

Die Golanhöhen, ein strategisch bedeutsamer Höhenzug an der Grenze zwischen Syrien, Israel und dem Libanon wurden 1967 von der israelischen Armee erobert. Trotz internationaler Proteste werden sie noch heute durch die israelische Armee kontrolliert. Israel selbst betrachtet den Golan als Teil seines Staatsgebiets. Der ehemalige US-Präsident Donald Trump schloss sich via Twitter dieser Sichtweise an. Die im Grenzgebiet lebenden Drusen, eine islamische Minderheit, wird vom Staat Israel toleriert, lehnte jedoch in den 1980er-Jahren die angebotene israelische Staatsangehörigkeit mit klarer Mehrheit ab. Etwa 80 % der Drusen im israelischen Einflussgebiet leben daher heute als Staatenlose.

### Atib (Neve Ativ) – ein israelisches Skiressort am Mount Hermon (Golanhöhen)    M 13

1 Wenn Israelis Wintersport treiben wollen, dann müssen sie nach Norden reisen. An die Grenze, auf die Golanhöhen. Die Golanhöhen? Ja, richtig! Ehemaliges Kriegsgebiet, seit 1967 von Israel be-
5 setzt! Die Fahrt geht vorbei an Weideland, Minenfeldern, Drusensiedlungen und Obstplantagen. Meistens geht es bergauf. Die Äpfel vom Golan sollen besonders gut schmecken. Unterwegs einige Militärposten, vereinzelt Panzertransporte
10 und eine imposante Landschaft. Ziel: der Mount Hermon, der höchste Berg der Gegend. Mit etwa 2 800 Metern fast so hoch wie die Zugspitze. Unterhalb des Gipfels liegt ein bei israelischen Familien sehr beliebtes Ausflugsziel: das Skiressort
15 Atib (Neve Ativ, 1 600–2 040 m). Europäische Gäste verirren sich kaum hierher. Wenn doch, dann fühlen sie sich für einen kurzen Moment an kleinere Alpenorte erinnert: hölzerne Gästehäuser, ein großer Parkplatz mit Werbetafel für
20 eine Sommerrodelbahn, daneben ein großer, allradgetriebener Pick-up, geradeaus die Überreste einer alten Pistenraupe, Made in Austria. Hinter dem Parkplatz eine Wiese, darauf ein großer Plastikschneemann. – Doch etwas stört den ers-
25 ten Eindruck: Vielleicht ist es die Stahlskulptur im Vordergrund: eine Art Metallfaust, davor ein altes Maschinengewehr und eine Gedenktafel für gefallene israelische Soldaten. Das Kassenhaus, links neben der Wiese ist Teil eines rechteckigen
30 Gebäudekomplexes, dessen Innenhof nur zwei schmalere Zugänge hat. Laut Herrn S.[1], einem ehemaligen Offizier der israelischen Armee, hat dies vor allem taktische Gründe: Die beiden Durchgänge seien leichter zu bewachen, schutz-
35 bedürftige Familien im Inneren leichter zu verteidigen. Spätestens jetzt betretenes Schweigen bei den europäischen Gästen. Herr S. referiert: Das ungewöhnliche Skiressort wurde errichtet von ehemaligen Soldaten einer israelischen Spe-
40 zialeinheit, die am Golan „dienten". Die Soldaten kamen aus verschiedenen Kibbuzim, aus ganz Israel – und sie blieben. Er war einer von ihnen. Auf der Suche nach einer zivilen Beschäftigungsalternative nach Beendigung ihres Militärdiens-

---

[1]    Der Name wurde geändert.

45 tes verfielen sie auf die Idee mit dem Skiressort. Laut Herrn S. gab es zu diesem Zeitpunkt keine zwanzig Skifahrer in Israel, Emigranten aus Europa. Herr S. und seine Kollegen mussten alles von der Pike auf lernen: Skifahren, Pisten- und
50 Liftbau etc. Sie reisten nach Deutschland und ließen sich dort bei einer Firma Pistenraupen erklären. Sie reisten nach Österreich und ließen sich dort bei einer Firma Lifte erklären. Sie bauten Häuser und Straßen. Sie gründeten den Ort
55 und das Skigebiet. Den Ort nannten Sie Atib, nach den Anfangsbuchstaben gefallener Kameraden. Woher das Geld für all diese Aktivitäten stammte, bleibt unklar. Die Zwischenfrage mit welchem Recht sie hier siedelten, irritiert Herrn
60 S. nur kurzzeitig: Er erklärt, der israelische Staat habe sie hier eher alleine gelassen. Besetzte Gebiete? Nicht zu Israel gehörig? Herrn S. ficht das nicht an: Er referiert umständlich über die lange Tradition jüdischen Lebens in der Gegend und das
65 sehr gute Verhältnis zu den benachbarten Drusen. Herr S., anscheinend ein Hobby-Archäologe – wie so viele Israelis – präsentiert sich als Macher, als glaubensfester, kampfbereiter und -erprobter Ehrenmann mit Prinzipien, der nicht nur das Wohl
70 der heute vor Ort lebenden rund 70 israelischen Familien fest im Blick hat, sondern auch das „Heldengedenken". Er zeigt einen Andachtsraum, in

dem zahlreicher Gefallener gedacht wird. Der Raum liegt gleich gegenüber der Kasse. Neben
75 dem Angedenken organisieren sie hier vor Ort auch Begegnungen: Die Eltern Gefallener treffen auf junge israelische Soldaten. Regelmäßig. Herr S. möchte jedoch nicht als Militarist oder Hardliner erscheinen. Er betont abermals das gute Verhält-
80 nis zu den benachbarten Drusen. Sogar jüdisch-drusische Partnerschaften wären demnach kein Problem. Konkrete Beispiele nennt er nicht. Das Skiressort? Ach ja: Die Saison reiche von Januar bis März, vorausgesetzt der Schnee reiche aus.
85 Kunstschnee sei keine Option, bisher. Wenn Schnee liegt, bräuchte man ca. zwei Stunden, bevor die Lifte öffnen. In dieser Zeit kontrollierten Soldaten der israelischen Armee die Strecken. Sie bewachten auch die Liftstationen. Das Ressort
90 verfüge über ca. 3 000 Paar Leih-Skier, diese seien in der Saison schon eine halbe Stunde nach der Öffnung vergeben. Die Zufahrtstraße neige dazu, zu verstopfen. Die Dörfer weiter unterhalb – Drusensiedlungen – vermieteten (preiswerte)
95 Privatquartiere. Herr S. wirkt zufrieden. Syrische Gäste? Unmöglich! Die Grenze sei geschlossen für Privatpersonen. Es gebe drei Passagen über das Gebirge, die von Panzern überquert werden könnten, diese kontrolliere die israelische Armee.

Quelle: Torsten Marks: Autorentext zu einem Besuch am 29.10.2019.

Das israelische Skigebiet Neve Ativ am Mt. Hermon (Golanhöhen)

# DAS WICHTIGSTE IN KÜRZE

## Erste Friedensbemühungen

Rückblickend lässt sich erkennen: Seit Beginn des Konflikts gab es allein auf der politischen Ebene bereits eine ganze Reihe von (internationalen) **Friedensbemühungen**. So kam schon die von Großbritannien eingesetzte **Peel-Kommission 1936/1937** zu dem Schluss, dass nur eine (Auf-)Teilung der Gebiete unter Juden und Palästinensern (dauerhaft) Frieden bringen könne. Gleiches gilt auch für den **Teilungsplan der Vereinten Nationen** von **1947/1948**, der von palästinensischer Seite jedoch als Benachteiligung gesehen und deshalb abgelehnt wurde. Infolge der **Gründung des Staates Israel** gab es dann nicht nur zahlreiche **kriegerische Auseinandersetzungen** (vgl. Kapitel 4.2), es gab immer wieder auch Bemühungen um den Frieden, beispielsweise ein **Sicherheitsabkommen Israels mit Syrien und Ägypten**, die **Vereinbarungen von Camp David (1979)** oder den **israelisch-ägyptischen Friedensvertrag**.

## Die 1990er-Jahre – eine Hochphase der Friedensbemühungen

Mit **Beginn der 1990er-Jahre** nahm der Friedensprozess dann einen wahrhaft hoffnungsvollen Aufschwung. Eine Lösung schien zum Greifen nahe. Der damals eingeleitete sogenannte **Oslo-(Friedens-)Prozess** umfasste eine ganze Reihe von Abkommen zwischen Palästinensern und Israelis. **1993** unterzeichneten **Jassir Arafat** (Vorsitzender der PLO) und **Jitzchak Rabin** (Ministerpräsident Israels) die „Prinzipienerklärung über die vorübergehende Selbstverwaltung" (**Oslo I**), in der sich die beiden Seiten erstmals offiziell anerkannten. Ein Meilenstein. Dieses Abkommen sollte die Grundlage für **die palästinensische Selbstverwaltung** darstellen. Allerdings wurden zentrale Konfliktpunkte wie der **Status Jerusalems**, **die palästinensische Flüchtlingsfrage** oder der **Status der israelischen Siedlungen** (vorerst) ausgeklammert. **1995** folgte **Oslo II**, das unter anderem die Übergabe von Kompetenzen Israels an den **palästinensischen Rat** (als „Keimzelle" einer eigenen Staatsregierung) regelte. Dieses Abkommen rief jedoch auf beiden Seiten (teilweise) scharfe Proteste hervor. Die **Ermordung Jitzchak Rabins** am 4. November 1995, in einem aufgeheizten politischen Klima, kurz nach Abschluss des Abkommens brachte den Friedensprozess dann sogar zum Stillstand. In den folgenden Jahren kam es immer wieder zu **gewalttätigen Auseinandersetzungen**. Weitere Versuche einer Friedensfindung, unter anderem unter **US-Präsident Bill Clinton** im Jahr **2000**, scheiterten ebenfalls. Als der israelische Oppositionsführer **Ariel Scharon** kurz darauf durch einen Besuch auf dem Jerusalemer Tempelberg die Gegenseite provozierte, kam es zu gewalttätigen Aufständen und schließlich zur **Zweiten Intifada**. Weitere Versuche zur Entspannung der Lage, unter anderem angestoßen von **den arabischen Nachbarstaaten**, scheiterten ebenfalls. Im Jahr **2002** arbeiteten die UNO, die EU, die USA und Russland einen (neuen) **Fahrplan für die Konfliktlösung** aus, die sogenannte **Roadmap**, die unter anderem einen **Stopp des israelischen Siedlungsbaus in den besetzten Gebieten** und **Maßnahmen der Palästinenser gegen den Terror** vorsah. Allerdings verstießen beide Seiten wiederholt gegen diese Abmachungen und auch der Zeitplan wurde nicht eingehalten. Weitere Verhandlungen, in den Jahren **2007** und **2013** auf Initiative der USA geführt, wurden ergebnislos beendet.

## Wesentliche Streitpunkte

Ein zentraler Streitpunkt der Verhandlungen ist der **israelische Siedlungsbau**. Während des Sechstagekriegs 1967 eroberte Israel unter anderem das **Westjordanland** und **Ostjerusalem** und errichtete dort die ersten Siedlungen. Seitdem ist die Zahl der Siedler kontinuierlich gestiegen – getrieben von religiösen und

# DAS WICHTIGSTE IN KÜRZE

wirtschaftlichen Interessen der Siedler, finanziell und militärisch unterstützt u. a. vom Staat Israel. Die im Westjordanland lebenden Palästinenser werden in ihrer Bewegungsfreiheit durch Kontrollposten und Barrieren immer wieder stark eingeschränkt. International gelten die Gebiete als von Israel besetzt und die Siedlungen somit als illegal. Allerdings verhallten internationale Forderungen nach einem Stopp des Siedlungsbaus bisher nahezu ergebnislos.

Ein weiterer wichtiger Konfliktpunkt ist naturgemäß der **Streit um Wasser**. Die gesamte Region gilt als eine der wasserärmsten der Welt. Besonders die Palästinenser im Gazastreifen und im Westjordanland haben unter Wasserknappheit zu leiden. Der Staat Israel bzw. der staatliche Wasserversorger MEKOROT kontrolliert weitgehend den Zugang zu Wasser in der Region.

Als **weitere (offene) Streitpunkte** gelten nach wie vor die **Rolle Jerusalems**, die **rechtliche Stellung der Palästinenser** und der **Grenzverlauf**. Keiner dieser Punkte ist bisher (abschließend) geklärt.

## Die Ursachen des Scheiterns

Die Jahrzehnte der Auseinandersetzung haben bei Israelis wie Palästinensern zu einem politisch-gesellschaftlichen Klima geführt, das das Anstreben von Kompromissen eher als Schwäche oder gar als „Verrat" denn als Erfolg betrachtet. Beide Gesellschaften zeigen einen deutlichen Hang zum Militarismus. Die Wellen palästinensischer Selbstmordattentäter führten in den letzten Jahren zu einer deutlichen Zunahme an Waffenbesitz auch in israelischen Privathaushalten. Gewalt und Gegengewalt „befeuern" (im wahrsten Wortsinn) eine bis heute andauernde „Gewaltspirale". **Radikale Strömungen** hindern hier wie dort **die moderaten Kräfte** immer wieder in ihren Bemühungen um ein friedliches Mit- bzw. Nebeneinander. Das jüngste Beispiel dafür sind die menschenverachtenden Terror-Attacken der islamistischen Terror-Organisation Hamas vom 7. Oktober 2023 auf Israel, die zu einem neuen Krieg im Nahen Osten geführt haben.

## Einige hoffnungsvolle Projekte

Wenn man genauer hinschaut, ergibt sich unterhalb der staatlichen Ebene ein anderes Bild: Vor allem durch **zivilgesellschaftliches Engagement** und **internationale Hilfen** gestützte Projekte zeigen, dass ein friedliches Mit- bzw. Nebeneinander zumindest partiell gelingen kann. Dies gilt z. B. für die **Erziehung zum Frieden** in den (wenigen) sogenannten Shared-Existence-Schulprojekten, die Begegnung, Austausch, Verständigung und Kollaboration der nachfolgenden Generationen ermöglichen und befördern sollen. **Bildungsarbeit** ist zwar nicht die eine Lösung für alle Probleme, aber ein wichtiger Baustein ist sie allemal: Qualifizierung, Friedenserziehung, Begegnung auf Augenhöhe, respektvoller Austausch, Überwindung einseitiger Narrative, Abbau von Vorurteilen. All dies sind letztlich doch deutlich hoffnungsvollere Stichworte als Abgrenzung, Ausgrenzung, Missachtung, Zerstörung, Vertreibung, Vernichtung oder Rache.

Auch **neue technische Möglichkeiten** oder **Projekte der Friedenswirtschaft** bieten eine **Chance für den Frieden**. Sie können beispielsweise helfen (Ressourcen-)Probleme zu lösen, müssen dabei aber fair, transparent und nachhaltig organisiert werden.

# FESTIGUNG – VERTIEFUNG

## Weitere Herangehensweisen

- Der Historiker Michael Wolffsohn nennt die Zwei-Staaten-Lösung eine „Fiktion", da es unmöglich sei, „630.000 jüdische Siedler aus dem Westjordanland plus Ostjerusalem raus[zubekommen]"[1]. Diskutieren Sie, inwiefern diese Einschätzung ihrer Meinung nach zutrifft.

## Vertiefende Aspekte

- Recherchieren Sie die Biografie Jitzchak Rabins und Jassir Arafats. Arbeiten Sie Parallelen und Unterschiede im Leben dieser beiden für den Nahostkonflikt bedeutsamen Persönlichkeiten heraus (vgl. H 1 und H 2).
- Recherchieren Sie zum Spektrum politischer Organisationen innerhalb der israelischen und der palästinensischen Gesellschaft, zu deren Positionen in Bezug auf die zentralen Streitpunkte und zu deren Einfluss.
- Bundeskanzlerin Angela Merkel sprach vor einigen Jahren davon, dass die Existenz des Staates Israel deutsche Staatsräson sei. Gleichzeitig kommt es in Deutschland (nicht erst seit 2015) zu einem Aufflammen des Antisemitismus. Gewalttaten wie der Angriff auf die Synagoge in Halle (9. Oktober 2019) fordern uns heraus. Wie reagieren wir? Wie reagieren unsere Politiker? Findet der Nahostkonflikt auch vor unserer Haustür statt? Recherchieren Sie zu diesem Themenfeld (vgl. H 3).

## Weiterführende Quellen und Hinweise

**H 1** Rabinovits, Itamar: Jitzchak Rabin: Als Frieden noch möglich schien, Eine Biografie, 6. Auflage, Göttingen, Wallstein Verlag, 2019. Itamar Rabinovits, ein enger politischer Weggefährte Rabins in den 1990er-Jahren, schildert in dieser politischen Biografie nicht nur die (bekannten) Stationen in Rabins Leben, er gibt auch Einblicke in dessen Persönlichkeit. Absolut lesenswert.

**H 2** Kapeliuk, Amnon: Yassir Arafat: Die Biografie, Heidelberg, Palmyra Verlag, 2005. Amnon Kapeliuk, Nahostkorrespondent der französischen Le Monde, Autor der Le Monde diplomatique und der israelischen Tageszeitung Yediot Aharonot, interviewte Jassir Arafat zu dessen Lebzeiten über 150-mal. Er gilt als intimer Kenner des einstigen Palästinenserführers und ausgewiesener Experte im Nahostkonflikt. In der vorliegenden Biografie gibt Kapeliuk einen sachkundigen Überblick über die unterschiedlichen Lebensstationen Arafats sowie einen interessanten Blick hinter die Kulissen der Verhandlungen des Osloer Friedensprozesses.

**H 3** Wolffsohn, Michael: Tacheles. Im Kampf um die Fakten in Geschichte und Politik, Freiburg/Basel/Wien, Herder-Verlag, 2020. Der Historiker und Politikwissenschaftler Wolffsohn widmet sich in zahlreichen, bisher unveröffentlichten Essays verschiedenen Klischees und Legenden in Geschichte und Politik. Er kritisiert unter anderem den aktuellen Antisemitismus in Deutschland und attackiert – in gewohnt streitbarer Art – rechtspopulistische Argumentationsmuster.

 **H 4** Landeszentrale für politische Bildung Baden-Württemberg (Hrsg.): Planspiel „(UN-)Frieden in Nahost", Stuttgart, 2016. Im Rahmen dieses Planspiels für 15-48 Personen wird eine Sondersitzung des UN-Sicherheitsrates zum Nahostkonflikt simuliert (max. 15 Länderdelegationen).

---

[1]   Heuer: Historiker: Nach 40 Jahren sind andere politische Lösungen gefragt. Michael Wolffsohn im Gespräch mit Christine Heuer, in: Deutschlandfunk, 20.11.2019, abgerufen unter: www.deutschlandfunk.de/israelische-siedlungspolitik-historiker-nach-40-jahren-sind.694.de.html?dram:article_id=463848 [26.06.2020].

## 4.1 Nahostkonflikt – Ursprünge und historischer Hintergrund

Sie erkennen, dass die Wurzeln des Nahostkonflikts bis in die Zeit des römischen Imperiums zurückreichen. Ihnen wird bewusst, dass der Konflikt religiöse, politische und geografische Aspekte umfasst und sowohl Juden als auch Araber berechtigte Ansprüche auf das Land Palästina stellen. Sie können beurteilen, welche Rolle europäische Mächte wie Großbritannien und Frankreich bei der Entwicklung des Nahostkonflikts spielen.

## 4.2 Nahostkonflikt – Überblick über zentrale Stationen der Auseinandersetzung Israels mit seinen arabischen Nachbarn

Sie sind der Frage nachgegangen, inwiefern der UN-Teilungsplan zu einer Lösung des Problems hätte beitragen können. Sie haben sich einen Überblick über zentrale Auseinandersetzungen zwischen dem Staat Israel und seinen arabischen Nachbarn verschafft und verstehen die zentralen Beweggründe der Konfliktparteien. Sie erkennen in der Beschäftigung mit dem Verhältnis von Israel und der PLO, warum es so schwierig ist, einen dauerhaften Frieden zu schaffen.

## 4.3 Nahostkonflikt – die unterschiedlichen historischen Narrative (Palästinenser versus Israelis) als integraler Bestandteil des Konflikts

Sie kennen Gemeinsamkeiten und Unterschiede der Narrative beider Konfliktparteien. Ihnen ist bewusst, dass diese Erzählmuster selbst ein integraler Bestandteil des Konflikts sind.

## 4.4 Nahostkonflikt – Gestaltung und Gefährdung des Friedensprozesses

Sie haben verschiedene Aspekte der Gestaltung und Gefährdung des Friedensprozesses auf politischer und zivilgesellschaftlicher Ebene kennengelernt. Sie können zu diesen nun einen eigenen Standpunkt formulieren.

## LERNBEREICH 3

### Kapitel 5 (Lernbereich 3.2)

## Weltpolitische Dynamik als Bestimmungsfaktor für die Lebenswirklichkeit – Lateinamerika

„Chile despertó" (Chile ist aufgewacht). Wie in vielen lateinamerikanischen Ländern kam es 2019 auch in Chile zu Massenprotesten.

Indigene aus den Einzugsgebieten der Flüsse Xingu, Tapajos und Teles Pires streiten mit einem Aufseher des Wasserkraftwerks Belo Monte in Brasilien. Sie protestieren gegen den Bau des Staudamms in Vitoria do Xingu in der Nähe von Altamira im Bundestaat Para im Mai 2013.

Sojaernte in Brasilien

# Lebenswirklichkeiten in der gegenwärtigen Welt

Die allgegenwärtige Kluft zwischen Arm und Reich macht sich auch im Stadtbild deutlich: In Rio de Janeiro grenzen im südlichen Teil der Stadt (Zona Sul) reiche Wohnviertel und Favelas unmittelbar aneinander, wie etwa die Favela Rocinha mit geschätzten 200.000 Einwohnern in der Nähe der Strände von Ipanema und Copacabana.

Die Karte basiert auf Satellitenaufnahmen der NASA. Die roten Markierungen zeigen mehr als 150 000 Brandherde, die zwischen dem 15. und dem 22. August 2019 registriert wurden. Die Bilder der brennenden Wälder sorgten weltweit für Bestürzung.

# KAPITEL 5 (LERNBEREICH 3.2)

## 5.1 Indigene Völker – zwischen Diskriminierung und Emanzipation

### Forschungsinteresse und Kompetenzerwerb

Der Verlust an Vielfalt rückt in einer globalisierten Welt mehr und mehr in das öffentliche Bewusstsein. Nachrichten über das Insektensterben reihen sich hier ebenso ein wie solche über das Verschwinden von Sprachen. Lateinamerika gerät in diesem Zusammenhang zunehmend in den Fokus. Das gilt natürlich für den tropischen Regenwald mit seiner noch immer nicht vollständig erfassten Artenvielfalt, aber auch für die Vielzahl an indigenen Völkern. Bezeichnenderweise hat sich ein Wandel in der Wahrnehmung indigener Völker vollzogen. Galten sie lange als rückständig, werden sie heutzutage in den Rang der „Verwalter" der biologischen Vielfalt gehoben. Dabei steht die indigene Bevölkerung selbst zunehmend unter Druck.

In diesem Kapitel bekommen Sie einen Einblick in die Vielfalt indigener Völker. Sie setzen sich mit der geschichtlichen und aktuellen Diskriminierung auseinander, erkennen aber auch, dass die rechtliche Stellung der Indigenen sich verbessert hat. An einem konkreten Beispiel lernen sie den Interessenkonflikt zwischen Staat, Wirtschaft und Indigenen kennen.

### Vorgehen

Für den alljährlich am 9. August stattfindenden Internationalen Tag der indigenen Bevölkerungen bereiten Sie eine Wandzeitung vor, die aus der Perspektive der Indigenen einen Einblick in die gegenwärtige Situation gibt.

Sie ERARBEITEN zunächst Kriterien, indigene Völker begrifflich zu fassen. Dann VERSCHAFFEN Sie sich sich einen Überblick über die Vielfalt und die Verteilung indigener Völker in Lateinamerika. Sie ERARBEITEN in einem geschichtlichen Exkurs wesentliche Ursachen für die Dezimierung vieler indigener Völker in der Kolonialzeit. Im nächsten Schritt ANALYSIEREN Sie die rechtliche Stellung indigener Gruppen auf nationaler und internationaler Ebene, um dann zu ÜBERPRÜFEN, inwieweit diesen Rechten gegenwärtig Rechnung getragen wird. Am Beispiel des 2016 eröffneten Staudamms Belo Monte ERARBEITEN Sie die unterschiedlichen Perspektiven und Interessen bei Großprojekten im Amazonasgebiet und NEHMEN STELLUNG zum Bau weiterer Staudämme.

STRUKTURIEREN **Sie nun die Ergebnisse für Ihre Wandzeitung und** ERSTELLEN **Sie sie. Schaffen Sie auch Möglichkeiten für Kommentare und Diskussionsbeiträge.**

Als Arbeitshilfe finden Sie im hinteren Teil des Lehrwerks eine Übersicht über verschiedene Methodentechniken. Nutzen Sie diese Möglichkeit.

### Materialauswahl

Eine von der UNO erstellte Liste an Kriterien erlaubt eine Annäherung an den Begriff „Indigene Völker". Zwei Karten geben einen Einblick in die Vielfalt, die Verteilung und die derzeitige Lage. Durch einen Eintrag aus einer Enzyklopädie wird ein Schlaglicht auf die Auswirkung der Kolonialisierung geworfen. Mit Auszügen aus der brasilianischen Verfassung wird die rechtliche Stellung Indigener analysiert. Schließlich gibt ein Artikel eines in Brasilien ansässigen Journalisten einen Überblick über die aktuelle politische Situation. Eine Karte und eine Statistik vermitteln die Dimension und Bedeutung des Staudammprojekts Belo Monte. Die Eröffnungsrede der damaligen brasilianischen Präsidentin Dilma Rousseff und ein Artikel des Südamerika-Korrespondenten der Süddeutschen Zeitung, der sich vor allem mit den Auswirkungen vor Ort auseinandersetzt, ermöglichen abschließend einen differenzierten Blick auf die involvierten Interessen und deren Auswirkungen auf die indigene Bevölkerung.

**1.**

1.1 Diskutieren Sie die in der nachfolgenden Textquelle genannten Kriterien. Recherchieren Sie zur Abgrenzung die Bedeutung des Begriffs „nationale Minderheit".

1.2 Verschaffen Sie sich dann anhand der Texte und Grafiken einen Überblick über die indigenen Völker in Lateinamerika. Notieren Sie sich die wesentlichen Informationen und strukturieren Sie sie.

## M 1 Indigene Völker – ein Definitionsversuch

1 [UN-Sonderberichterstatter José Martínez-Cobo benannte 1986 in seiner Studie über die Diskriminierung indigener Völker vier Kriterien:]

- Indigene Völker sind relativ die „ersten"
5 Bewohner eines Gebietes[.]
- Sie bewahren freiwillig ihre kulturelle Eigenständigkeit wie Sprache, Gesellschaftsorganisation, Religion, Produktionsweisen und/oder 10 Institutionen. Indigene Völker sind kulturell deutlich von der herrschenden Gesellschaft unterschieden.
- Sie identifizieren sich selber als „indigen" und werden auch von anderen als solche anerkannt.
- Sie haben Unterdrückung, Enteignung oder
15 Ausschluss aus der nationalen Gesellschaft erfahren, wobei die Unterdrückung noch heute fortbestehen kann oder auch nicht.

Quelle: Feldt: Wer sind die indigenen Völker Lateinamerikas? in: InWEnt und GTZ (Hg.): Indigene Völker in Lateinamerika, S. 10.

## M 2 Schwierigkeiten bei der Erhebung statistischer Daten

1 Bei der Erhebung statistischer Daten über indigene Völker fällt sofort ins Auge, dass die Quellen eine ganze Bandbreite von Werten angeben. So können die Ziffern für den indigenen Bevölke-
5 rungsanteil zwischen 40 % und 80 % variieren. Das macht genaue Angaben zur Entwicklung dieser Bevölkerungsgruppen besonders schwierig. Eine dermaßen ausgeprägte Unsicherheit bei der Zuordnung hat verschiedene Gründe:
10 1. Die Gruppe der kulturellen und ethnischen Mischbevölkerung (in Lateinamerika: Mestizen) ist groß und legt sich als breites Band zwischen ursprüngliche und europäisch-stämmige Bevölkerung. Bis Ende des 20. Jahrhunderts wurde bei 15 einem Zensus in der Regel nach den Spanisch-Kenntnissen gefragt. Das reichte, um eine Person bei den Nachfahren der Spanier einzuordnen. In den jüngeren Bevölkerungserhebungen wird dagegen die Selbsteinschätzung einer Person erfragt
20 und die Kenntnisse einer indigenen Sprache für die Zuordnung zugrunde gelegt.

2. War es früher wenig attraktiv, als „Indio" (Indianer)[1] zu gelten, wird heute in vielen Ländern das Attribut „indigen" mit Stolz angegeben. Na-
25 mentlich in den andinen Gesellschaften hat sich ein markantes Selbstbewusstsein der Ursprungsbevölkerung entwickelt, das sich auch bei den Bevölkerungszählungen niederschlägt.

---

1 Zum Begriff „Indianer" (und „indianisch" etc.) generell: Dieser Begriff, der sich noch in den älteren Quellen findet, ist heute nicht mehr gebräuchlich. Es wird stattdessen von „Indigenen" gesprochen.

3. Nicht auszuschließen ist ein weiterer Aspekt, der mit den neuen Rechten der indigenen Bevölkerung zusammenhängt. [...] Dazu gehören z. B. die Nutzungsrechte in den „Indigenen Territo-

rien", die seit Anfang der 1990er-Jahre ausgewiesen werden. Das bringt auch eine abgewanderte indigene Familie dazu, sich zu ihrem Ursprungsvolk zu bekennen.

Quelle: Schoop: Stärkung indigener Völker in Lateinamerika, MISERIOR (Hg.), Januar 2013, S. 6–7, abgerufen unter www.misereor.de/fileadmin/publikationen/ unterrichtsmaterial-indigene-voelker-lateinamerika-sek2-farbig.pdf [30.11.2021].

## Verteilung indigener Völker in Lateinamerika — M 3

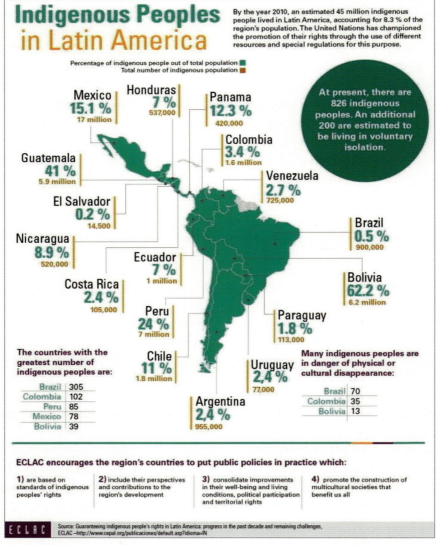

Quelle: Daten nach The Economic Commission for Latin America (ECLA), www.cepal.org/en, 2014.

## M 4  Indigene Sprachfamilien Boliviens

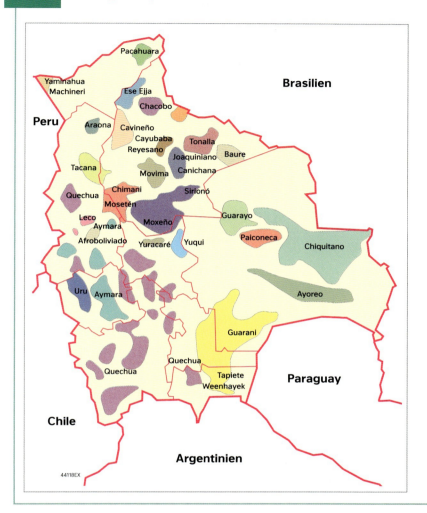

Pacahuara

Yaminahua
Machineri

**Brasilien**

Ese Ejja

Chacobo

**Peru**

Araona

Cavineño
Cayubaba
Reyesano

Tonalla

Baure

Tacana

Joaquiniano

Movima

Canichana

Quechua

Chimani

Sirionó

Mosetén

Leco

Moxeño

Guarayo

Aymara

Afroboliviado

Yuracaré

Yuqui

Paiconeca

Chiquitano

Uru

Aymara

Ayoreo

Guarani

Quechua

Quechua

Tapiete
Weenhayek

**Paraguay**

**Chile**

**Argentinien**

44118EX

## M 5  Demografische Katastrophe

1 Die Schätzungen zur Gesamtzahl der indian. Bevölkerung [...], die zum Zeitpunkt der Entdeckung in der Neuen Welt lebte, divergieren erheblich und sind in der histor. Forschung seit 5 langem umstritten. Für das spätere Hispanoamerika erscheint ein Richtwert von rund 35–40 Mio. plausibel [...] und für Brasilien zwischen 500 000 und 2,5 Mio. Allein in Hispanoamerika ging die indigene Bevölkerung im Lauf der fol-10 genden gut 150 Jahre insgesamt um circa 90 % zurück [...]. [...]

Die Gründe für die [demografische Katastrophe] waren vielfältig. An erster Stelle standen die Krankheiten, die im Rahmen des Columbian 15 Exchange aus Europa und Afrika nach Amerika eingeschleppt wurden. Nicht nur die auch in Europa tödlichen Pocken, Pest und Typhus,

sondern auch dort eher harmlose Krankheiten wie Grippe oder Masern breiteten sich z. T. pan-
20 demisch aus, forderten zahllose Todesopfer und führten langfristig zu sinkenden Geburtenzahlen unter den Indianern[1] [...]. Teils im Gefolge der Eroberer, teils diesen schon vorauseilend, wurden die Epidemien zu einem wesentlichen Faktor
25 bei der Eroberung der indian. Reiche [...].

Neben den Seuchen trugen die Eroberungskriege an sich zum Bevölkerungsrückgang bei. Die un-

terschiedlichen Formen von Versklavung [...] und Zwangsarbeit, die Spanier und Portugiesen im An-
30 schluss an die Eroberung durchsetzten, forderten weitere Todesopfer. Damit einher gingen Ernährungsprobleme, die auch auf die „die Zerstörung des ökologischen Gleichgewichts" durch neue Erzeugnisse und Anbaumethoden zurückzuführen
35 waren. Seuchen, Hunger, Ausbeutung und allgemeine Aussichtslosigkeit führten ferner zu einer Demoralisierung der autochthonen Bevölkerung, die sich in sinkenden Fertilitäts-Raten niederschlug.

Quelle: Rinke: Demographische Katastrophe, in: Jaeger (Hg.): Enzyklopädie der Neuzeit, Bd. 2, S. 895–897.

---

1 Zum Begriff „Indianer" siehe Hinweis auf Seite 269.

---

# 2.

2.1 Analysieren Sie die rechtliche Stellung indigener Völker in der brasilianischen Verfassung.

2.2 Als wesentliche Eckpfeiler der internationalen Rechtsstellung indigener Völker gelten die ILO-Konvention 169 von 1989 und die Erklärung der Vereinten Nationen über die Rechte der indigenen Völker von 2007 (Resolution 61/295). Recherchieren Sie die Inhalte der beiden Dokumente und vergleichen Sie sie mit der brasilianischen Verfassung. Überprüfen Sie, inwieweit die Bestimmungen für Nationalstaaten wie etwa Brasilien bindend sind.

2.3 Fassen Sie die Politik des vormaligen brasilianischen Präsidenten Jair Bolsonaro gegenüber indigenen Völkern zusammen. Diskutieren Sie, was er damit beabsichtigt, wenn er Indigene als „Menschen wie wir, Brasilianer wie wir" bezeichnet.

---

**M 6**

## Auszug aus der Verfassung Brasiliens 1988

1 **Artikel 231. Rechte der Indios.**
Anerkannt werden die soziale Organisation der Indios, ihre Gebräuche, Sprachen, Glauben, Traditionen und die originalen Rechte auf das Land, das
5 sie traditionell in Besitz haben. Der Union fällt die Aufgabe zu, die Grenzen der Landbesitze festzulegen, alle Güter der Indios zu schützen und ihnen Achtung zu verschaffen.

§ 1. Land in traditionellem Besitz der Indios ist sol-
10 ches, das sie permanent bewohnt haben, das sie zu produktiver Tätigkeit genutzt haben, das notwen-

dig zur Erhaltung der für ihr Wohlergehen unerläßlichen natürlichen Ressourcen ist sowie solches, das nach Maßgabe ihrer Sitten und Gebräuche für
15 ihre physische und kulturelle Reproduktion notwendig ist.

§ 2. Das im traditionellen Besitz der Indios befindliche Land ist zu ihrem dauernden Besitz bestimmt, ihnen ist die ausschließliche Nutznießung der vor-
20 handenen Ressourcen des Bodens, der Flüsse und Seen vorbehalten.

§ 3. Die Nutzung der Wasserressourcen einschließlich der Energiepotentiale, die Erschließung und Ausbeutung der Erzstätten, soweit sie sich auf Indio-Gebiet befinden, dürfen nur mit Genehmigung
25 des Nationalkongresses und nach Anhörung der betroffenen Stämme erfolgen, denen nach Maßgabe des Gesetzes eine Beteiligung an der Schürfausbeute zugesichert wird.

30 § 4. Das Land im Sinne dieses Artikels ist unveräußerlich und unverfügbar, und die Rechte an ihm sind unabdingbar.

§ 5. Die Entfernung indigener Gruppen aus ihren Gebieten ist verboten, es sei denn ad referendum
35 des Nationalkongresses im Fall von Katastrophen oder Epidemien, die eine Gefährdung der Bevölkerung darstellen, oder im Hoheitsinteresse des Landes, nach Beratung im Nationalkongreß und unter Zusicherung der Garantie der Rückkehr in die Ge-
40 biete, sobald die Gefahrenlage nicht mehr besteht.

§ 6. Nichtig, erloschen und rechtlich wirkungslos sind alle Akte, die Okkupation, Eigentums- und Besitznahme von Land im Sinne dieses Artikels zum
45 Ziel haben oder die Ausbeutung der vorhandenen natürlichen Ressourcen des Bodens, der Flüsse und Seen, vorbehaltlich eines relevanten öffentlichen Interesses der Union entsprechend den Regelungen eines verfassungsergänzenden Gesetzes, wobei
50 die Nichtigkeit und das Erlöschen kein Entschädigungs- oder Klagerecht gegen die Union schafft, ausgenommen im Rahmen des Gesetzes für auf gutgläubigem Besitz beruhenden Wertsteigerungen.

Quelle: Verfassung der föderativen Republik Brasilien, 05.10.1988, abgerufen unter: www.verfassungen.net/br/verf88.htm [03.08.2020]. Basierend auf: Paul (Hg.): Die Brasilianische Verfassung von 1988, 1989.

## M 7 Vorstoß des ehemaligen Präsidenten Bolsonaro zur wirtschaftlichen Nutzung indigener Gebiete

1 Brasiliens rechtspopulistischer Präsident Jair Messias Bolsonaro hat eine Gesetzesinitiative zur wirtschaftlichen Ausbeutung indigener Gebiete gestartet. Damit soll Artikel 231 der Verfassung
5 von 1988 genauer definiert werden. Das heißt konkret: die wissenschaftliche Erforschung, den Abbau von Rohstoffen sowie die Erzeugung von Energie in den Reservaten zuzulassen. Dies könnte der seit langem erwartete Schritt hin zur
10 Auflösung der indigenen Gebiete sein, befürchten Bolsonaros Kritiker. [...]

Die von Indigenen bewohnten Gebiete in Brasilien, zusammen rund 13 Prozent des Staatsgebietes, sind bisher geschützt. Nur den dort lebenden
15 Völkern ist es gestattet, das Gebiet wirtschaftlich zu nutzen. Jedoch kommt es immer wieder zu Gebietsverletzungen durch Farmer, die dort ihr Vieh grasen lassen, sowie durch illegale Goldsucher und Jäger.

20 Nach Bolsonaros Willen sollen dort demnächst die Goldförderung, der Bergbau, die Förderung von Öl und Gas sowie die Gewinnung von Strom durch Wasserkraft ganz legal möglich sein. Es geht um Milliardengewinne und aus Sicht der
25 Befürworter um Brasiliens Sprung in die Oberliga der globalen Wirtschaftsmächte. [...]

Bereits im Wahlkampf 2018 hatte Bolsonaro, der sowohl von Farmern als auch von den Goldgräber-Vereinigungen unterstützt wurde, die Öff-
30 nung der Gebiete angekündigt. Keinen Zentimeter Boden werde er den Indigenen mehr geben, versprach der Ex-Militär damals. Am Mittwoch bezeichnete er die Indigenen anlässlich der Verkündung der Gesetzesinitiative in Brasilia als
35 „Menschen wie wir, Brasilianer wie wir". Sie würden an den Gewinnen aus der Ausbeutung beteiligt werden, versprach Bolsonaro. [...]

Noch ist unklar, wie der Kongress Bolsonaros Pläne aufnehmen wird. Eine 2019 durchgeführte
40 Umfrage hatte jedenfalls ergeben, dass 86 Prozent der Bevölkerung gegen die wirtschaftliche Ausbeutung der Indigenen-Gebiete sind, die vor allem privaten Unternehmen zugutekommen dürfte.

45 Bereits am Montag hatte Bolsonaro eine weitere umstrittene Entscheidung getroffen. So ernannte er den Anthropologen Ricardo Lopes Dias zum Leiter der Abteilung für unkontaktierte Völker in der Indigenen-Behörde Funai. Dias war zuvor 50 über zehn Jahre lang aktives Mitglied der New Tribes Mission (NTM) gewesen, einer evangelikalen Missionsbewegung, die ihren Fokus auf isoliert lebende Völker richtet.

Der NTM wird vorgeworfen, ihre Evangelisie-
55 rungsarbeit auch gegen den Willen der Betroffenen voranzutreiben. Zudem sollen durch die Missionare in der Vergangenheit Krankheiten bei den Völkern eingeschleppt worden sein. Indigene Vereinigungen hatten vergeblich gegen
60 die Ernennung von Dias protestiert.

Quelle: Milz: Bolsonaro will indigene Schutzgebiete ausbeuten, in: zdf.de, 06.02.2020, abgerufen unter: www.zdf.de/nachrichten/politik/brasilien-bolsonaro-ausbeutung-indigene-gebiete-100.html [28.05.2020].

**3.** 3.1 Erstellen Sie eine Übersicht über die involvierten Akteure und Gruppen und ordnen Sie diesen dann Ziele, Mittel und Auswirkungen zu.

3.2 Überprüfen Sie anhand der vorherigen rechtsbezogenen Quelle (M 6), inwieweit die Rechte der betroffenen indigenen Völker gewahrt werden.

3.3 Diskutieren Sie, ob oder unter welchen Bedingungen weitere Staudämme im Amazonasgebiet gebaut werden sollen.

### Megaprojekt Belo Monte

Am 5. Mai 2016 wurde mit Belo Monte eines der weltweit größten Wasserkraftwerke feierlich eröffnet, gut 40 Jahre nach den ersten Planungen. Ende der 1980er-Jahre schien das Megaprojekt an einem breiten Widerstand gescheitert, doch ausgerechnet Staatspräsident Lula da Silva, einst selbst Gegner der Ausbeutung des Regenwalds, ebnete in den 2000er-Jahren den Weg zu einer kleineren Neuauflage. Trotz abermals heftiger Widerstände begannen 2011 die Bauarbeiten. Zehntausende Menschen wurden umgesiedelt und es entstand ein 516 km² großer Stausee, was in etwa der Größe des Bodensees entspricht. Die nahe gelegene Stadt Altamira erlebte durch den Bau des Staudamms einen grundlegenden Wandel.

**M 8**

## Staudämme im brasilianischen Amazonasgebiet

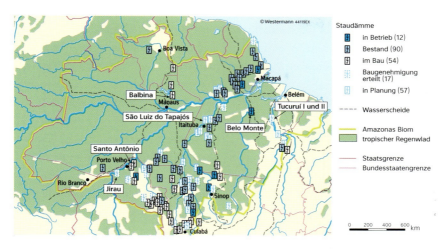

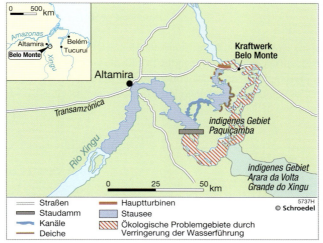

Das Wasserkraftwerk
Belo Monte am Rio
Xingu in Brasilien

**M 9**

## Stromversorgung in Brasilien 2018

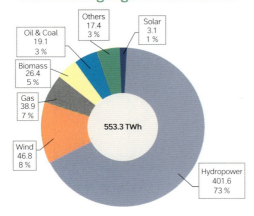

Quelle: Ministerio de Minas e Energia (MME), Agencia Nacional de Energia
Elettrica (Aneel)

## M 10
### Präsidentin Dilma Rousseff (2011–2016) in ihrer Rede bei der offiziellen Eröffnung Belo Montes am 5. Mai 2016

1 Darüber hinaus ist es großartig für das Land, für das ganze Land, weil es etwas sehr Wichtiges garantiert, das wir nur dann schätzen, wenn es fehlt, nämlich Elektrizität. [...] Es gibt uns
5 Sicherheit, es gibt Brasilien Sicherheit. Es ist auch großartig, weil Brasilien ein Merkmal hat, das es von allen Ländern der Welt unterscheidet: Die Tatsache, dass seine Stromerzeugung hauptsächlich aus nachhaltigen Quellen erfolgt,
10 Quellen, die viel weniger umweltschädlich sind als die in Industrieländern verwendeten, nämlich Wasserkraft, Windkraft, Biomasse und Sonnenenergie. [...]

Mit Belo Monte vermeiden wir nicht nur die Re-
15 gion hier zu verschmutzen, nicht nur Pará, nicht nur den Norden. Wir vermeiden es, ganz Brasilien zu verschmutzen, da es eines der wichtigsten Wasserkraftwerke unseres Landes ist. [...]

Es ist wichtig hervorzuheben, dass wir mit Belo
20 Monte nicht nur Energie in den Rest Brasiliens bringen, sondern hier einen einzigartigen Reichtum schaffen. Unternehmen, die hier tätig werden wollen, wird es nicht an Energie mangeln, wovon dieser Staat mit seinen großen Reserven an Mine-
25 ralien und seinem großem landwirtschaftlichen Potenzial profitieren wird.

Quelle: Discurso da Presidenta da República, Dilma Rousseff [Übersetzung des Autors], 05.05.2016, abgerufen unter: www.biblioteca.presidencia.gov.br/presidencia/ex-presidentes/dilma-rousseff/discursos/discursos-da-presidenta/discurso-da-presidenta-da-republica-dilma-rousseff-durante-cerimonia-de-inicio-da-operacao-comercial-da-usina-hidreletrica-de-belo-monte-vitoria-do-xingu-pa [28.05.2020].

## M 11
### Staat versus Indigene

Indigene der Gemeinschaft der Waorani protestieren gegen neue Öl-Projekte im Amazonas (18.10.2021). Gemeinsam mit weiteren indigenen Gruppen marschierten sie zum Verfassungsgerichtshof, um die Annullierung eines Dekrets einzufordern, das neue Projekte zur Ölförderung zulassen würde.

## M 12 Der gigantische Menschenversuch: [Auswirkungen auf den Stamm der Juruna und die Stadt Altamira]

1 An der großen Schlinge des Xingu-Flusses, in der Hitze Amazoniens, kniet Ozimar, Häuptling vom Stamm der Juruna, und hackt mit seiner Machete auf ein Stück Holz ein. Die Juruna haben ihre
5 Kanus schon immer selber gebaut, mit ihnen haben sie die Stromschnellen durchpflügt, die Sandbänke umschifft. Solange er Häuptling ist, wird das auch so bleiben. Der Fluss ist ihr Gott, sie leben mit ihm und von ihm. Aber der Fluss,
10 Ozimar Juruna flüstert es fast, der Fluss ist verrückt geworden. Mit einem Knopfdruck können die Fremden ihn jetzt abstellen. Das mögen die Weißen verstehen. Aber wer soll das seinem Volk erklären? Wer den Fischen?

15 Früher war in der Regenzeit bis zum Horizont Wasser, weiter, als man sehen konnte, und in der trockenen Zeit kamen die Inseln hervor, und es kamen Vögel und Schildkröten, und es wuchsen Bäume und Kräuter, von denen sie lebten. Jetzt
20 ziehen sie jämmerliche Fische aus dem Fluss, voller Gräten. Sie schmecken wie der Tod. [...]

Es war, so sieht das Ozimar Juruna, von Anfang an Verrat, mit diesen Leuten zu verhandeln. Was haben sie ihnen nicht alles versprochen. Der
25 Damm, sagten die Politiker und die Betreiberfirma Norte Energia, wird ihnen Arbeitsplätze bringen, Strom, fließend Wasser, Bildung, Gesundheit, Wohlstand. In einer vom Betreiberkonsortium beauftragten Umweltverträglich
30 keitsstudie aber stand dann, dass die Menschen in der großen Schlinge des Rio Xingu gar nicht betroffen seien und deshalb auch keinen Anspruch auf Entschädigung hätten, da ihr Land nicht überflutet werde – es werde ja nur ausge
35 trocknet. [...]

Der Häuptling schaut müde auf den Fluss, dann zeigt er auf ein Haus, Ziegel, Giebeldach, sieht aus wie ein Einfamilienhaus in einer hessischen Kleinstadt. Das haben sie ihnen hingestellt, ein
40 Gesundheitszentrum. Ohne Ärzte, ohne Strom, ohne Gerätschaft. Ein Witz. Oder da hinten, noch so ein Sozialprojekt der Betreiberfirma, sechs Tonnen in sechs verschiedenen Farben. Altpapier, Glas, Plastik, Metalle, Restmüll, Bio
45 müll – Biomüll im Regenwald. Geleert hat die Dinger noch nie einer. [...]

Aber das Schlimmste ist: Sie sind keine Gemeinschaft mehr. Die Betreiberfirma hat mit ihren Geschenken und ihrem Geld bewirkt, dass der Stamm
50 in zahllose kleine Stämme zerbrochen ist. [...]

Es war der 5. Mai 2016, als eine Sirene die Stille am Xingu durchschnitt und die ersten Turbinen von Belo Monte anfingen zu arbeiten. Bei den Juruna in Paquiçamba waren schon Monate davor
55 Tonnen toter Fische vorbeigeschwappt, zu wenig Wasser, zu wenig Sauerstoff. Als die Turbinen getestet wurden, kamen auf der anderen Seite gehäckselte Fische raus. Wie viele Arten das Gemetzel überleben werden, wird man sehen. Seit
60 Jahrtausenden behüten die Stämme den Wald und die Tiere, die Weißen machen ihre Maschinen an, und der Xingu wird ein Fluss des Blutes. [...]

Von oben sieht Altamira aus wie viele Städte, die sich in das Grün Amazoniens gefressen haben:
65 eher hässlich. Wer unten ist, auf den Straßen, weiß, die fehlende Schönheit ist das kleinste Problem. Laut Forschungsprojekt „Brasiliens Krieg" im Auftrag der Zeitung O Globo ist Altamira mittlerweile die Stadt mit der höchsten Mordrate
70 des Landes. Pro 100'000 Einwohner bringen sie es hier auf 124,6 Tote. Um die Monstrosität dieser Zahl zu verstehen: In Rio de Janeiro, wo die Sicherheitslage als komplett außer Kontrolle gilt, lag die Mordrate zuletzt bei 23,4. Im weltweiten
75 Durchschnitt bei etwa sechs. In Deutschland bei 0,8. [...]

Vor zehn Jahren lebten in Altamira weniger als 100'000 Menschen. Seit dem ersten Spatenstich in Belo Monte 2011 explodierte die Bevölke-
80 rungszahl. Zehntausende Männer aus dem ganzen Land wurden hierher gekarrt, die meisten ohne Familie. Davor war schon vieles fragil, die Infrastruktur, die Schulen, das Gesundheitssystem, die Kanalisation. Dann kam eine ganze
85 Kleinstadt dazu.

Jetzt sitzen diese Männer in der Stadt herum, mittlerweile oft ohne Job. Zu den Arbeitern kamen mehr als 4000 Familien, die man von den Ufern des Xingu vertrieben hatte. Sie wurden in
90 kollektive urbane Neusiedlungen am Stadtrand gepfercht, nach Casa Nova, wo die Fertighütten schon Risse hatten, bevor jemand einzog. In Agua Azul floss nie ein Tropfen Wasser aus dem Hahn. Es gibt dort keine Bäume, keine Kin-
95 dergärten, keine Schulen, keine Einkaufsläden, keine Bushaltestellen. [...]

Im Zentrum von Altamira stehen fast alle Geschäfte zum Verkauf. Friseursalons, Kneipen, Bäckereien, Gemüseläden, Apotheken samt Per-
100 sonal. Aber niemand hat Interesse. Manchmal trifft man auf Indianer[1], die sie mit ihrem Alkohol und ihren Versprechungen aus dem Dschungel gerissen haben, sie torkeln wie Treibholz durch die Straßen von Altamira.

Quelle: Herrmann; Steinberger: Der gigantische Menschenversuch, in: Süddeutsche Zeitung, 18.07.2018, abgerufen unter: www.sueddeutsche.de/panorama/staudamm-im-amazonasbecken-der-gigantische-menschenversuch-1.4054118-0?reduced=true#seite-2 [28.05.2020].

---

1 Zum Begriff „Indianer" siehe Hinweis auf Seite 269.

## Altamira im Wandel M 13

Umsiedlungsprojekt Casa Nova, 2019

# DAS WICHTIGSTE IN KÜRZE

45 Millionen Menschen, etwa 8 % der Gesamtbevölkerung, bezeichnen sich laut eines Berichts der Wirtschaftskommission der Vereinten Nationen für Lateinamerika und die Karibik (CEPAL) als indigen. Die 826 Völker leben in unterschiedlichsten Naturräumen mit ihrer eigenen Geschichte und Kultur, wovon die mehr als 700 Sprachen zeugen. Vor allem die Andenstaaten weisen neben Guatemala und Mexiko einen hohen Anteil an Indigenen auf. Gemeinsam ist ihnen die Erfahrung der Unterdrückung und Versklavung im Gefolge der Ankunft der Europäer 1492. Innerhalb eines Jahrhunderts wurde die indigene Bevölkerung vor allem durch die kolonialen Eroberungskriege sowie durch eingeschleppte Krankheiten wie Pocken, Pest und Masern um bis zu 90 % dezimiert. Die Zerstörung des ökologischen Gleichgewichts durch die Kolonialmächte führte in der Folge zusätzlich zu Hungersnöten.

## Rechtliche Situation heute

Auch im 21. Jahrhundert sind Indigene überproportional von Armut und Diskriminierung betroffen. Andererseits haben sie sich seit dem Ende des 20. Jahrhunderts eine bessere rechtliche Stellung erkämpft und an Selbstbewusstsein gewonnen. Alejandro Toledo in Peru und Evo Morales in Bolivien haben es als Indigene gar ins Präsidentenamt geschafft. In den meisten lateinamerikanischen Verfassungen wird der plurikulturelle Charakter der Gesellschaft mittlerweile anerkannt, woraus sich eine Reihe von Rechten ableiten lassen. So wird den Indigenen in der Verfassung Brasiliens aus dem Jahre 1988 der Besitz ihres Landes sowie die Anerkennung ihrer sozialen Organisation, ihrer Bräuche und ihrer Sprachen garantiert. Auch auf internationaler Ebene ist 1989 mit der von der Mehrheit der lateinamerikanischen Staaten unterschriebenen und seit April 2021 auch vom deutschen Bundestag ratifizierten ILO-Konvention 169 ein wichtiger Schritt gemacht worden. Herzstück der Konvention sind die Konsultations- und Partizipationsverfahren, die eine Beteiligung und Mitsprache indigener Völker an Projekten gewährleisten, die sie betreffen. Die Erklärung der Vereinten Nationen 2007 ist ebenso ein wichtiges Instrument zur Stärkung der Rechte indigener Völker. Anders als die ILO-Konvention 169 ist die UN-Erklärung für Staaten jedoch nicht rechtlich bindend.

## Aktuelle Herausforderungen

Trotz aller Fortschritte bleibt die Situation fragil. Neben den Auswirkungen des Klimawandels, darunter besonders die Zunahme von Waldbränden, sind es vor allem das wachsende Interesse an Bodenschätzen, Megaprojekte wie Staudämme oder illegale Landnahme durch Rodungen, die die Lebensräume indigener Völker bedrohen. Im Zuge der in diesem Kontext unternommenen Umsiedlungen werden sie aus ihrem gewohnten Lebensumfeld herausgerissen und somit sozial entwurzelt. Nicht zu vergessen ist diesbezüglich der Einfluss der Regierungspolitik, welche diese Entwicklungen verstärkt und die Rechte Indigener aushöhlen kann.

# FESTIGUNG – VERTIEFUNG

## Weitere Herangehensweisen

- Erstellen Sie Infoblätter zu einzelnen indigenen Völkern, z. B. zu den Mapuche, den Maya oder den Kayapó.
- Recherchieren Sie zum Thema „Quilombos".
- Erstellen Sie eine Liste mit Kurzcharakteristika zu Interessenvertretungen indigener Völker.
- Stellen Sie ein realisiertes oder geplantes Großprojekt vor, das die Interessen indigener Völker berührt.

## Vertiefende Aspekte

- Indigene Völker werden vermehrt Opfer von Biopiraterie, einer Praxis, bei der sich Konzerne des Wissens Indigener bedienen, um patentierte Kosmetika und Medikamente zu vertreiben. Recherchieren Sie zu diesem Thema unter Einbeziehung des Nagoya-Protokolls.
- Recherchieren Sie die Beteiligung deutscher Unternehmen am Bau des Staudamms Belo Monte.

## Weiterführende Quellen und Hinweise

**H 1** Lateinamerikawoche in Nürnberg. Die alljährlich Ende Januar/Anfang Februar in Nürnberg stattfindende mehrtägige Veranstaltung widmet sich in Vorträgen, Ausstellungen und Filmen aktuellen Themen rund um Lateinamerika. Tiefergehende Informationen sind auf der dazugehörigen Website zu finden.

**H 2** Horst, René D. Harder: A History of Indigenous Latin America. Aymara to Zapatistas, London, Routledge, 2020. Das Buch gibt aus der Perspektive der indigenen Völker einen umfassenden Einblick in die Geschichte Lateinamerikas ab dem Beginn der europäischen Kolonialisierung.

**H 3** Ströbele-Gregor, Juliana: Indigene Bewegungen, in: Maihold, Günther; Sangmeister, Hartmut; Werz, Nikolaus (Hg.): Lateinamerika. Handbuch für Wissenschaft und Studium, 1. Aufl., Baden-Baden, Nomos Verlag, 2020, S. 614–625. Der Beitrag gibt einen knappen Überblick über die Organisationsformen indigener Interessen und über die wesentlichen aktuellen Konfliktfelder.

 **H 4** Soares, João/ Walter, Jan D.: Kulturkampf mit Pfeil, Bogen und Handy, Deutsche Welle, Bonn, 2021: Der Beitrag thematisiert den Kampf von Indigenen um ihre Rechte auf Social Media.

## KAPITEL 5 (LERNBEREICH 3.2)

**5.2** Tatort Regenwald

### Forschungsinteresse und Kompetenzerwerb

Nicht zuletzt die globale Aufmerksamkeit, die die Bewegung Fridays for Future erhält, zeugt von einem wachsenden Bewusstsein für das Thema Umwelt. Umweltkatastrophen in Lateinamerika, wie die brennenden Regenwälder 2019 oder die mehr als 50 Millionen Kubikmeter roter Giftschlamm, die sich 2015 nach einem Dammbruch in einer Mine in den Rio Doce ergossen, liefern dazu die Bilder, die die Ängste zusätzlich verstärken.

In diesem Kapitel befassen Sie sich mit der „grünen Lunge" der Welt, dem Regenwald im Amazonasgebiet. Um sich der bedrohlichen Lage des Regenwaldes bewusst zu werden, beschäftigen Sie sich mit dem Ausmaß und den Triebkräften der Zerstörung. Sie lernen zudem die Sichtweise der Akteurinnen und Akteure vor Ort kennen. Dadurch erkennen Sie, dass ein multiperspektivischer Zugang wesentlich zum Verständnis beitragen kann. Die Untersuchung zugrunde liegender Ursachen der Entwaldung zeigt Ihnen, dass das komplexe multikausale Zusammenspiel unterschiedlicher Aspekte ein Grundprinzip des historisch-politischen Arbeitens ist. Schließlich setzen Sie sich mit Initiativen zur Bekämpfung der Rodung auseinander, damit Sie sich ein fundiertes Urteil bilden können.

### Vorgehen

Im Rahmen eines Projekttags an Ihrer Schule zum Thema „Nachhaltigkeit" konzipieren Sie eine Station unter dem Stichwort „Tatort Regenwald".

Sie ERARBEITEN zunächst wesentliche Aspekte zum Ausmaß, der Entwicklung und der Abfolge der Entwaldung. Am Beispiel des Sojaanbaus ANALYSIEREN Sie die Wirkung eines wesentlichen Treibers dieser Entwicklung. Im nächsten Schritt SETZEN Sie sich mit der konkreten Situation eines illegalen Landneh-

mers am „Tatort" AUSEINANDER. Sie ERARBEITEN und DISKUTIEREN dann Handlungsmöglichkeiten im Umgang mit illegaler Landnahme. Im nächsten Schritt IDENTIFIZIEREN Sie die zugrunde liegenden Ursachen für die Zerstörung des Regenwaldes. Im Rahmen eines Gruppenpuzzles RECHERCHIEREN abschließend die Expertengruppen unterschiedliche Lösungsansätze, während die Stammgruppen dann die Ansätze VORSTELLEN und DISKUTIEREN.

BEREITEN **Sie nun die Ergebnisse so** AUF**, dass Ihre Mitschülerinnen und Mitschüler am Beispiel des Amazonas-Regenwaldes einen Überblick über die komplexe Ausgangssituation und die Handlungsmöglichkeiten erhalten.**

Als Arbeitshilfe finden Sie im hinteren Teil des Lehrwerks eine Übersicht über verschiedene Methodentechniken. Nutzen Sie diese Möglichkeit.

### Materialauswahl

Die Analyse von Statistiken und Schaubildern erleichtert den Zugriff auf wesentliche Sachverhalte und Zusammenhänge. Eine Quelle (M 2) erlaubt jedoch auch eine kritische Reflexion des Einsatzes von Statistiken. Zur Dramatisierung der Regenwaldbrände 2019 wurde meist nur die Entwicklung im Zeitraum zwischen 2012 bis 2019 beleuchtet. Ein Zeitungsbericht, der die Situation im Nationalpark Bom Futuro betrachtet, erleichtert das Verständnis für die konkrete Lage vor Ort und ermöglicht einen Perspektivenwechsel. Der Text eines Sozialwissenschaftlers bietet einen Zugang zu den komplexen Ursachen der Zerstörung des Regenwaldes. Schließlich sollen Logos und Kampagnenflyer bekannter Initiativen als visuelle Impulse das Interesse wecken, selbst zu verschiedenen Lösungsansätzen zu recherchieren.

1. 1.1 Fassen Sie die wesentlichen Aspekte der Entwicklung der Entwaldung zusammen und veranschaulichen Sie das Ausmaß anhand von Ihnen bekannten Bezugsgrößen.

1.2 Analysieren Sie dann die Bedeutung und die Auswirkungen des Sojaanbaus.

### Raubbau am Regenwald — M 1

© Westermann 40878EX_1

**Legende:**
- Waldverlust von 2000 bis 2018
- brasilianisches Regenwaldgebiet
- indigene Schutzgebiete

0 200 400 600 km

Der Regenwald im Amazonasgebiet umfasst etwa 8 Millionen km², wovon sich mit knapp 5 Millionen km² etwa 65 % auf brasilianischem Gebiet befinden. Man geht davon aus, dass etwa eine Million km² bereits entwaldet wurden.

**M 2** **Regenwaldverluste im brasilianischen Teil des Amazonas Regenwaldes**

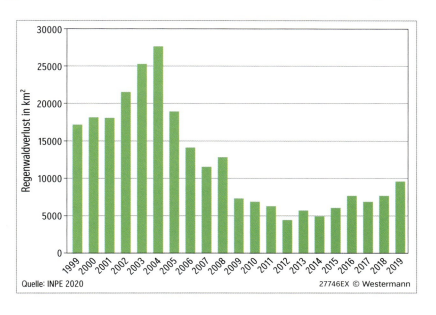

Quelle: INPE 2020

27746EX © Westermann

**M 3** **Typische Abfolge der Zerstörung von Regenwald**

1 Häufig ist eine bestimmte Abfolge bei der Regenwaldvernichtung zu beobachten. Zunächst schlagen Holzfäller wertvolle Bäume und schaffen so einen einfacheren Zugang zum Wald. Es folgen
5 Viehzüchter, die mit Brandrodung größere Flächen in Rinderweiden umwandeln. Da der Boden sehr arm an Nährstoffen ist, ist die Rinderhaltung nicht lange profitabel. Die Flächen werden aufgekauft und für die Sojaproduktion, unter massivem
10 Einsatz von Düngemitteln und Pestiziden, genutzt. Die Viehhalter ziehen wiederum tiefer in den Regenwald. So dringen Weiden und Äcker immer tiefer in Regenwald-Gebiete vor.

Quelle: OroVerde: Fragen & Antworten zu Soja, abgerufen unter: www.regenwald-schuetzen.org/verbrauchertipps/soja-und-fleischkonsum/fleischkonsum-und-regenwald/ [10.06.2020].

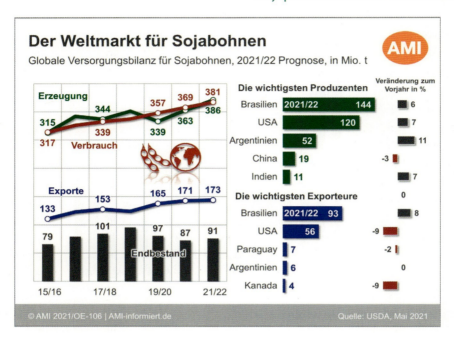

# Der Weltmarkt für Sojabohnen

Globale Versorgungsbilanz für Sojabohnen, 2021/22 Prognose, in Mio. t

AMI

| | Veränderung zum Vorjahr in % |
|---|---|
| **Die wichtigsten Produzenten** | |
| Brasilien 2021/22 144 | 6 |
| USA 120 | 7 |
| Argentinien 52 | 11 |
| China 19 | -3 |
| Indien 11 | 7 |
| **Die wichtigsten Exporteure** | 0 |
| Brasilien 2021/22 93 | 8 |
| USA 56 | -9 |
| Paraguay 7 | -2 |
| Argentinien 6 | 0 |
| Kanada 4 | -9 |

Erzeugung: 315, 344, 357, 369, 381
Verbrauch: 317, 339, 339, 363, 386
Exporte: 133, 153, 165, 171, 173
Endbestand: 79, 101, 97, 87, 91

15/16  17/18  19/20  21/22

© AMI 2021/OE-106 | AMI-informiert.de    Quelle: USDA, Mai 2021

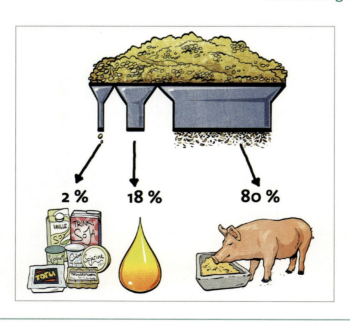

2 %   18 %   80 %

## M 6   Aus einer Studie zu Gentechnik-Soja des Instituts Testbiotech

1 Die Einführung der Gentechnik beim Anbau von Sojabohnen in Argentinien, Brasilien und Paraguay hat vor allem in den ersten Jahren durch den einfacheren Einsatz von Herbiziden zu be-
5 trächtlichen Rationalisierungseffekten geführt, die sich besonders auf großen Flächen bezahlt machten. Entsprechend fielen die größten Gewinne bei Agrarunternehmern, Investoren und großen Konzernen an, die Saatgut und Pestizide
10 verkaufen oder die Ernte exportieren.

Die Möglichkeit, auch frisch in Ackerland umgebrochene Flächen durch den Einsatz von Glyphosat von Unkräutern zu befreien und wenn nötig auch nachzubehandeln, erleichterte die
15 Expansion des Sojaanbaus. Wichtigster Treiber war die rasant wachsende Nachfrage nach Soja-Futtermitteln zunächst in der EU und später in Asien, vor allem China. In vielen Regionen wuchsen Sojaflächen auf Kosten ländlicher, oft
20 kleinbäuerlich wirtschaftender Bevölkerungsgruppen, der Umwelt und der biologischen Vielfalt. [...]

Der Sojaanbau in Südamerika geht mit massiven Verlusten und Schäden an den Ökosystemen
25 (Urwäldern, Grasland und Feuchtgebieten) einher, schädigt die Bodenfruchtbarkeit und fördert Überschwemmungen und mittelfristig die Versalzung der Böden. Der zunehmende Einsatz von Pestiziden verursacht zudem steigende Ri-
30 siken für die Gesundheit der Menschen in den Anbauregionen. Durch die Entwaldung und die Umwandlung des Cerrado bzw. der Pampa in Flächen für den Ackerbau kommt es nicht nur zu regionalen Veränderungen des Klimas, son-
35 dern auch zu Auswirkungen auf den globalen Klimawandel.

Quelle: Then; Miyazaki; Bauer-Panskus; Reichert: Gentechnik-Soja in Südamerika, Oktober 2018, S. 4 f., abgerufen unter: www.germanwatch.org/sites/germanwatch.org/files/Studie%20Gentechnik-Soja%20in%20S%C3%BCdamerika_0.pdf [10.06.2020].

2.

2.1 Stimmen Sie zunächst ab, ob Bauern und Bäuerinnen, die sich illegal Land in einem geschützten Regenwaldgebiet angeeignet haben, gezwungen werden sollten, ihren Hof aufzugeben. Analysieren Sie dann anhand des nachfolgenden Artikels die Situation vor Ort unter den folgenden Aspekten: Umstände der illegalen Landnahme, Beteiligte, ihre Interessen und die Mittel, die sie anwenden.

2.2 Sammeln Sie arbeitsteilig Argumente für und gegen eine Vertreibung von Bauer Gilson.

2.3 Führen Sie eine Pro-und-Kontra-Diskussion durch. Reflektieren Sie, welche Konsequenzen Ihre Entscheidung hat und ob sie durchsetzbar ist.

1 „Sollen sie doch andere Wälder als den Bom Futuro erhalten", sagt Juvenil Sena, „es gibt doch noch so viele." Juvenil will bei den Wahlen im Herbst Stadtrat in Alto Paraíso werden, einer im Rauch
5 der brennenden Sägewerk-Abfälle fast verschwindenden Kleinstadt östlich des Bom-Futuro-Waldes. Im Rathaus von Alto Paraíso hatte er einer Zeitung ein Eselsohr geknickt, um zu zeigen, wie winzig der abgeholzte und wie riesig der intakte Teil des
10 Staatswaldes sei. Nun hat er sein Auto auf der Holzbohlen-Brücke über den Rio Candeiras angehalten, ein träger, grüner Fluss eine Autostunde von Alto Paraíso entfernt: Hier beginnt der Staatswald. Und Juvenil wettert, wie ungerecht es wäre,
15 die Leute hier zu vertreiben: „Wenn die weg sollen, müssen sie doch kriminell werden!" [...]

Der Rio Candeiras mag theoretisch die Grenze zwischen Agrarland und Naturschutz sein. Aber hüben und drüben sieht es gleich aus: ein bis zum Horizont
20 reichendes Panorama der Rodung und Nutzung, dem die Spuren der Zerstörung noch immer anzusehen sind. Überflutete Flächen mit kahlen Krakeln, Weiden mit den ausgebleichten Stämmen gefällter, wertloser Bäume, hastig hingestellte Häuser.

25 Rondônia ist Brasiliens Wilder Westen. Richtig entwickelt hat sich der 237 000 Quadratkilometer große Gliedstaat erst in den siebziger Jahren, als die aus dem Süden kommende Landstraße gebaut wurde. Das damals noch kaum erschlossene Rondônia
30 wurde im Fischgrat-Muster gerodet und besiedelt: Von der Straße schlagen sich die Nebenwege parallel in den Busch. Die Bundesstraße 364, die den Staat von Südwesten nach Nordosten durchquert, ist bis heute die Achse – der Entwicklung, der Zerstörung.

35 Im Naturschutzgebiet Bom Futuro ist „nachhaltige Nutzung" erlaubt. Man dürfte also aufgrund eines Wirtschaftsplans bestimmte Bäume entnehmen, die traditionell ansässige Bevölkerung könnte zum Beispiel jagen. Aber im Staatswald ist seit der Auswei-
40 sung 1988 nie ein Wirtschaftsplan aufgestellt worden. Stattdessen begann, „orchestriert von Bodenspekulanten, Landräubern, Holzfällern und Lokalpolitikern, im Jahr 2000 die unverfrorene Invasion des Staatswaldes Bom Futuro", heißt es in einem
45 Bericht von Umweltschützern aus Amazonien.

Satellitenfotos zeigten 1995 einen intakten Baumbestand. 2007 waren 788 der 2490 Quadratkilometer verschwunden – mehr als nur ein Eselsohr. Tausende von Menschen leben im Bom Futuro,
50 zum Beispiel in Rio Pardo im Westen des Waldes, einer Kleinstadt mit Schulen, Kirchen, Läden und Tankstelle. Es gibt auch Hunderte von weit verstreuten Gehöften.

„Ich bin glücklich und zufrieden hier", sagt der
55 42-jährige Gilson, der vor elf Jahren herkam. Das Haus, in dem der Bauer mit seiner Familie wohnt, ist funkelnagelneu und von unten bis oben hellgrün gekachelt und gestrichen. In der Schrankwand stehen Fernseher und DVD neben einem Bild von
60 Schloss Neuschwanstein, und „wenn Gott will, installiere ich nächstes Jahr eine Klimaanlage". Denn der Preis für die Milch ist gut, und Kaffee löst heute sogar sechsmal so viel wie vor zwei, drei Jahren. [...]

150 [Hektar] hat Gilson, was in Brasilien als Klein-
65 betrieb gilt. Einen Großteil davon hat er noch selber gerodet. Das alles aufgeben zu müssen, bloß weil „mein Land" illegal ist – unvorstellbar für ihn. „Ich gehe hier nicht mehr weg – Mann, wir haben früher in der Favela gelebt!", sagt er erbost.
70 Juvenil, der angehende Stadtrat, will weismachen, dass es im Bom Futuro keine Großgrundbesitzer gebe. So kann er die Forderung, den Staatswald einfach in normales Land umzuwidmen, als soziale Maßnahme verkaufen. Aber „die Großen verste-
75 cken sich hinter den Kleinen", sagt Rogério Vargas vom Umweltschutzverein Mapinguari. Bundes-, Landes- und Gemeindeparlamentarier, Staats- und Polizeibeamte besäßen große Fazendas im Wald Höheren Ortes scheint der Wille auch nicht aus-

80 geprägt zu sein. Brasilien erregt sich stets über die Kritik des Auslands an der Waldvernichtung. Aber Umweltminister Carlos Minc musste kürzlich ein-

räumen, dass über die Hälfte der 299 Naturschutz-
85 gebiete nicht überwacht und drei Viertel nicht richtig verwaltet werden.

Quelle: Kunath: Schutzloser Regenwald, in: Neue Zürcher Zeitung, 07.09.2008, abgerufen unter:
www.nzz.ch/schutzloser_regenwald-1.825956#back-register [10.06.2020].

**3.**

3.1 Fassen Sie anhand des nachfolgenden Materials (M 8) die Ursachen der Entwaldung zusammen.

3.2 a) Analysieren Sie die in M 9 dargestellten Abbildungen im Hinblick auf eine strategische Bekämpfung der Entwaldung.
b) Erarbeiten Sie in Stamm- und Expertengruppen Lösungsansätze für den Schutz des Regenwaldes. Expertengruppen: Recherchieren Sie die Ziele und Mittel der dargestellten Lösungsvorschläge (M 9) sowie die Kritikpunkte daran. Stammgruppen: Präsentieren Sie zunächst Ihre Vorschläge und diskutieren Sie dann, welche Vorschläge am effektivsten die Ursachen bekämpfen können.

## M 8    Treiber versus Ursachen

1 Eine mögliche Antwort bei der Suche nach den Ursachen ist so banal wie folgenreich: weil sich die Umwandlung ökonomisch lohnt. Diese Aussage ist nicht ganz so trivial, wie sie auf den
5 ersten Blick erscheint. Die ökologische Kritik hat Landwirtschaft in Amazonien lange als unmöglich oder zumindest unrentabel dargestellt. Diese Sichtweise hat offensichtlich Potentiale der Landwirtschaft in Amazonien unterschätzt oder
10 missachtet. Der Sojaanbau hat sich insbesondere in Mato Grosso mit staatlicher Unterstützung zu einer hochtechnisierten und modernen Landwirtschaft entwickelt, die ähnliche Hektarerträge erzielt wie die US-Landwirtschaft. Damit hat sich
15 auch eine neue Machtelite innerhalb des Agrobusiness etabliert. Der ehemalige Gouverneur von Mato Grosso und größte Sojaproduzent des Landes, Blairo Maggi, wurde zu einem wichtigen Unterstützer der Regierung Lula, Landwirtschafts-
20 minister unter Präsident Temer und zu einem der exponiertesten und international vernetzten Vertreter des brasilianischen Agrobusiness.

Auch die brasilianischen Fleischerzeuger haben in den letzten Jahrzehnten eine atemberaubende Mo-
25 dernisierung vollzogen. Der Schlachthauskonzern JBS Friboi stieg zum größten Fleischverarbeiter der Welt auf, wurde zum wichtigsten Finanzier der Wahlkämpfe in Brasilien und steht seit 2017 im Mittelpunkt der Korruptionsskandale, die das Land
30 erschüttern. Allerdings war die Modernisierung im Agrarsektor nur partiell. Viehzucht ist eingebunden in die Logik der Ausweitung der Agrargrenze. Um Entwaldung lohnend zu machen, muss Viehzucht offensichtlich nicht sehr produktiv sein; nach
35 wie vor bedeutet die Anlage von Viehweiden auf ehemals bewaldeten Flächen eine Wertsteigerung des Landbesitzes. Die Rentabilität der Viehzucht hängt also nicht allein von der ökonomischen Aktivität ab, sie kann auch durch Wertsteigerung des
40 Landbesitzes garantiert werden.

Neben der ökonomischen Rentabilität ist die Verfügbarkeit von Land zur Expansion der Landwirtschaft der zweite entscheidende Faktor. Amazonien ist nach wie vor eine der großen Agrarzonen

45 der Welt: Neue Anbau- und Weideflächen werden durch Zerstörung der ursprünglichen Vegetation (Regenwald und Cerrado) gewonnen. Die Aneignung von Land ist zu einem großen Teil illegal – entweder, weil der Erwerb von Land nicht
50 auf legalen Landtiteln beruht, zum andern weil Landbesitzer nicht die strengen Umweltauflagen beachten: Im Biom Amazonas dürfen Landbesitzer nur 20 Prozent des Waldes abholzen, im Biom Cerrado sogar 65 Prozent der ursprünglichen Ve-
55 getation. Die fehlende Durchsetzung rechtsstaatlicher Normen und umweltpolitischer Auflagen im Hinblick auf die Nutzung der Landflächen ist damit auch eine bedeutende Ursache für das Voranschreiten der Entwaldung. Kurz gesagt:
60 Fehlende Kontrolle („command and control"), mangelndes Funktionieren des Rechtsstaates und (falsche) ökonomische Anreize gelten gemeinhin als entscheidende Ursachen der Entwaldung und sind daher Ansatzpunkte für politische Strategien
65 zur Verminderung der Entwaldung.

Der Blick auf Satellitenbilder kann etwas Entscheidendes nicht sichtbar machen: nämlich inwieweit die Dynamik des „land use change" Teil einer umfassenden Entwicklungsdynamik ist. Straßen, ein-
70 zelne Bergbau-Minen oder sogar Staudämme nehmen wenig Flächen ein, sind aber die Grundlage für den Ausbau von Infrastruktur, die „Eroberung" von Wald durch die Agrarwirtschaft erst ermöglicht.

Entwaldung kann also nur als Effekt eines kom-
75 plexen sozialen, ökonomischen und politischen Prozesses gesehen werden. Die Umwandlung von Wald in Weiden und Ackerflächen ist lediglich der leicht erkennbare Teil dieses Prozesses.

Quelle: Fatheuer: Amazonien heute, 2019, S. 23 ff., abgerufen unter: www.boell.de/sites/default/files/amazonien_heute_kommentierbar.pdf?dimension1=division_la [10.06.2020].

## Strategien zur Bekämpfung der Entwaldung    M 9

Konsumverhalten

Zertifizierungssysteme

Internationale Programme

Gesetzgebung

# DAS WICHTIGSTE IN KÜRZE

## Globale Bedeutung des Amazonas-Regenwaldes

Bolivien, Peru, Ecuador, Kolumbien, Venezuela, Guyana, Suriname, Französisch-Guayana und Brasilien – über diese neun Länder in Südamerika erstreckt sich der Amazonas-Regenwald, der auch darüber hinaus nicht mit Superlativen geizt: Er gilt als der größte verbliebene Regenwald, der etwa 5 % der weltweiten Landfläche bedeckt, als größter Süßwasserspeicher und als wohl artenreichstes Ökosystem weltweit. Für die Bekämpfung des Klimawandels ist der Regenwald im Amazonasgebiet nicht zuletzt als gigantischer Kohlenstoffspeicher von zentraler Bedeutung. Dabei ist der Regenwald selbst in Bedrängnis. Der Klimawandel im Wechselspiel mit der Nutzung und Zerstörung durch den Menschen setzt ihm zunehmend zu.

## Der Druck wächst

Seit den 1970er-Jahren sind circa 20 % der Gesamtfläche verschwunden. Gab es in den 2010er-Jahren durchaus Erfolge, die Geschwindigkeit der Entwaldung zu bremsen, ist in den letzten Jahren wieder eine deutliche Zunahme zu beobachten. Das Zusammenspiel aus Holzwirtschaft, Bergbau und insbesondere Viehzucht und Sojaanbau treibt die Abholzung voran. Die zugrunde liegenden Ursachen sind ein komplexes Gebilde aus sozialen, ökonomischen und politischen Prozessen, die es zu berücksichtigen gilt. Häufig sind es staatliche Infrastrukturmaßnahmen, wie der Straßenbau, die wie ein Einfallstor wirken, oder Subventionen, die etwa Vertreter des Agrobusiness zu einflussreichen Figuren auch in der Politik werden lassen. Ändert sich die politische Ausrichtung, wie im Falle des brasilianischen Präsidenten Jair Bolsonaro (seit 2019 Staatspräsident), der eher der Logik der Entwicklung des Regenwaldes folgt, wirkt das wie ein Katalysator, der die Entwaldung verstärkt. Die ohnehin schwach ausgestattete staatliche Kontrolle in den betreffenden Ländern hat dieser Dynamik wenig entgegenzusetzen.

Eine genauere Betrachtung der Situation vor Ort im Bom Futuro in Rondonia (Brasilien) macht deutlich, dass es schwierig ist, die Kleinbauern, die sich Land oft illegal aneignen, in ein Schwarz-Weiß-Schema zu pressen. Viele von ihnen kamen ab den 1970er-Jahren, als die Region durch den Bau einer Straße erschlossen wurde, aus anderen Teilen des Landes hierher und haben dem Regenwald ihre Existenz abgerungen. Umweltschutz steht dabei nicht oben auf der Agenda. Überlagert wird die Situation durch die Interessen der Lokalpolitik, der Großgrundbesitzer und der Bodenspekulanten.

## Wege zur Rettung des Regenwaldes

Neben dem Ziel der Entwicklung des Regenwaldes, die allzu oft in Zerstörung mündet, existiert auch das Bestreben, das Bestehende zu bewahren, das nicht nur in Ländern wie Deutschland, sondern auch in den urbanen Zentren Lateinamerikas präsent ist. Die Bandbreite der Initiativen zum Schutz des Regenwaldes ist groß. Sie reicht vom Hinterfragen des eigenen Konsumverhaltens über Zertifizierungen von Produkten, gesetzliche Regelungen auf nationaler und internationaler Ebene bis hin zu Handelsverträgen wie zwischen der EU und einigen Mercosur-Staaten. Nicht zuletzt gilt es auch, die Kräfte und Organisationen in den betroffenen Ländern vor Ort zu stärken, um das wachsende Bewusstsein in der dortigen Zivilgesellschaft zu nutzen.

# FESTIGUNG – VERTIEFUNG

### Weitere Herangehensweisen

- Bereiten Sie Präsentationen zu den Treibern der Entwaldung vor, vor allem zu Holzwirtschaft, Bergbau und Rinderzucht.
- Recherchieren Sie weitere Möglichkeiten, Regenwald zu erhalten.

### Vertiefende Aspekte

- Der zwischen der EU und dem Mercosur (ein südamerikanisches Wirtschaftsbündnis mit Brasilien, Argentinien, Paraguay und Uruguay als Vollmitgliedern und weiteren assoziierten Staaten) ausgehandelte, aber noch nicht in Kraft getretene Handelsvertrag (Stand: 2020) beinhaltet u. a. ein Nachhaltigkeitskapitel. Recherchieren Sie Chancen und Risiken dieses Handelsvertrags, und diskutieren Sie, ob und inwieweit dadurch der Schutz des Regenwaldes gestärkt werden kann.

### Weiterführende Quellen und Hinweise

**H 1** Fatheuer, Thomas: Amazonien heute. Eine Region zwischen Entwicklung, Zerstörung und Klimaschutz, Band 46 der Schriftenreihe Ökologie, Heinrich-Böll-Stiftung (Hg.), 1. Auflage, Berlin, 2019. Thomas Fatheuer analysiert in dieser Studie (die auch per Download verfügbar ist) prägnant und kenntnisreich die unterschiedlichen Akteure und Triebkräfte der Entwaldung. Zudem wirft er einen kritischen Blick auf die wesentlichen Ansätze der Entwaldung entgegenzuwirken. Dabei werden auch Alternativen von sozialen Bewegungen und der Zivilgesellschaft in Brasilien einbezogen.

**H 2** Global Forest Watch. Mit dieser sehr informativen Open-Source-Webanwendung (siehe die betreffende Website) können globale Gesamtstrukturen (z. B. Entwaldung, Bergbau oder Schutzgebiete) nahezu in Echtzeit, aber auch anhand ihrer Entwicklung angezeigt werden.

 **H 3** SWR: Planet Schule: Brasilien. Ausverkauf im Regenwald. Hunger, Stuttgart, 2022: Der Dokumentarfilm gibt einen Einblick in die Situation vor Ort. Die unterschiedlichen Interessen der Umweltschützer, Kleinbauern und des Agrobusiness machen die Komplexität der Entwaldung deutlich. (Dauer: 14:41 Minuten)

 **H 4** SWR: Planet Schule: Die Ausbeutung der Urwälder, Stuttgart, 2023: Der Dokumentarfilm wirft einen kritischen Blick auf das FSC®-Siegel, das für sich in Anspruch nimmt, Garant einer nachhaltigen Waldwirtschaft zu sein. (Dauer: 29:38 Minuten)

# KAPITEL 5 (LERNBEREICH 3.2)

## 5.3 Eine Region im Dauerkrisenmodus?

### Forschungsinteresse und Kompetenzerwerb

Das Jahr 2019 schien die weitverbreitete Meinung über Lateinamerika als einer Region im Dauerkrisenmodus zu bestätigen. Auf die verheerenden Waldbrände folgte ein Flächenbrand anderer Art: In vielen Ländern gingen Hunderttausende Menschen auf die Straße, um gegen Missstände in ihren Ländern zu protestieren.

In diesem Kapitel setzen Sie sich mit wirtschaftlichen, politischen und gesellschaftlichen Entwicklungen und Konzepten auseinander, die Ihnen ein fundiertes Urteil darüber ermöglichen sollen, inwieweit das Bild einer Region im Dauerkrisenmodus gerechtfertigt ist.

### Vorgehen

Auf der Homepage Ihrer Schule werden regelmäßig Hintergrundberichte zu aktuellen internationalen Entwicklungen veröffentlicht. Ihre Aufgabe ist es, sich mit der Frage „Lateinamerika – eine Region im Dauerkrisenmodus?" zu beschäftigen.

Zunächst CHARAKTERISIEREN Sie die Entwicklung und die Grundstruktur der Wirtschaft Lateinamerikas, um eine Einschätzung der aktuellen Situation geben zu können. Dabei ERARBEITEN Sie auch die sozialen Folgen für die Bevölkerung. Zur Vertiefung SETZEN Sie SICH mit der Wirtschaftsform des Neo-Extraktivismus AUSEINANDER und DISKUTIEREN das Konzept des Post-Extraktivismus. Im nächsten Schritt VERSCHAFFEN Sie SICH einen ÜBERBLICK über die Entwicklung der politischen Grundausrichtung in den ersten beiden Jahrzehnten des 21. Jahrhunderts. Sie ERARBEITEN dann die Gründe für die Proteste, die im Jahr 2019 kulminierten. Zudem ANALYSIEREN Sie die Muster, die das politische System Lateinamerikas prägen. Ein Aspekt der

Unzufriedenheit in einigen Ländern Lateinamerikas ist der Umgang mit der jüngeren Vergangenheit. Am Beispiel Chile ERARBEITEN Sie, wie die Zeit des bis 1990 andauernden Militärregimes aufgearbeitet wird. Sie VERSCHAFFEN SICH einen ÜBERBLICK über wesentliche Maßnahmen zur Aufarbeitung und ANALYSIEREN anhand der Geschichte einer jungen Chilenin, wie sich auf politischer, gesellschaftlicher bis zu familiengeschichtlicher Ebene Hindernisse auftun. Schließlich VERGLEICHEN Sie diese Aufarbeitung damit, wie in Deutschland mit den Zeiten der Diktatur umgegangen wird.

ERSTELLEN **Sie nun ein Konzept für die Schulhomepage zur Beantwortung der Ausgangsfrage und nutzen Sie dazu unterschiedliche Möglichkeiten der Darstellung, z. B. Podcasts oder Erklärvideos. Schaffen Sie zudem Möglichkeiten, Ihren Beitrag auf der Schulhomepage zu kommentieren und durch aktuelle Ereignisse zu ergänzen.**

Als Arbeitshilfe finden Sie im hinteren Teil des Lehrwerks eine Übersicht über verschiedene Methodentechniken. Nutzen Sie diese Möglichkeit.

### Materialauswahl

Ein Schwerpunkt in diesem Kapitel ist die Arbeit mit Statistiken in verschiedenen Formen. Die darin erfassten Daten helfen, Zusammenhänge und Entwicklungen zu erkennen und Thesen zu überprüfen. Ein Erklärvideo greift zuvor erarbeitete Inhalte auf und erweitert sie. Das Erarbeiten der Informationen und die Auseinandersetzung mit dem Thema können im eigenen Tempo erfolgen. Ein wissenschaftlicher Text ermöglicht eine Vertiefung der Thematik. Zudem kommen Zeitungsartikel zum Einsatz, die es erleichtern, die komplexe Thematik zu erfassen.

**1.**

1.1 Charakterisieren Sie wesentliche Aspekte der lateinamerikanischen Wirtschaft. Analysieren Sie dazu die nachfolgenden Statistiken und Schaubilder. Untersuchen Sie auch, wie sich die wirtschaftliche Entwicklung auf die soziale Situation der Bevölkerung ausgewirkt hat.

1.2 Die Interamerikanische Entwicklungsbank (IDB) rief 2010 angesichts der damaligen wirtschaftlichen Entwicklung in Lateinamerika das „lateinamerikanische Jahrzehnt" aus. Im gleichen Jahr zog das renommierte Nachrichtenmagazin „The Economist" nach und fragte „A Latin American decade?"[1].
Erklären Sie, inwieweit dieser positive Ausblick nachvollziehbar ist. Überprüfen Sie in einem zweiten Schritt, inwieweit sich diese Einschätzung bewahrheitet hat. Gehen Sie dabei auch auf die Gründe ein.

## Güterexport nach Produktgruppen    M 1

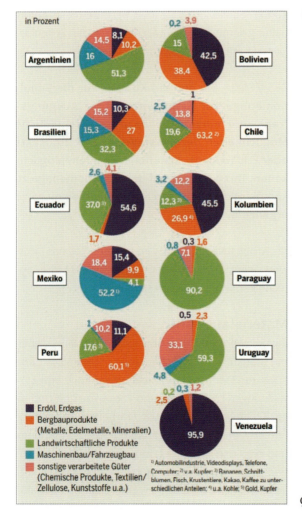

Quelle: Observatory of Economic Complexity.

1    Quelle: A Latin American decade?, in: The Economist Newspaper Limited 2023, England and Wales, abgerufen unter: https://www.economist.com/special-report/2010/09/11/a-latin-american-decade [01.11.2023].

**M 2** Entwicklung des Bruttoinlandsprodukts in Lateinamerika

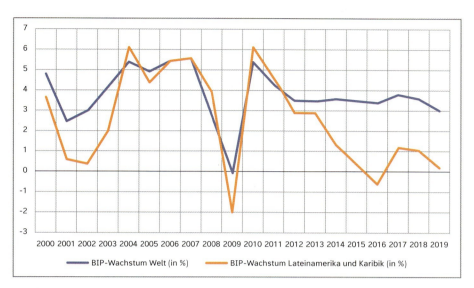

Quelle: erstellt nach Daten des International Monetary Fund (© 2020 INTERNATIONAL MONETARY FUND. ALL RIGHTS RESERVED)

**M 3** Entwicklung des Wirtschaftswachstums in Lateinamerika

Wirtschaftliches Wachstum in Lateinamerika und Entwicklung der globalen Rohstoffe

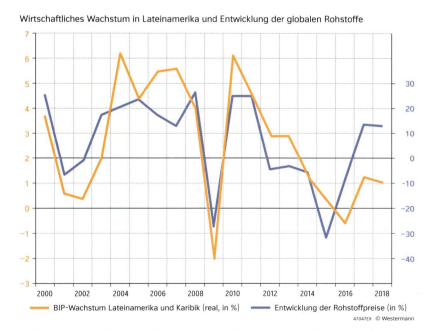

Quelle: erstellt nach Daten des International Monetary Fund, © Copyright International Monetary Fund, 2019, abgerufen unter: www.imf.org/en/Blogs/Articles/2019/03/25/10841 [01.08.2023].

Der Gini-Koeffizient misst hier die Einkommensverteilung mit einem Wert zwischen 0 und 1. Dabei bedeutet der Wert 0, dass eine totale Gleichheit der Einkommensverteilung vorliegt. Der Wert 1 stellt folglich eine totale Ungleichheit der Einkommensverteilung dar.

a) Gini-Koeffizient in Lateinamerika 2002–2017

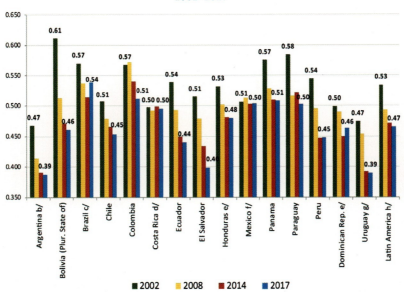

Quelle: Bárcena, Alicia: Promoting Equality and Inclusion: A Latin American and Caribbean perspective, abgerufen unter: www.un.org/esa/socdev/csocd/2019/Alicia-Barcena.pdf, S. 5 [28.04.2023].

b) Entwicklung des Gini-Koeffizienten in Lateinamerika und Europa

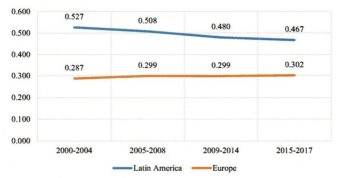

Quelle: Changes in Economic Inequality in Europe and Latin America in the First Decades of the Twenty-First Century, © 2023 Springer Nature, abgerufen unter: https://link.springer.com/chapter/10.1007/978-3-030-48442-2_9/figures/1 [01.08.2023].

## M 5 Menschen in Armut in Lateinamerika (in %)

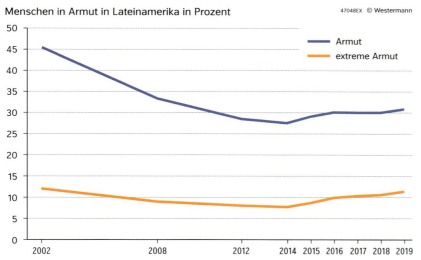

Menschen in Armut in Lateinamerika in Prozent

47048EX © Westermann

Quelle: Eigene Darstellung nach Daten von Economic Commission for Latin America and Caribbean (ECLAC), Social Panorama of Latin America, 2019 (LC/PUB.2019/22-P/Rev.1), Santiago, 2019, Seite 17.

**2.**

2.1 Für die Erfassung der wirtschaftlichen Struktur sind die Begriffe „Extraktivismus", „Neo-Extraktivismus" und „Post-Extraktivismus" von zentraler Bedeutung. Recherchieren Sie dazu im Internet den Begriff „Neo-Extraktivismus". Nutzen Sie dabei unterschiedliche Quellen (z. B. Erklärvideos, wissenschaftliche Texte). Strukturieren Sie die Ergebnisse (Begriffsklärung, Abgrenzung zu Extraktivismus, Folgen für Gesellschaft und Umwelt).

2.2 Fassen Sie anhand des nachfolgenden Beitrags die wesentlichen Ideen des Post-Extraktivismus zusammen. Diskutieren Sie, inwieweit diese Ideen umsetzbar sind und welche Auswirkungen sie auf Industrieländer wie Deutschland hätten.

## M 6　Post-Extraktivismus als Bedingung für „gutes Leben"

1 Trotz des viele Jahre breit akzeptierten und krisenhaften Entwicklungsmodells des Neo-Extraktivismus wurden immer wieder Alternativen formuliert. Einer der aktuell schillerndsten
5 Begriffe Lateinamerikas, der auch in Europa rezipiert wird, ist jener des *buen vivir*, des „guten Lebens" (im ecuadorianischen Quichua: *sumak kawsay*; im bolivianischen Aymara: *suma qamaña*). Das betrifft insbesondere die Andenlän-
10 der. Die Regierungsübernahme durch linke Präsidenten in Bolivien (2005) und Ecuador (2006) ging mit der Ausarbeitung neuer Verfassungen einher, durch die die jeweiligen Staaten plurinational konstituiert wurden: Der Anspruch auf
15 eine Homogenisierung des Staatsvolkes und der Gesellschaft wurde fallengelassen, stattdessen wurden Vielfältigkeit und kulturelle Diversität anerkannt. Insbesondere die Autonomie der indigenen Völker soll gesichert und ausgeweitet
20 werden. Zudem wurden das gute Leben und – im Falle Ecuadors – die Rechte der Natur als Staatsziele verankert.

Es verbreitet sich die Einschätzung, dass eine wichtige Bedingung für gutes Leben in diesem
25 Sinne die Überwindung des zerstörerischen Neo-Extraktivismus ist. Hierfür wird seit einigen Jahren verstärkt der Begriff des Post-Extraktivismus verwendet. Dabei geht es nicht nur um eine Kritik an der Rohstoffförderung und den damit einher-
30 gehenden sozioökonomischen, politischen und ökologischen Problemen an sich. Im Zentrum steht auch nicht die pauschale Ablehnung jeglicher Form der gesellschaftlichen Rohstoffnutzung und -aneignung. Kritisiert werden der ungebro-
35 chene westliche Fortschrittsglaube der Moderne, das damit verbundene Wachstumsparadigma, das Verständnis von Natur als auszubeutende Ressource, autoritäre und vertikale politische Herrschaftsmuster sowie die asymmetrische Welt-
40 marktintegration. Mit dieser Perspektive sind Ansprüche an eine Dekolonisierung des Wissens und der Wissenssysteme verknüpft – die europäische instrumentelle und imperiale Logik wird abgelehnt.

Quelle: Brand: Aufstieg und Krise des Neo-Extraktivismus, in: Aus Politik und
Zeitgeschichte 39/2016, S. 21–26.

3.

3.1 Betrachten Sie anhand der Grafik, wie sich die politischen Verhältnisse in Südamerika entwickelt haben. Überprüfen Sie, ob sich Trends in der politischen Grundausrichtung feststellen lassen. Recherchieren Sie dazu auch arbeitsteilig die Entwicklung in den einzelnen Ländern bis zur Gegenwart.

3.2 Sebastian Schoepp kommentiert die Krisen des Jahres 2019. Fassen Sie die Gründe für die Demonstrationen in vielen lateinamerikanischen Staaten zusammen. Erarbeiten Sie, wie Schoepp das herrschende politische System charakterisiert und welche Perspektive er sieht.

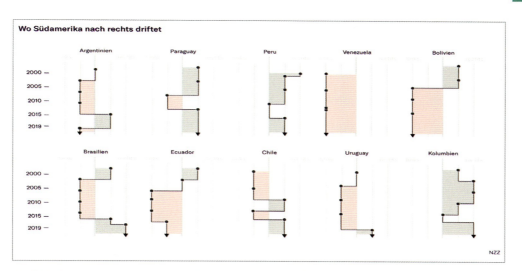

Quelle: Milatz, Marvin; Kolly, Marie-José; Wimmer, Simon; Marti, Werner: Wo Südamerika nach rechts driftet, 11.11.2019, abgerufen unter: www.nzz.ch/international/amerika/verlangen-nach-konservativen-wo-suedamerika-nach-rechts-driftet-ld.111399 [30.11.2021].

## M 8  Das Krisenjahr 2019: Warum Lateinamerika brennt (Kommentar von Sebastian Schoepp)

1 Lateinamerika brennt. Chile hat diese Woche die größten Demonstrationen seit dem Ende der Diktatur erlebt; am Freitag demonstrierten mehr als eine Million Menschen in Santiago. In Ecua-
5 dor musste der Präsident vor Kurzem aus der Hauptstadt flüchten und konnte Krawalle nur eindämmen, indem er die Streichung von Subventionen zurücknahm. [...]

So unterschiedlich die Gegebenheiten in den
10 Ländern sein mögen, hinter dem Aufruhr steht stets das gleiche Motiv: der Überdruss weiter Teile der Bevölkerung mit einem Wirtschaftssystem, das es nicht schafft, die krasse soziale Ungleichheit zu beseitigen – auch
15 darin ist Lateinamerika Weltmeister. Während Nord- und Mitteleuropa sich vom Links-rechts-Gegensatz zu verabschieden beginnen, verschärft sich dieser in den Schwellenländern Lateinamerikas massiv. Zu groß, zu un-
20 überbrückbar ist dort der Gegensatz zwischen Arm und Reich.

Im Grunde sind es die immer gleichen Zyklen, in denen der Halbkontinent gefangen ist. In den Nullerjahren versuchten linke Regierungen, die Einnahmen aus dem Rohstoffboom gerechter zu
25 verteilen als ihre liberalen Vorgänger, für einen Ausgleich zu sorgen und mehr Menschen in die Mittelschicht zu hieven.

Fallen die Preise auf dem Weltmarkt, merkt die neue Mittelschicht jedoch schnell, wie verletz-
30 lich sie ist; das Wohlfahrtssystem kollabierte, Machtwechsel waren die logische Folge. Manche Regierungen versuchten es nun wieder mit den Mitteln der Neunzigerjahre. Ecuador oder Argentinien riefen den Internationalen Wäh-
35 rungsfonds zu Hilfe, um die öffentlichen Kassen zu sanieren. Doch sind Kredite des IWF stets an Auflagen geknüpft: Subventionsabbau, Privatisierungen, Austerität. Das trifft dann etwa ecuadorianische Bauern, Kleinhändler oder Bus-
40 unternehmer, die ihre Existenz auf subventioniertem Diesel aufgebaut haben. [...]

Ein Ausweg ist vorerst nicht in Sicht. Zu verletzlich sind die Wirtschaftssysteme, zu groß ist die Abhängigkeit vom Rohstoffexport. Zu befürchten ist eher, dass das On-Off, der ständige Wechsel sich krass widersprechender Radikalkuren von rechts und links […], die labilen Systeme weiter schwächen wird.

Neben gerechterer Verteilung steht aber noch etwas anderes auf der Liste vieler Demonstranten: die Forderung nach funktionierender Demokratie, transparenten Wahlen, sauberen Machtwechseln. Eine zunehmend gut informierte, sozial organisierte und selbstbewusste junge Generation lässt sich die alten patriarchalischen Methoden des Machterhalts durch Trickserei – wie in Venezuela oder derzeit in Bolivien – nicht mehr bieten und begehrt auf. Und das ist immerhin eine gute Nachricht aus Lateinamerika.

Quelle: Schoepp: Warum Lateinamerika brennt, in: Süddeutsche Zeitung, 26.10.2019, abgerufen unter: www.sueddeutsche.de/politik/chile-ecuador-und-argentinien-warum-lateinamerika-brennt-1.4655707 [10.06.2020].

**4.**

4.1 Beschreiben Sie anhand der nachfolgenden Quelle, wie sich die Zeit der Diktatur auf das Verhältnis zwischen Francesca Mendoza und ihrem Vater auswirkt.

4.2 Fassen Sie zusammen, welche Schritte unternommen wurden, um die Verbrechen aus der Zeit der Diktatur aufzuarbeiten.

4.3 Erarbeiten Sie Aspekte (z. B. auf staatlicher und gesellschaftlicher Ebene), die die Aufarbeitung erschweren.

4.4 Vergleichen Sie Chiles und Deutschlands Umgang mit der diktatorischen Vergangenheit in ihrem Land.

Lateinamerika war in der zweiten Hälfte des 20. Jahrhunderts Schauplatz eines hohen Maßes an politischer Gewalt. In Chile etwa etablierte sich unter General Augusto Pinochet von 1973 bis 1990 ein autoritäres Militärregime. Chile gilt zwar als Musterland der Aufarbeitung, doch die Zeit der Diktatur und ihre Folgen beschäftigen das Land noch heute.

**Empfang des Ex-Diktators Pinochet in Chile**  **M 9**

Nach seiner Haftstrafe in Großbritannien kehrte Pinochet 2000 nach Chile zurück, wo er am 10. Dezember 2006 starb – am Internationalen Tag der Menschenrechte.

## M 10    Mein Vater, ein Mörder?

1 Seit dem 20. Oktober vergangenen Jahres denkt Francesca Mendoza darüber nach, ob ihr Vater ein Mörder sein könnte. Die 27-jährige Lehrerin mit den dichten schwarzen Locken ist seit Be-

5 ginn der Proteste in Chile fast jede Woche auf der Straße, meistens in der ersten Reihe. Und ihr Vater ist Polizist. Doch Mendoza fürchtet sich nicht davor, ihm auf der Straße zu begegnen. Sie fürchtet sich vor seiner Vergangenheit, denn er

10 war während der Militärdiktatur unter Augusto Pinochet bei der Geheimpolizei. [...]

Als am 20. Oktober 2019, zwei Tage nach dem Beginn der Proteste, ein Generalstreik ausgerufen wird, ruft sie morgens ihren Vater an. Am Telefon

15 regt er sich über die Chaoten auf, die Unordnung auf der Straße veranstalteten. Die Tochter hält dagegen: Der Protest sei notwendig, die friedlichen Demonstrationen der vergangenen 15 Jahre hätte die Politik einfach ignoriert. Am Ende legt

20 der Vater auf. Die Situation in Santiago eskaliert, das Militär wird auf die Straße geschickt und es werden Tote gemeldet. Vater und Tochter reden wochenlang nicht miteinander.

„Ich liebe meinen Vater sehr", sagt Mendoza,

25 „aber in diesem Moment begann mein Bild von ihm zu bröckeln." Wenn ihr Vater heute solche Meinungen vertrete, was habe der Polizist dann wohl während der Diktatur gedacht und getan? Doch darüber schweigt ihr Vater. „Er hat schon

30 immer gesagt, das nimmt er mit ins Grab", erzählt sie. Die Tochter weiß nur, dass er als Zivilpolizist gearbeitet hat, um sogenannte Unruhestifter zu finden.

Zwei Wahrheitskommissionen haben 1991 und

35 2004 Licht ins Dunkel der Zeit der chilenischen Diktatur gebracht. Zwischen 1973 bis zum Ende des Regimes am 11. März 1990 wurden in Chile etwa 3.000 Menschen ermordet oder verschwanden spurlos. Fast 40.000 wurden gefoltert und

40 über 200.000 flohen ins Exil. Bis heute sitzen wegen eines Amnestiegesetzes für diese Taten jedoch nur etwas mehr als 100 Verantwortliche im Gefängnis. Von vielen Verschwundenen fehlt bis heute jede Spur. [...]

45 Nur ein einziges Mal gibt ihr Vater etwas von seiner Vergangenheit preis. „Er hatte vor ein paar Jahren einen Unfall und stand unter Schock", erinnert sich Mendoza. Damals habe er ihr erzählt, dass er nicht glücklich sei, seine Vergangenheit

50 verfolge ihn. „Ob er an Morden beteiligt war, am Verschwinden von Menschen oder ob er etwas anderes meinte, darüber bin ich mir nicht im Klaren", sagt Mendoza.

„Es gibt einen Pakt des Schweigens bei Militär

55 und Polizei", bestätigt Pepe Rovano, Dokumentarfilmer und Mitgründer der Nichtregierungsorganisation Historias Desobedientes – wörtlich: ungehorsame Geschichten. Die Gruppe wurde im September vergangenen Jahres von Angehörigen

60 von Tätern der Diktatur gegründet, die die Verbrechen ihrer Eltern öffentlich thematisieren und aufarbeiten wollen. [...]

Auch sein Vater war Polizist unter Pinochet. „Mein Vater hat sechs Mitglieder der Kommunis-

65 tischen Partei in Chile umgebracht. 2008 wurde er zu zwölf Jahren Haft verurteilt, musste aber nie ins Gefängnis", sagt Rovano. Das sei in vielen Fällen in Chile passiert.

Der Übergang zur Demokratie am 11. März 1990

70 sei ein Kompromiss mit den Herrschenden gewesen, sagt Rovano. Ein „Nie wieder", wie es das in Deutschland gegeben habe, habe Chile nicht erlebt. Ein Amnestiegesetz habe lange verhindert, dass die Taten aus der schlimmsten Phase

75 der Diktatur verfolgt würden. Auch personell habe es viel Kontinuität gegeben. Militärs, Polizisten und Politiker hätten ihre Funktionen be-

halten; der Diktator Pinochet selbst blieb bis 1998
Oberbefehlshaber der Armee. „In Chile haben bei
80 Weitem nicht alle etwas gegen Pinochet", sagt
Rovano. „Die Hälfte hasst ihn, die Hälfte liebt
ihn." [...]

Pinochet wurde 1998 während einer Reise nach
Großbritannien verhaftet und nach seiner Aus-
85 lieferung in Chile vor Gericht gestellt. Er starb
2006, bevor der Prozess gegen ihn abgeschlossen
werden konnte. Dennoch gebe es Fortschritte,
sagt Rovano. Durch den Prozess gegen Pinochet
sei zum Beispiel das Amnestiegesetz aufgeweicht
90 worden. Die Fälle von Verschwundenen zählten
seither als laufende Ermittlungen und könnten
nicht ohne Weiteres verjähren oder amnestiert
werden. Das habe den Weg für weitere Verfahren geöffnet.

95 „Es ändert sich etwas, doch es bleibt noch viel
zu tun", sagt er. Von 1.132 Verschwundenen hat
man bis heute nur 148 gefunden. „Man muss dieses Verschwundensein beenden, sonst wird der
Schmerz darüber von Generation zu Generation
100 weitergegeben." [...]

Chile ist ein gespaltenes Land, geteilt in rechts
und links, in reich und arm, in Gegner der Proteste und Unterstützer. Mendoza ist in beiden
Welten aufgewachsen. Auf der einen Seite ihre
105 Familie, befreundete Polizisten und Pinochet-
Anhänger. „Meine Mutter liebt Pinochet", sagt
Mendoza. In ihren Augen habe der Diktator das
Land gerettet, modernisiert und die Basis für das
wirtschaftliche Wachstum geschaffen. Auf der
110 anderen Seite ihre Schulfreunde. Sie sind die Generation, die 2006 mit der sogenannten Pinguin-
Revolution – wegen der schwarz-weißen Schul-
uniformen – den bis dahin größten Schülerpro-

test in Chiles Geschichte angezettelt haben. Im
115 Oktober 2019 war es dann eine neue Generation
von Schülerinnen und Schülern, die durch kol-
lektives Schwarzfahren die Protestwelle auslöste. „Die großen politischen Bewegungen der
letzten Jahre kamen alle von den jungen Gene-
120 rationen, die die Diktatur nicht erlebt haben und
sich trauen, unbequeme Fragen zu stellen", sagt
Mendoza. [...]

Knapp zwei Monate nach dem Streit, kurz vor
Weihnachten 2019, muss sich Mendozas Vater
125 einer Operation unterziehen. Einen Tag danach
habe sie ihn im Krankenhaus besucht, erzählt
sie. [...] Immer wieder habe das Handy des Vaters gepiepst: Mendoza hörte Voicemails, die
die Polizeikollegen in eine WhatsApp-Gruppe
130 schickten. „Wie die über die Demonstranten ge-
redet haben, da sind richtige Faschisten dabei",
sagt Mendoza. „Zum Beispiel: ‚Wir müssen das
Vaterland vor diesem Ungeziefer retten' und solche Dinge."

135 Sie sinkt erschöpft auf einen Stuhl am Küchen-
tisch. Sie würde ihren Vater gerne direkter nach
seiner Vergangenheit fragen, aber solange er gesundheitlich so angeschlagen sei, wolle sie keinen neuen Streit riskieren.

140 „Vielleicht schweigt mein Papa auch, weil er
eben nicht gefoltert hat", überlegt sie. Denn die
Polizisten würden sich auch untereinander ver-
urteilen, wenn jemand nicht getan habe, was
von ihm verlangt wurde. Vielleicht schweige
145 ihr Vater ja, weil er nicht mitgemacht habe.
„Das wäre doch auch eine Erklärung", wiederholt Mendoza. Als müsste sie es sich selbst
bestätigen.

Quelle: Wellisch: Mein Vater, ein Mörder?, in: Die Zeit, 28.02.2020, abgerufen unter: www.zeit.de/politik/aus-
land/2020-02/chile-regime-demonstranten-augusto-pinochet-geheimpolizei/komplettansicht [10.06.2020].

# DAS WICHTIGSTE IN KÜRZE

## Wirtschaftliche und soziale Entwicklung

Zu Beginn des 21. Jahrhunderts machte sich Aufbruchsstimmung breit auf dem lateinamerikanischen Subkontinent. Im ersten Jahrzehnt erlebte die Region einen Wirtschaftsboom. Die Armut ging spürbar zurück, die Mittelschicht wuchs an und die traditionellen Eliten wurden an den Wahlurnen durch neue Kräfte abgelöst, die mit der neoliberalen Tradition brechen wollten und progressive Reformen anstrebten. Der wirtschaftliche Erfolg basierte in erster Linie auf weltweit stark ansteigenden Rohstoffpreisen, was wiederum das Wirtschaftsmodell des Neo-Extraktivismus zu bestätigen schien. Die Ausbeutung der Rohstoffe wird zur Hauptfinanzquelle vieler Länder, zulasten etwa einer eigenständigen Industrialisierung, mit weitgehenden Folgen für Umwelt und Gesellschaft. Mit dem Post-Extraktivismus entstand eine Gegenbewegung, die die zerstörerischen Auswirkungen des Rohstoffabbaus ablehnt und den westlichen Fortschrittsglauben hinterfragt.

## Turbulenzen in Wirtschaft, Politik und Gesellschaft

Der Einbruch der Rohstoffpreise Ende 2013 beendete das „lateinamerikanische Jahrzehnt". Infolge des wirtschaftlichen Abschwungs stürzten weite Teile der Region erneut in eine Krise. Einmal mehr zeigten sich die chronischen Krankheiten der lateinamerikanischen Wirtschaft. Die folgenden Wahlen brachten vor allem konservative Vertreter zurück an die Macht. Eine Lösung der Krise brachte der Rechtsruck aber nur bedingt. 2019 entlud sich in vielen Teilen Lateinamerikas die Unzufriedenheit in Massendemonstrationen. Es wird deutlich, dass umfassende Reformen ausgeblieben sind, die Probleme wie die soziale Ungleichheit und die nach wie vor grassierende Korruption wirksam eindämmen können. Gerade die wachsende Mittelschicht und die jüngere Generation sehen ihre Zukunftschancen bedroht.

## Aufarbeitung der Vergangenheit als gesellschaftliche Herausforderung

Bei den Protesten ging und geht es auch immer wieder um die Aufarbeitung der jüngeren Vergangenheit. Viele lateinamerikanische Länder durchliefen in der zweiten Hälfte des 20. Jahrhunderts brutale Militärregime. Das Beispiel Chile zeigt, dass diese Zeit die Politik und die Gesellschaft bis in die Familien noch immer beschäftigt. Im Oktober 2020 fand ein Aufsehen erregendes Ereignis statt, das von vielen als ein wichtiger Schritt zur Beseitigung des Erbes der Militärdiktatur Pinochets (1973–1990) empfunden wurde: In einem Referendum entschied sich eine große Mehrheit der chilenischen Bevölkerung für eine neue Verfassung, und damit auch für die Abschaffung der 1980 in Diktaturzeiten eingeführten bisherigen Verfassung.

# FESTIGUNG – VERTIEFUNG

## Weitere Herangehensweisen

- Recherchieren Sie die Rolle Chinas in Lateinamerika.
- Erarbeiten Sie eine Kurzpräsentation zur wirtschaftlichen Lage eines lateinamerikanischen Landes.
- Vergleichen Sie die wirtschaftliche Entwicklung Lateinamerika mit einer anderen Weltregion.
- Recherchieren und vergleichen Sie arbeitsteilig, wie andere lateinamerikanische Länder als Chile mit der Zeit der Diktatur umgehen (vgl. H 2).

## Vertiefende Aspekte

- Recherchieren Sie, was mit dem Begriff „lateinamerikanische Paradoxie" gemeint ist, und erläutern Sie den Begriff an einem selbst gewählten lateinamerikanischen Land.
- Der ehemalige Präsident von Kolumbien (2010 bis 2018) Juan Manuel Santos erhielt 2016 den Friedensnobelpreis für seine Friedensbemühungen mit der FARC-Guerilla, durch die der über 50 Jahre andauernde Konflikt mit mehr als 300 000 Toten beendet wurde. Recherchieren Sie die Hintergründe des Konflikts und den aktuellen Stand der Umsetzung des Friedensvertrags.

## Weiterführende Quellen und Hinweise

**H 1** Social Panorama of Latin America. Der detaillierte Bericht der Wirtschaftskommission der Vereinten Nationen für Lateinamerika und die Karibik (CEPAL) bietet eine Fülle von Statistiken zu Themen wie soziale Ungleichheit und Migration und ist im Internet auch als Download verfügbar.

**H 2** Peters, Stefan; Burchardt, Hans-Jürgen; Öhlschläger, Rainer (Hg.): Geschichte wird gemacht. Vergangenheitspolitik und Erinnerungskulturen in Lateinamerika, 1. Aufl., Baden-Baden, Nomos Verlag, 2015. Der gelungene Sammelband fasst zunächst die aktuellen wissenschaftlichen und gesellschaftlichen Auseinandersetzungen über die Vergangenheitspolitik und die Erinnerungskultur in Lateinamerika zusammen. Mehrere Länderstudien geben dann einen informativen Überblick über den Umgang mit diktatorischer Vergangenheit. Im Falle Chiles etwa wird der Frage nachgegangen, ob es sich bei der als Modellfall geltenden Vergangenheitspolitik nicht doch um ein Negativbeispiel handelt.

 **H 3** ARD alpha: alpha-demokratie: Krisen in Südamerika, München, 2020: Der Beitrag beleuchtet einzelne Krisenherde in Südamerika, die von dem Lateinamerika-Experten Ulrich Brand in einen größeren Kontext eingebettet werden. (Dauer: 28:25 Minuten)

### 5.1 Indigene Völker – zwischen Diskriminierung und Emanzipation

Sie sind in der Lage, den Begriff Indigene zu fassen und abzugrenzen. Sie kennen die regionale und kulturelle Vielfalt indigener Völker und sind sich der Diskriminierung in Vergangenheit und Gegenwart bewusst. Sie kennen die internationale und nationale Rechtsstellung indigener Völker und sind in der Lage, vor diesem Hintergrund die aktuelle Politik vor Ort zu beurteilen. Sie wissen um Interessenkonflikte, die mit Großprojekten in Gebieten indigener Völker einhergehen, und können auf dieser Basis dazu Stellung beziehen.

### 5.2 Tatort Regenwald

Sie haben einen Überblick über das Ausmaß und die Entwicklung der Entwaldung im Amazonasgebiet gewonnen und kennen die Triebkräfte, die diesen Prozess vorantreiben. An einem konkreten Beispiel haben Sie die Perspektiven und Interessen illegaler Landnahme vor Ort kennengelernt und sind in der Lage, ein differenziertes Urteil dazu abzugeben. Sie haben erkannt, dass die Gründe für die Entwaldung in einem komplexen Zusammenspiel unterschiedlicher Ursachen zu suchen sind. Sie kennen schließlich verschiedene Ansätze, die Rodung zu bekämpfen, und können zu ihrer Wirksamkeit ein differenziertes Urteil abgeben.

### 5.3 Eine Region im Dauerkrisenmodus?

Sie haben den Neo-Extraktivismus als bestimmende Wirtschaftsform im Lateinamerika des 21. Jahrhunderts kennengelernt und sind in der Lage, die Chancen und Risiken dieser rohstoffbasierten Wirtschaftsform einzuschätzen. Mit dem Konzept des „Buen Vivir" (des „guten Lebens") haben Sie zudem eine in Lateinamerika entstandene Alternative zum herrschenden Fortschrittsglauben der Moderne kennengelernt. Sie haben gelernt, nach welchen Mustern sich die politische Großwetterlage entwickelt. Durch die Beschäftigung mit den 2019 in großen Teilen der Region entstandenen Massenprotesten erkennen Sie gemeinsame Wurzeln der Aufstände, aber auch länderspezifische Ursachen. Das Beispiel Chile hat Ihnen die gesellschaftspolitischen Herausforderungen im Umgang mit der Zeit der Diktatur gezeigt. Sie haben im Vergleich mit Deutschland Gemeinsamkeiten und Unterschiede erkannt.

# LERNBEREICH 3

## Kapitel 6 (Lernbereich 3.2)

## Weltpolitische Dynamik als Bestimmungsfaktor für die Lebenswirklichkeit – Afrika

Der Tierhändler und „Völkerschauveranstalter" Carl Hagenbeck inszenierte fremde Kulturen und beförderte damit bestehende Klischees.

Die Ursachen für Staatszerfall sind oft vielfältig und interdependent.

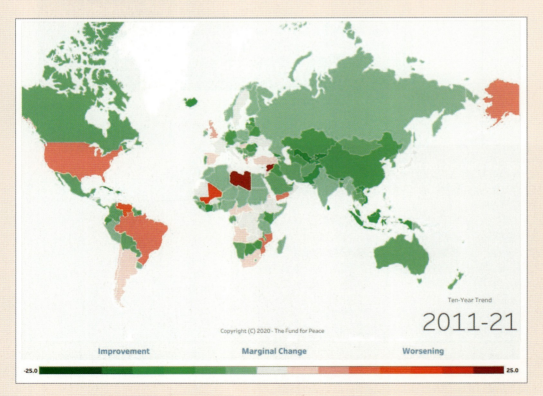

In den letzten zehn Jahren hat sich die ökonomische und politische Stabilität in einigen afrikanischen Ländern verschlechtert.

# Lebenswirklichkeiten in der gegenwärtigen Welt

In ganz Deutschland finden inzwischen sogenannte Afrika-Festivals statt. Die Logos dieser Festivals sind in ihrer Darstellungsform nicht unumstritten.

Der bayerische Ministerpräsident Dr. Markus Söder hält im April 2019 eine Rede bei der Eröffnung des Bayerisch-Äthiopischen Wirtschaftstages.

Altbundeskanzlerin Angela Merkel mit Ghanas Präsident Nana Akufo-Addo bei ihrer Reise nach Westafrika im Jahr 2018.

# KAPITEL 6 (LERNBEREICH 3.2)

## 6.1 Völkerschauen – Alteritätskonstrukte damals und heute

### Forschungsinteresse und Kompetenzerwerb

Die meisten in Europa geborenen Menschen wachsen mit Bildern und Worten über Afrika auf, die ihren Ursprung in der Kolonialzeit haben. Auch heute noch verwenden wir Begriffe, die uns ganz normal vorkommen, aber einen kolonialen und rassistischen Ursprung haben. Als Deutschland seinen Status als Kolonialmacht etablierte, wurden für die dortigen Strukturen und Gesellschaften bewusst nicht dieselben Begriffe wie jene gewählt, die für Europa verwendet wurden. In den Augen der Europäerinnen und Europäer waren die neuen Gebiete unzivilisiert, anders und fremd. Auch heute noch finden sich die Begriffe „Häuptling", „Stamm" und „Eingeborene" bei der Beschreibung afrikanischer Kulturen.

In diesem Kapitel setzen Sie sich mit der kulturellen Andersartigkeit auseinander, die in Europa konstruiert wurden. Sie erkennen, dass soziokulturelle Unterschiede nicht nur in Lebenserinnerungen, Romanen, Gedichten und Gemälden verarbeitet wurden, sondern dass auch die Zurschaustellung außereuropäischer Menschen in sogenannten Völkerschauen diesem Konstrukt entspricht. Die historische Perspektive offenbart dabei, dass die von der eigenen Kultur abweichende Lebensweise oft auch als das Inferiore[1] gesehen wurde. Durch eine kritische Analyse der Quellen erkennen Sie, wie diese Alteritätskonstrukte während der Kolonialzeit aufgebaut und manifestiert wurden und nur durch kritisches Hinterfragen im Umgang mit unserer eigenen Kultur auch überwunden werden können.

### Vorgehen

Heute finden in vielen deutschen Städten und auch in Ihrer Stadt sogenannte Afrikafestivals statt. Doch schon die Verallgemeinerung unterschiedlicher Kulturen und Länder von Ägypten bis Südafrika wirft Fragen auf. Die Organisatoren nehmen Vorschläge zur Umsetzung und Weiterentwicklung entgegen. Ihre Klasse beschließt daher, sich diesem Thema zu widmen.

Zu Beginn BESCHREIBEN Sie die Plakate und Fotografien der Völkerschauen möglichst genau und DISKUTIEREN den Kontext der Entstehung. Sie FORMULIEREN anschließend anhand der Darstellungen europäische Stereotype und Vorurteile in Bezug auf „afrikanische Kultur". Daraufhin ERMITTELN Sie die Zielsetzungen der Völkerschauen. Sie ANALYSIEREN, wie Völkerschauen durch unterschiedliche gesellschaftliche Gruppen wahrgenommen und bewertet wurden. Danach PRÜFEN Sie, ob der Begriff „Menschenzoo" anstelle von „Völkerschau" verwendet werden sollte, und BEGRÜNDEN Ihre Haltung. Im Anschluss BEURTEILEN Sie, wie sich die Wahrnehmung und der Umgang mit dem „Fremden" und „Exotischen" geändert hat. Sie RECHERCHIEREN und DISKUTIEREN Beispiele aus der Werbung, die auch heute noch mit diesen Phantasien und Projektionen arbeiten. Abschließend FASSEN Sie die Kritik des Autors und typische Afrika-Stereotype aus dem Text „SCHREIBEN SIE SO ÜBER AFRIKA! EINE ANLEITUNG" ZUSAMMEN.

VERFASSEN **Sie nun einen Brief an die Veranstalter eines Afrikafestivals und** ERLÄUTERN **Sie Ihre Vorschläge zur Weiterentwicklung.**

Als Arbeitshilfe finden Sie im hinteren Teil des Lehrwerks eine Übersicht über verschiedene Methodentechniken. Nutzen Sie diese Möglichkeit.

---

[1] Das Inferiore meint das Minderwertige bzw. das Unterlegene, hier: die abwertende Haltung gegenüber einer anderen Kultur.

## Materialauswahl

Wer sich mit afrikanischen Kulturen beschäftigt, wird feststellen, dass viele heutige Afrikabilder noch immer stark vom kolonialen Erbe beeinflusst sind. Diese Vorstellungen gründeten sich auf die Dichotomie des überlegenen Europas auf der einen Seite und des unterlegenen Afrikas auf der anderen Seite und wirken bis heute fort. Durch die Analyse historischer Text- und Bildquellen kann der Konstruktionscharakter afrikanischer Kultur während der Kolonialzeit freigelegt und reflektiert werden. Wie die Zurschaustellung von Menschen aus afrikanischen Ländern die Vorstellung der Menschen bis ins 21. Jahrhundert prägt, kann im Anschluss anhand zeitgenössischer Quellen beurteilt und bewertet werden.

**1.**

1.1 Beschreiben Sie die Plakate und Fotografien möglichst genau und diskutieren Sie den Kontext der Entstehung.

1.2 Formulieren Sie anhand der Darstellungen europäische Stereotype und Vorurteile in Bezug auf „afrikanische Kultur".

Im 19. Jahrhundert konnte man in Deutschland nicht nur wilde Tiere im Zoo bestaunen, sondern auch Männer, Frauen und Kinder. Als „Erfinder" gilt der Hamburger Tierhändler Carl Hagenbeck (1844–1913), der mit diesen Völkerschauen durch ganz Europa zog. Ganze Familien, viele von Ihnen aus Afrika, lebten in einer von Europäerinnen und Europäern geschaffenen Landschaft nach europäischen Vorstellungen: im Lendenschurz. Besonders deutlich werden diese in Europa vorherrschenden Fantasien in den Werbeplakaten der Ausstellungen.

**M 1**  „Exotisches Unterhaltungsprogramm"

Werbeplakat für einen Auftritt im Passage-Panoptikum in Berlin, Lithografie, Berlin 1913

## „Gruß aus Ost-Afrika" – das von einem anderen Aussteller adaptierte Konzept der „Völkerschauen"

Postkarte von der Sächsich-Thüringischen Ausstellung in Leipzig „Gruß aus Ost-Afrika"

## Stereotype Darstellung von Afrikanern mit Waffen

Postkarte von der Berliner Gewerbeausstellung, 1896

M 4

**M 4** „Die Reise des Herrn Urian" – Werbung in Form eines Sammelbilds für das *Liebig-Fleischextrakt*

Deutsches „Liebigbild" der Liebig Company's Fleisch-Extract um 1900

**2.**

2.1 Ermitteln Sie anhand der nachfolgenden Quellen die Zielsetzungen der Völkerschauen. Beachten Sie dabei die Entstehungszeit der Veröffentlichungen.

2.2 Analysieren Sie, wie Völkerschauen durch unterschiedliche gesellschaftliche Gruppen wahrgenommen und bewertet wurden.

2.3 Diskutieren Sie anschließend, ob der Begriff „Menschenzoo" anstelle von „Völkerschau" verwendet werden sollte. Begründen Sie Ihre Haltung.

**M 5** Kolonialausstellung in Berlin 1896

1 Es war vor allem damals auch der einstimmig angenommene Grundsatz aufgestellt worden, dass zu der Ausstellung Eingeborene heranzuziehen seien. Dieses Prinzip stie[ß] in weiten Kreisen auf schar-
5 fen Widerspruch, weil man für die Eingeborenen gro[ß]e Gefahren befürchtete und im Hinblick auf die bisher an anderen Stellen üblich gewesene Vorführung von Eingeborenen nicht erwartete, dass sie im [S]tande sein würden, das koloniale Inte-
10 resse zu fördern. Der Vorstand der Kolonial-Ausstellung glaubte dagegen, die früher oft eingetretenen Gefahren für die Eingeborenen vermeiden zu können und durch eine besondere Art der Vorführung das Interesse für unsere Schutzbefohlenen
15 zu erwecken, sie uns menschlich näher zu bringen und so den übeln Eindruck, welcher die u. a. in den

zoologischen Gärten stattgehabten Vorführungen in manchen Kreisen zweifellos hervorgerufen hatten, zu verwischen. Im [Ü]brigen war aber der Vor-
20 stand der Meinung, dass eine wirklich gro[ß]e, umfassende Ausstellung, die nicht blo[ß] von den Kolonialfreunden, sondern vor allem von der breiten Masse des Volkes besucht würde – also eine Ausstellung, wie sie allein der Förderung der kolonia-
25 len Bewegung dienen konnte, ohne Eingeborene schwerlich durchzuführen sei. Denn tote Sammlungen allein sind nie im [S]tande, die gro[ß]e Masse des Volkes, auf welche schon aus finanziellen Gründen zur Herstellung des Gleichgewichts
30 zwischen Einnahme und Ausgabe gerechnet werden musste, heranzuziehen.

Quelle: Deutschland und seine Kolonien im Jahre 1896, 1897, S. 6 f.

## Die erste deutsche Kolonialausstellung 1896  M 6

1 Eine Kolonialausstellung würde ohne lebende Vertreter der Völkerstämme [...] unvollständig sein [...]. Der Arbeitsausschuß hat daher [...] Typen unserer fernen Landsleute aus den Tro-
5 pen herbeizuschaffen gewußt, um dadurch eine für beide Seiten erwünschte Bekanntschaft zu ermöglichen. Dies nicht zu unterschätzende Ziel ist wenigstens in Bezug auf Afrika überraschend gelungen, denn bis jetzt hat keine Schaustel-
10 lung in Europa so viele Negerstämme vereinigt wie diese. [...] Sogar weit aus dem Innern am Kilimandscharo hat man kriegerische Massas zu einem Besuche der Reichshauptstadt zu überreden vermocht. Alle diese Stämme sind [...]
15 auch mit Frauen und Kindern [...] erschienen, so daß sich in ihren [...] Niederlassungen ein wechselvolles geschäftiges Leben und Treiben entwickelt, das zur Unterhaltung des Publikums nicht wenig beiträgt. [...] Unter den mehrere
20 Hundert zählenden Eingeborenen aus Nordostafrika [...] befinden sich auch einige Schwarze aus dem Sudan, so daß die Berliner Ausstellung für den Anthropologen ein selten reiches Vergleichungsmaterial bietet.

Quelle: Arnold: Propaganda mit Menschen aus Übersee, in: Debusmann; Riesz (Hg.): Kolonialausstellungen – Begegnungen mit Afrika?, 1995, S. 12.

## Propaganda  M 7

1 Wenn wir die Frage stellen, nach welcher Richtung außerdem die Schaustellung fremdländischer Eingeborener für uns noch von Nutzen sein kann, so kann es nicht zweifelhaft sein, daß
5 der letztere ein mehrfacher ist. Es ist nicht zu verkennen, daß die Bekanntschaft der Massen mit Vertretern fremder Völkerscharen aufklärend und anregend für die kolonialen Bestrebungen war und durch die Vorführung von Völker-
10 truppen mit ihrem Hausrat und ihren Haustieren [...] das Verständnis für koloniale Aufgaben erweitert und der Bann durch die Berührung mit fremdländischen Eingeborenen gebrochen wurde, der so manchen Schildbürger aus Unwis-
15 senheit und Voreingenommenheit zum Gegner der kolonialen Sache gemacht hatte.

Quelle: Sokolowsky: Carl Hagenbeck und sein Werk, 1928, S. 64.

Alexander Sokolowsky war ein deutscher Zoologe. Er wurde 1906 Direktorialassistent am Tierpark Hagenbeck in Stellingen.

## M 8    Überlegenheit

1 Der Ausstellungsvorstand war in jeder Weise darauf bedacht, den Eingeborenen [...] von der europäischen Kultur einen möglichst hohen Begriff beizubringen. Die später in die Heimat Zurück- 5 kehrenden sollten ihren Stammesgenossen von den in Berlin gewonnenen Eindrücken erzählen und so Ehrfurcht und Unterwürfigkeit vor dem „klugen weissen Manne" verbreiten.

Quelle: Meinecke: Deutschland und seine Kolonien im Jahre 1896, 1897, S. 42.

Der Ausstellungsband „Deutschland und seine Kolonien im Jahre 1896" war ein amtlicher Bericht über die erste Deutsche Kolonial-Ausstellung.

## M 9    Menschen, die keine europäische Sprache verstanden, wurden bevorzugt angeworben

1 Sodann ist es stets von Vortheil für den ungestörten Verlauf solcher Vorführungen gewesen, wenn das Publikum sich mit diesen Vertretern fremder Völker nicht unterhalten zu konnte, denn nur wo 5 sich in den seltnen Fällen eine solche Verkehrsmöglichkeit durch längeren Aufenthalt bildete, sind einigemale Keime zu Unzufriedenheit bei diesen von Anfang an stets harmlosen Leuten entstanden.

Quelle: Leutemann: Lebensbeschreibung des Thierhändlers Carl Hagenbeck, 1887, S. 69.

Heinrich Leutemann war ein Tiermaler und -zeichner. Er war mit Carl Hagenbeck bekannt und stellte für ihn zahlreiche Zeichnungen von Tier- und Völkerschauen her.

## M 10    Alfred Kerr in einem Brief über die Berliner Gewerbe- und Kolonialausstellung 1896

1 Es ist wahr: im Grunde ist „Kairo" nur ein enormes Tingeltangel. Aber eines, das die Phantasie in ungeahntem Maße anregt. Hier ist der leibhaftige Orient. Beduinen, Derwische, Kairenser, Türken, 5 Griechen und die dazugehörigen Weiberchen und Mägdlein sind in unbestreitbarem Originalzustande vorhanden. [...] hier sitzt ein afrikanischer Schuster mit übergeschlagenen Beinen in seiner Luka, [...] dort jag eine Schöne mit schwarzem 10 Teint auf einem Schimmel dahin, hier ladet ein Türke zu einer Tasse Kaffee ein, hier ist ein verschwiegener Raum, in dem man den berauschenden Bauchtanz vorführt – und alle diese östlichen 15 Männer und Weiber, von der gelben bis zur tiefschwarzen Gesichtsfarbe, sind vom Orient unmittelbar nach Berlin transportiert worden. Sie sind der Schaustellung, die ihr Amt ist, wohl bewusst und posieren wahrscheinlich grenzenlos. Das Ganz ist, wie angedeutet, ein starker Mumpitz – aber doch unleugbar ein sehr geistvoller und ein 20 sehr anregender Mumpitz.

Quelle: Kerr: Wo liegt Berlin?, 1997, S. 152.

Alfred Kerr, 1867 in Breslau geboren, studierte Literaturwissenschaften in Berlin und war Theaterkritiker. Er war Mitarbeiter zahlreicher Zeitungen und Zeitschriften.

**3.**

3.1 „So etwas könnte es heute nicht mehr geben" würden viele Menschen sagen, wenn sie von den Völkerschauen des 19. und 20. Jahrhunderts hören. Prüfen Sie anhand der Quellen, wie sich die Wahrnehmung und der Umgang mit dem „Fremden" und „Exotischen" geändert hat.

3.2 Der Begriff „Exotik" wird auch heute noch verwendet und bezeichnet meist ein fremdartiges Aussehen oder sonstige ungewöhnlich erscheinende Eigenschaften, die meist mit der Herkunft aus fernen Ländern in Zusammenhang stehen. Suchen und diskutieren Sie Beispiele aus der Werbung, die auch heute noch mit diesen Phantasien und Projektionen arbeiten.

## Reisen in die Heimat der Himbas | M 11

Touristin neben einer verheirateten Himbafrau in traditioneller Kleidung vor einer Lehmhütte in einem Dorf in der Nähe von Opuwo in Namibia, 2009

## Produkt einer Großmolkerei | M 12

Zwei Flaschen eines Schokodrinks einer Weihnachtsedition, 2015

**M 13**    Logo des *Africa Festival Böblingen*

In vielen deutschen Städten finden jedes Jahr sogenannte „Afrika-Festivals"
statt.

**M 14**    **Das ist kein „afrikanisches Dorf", sondern ein „African Village"!**

1 In Augsburg ist man auf die Idee gekommen,
Afrikaner im örtlichen Zoo Exoten-Flair versprü-
hen zu lassen. Wilde Tiere, Käfige – und Afrikaner: das war keine glückliche Idee. Es war eine
5 verheerende. Man läuft Sturm dagegen. [...]

Am gestrigen Mittwoch eröffnete im Augsburger
Zoo eine Veranstaltung mit dem Titel „African
Village". „Für vier Tage", so die Ankündigung,
entstehe im Tierpark „ein afrikanisches Dorf". Um
10 eine „einmalige afrikanische Steppenlandschaft
gruppieren sich Silberschmiede, Korbflechter,
Zöpfchenflechter" (SZ vom 30. Mai). „Informationen über die vielfältige afrikanische Kultur und
Natur sowie Reisetipps wecken die Reiselust". Ein
15 afrikanisches Dorf. Im Zoo. Wilde Tiere, Käfige –
und Afrikaner: das war keine glückliche Assozi-
ationskette. [...]

Heute sind die Zeiten anders, aber in Augsburg,
kritisiert die „Initiative Schwarze Menschen in
20 Deutschland" (ISD), ist die Perspektive geblieben:
„Die Reproduktion kolonialer Blick-Verhältnisse,
in denen Schwarze Menschen als exotische Objekte, als Un- oder Untermenschen in trauter Einheit mit der Tierwelt in einer offenbar zeitlosen
25 Dörflichkeit betrachtet werden können, ist wohl
kaum als gleichberechtigte kulturelle Begegnung
zu verstehen." Natürlich gebe es afrikanische
Feste inzwischen allüberall, so Tahir Della vom
ISD-Vorstand, aber eben nicht im Zoo: „Der Ort
30 ist belastet. Völkerschauen gab es auch in Augsburg." [...]

Und Augsburg? Wiegelte ab, verbunkerte sich,
spielte trotzig die Missverstandene – und bot
eine Steilvorlage nach der anderen. Der Augsbur-
35 ger Oberbürgermeister Paul Wengert erklärte,

gerade für afrikanische Vereine sei es „bekannt-lich schwer", wahrgenommen zu werden. Da sei der Zoo – als Besuchermagnet – genau der rich-tige Ort. Und Zoodirektorin Barbara Jantschke
40 erklärt inzwischen, dass der Titel unglücklich gewählt ist und ihre ersten Reaktionen etwas „flapsig" waren. Einem alarmierten Schweizer Bürger hatte sie pampig geantwortet, er solle sich mal genauer informieren, es handele sich
45 nicht um ein „afrikanisches Dorf", sondern um ein „African Village". Im [Ü]brigen sei der Zoo bestens geeignet, um „die Atmosphäre von Exo-tik zu vermitteln". [...]

50 Und dann öffnete es doch, das African Village – begleitet von einer Handvoll Protestierer und vie-len Journalisten. [...]

Neben den Giraffen verkauft die Senegalesin Marieme Dia Flaschenkorken mit gläsernen Nil-pferden aus Swasiland. „Ich stelle meine Waren
55 aus, nicht mich", sagt sie, „ich fühle mich nicht als Objekt." Und überhaupt: „Wir müssen doch auch etwas verdienen." Früher hatte sie mal einen Laden in Berlin-Weißensee. Heute sind da kaum noch Afrikaner, dafür viele Glatzen: „Glauben Sie
60 mir: Manchmal ist es besser, unter Tieren zu leben als unter Menschen."

Quelle: Zekri: Das ist kein „afrikanisches Dorf", sondern ein „African Village"!, in: Süddeutsche Zeitung, 17.05.2010, abgerufen unter: www.sueddeutsche.de/kultur/skandal-im-zoo-das-ist-kein-afrikanisches-dorf-sondern-ein-african-village-1.417786 [12.06.2020].

**4.**

4.1 Lesen Sie den Text „SCHREIBEN SIE SO ÜBER AFRIKA! EINE ANLEITUNG". Setzen Sie sich mit der Zielsetzung des Textes auseinander und fassen Sie die Kritik des Autors sowie typische Afrika-Stereotype zusammen.

4.2 Verfassen Sie abschließend einen Brief an die Veranstalter eines Afrikafestivals und erläutern Sie Ihre Vorschläge zur Weiterentwicklung.

## SCHREIBEN SIE SO ÜBER AFRIKA! EINE ANLEITUNG   M 15

1 Die Fußballweltmeisterschaft in Südafrika steht vor der Tür – Zeit, das eine oder andere Klischee der Afrika-Berichterstattung über Bord zu wer-fen! Welche Stereotype da in Frage kommen,
5 zeigt der kenianische Schriftsteller Binyavanga Wainaina eindrucksvoll in seinem bösen Essay „Schreiben Sie so über Afrika".

Verwenden Sie im Titel die Worte „Afrika", „Fins-ternis" oder „Safari", im Untertitel können außer-
10 dem Begriffe wie „Sansibar", „Nil", „Groß", „Him-mel", „Schatten", „Trommel" oder „Sonne" auftau-chen. Immer hilfreich sind Wörter wie „Gueril-las", „zeitlos", „ursprünglich" oder „Stamm".

Zeigen Sie niemals das Bild eines modernen
15 Afrikaners auf dem Buchumschlag, es sei denn, er hätte den Nobelpreis gewonnen. Verwenden Sie stattdessen: eine Kalaschnikow, hervortretende Rippen, nackte Brüste. Falls Sie tatsächlich einen Afrikaner abbilden müssen, nehmen Sie einen
20 Massai, Zulu oder Dogon.

In Ihrem Text sollten Sie Afrika als ein einziges Land behandeln. Es sollte heiß und staubig sein mit wogenden Weiden, riesigen Tierherden und großen, dürren Menschen, die Hunger leiden. Oder heiß und schwül mit sehr kleinen Menschen, die Affen essen. Verzetteln Sie sich nicht in detaillierten Beschreibungen. Afrika ist groß: 54 Länder und 900 Millionen Menschen, die viel zu sehr damit beschäftig sind, zu hungern, zu sterben, zu kämpfen und auszuwandern, als dass sie Zeit hätten, Ihr Buch zu lesen. Der Kontinent ist randvoll mit Wüsten, Regenwald, Savanne und vielem anderem, aber Ihrem Leser ist das egal, deshalb beschränken Sie sich am besten auf romantische, raunende und eher unspezifische Darstellungen.

Betonen Sie, wie tief Musik und Rhythmus in der afrikanischen Seele verwurzelt sind, und bemerken Sie, dass Afrikaner Dinge essen, die niemand sonst runterbringt. Kein Wort über Reis, Rindfleisch oder Weizen. Zur afrikanischen Cuisine gehört Affenhirn, außerdem Ziege, Schlange, Würmer, Larven und jede Sorte Wild. Lassen Sie den Leser wissen, wie Sie gelernt haben, alles dies zu essen und sogar zu genießen. Weil Ihnen daran liegt.

Enden Sie mit Mandela

Tabu-Themen sind Alltag, Liebe (es sei denn, es ginge auch um Tod), afrikanische Schriftsteller oder Intellektuelle, Schulkinder, die nicht unter Ebola oder anderen schlimmen Krankheiten leiden. Der Ton Ihres Buches sollte gedämpft sein und eine gewisse Komplizenschaft mit dem Leser zum Ausdruck bringen. Ihre Haltung ist ein betrübtes „Ich-hatte-so-viel-erwartet". Erwecken Sie früh den Eindruck einer zutiefst liberalen Grundeinstellung, und kommen Sie rasch auf Ihre unerschütterliche Liebe zu Afrika zu sprechen. Afrika ist der einzige Kontinent, den Sie lieben dürfen – machen Sie was draus! Wenn Sie ein Mann sind, werfen Sie sich dem jungfräulichen Regenwald in die Arme. Sind Sie eine Frau, betrachten Sie Afrika als Mann mit Buschjacke auf dem Weg in den Sonnenuntergang. Afrika muss man bemitleiden, ihm huldigen oder es beherrschen. Aber ganz egal, wofür Sie sich entscheiden – ohne Ihr Engagement und Ihr Buch würde Afrika vor die Hunde gehen. Lassen Sie daran keinen Zweifel.

Zu den afrikanischen Figuren Ihres Buches könnten nackte Krieger, treue Diener, Wahrsager und Seher gehören, weise alte Männer in phantastischer Einsamkeit. Außerdem korrupte Politiker, polygame Reiseleiter und Prostituierte, mit denen Sie geschlafen haben. Der Treue Diener benimmt sich in der Regel wie ein Siebenjähriger und braucht eine strenge Hand. Er fürchtet sich vor Schlangen, ist kinderlieb und verwickelt Sie ständig in seine häuslichen Streitereien. Der Weise Alte Mann gehört immer zu einem edlen Stamm (nicht zu den geldgierigen Gikuju, Igbo oder Shona). Er hat triefende Augen und ist innig mit der Erde verbunden.

Der Moderne Afrikaner ist ein raffgieriger Fettsack, der in einem Visabüro arbeitet und sich weigert, qualifizierte Mitarbeiter aus dem Westen einreisen zu lassen, obwohl ihnen wirklich an Afrika liegt. Er ist ein Feind jeder Entwicklung und nutzt sein Regierungsamt, um pragmatische und gutherzige Ausländer daran zu hindern, eine Nicht-Regierungs-Organisation aufzuziehen. Vielleicht ist er aber auch ein ehemaliger Oxford-Absolvent, der in der Politik zum Serienkiller wurde und feine Anzüge trägt. Ein Kannibale mit einer Vorliebe für eine bestimmte Champagner-Marke und einer Hexe als Mutter, die in Wahrheit das Land regiert.

Auf keinen Fall darf die Hungernde Afrikanerin fehlen, die sich halbnackt von Lager zu Lager schleppt. Ihre Kinder haben Fliegen in den Augenwinkeln und Hungerbäuche, ihre Brüste sind leer. Sie hat keine Geschichte, keine Vergangenheit, das würde nur die Dramatik des Augenblickes stören. Stöhnen ist gut.

Bringen Sie außerdem irgendwie eine warmherzige, mütterliche Frau mit tiefem Lachen unter.
105 Sie nennen sie Mama. Ihre Kinder sind Kriminelle. Gruppieren Sie diese Figuren um Ihren Helden. Der Held sind Sie selbst (Reportage) oder eine gut aussehende tragische Berühmtheit, die sich im Tierschutz engagiert (Roman).
110 Zu den Bösewichtern aus dem Westen könnten die Kinder konservativer Abgeordneter gehören oder Afrikaner, die für die Weltbank arbeiten. Falls Sie die Ausbeutung durch ausländische Investoren erwähnen möchten, denken Sie an
115 Chinesen und Inder. Geben Sie dem Westen die Schuld an der Misere in Afrika. Aber bleiben Sie vage.

Vermeiden Sie es, lachende Afrikaner zu beschreiben oder Menschen, die einfach nur ihre
120 Kinder erziehen oder irgendetwas Banales tun. Die Afrikaner in Ihrem Buch sollten bunt, exotisch, überlebensgroß sein – aber hohl, ohne Entwicklungen und Tiefe. Das würde die Sache nur verkomplizieren.

125 Beschreiben Sie detailliert nackte Brüste (junge, alte, vor kurzem vergewaltigte, große, kleine), verstümmelte Genitalien oder geschmückte Genitalien. Jede Art von Genitalien. Und Leichen. Nein, noch besser: nackte Leichen. Am besten:
130 nackte verwesende Leichen. Denken Sie daran, dass schmutzige, unglückliche Menschen als das „wahre Afrika" gelten. Sie müssen sich deshalb nicht schlecht fühlen. Sie versuchen ja nur, Hilfe aus dem Westen zu mobilisieren. Keinesfalls
135 sollten Sie allerdings jemals tote oder leidende Weiße zeigen.

Tiere wiederum beschreiben Sie als hochkomplexe Charaktere. Tiere sprechen oder grunzen, sie haben Namen, Ziele und Sehnsüchte. Und sie
140 legen Wert auf ihre Familien: Haben Sie bemerkt, wie schön die Löwen mit ihren Jungen spielen? Elefanten sind liebevoll, sie sind gute Feministinnen oder eindrucksvolle Patriarchen. Gorillas ebenfalls. Sagen Sie nie, nie, nie etwas Schlechtes
145 über einen Elefanten oder einen Gorilla. Selbst wenn ein Elefant Häuser niedertrampelt und vielleicht Menschen tötet.

Neben Prominenten und Helfern sind Umweltschützer die wichtigsten Menschen in Afrika.
150 Legen Sie sich nicht mit ihnen an, schließlich wollen Sie sie mal auf ihrer riesigen Ranch interviewen. Jeder sonnengebräunte Weiße in Khaki-Shorts, der mal eine Hausantilope hatte, ist ein Tierschützer, der um Afrikas reiches Erbe
155 ringt. Fragen Sie nie, wie viel Geld er wirklich für Afrika ausgibt. Fragen Sie nie, wie viel er mit seiner Safari-Ranch verdient. Fragen Sie nie, was er seinen Angestellten zahlt.

Vergessen Sie nicht, das Licht in Afrika zu erwäh-
160 nen, Ihre Leser wären enttäuscht. Den großen, roten Sonnenuntergang. Den weiten Himmel. Weite leere Räume und wilde Tiere sind unverzichtbar. Afrika ist geradezu das Land weiter leerer Räume. Sollten Sie allerdings über die Vielfalt
165 von Pflanzen und Tieren schreiben, erwähnen Sie die Überbevölkerung. Sollte sich Ihr Held in der Wüste oder im Dschungel bei irgendeinem indigenen Volk befinden (Hauptsache, es ist klein), dürfen Sie erwähnen, dass Aids und Kriege Afrika
170 entvölkern.

Beenden Sie Ihr Buch mit einem Nelson-Mandela-Zitat, am besten mit irgendetwas über Regenbögen oder Wiedergeburt. Weil Ihnen daran liegt.

Quelle: Wainaina: Schreiben Sie so über Afrika! Eine Anleitung, in: Süddeutsche Zeitung, 31.05.2006.

# DAS WICHTIGSTE IN KÜRZE

## Völkerschauen

Unter dem Begriff „Völkerschauen" versteht man die Zurschaustellung von Menschen fremder Völker. In Deutschland waren diese Veranstaltungen besonders am Ende des 19. Jahrhunderts populär. Heute verbindet man damit vor allem den Namen Hagenbeck. Carl Hagenbeck war zu einem der größten Tierhändler Europas aufgestiegen und organisierte zwischen 1875 und 1930 über 100 Ausstellungen. Seine Idee, nicht nur Tiere in Zoos, sondern auch Menschen auszustellen, wurde ein kommerzieller Erfolg. Dabei wurde ein erheblicher Aufwand betrieben und sogar spezielle Kulissen wurden angefertigt. Im Kern waren die Veranstaltungen sehr ähnlich. Bei den Vorführungen wurden die gängigen Klischees und Stereotypen bedient, um, zumindest in den Augen der Zuschauerinnen und Zuschauer, Authentizität zu erzeugen. Dabei wurden die „typischen" Afrikanerinnen und Afrikaner meist als ungebildete und kulturlose Wilde dargestellt. Bei der Szenerie erwartete die Besucherinnen und Besucher ein künstliches Dorfleben. Hier konnte man die Menschen beobachten, wie sie ihren täglichen Aktivitäten nachgingen. Sie kochten, backten, tanzten und arbeiteten. Kontakt war indes nicht möglich. Zwar ließen sich Waren wie Tee oder Masken erwerben, aber ein direktes Gespräch kam nicht zustande. Meist wurden Darstellerinnen und Darsteller ausgewählt, die kein Englisch sprachen. Erschwerend kam hinzu, dass die Areale mit Seilen oder niedrigen Zäunen abgegrenzt wurden. Diese sorgte nicht nur für eine räumliche Trennung, sondern grenzte auch die kulturellen Unterschiede scharf voneinander ab. Spätestens mit dem Aufkommen des neuen Medium Films verschwanden die Völkerschauen. Jeder konnte nun die Exotik des Fremden im Kino erleben und das sogar viel „authentischer".

Völkerschauen sind ein Beispiel für die Konstruktion des „Anderen" in der modernen westlichen Kultur. Die eigene Vorstellung des „Fremden" wurde nicht hinterfragt, sondern eher durch klischeehafte und stereotype Bilder bestätigt. Die Welt jenseits Europas stand dabei entweder für den „bösen Wilden", der kriegerisch und barbarisch war oder den „guten Wilden", der naiv und hilflos wirkte. Dadurch wurden bei den Besucherinnen und Besuchern dieser Veranstaltungen koloniale und rassistische Denkmuster befördert und die Vorstellung von Natur- und vermeintlichen Kulturvölkern bestätigt.

## Alteritätskonstrukte heute

Die in den Völkerschauen vermittelten Stereotype und Klischees wirken teilweise bis in die heutige Zeit und beeinflussen noch immer unsere Vorstellung von afrikanischer Kultur. Dazu zählen sowohl der Sprachgebrauch als auch Konzeptualisierungen. Im Kontrast zur kolonialen Konstruktion von Afrika als „Natur" und Europa als „Kultur" sollte man heute ein differenzierteres Bild vom Kontinent zeichnen. In diesem Kontext ist auch die große kulturelle Vielfalt des Kontinents zu berücksichtigen. Auf dem afrikanischen Kontinent gibt es schätzungsweise mehr als 2 000 verschiedene Sprachen und beinahe ebenso viele Volksgruppen. Und obwohl die europäische Kolonialherrschaft verantwortlich für die heutige Grenzziehung afrikanischer Nationalstaaten ist, bleiben diese gesellschaftlichen Gruppen mit ihren kulturellen Bräuchen und Traditionen eigenständig.

Dass die Auseinandersetzung mit „typisch afrikanischer" Kultur auch heute noch ein gesellschaftliches Thema ist, kann man an der Diskussion um das „Afrika Dorf" im Augsburger Zoo im Juli 2005 nachverfolgen. Nur wer die Ursprünge dieser Kulturzugänge und Alteritätskonstrukte verstanden hat, kann sich selbst ein reflektiertes Urteil zu diesem Thema bilden.

# FESTIGUNG – VERTIEFUNG

## Weitere Herangehensweisen

- Nehmen Sie Stellung zu folgenden Zitaten:
  - „Im Grunde ist das Wesen aller Kolonialpolitik die Ausbeutung einer fremden Bevölkerung in der höchsten Potenz […] Sobald Europäer in dem fremden Lande Boden fassen, werden die schlechten Sitten, Gewohnheiten und Gebräuche der Europäer eingebürgert […]. Diese allein finden Anwendung gegenüber der eingeborenen Bevölkerung […] Arbeitszeit wird alsdann über eine unmenschlich lange, die Behandlung der eingeborenen Bevölkerung erfolgt ohne die geringste Rücksicht auf ihr materielles und psychisches Wohl. Das ist ganz erklärlich: der Arbeiter ist in den Augen vieler unserer zivilisierten europäischen Unternehmen nur ein Werkzeug, ein Arbeitsmittel, das nach Möglichkeit ausgenutzt werden muss." (Bebel, August (1840-1913), zit. n. Kuhn, Axel (Hg.): Deutsche Parlamentsdebatten, Bd. 1, 1871–1918, Frankfurt am Main, Fischer-Bücherei, 1970, S. 170 ff.)
  - „Entfernte Völker, Fremde, Ausländer und die zukünftigen Generationen leben in demselben moralischen Universum wie unsere eigenen Verwandten und Freunde. Im Gegensatz zum Recht kennt die Moral keine nationalen oder rassischen Grenzen." (Oruka, Henry Odera: Philosophie der Entwicklungshilfe. Eine Frage des Rechts auf ein menschliches Minimum, in: polylog. Zeitschrift für interkulturelles Philosophieren Nr. 6, Wien 2000, S. 6–16, hier: S. 15)

## Vertiefende Aspekte

- Völkerschauen sind auch heute nicht verschwunden. In Indien wird die Zurschaustellung der Jarawa, eine Ethnie auf den Andamanen, heftig kritisiert. Recherchieren Sie diesen Fall und stellen Sie die Kritik und auch die Verteidigung der indischen Regierung dar.
- Der Hamburger Tierpark Hagenbeck stand auch während der Black-Lives-Matter-Proteste in der Kritik. Mehrfach fanden Demonstrationen statt, die den Tierpark aufforderten, sich mit seine kolonialen Vergangenheit auseinanderzusetzen. Recherchieren Sie auf der Website des Tierparks (https://hagenbeck. de/de/) und prüfen Sie, ob eine kritische Auseinandersetzung mit dem Thema „Völkerschauen" stattfindet.
- Suchen Sie weitere aktuelle Beispiele für moderne „Völkerschauen".

## Weiterführende Quellen und Hinweise

**H 1** Wolter, Stefanie: Die Vermarktung des Fremden, Exotismus und die Anfänge des Massenkonsums, Frankfurt am Main, Campus Verlag, 2005. Stefanie Wolter untersucht die Anfänge der schichtübergreifenden Konsumkultur und stößt dabei bis zu den Wurzeln der noch heute wirksamen Stereotypen des „Fremden" vor.

**H 2** Sow, Noah: Deutschland Schwarz Weiß. Der alltägliche Rassismus, München, C. Bertelsmann Verlag, 2008. Die in Bayern geborene Noah Sow beschreibt in diesem Buch die alltäglichen Rassismen, mit denen sie sich als Schwarze permanent konfrontiert sieht. Mit zahlreichen Beispielen verdeutlicht Sow, wie koloniale Vorurteile gegenüber Schwarzen nach wie vor in unserer Gesellschaft präsent sind.

**H 3** NDR: Panorama 3: Menschen ausgestellt im Zoo – Das dunkle Kapitel Völkerschauen, Hamburg, 2021: Die Dokumentation erzählt die Geschichte von Christian Karembeu, einem französischen Fußballstar. Sein Urgroßvater wurde einst in einer Völkerschau von Hagenbecks Tierpark als angeblicher Kannibale präsentiert. Die persönliche Geschichte eröffnet einen neuen Blickwinkel auf eine bis heute fortwährende Debatte. (Dauer: 29:32 Minuten)

# 6.2 Failed States – eine exemplarische Analyse

## Forschungsinteresse und Kompetenzerwerb

Viele afrikanische Staaten konnten in den letzten Jahren wirtschaftliche und soziale Fortschritte erzielen. Allerdings gibt es auf dem Kontinent noch immer eine Vielzahl an Staaten, in denen die Regierung versagt. Früher wurden diese Staaten als „Failed States" bezeichnet, heute verwendet man auch den Begriff „Fragile States". Auskunft über die Gefährdungslage gibt beispielsweise der Fragile-States-Index, eine jährlich erstellte und auf unterschiedlichen Indikatoren beruhende Statistik. In diesem Kapitel setzten Sie sich mit den Kennzeichen fragiler Staatlichkeit auseinander, analysieren exemplarisch die Probleme einzelner Staaten und beurteilen auf dieser Basis Lösungsmöglichkeiten, die dem Staatszerfall entgegenwirken sollen.

## Vorgehen

Ihre Klasse möchte ein politisches Planspiel durchführen. Um sich optimal auf die Diskussionen vorbereiten zu können, benötigen Sie fundierte Sachkenntnisse und valide Argumente.

Zunächst DISKUTIEREN Sie anhand eines Schaubilds, wie die Bundesrepublik Deutschland die Voraussetzungen und Aufgaben eines funktionierenden Staates sicherstellt. Anschließend erweitern Sie den Fokus und VERSCHAFFEN sich einen ÜBERBLICK über die weltweite Situation und BENENNEN anhand einer Heatmap die vom Staatszerfall bedrohten Staaten. Für ein differenzierteres Bild ARBEITEN Sie aus Textquellen die unterschiedlichen Stadien des „Staatsversagens" HERAUS und ERARBEITEN in einem zweiten Schritt Ursachen und Indikatoren für ein Staatsversagen. Sie ÜBERPRÜFEN, welche Gemeinsamkeiten und Muster es beim Staatszerfall gibt. Auf der Basis dieses Theoriewissens arbeiten Sie dann arbeitsteilig an verschiedenen Beispielen. Sie

INTERPRETIEREN Grafiken zum Thema „Armut und Versorgung von fragilen Staaten" und Sie ERÖRTERN, inwieweit die Staaten Somalia, Mali und Simbabwe vom Staatszerfall bedroht sind. Exemplarisch ANALYSIEREN Sie anschließend einen Lösungsvorschlag, um Staatszerfall entgegenzuwirken. Sie FASSEN die Kritik am Konzept des State Building ZUSAMMEN und DISKUTIEREN die alternativen Lösungsvorschläge, um fragiler Staatlichkeit entgegenzuwirken. Abschließend BEURTEILEN Sie die Vorschläge und nehmen persönlich dazu Stellung.

**Bilden Sie nun Gruppen und** FÜHREN **Sie eine** DEBATTE **zum Thema „Fragile Staatlichkeit – soll die internationale Staatengemeinschaft in die innere Souveränität von Staaten eingreifen?".**

Als Arbeitshilfe finden Sie im hinteren Teil des Lehrwerks eine Übersicht über verschiedene Methodentechniken. Nutzen Sie diese Möglichkeit.

## Materialauswahl

Da es in diesem Kapitel hauptsächlich um Konzepte und Erörterungen geht, dienen vorwiegend Textquellen als Grundlage, um sich einen Überblick über das Thema der Failed States oder Fragile States zu verschaffen. Sinnvoll ist dabei eine Mischung der Quellen, es werden also sowohl Informationen von NGOs (Non-Governmental Organization) als auch vom Auswärtigen Amt und aus der Politikwissenschaft einbezogen. Die afrikanischen Staaten, die hier als Beispiele herangezogen wurden, sind immer in ihrem geopolitischen und soziokulturellen Kontext zu betrachten. Die Frage nach Lösungsmöglichkeiten aus der Perspektive eines Staates, dem es gut geht, ist dabei ambivalent.

Schaubilder werden herangezogen, um die Voraussetzungen für einen funktionierenden Staat zu besprechen und in einem weiteren Schritt Thesen zur Entwicklung von fragilen Staaten zu erstellen. Das Kartenmaterial vermittelt einen Überblick über die weltweite Gefährdungslage für vom Staatszerfall bedrohte Staaten. Dabei können sowohl ganze Weltregionen als auch einzelne Staaten hinsichtlich ihrer Gefährdungslage verortet werden. Um den Begriff des Staatszerfalls und die möglichen Folgen konkret zu definieren, ist eine Beschäftigung mit den einzelnen Indikatoren nötig. Die Reise- und Sicherheitshinweise des Auswärtigen Amtes bieten kompakte Länderinformationen, aber auch Details zum innen- und außenpolitischen Status des Gastlandes. Die damit erarbeiteten Indikatoren können dann eigenständig auf einzelne Länder angewendet werden.

**1.** Diskutieren Sie anhand des nachfolgenden Schaubildes, wie die Bundesrepublik Deutschland die Voraussetzungen und Aufgaben eines funktionierenden Staates sicherstellt.

---

**Die Funktionen eines Staates**   **M 1**

**Staat**

| Institutionelle Ausstattung |
| Gewaltmonopol |
| Funktionsfähige Verwaltung |
| Abgabenmonopol |

| Aufgabe: Bereitstellung öffentl. Güter |
| Sicherheit |
| Kommunikation |
| Bildung |
| Infrastruktur |
| Gesundheit |

Quelle: Eigene Darstellung.

2.
Verschaffen Sie sich einen Überblick über die weltweite Situation und benennen Sie anhand der Grafik die vom Staatszerfall bedrohten Staaten.

### Heatmap des Fragile-States-Index

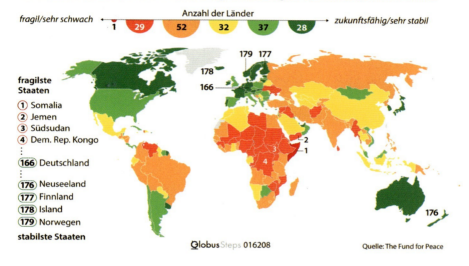

# Fragile und stabile Staaten

Der „Fragile States Index 2023" bewertet die **Gefahr** von 179 Ländern **zu kollabieren** anhand von **12 Indikatoren** wie z. B. wirtschaftliche Entwicklung, Abwanderung von Fachkräften und Menschenrechte.

*fragil/sehr schwach* ← Anzahl der Länder → *zukunftsfähig/sehr stabil*

1   29   52   32   37   28

**fragilste Staaten**

① Somalia
② Jemen
③ Südsudan
④ Dem. Rep. Kongo
⋮
⑯⑥ Deutschland
⋮
⑰⑥ Neuseeland
⑰⑦ Finnland
⑰⑧ Island
⑰⑨ Norwegen

**stabilste Staaten**

179  177
178
166

Globus Steps 016208

Quelle: The Fund for Peace

3.
3.1 Arbeiten Sie aus der ersten Quelle die unterschiedlichen Stadien des „Staatsversagens" heraus.

3.2 Erarbeiten Sie dann aus den nachfolgenden Materialien Ursachen und Indikatoren für ein Staatsversagen.

3.3 Überprüfen Sie, welche Gemeinsamkeiten und Muster es beim Staatszerfall gibt.

## Der Staatszerfall als internationales Sicherheitsproblem **M 3**

### Das Problem „Staatszerfall"

Neben der politischen und wirtschaftlichen Integration zwischen Staaten sind Tendenzen der Desintegration innerhalb von Staaten unübersehbar. Solche sich in mehreren Phasen vollziehende
5 Entwicklungen werden als Staatszerfall bezeichnet. Hierin verliert ein Staat immer mehr seinen Einfluss; zunächst auf dem Land, später auch in den Städten. Meist kommt es zu einer Zunahme
10 an Gewalt, dem Auftreten von Gebiets- und Stammesherrschern (Warlords) sowie Tendenzen zur Ablösung staatlicher Institutionen durch nicht-staatliche Gruppen. Im Endstadium des Staatszerfalls bricht das staatliche Gewalt- und
15 Steuerungsmonopol zusammen. In den Zwischenstadien kontrolliert die zentrale Regierung dauerhaft Teile ihres Landes nicht mehr bzw. überlässt diese substaatlichen Gruppen. Derartige Entwicklungen sind zum Beispiel in vielen Staaten Afrikas
20 und Asiens zu beobachten. [...]

### Intakte Staaten verfügen über Sicherheits-, Wohlfahrts-und Legitimitätsfunktionen

Die Kernfunktionen eines intakten Staates sind funktionierende Sicherheits-, Wohlfahrts- und Le-
25 gitimitätsfunktionen. Die Sicherheitsfunktion besteht aus der Gewährleistung von Sicherheit nach innen und nach außen. Dies umfasst den Schutz der Bevölkerung vor privaten Gewaltakteuren und vor dem Machtmissbrauch durch staatliche
30 Akteure. Hinzu tritt die Kontrolle eines Territoriums, staatliche Verwaltung und die Kontrolle von Ressourcen durch das staatliche Gewaltmonopol. Die Wohlfahrtsfunktion umfasst zum Beispiel die Sicherstellung staatlicher Dienst- und Transfer-
35 leistungen sowie funktionierende Mechanismen zur Verteilung wirtschaftlicher Ressourcen. Die Legitimitäts- und Rechtsstaatlichkeitsfunktion beinhaltet zum Beispiel Möglichkeiten der politischen Partizipation und die Stabilität politischer
40 Strukturen.

### Drei Stadien des Verlustes von Staatlichkeit

Verliert ein Staat zunehmend diese Funktionen, sind drei Stadien des Verlustes von Staatlichkeit möglich:

45 ■ Der schwache Staat (weak state) als erste Stufe des Staatszerfalls ist gekennzeichnet durch den Rückgang staatlicher Kompetenzen, die Schwächung der Institutionen, Machtsicherung im Herrschaftssystem, ein hohes
50 Maß an Korruption sowie dem Raubbau an staatlichen Ressourcen. Das staatliche Gewaltmonopol besteht nur noch ansatzweise. Es existieren wenig Rechtsstaatlichkeit und Wohlfahrtsstrukturen. Eine herrschende
55 Elite (Regierungstyp: halb- bzw. autoritär) hat die politische bzw. wirtschaftliche Macht an sich gerissen und der Bevölkerung Mitwirkungsmöglichkeiten entzogen. Daher versuchen immer mehr Gebiete und Regionen,
60 sich dieser Umklammerung zu entziehen. Der Staat beginnt, die Kontrolle über Teile seines Staatsgebietes zu verlieren; es etablieren sich Stammesgebiete (tribal areas). Als Beispiele für schwache Staaten gelten zum Beispiel
65 viele Staaten Nord- und Westafrikas sowie Zentral- und Südostasiens.

■ Der versagende Staat (failing state) als zweite Zerfallsstufe ist gekennzeichnet durch massive und exzessive Zunahme an Gewalt staatlicher
70 und privater Gewaltakteure. Sicherheit kann nicht mehr gewährleistet werden; es herrscht relative Rechtlosigkeit (Regierungstyp: autoritäres Regime). Es kommt zunehmend zur Herausbildung einer Raubökonomie
75 sowie Tendenzen zur Ablösung staatlicher Institutionen durch nicht-staatliche Gruppen. Der Staat hat keine Kontrolle über das komplette Staatsterritorium, vermehrt treten Gebiets- und Stammesherrscher (Warlords)
80 an seine Stelle. Beispiele in jüngerer

Vergangenheit finden sich insbesondere in Zentralafrika und in manchen Staaten des Nahen und Mittleren Ostens.

- Der gescheiterte bzw. zerfallene Staat (failed or collapsed state) als letzte Stufe der Auflösung von Staatlichkeit kann keine der drei Kernfunktionen mehr erfüllen. Die Staatlichkeit ist zusammengebrochen und das staatliche Gewalt- und Steuerungsmonopol nicht mehr existent. Politische und gesellschaftliche Funktionen werden von substaatlichen Akteuren (häufig mit Gewalt) wahrgenommen. Es kommt zu anhaltenden und intensiven Bürgerkriegen. Der Staat als solcher existiert nur noch auf dem Papier. Beispiele hierfür sind Afghanistan in den 1990er-Jahren und Somalia.

Quelle: Hirschmann; Tophoven: Das Jahrzehnt des Terrorismus, 2010, S. 13 f.

## M 4　Fragile-Staates-Index: Indikatoren

**Kohäsion**
- Sicherheitsapparat (Rebellenbewegungen, Volksaufstände, Staatsstreiche)
- Fraktionalisierte Eliten (Machtkämpfe, politischer Wettbewerb, Glaubwürdigkeit von Wahlprozessen)
- Konflikt zwischen Gruppierungen (Benachteiligung Unterdrückung, ethnische und religiöse Konflikte)

- Öffentlicher Dienst (grundlegende Dienste wie Gesundheit, Bildung, Wasserversorgung und Abwasserentsorgung; Polizeiarbeit)
- Menschenrechte und Rechtsstaatlichkeit (Schutz der grundlegenden Menschen- und Bürgerrechte, Schikanierung der Presse, Politisierung der Justiz, interner Einsatz des Militärs zu politischen Zwecken, Unterdrückung politischer Gegner)

**Wirtschaftlich**
- Wirtschaftlicher Rückgang und Armut (Handelseinnahmen, Arbeitslosigkeit, Sparprogramme)
- Ungleiche wirtschaftliche Entwicklung (Strukturelle Ungleichheit, Stadt-Land-Gefälle, Einkommens- und Vermögensverteilung)
- Menschliche Flucht und Brain Drain (Vertreibung von Menschen, freiwillige Auswanderung, wirtschaftliche Auswirkungen)

**Politisch**
- Staatliche Legitimität (Vertrauen in den Staat, Ausmaß von Korruption, Marginalisierung, Verfolgung oppositioneller Gruppen)

**Sozial**
- Demografischer Druck (Nahrungsmittelversorgung, Zugang zu sauberem Wasser und einer Gesundheitsversorgung, divergierende Raten des Bevölkerungswachstums)
- Flüchtlinge und Binnenvertriebene (Zwangsvertreibung großer Gemeinschaften aufgrund sozialer, politischer, ökologischer Ursachen, Vertreibung innerhalb eines Landes)
- Externe Intervention (Externe Intervention durch Regierungen, Armeen, Nachrichtendienste; Großkredite, Entwicklungsprojekte oder ausländische Hilfe, wie z. B. laufende Budgethilfe)

Quelle: Übersetzung und Zusammenfassung des Autors, Indikatoren, vgl.: Fragile States Index, The Fund for Peace, abgerufen unter: https://fragilestatesindex.org/indicators/ [12.12.2021].

## Reines Versagen aller staatlichen Organe

[Interview mit Volker Perthes, seit 2005 Direktor
der Stiftung Wissenschaft und Politik.]

1 *Herr Perthes, gibt es den Prototyp des „zerfallenden
Staates"?*
Ich habe einen solchen Prototyp noch nicht gefunden. Es gibt Staaten, die sind bereits zerfallen.
5 Bestes Beispiel: Somalia. Und es gibt Staaten,
denen der Zerfall droht – wie etwa Haiti.

*Tatsächlich? Wir hätten auf den Jemen getippt.*
Auch im Falle des Jemen besteht ein hohes Zer-
fallsrisiko. Aber Haiti ist ein besonders augenfäl-
10 liges Beispiel für einen zerfallenden Staat, weil es
dort keinen Bürgerkrieg gibt und keine Involvie-
rung in den transnationalen Terrorismus. Beides
wird sonst gern mit zerfallenden Staaten assozi-
iert. In Haiti ist das reine Versagen der staatlichen
15 Organe zu beobachten. Dies ist so immens, dass
zehn Stabilisierungsmissionen der USA und der
UN nichts daran ändern konnten.

*Gibt es gemeinsame Merkmale für zerfallende
Staaten?*
20 Es lässt sich immer dann von einem zerfallenden
Staat sprechen, wenn der Staat nicht in der Lage
ist, das eigene Territorium zu kontrollieren. Wenn
ferner das Mindestmaß an Wohlfahrts- und In-
frastrukturleistungen fehlt, das Bürger auch von
25 einem armen Staat erwarten können. Dazu gehören dann auch Dinge wie Straßenverbindungen
oder die Versorgung mit Elektrizität. Beides macht
Wirtschaft und Beschäftigung oft erst möglich.
Das Wichtigste ist: In zerfallenden Staaten fehlt es
30 an Regierungsleistungen, nicht zuletzt im Bereich
der Bereitstellung von Sicherheit für die eigenen
Menschen. Wenn es überhaupt eine Polizei gibt,
dann lässt sich oft beobachten, dass diese korrupt
ist oder für kriminelle Banden arbeitet.
35 *Oft heißt es, die Kolonialgeschichte eines Landes sei
schuld am Zerfall seiner Staatlichkeit.*

Das stimmt nur teilweise. Wenn die Kolonialzeit –
sagen wir einmal – 60 Jahre zurückliegt, ist es
schwer, sie für die aktuellen Verhältnisse verant-
40 wortlich zu machen. Anders ist das im Fall des
Irak. Das Land ist seit 2003 auf der Liste der stark
gefährdeten Staaten. Das hat damit zu tun, dass
eine ausländische Besatzungsmacht damals zwar
schlechte Regierungsstrukturen, aber immerhin
45 funktionierende Regierungsstrukturen zerschla-
gen hat.

*Ist Mexiko ein zerfallsgefährdeter Staat? Die Regie-
rung wird der Drogenmafia nicht Herr.*
Mexiko taucht auf keiner Liste mit zerfallsbe-
50 drohten Staaten auf. Mexiko ist ein Staat, der ein
enormes Kriminalitätsproblem hat und vor allem
im Norden des Staatsgebiets an der Grenze zu
den USA seine staatliche Autorität nicht durchsetzen kann. Aber Mexiko funktioniert ansonsten
55 als Staat, der zum Beispiel auch mit gewaltigen
Erdbeben umgehen kann. Und im übrigen Mitglied der G20 ist und im nächsten Jahr deren Gipfel ausrichten wird.

*Was ist mit Afghanistan?*
60 Wir müssen in weiten Teilen Afghanistans von
Staatsversagen reden – und das seit Jahrzehnten
schon. Was wir derzeit sehen, ist ein großes, nicht
immer erfolgreiches internationales Bemühen,
diesem Staat auf die Beine zu helfen.

65 *Wenn das Haiti-Beispiel mit zehn fehlgeschlagenen
internationalen Missionen gilt, wird das nichts werden in Afghanistan.*
Staaten müssen nicht immer die Form behalten,
die die nationalen Regierungen und ihre inter-
70 nationalen Partner bevorzugen. Selbst im Falle
Somalias, wo ein Staat faktisch nicht mehr existiert, findet sich deshalb nicht einfach ein Va-
kuum: Auch in staatsfreien Gebieten „regiert"
oft jemand. So gibt es in der Region Somaliland
75 eine lokale Regierung, die zwar von niemandem

anerkannt wird, aber eine vernünftige Regierungspraxis hat. Im benachbarten Puntland dagegen „regiert" vor allem die organisierte Kriminalität und übt sozusagen im Nebenerwerb Regie-
80 rungsfunktionen aus.

*Wollen Sie sagen, irgendjemand findet sich immer, der Autorität ausübt?*
So ist es. Das können im schlimmsten Falle Banden sein, Milizen, aber auch traditionelle lokale
85 Notabeln oder Stammesführer. Vielleicht ist Somalia in der Form, in der wir es auf der Landkarte sehen und in der es in den UN vertreten ist, einfach zu groß und es wäre besser, wenn es kleine Einheiten gäbe. Ähnliches haben wir in Jugos-

90 lawien erlebt. Manchmal kann es sein, dass aus einem großen Staat kleinere Staaten entstehen.

*Für wen ist der Zerfall der Staatlichkeit das größere Problem – für die Bevölkerung des Landes oder für die Außenwelt, die darin eine Bedrohung der eige-*
95 *nen Sicherheit sieht?*
Zunächst immer für die eigene Bevölkerung. In manchen Fällen hat Staatszerfall Auswirkungen auf die regionale und internationale Sicherheit: Denken Sie an die Piraterie vor den Küsten So-
100 malias. Aber zuerst ist es immer die lokale Bevölkerung, die durch Unsicherheit, sehr oft durch Bürgerkrieg und nicht selten auch durch Versorgungskrisen und Hunger bedroht ist.

Quelle: Fras: Reines Versagen aller staatlichen Organe, in: Frankfurter Rundschau, 10.01.2012.

**4.** Analysieren Sie die Grafiken und formulieren Sie anhand der Daten drei aussagekräftige Thesen zur Entwicklung fragiler Staatlichkeit im Jahr 2030! Klären Sie im Vorfeld unbekannte Begriffe.

**M 6**  **Armut und Versorgung in fragilen Staaten**

a) Prognose zur Verteilung von Armut in fragilen Staaten und weltweit

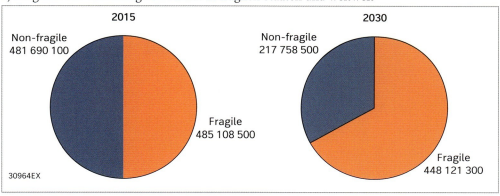

(Zahlenangaben in Millionen)

Die Abbildung zeigt die Verteilung der von Armut betroffenen Menschen weltweit im Jahr 2015 und in welchen Staaten diese Menschen im Jahr 2030 voraussichtlich leben werden. Den Schätzungen zufolge leben im Jahr 2015 1,5 Milliarden Menschen in fragilen Staaten, von denen 485 Millionen arm sind. Mehr als 6 Milliarden Menschen lebten in nicht fragilen Staaten leben, von denen 482 Millionen von Armut betroffen waren. Die Berechnungen dieser Studie erwarten bis 2030, dass etwa zwei Drittel der Armen der Welt in derzeit fragilen Ländern leben.

b) Prognose zur Verteilung von Armut in einzelnen Ländern

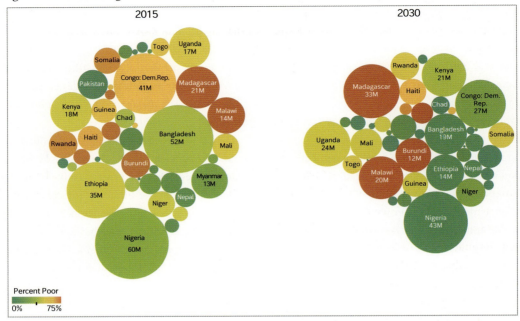

(Zahlenangaben in Millionen)

Die Grafik zeigt Schätzungen der Armutsraten in fragilen Staaten (jede Blase steht für einen Staat, wobei die Armutsrate durch die Farbe der Blase dargestellt wird) sowie die gesamte arme Bevölkerung in jedem Land (dargestellt durch die Größe der entsprechenden Blase). Auf der linken Seite wird Armut in fragilen Staaten im Jahr 2015 dargestellt, auf der rechten Seite die Armutsprognose für das Jahr 2030. Es zeigt sich, dass die Fortschritte in fragilen Ländern wahrscheinlich langsam sein werden. In Uganda, wird der Prozentsatz der Menschen, die mit weniger als 1,90 Dollar leben müssen, zwischen 2015 und 2030 von 44 % auf 38 % sinken, gleichzeitig wird die Zahl der Armen aber im gleichen Zeitraum von 17,5 Millionen auf 23,6 Millionen steigen.

 c)

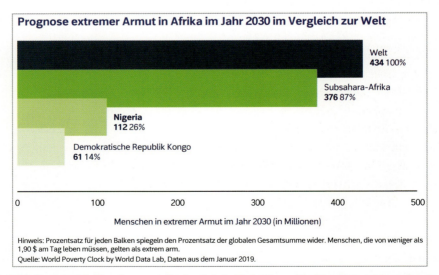

Die Last der SDG (Sustainable Development Goals, globale Ziele für nachhaltige Entwicklung der Agenda 2030) zur Beendigung der extremen Armut bis 2030 wird auf die Schultern von Afrika südlich der Sahara gelegt werden. Insbesondere Nigeria und die Demokratische Republik Kongo werden zusammen 40 % der Ärmsten der Welt ausmachen.

**5.** Erörtern Sie arbeitsteilig anhand der nachfolgenden Quellen, inwieweit die Staaten Somalia, Mali und Zimbabwe vom Staatszerfall bedroht sind. Prüfen Sie außerdem auf der Website des Auswärtigen Amtes, ob sich inzwischen Änderungen ergeben haben.

**M 7** Somalia: Reise- und Sicherheitshinweise

1 In Somalia und der Hauptstadt Mogadischu einschließlich Puntland und „Somaliland" werden immer wieder schwere Anschläge verübt und es kommt zu bewaffneten Auseinandersetzungen
5 mit mutmaßlichen Al-Shabaab[-]Kämpfern, die oftmals zahlreiche Todesopfer und Verletzte fordern. Ziel dieser Angriffe sind Sicherheitskräfte und Regierungseinrichtungen, aber auch Hotels, Märkte und andere öffentliche Einrichtungen.
10 Anfang 2017 war auch der Mogadishu International Airport Ziel von Terrorangriffen.

Immer wieder kommt es zu terroristisch motivierten Entführungen, auf dem Land und in den Gewässern vor Somalia. [...]

15 Es kommt in Somalia und der Hauptstadt Mogadischu neben Anschlägen auch immer wieder zu bewaffneten Auseinandersetzungen. Neben der hohen Gefahr, Opfer von Terrorismus zu werden, besteht eine erhebliche Gefährdung durch Kampf-
20 handlungen, Piraterie sowie kriminell motivierte Gewaltakte. Im Fall einer Notlage (gesundheitlich, kriminalitäts- oder kriegsbedingt) fehlen weitgehend funktionierende staatliche Stellen, die Hilfe leisten könnten. Eine konsularische Hilfe kann
25 vor Ort nicht gewährt werden. Der Aufenthalt in Somalia ist grundsätzlich sehr gefährlich, insbesondere aber in der Hauptstadtregion Banadir und den Gliedstaaten Jubbaland, Südwest, Hirshabelle und Galmudug sowie in Teilen Puntlands
30 und dem Osten „Somalilands". Hinweisen zufolge laufen insbesondere ausländische Fachkräfte und Reisende Gefahr, Opfer von Attentaten, Überfäl-

len, Entführungen und anderen terroristisch motivierten Gewaltverbrechen zu werden. Milizen
35 und andere Sicherheitskräfte, die nicht der somalischen Bundesregierung unterstehen, folgen oft nicht vorhersehbaren Loyalitäten und können für ausländische Reisende in der Regel keine Sicherheit garantieren. Demonstrationen finden
40 häufiger statt und können jederzeit zu gewaltsamen Auseinandersetzungen führen. Es kann dabei auch zu Straßenblockaden kommen. Im gesamten Land besteht das Risiko von Landminen. [...]

In Teilen Süd- und Zentralsomalias finden Kampf-
45 handlungen zwischen somalischen Sicherheitskräften/Milizen und der militant islamistischen Gruppe Al-Shabaab statt, in die auch Kräfte der Afrikanischen Union (AMISOM) involviert sind. Ferner kommt es immer wieder auch zu Ausei-
50 nandersetzungen somalischer Milizen untereinander. Die somalische Regierung und AMISOM können keinen Schutz vor allgemeiner oder terroristischer Kriminalität im Land garantieren. Vor allem in der Hauptstadt Mogadischu kommt es
55 immer wieder auch zu Auseinandersetzungen der somalischen Sicherheitskräfte untereinander, bei denen nicht selten auch Unbeteiligte zu Schaden kommen. [...]

Es besteht landesweit ein erhebliches Risiko von
60 Entführungen, auch in Somaliland. Mehrere westliche Ausländer wurden in der Vergangenheit entführt. Gewaltakte durch bewaffnete Gruppen und Banden und Armutskriminalität sind im gesamten Land weit verbreitet. Bewaffnete

65 Überfälle, Autoraub („Carjacking") und auch Morde kommen häufig vor. [...]

Vor den Küsten besteht weiterhin ein Risiko von Piratenangriffen und Kaperungen. Nach wie vor 70 sind Schiffe vor Somalia gefährdet, angegriffen und gekapert zu werden. Trotz der internationalen Bemühungen zur Eindämmung der Piraterie kommt es immer wieder zu Piratenangriffen; ein wirksamer Schutz kann nicht garantiert werden.

Quelle: Auswärtiges Amt: Somalia: Reisewarnung, Stand: 20.04.2021, abgerufen unter: www.auswaertiges-amt.de/de/aussenpolitik/laender/somalia-node/somaliasicherheit/203132 [20.04.2021].

## Mali: Reise- und Sicherheitshinweise  M 8

1 Anschläge sind überall in Mali jederzeit möglich. Insbesondere im Norden und im Zentrum Malis (Region Mopti) kommt es regelmäßig zu Anschlägen und militärischen Kampfhandlun-
5 gen. In den nord-östlichen und zentralen Landesteilen sind Terrorgruppen aktiv. Für Angehörige westlicher Staaten besteht ein erhebliches Risiko, Opfer von Entführungen und gezielten Anschlägen, aber auch von Landminen bzw.
10 Sprengfallen zu werden. Auch im Südwesten des Landes und in der Hauptstadt Bamako kann eine Gefährdung durch terroristische Gruppen nicht ausgeschlossen werden. Bei Anschlägen in Bamako waren in den letzten Jahren auch Aus-
15 länder betroffen. [...]

Kundgebungen, Protestaktionen und Demonstrationen können zu Unruhen und gewalttätigen Auseinandersetzungen sowie einem erheblichen Aufgebot an Sicherheitskräften führen. Es gilt
20 ein landesweiter Ausnahmezustand. Damit gehen erhöhte Sicherheitsmaßnahmen, Personenüberprüfungen und Straßensperren einher. [...]

Gewaltkriminalität betrifft zunehmend auch Ausländer. Es kommt zu Autodiebstählen, teils mit
25 Waffengewalt wie „Carjacking", Kleinkriminalität wie Taschendiebstählen, Vorschussbetrügereien („Scams") und Kreditkartenbetrügen. [...]

Öffentliche Verkehrsmittel sind in der Hauptstadt Bamako kaum vorhanden bzw. unzuverlässig.
30 Taxis stehen zur Verfügung. Auf Grund häufig schlechter Verkehrssicherheit der Fahrzeuge sollten nur Fahrzeuge von seriösen Taxiunternehmen genutzt werden. Reisen im Land sind nur sehr eingeschränkt möglich. Der Zustand der Straßen
35 abseits von Hauptstrecken ist schlecht, insbesondere außerhalb der urbanen Zentren. Gefahren bestehen auch durch fehlende Verkehrszeichen, unbeleuchtete und auch überladene Fahrzeuge. In der Hauptregenzeit von Juni bis September kön-
40 nen viele Strecken unpassierbar sein.

Quelle: Auswärtiges Amt: Mali: Reise- und Sicherheitshinweise (Teilreisewarnung), Stand: 20.04.2021, abgerufen unter: www.auswaertiges-amt.de/de/aussenpolitik/laender/mali-node/malisicherheit/208258 [20.04.2021].

**M 9** Simbabwe: Reise- und Sicherheitshinweise

1 Mitte September wurde die öffentliche Trinkwasserversorgung in Harare und weiten Teilen Simbabwes bis auf [W]eiteres eingestellt. [...]

5 Aufgrund der angespannten wirtschaftlichen Lage und der daraus resultierenden sozialen Spannungen muss in den städtischen Ballungsräumen mit Demonstrationen und teilweise auch mit gewaltsamen Auseinandersetzungen gerechnet werden. Ausländer dürfen ohne staatliche 10 Akkreditierung nicht über die aktuellen Entwicklungen im Land berichten. Das schließt auch jegliches Sammeln von Informationen, Gespräche mit der Bevölkerung oder Schnappschussfotografien mit der Handykamera ein, da dies als illegale jour-15 nalistische Tätigkeit ausgelegt werden kann. In Notfällen ist von Sicherheitskräften in der Regel keine Hilfe zu erwarten. [...]

Die ausgesprochen schwierige politische, wirtschaftliche und soziale Lage der Bevölkerung hat 20 zu einem Anstieg der Kriminalität geführt. Vor allem in den Innenstädten von Harare und Bulawayo, aber auch in den kleineren Städten, sind verstärkt Taschendiebstähle und „smash and grab"-Überfälle zu verzeichnen. Nachts besteht 25 ein erhöhtes Überfallrisiko, besonders in den Städten, an roten Ampeln und unbeleuchteten Kreuzungen.

Quelle: Auswärtiges Amt: Simbabwe: Reise- und Sicherheitshinweise, Stand: 20.04.2021, abgerufen unter: www.auswaertiges-amt.de/de/aussenpolitik/laender/simbabwe-node/simbabwesicherheit/208948 [20.04.2021].

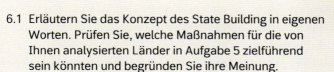

**6.**

6.1 Erläutern Sie das Konzept des State Building in eigenen Worten. Prüfen Sie, welche Maßnahmen für die von Ihnen analysierten Länder in Aufgabe 5 zielführend sein könnten und begründen Sie ihre Meinung.

6.2 Fassen Sie die Kritik der Politikwissenschaftlerin Wienkoop am Konzept des State Building zusammen.

6.3 Diskutieren Sie die alternativen Lösungsvorschläge, um fragiler Staatlichkeit entgegenzuwirken. Beurteilen Sie die Vorschläge und nehmen Sie persönlich Stellung.

**M 10** State-building statt Nation-building

1 State-building zielt auf die nachhaltige Stärkung staatlicher Strukturen, Institutionen und Steuerungskapazitäten. Es ist daher nicht identisch mit Nation-building. Während sich State-building pri-5 mär auf die staatliche Ebene und die politischen Akteure konzentriert, wird unter Nation-building oftmals in umfassender Weise die gesellschaftliche Entwicklung als Ganzes verstanden, vor allem die Herausbildung einer wie auch immer verstan-10 denen nationalen Identität. Beide Prozesse gehören letztlich zusammen: Ein politisches Gemeinwesen gerät in erhebliche Schwierigkeiten, wenn

sich Teile der Gesellschaft nicht mit ihm identifizieren und in der Folge entweder einen eigenen
15 Staat fordern (Separatismus) und/oder aber die Verteilung von Macht, Ressourcen oder Chancen als ungerecht empfinden. Umgekehrt erscheint unter modernen Vorzeichen eine gesellschaftliche Entwicklung ohne staatlichen Rahmen kaum vor-
20 stellbar. State-building kann insofern einen Beitrag zum Nation-building leisten und umgekehrt.

Gleichwohl stellt sich die Frage, welcher der beiden Prozesse durch externe Interventionen eher beeinflusst werden kann. Hier wird die These
25 vertreten, dass die Erfolgsaussichten externer Akteure eher im Bereich des State-building als des anspruchsvolleren Nation-building liegen dürften. Ein von außen unterstütztes State-building muss dabei an zwei Punkten ansetzen: Einerseits
30 gilt es, die Bereitschaft der lokalen Akteure zu fördern, sich am politischen Gemeinwesen konstruktiv und kooperativ zu beteiligen, und andererseits kommt es darauf an, ihre Fähigkeit zu verbessern, die notwendigen Maßnahmen zur Stärkung von
35 Staatlichkeit auch durchführen zu können. State-building-Aktivitäten führen allerdings — zumindest kurz- und mittelfristig — nicht zwingend zu einem Mehr an Stabilität. Sie können gerade bei schwachen oder versagenden Staaten sogar
40 genau das Gegenteil provozieren, da nicht selten bestimmte Mechanismen, Strukturen oder Institutionen aufgegeben werden müssen, die noch in Teilbereichen für eine gewisse Stabilität sorgen. In diesem Sinne können drei Stufen von State-
45 building unterschieden werden, die jeweils eigene Formen der Intervention nach sich ziehen [...].

*Stufe 1 Stabilisierung staatlicher Strukturen:* Im Zentrum der Aktivitäten in diesem Bereich steht die Stabilisierung und Stärkung bestehender
50 Strukturen und Institutionen. Ein Regimewandel ist dabei in der Regel nicht erforderlich, sondern die Interventionsmaßnahmen konzentrieren sich darauf, lokale Eliten dabei zu unterstützen, Missstände zu beseitigen und Erosionsprozesse
55 zu stoppen. Diese Konstellation betrifft in erster Linie Staaten, die sich bereits in einem, wenn auch unvollständigen Demokratisierungsprozess befinden, der von außen weiter gefördert werden muss.

60 *Stufe 2 Reform staatlicher Strukturen:* Der Akzent liegt hier auf der Transformation und Ausgestaltung existierender staatlicher Strukturen und Institutionen. Es geht um elementare Weichenstellungen, die letztlich den Charakter der
65 Institutionen und des Staates verändern. Dies schließt die Möglichkeit eines Regimewandels mittel- oder langfristig ein, in manchen Fällen mag dieser sogar die Voraussetzung dafür sein, um den notwendigen Umbauprozess voranzutreiben
70 zu können. Diese Form des von außen unterstützten State-building betrifft die meisten Fälle fragiler Staatlichkeit, insbesondere aber Länder, denen ein umfassender Demokratisierungsprozess noch bevorsteht.

75 *Stufe 3 (Wieder-)Aufbau staatlicher Strukturen:* Die weitestgehende Variante ist der Aufbau und die Gründung staatlicher Strukturen und Institutionen, die zuvor nicht oder nicht in dieser Form bestanden. Von einer solchen Situation sind in
80 erster Linie Nachkriegsgesellschaften betroffen, bei denen im Zuge des Konflikts nahezu sämtliche Strukturen zusammengebrochen sind, aber auch Staaten, in denen wesentliche Elemente von Staatlichkeit nicht mehr existieren oder noch nie
85 existierten. Zumeist ist der komplette Aufbau gleichbedeutend mit einem Regimewandel, da die bis dahin agierende Führung politisch diskreditiert ist.

Quelle: Schneckener: Fragile Staatlichkeit und State-Building, 2007, S. 116 f.

## M 11   Das Paradigma vom Staatsaufbau ist gescheitert – wie nun weiter?

1 Viele afrikanische Staaten bleiben fragil – trotz staatsbildender Maßnahmen seit den neunziger Jahren. Die deutsche Politik setzt bisher vor allem auf den Aufbau und die Reform des Sicherheits-
5 sektors, der als Grundlage von Staatlichkeit gilt. Jedoch fördern Menschenrechtsverletzungen die Entfremdung der Bevölkerungen von ihren Staaten. Auch der neue Fokus auf mehr privatwirtschaftliche Kooperationen birgt Risiken.

10 Die Partner der neuen Bundesregierung betonen in ihrem Koalitionsvertrag, ein zentrales Ziel verantwortungsvoller Außenpolitik sei der Wiederaufbau fragiler Staaten. Dieses Ziel steht bereits seit den neunziger Jahren beständig auf
15 der politischen Agenda und wird spätestens seit den Terroranschlägen vom 11. September 2001 als Kernparadigma der Sicherheitspolitik diskutiert. Trotzdem gibt es weltweit immer noch viele fragile Staaten. Das gilt besonders für Afrika, wo
20 sich der Negativtrend – anders als in Osteuropa und Lateinamerika – weitgehend fortsetzt. Lange Zeit kamen fragile Staaten vor allem im Subsahara-Raum vor, doch seit dem Arabischen Frühling drohen auch nordafrikanische Staaten zu
25 zerfallen. Gleichzeitig finden gescheiterte Staaten wie die Demokratische Republik Kongo und Somalia keinen Frieden. Länder wie Mali wiederum, die lange als relativ stabil galten, sind erneut von der Gefahr eines Zerfalls bedroht.

30 Diese Entwicklung zeigt, dass das Staatsaufbau-Paradigma der letzten Jahre gescheitert ist. Die bisherige Politik, die vor allem auf Sicherheit, Wahlen und Wirtschaftskraft setzte, scheint fehlgeschlagen zu sein. Umso dringender muss die
35 neue Bundesregierung eine kritische Korrektur der bisherigen Maßnahmen vornehmen – von den Polizei- und Militärtrainings über das Konzept des externen *state building* bis zum Ziel der wirtschaftlichen Produktivitätssteigerung. [...]

40 Das staatliche Gewaltmonopol gilt im westlichen Diskurs zwar als notwendige Bedingung für ein funktionierendes Gemeinwesen, doch fragile Staaten können die idealtypischen Funktionen von Wohlfahrt, Legitimität, Rechtsstaatlichkeit
45 und Sicherheit nicht oder nur teilweise erfüllen. Lokal werden diese Lücken dann von traditionellen – und häufig anerkannten – Institutionen, nicht-staatlichen Akteuren oder auch Unternehmen gefüllt.

50 Die Förderung von Staatlichkeit kann somit kein Selbstzweck sein. Ein Staatsbildungsansatz, der allein auf eine Implementierung von oben (oder von außerhalb) setzt, wird nur kurzfristig Erfolg haben. Erst die langfristige gesellschaftliche Ak-
55 zeptanz des Staates und seiner Strukturen kann Stabilität generieren. Anstatt zu fragen, *ob* der Staat funktioniert, sollte sich die Entwicklungspolitik vielmehr fragen, *für wen* der Staat funktioniert. Fokussiert sich staatliches Handeln auf
60 Partikularinteressen von transnationalen Konzernen und lokalen oder nationalen Eliten, wird es vielerorts negativ bewertet werden, übrigens nicht nur in Afrika. [...]

Um Staatszerfall vorzubeugen, wird gern die
65 Idee eines sicherheitspolitisch starken Staates hochgehalten, der durch einen funktionierenden Militär- und Polizeiapparat für Ordnung sorgt. Die Annahme dahinter: Sicherheit in Kombination mit Wahlen führt nach und nach zu einem
70 Rechtsstaat. Dieses Konzept wird derzeit auch in Mali wieder praktiziert, wo Deutschland die Armee des Landes mit Ausrüstung und Knowhow unterstützt. Die geschulten oder neu ausgebildeten Sicherheitskräfte repräsentieren vor Ort
75 den Staat. Wenn diese Sicherheitskräfte dann aber Menschenrechtsverletzungen begehen wie in Nigeria, Mozambik oder Simbabwe, wird der neu aufgebaute Staat schnell delegitimiert.

### Vor allem ein wirksamer Rechtsstaat ist wichtig

80 [...] Im Fokus der neuen deutschen Afrika-Agenda steht nun vor allem die ökonomische Zusammenarbeit. Afrikas Volkswirtschaften wird weiterhin ein stetiges und schnelles Wachstum prophe-
85 zeit, wobei das Wirtschaftswachstum Südafrikas maßgeblich das westliche Bild prägt und positiv verzerrt. Vom Export abhängige Staaten wie Deutschland wollen ihre Kooperationen auf privatwirtschaftlicher Ebene ausbauen. Statistiken
90 zeigen zwar, dass Unternehmen nicht vor fragilen Staaten als Wirtschaftsstandorten zurückschrecken. Allerdings birgt die ökonomische Zusammenarbeit mit diesen Staaten die Gefahr, nichtdemokratische Strukturen sowie niedrige Sozial-,
95 Arbeits- und Umweltstandards vor Ort zu unterstützen. Seit den internationalen Investitionsprogrammen der neunziger Jahre minimieren viele afrikanische Staaten diese Standards speziell für ausländische Geldgeber. Beispielsweise locken sie
100 Investoren mit Steuerfreiheiten, Billiglohnkräften und kostenlosen Landverpachtungen. Dieses *race to the bottom* sollte vor allem auch Deutschland als Vorreiter für hohe Umwelt- und Sozialstandards nicht mitmachen, sondern ihm entgegenwirken.

105 Auch sind die vermeintlichen Vorteile der Kooperation für die Infrastruktur in den afrikanischen Staaten ambivalent: So beteiligen sich privatwirtschaftliche Akteure zwar maßgeblich am lokalen Ausbau von Zufahrtsstraßen, Bahntransportwe-
110 gen oder Bildungseinrichtungen. Der Radius der Investitionen bleibt jedoch meist auf das Gebiet beschränkt, das für die Unternehmen von Interesse ist. Diese Exklusivität befördert oft partikulare Konfliktlinien und untergräbt die nationale
115 Einheit der betreffenden Staaten. Die Privatwirtschaft kann durchaus zu einer positiven Entwicklung und Good Governance beitragen – aber eben auch zu schlechter Regierungsführung, Intranspa-
120 renz, ökonomischer Ungleichheit und dem Ausschluss bestimmter Bevölkerungsteile. [...]

### In Afrika herrscht oft juristischer Pluralismus

Diese Aufgabe bedarf auch deshalb besonderer Anstrengung, weil in den meisten afrikanischen Staaten ein Pluralismus der Rechtssysteme vorherrscht.
125 Gewohnheitsrecht, nationale Gesetze und internationale Vorgaben konkurrieren miteinander. Daraus entstehen nicht selten machtpolitische Konflikte über die rechtliche Deutungshoheit. Um diese Konflikte fair und friedlich auszutragen, muss für alle
130 Beteiligten ein gleicher Zugang geschaffen werden: zu Informationen, Verhandlungstischen, Rechtsvertretern und Gerichten. Erst ein solcher Zugang zu Rechtsberatungen und einem effektiven, unabhängigen Justizwesen würde es der Bevölkerung
135 ermöglichen, ihre Rechte einzuklagen. Dadurch ließe sich staatliches und unternehmerisches Handeln vor Ort kontrollieren, etwa bei Verhandlungen über Verträge oder Entschädigungen. Andernfalls werden sich die Interessen der Unternehmen und
140 politischen Eliten stets gegenüber dem Gemeinwohl durchsetzen. [...]

Kurzum, die Prozesse des Staatsaufbaus in Afrika werden langwierig sein – doch das waren sie in Europa ebenfalls. Um daran konstruktiv mitzuwirken,
145 sollte Deutschland nicht auf externes *state building* setzen, sondern ein einheitliches Rechtssystem für den internen Staatsaufbau unterstützen. Denn ohne eine solche rechtsstaatliche Basis fördern deutsche Unternehmen und die Entwicklungspolitik bloß
150 Ungleichheiten und Konflikte. Die noch stärker wirtschaftlich ausgerichtete Afrika-Agenda der Bundesregierung könnte afrikanische Staaten zu wirklichen „Partnern auf Augenhöhe" machen, statt nur Bittsteller von Entwicklungshilfe zu sein. Dafür
155 müssen funktionierende Justizsysteme die lokalen und nationalen Machtasymmetrien ausgleichen und die Rechte benachteiligter Gruppen garantieren.

Quelle: Wienkoop: Das Paradigma vom Staatsaufbau ist gescheitert – wie nun weiter?, in: BERLINER REPUBLIK 2/2014, abgerufen unter: www.b-republik.de/archiv/das-paradigma-vom-staatsaufbau-ist-gescheitert-%E2%80%93-wie-nun-weiter [14.06.2020].

# DAS WICHTIGSTE IN KÜRZE

Afrika ist ein Kontinent der Superlative mit mehr als 1,2 Milliarden Menschen. Die Chancen und Herausforderungen, die sich dem Kontinent bieten; sind vielfältig. In vielen Staaten gibt es Demokratisierungsfortschritte und zivilgesellschaftliche Aufbrüche. Einige afrikanische Staaten sind aber auch bedroht durch politisierte Gewalt und Staatszerfall. Zerfallende und zerfallene Staaten werden eine der großen Herausforderungen des 21. Jahrhunderts sein. Vor allem die internationale Sicherheitspolitik beschäftigt sich seit Jahren mit diesem Thema.

## Die Vorstellung eines funktionierenden Staates

Im Jahre 1648 beendete der Westfälische Friede den Dreißigjährigen Krieg und in den darauffolgenden Jahrhunderten wurde der Begriff der „Sicherheit" immer enger mit einem funktionstüchtigen Staat verbunden. Nur dieser Staat hat, durch die kumulierte Macht, die wir alle in einem Gesellschaftsvertrag abgegeben haben, die Macht, sowohl gegen innere als auch äußere Feinde vorzugehen. Die Tatsache, dass wir unbeschadet unserem privaten Leben nachgehen können, beruht auf dem Prinzip eines starken Staates. Dabei übernimmt der Staat viele Aufgaben, die uns heute als selbstverständlich erscheinen. Er organisiert und garantiert die innere und äußere Sicherheit der Gemeinschaft durch ein funktionstüchtiges und verlässliches Polizeiwesen. Er erhebt Steuern, um die öffentlichen Aufgaben wahrnehmen und die Versorgung sicherstellen zu können. Er verwaltet und garantiert die gemeinschaftlichen Aufgaben wie Bildung, Verkehrswege, Kommunikation und Fürsorge. Wenn ein Staat diese Aufgaben nicht erfüllen kann, dann ist die Staatlichkeit in Gefahr. Eine der primären Ursachen dafür ist das Versagen der Eliten, vor allem der politischen Elite. In der Folge kommt es oft zu Einschränkungen der Meinungs- und Pressefreiheit. Auch die ethnische Zersplitterung kann eine Bedingung für Staatszerfall sein.

## Wiederaufbau von Staatlichkeit

Wenn Staaten durch Zerfall bedroht sind, können eine Reihe von Maßnahmen getroffen werden, um dem entgegenzuwirken. Primäres Ziel ist es oft, die wichtigsten staatlichen Institutionen wie Verwaltung, Polizei und Justiz wiederaufzubauen. Oft sind dabei auch internationale und supranationale Organisationen beteiligt, die Ausrüstung und Finanzhilfen bereitstellen oder Entwicklungshilfe sowie Ausbildung und Training von Personal organisieren.

Der Aufbau von Staatlichkeit wirft aber oft Fragen zur Handlungsweise auf, die nicht einfach zu beantworten sind. Wenn beispielsweise autokratisch regierte Staaten in ihrer inneren Stabilität bedroht sind, sollten dann Maßnahmen zur Stützung des Regimes getroffen werden? Selbst wenn es möglich ist, die innere Stabilität wiederherzustellen, können die neuen Ressourcen von der aktuellen Regierung genutzt werden, um die Bevölkerung weitere Jahre zu unterdrücken. In dieser Situation ist es schwierig, abzuwägen zwischen einer moralischen Verantwortung und einer realpolitischen Zurückhaltung. Tatsache ist, dass moderne Herrschaftsformen nur schwer von außen zu etablieren sind, das zeigt auch der Blick auf die Geschichte. Erst wenn sich eine Gesellschaft selbst zur republikanischen Staatsform und dem demokratischen Geist bekennt, finden diese Hilfen ein Fundament vor, auf dem sich Staatlichkeit errichten lässt. Trotzdem ist im Angesicht der zunehmenden Krisen weltweit ein Wegschauen keine wünschenswerte Option. Auch in Zukunft wird also die nachhaltige Stärkung staatlicher Strukturen eine der Hauptaufgaben der internationalen Gemeinschaft sein.

# FESTIGUNG – VERTIEFUNG

## Weitere Herangehensweisen

- Erstellen Sie in Gruppenarbeit Länderporträts zu unterschiedlichen Staaten. Wählen Sie dazu ein Land aus, dass entweder als sehr fragil angesehen wird, bereits eine Warnstufe erhalten hat, als sicher eingeschätzt wird oder als zukunftsfähig eingeschätzt wird. Bereiten Sie eine Präsentation vor und legen Sie in dieser dar, wie stabil der von Ihnen gewählte Staat ist und welche Eigenschaften dazu beitragen. Recherchieren Sie vorher die nötigen Informationen. Diskutieren Sie abschließend Lösungsmöglichkeiten, um vom Zerfall bedrohten Staaten zu helfen.

## Vertiefende Aspekte

- Die Gefährdungslage weltweit ändert sich rasch. Prüfen Sie, ob die in diesem Kapitel thematisierten Staaten noch immer vom Staatszerfall bedroht sind.
- Plenumsdiskussion: Angesichts der Zunahme von Konflikten weltweit diskutieren Sie die Verantwortung der internationalen Staatengemeinschaft. Kann ein internationales Gewaltmonopol dem Staatszerfall entgegenwirken?

## Weiterführende Quellen und Hinweise

**H 1** Münkler, Herfried: Die neuen Kriege, Reinbek bei Hamburg, Rowohlt, 2002. Der Berliner Politikwissenschaftler Herfried Münkler beleuchtet in diesem Werk die strukturellen Veränderungen vom Staatenkrieg hin zu den „neuen Kriegen" des 21. Jahrhunderts.

**H 2** Morus, Thomas: Utopia, Stuttgart, Reclam Verlag, 1986. Das Buch über die erdachte Insel Utopia wurde Namensgeber für den Begriff der Utopie. Morus liefert auch heute noch, mehr als 500 Jahre später, interessante Gedanken zu Staats- und Gesellschaftsentwürfen.

**H 3** Beisheim, Marianne; Schuppert, Gunnar Folke (Hg.): Staatszerfall und Governance, Baden-Baden, Nomos, 2007. Die verschiedenen Aufsätze in diesem Sammelband versuchen Antworten auf drängende Fragen zu liefern. Wie kann Staatszerfall vermieden werden? Lässt sich Staatszerfall wieder reparieren?

 **H 4** SWR2 Forum: Durm, Martin: Wenn Staaten scheitern – Wie gefährlich sind failed states?, Stuttgart, 2018: In diesem Podcast diskutieren Christian Hanelt (Nahost-Experte der Bertelsmann-Stiftung), Prof. Dr. Jochen Hippler (Politikwissenschaftler, Universität Duisburg-Essen) und Kurt Pelda (Journalist, Züricher Tagesanzeiger) mit Martin Durm über die Gefahren, die von einer zerfallenden Staatlichkeit im nordafrikanischen Raum ausgehen. Der anschauliche Beitrag zeigt aus verschiedenen Blickwinkeln die Konsequenzen für die lokale Bevölkerung. (Dauer: 44:15 Minuten)

 **H 5** SRF Newsplus: Failed States: Wann ist ein Staat „gescheitert"?, Zürich, 2022: In diesem Podcast stellt Raphaël Günther zwei Staaten vor, die vom Staatszerfall bedroht sind, Somalia und Libanon. Im Gespräch mit Thomas Jäger, Professor für Internationale Politik in Köln, kommen auch Originalstimmen von Bewohnern der betroffenen Staaten zu Wort. (Dauer: 16:15 Minuten)

## KAPITEL 6 (LERNBEREICH 3.2)

## 6.3 Zukunftschancen – Entwicklungszusammenarbeit in Afrika

### Forschungsinteresse und Kompetenzerwerb

Entwicklungspolitik gibt es seit vielen Jahren und mit wechselnden Konzepten und überschaubaren Erfolgen. Fakt ist, dass die Globalisierung die Kluft zwischen reichen und armen Ländern weiter verstärkt hat. Zu den beteiligten Akteuren gehören staatliche und nichtstaatliche Organisationen, die unterschiedliche Schwerpunkte setzen und teilweise divergierende Ziele verfolgen, darunter auch Deutschland. In den letzten Jahren wurde eine Afrika-Initiative im G-20-Rahmen initiiert, die Bundeswehr ist an verschiedenen Missionen weltweit beteiligt und auch der sogenannte Marshallplan mit Afrika soll neue Unterstützung bieten. Ob und wie erfolgreich diese Vorhaben sind, werden Sie nach diesem Kapitel beurteilen können.

### Vorgehen

Nach dem Abitur möchten Sie gerne ins Ausland gehen und sich für ein Entwicklungsprojekt engagieren. Einige ihrer Klassenkameradinnen und Klassenkameraden behaupten, dass Entwicklungszusammenarbeit nichts bringt. Sie beschließen, sich selbst eine Meinung zu bilden.

Sie INFORMIEREN sich zunächst arbeitsteilig über die Millenniumsentwicklungsziele der UNO und ARBEITEN die konkreten Zielvorgaben und Indikatoren HERAUS. Anschließend VERGLEICHEN Sie diese Ziele mit den Nachhaltigkeitszielen und BEURTEILEN die Weiterentwicklung der Zielsetzungen und ihre Erfolgsaussichten. Danach FASSEN Sie das Konzept des Marshallplans mit Afrika anhand der Materialien ZUSAMMEN und DISKUTIEREN die Kritikpunkte, die Anne Jung an diesem Konzept äußert. Sie BEURTEILEN, inwieweit der Marshallplan mit Afrika genauso erfolgreich sein kann, wie der Marshallplan, der nach dem Zweiten Weltkrieg den Wiederaufbau in Europa stützte. Abschließend ÜBERPRÜFEN Sie, welche unterschiedlichen Erwartungen Afrikaner und Europäer an eine erfolgreiche Zusammenarbeit haben.

VERFASSEN Sie nun eine Checkliste für Entwicklungsprojekte in Afrika und DISKUTIEREN Sie die Vorschläge in der Klasse. Einigen Sie sich auf sieben Kriterien.

Als Arbeitshilfe finden Sie im hinteren Teil des Lehrwerks eine Übersicht über verschiedene Methodentechniken. Nutzen Sie diese Möglichkeit.

### Materialauswahl

In diesem Kapitel setzen Sie sich mit konkreten Vorschlägen der UNO und Deutschlands zur globalen Entwicklungspolitik auseinander. Die Millenniumsziele der UNO aus dem Jahre 2000 und der Auszug aus dem Millenniums-Entwicklungsziele-Bericht 2015 der Vereinten Nationen geben einen ersten Einblick in die Arbeit der Staatengemeinschaft an globalen Zielsetzungen und den Erfolgsaussichten. Anhand der Schaubilder zu Millenniumsentwicklungszielen und Nachhaltigkeitszielen für das Jahr 2030 lassen sich die veränderten Zielsetzungen für die kommenden Jahre erkennen. Dabei wird deutlich, dass mit den als Logos formulierten Zielen noch keine konkreten Maßnahmen oder Priorisierungen verbunden sind.

Um von der globalen Ebene der Entwicklungspolitik einen Bogen zum afrikanischen Kontinent zu schlagen, steht ferner ein aktuelles Projekt des Bundesministeriums für wirtschaftliche Zusammenarbeit und Entwicklung (BMZ) im Mittelpunkt, in diesem Fall der 2017 vorgestellte „Marshallplan mit Afrika". Dass die eher abstrakt gehaltenen Thesen in der Realpolitik auch Schattenseiten haben

könnten, wird anhand der Erläuterung einer Politikwissenschaftlerin aus einer NGO deutlich. Zwei Zeitungsartikel bilden dann die Quellen für die Analyse

unterschiedlicher Erwartungshaltungen bei einer
Zusammenarbeit.

**1.**

   1.1 Informieren Sie sich arbeitsteilig über die Millenniumsentwicklungsziele der UNO und arbeiten Sie die konkreten
Zielvorgaben und Indikatoren heraus.

   1.2 Recherchieren Sie dazu online die Ausgangssituation und die geplanten Maßnahmen
der Entwicklungsziele.

   1.3 Überprüfen Sie die Zielerreichung im Jahr 2015 (M 2) und überlegen Sie anschließend
gemeinsam, wie die nicht erreichten Ziele doch noch erreicht werden können.

## Funktionsweisen und Probleme der Entwicklungspolitik

Eine gerechtere Welt, mit mehr Bildungschancen,
besserer Gesundheitsversorgung und weniger
Armut für alle Menschen – das war das Ziel der Vereinten Nationen, festgelegt in den Millenniumsent-

wicklungszielen. Im Jahr 2015 sollten diese Ziele
erreicht sein. Jetzt ist es Zeit für eine Bilanz: Was ist
aus den Zielen geworden?

---

### Millenniumsentwicklungsziele    M 1

1 Im September 2000 kamen hochrangige Vertreter von 189 Ländern, die meisten von ihnen
Staats- und Regierungschefs, zu dem bis dahin
größten Gipfeltreffen der Vereinten Nationen in
5 New York zusammen (Millenniumskonferenz).

Als Ergebnis des Treffens verabschiedeten sie
die so genannte Millenniumserklärung. Aus
ihr wurden später acht internationale Entwicklungsziele abgeleitet, die Millenniumsentwick-
10 lungsziele (englisch: Millennium Development
Goals, MDGs):

1. den Anteil der Weltbevölkerung, der unter
extremer Armut und Hunger leidet, halbieren

2. allen Kindern eine Grundschulausbildung
15 ermöglichen
3. die Gleichstellung der Geschlechter fördern
und die Rechte von Frauen stärken
4. die Kindersterblichkeit verringern
5. die Gesundheit der Mütter verbessern
20 6. HIV/Aids, Malaria und andere übertragbare
Krankheiten bekämpfen
7. den Schutz der Umwelt verbessern
8. eine weltweite Entwicklungspartnerschaft
aufbauen

25 [Diese Ziele sollten bis zum Jahr 2015 erreicht
werden.]

Quelle: Bundesministerium für wirtschaftliche Zusammenarbeit und Entwicklung:
Millenniumsentwicklungsziele, abgerufen unter: www.bmz.de/de/service/
lexikon#lexicon=14674 [04.05.2022] (verändert).

**M 2** Millenniums-Entwicklungsziele, Bericht 2015: Trotz vieler Erfolge bleiben die Ärmsten und Schwächsten zurück

1 Bei vielen Millenniums-Zielvorgaben waren die Fortschritte weltweit gesehen erheblich, für einzelne Regionen und Länder jedoch ungleichmäßig, und es bestehen noch immer große Lücken.

5 Millionen Menschen bleiben zurück – insbesondere die ärmsten und diejenigen, die aufgrund ihres Geschlechts, ihres Alters, einer Behinderung, ihrer ethnischen Zugehörigkeit oder ihres Wohnorts benachteiligt sind. Um diese 10 Menschen zu erreichen, bedarf es gezielter Maßnahmen.

**Die Ungleichheit zwischen den Geschlechtern besteht fort**

Frauen stoßen beim Zugang zu Beschäftigung 15 und Wirtschaftsgütern und bei der Teilhabe an privaten wie öffentlichen Entscheidungsprozessen weiter auf Diskriminierung. Auch sind Frauen stärker armutsgefährdet als Männer. In Lateinamerika und der Karibik stieg das Verhältnis 20 nis von Frauen zu Männern in armen Haushalten von 108 Frauen je 100 Männer im Jahr 1997 auf 117 Frauen je 100 Männer im Jahr 2012, obwohl die Armutsquoten in der gesamten Region sanken. Frauen sind am Arbeitsmarkt nach wie vor 25 benachteiligt.

Etwa drei Viertel der Männer, aber nur die Hälfte der Frauen im erwerbsfähigen Alter nehmen weltweit am Erwerbsleben teil. Weltweit verdienen Frauen 24 Prozent weniger als Männer. In 30 85 Prozent der 92 Länder, für die nach Bildungsniveau aufgeschlüsselte Erwerbslosenquoten für 2012-2013 vorlagen, lag diese Quote für Frauen mit höherer Bildung über der von Männern mit vergleichbarem Bildungsstand. Trotz kontinuierlicher 35 Fortschritte ist die Welt von der Geschlechterparität bei Entscheidungsprozessen im privaten wie im öffentlichen Leben noch immer weit entfernt.

**Zwischen den ärmsten und den reichsten Haushalten und zwischen ländlichen und städtischen Gebieten bestehen große Disparitäten**

In den Entwicklungsregionen leiden Kinder aus den ärmsten 20 Prozent der Haushalte mehr als doppelt so häufig an Wachstumshemmung wie 45 diejenigen aus den reichsten 20 Prozent. Kinder aus den ärmsten Haushalten besuchen viermal häufiger keine Schule als die aus den reichsten. Die Sterblichkeitsrate von Kindern unter fünf Jahren liegt für die ärmsten Haushalte fast doppelt 50 so hoch wie für die reichsten. In ländlichen Gebieten werden nur 56 Prozent der Geburten von medizinischen Fachkräften betreut, in städtischen Gebieten hingegen 87 Prozent. Rund 16 Prozent der Landbevölkerung, aber nur 4 Prozent 55 der Stadtbewohner haben keinen Zugang zu verbesserter Trinkwasserversorgung. Etwa 50 Prozent der Menschen in ländlichen, jedoch nur 18 Prozent in städtischen Gebieten haben keinen Zugang zu verbesserten sanitären Einrichtungen. 60 richtungen.

**Klimawandel und Umweltzerstörung unterhöhlen bereits Erreichtes, und die Armen leiden am meisten**

Die weltweiten Kohlendioxidemissionen sind seit 65 1990 um mehr als 50 Prozent gestiegen. Die Weltgemeinschaft steht weiter vor der dringenden und kritischen Herausforderung, gegen den unverminderten Anstieg der Treibhausgasemissionen und die damit verbundenen wahrscheinlichen 70 Folgen des Klimawandels wie veränderte Ökosysteme, extreme Wetterereignisse und Risiken für die Gesellschaft anzugehen. 2010 ging mit schätzungsweise 5,2 Millionen Hektar eine Waldfläche in etwa der Größe Costa Ricas verloren.

75 Die Überfischung der Meere führte zu einem Rückgang der Fischbestände innerhalb sicherer biologischer Grenzen von 90 Prozent im Jahr

1974 auf 71 Prozent im Jahr 2011. Insgesamt nehmen die Populationen und die Verbreitung der Arten ab, sodass immer mehr Arten vom Aussterben bedroht sind. Schon jetzt sind 40 Prozent aller Menschen weltweit von Wasserknappheit betroffen, und es werden noch mehr werden. Arme Menschen sind zur Existenzsicherung unmittelbarer auf natürliche Ressourcen angewiesen, und da sie oft in den gefährdetsten Gebieten leben, leiden sie am meisten unter der Umweltzerstörung.

**Konflikte sind nach wie vor die größte Gefahr für die menschliche Entwicklung**

Ende 2014 hatten Konflikte fast 60 Millionen Menschen gezwungen, ihre Heimat zu verlassen – so viele wie seit dem Zweiten Weltkrieg nicht mehr. Wären diese Menschen eine Nation, stünde ihr Land der Größe nach an vierundzwanzigster Stelle in der Welt. Jeden Tag werden durchschnittlich 42.000 Menschen durch Konflikte vertrieben und dazu gezwungen, Schutz zu suchen. Gegenüber 11.000 Menschen im Jahr 2010 ist dies ein Anstieg um beinahe das Vierfache. 2014 machten Kinder die Hälfte der weltweiten Flüchtlingsbevölkerung unter der Obhut des Hohen Flüchtlingskommissars der Vereinten Nationen aus. In konfliktbetroffenen Ländern stieg der Anteil der Kinder, die keine Schule besuchen, von 30 Prozent im Jahr 1999 auf 36 Prozent im Jahr 2012. Instabile und konfliktbetroffene Länder weisen in der Regel die höchsten Armutsquoten auf.

**Millionen Menschen leiden weiter unter Armut und Hunger und haben keinen Zugang zu Grundversorgungseinrichtungen**

Trotz enormer Fortschritte leben selbst heute noch rund 800 Millionen Menschen in extremer Armut und leiden Hunger. Mehr als 160 Millionen Kinder unter fünf Jahren sind für ihr Alter zu klein, weil sie nicht genug zu essen haben. Derzeit besuchen 57 Millionen Kinder im Grundschulalter keine Schule. Noch immer arbeitet fast die Hälfte der Erwerbstätigen weltweit in unsicheren Beschäftigungsverhältnissen und kommt nur selten in den Genuss der Vorteile, die mit einer menschenwürdigen Arbeit einhergehen. Täglich sterben etwa 16.000 Kinder unter fünf Jahren, zumeist an vermeidbaren Ursachen. In den Entwicklungsregionen ist die Müttersterblichkeitsrate 14-mal so hoch wie in den entwickelten Regionen. Gerade einmal die Hälfte der Schwangeren in den Entwicklungsregionen nimmt die empfohlene Zahl von mindestens vier Vorsorgeterminen wahr. 2013 erhielten nur schätzungsweise 36 Prozent der 31,5 Millionen HIV-Infizierten in den Entwicklungsregionen eine antiretrovirale Behandlung. 2015 hat immer noch ein Drittel aller Menschen (2,4 Milliarden) keinen Zugang zu verbesserten Sanitäreinrichtungen, und 946 Millionen verrichten weiter ihre Notdurft im Freien. In den Städten der Entwicklungsregionen leben heute Schätzungen zufolge über 880 Millionen Menschen in Slumverhältnissen.

Diese Zahlen lassen sich durch globales Handeln deutlich verbessern.

Vereinte Nationen: Millenniums-Entwicklungsziele. Bericht 2015, New York, 2015, S. 8-9, abgerufen unter: www.un.org/depts/german/millennium/MDG%20Report%202015%20German.pdf [26.08.2023].

**2.**

2.1 Vergleichen Sie die Piktogramme der Millenniumsentwicklungsziele (M 3) mit den Nachhaltigkeitszielen (M 4).

2.2 Erläutern Sie Gemeinsamkeiten und Unterschiede der Zielsetzungen.

2.3 Beurteilen Sie die Weiterentwicklung der Zielsetzungen und bewerten Sie deren Erfolgsaussichten.

**M 3**  **Die Millenniumsentwicklungsziele für das Jahr 2015**

**1 ERADICATE EXTREME POVERTY AND HUNGER**

**2 ACHIEVE UNIVERSAL PRIMARY EDUCATION**

**3 PROMOTE GENDER EQUALITY AND EMPOWER WOMEN**

**4 REDUCE CHILD MORTALITY**

**5 IMPROVE MATERNAL HEALTH**

**6 COMBAT HIV/AIDS, MALARIA AND OTHER DISEASES**

**7 ENSURE ENVIRONMENTAL SUSTAINABILITY**

**8 A GLOBAL PARTNERSHIP FOR DEVELOPMENT**

Die 8 Millenniumsentwicklungsziele waren ein ehrgeiziges Projekt der Vereinten Nationen, mit Beteiligung von Regierungen, der Zivilgesellschaft und anderen Partnern.

**M 4**  **Die Nachhaltigkeitsziele für das Jahr 2030**

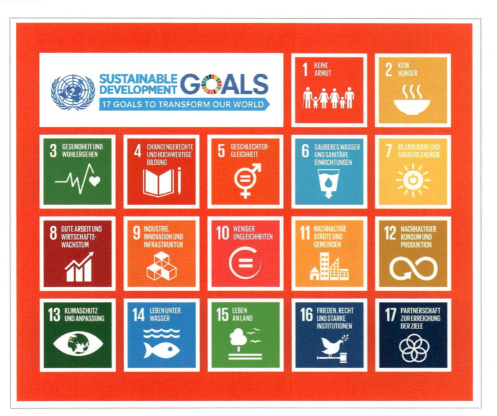

In Anlehnung an die Millenniumsentwicklungsziele traten am 1. Januar 2016 die 17 Ziele für nachhaltige Entwicklung in Kraft. Sie gelten für alle Staaten.

**3.**

3.1 Fassen Sie das Konzept des Marshallplans mit Afrika aus den nachfolgenden Quellen zusammen.

3.2 Diskutieren Sie die Kritikpunkte, die Anne Jung (M 7) an diesem Konzept äußert, und prüfen Sie, ob das Konzept die Nachhaltigkeitsziele für das Jahr 2030 erfüllt.

3.3 Beurteilen Sie, inwieweit der Marshallplan mit Afrika genauso erfolgreich sein kann wie der ursprüngliche Marshallplan, der nach dem Zweiten Weltkrieg den Wiederaufbau in Europa stützte.

## 10 Thesen für einen Marshallplan mit Afrika   M 5

1. **Wir brauchen jetzt einen neuen Zukunftsvertrag mit Afrika** – Bis zum Jahr 2050 wird sich die Bevölkerung Afrikas auf dann 20 Prozent der Weltbevölkerung verdoppeln. Die Sicherstellung der Ernährung, der Zugang zu Energie, Ressourcenschutz und Arbeitsplätze für Hunderte von Millionen junger Afrikaner sind gewaltige Herausforderungen, aber auch Chancen. Gerade die europäischen Staaten können mit Wissen, Innovation, moderner Technik und direkter Teilhabe zur Bewältigung der gewaltigen Herausforderungen beitragen.

2. **Afrika braucht afrikanische Lösungen** – Die Staaten Afrikas haben mit der Gründung der Afrikanischen Union (AU) und der neuen Partnerschaft für die Entwicklung Afrikas (NEPAD) ermutigende Zeichen für einen Neuanfang gesetzt. Mit der Agenda 2063 der AU beschreiben Reformpolitiker den eigenen Weg Afrikas. Deutschland und Europa müssen die afrikanischen Staaten beim Wort nehmen und die Zusammenarbeit in einer neuen Dimension und Qualität gestalten. Die jahrzehntelange Geber-Nehmer-Mentalität gilt es abzulösen – durch eine partnerschaftliche und wirtschaftliche Kooperation, die auf Eigeninitiative und Eigenverantwortung setzt. Afrika ist dabei Europas Partner – nicht nur in Fragen der wirtschaftlichen Zusammenarbeit und Entwicklungspolitik, sondern auch in zentralen Fragen der Gestaltung einer zukünftigen Handels-, Finanz-, Umwelt-, Agrar-, Wirtschafts-, Außen- und Sicherheitspolitik.

3. **Vorfahrt für Jobs und Chancen für die Jugend** – Afrikas Jugend muss eine Zukunft in Afrika haben. Das Durchschnittsalter auf dem Kontinent beträgt 18 Jahre. Bald werden mehr als 2 Milliarden Menschen dort leben. Dafür werden jedes Jahr 20 Millionen neue Jobs benötigt – in Städten und in ländlichen Gebieten. Die Entwicklung wirtschaftlicher Strukturen und die Schaffung neuer Arbeits- und Ausbildungsplätze ist die zentrale Herausforderung. Afrikas Jugend braucht zugleich einen Austausch mit Europa. Europa braucht ein Konzept, das legale Wege der Migration ermöglicht und irreguläre Migration und Schleusertum bekämpft.

4. **Investitionen für unternehmerische Entfaltung** – Jobs schafft auf Dauer und im erforderlichen Umfang nicht der Staat, sondern die private Wirtschaft. Deshalb braucht Afrika weniger Subventionen und mehr private Investitionen. Dafür müssen förderliche Rahmenbedingungen vor Ort, aber auch neue Instrumente zur Mobilisierung und Sicherung von Investitionen geschaffen werden. Ergänzt werden sie durch Vorschläge für Steueranreize für Unternehmen, neue Anlageformen wie beispielsweise Afrikafonds und Infrastrukturanleihen.

5. **Wertschöpfung statt Ausbeutung** – Afrika muss mehr sein, als der Kontinent der Rohstoffe. Motor des Marshallplans ist eine neue Wirtschaftspolitik, deren Schwerpunkte die Diversifizierung der Wirtschaft, der Aufbau von Produktionsketten, die gezielte Förderung von Landwirtschaft sowie kleinen und mittleren Unternehmen, die Aufwertung des Handwerks und damit die Schaffung eines neuen Mittelstands sind. Europa muss dies mit einer Stärkung des Zugangs zum EU-Binnenmarkt und dem Abbau bestehender Handelshemmnisse unterstützen.

6. **Politische Rahmenbedingungen fördern und fordern** – Rechtsstaatlichkeit, politische Teilhabe von Männern und Frauen sowie eine effiziente Verwaltung frei von Korruption sind Grundlage für eine nachhaltige wirtschaftliche Entwicklung. Nicht nur die Eliten eines Landes sollen vom wirtschaftlichen Aufschwung profitieren, sondern alle. Dies gilt es zu fördern und täglich einzufordern.

7. **Reformpartnerschaften statt Gießkannenprinzip** – Mit der Agenda 2063 haben sich die Mitglieder der Afrikanischen Union zu konkreten Reformen bekannt. Wir nehmen Afrika beim Wort und werden die Entwicklungszusammenarbeit in Zukunft besonders mit den Partnern intensivieren, die diese Reformen für gute Regierungsführung, den Schutz der Menschenrechte und wirtschaftliche Entwicklung umsetzen.

8. **Ein gerechter globaler Ordnungsrahmen** – Reformen in Afrika müssen durch Reformen in Europa und auf globaler Ebene ergänzt werden: Dazu zählen insbesondere ein gerechter Handel, der Kampf gegen illegale Finanzströme und der Stopp von Waffenlieferungen in Krisengebiete. Neue Formen der politischen Kooperation erfordern auch eine Stärkung der Zusammenarbeit europäischer und afrikanischer Institutionen: ein ständiger Sitz der afrikanischen Staaten im Sicherheitsrat der Vereinten Nationen sowie eine Aufwertung in allen internationalen Organisationen und Verhandlungen wie zum Beispiel bei der Welthandelsorganisation (WTO).

9. **Staatliche Entwicklungsgelder (ODA) alleine sind nicht die Lösung** – Mit öffentlicher Entwicklungszusammenarbeit ist sehr viel erreicht worden. Für die Bewältigung von Herausforderungen einer neuen Dimension reicht dies nicht aus. Stattdessen sollen diese Mittel zukünftig stärker Antreiber und Förderer privater Investitionen sein. Die afrikanischen Staaten müssen darüber hinaus deutlich mehr Eigenmittel – zum Beispiel ein höheres Steueraufkommen – mobilisieren.

10. **Wir lassen niemanden zurück** – Deutschland steht zu seiner Mitverantwortung gegenüber den am wenigsten entwickelten Ländern. Der Marshallplan behält die Grundbedürfnisse der Menschen im Blick: Ernährungssicherung, Wasser, Energie, Infrastruktur, Digitalisierung, Gesundheitsversorgung und Zugang zu Bildung – insbesondere für Frauen und Mädchen. Die Chancen und Herausforderungen der Verstädterung müssen ebenso berücksichtigt werden, wie das Heben der Potentiale der ländlichen Entwicklung und der Landwirtschaft.

Quelle: Bundesministerium für wirtschaftliche Zusammenarbeit und Entwicklung (Hg.): Afrika und Europa – Neue Partnerschaft für Entwicklung, Frieden und Zukunft, Januar 2017, S. 5/6, abgerufen unter: www.bmz.de/de/mediathek/publikationen/reihen/ infobroschueren_flyer/infobroschueren/Materialie310_Afrika_ Marshallplan.pdf [14.06.2020].

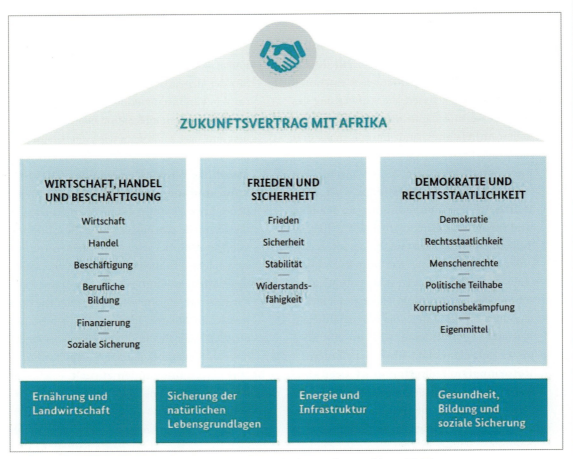

Quelle: Bundesministerium für wirtschaftliche Zusammenarbeit und Entwicklung (BMZ).

## „Marshallplan mit Afrika". Guter Plan oder schlechter Witz? **M 7**

1 Würde das Entwicklungshilfeministerium seinen 2017 vorgelegten „Marshallplan mit Afrika" ernst nehmen, wäre die gesamte deutsche Wirtschafts- und Finanzpolitik in Frage gestellt. Was 5 halten medico-Partner in Kenia und Simbabwe davon? [...]

**Leichte Beute Afrika**

„Die europäische Politik erklärt den afrikanischen Kontinent zur leichten Beute", kom-

10 mentiert Abdullahi Mohamed Hersi von der medico-Partnerorganisation NAPAD (Nomadic Assistance for Peace and Development) die Politik jenseits des Marshallplans. Im immer wieder von Dürre und Hungerkrisen geplagten Kenia 15 pachten internationale Konzerne riesige Landflächen für den Anbau von Jatropha für die Produktion von Biosprit. Die Regierung erhofft sich darüber kurzfristige Gewinne. In einem Land aber, in dem ohnehin nur knapp zehn Prozent

20 der Landesfläche landwirtschaftlich nutzbar ist, gleichzeitig aber die Bewirtschaftung von Land für die große Mehrheit der Bevölkerung die Lebensgrundlage bildet, hat dies katastrophale Auswirkungen für die Ernährungssicherheit.

## Im Widerspruch zu den Freihandelsabkommen mit Afrika

25 „Europa hat alles dafür getan, um die Länder des Südens in unfaire Handelsstrukturen zu pressen, deren Rahmen die Economic Partnership Agree-
30 ments (EPA) sind." Rangarirai Machemedze vom medico-Partnernetzwerk Equinet, einem regionalen Zusammenschluss von Organisationen aus dem östlichen und südlichen Afrika zur Stärkung sozialer Teilhabe lässt in seiner Analyse keinen
35 Zweifel daran, dass der Marshallplan mit Afrika nicht isoliert von der globalen Handelspolitik zu betrachten ist. Die von Europa unter Federführung Deutschlands ausgehandelten EPA werden von afrikanischen Ländern nur zögerlich unter-
40 zeichnet. Kenia hat nach massivem politischem Druck durch Europa unterschrieben und muss in Zukunft bis zu achtzig Prozent seines Marktes für Waren aus Europa öffnen, während nur rund zehn Prozent der Waren aus den afrikanischen
45 Ländern international wettbewerbsfähig sind.

Infolge dieser asymmetrischen Vereinbarungen sind massive Einnahmeverluste für Kenia und viele weitere afrikanische Länder zu befürchten, weil die EU staatliche Subventionen für die
50 lokale Landwirtschaft in afrikanischen Ländern verbietet. Arbeitsplätze werden wegfallen, Preisschwankungen können zum lebensbedrohlichen Risiko werden, etwa wenn die Brotpreise steigen, und die Abhängigkeit von Entwicklungs-
55 hilfe nimmt zu.

## Forderungen versus Fakten
Der Marschallplan fordert mehr Fairness in der Handelspolitik. Doch die EPA sind die harten Fakten. Wenn Europa keine kohärente Politik
60 mit Afrika verfolgt, werden alle politischen Bemühungen, die europäisch-afrikanischen Beziehungen fairer zu gestalten, ins Leere laufen. „Der Marshallplan mit Afrika droht dann nicht mehr zu sein als ein schlechter Witz", sagt Abdullahi
65 Mohamed Hersi von NAPAD. Er fordert Europa auf, mit tragfähigen Ideen für die Ausgestaltung des Verhältnisses zur südlichen Hemisphäre an den Verhandlungstisch zurückzukehren. Rangarirai Machemedze von Equinet hat schon einen
70 ersten Vorschlag für die Tagesordnung: „Wenn der Marshallplan fairen Handel will, stellt sich die Frage, ob Deutschland und Europa bereit sind, die Freihandelsabkommen EPA zu revidieren. Daran muss sich die Glaubwürdigkeit der
75 Afrikapolitik messen lassen."

## Die Vereinigten Staaten von Afrika
Dass es in der Kritik am Marshallplan auch um Wertschätzung und die Grundsätze politischer Kommunikation geht, erläutert Susan Wamuti
80 von NAPAD: „Europäische Konzepte wie der Marshallplan erwähnen die afrikanischen Institutionen noch nicht mal. Wir können aber nur eine von innen heraus entwickelte Lösung zur Bewältigung der Probleme in Afrika brau-
85 chen." Um in Handelsfragen und weit darüber hinaus die vielzitierte Augenhöhe zu erringen, beschlossen die Regierungen von 44 afrikanischen Ländern, ein starkes Gegengewicht zur Marktdominanz Europas, Chinas und der USA
90 zu schaffen. Sie schlossen sich zur größten Freihandelsregion der Welt zusammen, der African Continental Free Trade Area, kurz AfCFTA. Das Abkommen zielt darauf, den innerafrikanischen Handel zu stärken, Handelsschranken innerhalb
95 des Kontinents abzubauen und perspektivisch die Grenzkontrollen unter den Unterzeichnerländern abzuschaffen. Ob das AfCFTA mehr sein kann als ein kapitalistisches Modell auf afrikanischem Boden, werden die nächsten Jahre zeigen.

Quelle: Jung: „Marshallplan mit Afrika". Guter Plan oder schlechter Witz?, in: medico international, 16.05.2018, abgerufen unter: www.medico.de/guter-plan-oder-schlechter-witz-17078/ [14.06.2020].

**4.** Prüfen Sie anhand der nachfolgenden Materialien, welche unterschiedlichen Erwartungen Afrikaner und Europäer an eine erfolgreiche Zusammenarbeit haben.

## Bundespräsident in Südafrika: Gimme hope, Frank-Walter

1 Mehr als 15 Jahre war kein deutscher Bundespräsident mehr in Südafrika. Jetzt ist das Zuma-Regime weg, und Frank-Walter Steinmeier sagt dem neuen Staatchef Cyril Ramaphosa Unter-
5 stützung zu. Aus gutem Grund. [...]

Anfang des Jahres setzte sich der neue Präsident Cyril Ramaphosa beim Kongress des African National Congress (ANC) knapp gegen Zuma durch. Seitdem träumt das Land von einer neuen
10 Zeit, vom Ende der alles lähmenden Korruption, von einer wieder halbwegs funktionierenden Demokratie.

Dieser Cyril Ramaphosa hat Steinmeier beeindruckt. Als er vor ein paar Wochen in Berlin zu
15 Gast war, redeten die beiden lange beim Abendessen. Südafrika brauche keine Almosen, sagte der neue Präsident. Für Steinmeier, der die Geldgier afrikanischer Regierungschefs aus seiner Zeit als Außenminister kennt, sagt so ein Satz mehr als viele
20 Gesten oder ausgefeilte Reform-Programme. [...]

Kann Steinmeiers Hoffnungskandidat das alles schaffen? Der Bundespräsident gibt sich optimistisch, redet viel von Chancen. Auch davon, dass Deutschland Südafrika auf seinem Weg unter-
25 stützen wolle. „Das was hier stattfindet, ist nicht weniger als ein Aufbruch", sagt er an der Seite des neuen Präsidenten. Jetzt sei „der Zeitpunkt, für eine Erneuerung unserer Beziehungen zu arbeiten".

Viel mehr kann ein Bundespräsident kaum
30 anbieten.

Die Partnerschaft ist nicht uneigennützig. Immerhin ist mit Ramaphosa hier ein Mann am Ruder, der im Gegensatz zu vielen neuen Präsidenten weltweit noch internationale Koope-
35 ration und nicht das Trump-Motto „Jeder gegen jeden" hochhält. Wohl auch deswegen wirken die beiden fast freundschaftlich. „Auf uns kommt es ein bisschen an in der Zeit, wo die Weltordnung in Frage steht", sagt Steinmeier.

40 **Ein eindeutiges Versprechen**
Ramaphosa aber redet auch über die Herkules-Aufgabe, die ihm bevorsteht. Jahr für Jahr haben sein Vorgänger Zuma und seine Schergen mit Korruption gut zehn Milliarden Dollar abge-
45 schöpft und außer Landes gebracht. Diese alten Eliten fürchten heute um weit mehr als nur ihr Geschäft, sie müssen jahrelange Gefängnisstrafen fürchten. Ramaphosa muss Schritt für Schritt aufräumen, überlässt das aber bisher der süd-
50 afrikanischen Justiz.

Seine Versprechen sind trotzdem eindeutig. „Wir werden nicht dem Weg der willkürlichen Entscheidungen weitergehen", verspricht Ramaphosa, „die Herrschaft des Rechts ist zurück in
55 diesem Land". Dann sagt er noch einen Satz, der für mögliche Investoren zentral ist: „Wir dürfen und werden nicht von unseren Gästen stehlen."

Bei den mitgereisten deutschen Wirtschaftsvertretern dürfte das die Kernbotschaft des Besuchs
60 sein.

Quelle: Gebauer: Gimme hope, Frank-Walter, in: DER SPIEGEL, 20.11.2018, abgerufen unter: www.spiegel.de/politik/ausland/frank-walter-steinmeier-in-suedafrika-endlich-mal-ein-hoffnungstraeger-a-1239424.html [14.06.2020].

**M 9**   Was Markus Söder bei seiner Äthiopien-Reise gelernt hat

1 Ministerpräsident Markus Söder hat auf seiner Reise nach Äthiopien einiges erfahren – etwa, dass der FC Bayern die Politik in den Schatten stellt. [...]

Über die Aufmerksamkeit aus Bayern freut sich 5 auch die äthiopische Regierung. Jede Form von Investitionen, so erfährt Söder beim Treffen mit Staatspräsidentin Sahle-Work Zewde, sei willkommen. Aber das wirtschaftliche Engagement, so fügt die [Staatspräsidentin] hinzu, sollte so 10 gestaltet sein, dass auch bei den Menschen im Land etwas ankommt. Das Wichtigste für die noch junge Demokratie sei es, den vielen jungen Menschen eine Perspektive zu geben. [...]

**Die CSU-Politik könnte den Kleinbauern**
15 **schaden**
Die wohl konkreteste politische Erfahrung aber macht Söder in einem 70 Jahre alten Lagerhaus für Kaffee. Hier trifft er auf Marianne Wille, Mitinhaberin der Münchner Firma Dallmayr, und 20 auf Peter Renner, Vorstand der Stiftung „Menschen für Menschen", die Anfang der 80er Jahre von dem Schauspieler Karlheinz Böhm gegründet wurde. Dallmayr importiert seit nun bald 60 Jahren den qualitativ besonders hochwertigen 25 Hochlandkaffee aus Äthiopien – zuletzt von rund 1600 Kleinbauern für 70 Millionen Dollar pro Jahr. Seit rund 20 Jahren engagiert sich das Familienunternehmen hier auch für soziale Projekte. Aktuell baut das Unternehmen gemein-30 sam mit der Stiftung und unterstützt vom Freistaat

eine Schule auf. Und um den jungen Leuten, die dort ausgebildet werden, hinterher Arbeit zu geben, ist außerdem geplant, eine Kaffeekooperative zu gründen – ohne geschäftliche Bedingungen 35 oder gar Preisdiktate, wie Wille betont.

Doch ausgerechnet durch die Politik des CSU-Entwicklungsministers Gerd Müller sieht die Firma Dallmayr ihr wirtschaftliches Engagement in Äthiopien bedroht. Die Bürokratie, die 40 mit einer Zertifizierung fair gehandelten Kaffees verbunden sei, könne nur in hoch industrialisierten Ländern wie Vietnam oder Brasilien bewältigt werden. Im rückständigen und extrem kleinteiligen Äthiopien sei das praktisch unmöglich. 45 So gut gemeint Müllers Pläne auch seien und so sehr sie seine Absichten unterstütze – „sie wären der Tod für den afrikanischen Kaffee", sagt Wille. Die Firma Dallmayr könnte anderswo in der Welt Kaffee kaufen. Den Schaden, so hält sie 50 Söder vor, hätten die Kleinbauern in Äthiopien. Er verspricht, sich der Sache anzunehmen.

Auf Nachfrage unserer Zeitung sagt das auch der Entwicklungsminister zu. Müller betont, dass es sein wichtigstes Ziel sei, den Kleinbauern über 55 einen Grundpreis ein existenzsicherndes Einkommen zu garantieren. Wie das unter den speziellen Bedingungen in Äthiopien zu erreichen sei, werde er mit der Firma Dallmayr besprechen. „Selbstverständlich rede ich mit Frau 60 Wille", sagt Müller.

Quelle: Bachmeier: Was Markus Söder bei seiner Äthiopien-Reise gelernt hat, in: Augsburger Allgemeine, 19.04.2019, abgerufen unter: www.augsburger-allgemeine.de/bayern/ Was-Markus-Soeder-bei-seiner-Aethiopien-Reise-gelernt-hat-id54105511.html [14.06.2020].

1 **Deutschland will in der Entwicklungspoli-**
**tik künftig stärker auf Wirksamkeit achten**
**und mit weniger Partnerländern arbeiten.**
**Diese sollen dafür mehr in die Pflicht ge-**
5 **nommen werden, etwa gute Regierungsfüh-**
**rung nachzuweisen. Manche loben das neue**
**Streben nach Effizienz. Andere sehen Eigen-**
**nutz am Werk.**

[...] [Gerd Müller, Bundesentwicklungsminis-
10 ter:] „Wir konditionieren mit Fokus auf Reformen, unsere Partner müssen mehr Eigenleistung
einbringen, ‚good governance' nachweisen, die
Menschenrechte einhalten und ihren Kampf
gegen Korruption verstärken."

15 Schon innerhalb der kommenden drei Jahre soll
sich Deutschland aus 25 Staaten zurückziehen.
Minister Müller hat einen Länderkatalog erstellt,
der die Kooperation mit Entwicklungsländern
einschränken wird: Zunächst wird geprüft, in-
20 wieweit Partnerländer ihren Verpflichtungen
nachkommen. Mit Staaten wie Burundi oder My-
anmar, die nach Ansicht des Ministeriums gemeinsam vereinbarte Reformen nicht umsetzen,
wird die Zusammenarbeit beendet. [...]

25 **Alles nur, um Migration vorzubeugen?**

[...] Dahinter steht nach Ansicht von Kritikern allein die Absicht, die Zuwanderung aus der Subsa-
hara-Region zu stoppen. Dafür nützliche Staaten
bleiben feste Partner der Entwicklungszusammen-
30 arbeit: Äthiopien, Ghana, die Elfenbeinküste, Marokko, Tunesien gelten als wichtige Reformpartner.
Aber selbst die Kooperation mit Ägypten wird
nicht in Frage gestellt, obwohl das den eigenen
Ansprüchen mit Blick auf gute Regierungsfüh-
35 rung und Wahrung der Menschenrechte grundlegend widerspricht.

Am Beispiel von Tunesien und Marokko zeigen
sich exemplarisch auch die eigenen wirtschaftspolitischen Interessen Deutschlands im Rahmen
40 der Entwicklungszusammenarbeit. Mit Blick auf
die Nutzung von erneuerbaren Energien gibt es
seit Jahren eine enge Zusammenarbeit, im Zuge
der deutschen und europäischen Klimapolitik
soll die noch weiter ausgebaut werden. Erst in
45 der vergangenen Woche unterzeichnete der Minister für wirtschaftliche Zusammenarbeit in
Berlin ein Abkommen mit Marokko, ohne das
ein Ausbau der Wasserstofftechnologie überhaupt nicht denkbar wäre: „Strom und elektri-
50 sche Energie, die zur Herstellung von Wasser-
stoff und Methanol in großem Umfang notwendig ist, kann heute in Marokko für zwei Cent die
Kilowattstunde hergestellt werden. Der zweite
Schritt ist eine Partnerschaft mit Deutschland
55 und Europa. Afrika bietet mit unendlicher Son-
nenleistung genau das, was wir in Deutschland
nicht haben."

Quelle: Sadaqi; Capellan: Paradigmenwechsel in der Entwicklungspolitik: Weg mit der Gießkanne, in:
Deutschlandfunk.de, 16.06.2020, abgerufen unter: www.deutschlandfunk.de/paradigmenwechsel-in-der-
entwicklungspolitik-weg-mit-der.724.de.html?dram:article_id=478764 [28.04.2021].

**M 11**    Keine weißen Retter

1 **Der Schwarze als willenloses Hilfsobjekt, der Weiße als Retter in der Not: Gegen dieses Stereotyp formiert sich in Afrika Widerstand. Unter dem Motto „Keine weißen Retter" setzt** 5 **sich eine ugandische Initiative für einen Wandel in der Entwicklungshilfe ein. Und ein Umdenken hat auch schon begonnen.[…]**

Der Schwarze als willenloses Hilfsobjekt, der Weiße als strahlender Retter in der Not: Gegen 10 dieses Abziehbild formiert sich in Afrika Widerstand. Mit dem Hashtag NoWhiteSaviors, Keine weißen Retter, haben Olivia Alaso und Kelsey Nielsen im Netz einen Nerv getroffen. Mehr als 150.000 Follower haben sie beim Onlinedienst 15 Instagram. Dabei haben sie nichts gegen Weiße, wie sie betonen, sondern nur gegen den Mythos des weißen Retters. Als die britische Filmemacherin Stacey Dooley für eine Hilfsaktion der BBC mit schwarzem Baby auf dem Arm posierte, 20 warf Alaso ihr vor, das namenlose Kind als Requisite zu missbrauchen. Der Streit kochte hoch, und Alaso erklärte sich schließlich in der BBC:

„Es gibt viele Fotos, die unsere Geschichte verzerren: Man geht zu den ärmsten, den wirklich aller- 25 ärmsten Menschen bei uns und tut so, als wäre das Afrika. Und nur, weil ein Prominenter von weit her kommt und hier dann Fotos von unseren Kindern macht, sollen wir dankbar sein. Kommt in unsere Dörfer, fragt uns, was wir brauchen und 30 dann antworten wir Euch gerne. Und wenn Ihr dann die Hilfe bringt, die wirklich benötigt wird, dann wird sie auch sehr geschätzt werden."

Quelle: Engelhardt: Kulturwandel in der Entwicklungshilfe: Keine weißen Retter, in: Deutschlandfunk. de, 13.06.2019, abgerufen unter: www.deutschlandfunk.de/kulturwandel-in-der-entwicklungshilfe-keine-weissen-retter.724.de.html?dram:article_id=451305 [28.04.2021].

# DAS WICHTIGSTE IN KÜRZE

## Entwicklungszusammenarbeit

Das Konzept der Entwicklungszusammenarbeit ist auf internationaler Ebene vergleichsweise neu. Durch die Erfahrungen des Zweiten Weltkriegs wurde klar, dass die enormen Zerstörungen auch mit erheblichen Anstrengungen beim Wiederaufbau verbunden waren. In der Folge wurden mit der Gründung der Weltbank und der Vereinten Nationen die Institutionen geschaffen, die sich dieser Aufgabe annahmen. Auch der Marshallplan, ein Konjunkturprogramm der Vereinigten Staaten, beschleunigte den Wiederaufbau in Europa. Allerdings kamen nicht alle Staaten in den Genuss dieser Aufbauhilfe, da der heraufziehende Kalte Krieg und die Systemkonkurrenz der beiden Großmächte sich auch auf die Entwicklungszusammenarbeit auswirkten.

Heute, in der globalisierten Welt, arbeiten staatliche und nichtstaatliche Organisationen zusammen, um Länder bei ihren Bemühungen zur Verbesserung sozialer und wirtschaftlicher Standards zu unterstützen. Auch Deutschland ist an vielen Initiativen von Entwicklungszusammenarbeit beteiligt. Die konkrete Ausgestaltung ist sehr vielfältig und umfasst die Bereiche der technischen Unterstützung und Zusammenarbeit, Güter- und Kapitalhilfe sowie die handelspolitische Zusammenarbeit. In der Regel sind diese Kooperationen auch mit politischen Auflagen verbunden und dem Prinzip der Nachhaltigkeit verpflichtet. Langfristig soll also ein Staat auf diese Unterstützungsangebote verzichten können. Die Akteure stehen dabei immer wieder vor neuen Herausforderungen, wie dem Klimawandel, der Verbreitung von Krankheiten und wirtschaftlichen Krisen. Kontrovers diskutiert wurden in den letzten Jahren auch die grundlegenden Entwicklungsziele und als Konsensversuch in den Millenniumsentwicklungszielen fixiert.

## Millenniumsentwicklungsziele und Nachhaltigkeitsziele

Die Millenniumsentwicklungsziele (MEZ) sind insgesamt acht Ziele mit klaren Vorgaben und Fristen für die Verbesserung des Lebens der ärmsten Menschen der Welt. Um diese Ziele zu erreichen, unterzeichneten die Staats- und Regierungschefs von 189 Ländern auf dem Millenniumsgipfel der Vereinten Nationen im Jahr 2000 eine gemeinsame Erklärung. Damals wurden acht Ziele definiert, die bis 2015 erreicht werden sollten. Für die Umsetzung haben sich die reichen Länder darauf geeinigt, 0,7 % ihres Bruttonationaleinkommens als Unterstützungsmittel zu verwenden. Allerdings haben nur fünf Geberländer dieses Ziel erreicht. Die wichtigsten MEZ-Indikatoren machen allerdings keine Fortschritte bei der Erreichung der gesetzten Ziele. Die UNO konnte zwar einige Erfolge verkünden, darunter auch Fortschritte in China, aber die Methoden zur Messung der Schlüsselindikatoren sind zu eng gefasst. Es scheint fast so, dass es nur wenige oder gar keine Fortschritte gegeben hat.

Im September 2015 wurde auf einem Gipfel der Vereinten Nationen schließlich die Agenda 2030 verabschiedet. Im Kern geht es um 17 Ziele für nachhaltige Entwicklung (Sustainable Development Goals, SDGs).

## Marshallplan mit Afrika

Initiiert durch die deutsche Regierung und orientiert an der US-Hilfsinitiative nach dem Zweiten Weltkrieg ist der Marshallplan mit Afrika ein Beispiel für Entwicklungszusammenarbeit. Im Konzept werden die Kernbereiche festgelegt, dabei geht es um Friedensförderung, Entwicklung, Migration und Zusammenarbeit

# DAS WICHTIGSTE IN KÜRZE

mit afrikanischen Partnern. Neu am Konzept ist, dass die Bundesregierung den Kontinent nicht mehr nur als reinen Hilfsempfänger betrachtet. Weiterhin hat sich die Bundesregierung verpflichtet, bei ihrem Engagement auch die Agenda 2063 der Afrikanischen Union (AU) in das Konzept miteinzubeziehen. Die genannten Eckpunkte bilden seit dem Jahr 2017 den konzeptionellen Schirm und strategischen Rahmen für die Afrikapolitik des Bundesministeriums für wirtschaftliche Zusammenarbeit und Entwicklung.

## Neue Konzepte

Das Thema „Entwicklungszusammenarbeit" beschäftigt die internationale Staatengemeinschaft schon über ein halbes Jahrhundert. Dabei sind Milliarden Dollar, Nahrungsmittel und Technik als Hilfsleistungen von Geberländern transferiert worden. Trotz all dieser Bemühungen ist die Bilanz teilweise ernüchternd. Die Unterstützungsmaßnahmen führten in einigen Ländern zu einem Anstieg des Bevölkerungswachstums mit damit verbundener Arbeitslosigkeit und zunehmender Staatsverschuldung. Teilweise erreichten die Kapitalströme auch gar nicht die Bevölkerung, sondern wurden durch korrupte Eliten in den Nehmerländern veruntreut. Noch immer leben viele Menschen weltweit in Armut, leiden an Hunger und Krankheiten und haben keinen Zugang zu sauberem Wasser. Sollte man angesichts dieser Ergebnisse auf Entwicklungszusammenarbeit nicht lieber verzichten?

Auf der anderen Seite wurden Maßnahmen und Prinzipien der Entwicklungszusammenarbeit mit Blick auf die Wirksamkeit bereits weiterentwickelt. Auch hier sind schon erste Erfolge erkennbar. Hinzu kommt, dass einige Länder soziale und wirtschaftliche Fortschritte in den letzten Jahrzehnten erzielen konnten. Diese Dynamik hält an. Zusätzlich ist eine wachsende Kooperationsbereitschaft in Bezug auf globale Problemlagen erkennbar, z. B. der Umgang mit dem Klimawandel. Nicht zuletzt ist diese Bereitschaft auch in der Tatsache begründet, dass viele afrikanische Staaten inzwischen von den Folgen betroffen sind. Dabei sind neben staatlichen Akteuren in den letzten Jahren auch private Initiativen entstanden, die über Stiftungen an Rahmenbedingungen und Finanzierungen mitarbeiten. Somit ist die Anzahl der am Prozess beteiligten Akteure gewachsen, wordurch sich neue Möglichkeiten der Kooperation eröffnen, aber gleichzeitig auch größere Anstrengungen in der Koordination nötig werden.

Es ist richtig, dass verschiedene Konzepte und Initiativen immer wieder kritisch diskutiert und auf ihre Wirksamkeit hin geprüft werden. Zu beachten ist aber auch, dass oft unvorhersehbare Entwicklungen in anderen Politikfeldern die Arbeit von Entwicklungszusammenarbeit zunichtemachen können. Es sollte also vielmehr hinterfragt werden, ob die Aufwendungen im Vergleich mit den Summen, die weltweit jährlich in die Rüstungsindustrie fließen, ausreichend sind. Schließlich können wir nur an unserem eigenen Anspruch scheitern, wenn wir nicht mehr danach streben, diese Welt zu einem sozial gerechteren und lebenswerten Ort zu machen.

# FESTIGUNG – VERTIEFUNG

### Weitere Herangehensweisen

- Diskutieren Sie die folgenden Thesen in einer Plenumsdiskussion, formulieren Sie dann eine eigene These zu den Chancen und Grenzen von Entwicklungspolitik und begründen diese:
  - Entwicklungszusammenarbeit richtet mehr Schaden an, als dass sie den Menschen nützt. Man sollte sie so schnell wie möglich einstellen.
  - Um die Menschen in Afrika aus ihrer Not zu befreien, muss die Staatengemeinschaft ihre Mittel für die Entwicklungszusammenarbeit konsequent erhöhen.
  - Die Industrieländer sind durch ihr Verhalten direkt verantwortlich für die Armut in afrikanischen Ländern. Zuerst muss das eigene Verhalten geändert werden, bevor man über Reformen nachdenkt.
  - Ein Staat muss sich selbst entwickeln können, daher bringt es nichts, wenn man versucht, von außen einzugreifen. Die Menschen im Land müssen selbstständig für die Entwicklung ihres Landes sorgen.

### Vertiefende Aspekte

- Recherchieren Sie Projekte und Initiativen zur Entwicklungszusammenarbeit. Prüfen und beurteilen Sie diese Projekte mit ihrer selbst erstellten Systematik.
- Setzen Sie sich vertieft mit der „2030 Agenda for Sustainable Development" der Vereinten Nationen auseinander. Überprüfen Sie den Entwicklungsstand in von Ihnen selbstgewählten Bereichen und präsentieren Sie die Ergebnisse in der Klasse. Recherchieren Sie online und suchen Sie nach Beispielen für gelungene Umsetzungsprojekte dieser Initiative.

### Weiterführende Quellen und Hinweise

**H 1** Website des Bundesministeriums für wirtschaftliche Zusammenarbeit und Entwicklung (BMZ). Auf der Website des BMZ finden sich stets aktuelle Hinweise zur Arbeit und zu den Kooperationen im Bereich der Entwicklungszusammenarbeit der Bundesrepublik Deutschland.

**H 2** Website der Vereinten Nationen. Auf der Website der Vereinten Nationen finden sich weiterführende Informationen zu der „The Sustainable Development Agenda" und den „Millennium Development Goals".

**H 3** Rauch, Theo: Entwicklungspolitik. Theorien, Strategien, Instrumente, Braunschweig, Westermann, 2009. Dieses Buch ist eine gute Grundlage, um sich über die verschiedenen Strategien und Instrumente der Entwicklungspolitik einen Überblick zu verschaffen. Der Autor geht dabei auch auf die Grenzen der politischen Ansätze ein.

 **H 4** Deutschlandfunk Kultur: Weltzeit: Entwicklungshilfen in der Kritik. „Teure Almosen für Afrika", Köln, 2018: In diesem Podcast wird die bisherige Form von „Hilfe" hinterfragt. Afrikanische Ökonomen fordern mehr Eigeninitiative und ein Ende der Opferrolle. An anschaulichen Beispielen wird erläutert, welchen Schaden eine verfehlte Hilfspolitik anrichten kann und wie tragfähige Projekte der Zusammenarbeit in Zukunft gestaltet sein können. (Dauer: 24:07 Minuten)

### 6.1 Völkerschauen – Alteritätskonstrukte damals und heute

Sie sind in der Lage, Alteritätskonstrukte in Bezug auf „afrikanische Kultur" in ihrer historischen Dimension zu entschlüsseln und zu begreifen. Sie verstehen die abwertende Dimension des Begriffs „Völkerschau" und können die Inszenierungsmuster und Stereotypisierungen dieser Darbietungen kritisch beurteilen. Sie können außerdem erläutern, wie die Herausbildung dieser klischeehaften Vorstellungen bis in die heutige Zeit nachwirkt. Ebenso sind Sie in der Lage, heutige Narrationen „afrikanischer Kultur" kritisch zu hinterfragen und in aktuellen politischen und gesellschaftlichen Debatten zu diesem Thema Stellung zu beziehen.

### 6.2 Failed States – eine exemplarische Analyse

Sie kennen Kennzeichen und Indikatoren fragiler Staatlichkeit und wissen um die Probleme einzelner Staaten auf dem afrikanischen Kontinent. Dabei erkennen Sie, dass individuelle Lösungsstrategien stets im geopolitischen und soziokulturellen Kontext zu betrachten sind. Durch die Auseinandersetzung mit Staatsbildungsansätzen können Sie beurteilen, welche Chancen und Risiken sich durch Eingriffe externer Akteure in die politische Autonomie eines Landes ergeben.

### 6.3 Zukunftschancen – Entwicklungszusammenarbeit in Afrika

Sie kennen die Anstrengungen, die die internationale Staatengemeinschaft in der Vergangenheit unternommen hat und in Zukunft unternehmen wird, um die weltweite Entwicklung zu unterstützen. Sie wissen auch um die Konzepte und Initiativen der Bundesrepublik Deutschland und können Stellung beziehen zu den möglichen Folgen, die sich daraus ergeben. Darüber hinaus können Sie die Chancen und Herausforderungen einzelner afrikanischer Staaten beschreiben und die verschiedenen Konzepte der Entwicklungszusammenarbeit kritisch beurteilen.

# METHODENKOMPETENZEN (LERNBEREICH 1)

## Überblick

# METHODENKOMPETENZEN

## TEXTQUELLEN AUSWERTEN

### Warum Textquellen benutzen?

Textquellen sind eine wichtige Möglichkeit, einen Einblick in politische und historische Vorgänge zu erlangen. Sie ermöglichen der interessierten Leserschaft, Situationen auf ganz unterschiedliche Art und Weise kennenzulernen, zu interpretieren und zu analysieren.

### Was gibt es für Textquellen?

Texte werden verschiedenen Textsorten zugeordnet, nämlich historischen, wissenschaftlichen, fiktionalen und persönlichen Texten. Aus den unterschiedlichen Eigenarten dieser Textformen ergeben sich jeweils spezifische Erschließungsmuster und Interpretationen. In der Geschichtswissenschaft trennt man scharf den Begriff „Schriftquelle" von dem der „Sekundärliteratur", die Quellen oder andere Texte behandelt. Bei der Erschließung von Texten muss diese Unterscheidung von den Rezipientinnen/den Rezipienten geleistet werden.

Anhand **historischer Textquellen** kann man Informationen über vergangene Ereignisse erlangen. Die Texte sind in der Vergangenheit entstanden, berichten also über ein bestimmtes Ereignis, Verfahren oder eine Alltagssituation und nehmen Bezug darauf. Sie können unterschiedlichste Inhalte aufweisen: Sie können einen normativen Charakter haben, wie Verfassungen, Gesetze, Ordnungen oder auch Gerichtsurteile, sie können aber auch tendenziös und beeinflussend sein, wie Reden oder Proklamationen. Hierbei handelt es sich um Primärquellen. Sekundärquellen sind Berichte und Überlieferungen aus zweiter Hand, die ihrerseits Primärquellen zitieren oder aus diesen entstanden sind.

Der Stil eines **wissenschaftlichen Textes** ist zumeist sehr nüchtern. Sachverhalte werden mit Fakten und Beispielen untermauert und präsentiert. Die Autorin oder der Autor eines wissenschaftlichen Textes bezieht die Informationen aus unterschiedlichen Quellen und versucht auf dieser Grundlage, eine möglichst zutreffende Hypothese zu formulieren. Wissenschaftliche Sekundärliteratur erhebt den Anspruch, zur objektiven Meinungsbildung beizutragen. Diese Texte zählen allerdings nicht zu den Schriftquellen.

Es gibt aber auch erzählende Schriftquellen, wie z. B. **fiktionale Texte**. Diese beziehen sich nicht auf ein Ereignis, das tatsächlich stattgefunden hat. Diese Texte können einen wertvollen Einblick in Wünsche, Vorstellungen und Einstellungen der Autorin oder des Autors geben.

**Persönliche Texte,** auch Egodokumente genannt, geben weitere wertvolle Einblicke in historische und zeitgenössische Geschehnisse. Dies sind sehr persönliche, subjektive Einblicke. Zu diesen Texten gehören Briefe oder Tagebucheinträge.

# METHODENKOMPETENZEN

## Wie gehe ich vor?

Nach dem ersten Lesen des Textes mit gleichzeitigem Markieren und Exzerpieren der wichtigsten Informationen sollte man entscheiden, um welche Art von Textquelle es sich handelt. Die Informationen eines Kommentars sind anders zu interpretieren als die Informationen eines wissenschaftlichen Artikels über ein Ereignis im 18. Jahrhundert. An dieser Stelle können Sie im Idealfall auch feststellen, welche Absicht der Autor oder die Autorin mit dem Text verfolgt.

Auch der Aufbau eines Textes kann für die Analyse von Bedeutung sein. Handelt es sich bei dem Text um eine Erörterung mit Beweisführung oder ist es eher ein darstellender/beschreibender Text? Die Beantwortung dieser Fragen kann bei der Interpretation des Inhalts hilfreich sein. Von Vorteil ist es auch, den Sprachstil der Autorin/des Autors zu berücksichtigen. Dieser kann Aufschluss darüber geben, an welche Leserschaft sich der Text wendet. Ein Text, der an ein Fachpublikum gerichtet ist, ist anders gestaltet als ein Text, der an Laien adressiert ist. Der Sprachstil der Autorin/des Autors kann auch zeigen, ob eine bestimmte politische Gesinnung oder Absicht hinter dem Text steckt.

Abschließend ist es entscheidend, nach der Intention der Autorin/des Autors zu fragen. Ist es die Absicht, die Leserschaft zu beeinflussen, zu überzeugen, oder handelt es sich um einen neutralen Informationstext?

## Welche Probleme können auftreten?

Bei der Arbeit mit Textquellen ist vor allem zu beachten, dass Autorinnen und Autoren die Lesenden unter Umständen absichtlich in eine bestimmte Richtung lenken wollen, um sie von ihrem Standpunkt zu überzeugen. Auch ist es wichtig, sich darüber im Klaren zu sein, dass ein historischer Text beispielsweise in seiner Entstehungszeit vollkommen anders interpretiert worden sein könnte. Ähnlich sind politische Texte zu werten, die in einem totalitären oder autoritären Regime entstanden sind.

## KUNSTWERKE ANALYSIEREN

### Kunstwerke als Traditionsquelle

Kunstwerke, ob Gemälde, Skulpturen, Statuen etc., dienen nicht nur den Zeitgenossen als Augenweide, Anregung und Auseinandersetzung, sondern sollen auch für zukünftige Generationen Zeugnis ablegen. Kunstwerke dokumentieren historische Ereignisse, geben Auskunft über gesellschaftliche Wertevorstellungen und Diskurse oder über die Herrschaftslegitimation führender Personen.

Man kann in mythologisch-religiöse (Gottesdarstellung, Heiligenfigur, Grab- bzw. Altarplastik), repräsentative (Denkmal, Statue, Mahnmal, Herrscherbildnis) oder profane (Porträt, Akt, Büste, Figur, Objekt) Kunstwerke unterteilen.

# METHODENKOMPETENZEN

## Vorgehen bei der Analyse

### 1. Beschreibungsstufe

- Wer und was ist zu sehen?
- Wird ein Titel angegeben?
- Welche Gestaltungsmittel wurden verwendet – Mimik, Gestik, Linien etc.?
- Besteht Detailtreue oder werden Formen vereinfacht?
- Wie ist das Verhältnis der Teile zum Ganzen?
- Ist Bewegung erkennbar oder Stillstand? Bewegungsrichtung?
- Welche Symbole fallen besonders auf?
- Besteht das Kunstwerk aus mehreren Elementen?
- Worauf ist der Blick der Betrachterin/des Betrachters vor allem gerichtet?

### 2. Kontext

- Um welche Art von Kunstwerk handelt es sich?
- Welche Maße hat das Kunstwerk?
- Aus welchem Material besteht das Kunstwerk?
- Wer ist die Künstlerin/der Künstler? Welche Informationen sind über sie oder ihn bekannt?
- Wer ist die Auftraggeberin/der Auftraggeber? Welche Informationen sind über sie oder ihn bekannt?
- Wann und wo ist das Kunstwerk entstanden?
- Welchem Zweck dient das Kunstwerk?
- Welcher Anlass führte zur Entstehung des Kunstwerkes?
- Welcher Kunstepoche und welchem Kunststil lässt sich das Werk zuschreiben?
- Wer ist der Adressatenkreis?

### 3. Interpretationsstufe

- Welches Ereignis bzw. welches Thema wird aufgegriffen?
- Welche Elemente wirken übertrieben, welche untertrieben?
- Werden die Szene oder die Person beschönigt?
- Welche Absicht verfolgen Künstler/-in bzw. Auftraggeber/-in?
- Welche Wirkung soll(te) bei den zeitgenössischen Betrachterinnen/Betrachtern hervorgerufen werden?

### 4. Bewertungsstufe

- Beurteilen Sie, welche Aussage das Kunstwerk über die Vergangenheit macht.
- Erklären Sie, ob diese Aussage realistisch ist oder nicht.
- Diskutieren Sie die politische und zeitgenössische Wirkungsabsicht.

# METHODENKOMPETENZEN

- Fassen Sie die Fragen zusammen, die durch das Kunstwerk nicht beantwortet werden können.
- Vergleichen Sie das Kunstwerk mit anderen Werken zur gleichen Thematik.

## Problematik

Das Kunstverständnis der Epochen ist sehr unterschiedlich. Für eine tiefer gehende Interpretation bedarf es eines umfangreichen Wissens über die jeweilige Zeit bzw. das behandelte Ereignis, das Kunstverständnis seiner Entstehungszeit und die näheren Umstände beim Zustandekommen des Kunstwerkes. Deshalb können vermeintlich offensichtliche Interpretationen sehr leicht in die Irre führen.

## LIEDTEXTE ANALYSIEREN

### Lieder als geschichtswissenschaftliche Quellen

Lieder finden sich in allen Kulturkreisen und zu allen Zeiten; sie dokumentieren alltags-, sozial- und mentalitätsgeschichtliche Aspekte der Vergangenheit wie auch der Gegenwart; in ihnen „klingen" Gefühle, Einstellungen, Sehnsüchte und Ängste ganzer Gesellschaften. Der wesentliche Unterschied gegenüber reinen Textquellen besteht vor allem darin, dass Vokalmusik nicht nur sprachliche, sondern auch musikalische Informationen wie Tonumfang, Tempo, Lautstärke, Rhythmik, Melodik etc. enthält; die Analyse und Interpretation findet hier also auf zwei Ebenen statt: der Text- und der Musik-Ebene.

### Analysebausteine

### 1. Liedinhalt und -gestaltung

- Was ist das Thema bzw. das Motiv?
- Wie ist das Lied aufgebaut? Lassen sich Abschnitte, Wiederholungen usw. erkennen? Wie ist die gegenseitige Beziehung der einzelnen Teile zueinander?
- Welche Stimmung bzw. Atmosphäre herrscht vor?

### 2. Textanalyse

- Welche Sprache, Sprachebene, Syntax usw. wurde verwendet?
- Finden sich rhetorische Figuren?
- Finden sich Reime oder Reimschemata?

### 3. Musikanalyse

- Welche Tonart herrscht vor?
- Finden sich melodische Auffälligkeiten (vgl. Tonumfang, -schritt, -sprung etc.)?

- Finden sich rhythmische Auffälligkeiten (vgl. Taktart, Taktwechsel, Dynamik etc.)?
- In welchem Verhältnis stehen Text und Musik/Gesang sowie Instrumente zueinander?

## 4. Liedentstehung

- In welcher Situation entstand das Lied?
- Wer ist Texter/-in, Komponist/-in, wer Auftraggeber/-in, wer das intendierte Publikum?

## 5. Bewertung

- Welche Aussage macht das Lied über die Vergangenheit?
- Welche Schlüsse lassen sich aus dem Lied ziehen?
- Welche Deutung vermittelt das Lied? Ist diese Wirkung gewollt? Wodurch wird sie erzielt?
- Welche Fragen können anhand des Liedes (nicht) beantwortet werden?
- Wie fällt ein Vergleich mit weiteren Liedern zur gleichen Thematik aus?

### Problematik

Eine umfassende Liedanalyse ist sehr komplex, eben weil sie eine Text- und eine Melodieanalyse zugleich erfordert. Dafür lässt sich die emotionale Seite einer Geschichtssituation mithilfe eines Liedes sehr einfach reproduzieren und ermöglicht so einen Zugang zum besseren Verständnis einer Zeit, der sich über Zahlen und theoretische Abhandlungen eher nicht eröffnet.

## DENKMÄLER ANALYSIEREN

### Überreste und Denkmäler als historische Quellen

Denkmäler, die zu einem bestimmten Zweck an einem bestimmten Ort erbaut wurden, können nur an ihrem Standort aufgesucht und untersucht werden. Diese Besonderheit haben sie mit anderen immobilen Objekten, oftmals Überresten wie z. B. Kirchen, Schlössern oder Brücken, gemein. Diese Sachquelle wird an ihrem ursprünglichen Ort und in ihrem ursprünglichen Zusammenhang aufgesucht und nicht davon losgelöst betrachtet wie im Klassenraum oder im Museum.

Denkmäler (Standbild, Mahnmal, Sieges-, Helden- oder Nationaldenkmal) stellen einen Sonderfall innerhalb der o. g. Sachquellen an außerschulischen Lernorten dar, weil es sich hierbei um Dokumente der Erinnerungskultur handelt. Sicherlich ist ein Denkmal ein Bauwerk, allerdings geht es hier um die Ermittlung der Zielsetzung bei der Errichtung des Denkmals, das an ein für die jeweilige Gegenwart und perspektivisch auch für die erwartete Zukunft als bedeutsam angesehenes Ereignis oder eine Person erinnern soll. Bei der Analyse geht es zudem um die spätere Rezeption des Denkmals und seine heutige Wirkung und Bedeutung.

# METHODENKOMPETENZEN

## Vorgehen

| 1. Beschreibung | 2. Interpretation | 3. Bewertung |
|---|---|---|
| – Bestimmen Sie den Denkmalstyp.<br>– Beschreiben Sie das Denkmal: Aussehen, Größe, Erscheinungsform, Lage, Inschriften, Material.<br>– Halten Sie Ihre eigenen Gefühle bei der Betrachtung fest. Vergleichen Sie diese mit Aussagen von anderen Betrachterinnen/Betrachtern, die Sie befragen. | – Was bedeuten die Figuren, Symbole, Inschriften?<br>– Wer war mit welcher Zielsetzung der Auftraggeber und wie wurde das Denkmal finanziert?<br>– Welche Funktion wurde ihm zur Entstehungszeit zugewiesen? | – Beurteilen Sie die heutige Situation des Bauwerkes einschließlich seiner Funktionen und Umgebung (Erinnerungswert, angemessene Nutzung, ausreichende Hinweise auf historische Bedeutung).<br>– Vergleichen Sie Ihre eigenen Eindrücke und Deutungen mit Interpretationen in Broschüren und Stadtführern.<br>– Wird die Darstellung der historischen Figur bzw. dem dargestellten Ereignis gerecht? |

## Problematik

Denkmäler sind Geschichtsinterpretationen und politische Positionierungen aus der Zeit ihrer Errichtung. Insofern sagen sie mehr über die Zeit ihrer Entstehung aus als über das Geschichtsereignis, an das sie erinnern sollen. Dennoch ist es für eine Beurteilung bzw. Bewertung des Denkmals notwendig, sich mit dem historischen Ereignis, auf das das Denkmal verweist, auseinanderzusetzen. Die Herausforderung ist dabei, sich von der Eigenwirkung des Denkmals nicht beeinflussen zu lassen.

## GEDENKSTÄTTEN ANALYSIEREN

### Gedenkstätten als historische Quelle

Als „Gedenkstätten" gelten Räume, „[...] die unmittelbar an das historische Geschehen an diesen Orten erinnern und durch ein Museum, ein Archiv oder die Betreuung von Gruppen von BesucherInnen pädagogisch vertiefende Angebote bieten oder ermöglichen [...]" (Uwe Neirich: Erinnern heißt wachsam bleiben. Pädagogische Arbeit in und mit NS-Gedenkstätten, Mühlheim a. d. R., 2000, S. 22). Exkursionen zu Gedenkstätten lassen sich häufig mit Projektarbeit „vor Ort" verknüpfen, die dem gemeinsamen entdeckenden Lernen (z. B. Spurensuche) dient. Exemplarisch wird so die Auseinandersetzung mit der gesellschaftlichen Praxis des historischen Gedenkens und ihren sich wandelnden Formen und Funktionen in Vergangenheit und Gegenwart verdeutlicht oder die reflektierende Beschäftigung mit absichtsvoll präsentierter und interpretierter Geschichte und den sie bestimmenden Gestaltungs-, Auswahl-, Darstellungs- und Wertungsperspektiven gesucht. Auch wenn der Gedenkstättenbesuch dem historisch-politischen Lernen vor Ort dient, so muss doch stets die besondere Würde des Ortes bewusst gemacht und bewahrt werden, vor allem wenn jener zugleich Friedhof und Stätte der Trauer ist.

# METHODENKOMPETENZEN

## KARTEN ANALYSIEREN

### Wozu Karten?

Karten veranschaulichen die Abhängigkeit historisch-politischen Handelns von Raumbedingungen (z. B. Bodenbeschaffenheit, Klima, Größenverhältnisse, Lage an Gewässern/Gebirgen etc.); gleichzeitig machen sie die Veränderungen solcher Raumverhältnisse in der Geschichte deutlich (z. B. Verringerung der Abhängigkeit von der Natur durch technischen Fortschritt). Der Ort historischer Ereignisse wie auch die Lage historischer Mächte (zueinander) können aus Karten bestimmt werden.

### Was für Karten gibt es?

Synchrone Karten: Der geografisch-historische Raum wird statisch in seinem historischen Zustand dargestellt.

Diachrone Karten: Die dynamische historische Entwicklung im geografisch-historischen Raum wird dargestellt.

Historische Karten: Da Karten historische Sachverhalte aus Sicht einer spezifischen Fragestellung organisieren und damit interpretieren, stellen sie die Sichtweise einer Person zu einem bestimmten Zeitpunkt dar. Wenn die in der Karte enthaltene Perspektive Gegenstand der historischen Untersuchung ist, kann die Karte selbst zu einer Quelle werden.

Zeitgenössische Karten: Anders als historische Karten entsprechen diese dem gegenwärtigen Wissensstand. Je nach thematischer Anlage werden unterschiedliche Kartentypen erstellt: politische, demografische, wirtschaftliche, sozialgeschichtliche, ideengeschichtliche, kulturgeschichtliche, sprachliche, militärische Karten. Am detailliertesten bilden topografische Karten die Geländeformen, Gewässer, Vegetation, Siedlungen, Verkehrswege, Grenzen etc. ab; physische Karten verzichten auf die Darstellung der Vegetation. Darüber hinaus begegnet man unterschiedlich stark reduzierten Informationen auf Umrisskarten bis hin zu sehr vereinfachten Kartenskizzen.

### Vorgehen bei der Analyse

### 1. Orientierung

- Wo (auf der Welt) befinden wir uns? (Länder, Orte benennen)
- Welcher Zeitpunkt bzw. -raum wird dargestellt? (Maßstab vergegenwärtigen)
- Was ist dargestellt? (Überschrift, Legende, Symbolik, Zeichen, Farben)

## 2. Analyse

- Wie werden die raumzeitlichen Strukturen dargestellt?
- Welche Zusammenhänge/Beziehungen lassen sich erkennen?
- Wie und warum sind die dargestellten Strukturen entstanden?

## 3. Folgerungen

- Was hat sich verändert? Was wird sich verändern?
- Wie werden Menschen (Individuen/Systeme) reagieren?
- Welche Entwicklungen könnten sich ergeben?

## 4. Bewertung

- Was ist auffällig?
- Was ist logisch/unlogisch, vorteilhaft/nachteilig für …?
- Was zeigt die Karte nicht?

### Problematik

Karten sind anschaulich und übersichtlich, jedoch auf das Wesentliche reduziert und dadurch zwangsläufig abstrakt. Sie verkleinern die Wirklichkeit durch einen Maßstab, vereinfachen und bilden dreidimensionale Realität auf einer zweidimensionalen Ebene ab. Somit ist die Geschichtskarte kein reales Bild, sondern eine Kunstsprache, die sich aus vielen Zeichen zusammensetzt und erst „übersetzt" werden muss.

### SCHAUBILDER ANALYSIEREN

### Schaubilder: Auf den Punkt gebracht

Um komplexe Sachverhalte wie staatliche Organisationsstrukturen, Kausalverflechtungen oder Beziehungsgefüge darzustellen, bedarf es vieler Worte – oder eines Schaubildes, das vereinfacht darstellt, in welcher Beziehung einzelne Akteure zueinander stehen. Sinnvoll strukturiert und einprägsam visualisiert bleibt die Thematik leichter im Gedächtnis und somit langfristig verfügbar. Um dem Schaubild stimmige Informationen zu entnehmen, sind die genaue Betrachtung und die gründliche Untersuchung mithilfe der richtigen Fragestellung wichtig.

### Auswertung von Schaubildern

### 1. Beschreibungsstufe

- Was ist das Thema?
- Welche geometrischen Formen, Linien und Pfeile werden verwendet?
- Wie stehen die einzelnen Elemente zueinander?

## 2. Untersuchungsstufe

- Was bedeuten die verwendeten Fachbegriffe und Symbole?
- Wer sind die genannten Personen?
- Wie ist die historische Situation, in die die Thematik des Schaubildes einzuordnen ist?

## 3. Deutungsstufe

- Welche Informationen vermittelt das Schaubild?
- Wie lautet die Gesamtaussage des Schaubildes?
- Welche Bedeutung hat die Aussage des Schaubildes?

### Schaubilder: Achtung – abstrakt!

Schaubilder verallgemeinern die dargestellten Sachverhalte, reduzieren sie auf Wesentliches und Charakteristisches – dadurch sind sie in hohem Maße abstrakt. Es ist daher meist nötig, einzelne Aspekte durch weitere Recherche zu ergänzen und zu vertiefen.

## DIAGRAMME ANALYSIEREN

### Wozu Diagramme?

Diagramme sind grafische Umsetzungen von Tabellen und damit anschaulicher und meist schneller verständlich als diese. Am häufigsten begegnet man Kreis- oder Tortendiagrammen (zur Veranschaulichung von Anteilen), Kurvendiagrammen (zur zeitlichen Ordnung von Daten) und Balken- oder Säulendiagrammen (für Vergleiche sinnvoll). Diagramme machen Kerninhalte statistischer Daten optisch leicht und schnell lesbar. Für einzelne Werte bleibt es aber meist notwendig, sich die dahinterliegenden Tabellenwerte der Statistik anzuschauen.

### Vorgehen bei der Analyse

## 1. Beschreibungsstufe

- Worüber wird etwas ausgesagt (z. B. Titel, Fachbegriffe, zeitliche und geografische Einordnung)?
- Mit welchen statistischen Methoden wird etwas ausgesagt (z. B. Diagrammart, absolute oder relative Zahlen)?
- Welche Auffälligkeiten bestehen (z. B. Extremwerte, Sprünge, Entwicklungsrichtungen, Parallelität/ Unterschiedlichkeit verschiedener Datenreihen, Abweichungen von zu erwartenden Werten, Gruppenbildungen)?

# METHODENKOMPETENZEN

## 2. Interpretationsstufe

- In welchem historischen Kontext ist das Diagramm zu sehen?
- Warum sind die Daten so und nicht anders?
- Was ist aus dem Diagramm zu schließen?

## 3. Bewertungsstufe

- Ist die Darstellung übersichtlich und wurde der richtige Diagrammtyp ausgewählt?
- Sind die Daten sachlich richtig, glaubhaft, repräsentativ?
- Ist die Darstellung „gestaucht" oder „verzerrt"? Wie wirkt sich dies optisch aus?
- Worüber macht das Diagramm keine Aussage?
- Von wem wurde das Diagramm erstellt, mit welcher Intention und für welche Zielgruppe?

### Die Suggestion des Objektiven

Durch die Verwendung von Zahlen werden Statistiken häufig besondere Seriosität und Objektivität zugeschrieben. Im Gegensatz dazu existiert die Behauptung, alle Statistiken seien manipuliert. Beides ist nicht zutreffend, allerdings ist ein kritischer Umgang mit Diagrammen (wie mit allem Material) erforderlich: Das Diagramm könnte fehlerhaft sein (primär: die Daten selbst; sekundär: ihre Anordnung, Bearbeitung, Präsentation) und enthält per se eine Interpretation (selbst die Auswahl der Daten ist bereits eine solche).

### KARIKATUREN ANALYSIEREN

### Karikaturen als historische Quelle

In Karikaturen werden politische oder gesellschaftliche Ereignisse, Probleme und Entwicklungen auf humorvolle, oft satirische Art stark vereinfacht und reduziert auf eine Kernaussage dargestellt. Um Karikaturen interpretieren zu können, bedarf es eines geschichtlichen Hintergrundwissens zu dem angesprochenen Thema.

### Vorgehen bei der Analyse

### 1. Beschreibungsstufe

- Wer und was sind zu sehen?
- Wie sind die Personen gezeichnet – Mimik, Gestik, Kleidung, Frisur etc.?
- Welche Bildmerkmale bzw. Symbole fallen besonders auf?
- Wie ist die Karikatur aufgebaut – Vordergrund, Hintergrund, Größenverhältnisse?

- Welche Stimmung bzw. Atmosphäre herrscht vor?
- Gibt es eine Bildunterschrift bzw. einen Titel?

## 2. Kontext

- Wann und wo ist die Karikatur entstanden?
- Welcher Anlass führte zur Entstehung der Karikatur?
- Wer ist der Adressatenkreis?

## 3. Interpretationsstufe

- Welches Ereignis bzw. welches Thema wird aufgegriffen?
- Welche Bildelemente wirken übertrieben, welche untertrieben?
- Welche Position vertritt die Zeichnerin oder der Zeichner?
- Welche Absicht verfolgt die Zeichnerin oder der Zeichner?

## 4. Bewertungsstufe

- Beurteilen Sie, welche Aussage die Karikatur über die Vergangenheit macht.
- Diskutieren Sie die zeitgenössische politische Aussageabsicht bzw. die Kritik der Zeichnerin/des Zeichners.
- Fassen Sie die Fragen zusammen, die anhand der Karikatur nicht beantwortet werden können.
- Vergleichen Sie die Karikatur mit weiteren Karikaturen zur gleichen Thematik.

### Problematik

Karikaturen befassen sich meist nur mit einem spezifischen Punkt und blenden alle anderen Dinge aus. Sie müssen von ihrer Konzeption her oberflächlich sein und können nur mit der in ihrem Zielpublikum bekannten Bildersprache sprechen. Differenzierungen sind kaum möglich, ebenso wenig eine Aufklärung von in der Öffentlichkeit noch nicht diskutierten Themen. Sie dürfen auch nicht mit der öffentlichen Meinung verwechselt werden, da sie in erster Linie die Meinung der Karikaturistin/des Karikaturisten abbilden, die oder der wiederum etwas Pointiertes aus den Tagesnachrichten für das Zielpublikum finden muss.

### FOTOS ANALYSIEREN

### Fotos als Bildquellen

Ab etwa 1850 löste die Fotografie die Malerei bei Abbildungen zunehmend ab, weshalb Fotos seither als historische Quelle nicht mehr wegzudenken sind. Sie verschaffen den Betrachtenden einen visuellen und affektiven Zugang zu historischen Personen oder Ereignissen, der Emotionen weckt und somit langfristig im Gedächtnis bleibt. Da ein Foto allerdings nicht allein für sich „sprechen" kann, ist meist das Hinzuziehen weiteren Materials zur Erschließung notwendig.

# METHODENKOMPETENZEN

## Vorgehen bei der Analyse

### 1. Bildinhalt und -gestaltung

- Was ist das Thema bzw. das Motiv?
- Welche äußeren Merkmale bestehen: Format, Art des Fotos?
- Was sind die einzelnen Bildelemente: Motiv, Personen, Gegenstände, Flächen, Symbole?
- Wie ist es aufgebaut: Vordergrund, Hintergrund, Blickachsen, Größenverhältnisse?
- Wie ist die gegenseitige Beziehung der Objekte im Foto?
- Lässt sich das Foto zeitlich einordnen?
- In welcher Situation entstand das Foto?
- Welche technischen Mittel wurden angewendet: Perspektive, Ausschnitt, Belichtung, Brennweite des Augenblicks der Auslösung, Farben?
- In welchem Augenblick wurde ausgelöst?
- Welche Stimmung bzw. Atmosphäre herrscht vor?

### 2. Bildbearbeitung und -präsentation

- Liegt eine nachträgliche Veränderung vor: Retusche, Montage, Beschnitt?
- Handelt es sich gar um eine Fälschung?
- In welchem Zusammenhang wird es präsentiert: in einer Reihe, als Illustration?
- Wie lautet die Legende bzw. der Kommentar?

### 3. Zusammenfassung

- Wer ist die Fotografin/der Fotograf, wer die Auftraggeberin/der Auftraggeber, wer das intendierte Bildpublikum?
- Welche Aussage macht das Foto über die Vergangenheit?
- Welche Schlüsse lassen sich aus dem Foto ziehen?
- Welche Deutung vermittelt das Foto vom abgebildeten Objekt? Ist diese Wirkung gewollt? Wodurch wird sie erzielt?
- Welche Fragen können anhand des Fotos nicht beantwortet werden?
- Wie fällt ein Vergleich mit weiteren Fotos zur gleichen Thematik aus?

## Kann man den (eigenen) Augen trauen?

Gegenüber anderen Bildern scheinen Fotografien objektiver, da sie die Realität abbilden, jedoch sind Aufnahmetechnik, Retusche, Beschnitt und Zeitpunkt der Aufnahme geeignet, die Wahrnehmung zu verzerren und dadurch zu manipulieren. Mit der heutigen Möglichkeit der Bildbearbeitung ist nahezu jede Manipulation möglich. Nicht zuletzt lenkt die Bildunterschrift den Fokus in die von der Fotografin/ dem Fotografen, der Auftraggeberin/dem Auftraggeber oder der Redakteurin/dem Redakteur intendierte Richtung. Auch wird durch Fotos nicht alles gleichermaßen repräsentiert: Alltägliches und Privates ist deutlich seltener dokumentiert (vgl. private Alben mit dem Schwerpunkt auf Bildern von Urlaubsreisen und Festen, nicht von alltäglichen Handlungen).

## FILME ANALYSIEREN

### Dokumentar- oder Spielfilm?

Bei der Analyse von Filmen ist die Unterscheidung von „Spielfilmen" und „Dokumentarfilmen" gebräuchlich. Beim Dokumentarfilm wird ein „direktes Referenzverhältnis zur vormedialen Realität" (Knut Hickethier, Medienwissenschaftler: Film- und Fernsehanalyse, 2007, S. 181.) behauptet und vom Publikum weitgehend akzeptiert. Das heißt, man geht als Zuschauer/-in davon aus, dass das im Film Gesehene tatsächlich so stattgefunden hat. Der Spielfilm baut dagegen von vornherein auf einer grundsätzlich fiktiven Handlung und dem darstellenden Spiel der Schauspielerinnen und Schauspieler auf.

Schon der Blick in eine Fernsehzeitschrift zeigt allerdings, dass es auch eine ganze Reihe von Zwischenformen gibt: Doku-Drama, Scripted Reality, fiktive Dokumentationen usw. Außerdem merkt man bei der kritischen Betrachtung von z. B. einer Fernsehreportage schnell, dass auch hier eine bestimmte Perspektive und ein bestimmter Standpunkt vertreten werden.

Man muss sich daher bewusst machen, dass ein Film (auch wenn er sich als Dokumentarfilm versteht) immer eine Inszenierung ist. Gerade diese Inszenierung kann uns aber viel über Haltungen, Einstellungen und Perspektiven der Entstehungszeit sagen.

### Filmische Gestaltungsmittel und ihre Wirkung

Eine sinnvolle Analyse von Film als historischer Quelle bedeutet immer auch Analyse seiner Gestaltungsmittel und ihrer Wirkung. Die Verbindung von Bild und Ton wirkt eindringlicher und suggestiver auf uns ein als ein reiner Text und muss daher unter verschiedenen Aspekten untersucht werden. Filmische Gestaltungsmittel, auf die Sie bei der Analyse neben Handlung und Text achten sollten, sind z. B.

- Schauplatz/Bühnenbild
- Ausstattung
- Kameraperspektiven (Normalperspektive, Vogelperspektive, Froschperspektive)
- Einstellungsgrößen (z. B. Totale, Nah, Halbnah, Amerikanisch, Groß, Detail)
- Kamerabewegungen
- Bildaufbau
- Montage/Schnitt
- Ton/Musik

Einen genaueren Überblick über die Gestaltungsmittel des Films liefert Ihnen die umfangreiche Handbuchliteratur zu diesem Thema (z. B. Faulstich, Werner: Grundkurs Filmanalyse, München, 2002, oder Hickethier, Knut: Film- und Fernsehanalyse, Stuttgart, 2007).

# METHODENKOMPETENZEN

## Arbeitsfragen zur historischen Filmanalyse

Vor allem bei Filmen mit historischen Themen ist es zunächst wichtig, zwischen dem Film als eigenständigem Werk, der dargestellten Zeit und der Entstehungszeit zu unterscheiden. Um die Umstände der Entstehung und Rezeption eines Films zu verstehen, ist es notwendig, möglichst viele Informationen und Quellen aus der Entstehungszeit zu finden. Wer hat den Film z. B. produziert, wie wurde er beworben, wie viele Zuschauer/-innen hatte er, was schrieben Kritiker/-innen? Sammeln Sie dazu z. B. Programmhefte, Kritiken, Hintergrundberichte etc. Folgende Arbeitsfragen zeigen Ihnen, wie Sie vorgehen können:

### 1. Zum Film

- Welche Funktion haben die verschiedenen Elemente der Filmsprache?
- Zu welcher Figur entsteht Nähe? Mit welcher Aussageabsicht?
- Welche Perspektive bekommen wir vermittelt?
- Entspricht das fertige Produkt den Ansprüchen der beteiligten Künstler/-innen (z. B. Regisseur/-in, Drehbuchautor/-in)? Gibt es hierzu Äußerungen?

### 2. Zur dargestellten Zeit

- Sind Fakten, Handlungen, Entwicklungen angesichts des historischen Forschungsstandes plausibel?
- Entsprechen Haltungen und Handlungen der Personen dem Bewusstsein ihrer Zeit?
- Entspricht die Auswahl von Fakten und Motiven ihrer Bedeutung für die dargestellte Zeit?
- Welche realen Vorbilder für fiktive Handlungen gibt es?
- Welche Figuren verkörpern Haltungen oder Ideen der dargestellten Zeit? Welche Auf- und Abwertung ist damit verbunden?

### 3. Zur Entstehungszeit

- Welche Publikumsbedürfnisse werden befriedigt? Was sagen diese Bedürfnisse über die jeweilige Gesellschaft aus?
- Welche wirtschaftlichen oder politischen Hintergründe spielen eine Rolle?
- Entspricht die Darstellung den damaligen Erkenntnissen der Geschichtswissenschaften? Welche Gründe gibt es für Abweichungen?
- Werden bestimmte Epochen und Motive in dieser Zeit gehäuft dargestellt? Welche Gründe hat dies?
- Welche Haltungen und Handlungen von Personen der Filmhandlung entsprechen dem Bewusstsein der Entstehungszeit?

## Problematik

Die Stärke ist auch die Schwäche: Ein Film, zumal ein Spielfilm, kann eine Situation insgesamt entstehen lassen. Allerdings besteht die Gefahr, der Suggestivkraft von Bild und Ton zu unterliegen bzw. dem Plot der Regisseurin oder des Regisseurs oder der Interpretation, die ein Schauspieler bzw. eine Schauspielerin einer Person verleiht, und unterbewusst das geschichtliche Ereignis entsprechend der Darstellung im Film zu bewerten. Diese Gefahr besteht auch bei Filmen aus vergangenen Zeiten. Sie zeigen eben nicht die damalige Realität, sondern nur eine filmische Interpretation. Diese wiederum kann zusätzlich Aufschluss über das Denken und Handeln der damaligen Filmproduzenten und damit über einen Teil der Gesellschaft geben.

## POLITISCHE PLAKATE ANALYSIEREN

Plakate im Allgemeinen sind ein Massenmedium und dienen der öffentlichen Information oder Werbung. Sie wenden sich meist in großer Stückzahl an ein breites Publikum. Über einen „optischen Schrei", einen „Augenfang" (engl. eye-catcher) erreichen Plakate die Aufmerksamkeit der Betrachtenden. Formal unterscheidet man zwischen Schriftplakaten, Bildplakaten und Schrift-Bild-Plakaten, inhaltlich zwischen Werbeplakaten sowie sozialkritischen und politischen Plakaten.

### Was ist ein politisches Plakat?

Ein politisches Plakat ist ein Medium der Massenkommunikation zur Übermittlung von politischen Ideen und Emotionen in Schrift und Bild. Es zielt darauf ab, die Betrachtenden in einer bestimmten Weise zu überzeugen und in ihrem Handeln zu beeinflussen. Politische Plakate machen auf ein Ereignis, auf einen sozialen oder politischen Missstand aufmerksam. Sie dienen der Auseinandersetzung mit politischen Gegnern und werben in Form von Wahlplakaten für eine Person oder Partei. Da sie keinen Platz für ausführliche Argumentation bieten, müssen sie förmlich die politischen Inhalte vereinfachen: Sie verdichten, verkürzen, pointieren und polarisieren. Plakate werden daher oft als Propagandainstrument eingesetzt. In Diktaturen übermitteln sie die erwünschte Weltsicht, Parolen und Leitbilder, Bedrohungsszenarien oder Feindbilder.

### Das politische Plakat als Quelle

Politische Plakate lassen sich als Quelle nutzen, da in ihnen verdichtet ein Programm, ein Werturteil, eine Ideologie oder eine zeitgenössische Perspektive zum Vorschein tritt. Sie geben die Grundströmungen, den politischen Stil sowie den vorherrschenden künstlerischen Ausdruck und Geschmack einer Zeit wieder. Wahlplakate – historische wie auch aktuelle – geben Auskunft über die Schärfe der politischen Auseinandersetzung, die Ziele der Parteien, gesellschaftliche Konfliktlinien sowie den Alltag, die Problemlagen und Grundhaltungen der Zeit; nicht aber über das tatsächliche Wählerverhalten.

### Vorgehen bei der Analyse

### 1. Formale Kennzeichen

- Wer ist Urheber/-in oder Auftraggeber/-in?
- Wann und aus welchem Anlass ist das Plakat entstanden?
- Was wird auf dem Plakat thematisiert?
- Um welche Art Plakat handelt es sich?

# METHODENKOMPETENZEN

## 2. Plakatinhalt

- Welche Textelemente sind zu erkennen?
- Welche Bildelemente sind zu erkennen, d. h., wen oder was zeigt das Plakat auf welche Weise?
- Wie ist das Plakat aufgebaut (Vordergrund, Hintergrund, Zentrum, Ränder)?
- Welche Gestaltungsmittel werden verwendet (Verhältnis Text und Bild, Perspektive, Proportionen, Haltung der Figuren oder Personen, Schriftgröße und -art, Farben, Symbole, Allegorien, Übertreibungen)?

## 3. Intention und Wirkung

- An welche Zielgruppe wendet sich das Plakat?
- Wird auf Feindbilder zurückgegriffen?
- Welche Aussageabsicht verfolgt die Künstlerin/der Künstler bzw. die Auftraggeberin/der Auftraggeber?
- Welche Wirkung soll vermutlich bei den zeitgenössischen Betrachterinnen/Betrachtern erzielt werden?
- Welche Gesamtaussage lässt sich formulieren?

### INTERNETRECHERCHE

### Das Internet als Informationsquelle

Das Internet ist zu einem unserer wichtigsten Informationsmedien geworden. Mithilfe von Suchmaschinen können zu fast jedem Thema Informationen und Materialien gefunden werden, nach denen man noch vor 20 Jahren lange in Bibliotheken und Archiven gesucht hätte. Gerade durch die Menge der Informationen entstehen aber auch Probleme: Wesentliches muss von Unwesentlichem getrennt werden, die Herkunft und Qualität von Informationen müssen überprüft werden. Wesentlich schwieriger als die Suche nach Wissen gestaltet sich daher die Überprüfung und Beurteilung von Internetquellen.

### Vorgehen

Die folgenden Leitfragen können helfen, hier etwas Orientierung zu schaffen:

- Wer hat diese Seite erstellt? Woraus erschließt sich die Kompetenz der Autorinnen oder Autoren? Der Urheber einer Internetseite sollte meistens aus dem Impressum ersichtlich sein. Bleibt dies dort unklar (was einen oft schon misstrauisch werden lassen sollte), kann man über eigene Rechercheseiten den Verantwortlichen für die jeweilige Seite ermitteln. Es lohnt sich, den Namen des Autors/der Autorin in einer Suchmaschine zu überprüfen. Im Idealfall stellt sich – z. B. durch wissenschaftliche oder journalistische Publikationen – heraus, dass er oder sie sich bereits intensiv mit dem Thema befasst hat. Auch wenn eine wissenschaftliche Institution als Verantwortlicher erkennbar ist, kann von einer seriösen Quelle ausgegangen werden.

- Welche Motive sind dabei erkennbar? (berufliches bzw. wissenschaftliches Interesse, Beeinflussung der Lesenden aus ökonomischen oder politischen Gründen, Hobby, …)
  Auch hier hilft das „Googeln" der Urheberin/des Urhebers. Ist sie/er z. B. für eine Partei aktiv? Arbeitet sie/er für bestimmte Interessengruppen, z. B. als Unternehmensberater/-in? Jede Information kann hier hilfreich sein und dazu beitragen, die Perspektive, aus der heraus das Thema betrachtet wird, zu verstehen.
- Auf welche Quellen stützt sich die Darstellung bzw. auf welche verzichtet sie? Wie wird mit diesen Quellen umgegangen?
  Seriöse Internetangebote nennen immer transparent die Quellen, auf die sich ihre Darstellung stützt. Nur dann sollten Informationen aus dem Internet z. B. für ein Referat in der Schule herangezogen werden.

## Welche Probleme können auftreten?

Der unkomplizierte Austausch ist die Stärke, aber natürlich ebenso eine der größten Gefahren des Internets. Auch manipulierte oder einfach nur falsche Informationen können jederzeit veröffentlicht und an ein riesiges Publikum verteilt werden. Ein Schülerreferat, das mit 0 Punkten benotet wurde, kann genauso schnell hochgeladen werden wie eine gute wissenschaftliche Arbeit. Daher: Bleiben Sie kritisch, auch bei professionell aussehendem Layout.

## DEBATTE UND DISKUSSION

## Warum eine Debatte oder eine Diskussion durchführen?

Mit diesen beiden Methoden trainieren Sie, Ihr Gegenüber anhand von stichhaltigen Argumenten von einem Standpunkt zu überzeugen. Diese Fähigkeit ist in Ihrem weiteren Leben unabkömmlich und dies nicht nur, weil Debatten und Diskussionen ein wichtiger Bestandteil einer Demokratie sind. Sie erkennen die Notwendigkeit, die Meinung anderer zu akzeptieren, Sie erfahren die Vorteile, die Perspektive anderer wahrzunehmen, Sie lernen, zuzuhören, und Sie üben, Ihre eigene Meinung stichhaltig und überzeugend vorzubringen.

## Debatte und Diskussion

Das Ziel einer Debatte und einer Diskussion ist es immer, über ein Thema kontrovers zu sprechen. Eine Debatte ist eine regelgeleitete Diskussion, d. h., Sie gehen bei der Debatte nach einem festen Schema vor.

## Wie läuft eine Debatte formell ab?

Es werden zwei Gruppen gebildet, eine Pro-Fraktion und eine Kontra-Fraktion. Beide Gruppen überlegen sich stichhaltige Argumente mit Beispielen. Zusätzlich gibt es noch einen Vorsitz, der die Debatte leitet. Nach der Vorbereitungsphase wird die Debatte durch den Vorsitz mit einer allgemeinen Vorstellung des Themas eröffnet. Im Anschluss daran stellen jeweils eine Person der Pro- und eine Person der Kontra-Fraktion ihre Standpunkte vor, bis alle Teilnehmenden die Möglichkeit hatten, zu sprechen. Die beiden

# METHODENKOMPETENZEN

letzten Teilnehmenden fassen zudem die Argumente ihrer Gruppe zusammen und präsentieren somit auch das Schlussplädoyer ihrer Gruppe. Den Abschluss bildet die Abstimmung der Zuhörenden über den „Gewinner" der Debatte, also diejenige Gruppe, die es geschafft hat, ihre Argumente am schlüssigsten und am überzeugendsten vorzutragen.

## Was sind die Vorteile einer Debatte?

Sie lernen im Rahmen einer Debatte, wie man Argumente strukturiert einem Publikum präsentiert. Sie hatten sicherlich schon im Deutschunterricht die Möglichkeit, das dort erlernte Wissen anzuwenden und auszuprobieren. Nun wenden Sie Ihre Kenntnisse aktiv in Bezug auf neue Themengebiete an.

## Welche Probleme können bei einer Debatte auftreten?

Wichtig ist es, im Rahmen einer Debatte immer sachlich zu argumentieren und keinesfalls andere persönlich anzugreifen. Sie sollten auch darauf achten, in einem angemessenen Tonfall zu sprechen, also weder zu laut noch zu leise. Bei einem Verlust des Blickkontakts mit dem Publikum oder bei fehlender Mimik und Gestik besteht leicht die Gefahr, dass das Publikum das Interesse an Ihnen und somit Ihrem Standpunkt verliert. Beachten Sie auch, dass Sie möglichst alle Aspekte benennen und anhand von Beispielen darstellen. Sie sollten dabei niemals das Thema aus den Augen verlieren.

## INTERVIEW

## Warum ein Interview durchführen?

Interviews sind ein fester Bestandteil unseres Lebens. Wir können Interviews in Zeitungen oder Zeitschriften lesen und im Fernsehen verfolgen. Die Durchführung eines Interviews gibt Ihnen die Möglichkeit, unter realen Bedingungen mehr über ein bestimmtes Thema oder eine spezielle Fragestellung zu erfahren. Somit verhilft Ihnen die Durchführung eines Interviews auf lebendige Art und Weise zu einem neuen Blickwinkel auf einen Sachverhalt. Ein weiterer Vorteil des Interviews ist, dass Sie bei kritischen oder kontroversen Fragestellungen durch die Reaktionen Ihres Gegenübers Informationen ableiten können, die Sie durch eine schriftliche Quelle nicht erfahren hätten (beispielsweise Nervosität, Unsicherheit etc.).

## Expertenbefragung und Zeitzeugeninterview

Eine Möglichkeit des Interviews ist ein Experteninterview. Hierfür stellen Sie einer Expertin bzw. einem Experten auf einem bestimmten Gebiet (beispielsweise Historiker/-in, Museumsmitarbeiter/-in, Sachbuchautor/-in) gezielt Fragen, um Informationen zu einem für Sie interessanten Thema zu erlangen. Ziel von Experteninterviews ist es, sachrelevante Fakten zu erlangen.

Zeitzeugeninterviews hingegen eröffnen Ihnen einen anderen Blick auf historische Ereignisse. Hierbei ist es Ihnen möglich, persönliche Details, Gefühle und Gedanken einer Person zu erfahren, die bei einem für Sie interessanten historischen Vorgang „live" dabei war.

# METHODENKOMPETENZEN

## Wie gehe ich vor?

Das Vorgehen ist bei beiden Arten von Interviews ähnlich. Wichtig sind folgende Schritte:

- Herstellung des Kontakts mit einer für Sie interessanten Person und Terminvereinbarung
- Beschäftigung mit der für Sie interessanten Fragestellung
- Erstellung eines Fragenkatalogs: Welche Fragen können nicht durch die vorliegenden Quellen geklärt werden? Wo ergeben sich Kontroversen? Was ist unklar?
- Durchführung des Interviews
- Auswertung des Interviews: Konnten alle Fragen beantwortet werden? Haben sich neue Fragen daraus ergeben?

## Welche Probleme können auftreten?

Vor allem bei Interviews mit Zeitzeug/-innen ist zu berücksichtigen, dass die Aussagen unter Umständen nur einen eingeschränkten Einblick in den zu untersuchenden Sachverhalt erlauben. Dieses Problem kann durch die Befragung mehrerer Personen, eventuell sogar Experten/Zeitzeugen, die mit Sicherheit unterschiedliche Meinungen vertreten werden, relativiert werden. Zudem ist es wichtig, während des Interviews bei interessanten Aspekten nachzufragen, auch wenn dies nicht im Fragenkatalog erscheint. Spontanität kann Ihnen durchaus neue und unerwartete Ergebnisse für Ihre Fragestellung liefern.

## WANDZEITUNG

## Warum eine Wandzeitung erstellen?

Wandzeitungen bieten die Möglichkeit, kreativ ein Thema mit Hintergrundinformationen, aber auch mit eigenen Gedanken und Ideen darzustellen.

## Wie gehe ich vor?

Das Vorgehen richtet sich nach der Themenstellung und dem eigenen kreativen Anspruch. Mögliche Leitfragen:

- Wie lautet die konkrete Fragestellung?
- Wer ist mein Adressatenkreis?
- Welches Bildmaterial (Urheberrechtsvermerk nicht vergessen) eignet sich?
- Welche Texte (bibliografischen Nachweis nicht vergessen) unterstützen das Thema?
- Wie lassen sich die Elemente verbinden?
- Was ist als freier Text zur besseren Verständlichkeit hinzuzufügen?
- Welche Ideen, Fragen, Bezüge zur Lebenswelt der Betrachter/-innen ergeben sich noch?
- Wie lässt sich das Ergebnis anschaulich zusammenfassen?

# Abkürzungsverzeichnis

AfCFTA = Panafrikanische Freihandelzone (African Continental Free Trade Area)

ANC = Afrikanischer Nationalkongress (African National Congress)

AU = Afrikanische Union

CEPAL = Wirtschaftskommission der Vereinten Nationen für Lateinamerika und die Karibik (Comisión Económica para América Latina y el Caribe), engl. auch ECLAC genannt.

ECLAC/UNECLAC = Wirtschaftskommission für Lateinamerika und die Karibik (United Nations Economic Commission for Latin America and the Caribbean), span. auch CEPAL genannt.

EPA = Economic Partnership Agreements

EU = Europäische Union

IDB = Interamerikanische Entwicklungsbank

ILO = Internationale Arbeitsorganisation der Vereinten Nationen (International Labour Organization)

MDGs = Millenniumsentwicklungsziele (Millennium Development Goals)

Mercosur = abgekürzte Bezeichnung für den „gemeinsamen Markt Südamerikas" (span.

Mercado Común del Sur); Zusammenschluss von Argentinien, Brasilien, Uruguay, Paraguay, Venezuela (dauerhalt suspendiert) als Mitgliedern und sieben weiteren asszoziierten Staaten.

MEZ = Millenniumsentwicklungsziele

NAPAD = Nomadic Assistance for Peace and Development

NEPAD = Neue Partnerschaft für Afrikas Entwicklung (New Partnership for Africa's Development)

NGO = Nichtregierungsorganisation, unabhängige und nichtstaatliche Organisation ohne Gewinnziele (Non-governmental organization)

ODA = Öffentliche Entwicklungszusammenarbeit (Official Development Assistance)

PLO = Palästinensische Befreiungsorganisation (Palestine Liberation Organization)

SDGs = Ziele für nachhaltige Entwicklung (Sustainable Development Goals)

UN = Vereinte Nationen (United Nations)

UNO = Organisation der Vereinten Nationen (United Nations Organization)

WTO = Welthandelsorganisation (World Trade Organization)

# Glossar

## Absolutismus

Herrschaftsform in Europa im 17. und 18. Jahrhundert, in der die Könige bzw. Fürsten ihre Herrschaft von Gott ableiteten und den Anspruch erhoben, völlig uneingeschränkt zu regieren.

## Afrikanische Union

Die Afrikanische Union (AU) ist ein Zusammenschluss von insgesamt 55 Staaten in einer internationalen Organisation. Das Ziel des Staatenbunds ist eine Zusammenarbeit in den Bereichen der Wirtschaft und Politik, die Sicherung des Friedens auf dem afrikanischen Kontinent sowie die Förderung einer nachhaltigen Entwicklung.

## Alteritätskonstrukt

Mit dem Begriff der Alterität (lat. alter: der eine, der andere von beiden) wird auf ein Wechselverhältnis zwischen zwei einander zugeordneten, sich bedingenden Identitäten verwiesen. In diesem Zusammenhang wird die eigene Identität immer in Abgrenzung vom Anderen hergestellt. Das Denkmuster in binären Oppositionen überhöht fast immer eine Seite, sodass „der Andere" als das Negative des Ersten erscheint.

## Aufklärung

Als „Aufklärung" wird eine geistige Bewegung bezeichnet, die gegen Ende des 17. Jahrhunderts in Europa entstand. Diese Denkrichtung erklärte die Vernunft (Rationalität) des Menschen und ihren richtigen Gebrauch zum Maßstab allen Handelns. „Habe den Mut, dich deines eigenen Verstandes zu bedienen" (Immanuel Kant) gilt als Leitspruch der Aufklärung.

## Ballhausschwur

Der Ballhausschwur bildete den Auftakt der Französischen Revolution. Am 20. Juni 1789 kam der dritte Stand in der Ballsport-Halle in Versailles zusammen und erklärte sich zur Nationalversammlung. Der dort geleistete Schwur besagte, nicht eher auseinanderzugehen, bis für Frankreich eine Verfassung verabschiedet worden sei.

## Balfour-Deklaration

Zusage des britischen Außenministers Arthur James Balfour an die zionistische Bewegung, dass die britische Regierung die Errichtung einer Heimstätte für das jüdische Volk unterstützen werde.

## Befreiungskriege

Mit den Befreiungskriegen oder Freiheitskriegen zwischen 1813 und 1815 wird die Vorherrschaft Frankreichs unter Napoleon I. über große Teile des europäischen Kontinents beendet. Im Zuge des gemeinsamen Kampfes gegen Napoleon entwickelte sich in den deutschsprachigen Gebieten ein Nationalgefühl.

## Bourgeoisie

Bezeichnung der gehobenen sozialen Klasse der Gesellschaft, die dem Proletariat gegenübersteht.

## Code civil

Der Code civil (auch: Code Napoleon) ist das von Napoleon I. geschaffene Gesetzbuch im Zivilrecht. Hier wurden die zentralen Errungenschaften der Französischen Revolution (Freiheit, Gleichheit, Brüderlichkeit) schriftlich festgehalten. Damit sollte eine einheitliche Rechtsordnung geschaffen werden. Der Code civil wurde auch in den von Frankreich besetzten europäischen Staaten eingeführt. Er hatte weitreichende gesellschaftliche und politische Veränderungen zur Folge.

## Demokratie

Demokratie (griech. „demos" = Volk, Bevölkerung und „krátos" = Macht, Herrschaft) ist eine Gesellschaftsform, bei der die Macht vom Volke ausgeht. Es existieren verschiedene Formen der Demokratie: direkte Demokratie in Form von Volksentscheiden, Vertretungsdemokratie (repräsentative Demokratie), bei der die Entscheidungen durch gewählte Vertreter/-innen des Volkes getroffen werden etc. Heute wird unter Demokratie allgemein ein parlamentarisches System mit freien Wahlen in Verbindung mit einem

Rechtsstaat auf den Prinzipien der Menschenrechte verstanden.

### Descartes, René

Descartes, René (1596–1650) war ein französischer Philosoph, Mathematiker und Naturwissenschaftler. Von ihm stammt der berühmte Satz „Ich denke, also bin ich".

### Diaspora

Diaspora (altgriech. „Verstreutheit") ist ursprünglich die Bezeichnung für die Erfahrung der Vertreibung des jüdischen Volkes nach der Zerstörung des Tempels in Jerusalem im 6. Jahrhundert v. Chr. Heutzutage wird der Begriff „Diaspora" auch allgemeiner für traumatische Erfahrungen von Vertreibung und Flucht verwendet.

### Eliten

Als Eliten werden in der Soziologie Gruppierungen von Menschen bezeichnet, die aus einer sozialen Gemeinschaft herausgehoben sind. Die Auswahlkriterien und die damit einhergehenden Privilegien können unterschiedlich sein.

### Erklärung der Menschen- und Bürgerrechte

Die Erklärung der Menschen- und Bürgerrechte wurde am 26. August 1789 von der französischen Nationalversammlung verabschiedet. In ihr wurden natürliche Rechte wie Freiheit, Sicherheit und Eigentum schriftlich fixiert. Alle Menschen galten nun als frei und gleich. Die traditionelle Ordnung der Ständegesellschaft wurde damit abgeschafft.

### Ethnie

Ethnie (griech. „éthnos" = Volk) bezeichnet eine Volks- oder Menschengruppe, die sich über eine gemeinsame Herkunft, Kultur, Sprache, Religion und Geschichte definiert und eine Gemeinschaft bildet.

### Feudalismus

Gesellschafts- und Wirtschaftsform, bei der Herrschaft auf dem Besitz und Verleih von Land beruht. Feudalistische Gesellschaften sind überwiegend landwirtschaftlich geprägt und stützen sich auf Lehnswesen und Grundherrschaft. Vor allem in der marxistischen Geschichtswissenschaft wird der Begriff daher auch als Epochenbegriff für die Zeit des Mittelalters und der frühen Neuzeit verwendet.

### Gewaltenteilung

Dies bezeichnet die Trennung der drei Gewalten (Legislative, Judikative und Exekutive) voneinander und deren weitgehende Unabhängigkeit bzw. gegenseitige Kontrolle zwecks Vermeidung von Machtkonzentration und -missbrauch.

### Gesellschaftsvertrag, Lehre vom

Jean-Jacques Rousseau begründete mit seinem Werk „Du contrat social" (Vom Gesellschaftsvertrag) einen Weg für die Entwicklung der modernen Demokratie. Die Gesellschaft rückte er in den Mittelpunkt seiner Argumentation. Die staatliche Gewalt sollte dabei vom Gemeinwillen des Volkes ausgehen. Die Idee vom Gesellschaftsvertrag lässt sich auch in anderen staatsphilosophischen Betrachtungen finden, wie z. B. in Thomas Hobbes' „Leviathan".

### Grande Armée

La Grande Armée (franz. für „die Große Armee") ist der Name, den die französische Armee zwischen 1805 und 1815 während der Zeit des Französischen Kaiserreichs unter Napoleon I. mitunter führte.

### Guerillakrieg

Guerillakrieg bezeichnet einen aus dem Hinterhalt geführten Kampf von Aufständischen gegen Besatzungsmächte oder auch gegen die eigene Regierung (z. B. spanischer Befreiungskampf gegen die napoleonische Herrschaft).

### Hegemonie, Vorherrschaft

Hiermit ist die Vormachtstellung eines Staates in einer bestimmten Region gemeint.

### Heiliges Römisches Reich Deutscher Nation

Der Begriff „Heiliges Römisches Reich Deutscher Nation" (lat. Sacrum Romanum Imperium Nationis

Germanicae) ist seit dem späten 15. Jahrhundert die offizielle Bezeichnung für das Deutsche Reich. Es endete 1806 mit der Abdankung von Kaiser Franz II. Joseph Karl und besiegelte die fast 1000-jährige Geschichte des Reiches, das seit der Kaiserkrönung Ottos I. im Jahr 962 bestand.

## Intifada

Intifada (arab. „sich erheben") ist die Bezeichnung für (oftmals gewaltsame) Proteste der Palästinenser gegen Israel. Bisher fanden zwei Intifadas statt, die auch als „Krieg der Steine" bezeichnete Erste Intifada 1987 und die Zweite Intifada im Jahr 2000.

## Jakobiner

Als Jakobiner werden die Mitglieder des Jakobiner-Clubs bezeichnet, einem politischen Club während der Französischen Revolution. Ihren Namen erhielt diese „Partei" aufgrund ihres Tagungsortes, einem Jakobiner-Kloster. Die Jakobiner vertraten das einfache Volk, Arbeiter, Handwerker und Kleinbürger. Während der Schreckensherrschaft (1793–1794) wurde der Begriff „Jakobiner" mit den Anhängern des Jakobiners Maximilien Robespierres gleichgesetzt. Man spricht daher auch von der Schreckensherrschaft der Jakobiner oder der Jakobinerherrschaft.

## Kant, Immanuel

Immanuel Kant (1724–1804) gilt als der bedeutendste deutsche Philosoph der Aufklärung. Sein Werk „Kritik der reinen Vernunft" (1781) markiert einen Wendepunkt in der Philosophiegeschichte und den Beginn der modernen Philosophie.

## Königreich Bayern

Nachdem das Kurfürstentum Bayern an der Seite Frankreichs gegen Österreich gekämpft hatte, wurde es am 1. Januar 1806 durch den Kaiser der Franzosen, Napoleon I., zum Königreich erhoben. Max I. Joseph übernahm die Königswürde. Mit der Verfassung von 1808 wurde Bayern eine konstitutionelle Monarchie.

## Konstitutionelle Monarchie

Regierungsform, in der die Macht eines Monarchen durch eine Konstitution (Verfassung) eingeschränkt wird, wie z. B. im Königreich Bayern. Der Monarch bildet den Kopf der Exekutive und handelt gemäß und innerhalb der Verfassungsvorgaben.

## Kopernikus, Nikolaus

Nikolaus Kopernikus (1473–1543) war Domherr, Arzt und Astronom. Sein Hauptwerk „De revolutionibus orbium coelestium" (1543) beschreibt ein heliozentrisches Weltbild, nach dem die Erde ein sich um die eigene Achse drehender Planet ist, der sich darüber hinaus wie die anderen Planeten um die Sonne bewegt. Sein Werk führte zu einem Umbruch, der als „kopernikanische Wende" bezeichnet wird und in der Geschichtswissenschaft einen der Einschnitte darstellt, die den Übergang vom Mittelalter zur Neuzeit markieren.

## Kreuzzug

Ein Kreuzzug ist ein von der Kirche propagierter oder unterstützter Krieg gegen Ungläubige, der besonders im Hochmittelalter heilige Stätten von islamischer Herrschaft befreien sollte. Zum ersten Kreuzzug rief 1095 Papst Urban II. auf, um Jerusalem zu befreien.

## Kultur

Der Begriff kommt von lat. cultura „Bearbeitung, Pflege, Ackerbau" und bezeichnet im Unterschied zur Natur alles, was der Mensch selbst gestaltend hervorbringt.

## Locke, John

John Locke (1632–1704) war ein englischer Wissenschaftler, Staatsmann und bedeutender Denker der Aufklärung. Er lehrte in Oxford und verfasste naturwissenschaftliche, philosophische und politische Schriften, wie z. B. „Two Treatises of Government" (1689). Auf ihn geht das Repräsentations- und Mehrheitsprinzip zurück.

## Mandat

Im Völkerrecht wird damit ein Auftrag bezeichnet, der einem Staat oder mehreren Staaten erteilt wird, um die staats- und völkerrechtlichen Interessen eines bestimmten Gebiets zu vertreten. Nach dem Ersten Weltkrieg erhielt Großbritannien 1922 ein Mandat für das Gebiet Palästina.

## Marshallplan

Der Marshallplan oder auch „European Recovery Program" (ERP) war ein Wiederaufbauprogramm der USA. Es sollte die Wirtschaft Europas nach dem Zweiten Weltkrieg beim Wiederaufbau unterstützen. Zwischen 1948 und 1952 wurden insgesamt ca. 12,4 Milliarden Dollar zur Verfügung gestellt.

## Mediatisierung

Der Reichsdeputationshauptbeschluss von 1803 sah vor, dass durch Mediatisierung (Mittelbarmachung) die Fürsten der abgetretenen linksrheinischen Territorien mit rechtsrheinischen Territorien „entschädigt" wurden, und zwar durch die Auflösung geistlicher Territorien, die durch diese Regelung ihre Existenz verloren. Aber auch Reichsstädte und die kleinen reichsunmittelbaren Herrschaften waren hiervon betroffen, indem sie in größere Territorien integriert wurden. Es entstanden größere staatliche Einheiten. Preußen, Bayern, Württemberg und Baden profitierten besonders von dieser zu einer „Flurbereinigung" führenden Mediatisierung.

## Menschenrechte

Menschenrechte sind angeborene und unveräußerliche Rechte, die jedem Menschen von Natur aus zustehen, wie z. B. Recht auf Leben, Freiheit und Gleichheit vor dem Gesetz. In der französischen Erklärung der Menschen- und Bürgerrechte vom 26. August 1789 galten die darin formulierten Rechte aber nicht allen Menschen, sondern nur Männern.

## Mohammed

Religionsstifter des Islams, der im Islam als Prophet und Gesandter Gottes gilt. Laut Überlieferung offenbarte der Erzengel Gabriel Mohammed das Wort Al-

lahs. Mohammeds Flucht nach Medina 622 n. Chr. ist der Beginn der muslimischen Zeitrechnung.

## Monarchie

„Herrschaft durch den Einen" – in der politischen Theorie von Platon und Aristoteles eine Herrschaftsform, bei der es nur einen Herrscher gibt, und zwar den, der am besten geeignet und am weisesten ist. Im heutigen umgangssprachlichen Gebrauch die Bezeichnung für eine Adelsherrschaft.

## Montesquieu, Charles de

Charles de Montesquieu (1689–1755) war ein französischer Rechtsgelehrter und Schriftsteller. Sein Werk „Vom Geist der Gesetze" (1748) zählt zu den wichtigsten staatstheoretischen Schriften der Aufklärung. Er begründete darin die Vorstellung von der Gewaltenteilung.

## Montgelas, Maximilian Joseph Freiherr (seit 1809 Graf) von

Maximilian Graf von Montgelas (1759–1838) wurde 1799 zum leitenden Minister im Kurfürstentum Bayern berufen. Seine Außenpolitik sicherte Bayern während der napoleonischen Kriege reichen Landgewinn. Er trug dazu bei, dass aus dem Kurfürstentum 1806 das Königreich Bayern wurde. Seine innenpolitischen Reformen setzte er während der Kriegszeiten durch. Sie prägten das moderne Bayern. 1817 verlor Montgelas seine Ämter, blieb aber dennoch einflussreich.

## Napoleon I. Bonaparte

Der auf Korsika geborene Napoleon Bonaparte (1769–1821) stieg während der Französischen Revolution zum General auf. 1804 krönte er sich selbst zum Kaiser der Franzosen und leitete zahlreiche Reformen ein. Mit seinen Truppen und anhand seiner Bündnispolitik eroberte er fast ganz Europa. Erst die Niederlage im Russlandfeldzug (1812) und die deutschen Befreiungskriege (1813/1814) führten zum Ende seiner Herrschaft. 1814 musste er abdanken und wurde auf die Insel Elba verbannt. Zwar kehrte Napoleon nach Paris zurück, wurde aber nach der „Herrschaft der Hundert Tage" bei

Waterloo endgültig geschlagen. Er starb in Verbannung auf der Insel St. Helena.

## Newton, Isaac

Isaac Newton (1643–1727) gilt als Vater der klassischen Mechanik und neben Gottfried Wilhelm Leibniz als Begründer der Infinitesimalrechnung. Aufgrund seiner Erkenntnisse in der Mathematik und Physik zählt er zu den größten Wissenschaftlern aller Zeiten.

## Palästinensische Befreiungsorganisation (PLO)

Die PLO ist eine 1964 gegründete Organisation, deren Ziel die Gründung eines arabischen Staates in Palästina ist und die sich als legitime Interessenvertretung der Palästinenser sieht. Bekanntester Vorsitzender war Jassir Arafat (1929–2004).

## Regime

In der Politikwissenschaft beschreibt ein Regime (lat. „regimen" = Lenkung, Leitung, Regierung) ein Regelungs- oder Ordnungssystem. Oft wird der Begriff für nicht demokratisch legitimierte Regierungen, wie Diktaturen verwendet.

## Republik

Die Republik (von lat. „res publica" = die öffentliche Angelegenheit) ist eine Staatsform, in der grundsätzlich die Staatsgewalt vom Volke ausgeht und das Staatsoberhaupt gewählt ist.

## Revolution

Revolution bezeichnet einen schnellen, radikalen und meist gewaltsamen Umsturz des Staates, der sich auf alle zentralen Bereiche bezieht: politisches System, Gesellschafts- und Wirtschaftsordnung.

## Rheinbund

Der Rheinbund war eine auf Initiative des französischen Kaisers Napoleon gebildete Konföderation deutscher Staaten (Baden, Bayern, Württemberg), die mit dessen Gründung aus dem Verband des Heiligen Römischen Reiches Deutscher Nation austraten.

## Roadmap

Von der UNO, der EU, den USA und Russland im Jahre 2002 ausgearbeiteter Handlungsplan zur Beilegung des Nahostkonflikts. In drei Phasen sollten strittige Fragen geklärt und eine friedliche Koexistenz Israels und eines palästinensischen Staates ermöglicht werden.

## Robespierre, Maximilien de

Maximilien de Robespierre (1758–1794) war ein Rechtsanwalt und neben George Danton einer der zentralen Akteure der Französischen Revolution. Als führendes Mitglied der Jakobiner war er mitverantwortlich für die radikale Phase der Revolution, die Schreckensherrschaft („La Terreur"). 1794 wurde er hingerichtet.

## Rousseau, Jean-Jacques

Jean-Jacques Rousseau (1712–1778) war ein Schriftsteller, Philosoph und Pädagoge aus Genf. In seinen Schriften ging er vom Grundsatz der Volkssouveränität aus und machte den „volonté général", den allgemeinen Willen, zur Richtschnur des politischen Handelns.

## Russlandfeldzug

Nachdem Russland die von Frankreich verhängte Kontinentalsperre aufgehoben hatte, begann Napoleon I. im Juni 1812 den Russlandfeldzug (frz. „Campagne de Russie", russ. auch „Vaterländischer Krieg" genannt). Nach anfänglichen französischen Erfolgen endete der Feldzug in einer der größten militärischen Katastrophen der Geschichte.

## Orient

Der Orient oder auch Morgenland (von „sol oriens" = aufgehende Sonne) wird oft in Abgrenzung zum Abendland (Okzident) verwendet. Der Begriff unterlag einem stetigen Wandel und wird im Kontext von geographischen, politischen, sprachwissenschaftlichen und kulturellen Beschreibungen verwendet.

## Säkularisation

Säkularisation bezeichnet die Enteignung und Verstaatlichung von Kirchengut (z. B. von Klöstern,

Abteien, Ländereien), das in weltlichen Besitz übergeht. Die Auflösung von geistlichen Fürstentümern ist darin inbegriffen, z. B. im Heiligen Römischen Reich Deutscher Nation 1803.

## Schreckensherrschaft

Mit „Schreckensherrschaft" oder auch „der Schrecken" (frz. „La Terreur") wird eine Phase der Französischen Revolution bezeichnet, die von Anfang Juni 1793 bis Ende Juli 1794 andauerte. Sie zeichnete sich durch die brutale Unterdrückung aller Personen aus, die verdächtigt wurden, Gegner der Revolution zu sein. Die Terrorherrschaft der Jakobiner ging vom 12-köpfigen Wohlfahrtsausschuss aus, der u. a. von George Danton und Maximilien Robespierre angeführt wurde.

## Ständeordnung, Ständegesellschaft

Gesellschaftsform (besonders im Mittelalter), die durch die hierarchische Ordnung rechtlich, politisch und religiös begründeter und differenzierter Stände gekennzeichnet ist.

## Stereotyp

Ein Stereotyp (griech. „stereós" = fest, hart, haltbar, räumlich und „týpos" = -artig) ist eine oft bildhafte Vereinfachung von komplexen Eigenschaften oder Verhaltensweisen von Personengruppen. Im Gegensatz zum Klischee sind Stereotype rein auf Personen bezogen.

## Sykes-Picot-Abkommen

Dies ist ein 1916 zwischen Großbritannien und Frankreich geschlossenes geheimes Abkommen, in dem die beiden Staaten die Aufteilung der arabischen Provinzen des Osmanischen Reiches vereinbarten.

## Tiroler Aufstand

Der Tiroler Volksaufstand war ein Aufstand der Tiroler Bevölkerung gegen die bayerische Besatzungsmacht im Jahre 1809. Unter Andreas Hofers Führung wurde das Land von der bayerisch-französischen Besatzung befreit, im Spätherbst 1809 wurde das Gebiet aber wieder von den napoleonischen Truppen zurückerobert.

## Toleranz

Toleranz (von lat. „tolerare" = ertragen, (er)dulden) bedeutet die Duldung von abweichenden Meinungen oder Aktivitäten anderer Menschen. Sie ist ein Grundprinzip der Epoche der Aufklärung, das vor allem auch die Religion in den Blick nahm.

## Verfassung

In einer Verfassung legen Staaten grundlegende Regeln für ihr Zusammenleben fest. Dies passiert meist in einem feierlichen Akt und die Niederschrift folgt in einer Verfassungsurkunde. Die heutige Verfassung der Bundesrepublik Deutschland heißt Grundgesetz. Bekannt sind auch die Verfassungen Frankreichs wegen der Erklärung der Bürger- und Menschenrechte oder die der Vereinigten Staaten von Amerika.

## Völkerschau

Diese Form der Zurschaustellung von Angehörigen fremder Völker wird auch als Menschenzoo oder Kolonialschau bezeichnet. Die Betreiber bedienten sich bei der Konzeption gängiger Klischees und verfestigten diese bei den Besucherinnen und Besuchern. Die höchste Verbreitung war in den Jahren zwischen 1870 und 1940.

## Volkssouveränität

Grundsatz, dass alle Staatsgewalt vom Volk ausgeht. Dies ist das Grundprinzip von Demokratien.

## Westfälischer Friede

Im Jahr 1648 beendet der Westfälische Friede den Dreißigjährigen Krieg (1618–1648) in Europa. Im Ergebnis änderte sich damit auch das politische und kulturelle Selbstverständnis Europas. Man verstand sich fortan als eine säkular geprägte und auf Vereinbarung und Völkerrecht basierende Ordnung von Staaten mit innerer und äußerer Souveränität.

## Zionismus

Eine jüdische Bewegung, die gegen Ende des 19. Jahrhunderts entstand. Ziel war es, einen selbstständigen jüdischen Staat in Palästina zu gründen.

# METHODENCHECK ?

## Textanalyse

Sie arbeiten aus wissenschaftlichen, historischen, publizistischen und juristischen Texten die grundlegenden Strukturen und Entwicklungen der politischen Ordnung der Bundesrepublik Deutschland heraus. Auch aktuelle Themen wie Globalisierung und Migration erschließen Sie sich über diese Quellenart. Sie entwickeln darüber hinaus eine Sensibilität für den Umgang mit verschiedenen Textsorten und die Besonderheiten der Informationsgewinnung im jeweiligen Kontext. Sie können diese Fähigkeiten auch für den Deutsch- oder Geschichtsunterricht anwenden.

Sie können nun zwischen fachwissenschaftlichen, populärwissenschaftlichen und journalistischen Darstellungen einerseits und historischen Quellen andererseits unterscheiden. Sie sind in der Lage, zu beurteilen, ob die überlieferten oder fachwissenschaftlichen Texte tendenziös oder unvollständig sind, Fehler oder Unwahrheiten beinhalten. Dass auch unsere Schlussfolgerungen, die wir aus den herangezogenen Darstellungen ziehen, von unserem Vorwissen und unseren politischen, sozialen und auch religiösen Positionen abhängen, ist Ihnen jetzt bewusst.

Ebenfalls ist Ihnen klar geworden, dass die schriftlichen Darstellungen immer abhängig von der Person, die ein Thema mit einem bestimmten Erkenntnisinteresse subjektiv bearbeitet, und der verwendeten Fachliteratur sind. Daher wissen Sie, dass Texte immer auch mit anderen Darstellungen – nach bestimmten Kriterien – verglichen werden müssen.

# METHODENCHECK ?

## Analyse visueller Darstellungen (Fotografien, politische Plakate, Karikaturen, Karten, Schaubilder, Diagramme)

„Ein Bild sagt mehr als tausend Worte" („A picture is worth a thousand words", Sprichwort in verschiedenen Sprachen, dessen moderne Verwendung meist Frederick Barnard zugeordnet wird.): Die **Fotografie** stellt meist ein vom Fotografen arrangiertes Bild der Wirklichkeit dar. Sie erkennen jetzt die Wechselwirkung zwischen Bildgestaltung und der dahinterstehenden Intention durch entsprechende Elemente der Bildauswahl und des Bildaufbaus. Sie erfassen die Macht der Bilder, die Objektivität, Authentizität und Evidenz unterstellen, dabei jedoch stets subjektive Momentaufnahmen sind, die auch zu propagandistischen Zwecken genutzt werden können. Sie sind nun in der Lage, diese Quellen in den Gesamtkontext einzuordnen und – gerade Symbolbilder – kritisch zu bewerten.

Ihnen ist bewusst, dass Manipulationen, wie z. B. das Wegschneiden oder Vergrößern, das Foto zu einer schwer zu beurteilenden Quelle machen. Sie sind nun sensibilisiert, dass die heutigen Möglichkeiten digitaler Bildbearbeitung dieses Problem der Suggestion und Verfälschung sowie der Verbreitung verschärfen und dass dieses zu Ihrem Alltag gehören wird.

Sie sind jetzt sicher in der Analyse und Interpretation zeitgenössischer wie auch historischer **Karikaturen**. Sie zeigen, dass Sie den dargestellten Sachverhalt und die für die Zeit typische Symbol- und Bildersprache kennen. Sie können feststellen, ob bspw. politische oder gesellschaftliche Defizite aufgedeckt werden sollen oder ob eine moralische und geistige Mobilisierung der Bevölkerung intendiert ist. Dabei haben Sie gelernt, den Ausschnitt um die Leerstellen zu füllen. Somit sind Sie in der Lage, zu den dargestellten Prozessen oder Ereignissen kritisch Stellung zu nehmen.

**Politische Plakate** betrachten Sie jetzt mit der notwendigen Distanz. Denn Sie wissen nun, dass diese bspw. Ziele von Parteien, die politische Auseinandersetzung sowie gesellschaftliche Problemstellungen und Grundhaltungen widerspiegeln. Es ist Ihnen aufgefallen, dass die künstlerischen Stilrichtungen der Zeit die Gestaltung der politischen Plakate beeinflussen, dass aber auch häufig auf dieselben Motive und Gestaltungsmittel zurückgegriffen wird.

Basierend auf der Arbeit mit **Karten** erhalten Sie eine räumliche Orientierung hinsichtlich des Verlaufs von internationalen Konflikten im 21. Jahrhundert und aktueller Herausforderungen wie der Bevölkerungsentwicklung und der Migrationsströme. Dabei reflektieren Sie, dass Karten bestimmte Zwecke und Deutungsabsichten verfolgen, also keine „neutralen" Medien sind, sondern das Gesellschafts- und Menschenbild oder die aktuelle Weltsicht des Betrachtenden oft deutlich prägen.

**Statistiken** sind in der Wissenschaft und der Politik von großer Bedeutung und werden häufig genutzt. Sie haben erfahren, dass Statistiken aktuelle und detaillierte Informationen liefern, die in öffentlichen Debatten der Untermauerung der eigenen Sichtweise dienen. Statistisches Material tritt in Form von Tabellen oder Grafiken auf. Sie haben erkannt, dass Grafiken übersichtlicher und leichter zu erfassen sind als Tabellen, die jedoch Ergebnisse dezidierter beschreiben können. Sie kennen die unterschiedlichen Darstellungsmöglichkeiten in absoluten Größen wie auch in relativen Werten (Prozente und Indizes). Zudem können Sie nun einschätzen, welche Diagrammform sich für die Darstellung von Entwicklungen (z. B. Ab- und Zuwanderung)

# METHODENCHECK ?

oder von Anteilen innerhalb einer Bezugsgröße (z. B. Stimmenanteile bei Wahlen) eignet. Statistiken können im Sinne des Urhebers oder Auftragsgebers manipuliert oder gefälscht werden. Sie haben gelernt, dass bspw. unvollständige Datenerhebung oder falsche (suggestive) Fragestellungen zur Verzerrung von Ergebnissen führen können. In diesem Zusammenhang haben Sie auch erfahren, dass bewusste grafische Verzerrungen einen bestimmten Eindruck bei den Lesenden befördern können.

### (Internet-)Recherche

Informationen zu nahezu jedem Thema und jeder Fragestellung lassen sich leicht im Internet mithilfe bestimmter Suchmaschinen finden. Die Frage ist, wie sinnvolle, seriöse Informationen – Texte, Bilder, Statistiken – gefunden werden können. Sie haben gelernt, die Qualität und Brauchbarkeit der Texte und Materialien zu prüfen, zumal im Internet unseriöse und wissenschaftliche Texte unkommentiert und ohne inhaltliche Wertung nebeneinanderstehen. Intentionen werden dabei offen oder unterschwellig vertreten. Sie wissen nun, dass Sie bei der Internetrecherche die Frage nach der Autorin/dem Autor und deren/dessen politischer, kommerzieller, organisatorischer oder personeller Verbindung zum Thema stellen müssen. Weitere Verlinkungen, Aktualisierungen oder Logos, die der Beitrag aufweist, können Sie deuten. Die Seriosität prüfen Sie, indem Sie den Verantwortlichen (Autor/-in, Organisation) erkennen können. Und Sie wissen, wie Sie dessen Kompetenz, z. B. indem dieser zitiert wird, einschätzen können. Dabei üben Sie ideologiekritische Quellenkritik (Quellenangaben). Es ist Ihnen jeweils bewusst, ob das Thema kontrovers und angemessen diskutiert wird. Die Sachlichkeit im Stil haben Sie überprüft.

### Politische Rede

Reden finden Sie im Fernsehen, in Zeitungen, im Rundfunk und in den digitalen Medien. Eine politische Rede hat die Zustimmung des Auditoriums zum Ziel. Sie muss daher informativ sein, aber vor allem auch die Emotionen ansprechen. Sie wissen, dass jede Rede für einen bestimmten Anlass, Ort und Adressatenkreis mit einer bestimmten Intention gehalten wird. Sie wissen, dass Sie nach der Art der Rede (z. B. Programm-, Gedenk-, Parteitagsrede) fragen müssen, und verstehen es dabei die Sachinhalte und Kernaussagen herauszufiltern. Ihnen ist bewusst, dass Sie die Argumentation hinsichtlich der Stichhaltigkeit der Thesen, Begründungen und Schlussfolgerungen analysieren müssen. Dabei untersuchen Sie auch die Sprache und den Stil der vortragenden Person und erkennen die manipulative Wirkung rhetorischer Stilmittel. Ihnen ist klar, dass auch Mimik und Gestik, die Redesituation und Atmosphäre eine Wirkung auf die Zuhörenden entfalten. Schließlich bewerten und bilanzieren Sie die Rede hinsichtlich der Grundeinstellung und Weltsicht des Redners/der Rednerin sowie deren Wirkung und damit Bedeutung.

### Nachrichten

Nachrichten dienen dazu, Ursachen und Zusammenhänge von politischen Ereignissen zu kennen, besser verstehen und beurteilen zu können. Ihnen ist vor diesem Hintergrund bewusst, dass Medien nicht nur Nachrichten vermitteln, sondern dabei auch auswählen und gewichten, also filtern. Medien üben demnach eine Selektionsfunktion aus. Sie entscheiden, worüber berichtet wird, und damit bestimmen sie die Bedeutung eines Themas. Sie haben dies erkannt und reflektiert, dass die Medien somit Ihre Wahrnehmung beeinflussen und Ihre Weltsicht prägen. Sie haben feststellen können, dass sich Nachrichten in ihrer Aufmachung, ihren Inhalten, ihrem Stil und in der politischen Ausrichtung unterscheiden. Ihnen ist ebenso bewusst geworden, dass Qualitätsjournalismus Zeit braucht und auch etwas kostet, hingegen der ökonomische Druck, schnell Neues